合肥年鉴

2023

合肥年鉴

中共合肥市委主办

中共合肥市委党史和地方志研究室 编

全国百佳图书出版单位

时代出版传媒股份有限公司

黄山书社

图书在版编目（CIP）数据

合肥年鉴.2023 / 中共合肥市委党史和地方志研究室编. -- 合肥：黄山书社，2023.12

ISBN 978-7-5737-0088-9

Ⅰ.①合… Ⅱ.①中… Ⅲ.①合肥－2023－年鉴
Ⅳ.①Z525.41

中国国家版本馆 CIP 数据核字（2023）第 219838 号

出品人 葛永波
责任编辑 马奔奔
装帧设计 合肥艺杭文化传媒有限公司
出版发行 时代出版传媒股份有限公司（http：//www.press-mart.com）
黄山书社（http：//www.hspress.cn）
地址邮编 合肥市政务文化新区翡翠路 1118 号出版传媒广场 7 层 230071
制版 合肥艺杭文化传媒有限公司
印刷 合肥添彩包装有限公司
版次 2023 年 12 月第 1 版
印次 2023 年 12 月第 1 次印刷
开本 889mm × 1194mm 1/16
字数 800 千
印张 29
插页 52
书号 ISBN 978-7-5737-0088-9
定价 160.00 元

服务热线 0551-63533706
销售热线 0551-63533761
官方直营书店（http://hsssbook.tianmao.com）

《合肥年鉴（2023）》编辑委员会

南淝河春景（王世保/摄）

《合肥年鉴（2023）》责任审稿

主　　　审： 单　虎（市委常委、秘书长，宣传部部长）

副　主　审： 吴功福（市委副秘书长、市委办公室主任）

翟新明（市委党史和地方志研究室主任）

分 类 审 稿： 各供稿单位主要负责人

特别责任审稿： 市委办公室

《合肥年鉴（2023）》编辑部

主　编： 翟新明

副主编： 王德桡

编　辑：（按姓名笔画排序）

王尚先　王晓燕　田　文

赵永军　贾南田　徐仙春

崔建军　储茂仁

中科院合肥量子中心　　（王世保/摄）

编辑说明

一、《合肥年鉴》是系统记述合肥市政治、经济、文化、社会、自然和生态等方面情况的年度资料性文献。2000年创刊，逐年编纂，本卷是第24卷。

二、本卷坚持以马克思列宁主义、毛泽东思想、邓小平理论、“三个代表”重要思想、科学发展观、习近平新时代中国特色社会主义思想为指导，学习宣传贯彻党的二十大精神，全面系统记述2022年度合肥市经济社会发展情况和特点，为读者提供认识、了解合肥各方面情况的权威性、综合性、实用性、基础性材料。

三、本卷主体内容以合肥市现行行政区划为记述范围，记述时限为2022年1月1日至12月31日。

四、本卷按分类法编辑，主体内容分为类目、分目、条目三个层次，全书设类目38个、分目253个，收入条目1242条、随文图照321幅、图表33张。坚持“质量第一、常编常新”的原则，全书框架和内容在上年的基础上进行了一些调整。主要有以下变化：在“工业”类目中增设“世界集成电路大会”分目，在“经济监督与管理”类目中增设“年度计划执行 ”分目；在“科技”类目中，将“合肥滨湖科学城”由条目升格为分目；在“教育”类目“高等院校选介”分目中，增加省属在肥高校选介；在“卫生健康”类目中，增设“医疗机构”分目；在“体育”类目中增设“第五届全国智力运动会筹备”分目。

五、本卷年鉴所载录的文章和条目，均由合肥市各承编单位提供并经其主要负责人严格审核，文中主要数据由市统计局提供，文字和数据记述时限为2022年。

2022
美丽合肥，我的家……

合肥名片

国际湿地城市

新能源汽车推广应用示范城市

国家特色型信息消费示范城市

智慧城市国际标准试点城市

中国先进制造业重点城市

知识产权强市建设示范市

全国首批园林城市

全国社会信用体系建设示范城市

全国首个科技创新型试点城市

全国双拥模范城市

全国文明城市

最美科研圣地科里科气

外籍人才眼中最具吸引力的中国城市

世界科技城市联盟（WTA）会员城市

世界区域创新集群百强

全国质量魅力城市

社会治理创新典范城市

中国最具幸福感城市

国家公交都市建设示范城市

十佳数字阅读城市

中国服务外包示范城市

全国优秀旅游城市

国家森林城市

全国水生态文明城市

营商便利度提升最快的城市

最美科研圣地科里科气（王世保/摄）

合肥市地图

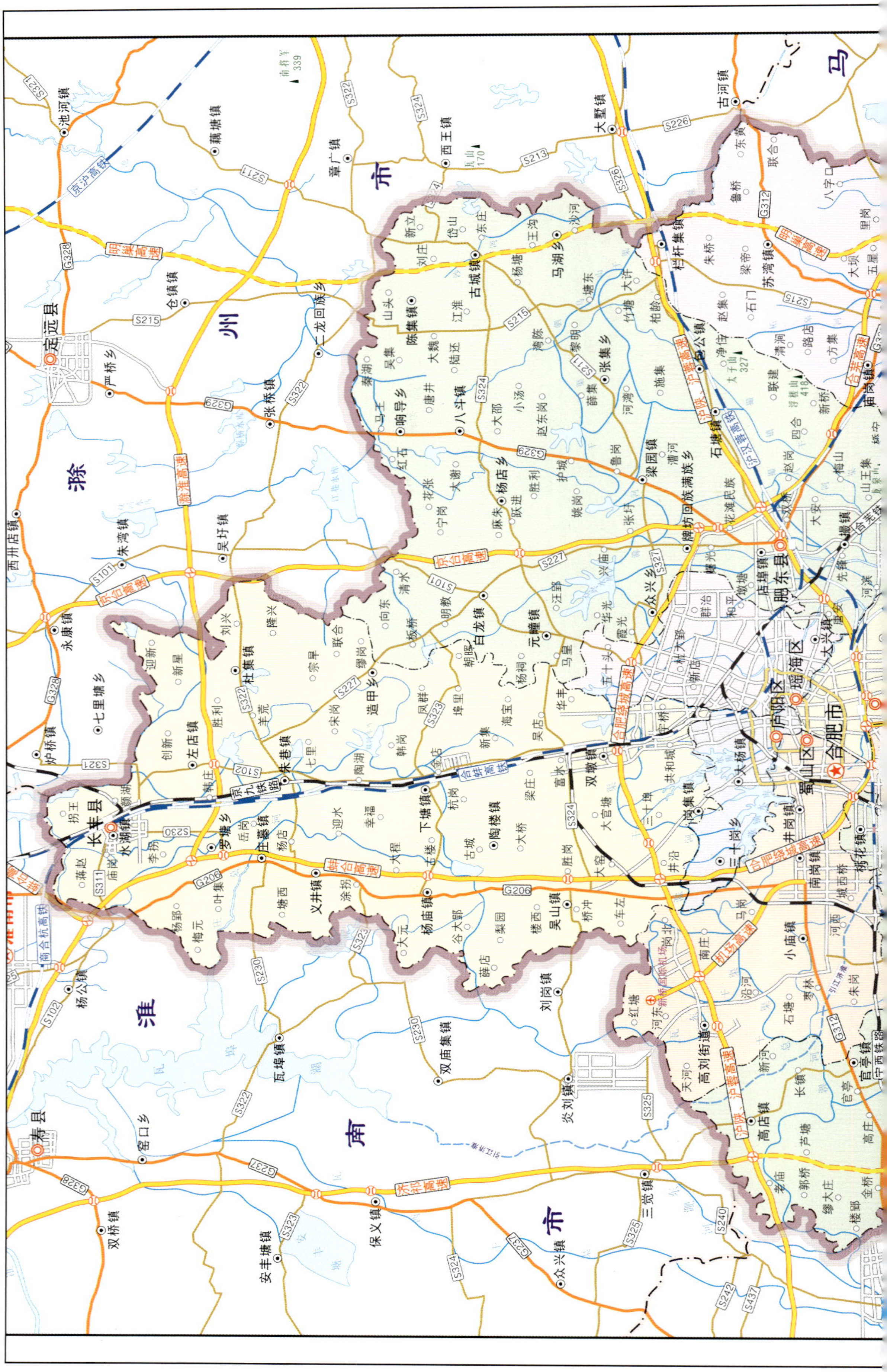

合肥市测绘设计研究院　编制　审图号:皖合S（2022）05号

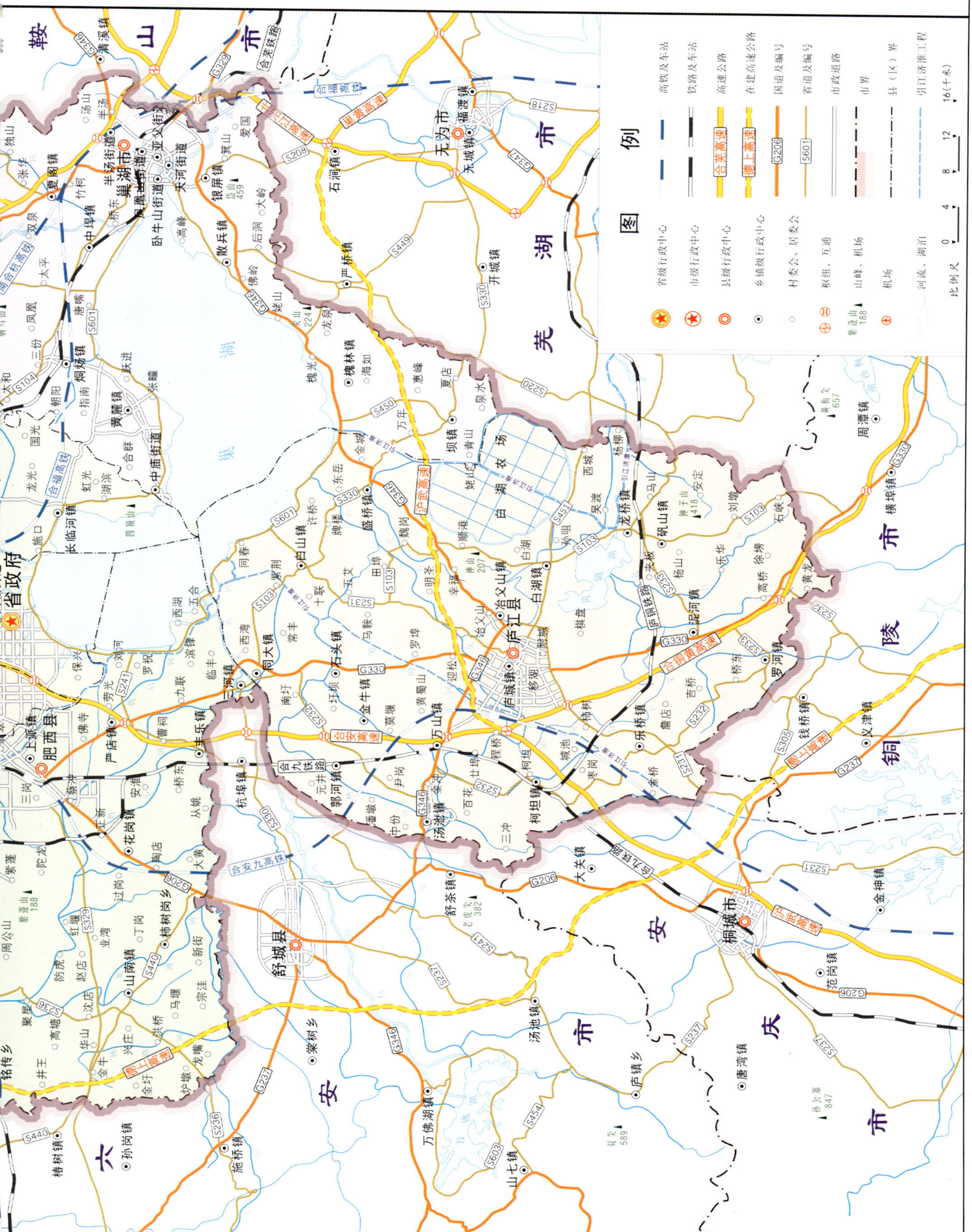

图例
省级行政中心
市级行政中心
县级行政中心
乡镇级行政中心
村委会、居委会
枢纽、互通
山峰、机场
机场
河流、湖泊
高铁及车站
铁路及车站
高速公路
在建高速公路
国道及编号
省道及编号
市政道路
市界
县（区）界
引江济淮工程
比例尺 0 4 8 12 16(千米)
庐江县
巢湖市
无为市
桐城市
舒城县
肥西县
省政府
芜湖市
铜陵市
安庆市
六安市
白湖农场
庐城镇
冶父山镇
汤池镇
万山镇
郭河镇
同大镇
石头镇
金牛镇
白山镇
盛桥镇
白湖镇
龙桥镇
矾山镇
泥河镇
乐桥镇
罗河镇
柯坦镇

二〇二二年十月

合肥市区图

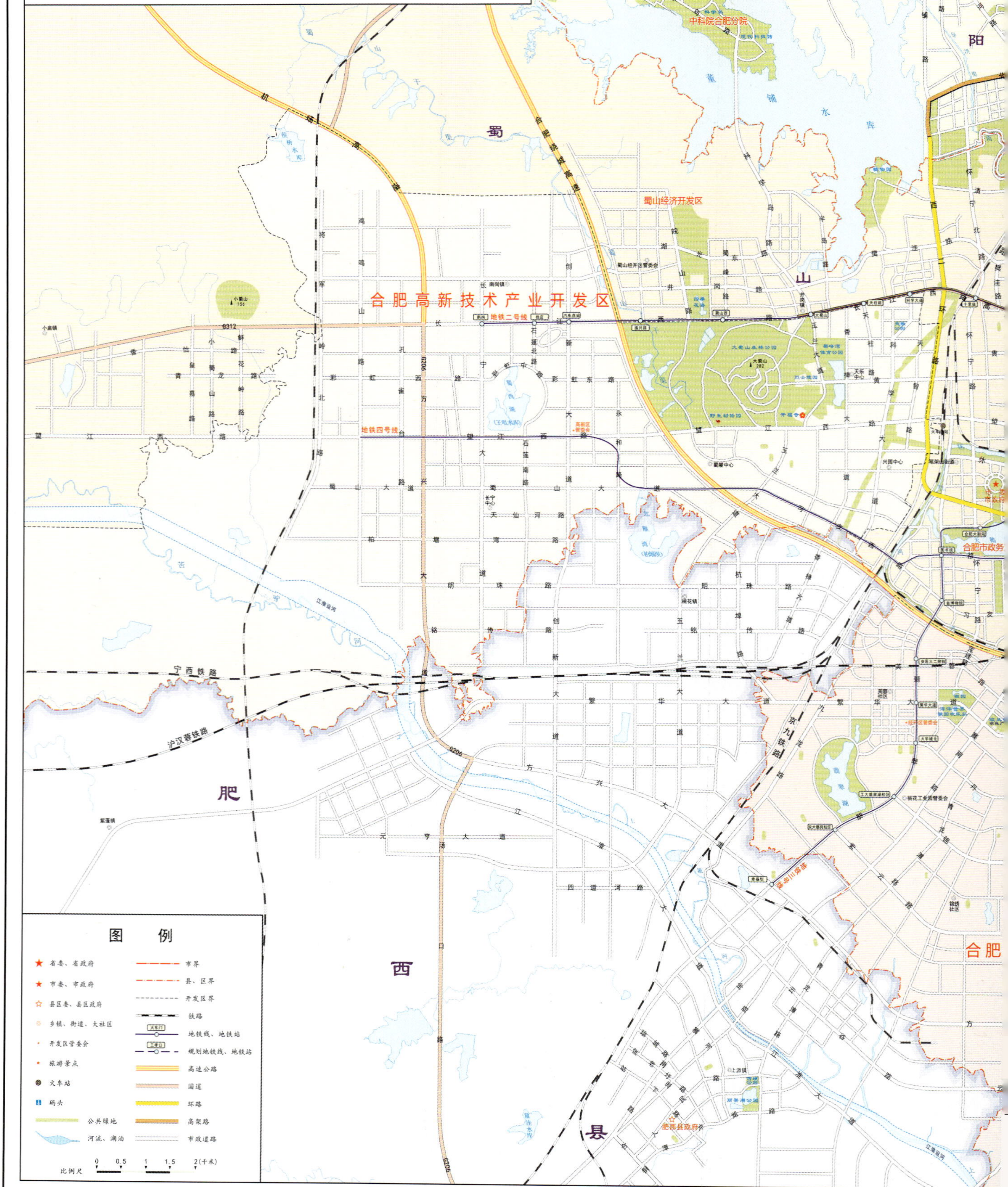

合肥市测绘设计研究院　编制　审图号:皖合S（2022）06号

合肥庐阳经济开发区
合肥新站高新技术产业开发区
合肥职教基地
肥东经济开发区
瑶海区
包河区
肥东县
合肥包河经济开发区
滨湖新区
济技术开发区
巢湖
滨湖国家森林公园
大房郢水库
北一环路
南一环路
地铁一号线
地铁二号线
地铁三号线
地铁五号线
包河区政府
蜀山区政府
庐阳区政府
瑶海区政府
省政府

二〇二二年十月

党的建设

2022年12月28日，中国共产党合肥市第十二届委员会第五次全体会议召开，审议通过《中共合肥市委关于深入学习贯彻党的二十大精神奋力谱写中国式现代化合肥篇章的决定》

（张大岗/摄）

2022年3月4日，市直机关党的建设和全市效能建设工作会议召开

（市直机关工委/供）

2022年6月27日，中国共产党合肥历史馆开馆

（市委史志室/供）

2022年7月8日，十二届市委第三轮巡察动员部署会召开　　（市纪委监委/供）

2022年9月9日，市直单位优秀青年干部到乡镇任职挂职集体谈话会召开　　（市委组织部/供）

2022年9月27日，《致敬新时代》艺术党课在合肥大剧院上演　（市委宣传部/供）

2022年11月15日，全国基层理论宣讲先进集体“圆梦”百姓宣讲团成员周正贵在社区“凉亭故事HUI”为居民宣讲党的二十大精神　（市委宣传部/供）

2022年11月22日，以“说唱廉洁歌 奋进新时代”为主题的“包公杯”反腐倡廉七届优秀曲艺作品汇演举行（市纪委监委/供）

2022年12月13—14日，合肥市第五届“举旗帜·送理论”微宣讲比赛举办。参赛选手将党的二十大精神与本地发展实践、群众身边事例、自身工作实际结合，用“百姓话”讲活“新思想”（郭如琦/摄）

2022年10月8日，包河区薛河湾社区的“红色小管家”在开展巡查走访、信息采集、民意收集、疫情防控、志愿服务等工作（郭如琦/摄）

2022年8月12日，中国科学院合肥物质科学研究院研制的国家稳态强磁场实验装置创造45.22万高斯稳态磁场，打破已保持23年之久的45万高斯世界纪录。图为稳态强磁场实验装置混合磁体 （张正朋/摄）

2022年3月18日，必欧瀚生物技术（合肥）有限公司工作人员在新冠抗原试剂生产线上作业，彰显合肥科技战疫的力量 （苏 玲/摄）

2022年3月26日，聚变堆主机关键系统综合研究设施（CRAFT）园区正式交付启用 （宋炎骏/摄）

2022年8月11日，中国地理信息产业大会上，中科星图工作人员在展示数字地球平台，该平台可广泛应用于教育、文旅、气象等领域 （张大岗/摄）

2022年8月19日，合肥天地信息网络研究院工作人员在介绍多源数据生态监测平台里的森林覆盖率监控图 （张大岗/摄）

2022年8月26日，我国规模最大、用户最多、应用最全的量子保密通信城域网—合肥量子城域网正式开通。图为量子安全执法记录仪 （郭如琦/摄）

2022年9月20日，世界制造业大会上中国电科38所展示的北斗导航系统 （郭如琦/摄）

2022年8月26日，建设中的肥东县长临河镇G60科创走廊科技成果转移转化示范基地。该基地一期启动区已建成并投入使用，中科大“大口径高阈值光栅”等一批重点项目进驻（郭如琦/摄）

2022年11月8日，合肥欣奕华智能机器有限公司技术人员在调试自主研发的G2.5蒸镀设备。该设备可应用于车显、智能穿戴等小尺寸OLED面板量产（郭如琦/摄）

科技创新

2022年11月17日，第二十届中国国际半导体博览会上展示的视涯科技半成品（杨凤妏/摄）

2022年12月5日，正在进行收尾施工的地球和空间科学前沿研究中心项目。该项目是合肥综合性国家科学中心协同创新交叉研究平台重要组成部分

（杨凤妏/摄）

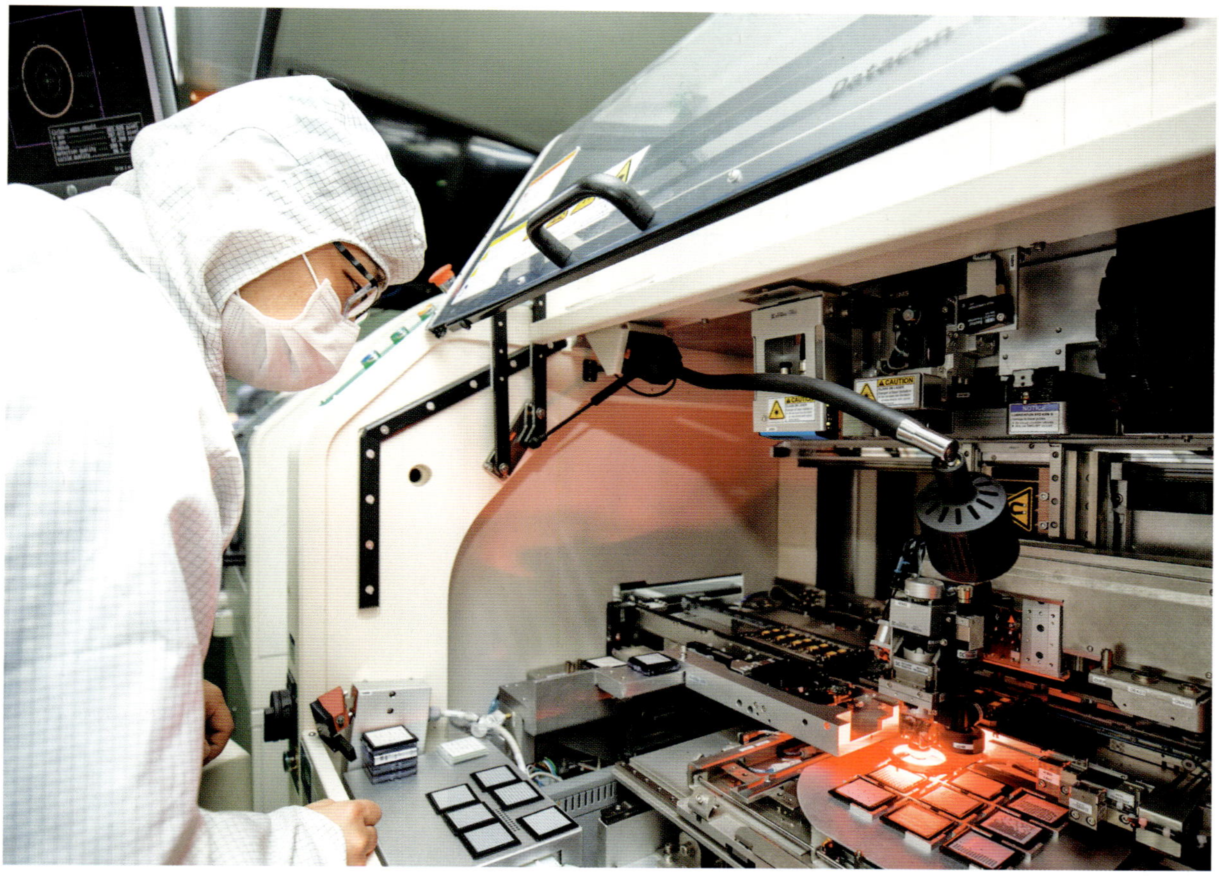

2022年11月21日，中国电科38所技术人员在研发生产芯片 （郭如琦/摄）

2022年12月13日，中国科学院合肥物质科学研究院类磁小体研究团队正在分析讨论核磁共振样品的稳定性（张正朋/摄）

2022年9月20日，世界制造业大会开幕式暨主旨论坛在合肥举行　（张大岗/摄）

2022年2月21日，合肥航空货运投资运营有限公司合作协议正式签约　（经开区管委会/供）

2022年6月30日，比亚迪合肥基地项目整车下线仪式在长丰县下塘镇举行　（市委宣传部/供）

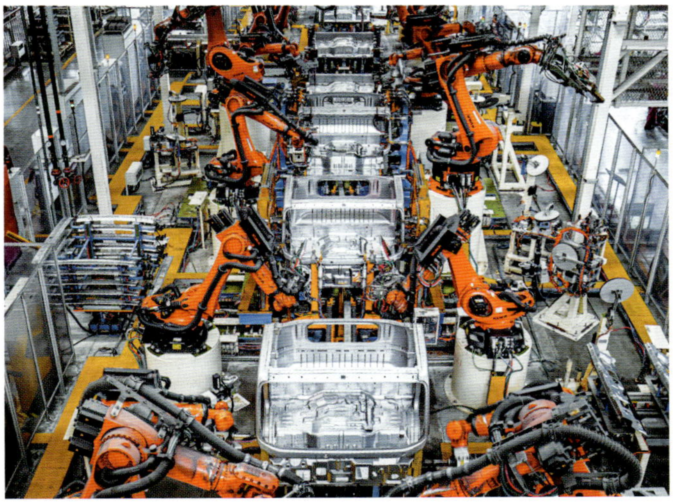

2022年6月29日，江淮汽车生产车间的全自动化焊装线上，机器人正紧张作业。该生产线有效改善了点焊融核质量，比传统工频节能30%　（宋炎骏/摄）

2022年3月30日，合肥美的洗衣机入选全球灯塔工厂　（市经信局/供）

2022年9月18日,全国双创周上合肥本源量子计算科技有限责任公司发布量子计算应用工厂 （王世保/摄）

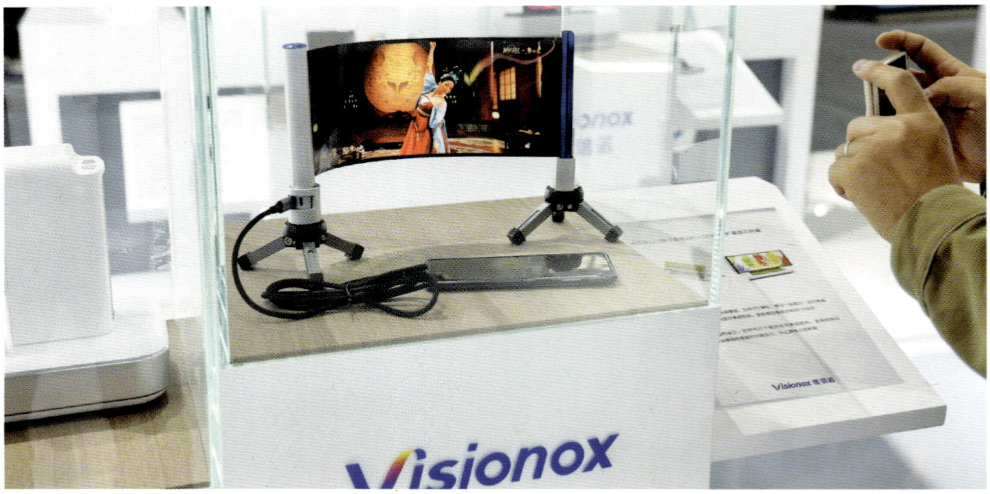

2022年11月17日,第二十届中国国际半导体博览会上展示的维信诺12.3英寸柔性AMOLED动态卷曲全模组 （杨凤妏/摄）

2022年12月1日,合肥集成电路测试产业基地实现全部封顶,正式进入二次结构及装饰阶段.该项目建成投产后,可形成包含集成电路8英寸、12英寸晶圆测试9万片月产能 （张正朋/摄）

2022年8月11日，中国地理信息产业大会在合肥开幕。会上，合肥市空天信息产业集中签约仪式举行　（张大岗/摄）

2022年8月18—21日，第十五届安徽国际茶产业博览会举办。图为合肥展厅　（孔玮艳/摄）

2022年12月7日，大众安徽首台预量产车型下线　　（张正朋/摄）

2022年12月16日，全球智能汽车产业峰会企业家论坛在合肥举行　　（杨凤炆/摄）

2022年，合肥市新增上市（含过会）企业14户，总数居全国城市第13位。图为1月24日，安徽万朗磁塑股份有限公司在上交所主板挂牌上市

（经开区管委会/供）

2022年，合肥市科创板上市企业6家，总数居全国城市第6位。图为6月6日，井松智能科技股份有限公司科创板上市

（市地方金融监管局/供）

2022年，链接全球高端创新要素的科大硅谷实体运行。合肥市组建科大硅谷服务平台（安徽）有限公司，推动“双招双引”和科技成果转化 （宋炎骏/摄）

2022年，合肥市“依托安徽创新馆建强用好科技大市场”入选“中国改革2022年度市域改革案例” （安徽创新馆/供）

2022年5月25日，种子基金首批投资项目签约 （童 岩/摄）

2022年6月26日，合肥中欧班列开行八周年 （市商务局/供）

2022年7月29日，中国合肥—匈牙利布达佩斯中欧班列首发 （庐州海关/供）

2022年10月，合肥国际陆港公铁海多式联运工程入选全国第四批多式联运示范工程创建项目名单 （市交通运输局/供）

2022年11月15日，“布诺号”定制班轮在合肥港首航，装载104标箱布诺公司货值600多万美元的太阳能组件，驶向荷兰鹿特丹 （郭如琦/摄）

2022年11月16—17日，市计量院在第二届“长三角地区优化营商环境立功竞赛”（长三角地区计量技术职业技能竞赛）顶焦度计量检定项目荣获团体一等奖，分获个人一、二等奖 （市场监管局/供）

2022年12月13日，合华润燃气投资（中国）有限公司采用非公开协议方式，增资扩股合肥燃气集团有限公司，合肥燃气更名为合肥合燃华润燃气有限公司 （余 洋/摄）

2022年，合肥市发挥中国（合肥）知识产权保护中心作用，专利授权周期压缩至3个月，较普通授权周期缩减85%以上。图为中心一角 （杨凤妏/摄）

2022年12月15日，一架空客A330飞机直飞法兰克福。因疫情防控需要，自2020年2月17日起，新桥机场出入境固定客运航线停航，此次客运航班是合肥口岸恢复的第一条国际航线 （张正朋/摄）

2022年7月25日，金寨路（龙川路—方兴大道）工程主线桥高架放行通车　　（宋炎骏/摄）

2022年8月25日，建设中的骆岗生态公园　　（王世保/摄）

2022年9月1日，庐州大道隧道正式通车　（王世保/摄）

2022年10月1日，合肥市青少年活动中心工程完工　（市重点局/供）

2022年10月11日，建设中的运河新城 （王世保/摄）

2022年11月18日，合肥滨湖国际会展中心二期项目正式交付 （杨凤玟/摄）

2022年11月20日，建设中的新合肥西站 （郭如琦/摄）

2022年11月30日，建设中的园博园李鸿章公祠、段芝贵宅、龚家祠堂复建工程　（王世保/摄）

2022年12月8日，包公大道（龙脊山路–团结大道）段高架道路放行通车，标志着包公大道主线高架桥全线通车。合肥市东向“大动脉”更加通畅　（郭如琦/摄）

2022年12月9日，合肥新四水厂正式投产并网运行　（祝　鑫/摄）

2022年12月16日，建设中的合肥市科技馆新馆。该馆是合肥市“一城、一室、一馆”建设布局的重要组成部分（王世保/摄）

2022年12月26日，合肥轨道交通5号线北段投入运营，与已投入运营的南段实现贯通
（杨凤炆/摄）

2022年12月26日，宿松路（南二环—深圳路）快速化改造工程锦绣大道、紫云路、始信路等多个节点通车放行
（张大岗/摄）

2022年12月30日，我国目前在建的最大水利工程——引江济淮主体工程正式试通水试通航，长江淮河实现历史性“牵手”
（王世保/摄）

2022年3月15日，包河区大圩镇沈福村全景　　（张大岗/摄）

2022年5月，肥东碧根果入选第一批“全国名特优新农产品”名录。图为肥东县白龙镇青龙甸田园综合体碧根果种植基地　　（肥东县委史志室/供）

2022年5月24日，肥东县八斗镇王子城河九店社区段金黄色的麦田与整洁的村庄错落有致，构成一幅美丽的夏日田园画卷

（郭如琦/摄）

2022年8月21日，肥西县高塘村即将成熟的水稻与民居相互映衬，构成一幅生机勃勃的美丽画卷　（宋炎骏/摄）

2022年5月26日，肥东县响导乡响导社区果农在装运油桃 （郭如琦/摄）

2022年，合肥市持续推进“四好农村路”建设，畅通农村道路“最后一公里”。左图为12月11日，庐江县汤池镇百花村盘山公路，右图为2022年11月20日，肥东县桥头集镇乡村道路 （左学长　郭如琦/摄）

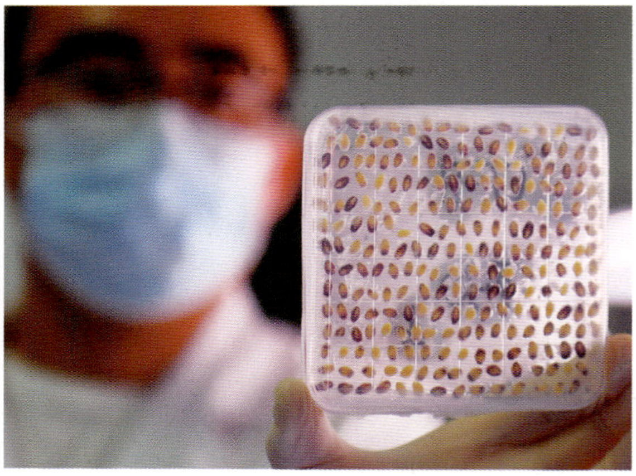

2022年，合肥市加快推进“生物技术+人工智能+大数据信息技术”育种跨越式发展，助力建设“种业之都”。左图为荃银高科实验室科研人员利用先进设备开展育种实验，右图为丰乐种业实验室科研人员展示玉米单倍体诱导加倍技术 （苏　玲/摄）

2022年，合肥市红火的文旅产业带动农民增入，助力乡村振兴。图为9月10日，肥东县桥头集镇欢乐森林景区举办“星光幻影艺术节”活动 （罗祥勇/摄）

2022年11月，庐江县矾山镇乐华村千亩蓝莓叶由绿变黄，由黄变红，一幅色彩斑斓的乡村生态画卷跃然眼前 （张正朋/摄）

2022年11月5日，合肥成功入选“国际湿地城市”，成为全球43个“国际湿地城市”、我国13个“国际湿地城市”之一。图为十八联圩湿地　　（宋炎骏/摄）

2022年，合肥市完善环巢湖河口湿地生态系统，为城区一汪清水入巢湖提供关键“生态屏障”。图为十五里河河口湿地　　（郭如琦/摄）

2022年8月，合肥市全面启动巢湖蓝藻防控攻坚战。图为塘西河藻水分离港 （王世保/摄）

2022年8月，包河区义城街道夕阳红志愿服务队在巡河护水、打捞漂浮物。该志愿服务队队员平均年龄65岁，多为熟悉湖情的老党员、老渔民 （郭如琦/摄）

2022年10月22日，金黄色的夕阳洒满巢湖湖滨国家湿地公园，上千只野鸭悠闲地在水面上戏水、觅食 （张大岗/摄）

2022年8月，庐江县乐桥镇大堰塘中心的鹭岛。近年来，随着生态环境的不断改善，陆续有鹭鸟飞到这座人工建成的小岛上栖息，多时近2万只 （张正朋/摄）

2022年11月27日，国家一级保护动物东方白鹳在庐江县黄陂湖湿地浅滩嬉戏、觅食　　（左学长/摄）

2022年11月22日，环巢湖十大湿地—半岛国家湿地公园　　（王世保/摄）

生态建设

2022年5月23日，庐江县白湖镇白湖社区大田里，农业机械正在小麦收割后的农田打捆麦秸，回收利用
（左学长/摄）

2022年，合肥市打好蓝天保卫战，不断加大空气污染防治力度，空气质量持续改善，“合肥蓝”抬头可见。图为杏花公园云卷云舒
（郭如琦/摄）

2022年9月15日，庐江县矾山矾矿山体修复工程　　（王世保/摄）

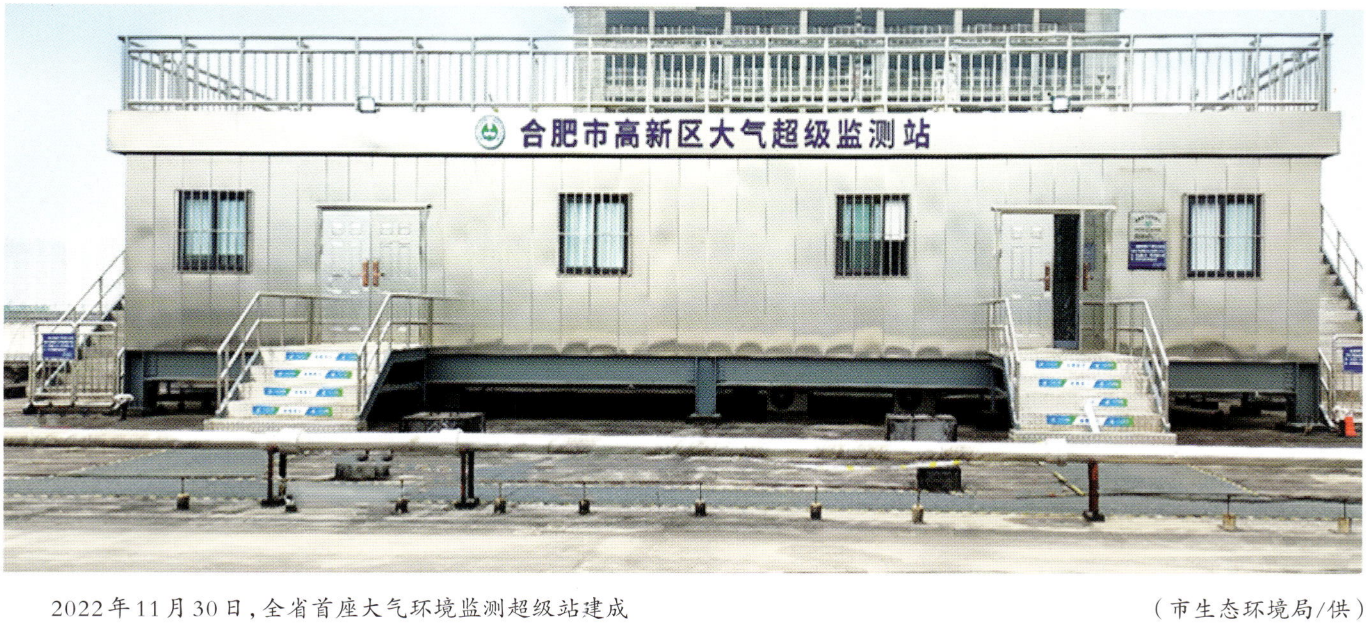

2022年11月30日，全省首座大气环境监测超级站建成　　（市生态环境局/供）

2022年2月14日，“工会送岗位 乐业在江淮”安徽省暨合肥市总工会就业援助招聘会在安徽建筑农民工创业孵化园举办　　（市工商联/供）

2022年，合肥市出台就业促进工程实施方案。图为“招才引智进高校”活动现场　（范家生/摄）

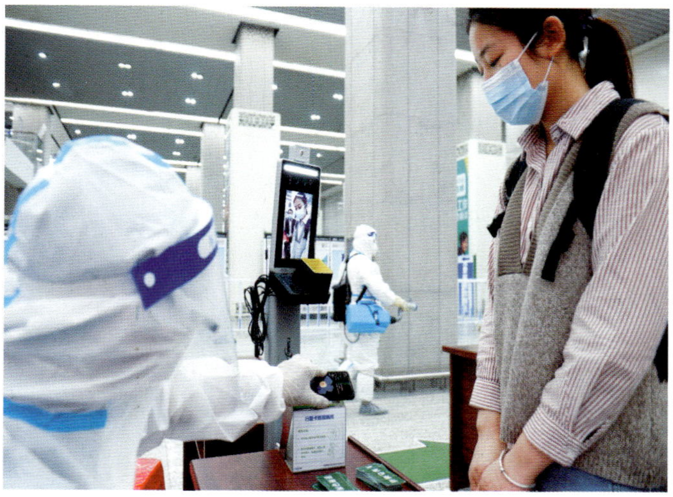

2022年5月13日，合肥高铁南站北出站口，工作人员通过“电子哨兵”设备对旅客进行双码联查　　（杨凤炆/摄）

2022年，合肥市广大党员和志愿者深入基层一线，主动参与疫情防控志愿服务　　（市委史志室/供）

2022年6月7日，公安交警为高考保驾护航　　（王世保/摄）

2022年6月8日，环卫工人等户外劳动者在包河区方兴社区总工会幸福驿站里休息（张大岗/摄）

2022年6月16日，合肥学院和大众集团合作培养的首批“种子工程师”顺利毕业（合肥学院/供）

2022年7月26日，合肥一中瑶海校区举行启动仪式（市教育局/供）

2022年9月15日，合肥市儿童福利院老师带着残障儿童做康复训练　　（苏　玲/摄）

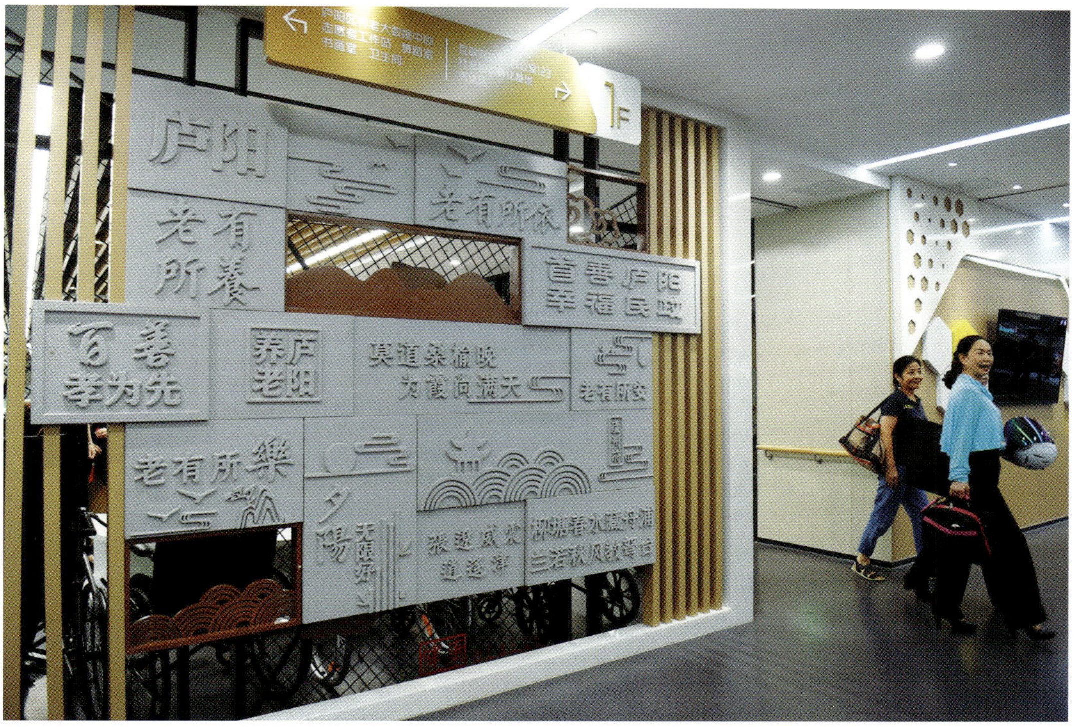

2022年，庐阳区养老服务指导中心引入养老商业综合体理念，一站式解决老年人医康养乐护等全方面服务需求。图为9月15日，老年人在养老服务指导中心参加娱乐活动　　（苏　玲/摄）

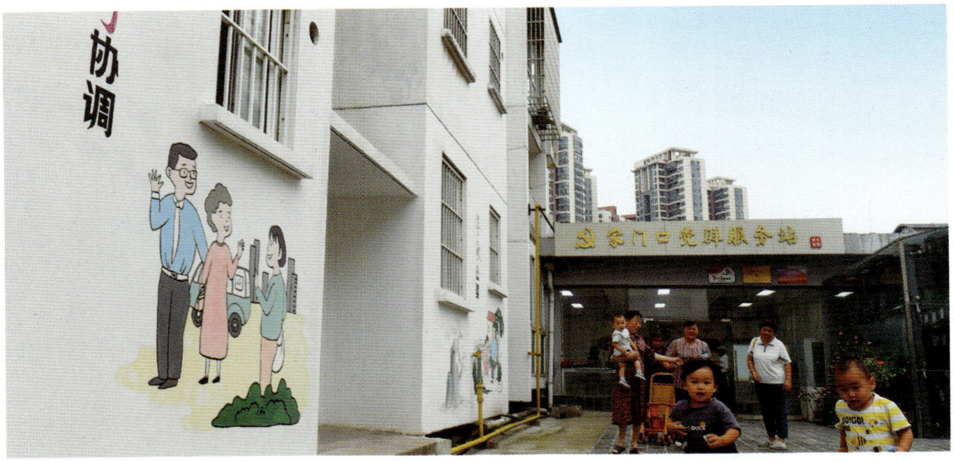

瑶海区长淮街道打造的宝文花园居民活动中心，是居民“家门口党群服务站”，该站也是合肥市第一家正式挂牌的小区居民活动中心。图为2022年9月15日，居民在活动中心休闲娱乐（苏 玲/摄）

2022年10月31日，坐落于中国科学技术大学附属第一医院（安徽省立医院）北区南地块的上海市第六人民医院安徽医院开诊试运行（郭如琦/摄）

2022年，合肥市基本建成棚改安置房2.12万套。图为合肥经开区红莲园（市房产局/供）

目 录

图 照

专 记

大事记

合肥概览

中国共产党合肥市委员会

合肥市人民代表大会

合肥市人民政府

中国人民政治协商会议合肥市委员会

中国共产党合肥市纪律检查委员会合肥市监察委员会

军 事

民主党派与工商联

群众团体

法　治

改革开放

生态建设与环境保护

工 业

民营经济

信息产业与信息化

农业农村

商贸服务业

交通　邮政

自然资源和规划

城乡建设与管理

建筑业与房地产业

财政　税务

金　融

经济监督与管理

应急管理

科　技

教 育

文化 旅游 传媒

卫生健康

体 育

乡村振兴

社会民生

经济开发区

县（市）区概览

人　物

附　录

索　引

Catalogue

专 记

合肥市学习宣传贯彻党的二十大精神

2022年，全市上下喜迎党的二十大胜利召开，衷心拥护“两个确立”，忠诚践行“两个维护”。市委把学习宣传贯彻党的二十大精神作为首要政治任务，坚持边学习领会、边梳理举措、边推动落实，做到与时俱进、知行合一、笃信笃行。市领导带头开展宣传宣讲和调查研究，全市组织各级各类宣讲4100多场、受众110多万人次。市委出台学习宣传贯彻《总体方案》《任务清单》《决定》，确保各项工作始终沿着总书记指引的方向前行。

党的二十大报告在全市各条战线党员干部群众中引发热烈反响

10月16日，市委、市人大常委会、市政府、市政协负责同志在市政务中心集中收看党的二十大开幕会，认真聆听习近平同志代表第十九届中央委员会向大会所作的报告。当天上午，全市各级各部门，在肥高校、科研院所及企业等各条战线都通过各种形式，组织党员干部群众收听收看党的二十大开幕会。

从蜀山之麓到巢湖之滨，从机关单位到生产车间，从小区广场到田间地头……党的二十大报告在全市各条战线的党员干部群众中持续引发热烈反响。

市委办公室干部职工纷纷表示，报告思想深刻、内涵丰富，鼓舞人心、催人奋进，将对标对表党的二十大作出的新战略、新部署、新要求，做到内化于心、外化于行，坚定不移衷心拥护“两个确立”、忠诚践行“两个维护”，遵循“五个坚持”，做到“三个务必”，以更加昂扬向上的精神状态，忠诚尽职、踔厉奋发，以高度的责任感和使命感推动“三服务”事业高质量发展。

认真聆听报告后，长丰县广大党员干部群众无比振奋、备受鼓舞。大家纷纷表示，在今后的工作中，将认真学习宣传贯彻党的二十大精神，立足本职岗位，踔厉奋发、勇毅前行，全面做强、奋勇争先，早日从“百强”迈向“共富”，谱写“两新一示范”建设新篇章，以实际行动为全面建设社会主义现代化国家、全面推进中华民族伟大复兴贡献力量。

“党的二十大报告为我们今后工作指明了方向。”市经信局工业互联网处负责人深有感触。十年来，合肥一手抓传统产业转型升级，一手抓战略性新兴产业发展壮大，着力提升制造业核心竞争力。未来，合肥市将继续实施工业互联网创新发展战略，坚持“建平台、用平台”双轮驱动，加快培育一批特色鲜明、赋能有力、竞争力强的“工赋”平台，着力推进制造业向智能化、数字化转型升级，推动工业经济实现质的有效提升和量的合理增长。

坚持边学习、边梳理、边落实，全面深入学习贯彻党的二十大精神

10月26日，市委召开传达学习党的二十大精神大会，省委常委、

市委书记虞爱华主持会议并按照原原本本学的要求，作解读式传达，部署安排全市学习宣传贯彻工作。强调要把学习宣传贯彻党的二十大精神作为当前和今后一个时期的首要政治任务，坚持边学习、边梳理、边落实，全面、系统、深入学习，完整、准确、全面领会。要在全市上下迅速兴起学习宣传贯彻热潮，并统筹抓好经济发展、疫情防控、安全稳定、民生保障等各项工作，以实实在在的工作成效检验学习贯彻成果。

在全面学习、全面把握、全面落实上下功夫。

市委传达学习党的二十大精神大会召开后，市政府召开党组扩大会议，全面落实市委部署安排，研究市政府党组和全市政府系统贯彻落实工作。强调要紧密结合合肥发展实际，把全面落实现代化建设各项任务贯穿到政府工作全过程各方面，确保党的二十大精神在合肥落地生根。要坚持以推动高质量发展为主题，全面把握党的二十大作出的各项战略部署，勇当科技创新和产业创新开路先锋，统筹城乡融合和区域协调发展，加快建设改革开放新高地，全力打造巢湖最好名片，不断提高人民生活品质，全面提升政府服务效能，奋力建设“五大名城”，为全面建设社会主义现代化国家、全面推进中华民族伟大复兴贡献合肥力量。

市人大召开常委会会议，落实市委统一部署，制定学习方案，周密组织安排，迅速掀起学习宣传贯彻党的二十大精神热潮。强调要组织代表深入基层开展宣讲活动，切实把党的二十大精神讲清楚、讲明白，让群众听得懂、好落实。要紧扣中国式现代化谋划推进人大工作，在主动融入大局、服务大局中发挥职能作用、贡献人大力量。

市政协召开党组扩大会议，全市传达学习党的二十大精神大会主要精神，部署安排市政协学习宣传贯彻工作。强调要坚持边学习、边梳理、边落实，围绕党委政府中心工作，坚持发扬民主和增进团结相互贯通、建言资政和凝聚共识双向发力，发挥好人民政协专门协商机构作用，自觉把党的二十大作出的重大决策部署付诸行动、见之于成效，以高质量履职服务合肥高质量发展。

让党的二十大精神在合肥落地生根、开花结果。

11月6日，省委常委、市委书记虞爱华深入合肥经开区重点园区和企业，围绕贯彻落实党的二十大精神开展宣讲并进行专题调研。虞爱华走进新桥智能电动汽车产业园，与蔚来汽车企业负责人深入交流，详细了解生产经营情况，并前往华侨城国际小镇及电子信息企业，实地察看项目建设进展。调研中，虞爱华要求，要盯紧抓实高质量发展这一首要任务，用好科技第一生产力、人才第一资源、创新第一动力，牵住“牛鼻子”、攻克“卡脖子”，着力提升产业链供应链韧性和安全水平，依靠顽强斗争打开事业发展新天地。

11月12日，市委副书记、市长罗云峰深入肥西县山南镇宣讲党的二十大精神，并调研乡村振兴工作。调研中，罗云峰主持召开座谈会，与基层党员、干部、村民代表深入交流，宣讲党的二十大精神。强调要牢记粮食安全“国之大者”，加快推进“两强一增”行动计划，深化“小田变大田”等改革，集中连片系统推进高标准农田建设，培育壮大乡村特色产业，全面推进乡村振兴，建设宜居宜业和美乡村。

同日，合肥市印发《市政府负责同志学习宣传贯彻党的二十大精神服务重点企业重点项目促进经济社会高质量发展专项行动工作方案》，由市政府负责同志领衔负责，深入基层一线，宣讲党的二十大精神，开展专题工作调研，服务重点企业发展，保障重点项目建设，切实把学习贯彻成果转化为服务经济社会高质量发展的实际成效。

11月23日，合肥市学习贯彻党的二十大精神市委宣讲团动员会召开。强调要充分认识做好党的二十大精神集中宣讲的重大意义，紧贴合肥改革发展实际和生产生活实践，全面准确深入宣讲，既阐释好怎么看，又讲清楚怎么办，引导广大干部群众衷心拥护“两个确立”、忠诚践行“两个维护”，让党的二十大精神在合肥落地生根、开花结果。

全市社科界当好理论宣讲宣传“主力军”，举办第五届“举旗帜·送理论”微宣讲比赛。参赛选手将党的二十大精神与本地发展实践、群众身边事例、自身工作实际有机结合，用“小故事”反映“大时代”，以“小切口”解析“大道理”，用

“百姓话”讲活“新思想”，将党的二十大精神讲清楚、讲透彻、讲鲜活，让党的创新理论更加深入群众、深入人心。

12月18日，全市领导干部学习贯彻党的二十大精神集中轮训班开班。省委常委、市委书记虞爱华出席并作专题报告。要求生逢盛世，当不负盛世，生逢其时，当奋斗其时，用具体实践体现贯彻党的二十大精神的实际成效。

12月28日，中国共产党合肥市第十二届委员会第五次全体会议审议通过《中共合肥市委关于深入学习贯彻党的二十大精神奋力谱写中国式现代化合肥篇章的决定》，强调要对标对表不走样，完整、准确、全面贯彻党中央决策部署，坚定不移紧跟总书记、奋进新征程、建功新时代。要知重负重不畏难，坚持全市一盘棋，紧盯高质量，增强执行力，在新的赶考路上考出更好成绩。要创新创造不停步，让创新成为城市最鲜明气质、干部最可贵品质。要为民利民不懈怠，把事关千家万户的千头万绪的具体事落实好，在推动高质量发展中创造高品质生活。要任劳任怨不怕苦，着力增强防风险、迎挑战、抗打压能力，为合肥高质量发展再立新功、再立大功。

2022年，市委以喜迎党的二十大召开、学习宣传贯彻党的二十大精神为主线，带领全市上下高效统筹疫情防控和经济社会发展，统筹发展和安全，勇当科技和产业创新开路先锋，纵深推进全面从严治党，经受了很多前所未有的考验，遭遇了很多突如其来的挑战，办成了很多看似不可能的事情，实现了多项超过预期的目标，奋力在现代化美好安徽建设中打头阵、挑重担、当主力、作贡献。全市实现地区生产总值(GDP)12013.1亿元、增长3.5%，增速居全国24个地区生产总值超万亿元城市第6位，连续7年每年跨越一个千亿台阶。一般公共预算收入扣除留抵退税因素后增长10.4%、本外币贷款余额增长16.1%，均居地区生产总值超万亿元城市首位。规上工业增加值增长6.3%，居地区生产总值超万亿元城市第3位。进出口总额增长8.6%、固定资产投资总额增长9.1%，均居地区生产总值超万亿元城市第5位。

（方　志）

合肥市勇当科技创新的开路先锋

创新是引领发展的第一动力。

党的十八大以来，习近平总书记两次考察安徽、亲临合肥，都对科技创新作出重要指示。

沿着习近平总书记指引的正确方向，合肥坚持“四个面向”，深入实施创新驱动发展战略，大力建设创新型城市，取得了一系列突破性进展和标志性成果。

十年，弹指一挥间。如今之合肥，主要创新指标稳居省会城市第一方阵，跻身全球科研城市榜前二十、世界区域创新集群百强、国家创新型城市十强，综合创新实力显著提升。

强化国家战略科技力量

2022年7月27日，搭载“力箭一号”运载火箭，由合肥国家实验室牵头研制的世界首颗量子微纳卫星“济南一号”成功发射。

“济南一号”的目标是在世界上首次实现基于微纳卫星和小型化地面站之间的实时星地量子密钥分发，为构建低成本、实用化的天地一体化广域量子保密通信网络奠定基础。位于合肥高新区的科大国盾量子技术股份有限公司参与负责“济南一号”地面应用系统、小型化地面站的研制、建设和运行。

过去十年，科大国盾量子助力我国量子通信完成从“跟跑”“并跑”到“领跑”全过程，是合肥坚持抓前沿布局，强化国家战略科技力量的一个缩影。

十年来，重大科技基础设施加速布局。全超导托卡马克、同步辐射光源、稳态强磁场实验装置性能不断提升，聚变堆主机关键系统综合研究设施、未来网络试验设施加快推进，高精度地基授时系统、合肥先进光源等5个装置计划年内开工……目前全市已有、在建和预研大科学装置12个，集聚度居全国领先水平。

十年来，重大创新成果不断涌现。热核聚变、墨子传信、九章计算等一批具有国际领先水平的前沿科技成果相继问世，在新能源汽车、集成电路、生物医药等产业技术领域取得一批重要突破。2012年以来，合肥累计9项成果入选科技部评选的年度“中国科学十大进展”，78项成果获得国家科学技术奖。

十年来，各类重要研究平台加快建设。类脑智能技术及应用国家工程实验室、合肥先进计算中心、合肥离子医学中心投入运营，多语种智能语音语言技术及国产化平台、中科院临床研究医院等进展顺利。截至2022年7月，在建及建成交叉研究平台达28个。

创新十年，一项项科技成果，一个个研究平台……让合肥人体会着经历艰辛之后的丰收喜悦，为合肥科技事业的生动实践写下精彩注解。

健全成果转化应用体系

科技创新的使命在于“从0到1”的原始突破，更在于“从1到N”的应用转化。然而，科技成果转化却是世界难题。

难干也得干！合肥深化与大学大院大所大企合作，共建协同创新平台32个，搭建起一座座科技成果转化的“金色桥梁”。

十年来，中科大先研院、合工大智能研究院、清华合肥公共安全院……一个个产学研平台拔地而起，让越来越多的科研成果从“实验室”加速走向“应用场”。

目光转向巢湖北岸，全国首个创新主题场馆——安徽创新馆也给出了合肥探索。这里，除了全方位展示安徽创新成就，还搭建起科技信息、资源、成果等交易的“网上商城”。高校院所有科研成果、企业有技术需求，通过场馆交易平台线上发布后，管理人员线下撮合，省市投资基金同步跟进。

开馆3年来，安徽创新馆累计举办科技成果转化活动220多场，发布科技成果近2000项，促成科技成果转化项目金额近400亿元，服务企业超8000家次。

十年来，聚焦科技成果转化中的难点、堵点和痛点，合肥还建立了全链条、闭环式的科技成果转化模式。

如何发现成果？合肥组建4个科技成果转化专班，常态化登“门”（校门）入“室”（实验室）对接高校院所，建立可转化科技成果库，截至2022年7月已摸排成果397项，其中已成立公司成果70项，意向成立公司112项。

如何更好转化？合肥设立总规模5亿元的种子基金，投早、投小、投自主，起到对高校院所科技成果转化“第一撬动力”作用，截至2022年7月，已支持成果转化项目23个；打造各类孵化转化载体，累计建设科技企业孵化器和众创空间207家，其中，国家级52家；壮大技术经纪人队伍，开展全市科技系统技术经纪人培训全覆盖，着力提高服务科技创新和成果转化能力。

如何加速应用？合肥突出重点领域、先试先用，打造首批155个新技术新产品新模式示范应用场景，首创建立场景创新中心，并谋划通过政府单一来源采购方式支持“三新”“三首”产品本地优先应用，加快科技成果就地应用。

在合肥，科创优势正加速汇聚成发展胜势。

数据显示：2012年以来，合肥国家级高企由615户增长到4578户、增长了6.4倍。

如今的合肥，“芯屏汽合”“急终生智”地标产业加速壮大，创新链、产业链、人才链、政策链、资金链深度融合，各类市场主体“万类霜天竞自由”。

优化创新创业发展生态

创新之道，唯在得人。截至2022年7月，合肥汇聚各类人才超200万人，其中已认定高层次人才1.4万余人……这里，正在成为各方英才追梦之处、筑梦之地、圆梦之城。

科技创新越是发展，越是需要一个良好生态。如何提升创新生态，更好激发人才创新创造活力？十年来，合肥强力推动科技体制机制改革，最大限度释放科技创新潜能，努力让每一个创新者都能找到承载梦想的土壤，让每一家创新企业都能长成参天大树。

近年来，合肥科技体制改革全面发力、多点突破、持续向纵深推进。

——颁布《合肥市科技创新条例》，从法治层面优化科技资源配置。

——推进建立科研人员参加活动负面清单。

——树立“科技即产业”发展理念，成立市委科技创新委员会，充分发挥统筹协调职能，建立横向协同、纵向联动的科技工作机制，构建全市“一盘棋”推进创新驱动发展的“大科技”格局。

——采用“揭榜挂帅”科研项目立项和实施方式，着力解决重点领域难题、关键共性技术问题。

——强化政贫资金引导，逐年修订调整支持科技创新政策，聚焦科技成果转化、企业研发攻关、创新平台建设等关键环节，运用“借转补”、科技金融等方式，加大资金支持力度，最大限度地引导和激发各类创新主体提升科技创新能力。2021年全市财政科技支出174.1亿元，较2012年增长6.7倍。

投资人才就是投资未来。在2021年2月召开的全市科技创新大会上，合肥给予杨金龙、叶向东、陆夕云、吴宜灿、俞书宏等5位院士每人补助经费200万元，用于科学研究和改善生活。同时分别给予中国科大、中科院合肥物质科学研究院2000万元、500万元经费奖励，用于开展科研攻关、团队建设和人才培养。

用心专注、贴心服务、悉心呵护，良好的人才环境，让更多人才在茫茫人海中多看合肥一眼，对合肥既能“一见钟情”又能“日久生情”，让“养人之城”更养人、“创新愉快”更愉快！

促进开放创新合作共赢

当前的创新是开放环境下的创新，必须聚四海之气、借八方之力，实施更加开放包容、互惠共享的国际科技合作战略。

十年来，合肥坚持以开放的胸怀拥抱科技创新，厚植创新文化，充分释放各类主体的创新创业活力。

开放创新，合作才能共赢。面向国际，合肥积极加强与欧美国家的科技合作，深度参与国际热核聚变堆（ITER）、平方公里射电望远镜等国际大科学工程建设，依托全超导托卡马克等大科学装置，在肥发起组建国际聚变能联合研究中心、中俄大气光学联合研究中心、“一带一路”超导质子及核能应用标准联盟等国际组织，集聚世界领先研究力量，共同开展科技攻关。

在国内，合肥紧紧把握长三角区域一体化发展上升为国家战略的重大机遇，积极参与建设长三角科技创新共同体，服务国家发展大局，推动与北京怀柔、粤港澳大湾区综合性国家科学中心对接合作。同时突出与上海张江综合性国家科学中心的合作，实施“两心同创”，两地共同签署《上海张江安徽合肥综合性国家科学中心战略合作协议》，共建国家实验室，并在量子信息、核聚变、类脑等多个领域开展合作攻关。

近年来，合肥获批国家级“一带一路”联合实验室2家，建设国际科技合作基地52家，其中国家级14家。协同推进长三角G60科创走廊建设，挂牌成立首个G60科创走廊产业合作示范园区，截至2022年7月累计建设G60科创走廊产业合作示范园区4家、产融结合高质量发展示范园区2家。同时搭建科学仪器设备共享平台，集聚2000多台（套）科学仪器设备信息，总价值超16亿元，面向社会开放共享。

创新，是一场不凡的征途。如今的合肥，已然身处更高维度的发展机遇之中、更广阔的舞台之上。踏上新征程，合肥将满怀创新激情，永葆奋斗韧劲，勇当科技和产业创新的开路先锋，争当享誉全球的科创名城，为国家实现高水平科技自立自强作出更大贡献。

（葛清政）

合肥市勇当产业创新的开路先锋

2020年8月，习近平总书记在考察安徽、亲临合肥时指出，要深刻把握发展的阶段性新特征新要求，坚持把做实做强做优实体经济作为主攻方向，一手抓传统产业转型升级，一手抓战略性新兴产业发展壮大，推动制造业加速向数字化、网络化、智能化发展，提高产业链供应链稳定性和现代化水平。

党的十八大以来，合肥市坚决贯彻落实习近平总书记重要讲话指示精神和党中央、国务院的决策部署，完整准确全面贯彻新发展理念，深化供给侧结构性改革，着力提升合肥制造业核心竞争力，加快建设具有国际竞争力的先进制造业基地，勇当产业创新的开路先锋。

十年来，作为全国重要的现代制造业基地，合肥市先后获批“中国制造2025”试点示范城市、国家两化融合试验区等国家级荣誉。战略性新兴产业发展（2017～2021年）、工业稳增长（2017、2020年）连续五年共七次获得国务院表彰激励，在赛迪顾问发布的2021先进制造业百强市中列第11位。

制造业发展量质齐升

光伏逆变器是一种由半导体器件组成的电力调整装置，主要用于把直流电力转换成交流电力。经其转换后的交流电，电压、频率与电力系统交流电的电压、频率一致，并跟踪光伏阵列的最大输出功率，将其能量以最小的变换损耗、最佳的电能质量馈入电网，对光伏系统发电量至关重要。

位于合肥高新技术产业开发区的阳光电源的当家产品之一正是光伏逆变器。权威数据咨询机构IHSMarkit公布了2021年全球光伏逆变器企业出货量Top10排名，阳光电源以47GW的成绩摘下全球第一的桂冠。阳光电源的足迹已遍及全球150多个国家和地区。

“合肥造”光伏，在海外市场持续火热。这家“追光者”的优秀成绩，只是合肥工业如日方升景象的一个缩影。数据显示，2012～2021年，全市规模以上工业增加值保持年均12.2%的中高速增长，年均增速高于全国（6.3%）近6个百分点。其中2021年规上工业增加值增长19.6%，居省会城市第2位、长三角主要城市第2位、GDP相近城市第1位。

2022年上半年，合肥积极应对各种超预期因素影响，工业经济呈现企稳回升态势，规上工业实现增加值同比增长4.5%，居长三角8座万亿GDP城市第3位，经济发展“压舱石”的作用显著。

“压舱石”的动力来源于哪里？

十年来，重点工业项目接续有力，托起合肥工业向上生长。京东方三条高世代生产线、晶合12英寸晶圆、维信诺AMOLED6代线、蔚来汽车总部、比亚迪整车生产基地、协鑫集成等一大批牵动性强、引领产业发展的重大工业项目相继落地，推动平板显示及电子信息、光伏、新能源汽车等产业快速形成具有竞争力的产业体系。2012～2021年，工业投资年均增长12.1%，高于全国（5.9%）6.2个百分点，技改投资年均增长13.3%。

坚持工业立市、产业强市战略不动摇，合肥的产业总体实力显著增强。全市已拥有37个工业行业，200多个工业门类，2000多种大宗工业产品，高技术制造业增加值占全市工业比重由2012年的9.4%提升到2021年的31.9%，平均每年提升2个百分点，居全国城市第一方阵。

值得一提的是，合肥市的产业集群集聚示范效应显著增强，拥有家电、智能语音、平板显示、新能源汽车等4个国家新型工业化产业示范基地，数量居全国城市前列；家电“四大件”产量连续10年居全国城市首位，市场份额占全国1/10，其中洗衣机、电冰箱占全国近四分之一。累计培育国家制造业单项冠军11家、国家专精特新“小巨人”企业61家、省级专精特新中小企业573家，国家专精特新“小巨人”数量居省会城市第六位。

更多企业主体，释放发展动能。规上工业、制造业研发投入强度分别由2012年的2.78%、0.98%提升到2020年的3.52%、2.39%，高于全国平均水平近1倍，居全国城市前列。协同创新体系更趋完善，累计获批省级以上制造业创新中心

22家，其中智能语音获批国家级制造业创新中心；建成省级以上企业技术中心388家，较2012年增长2.2倍；其中国家级企业技术中心52家，较2012年增长近1倍；培育国家级服务型制造企业和平台13个，国家级工业设计中心10家，居全国城市第3位。

“合肥智造”精彩纷呈

长虹美菱发布新品冰箱M鲜生618WQ5D和两款京东五星专供冰箱，在“33天玫瑰、33天鲜肉”保鲜的基础上，凭借F+新鲜度检测技术实现对超保鲜期食材的“精准识别”功能，给出了食材全周期保鲜的全新答案。

在“智改数转”的新浪潮下，合肥制造业如何筑势赋能？十年来，合肥持续实施技术改造力促产业转型升级，推动“合肥制造”向“合肥智造”加速跃升。

数据显示，合肥的两化融合发展水平跃升，2021年发展水平指数较2015年提高近10个百分点；关键工序制造设备数控化率达到59.4%，比2015年提高约20个百分点，超过长三角城市平均水平。

“灯塔工厂”，作为智能化时代“最先进的工厂”，有着智能制造“奥斯卡”之称，是一座城市在全球“智造”领域领先地位的有力印证。

2020年，世界经济论坛发布了新一轮制造业领域“灯塔工厂”名单，联合利华合肥工业园凭借其高度自动化、智能化、灵活性、可持续性的管理与运作入选，实现合肥市乃至安徽省“零的突破”。作为联合利华全球最大的生产基地，合肥工业园的智能化水平已达到了90%，在生产、仓储、交付等全环节实现了智能的供应链管理。2022年，喜讯再度传来：美的洗衣机合肥工厂成为合肥市第二家“灯塔工厂”。

从“制造”到“智造”，合肥不断加码数字化赋能的智能发展之路，数字经济核心产业发展提速，发展水平居全国城市第一方阵。2021年实现增加值占GDP比重约10%，工业软件、大数据、人工智能等产业发展势头强劲，在CAE/EDA工具软件、机器人操作系统等基础领域具备一定核心优势。

截至2022年7月，合肥拥有2家全球“灯塔工厂”，累计获批省级智能工厂25家、数字化车间175个，累计培育重点工业互联网平台30余家，连接工业设备超200万台（套），其中讯飞图聆工业云入选国家级跨行业跨领域工业互联网平台，合力FICS等4家平台入选国家级特色专业型平台，上云企业累计超过1.5万家，372家企业通过国家两化融合管理体系贯标评定，累计为1000多家企业提供智能制造诊断服务。

新基建，正在为产业发展开启无限可能。合肥的信息基础设施升级加快，累计建设5G基站1.5万余个，市、县主城区和重点中心镇实现5G网络信号全覆盖，建成全省首条国际互联网数据专用通道，上线工业互联网标识解析二级节点2个。

“合肥智造”展示非凡魅力，绿色发展则绘就产业强市的鲜明底色。

走进位于合肥经济技术开发区的海尔工业园，宽敞有序的生产车间内，一件件空调、冰箱等组件如流水般运送，技术人员在生产线边忙碌作业。车间外的大屏上不时有数字跳动，那是海尔智慧能源总控平台，实时监测着整个园区的电耗、水耗、气耗等。

2021年，海尔工业园比上年节约900多万度电、26万吨水、标煤0.11万吨，减少污水排放3.6万吨，减少二氧化碳排放0.29万吨。

一个个像海尔工业园一样的企业，造就了合肥产业发展的“绿意盎然”。十年来，合肥坚持把引导工业绿色低碳循环发展作为关键点，集约高效，持续发展。大力推进节能降耗、淘汰落后产能、资源循环利用和绿色制造，走绿色低碳循环发展之路，工业绿色发展成效显著，为实现“碳达峰碳中和”战略目标打下坚实基础。

数据显示，工业节能降耗成效显著，2012～2021年，全市单位工业增加值能耗累计下降66.76%，其中2021年全市单位工业增加值能耗同比下降12.2%。绿色低碳转型成效明显，累计创建国家级绿色工厂17家、绿色园区1家、绿色供应链管理企业5家，省级绿色工厂45家。推广新能源汽车由2013年的0.3万辆增加到2022年的8万辆。

放眼未来，这座城市还有着更宏大的梦想——未来几年，合肥市将继续坚持工业立市和制造强市战略，深入推进先进制造业“24333”工程（新一代信息技术、新能源汽车2个五千亿级，智能家电、装备制造、节能环保、光伏及新能源产业4个两千亿级，新材料、生物医药、食品及农副产品加工3个千亿级），推动制造业增加值占国内生产总值比重达到25%，全省首位度提升到25%，培育十条左右国内领先产业链，制造业提质、扩量、增效取得明显成效，努力打造具有全国重要影响力的制造业高地和新兴产业集聚的产业名城。

（赵俊松）

合肥市昂扬向上，十年综合实力跃上新台阶

十年来，合肥市综合实力跃上新台阶，科技创新、新兴产业、生态文明建设、改革开放和民生保障等方面都取得了历史新跨越。

经济总量持续跃升

2012年至2021年，合肥市撸起袖子加油干，一步一个脚印走出自己的发展之路。2020年，合肥生产总值首次突破万亿大关，成功跻身“GDP万亿城市俱乐部”。

十年间，从总量看，地区生产总值从2012年的4167.98亿元增加到2021年的1.14万亿元、增长2.7倍，连跨七个千亿元台阶，全国排名上升至第19位，十年前进13位。从增速看，地区生产总值年均增长9.1%，高于全国、全省2.4和0.7个百分点。

从位次看，2021年，GDP总量在省会城市中居第9位，比2012年前移6位；在全国城市中居第19位，前移13位。从首位度看，2021年，全省首位度比2012年提高3.9个百分点，达到26.6%，对全省经济增长的贡献率达29.2%。此外，人均地区生产总值突破12万元，较2012年增长2.2倍。

经济总量走高向好，县区实力也持续跃升。2021年，合肥高新技术产业开发区综合排名居全国第8位、连续八年稳居前十，合肥经济技术开发区综合排名上升至全国第10位，合肥新站高新技术产业开发区成为世界级新型显示产业基地。肥西县成为全省首个“千亿县”，肥东县、肥西县、长丰县全国百强位次不断前移，巢湖市、庐江县全省十强位次巩固提升，连续跻身“全国投资潜力百强县”。包河区、蜀山区、庐阳区均实现总量过千亿、全国进百强。

十年来，合肥市财政收支总量保持较快增长，财政支出结构不断优化。据统计，全市一般公共预算收入由2012年的389.5亿元增加到2021年的844.2亿元，年均增长9.6%，在长三角城市中的排名由2012年第8位提升到第7位，在全国主要城市中的排名由2012年第22位提升到第20位；全市一般公共预算支出由572.3亿元增加到1223.7亿元，年均增长9.9%。

从合肥的十年“账本”中可以看到，全市累计筹集资金近5000亿元投入市级大建设，年均增长约16%，加速推进城乡融合发展，助力城市品质实现历史性提升。全市建成区面积从360平方千米拓展到500多平方千米、增长38%。常住人口近千万，城区人口突破500万、增长42%，城镇化率从65%提升至82.3%。骆岗公园、东部新中心、新桥科创示范区、大科学装置集中区、运河新城等五大片区全面建设，城市空间格局更趋优化。

交通枢纽能级提升。合蚌、合福、商合杭、合安、安九等高铁陆续建成通车，米字形高铁网直达23个省会（直辖市），通车里程、密度均居长三角首位。“一环八射多联”高速路网加速形成，高速通车总里程达482千米。新桥机场跻身长三角机场群重要区域枢纽。轨道交通里程达156千米，实现“5线联运、9线同建”，线网总客流近10亿人次。据统计，市财政累计投入大建设资金超3000亿元，包括累计投入902亿元支持轨道交通九线共建，在建里程178千米，已运营里程156千米，显著提升居民出行便利性。

乡村振兴战略全面实施。粮食产量稳定在300万吨左右，市级以上农业产业化龙头企业达到680家。建设美丽乡村中心村超600个，农村人居环境整治经验全国推广。农村公路总里程突破1.88万千米。据统计，全市投入农村公路建设150.3亿元，支持建成农村道路1.3万千米，实现全市农村行政村硬化路全覆盖；同时，投入城镇老旧小区改造56亿元，改造小区1265个，惠及136万人，群众居住环境和居住条件进一步改善。

十年来，合肥深入推进改革开放，高质量发展动力活力持续释放。

重点领域改革纵深推进。全市市场主体总量突破140万户，较十年前增长4.7倍。全面推进国资国企、招投标“评定分离”、工业用地“弹性容积率”等改革举措，国有资本引领战新产业发展、地方参与国家基础研究投入等改革举措成

为全国经验。

对外开放水平提升。获批建设安徽自贸试验区合肥片区、服务贸易试点市、跨境电商综合试验区和进口贸易示范区，与220多个国家和地区开展经贸合作，49家境外世界500强企业在肥投资。中欧班列开行突破2400列，2021年，中欧班列发运668列，是2016年的10倍以上。进出口总额年均增长超15%，总量居省会城市第8位。2021年，进出口总额514.6亿美元，是2012年的2.92倍，占全省的比重达48%，较2012年提高3.1个百分点。

区域合作扎实推进。全面融入长三角一体化发展，加入长三角G60科创走廊，挂牌5家G60科创走廊产业合作园区，与上海杨浦、杭州、宁波等合作不断深化。全面落实中部地区高质量发展战略，长江中游四省会合作持续深化。合肥都市圈上升为国家发展战略，2021年合肥都市圈以占全省45.4%的面积和50.1%的人口，贡献了全省63.6%的GDP、60.3%的一般公共预算收入和60.5%社会消费品零售总额。

创新动力持续奔涌

创新，是合肥的基因。十年来，合肥深入实施创新驱动，战略科技力量持续壮大。数据显示，十年来，全市科技支出由22.7亿元增加到174.1亿元，年均增长24.8%。2021年科技支出占一般公共预算支出比重达14.2%，在全国主要城市中位居前列。

这十年，合肥获批建设全国第二个综合性国家科学中心，首个国家实验室落户挂牌，已有、在建和预研大科学装置12个，能源、人工智能、大健康、数据空间研究院组建运行，国内首个深空探测实验室投入运行。

“悟空探秘”“墨子传信”“铁基超导”“九章计算”等一批国际领先重大原创成果相继问世，跻身全球科研城市榜前20位，世界区域创新集群百强。与大学、大院、大所、大企合作共建新型研发机构32家，打造国家“双创”示范基地4个。2020年全社会研发经费（R&D）353.48亿元，同比增长21.2%，研发投入强度3.52%，分别高于全国、全省1.12和1.24个百分点，居全国城市第8位、省会城市第3位、长三角城市第4位。

单丝不成线，独木不成林。在不断完善全过程创新生态体系方面，合肥一直在“植树造林”。全市高起点规划建设滨湖科学城，启动建设“科大硅谷”，建成全国首座以创新为主题的安徽创新馆，组建运行安徽科技大市场，成功举办首届中国（安徽）科交会……

国家级高新技术企业由2012年的615户增长到2021年的4578户，增长6.4倍，科创板上市企业14家，居省会城市第4位。立足发展所需、创新所需和人才所需，出台服务人才发展若干政策，全市汇聚各类人才超200万人。其中，高层次人才8000余人，在肥服务两院院士138人，每十万人口中拥有大学文化2.6万人，高于全国平均水平1.1万人。

十年来，合肥大力培育新兴产业，“芯屏汽合”“急终生智”成为现象级产业地标。

战新产业蓬勃发展。集成电路、新型显示器件、人工智能入选首批国家战略性新兴产业集群，智能语音入选国家先进制造业集群，大力发展战新产业连续五年获得国务院通报激励。京东方、维信诺、晶合、蔚来、比亚迪、中创新航等一批牵动性强、影响力大的龙头企业落户合肥。

全市规模以上工业中，战略性新兴产业产值增速始终快于规上工业，2012-2021年年均增长19.2%，占全市规上工业的比重由2012年的24.4%提高到2021年的54.9%，对全市工业增长贡献率由2012年的30.5%提高到2021年的71.6%。

规上服务业中，2021年高技术服务业企业663家，较2012年增长2.3倍，年均增长14%；实现营收896.69亿元，增长3.4倍，年均增长17.9%。

传统制造加速转型。累计培育智能工厂、数字化车间超1300个，1.7万家企业实现上云，国家级专精特新“小巨人”企业达61家，居省会城市第6位。百亿企业达13家，联宝成为全市首家“千亿制造企业”。

现代服务业提档升级。入选国家物流枢纽布局承载城市、首批国家骨干冷链物流基地、国家检验检测高技术服务业集聚区，成为长三角首个陆港型国家物流枢纽。世界制造业大会永久落户合肥。淮河路步行街获批国家第二批步行街改造提升试点。

十年来，合肥累计投入134亿元，支持20个综合性国家科学中心项目建设。其中，合肥国家实验室顺利挂牌，未来网络试验设施（合肥分中心）开通运行，合肥先进计算中心、合肥离子医学中心等投入运营；累计投入56亿元，支持16个市校合作平台建设，其中，中国科学技术大学先进技术研究院建设联合实验室66家，引进各类创新创业人才740人，包括国家杰青、长江学者等高端人才83人。

民生福祉成色提升

时间是最真实的记录者。

十年来，合肥始终牢记“国之大者”，人民群众获得感幸福感安全感持续增强。2021年，民生支出占一般公共预算支出比重达86.9%，较2012年提高11.3个百分点。

就业是最大的民生。十年来，合肥实施就业优先战略和更加积极的就业政策，落实就业扶持民生工程任务，2012-2022年6月，全市城镇新增就业累计超200万人。

截至2021年，全市城镇居民人均可支配收入53208元，同比增长10.2%，增速分别高于全国、全省2.0和1.2个百分点，在全省、全国省会城市、长三角27座城市中均位列第1位，较2012年（人均可支配收入25434元）增长109.2%。

2022年一季度，合肥市城镇居民可支配收入17046元，分别高于全国、全省3214元和4214元，总量暂居全省第一位；增速7.2%，分别高于全国、全省1.8、1.2个百分点。

“大众创业、万众创新”的大潮下，合肥创业带动就业成效显著。截至2021年12月，全市实有各类市场主体134万余户，同比增长18.25%。已创建国家级孵化基地2个，省级孵化基地43个，市级孵化基地70个，孵化各类创业组织（实体）15289个，累计吸纳就业11.06万人，孵化成功企业6808户，带动就业10.3万人。

十年来，社会保障覆盖面逐年扩大，覆盖城乡居民的社会保障体系已全面建成。截至2021年年底，企业职工基本养老保险参保266.11万人。同时，合肥市还加强对新业态从业人员的社会保障，率先将基层快递网点从业人员优先纳入单项参加工伤保险范围，扩大失业保险受益范围。“十三五”期间，各项保险参保人数较“十二五”末增加87万人次。

据统计，合肥十年来累计投入770.2亿元，切实保障困难群体基本生活，确保就业优先政策落实。城乡低保标准由2012年的城市320元/月/人、农村100元/月/人统一提高到2021年的806元/月/人；就业见习财政补贴由800元/月/人提高到1400元/月/人，促进新增就业198.4万人。

在教育方面，全市累计投入1458.6亿元，占全部民生支出的19.5%。新建改扩建中小学、幼儿园979所，增加学位76.6万个。先后建成合肥工业学校、合肥经贸旅游学校、合肥七中、十中、四中、特教中心、九中，以及合肥职业技术学院合肥校区等新校区并投入使用，有效保障优质教育资源持续扩大。

在医疗卫生方面，累计投入610.9亿元，基本公共卫生人均补助标准从25元/年/人提高到79元/年/人。重点支持市二院、市妇幼保健院西区等新院区建设，支持新增医疗卫生机构1436家（医院74家），增加床位3.43万张（医院床位3.12万张），全市医疗资源总量快速增长。医疗服务水平得到有效提高。

扎实推进平安合肥建设。合肥市入选全国第一批市域社会治理现代化试点市，群众安全感和政法机关满意度连续8年双提升。安全生产事故数、死亡人数连续6年“双下降”，连续三届蝉联全国文明城市荣誉称号、实现全国双拥模范城市九连冠。

十年来，合肥加强生态文明建设，环境质量得到显著改善。

巢湖综合治理成效显著。深入落实“一定要把巢湖综合治理好”嘱托，扎实推进中央、省生态环保督察问题整改，系统实施“五大工程”“四源同治”，稳步推进“山水林田湖草沙”一体化修复工程，环湖十大湿地建成9个，入选第二批国际湿地城市。国考断面达标比例由27.3%提高至100%，全湖平均水质由劣Ⅴ类转为稳定Ⅳ类。

重点领域污染防治深入推进。细颗粒物（$PM_{2.5}$）、可吸入颗粒物（PM_{10}）浓度连续七年“双下降”，2021年优良天气比例达85.8%，创有监测记录以来新高。重点土壤修复、废弃矿山治理有序推进，生活垃圾无害化处理率保持100%。

绿色转型持续加快。国家低碳城市和气候适应型城市建设试点扎实推进，单位GDP能耗效益居全国领先水平。成功申办第十四届中国（合肥）国际园林博览会，新增人工造林103.9万亩、公园游园237个，森林覆盖率达28.4%，较十年前增长1.7个百分点。

（黄紫燕）

合肥市2022年度疫情防控纪实

疫情就是命令，防控就是责任。2022年，合肥市坚决贯彻习近平总书记关于疫情防控工作的重要讲话和重要指示批示精神，始终坚持人民至上、生命至上，抓实抓细常态化疫情防控，以变应变、精准高效处置局部疫情，科学研判、精准施策，因时因势调整优化防控措施，有力有效"保健康、防重症"，较短时间实现从"乙类甲管"到"乙类乙管"的平稳转段，最大程度保护人民群众生命安全和身体健康，最大限度减少疫情对经济社会发展的影响。

国务院联防联控机制"新十条"措施发布前，市委、市政府主要负责同志亲自坐镇、靠前指挥，疫情处置始终坚持"动态清零"总方针不动摇，坚持露头就打、重兵合围、提级提速、快封快解，以变应变、精准高效处置多起突发带入性疫情，牢牢守住不发生规模性疫情的底线，实现"四个没有"（即没有封城停摆、没有物流停运、没有展会停办、没有考试停考），统筹疫情防控和经济社会发展取得重大积极成果。

坚持科学防疫
做到以快制快、以变应变

2022年以来，合肥市始终保持扁平化应急指挥体系高效运转。定期会商、随时会诊，先后召开145次"兵棋推演"视频会商短会，边复盘、边讨论、边改进，所有事项当场决策、当场解决、当场部署、当场落实，发布58期通告提示提醒，明确200多条针对性举措。坚持"一盘棋"，优化由市级领导任组长的13个工作专班，做到分兵把守、分类处置、分秒必争。坚持"一竿子到底"，所有指令直达一线，没有文来文去，不等层层请示批示，"压实基层"而不"压垮基层"，给予基层更大临机处置权，遇突发情况边处置、边报告。

全面提升常态化防控能力建设，组建集采样、转运、检测于一体的国有全资核酸检测机构，组建市、县两级"三公（工）联动"流调溯源专班，24小时合署办公，挖掘集中隔离点建设储备潜力，充分利用当时现有的酒店、宾馆及新建成和即将建成的公租房、人才公寓、安置房、寄宿制学校等，迅速扩充隔离资源。

坚持常态练兵与应急处置相结合。4月17日，针对可能出现的新冠肺炎聚集性疫情，开展代号为"雨前行动"的突发疫情应急处置实战演练，挑战极限测试，演练坚持问题导向，所有环节均围绕"全面、快速、精准、有序"解决问题模拟。4月18日，演练即转入实战，针对某医院发热门诊患者核酸检测初筛阳性情况，迅速采取应急处置措施，仅用2周时间成功处置突发疫情。

坚持精准防疫
不断优化疫情防控举措

2022年，合肥市全面落实"四早"（即早发现、早报告、早隔离、早治疗）要求，把核酸检测作为疫情早发现最重要、最经济的手段，构建"五检"预警体系。做好"落地检"，自2022年1月17日春运开始，在全国率先开展免费落地检，全市火车站、飞机场、客运站、高速道口等，均由副县级以上领导干部带队24小时值守，提供免费核酸检测服务，落地即采，即采即走，累计核酸检测3480万余人次，牢牢把住"入口关"。做好"跟踪检"，利用"大数据+社区摸排"、电子围栏等，及时摸排涉疫地区来（返）肥人员信息。做好"重点检"，结合实际确定重点人群，动态更新、应检尽检。做好"兜底检"，常态化开展区域核酸检测，因时因势调整频次，特别是每逢"节后"即开展全面筛查，重大活动、重要节假日结束后立即开展一轮"三天两检"。做好"出门检"，加强装修、维修、安装、保洁、家政、钟点工等进门入户从业人员管理，严格落实"出门检""进门查"（即每日早晨必须先采样、再出门，进门入户必须接受查验"两码"和24小时核酸报告）。

坚持快速流调溯源，迅速斩断传播链条。流调溯源专班合署办公，组建流调队伍，所有信息核查日清日结、事不过夜、落地查人。快速切断疫情传播链条，针对零星散发疫情，以最快速度溯源轨迹，锁定所有密接、次密接人群，最短时间控制病毒传播扩散，成功处置“3·21”“4·18”“10·19”“11·24”等突发疫情。如某市场发现阳性病例后，市疫情防控应急指挥部研判后立即发布通告，在继续保持正常运营情况下，对市场及周边相关区域采取强化管理措施，统筹全市力量加强流调工作，以最快速度把所有密接找到管住，迅速切断传播链条。

坚持差异化施策，防止无差别封控。一旦发现确诊病例，由市疫情防控应急指挥部提级管理，集中力量速战速决、“精准拆弹”，从“里三层”朝“外三层”封控、从“外三层”向“里三层”解封，差异化实施封控政策，做到“封得精准、管得到位、解得及时”。探索“管人不关店”措施，对风险人员活动轨迹涉及的商业综合体、超市等经过环境消杀后继续经营，最大限度减少对经济社会发展的影响。

坚持温暖防疫
人性化管理彰显城市温度

2022年，合肥市始终坚持“来的都是客人，返的都是家人”，用心用情服务来（返）肥人员，率先为大货车司机提供临时停车场并发放“温暖抗疫包”，为老弱病残孕幼等特殊群体设置交通场站特别通道，为需要帮助的乘客提供优先查验和检测服务；变隔离点为招才点、招工点，为隔离点5000多名大学生找到勤工俭学或就业岗位。一系列疫情防控暖心政策受到全国各类媒体广泛关注，5月23日，中央电视台《新闻1+1》栏目就《疫情中返乡，如何更“光明正大”》直播连线合肥市，为群众答疑解惑，宣传合肥诸多暖心防疫政策。

坚持细致入微保障群众需求。利用12345热线贴心解答群众关心的涉疫问题380余万个。及时发布疫情通告让市民随时知晓疫情动态，保障市民知情权。为封控区域群众发放免费暖心“蔬菜包”。首提参加区域核酸检测可以迟到早退或请假半天，线上教学期间双职工家庭可以1人请假照顾孩子。充分为考生未来考虑，全力保障5万余人参加的高等教育自学考试、7万余人参加的教师资格考试和近10万人参加的成人高考，坚决做到应考尽考；11月11日“二十条优化调整措施”发布后，合肥市针对群众关心的举办婚礼相关问题进行会商研判，明确在避免因集体聚餐活动带来疫情传播风险基础上，婚宴应办尽办。

坚持关心关爱特殊困难群体。开辟绿色通道5300余次，为急危重症和孕产妇等提供送药就医服务。对有发热症状的患者由社区疫防工作人员提供上门送药、采样、转诊等健康保障服务。对“八类特殊群体”（即独居老人、残疾人、精神病人、孤儿、留守儿童、孕妇、血透患者、癌症患者），常态化开展“敲门行动”，主动走访嘘寒问暖，专人包保紧急就医。如4月11日，服务保障在省外工作生活的孕妇邓某某和家人乘坐私家车返回庐江，邓某某在庐江顺利诞下1名女婴，取名“鲍庐恩”。10月24日，合肥某封控区1位二胎孕妇临产，家人紧急联系社区，工作人员第一时间联系医院，在120救护车点对点护送下，产妇紧急入院，顺利产下1名女婴。

坚持依法防疫
为疫情防控工作提供法治保障

2022年，合肥市坚持法治化规范操作，设立法律顾问团队，审核把关防疫政策，既查合理性，也审合法性，防止次生问题发生。在全国率先打响依法管理核酸检测机构第一枪，对超能力承揽业务、检测结果严重超时的实验室，给予警告并暂停合作。设立重大活动服务保障专班，规范举办各类展会及重大活动127场，177.4万人参加，成功举办国家网络安全宣传周、全国双创活动周等全国性大型活动，世界集成电路大会、苗木花卉交易大会、全球1024开发者节相继举办，均未发生疫情传播风险。

坚持科技防疫
为疫情防控增添科技“后盾”

2022年，合肥市强化科技力量支撑疫情防控工作，3月“合肥造”重组新型冠状病毒蛋白疫苗（CHO细胞）获批在国内附条件上市，成为全球首个获批的国产重组新冠病毒蛋白疫苗，为保障国人健康贡献合肥力量。

“电子哨兵”，分担人工验码任务。组织安徽清新互联信息科技有限公司等企业研发疫情防控智能化通行核验系统——全息核验“电子哨兵”，通过图象识别、数据比对等技术，实现健康码、行程卡“双码”联查核验零接触、无人化、智能化、精准化。

多款科技利器，赋能疫情防控。发挥科创优势，推广应用合肥产的抗原检测、智能门磁、太赫兹、问诊咨询导诊机器人等新科技、新产品，打好防疫“科技战”。依托“皖事通”，研发来（返）肥人员登记、区域核酸检测系统等应用，核酸检测系统实现核酸样品采、送、检、报全流程信息化管理，采集数据实时提供街道、社区等单位使用。依托“合肥城市中台”（即聚合数据、共享技术、协同业务、赋能应用的数字城市运营中枢平台）优化药店购药信息登记系统、入境来肥人员闭环管理系统等多个平台，实现重点群体、重点对象闭环式管理和流程化作业，为科学制定疫情防控政策，实施精准防控提供大数据决策支撑。

坚持全民防疫
凝心聚力共同守护如常生活

2022 年，合肥市抽调市直机关、事业单位和国有企业干部职工奔赴疫情防控最前沿，支援基层疫情防控。管控区内市、区两级党政机关、事业单位工作人员向社区报到，就地转为社区志愿者，全面参与疫情防控工作。工会、共青团、妇联等群团组织积极投身疫情防控工作，进一步筑牢群防群控防线。全市 30 余万防疫人员奋战在各条战线，志愿者形成“在岗 2 万人 + 储备 2 万人”梯队；暑期近 1.1 万名大学生踊跃报名到道口顶岗；一次性招录 4000 名应届高校毕业生担任社区“小管家”，形成 2.8 万人的社区管控责任人矩阵。

疫情发生以来，广大市民积极响应市疫情防控应急指挥部号召，遵守各项防疫规定，积极接种新冠疫苗，按照规定频次主动参加核酸检测，非紧要不离肥，不聚餐、不聚会，出门戴口罩，进入商场、地铁、超市等公共场所时主动扫码、测温等，共同守卫健康家园。

高效统筹疫情防控和经济社会发展，成立稳经济发展工作专班，全力保市场主体，超前出台系列援企纾困政策，兑现资金超 550 亿元，惠及市场主体超 100 万户次；全力保产业链供应链，一企一策、一事一议，供需精准对接，有力保障重点企业不断链不停供。全力保物流畅通，开发“合运通”平台，开展闭环接送服务，确保全市交通干道货运车辆畅通无堵，最大限度减少疫情对经济社会发展的影响。

全力以赴保健康、防重症
实现疫情防控由防到治平稳转段

2022 年，“新十条”措施发布后，合肥市坚决贯彻落实习近平总书记关于新阶段疫情防控重要讲话和重要指示批示精神，紧紧围绕“保健康、防重症”目标，迅速优化组织指挥体系，保持原有扁平化应急指挥体系不变，适时调整优化工作专班，迅速建立医药物资联动保供、统一调拨机制，关键时刻有效缓解药品紧张状况。强化医疗资源扩容和统筹调度，全市在岗在位医护人员 6.8 万人，规范设置发热门诊 269 家、诊室 2442 间，单日最多可接诊 21 万人次；救治床位实行全市全院“一张床”统一调配，安排资金用于市属医院重症床位和可转换床位采购建设，二级以上医疗机构 122 家，总床位数 5 万张，重症床位数 2200 余张，确保应收尽收、应治尽治；紧急增购 120 急救车辆，总量增至 401 辆，协调 1000 多辆社会临时车辆参与轻症患者转运，缩小急救半径，做到“就急就近就专科”派车，全力保障患者及时转运收治。

按照“留在家里、稳在基层、县级收治、省市支撑”的原则，扎实做好分级分类诊疗，做实做细重点人群健康管理，全力以赴“保健康、防重症”。全市疫情防控转段阶段未出现社会面恐慌，未出现重大负面舆情，较短时间实现新冠感染疫情由防到治的平稳转段，人民群众的身体健康和生命安全得到有力保障。

（王　拓）

责任编辑：史　志

大事记

1月

6日 中国共产党合肥市第十二届委员会第三次全体会议召开。全会由市委常委会主持。全会深入学习贯彻党的十九届六中全会、中央经济工作会议及省委十一届二次全会、省委经济工作会议精神，审议《市委常委会工作报告》，讨论2022年市政府重点工作任务。省委常委、市委书记虞爱华代表市委常委会向全会作工作报告，并在全会结束时作讲话。全会从宏观大势、区域态势、自身走势等方面，深入分析当前合肥面临的发展形势，对2022年工作进行部署安排。全会号召，让我们更加紧密地团结在以习近平同志为核心的党中央周围，高举习近平新时代中国特色社会主义思想伟大旗帜，踔厉奋发、笃行不怠，埋头苦干、奋勇争先，以优异成绩喜迎党的二十大胜利召开。

8日 全市党史学习教育总结会议召开。省委常委、市委书记虞爱华出席并讲话。党史学习教育省委第一巡回指导组副组长俞秀国到会指导。虞爱华指出，一年来，全市各级党组织深入学习贯彻习近平总书记重要讲话指示精神，按照党中央及省委决策部署，高站位、高标准、高质量开展党史学习教育，“学党史”走深走实、“悟思想”入脑入心、“办实事”用心用力、“开新局”有力有效，在学史明理、学史增信、学史崇德、学史力行上取得显著成效。虞爱华强调，要不断巩固和扩大党史学习教育成果，坚持融入日常、抓在经常，做到常学常新、常学常悟、常学常得。

9—13日 中国人民政治协商会议第十五届合肥市委员会第一次会议在市政务中心召开。会议选举韩冰为十五届市政协主席；选举杨伟、吴春梅、王民生、罗兆好、戴夫、谢海涛、姚亚妹、何庆瑞为十五届市政协副主席；选举李殊为十五届市政协秘书长。会议选举产生十五届市政协常务委员88名。大会期间，中共安徽省委常委、合肥市委书记虞爱华应邀出席有关会议并讲话。

10—14日 合肥市第十七届人民代表大会第一次会议在市政务中心召开。省委常委、市委书记虞爱华出席会议并讲话。会议选举汪卫东为合肥市第十七届人民代表大会常务委员会主任；选举王文松、宋道军、张业锁、吴利林、张怀科为合肥市第十七届人民代表大会常务委员会副主任；选举刘晓文为合肥市第十七届人民代表大会常务委员会秘书长；选举罗云峰为合肥市人民政府市长；选举葛斌、赵明、刘卫宝、何逢阳、朱胜利为合肥市人民政府副市长；选举华克思为合肥市监察委员会主任；选举王晓东为合肥市中级人民法院院长；选举何宏海为合肥市人民检察院检察长，检察长须报经省人民检察院检察长提请省人民代表大会常务委员会批准。共41人当选合肥市第十七届人民代表大会常务委员会委员。

22日 省委常委、市委书记虞爱华深入高速道口、滨湖医院、高铁南站、流调溯源集中办公区和居民小区，督查疫情防控工作，看望慰问一线防疫人员。市领导葛斌、单虎分别参加。

23日 省委常委、市委书记虞爱华主持召开2022年第一次市规委会主任办公会。会议讨论研究中国（合肥）花卉苗木城、延乔路改造提升、安徽大学江淮学院新校区（暂定名）等项目规划方案。会议强调，对城市规划建设要有敬畏之心并慎重决策，不能犯颠覆性错误。

同日 由合肥本源量子计算科技有限责任公司与合肥市大数据公司共同打造的量子计算全球开发者平台正式上线。该平台将被打造成国内首个“经典－量子”协同的量子计算开发和应用示范平台，面向全球量子计算爱好者和开发者，提供全面丰富的量子计算服务。

24日 云谷创新园开园活动暨安徽科技大市场科技成果转化交易会举行。省委常委、市委书记虞爱华，省委常委、副省长张红文出席并为云谷创新园、安徽科技大市场科技成果产业化基地揭牌。首批开放区域包括全省首条人工智能商业街云街，以及全省首家无人智慧酒店和乐业人才公寓。活动现场，思特奇国家级“5G+数字经济创新中心”等16个项目签约入驻云谷创新园。区域大气环境网络化精细管控综合应用系统开发等6个科技成果转化交易项目签约，同时线上发布了一批科技成果交易成功项目。

25日 省委书记郑栅洁全程参加指导合肥市委常委会党史学习教育专题民主生活会。省纪委监委、省委组织部、党史学习教育省委第一巡回指导组有关负责同志，合肥市人大常委会、政协主要负责同志列席会议。

同日 归并全市25条热线后的新12345热线电话受理中心正式成立，省委常委、市委书记虞爱华出席并揭牌。市领导马军、葛斌参加。

26日 市统计局公布2021年合肥市经济运行情况：全市实现生产总值（GDP）11412.8亿元，同比增长9.2%。

27日 肥西县发布，该县2021年实现地区生产总值1018.7亿元，同比增长13.7%，成为安徽省首个“千亿县”。

同日 商务部公布“2021年国家级经济技术开发区综合发展水平考核评价”结果，合肥经济技术开发区位列全国第十，位居杭州经济技术开发区之后、南京经济技术开发区之前。在217家国家级经济技术开发区中，合肥经开区的位次比上年上升1位，首次挺进“全国十强”。在中西部地区国家级经开区中第一个跻身“全国十强”，并稳居长三角第一方阵。

29日 市纪委十二届二次全会召开。省委常委、市委书记虞爱华出席并讲话。市委副书记、市长罗云峰，市人大常委会主任汪卫东，市政协主席韩冰，市委副书记、政法委书记马军，市委常委，市人大常委会、市政府、市政协负责同志等出席。市委常委、市纪委书记、市监委主任华克思主持会议，并代表市纪委常委会作工作报告。

2月

12日 省委书记郑栅洁赴合肥市实地调研督导巢湖综合治理、环巢湖湿地群保护修复等工作。省领导刘海泉、虞爱华、汪一光、何树山陪同。

同日 省委常委、常务副省长刘惠赴合肥市长丰县开展“新春访万企、助力解难题”活动。市委常委、常务副市长葛斌陪同并参加现场办公。

16日 载有82个标箱出口货物的75102次列车从合肥北站物流基地鸣笛启程，驶向越南河内市，标志首列合肥至越南河内中欧班列开行。

17日 省委书记郑栅洁结合“新春访万企、助力解难题”活动，到合肥市调研种业振兴工作，并召开调研座谈会。省委副书记程丽华，省领导虞爱华、汪一光、张曙光陪同调研。

同日 据统计资料显示，2021年合肥市工业增加值增长19.6%，两年平均增长13.8%。纵向看，全年增速创10年来新高，两年平均增速创8年来新高；横向看，合肥市工业增速居全国省会城市第2位、长三角城市第2位。

18日 中国工业互联网研究院安徽分院暨国家工业互联网大数据安徽分中心签约仪式在合肥市举行。工业和信息化部副部长徐晓兰，副省长何树山，工信部安全生产司司长金鑫，省政府副秘书长汪春明，市长罗云峰等见证签约。

21日 受公安部、安徽省公安厅党委委托，安徽省公安厅党委委员、副厅长刘海石一行专程到合肥市公安局庐江县局，举行孙业俊同志全国公安系统二级英雄模范授奖仪式。副市长、市公安局党委书记、局长刘卫宝主持仪式并讲话。

22日 全市首家县区级行政学校—蜀山行政学校、蜀山区社区治理学院揭牌仪式在蜀山区委党校举行。

23日 全市党的建设工作会议在市政务中心召开。省委常委、市委书记虞爱华出席并讲话。市委副书记、市长罗云峰主持会议。市人大常委会主任汪卫东，市政协主席韩冰，市委副书记、政法委书记马军，市委常委，市人大常委会、市政府、市政协有关负责同志出席会议。

27日 一列满载安徽本地货物的中欧班列从合肥北站出发，将经由二连浩特口岸出境，开往俄罗斯首都莫斯科的别雷拉斯特。这是合肥中欧班列2022年开行的第134列，也是首趟“蚌合欧”城际定向班列。

3月

4日 全国、全省新冠肺炎疫情防控工作电视电话会议先后召开。市长罗云峰出席合肥分会场会议，并就贯彻落实会议精神迅速进行部署。

8日 800辆长10.5米规格安凯天然气公交车，从合肥出发，踏上出口墨西哥的旅程。这是中国客车迄今出口墨西哥的最大订单，为北美洲及全球的低碳发展传递“绿色力量”。

14日 市委组织部、市疫情防控应急指挥部办公室联合印发《关于动员全市基层党组织和广大党员立刻投身疫情防控工作的通知》，切实发挥各级党组织战斗堡垒和广大党员先锋模范作用。

16日 省委常委、市委书记虞爱华到市疫情防控应急指挥部看望慰问正在值班值守的工作人员，并主持召开疫情防控专题会议。会议指出，当前疫情防控形势依然复杂严峻，要继续同时间赛跑、与病毒较量、尽担当之责，全力打好这场硬仗。一要严把入口关，二要减少流动性，三要力量下基层，四要发声规范化，五要增强凝聚力。

同日 2000余名市直机关和省部属驻合肥有关单位的党员干部陆续前往瑶海区、庐阳区、蜀山区、包河区、合肥经济技术开发区、合肥高新技术产业开发区、合肥新站高新技术产业开发区报到，充实一线疫情防控力量，配合做好疫情防控工作。

20日 省委常委、常务副省长刘惠赴合肥新站高新技术产业开发区开展“新春访万企、助力解难题”活动第二轮现场办公，面对面听取企业意见、了解诉求，研究提出解决措施。市委常委、常务副市长葛斌陪同并参加现场办公。

24日 省委常委、市委书记虞爱华在市疫情防控应急指挥部主持召开会议，分析疫情防控最新形势，部署具体防疫举措。会议强调，要深入贯彻习近平总书记关于疫情防控的重要指示批示精神，坚持问题导向，进一步全面排查封堵工作漏洞，全面提高防控能力水平，坚决守住不出现疫情规模性反弹的底线。疫情无情人有情，每一位来（返）肥人员，来的都是客人，返的都是家人。守望相助、风雨同舟，是美德，也是常情；发展要一体化，防疫要一起扛，要带着责任和感情做好服务，不怕麻烦、不能抱怨，肝胆相照、携手并肩，共同打赢疫情防控这场硬仗。

26日 省委书记郑栅洁调研合肥综合性国家科学中心大科学装置规划建设情况，并出席聚变堆主机关键系统综合研究设施园区交付启用仪式。省领导刘惠、虞爱华、汪一光陪同。

同日 省长王清宪在合肥市调研疫情防控工作，慰问一线防疫工作人员。

同日 省委常委、常务副省长刘惠赴新桥科技创新示范区（合淮合作区）调研园区规划建设和企业发展工作。省委常委、市委书记虞爱华陪同。

30日 省委常委、市委书记虞爱华赴交通站点、陵园、高校、建筑工地督查疫情防控工作，慰问一线防疫工作者。省委教育工委书记钱桂仑、市领导单虎分别参加。

同日 安徽科技大市场肥西专场科技成果转化交易会举办。这是安徽科技大市场举办的首个县域级交易会。

3月30日至4月2日 中共中央政治局常委、全国人大常委会委员长栗战书在安徽就深入学习贯彻中央人大工作会议精神和职业教育法修订进行调研。栗战书先后到黄山市、宣城市、合肥市的乡村、企业、院校和省人大机关调研，同干部群众深入交流，主持召开学习贯彻中央人大工作会议精神座谈会、五级人大代表座谈会、职业教育法修订座谈会，了解有关情况，听取对做好新时代人大工作的意见建议。

31日 22辆满载着350吨10个品种蔬菜的货车从合肥出发，于4月1日凌晨抵达上海，驰援上海人民抗疫。

4月

1日 省委常委、市委书记虞爱华主持召开第10次市疫情防控工作视频会商会。会议强调，要深入学习贯彻习近平总书记关于疫情防控的重要指示批示精神，坚持科学精准、动态清零，把属地、部门、单位、个人“四方责任”压紧压实，既有措施要落快落准，牢牢守住“三线”，确保疫情不发生规模性反弹。一要守住交通道口、火车站、机场等外防输入“第一道防线”；二要兜住小区、学校、医院、工地、宾馆、网约房等防止社会面传播的“最后一道防线”；三要把住“各条支线”，各相关部门要督导企业和个人，严格落实公交、地铁、出租车、网约车等司乘人员的疫防措施，对重要生产、生活、医疗物资的运输要开辟绿色通道，要充分保障广大市民特别是老人、儿童、孕产妇、急危重症患者等正常就医需求，全力做好封控区群众日常生活保障，严防冲击社会道德底线的事件发生。

5日 省委常委、常务副省长、省疫情防控指挥部专职副指挥长刘惠到合肥市，主持召开专题调度会议。市领导罗云峰、葛斌参加。

7日 省委书记郑栅洁赴合肥市调研“科大硅谷”规划建设情况。省领导虞爱华、张红文、汪一光，中国科学技术大学校长包信和陪同。

同日 2022年第二批全省重大项目集中开工动员会在合肥举行。省委书记郑栅洁宣布开工，省委副书记、省长王清宪讲话，省政协主席唐良智出席。省委常委、常务副省长刘惠主持。省领导张红文、汪一光、陶明伦、何树山、王翠凤、李建中、张曙光、周喜安参加。省委常委、市委书记虞爱华，市领导罗云峰、汪卫东、韩冰、马军、葛斌、单虎、袁飞在合肥分会场参加。

10日 省委常委、市委书记虞爱华赴长丰县，调研重大项目建设和工地疫情防控工作。

11日 省委书记郑栅洁赴合肥市调研中国科学院量子创新研究院和生物医药重点企业。省领导虞爱华、张红文、汪一光，中科院院士潘建伟陪同调研。

15日 省政协副主席、省新能源汽车和智能网联汽车产业推进组第一副组长邓向阳率省产业推进组工作专班，在合肥调研新能源汽车和智能网联汽车产业“双招双引”工作。省政协副秘书长江刘伍参加。市政协主席韩冰陪同调研。

16日 省委书记郑栅洁，省委副书记、省长王清宪赴合肥市肥东县调研春耕备耕和大豆油料生产工作。省领导虞爱华、汪一光、张曙光陪同调研。

同日 市委副书记、市长罗云峰赴合肥南站等地督导疫情防控工作。市委常委程雪涛参加。

17日 “雨前行动—2022”合肥市突发疫情应急处置实战演练举行。省委常委、市委书记虞爱华作为总指挥宣布演练开始，并在演练结束后作总结讲话。市领导罗云峰、汪卫东、韩冰、马军，市委常委，市政府副市长参加。

18日 省委常委、市委书记虞爱华主持召开第26次市疫防工作视频会商会，重点研判蜀山区“4·18”疫情，部署针对性措施。会议强调，既要有打“持久战”的充分准备，也要有打“歼灭战”的应急能力，态度要更加坚决，措施要更加果断，作风要更加严实，坚决守住不出现疫情规模性反弹底线。

同日 省委常委、市委书记虞爱华赴初高中学校、高速道口督查疫防工作，看望慰问一线疫情防控人员，市领导马军、路军、程雪涛参加。

19日 省委书记郑栅洁赴合肥市调研中国电子科技集团公司第三十八研究所。省领导虞爱华、张红文、汪一光陪同。

同日 市长罗云峰到部分商超和农贸市场调研督查疫情防控、市场保供稳价工作。

22日 省委常委、市委书记虞爱华随机赴核酸采样点，看望慰问正在工作的医务人员、公安干警、社区工作者、志愿者和下沉机关干部等，市领导马军、单虎参加。

24日 省委常委、市委书记虞爱华在市疫防指挥部，与疾控专家共同研判近两起疫情，指挥调度包河区“4·24”疫情处置工作，决定立即启动蜀山区、包河区、合肥高新开发区、合肥经济技术开发区第二轮区域核酸检测。市领导罗云峰、马军、路军、葛斌、单虎、刘卫宝、何逢阳等参加。

26日 省委常委、市委书记虞爱华主持召开第34次市疫防工作视频会商会，研判全市疫防形势，明确应对举措。会议指出，疫情防控是“国之大者”，关乎民生，必须态度坚决、措施果断、执行有力，守牢不发生规模性反弹的底线。一要超前应对疫情动态，二要主动适应疫防常态，三要始终保持尽责状态，四要珍惜良好社会心态。

27日 省委常委、市委书记虞爱华主持召开抓经济发展工作专班会商会，研究部署疫情之下经济工作针对性举措。市领导单虎、袁飞、朱胜利参加。

28日 省委常委、市委书记虞爱华主持召开第36次市疫情防控工作视频会商会，研判全市疫情防控形势，部署应对举措。会议强调，今日疫情可控局面得来极其不易，但疫情诡异多变，风险还在身边，如有一点松懈可能前功尽弃，稍有一点疏漏就会功亏一篑。要统筹应急性处置和常态化防控，构建平战结合的科学防控体系。一在应对病毒变化无常上下功夫，二在全面封堵漏洞上下功夫，三在防控常态化上下功夫，四在力保经济正常运行上下功夫，五在保障群众生活如常上下功夫。

4月30日和5月1日 “五一”国际劳动节之际，市人大常委会主任汪卫东带队赴社区防控一线，看望慰问下沉值守的机关党员干部，并致以节日问候。

5月

4日 省委常委、市委书记虞爱华主持召开第42次市疫防工作视频会商会，研究部署疫情防控和经济社会发展工作。会议指出，“五一”假期即将结束，是又一次防疫“压力测试”，常态化防控就是要继续严格化防控，不能有丝毫松懈，持续巩固清零战果。

6日 省委书记郑栅洁、省长王清宪在合肥市包河区调研督导自建房屋安全专项整治工作。郑栅洁强调，要认真贯彻习近平总书记重要指示精神和李克强总理批示要求，坚持人民至上、生命至上，以“时时放心不下”的责任感，坚持全覆盖排查，坚持科学专业，动态整改、及时清零、确保安全，严防重特大事故发生，坚决打好自建房屋安全专项整治攻坚战。省领导刘惠、虞爱华、汪一光、周喜安陪同。

9日 合肥3名新冠肺炎无症状感染者解除医学隔离观察。至此，本轮疫情中合肥43名新冠肺炎感染者全部解除隔离出院，实现全面清零。

12日 全市对台工作会议在市政务中心召开，会议传达中央及全省对台工作会议精神，省委常委、市委书记虞爱华作出批示。市委常委、统战部部长陈晓波出席并讲话。

13日 为加强基础学科人才和创新人才培养，中国科学技术大学和合肥市第一中学合作，在合肥一中瑶海校区设立“杨振宁班”人才培养基地。

17日 合肥市青年代表座谈会召开。省委常委、市委书记虞爱华主持会议并讲话，市领导葛建荣、单虎参加。会议集中学习习近平总书记在庆祝中国共产主义青年团成立100周年大会上的重要讲话精神，8名青年代表联系自己学习和工作实际，分享心得体会。虞爱华说，习近平总书记的重要讲话为新时代青年成长成才指明了前进方向，为做好新时代共青团工作提供了根本遵循。全市广大青年要领会好、宣讲好、践行好，牢记“坚定不移跟党走，为党和人民奋斗”的初心使命，始终追求进步，争做“五个模范”，奋力书写无愧于党、无愧于人民、无愧于时代的青春篇章。

21日 第十二届市委国家安全委员会第一次全体会议暨市防范化解重大风险工作领导小组会议召开。省委常委、市委书记虞爱华，市领导罗云峰、陈晓波、路军、葛斌、单虎出席会议。

同日 市委农村工作会议暨巩固拓展脱贫攻坚成果同乡村振兴有效衔接推进会召开。省委常委、市委书记虞爱华出席并讲话，市长罗云峰主持。市领导葛建荣、单虎出席。

22日 市疫情防控指挥部召开第60次工作视频会商会，研究部署统筹疫情防控和经济社会发展工作。会议认为，合肥疫防工作继续保持有力有序有效，但还没到喘口气、歇歇脚的时候，要咬定青山不放松，坚持坚持再坚持。会议强调，就业是民生之本。要继续开展“政府免费为您找工作”活动，发挥好12345热线和市国有人力公司作用，帮助更多人找到合适工作、更多单位招到合适员工。

24日 安徽智能软件产业园签约揭牌活动在合肥蜀山经济技术开发区举行。省经济和信息化厅一级巡视员廖为真，市委常委袁飞出席并揭牌。

25日 全国公安系统英雄模范立功集体表彰大会在北京召开，合肥市公安局交警支队蜀山大队、合肥市公安局瑶海分局责任区刑警二队被授予“全国公安优秀基层单位”称号。

同日 《合肥市种子基金管理办法》正式发布，标志合肥市种子基金正式设立。种子基金将为在合肥初创科技型企业及优秀科研团队提供资金扶持，促进更多科技成果实现就地交易、转化和应用。

26日 市委人大工作会议召开。省委常委、市委书记虞爱华出席并讲话。市委副书记、市长罗云峰，市委常委，市人大常委会副主任，市政府有关副市长等出席。市人大常委会主任汪卫东主持。会议传达学习中央人大工作会议精神和习近平总书记重要讲话精神、栗战书同志在安徽调研时的讲话精神及省委人大工作会议精神。虞爱华在会上要求，深入践行全过程人民民主，依法保障“国之大者”落实。

27日 省委常委、市委书记、市委全面深化改革委员会主任虞爱华主持召开十二届市委深改委第三次会议。市委副书记、市长罗云峰出席会议。会议强调，要用改革的办法解决发展中的问题，坚持稳中求进、难中求成、变中求胜。

28日 全省推进2022年一季度长江（安徽）经济带生态环境警示片披露问题整改工作电视电话会议召开。会后，市长罗云峰就合肥市整改工作进行部署。罗云峰强调，要突出问题整改。对中央和省环保督察指出的问题，要立即改、改彻底；对省警示片披露的问题，要照单全收、对账销号。

30日 市政府与市检察院召开第一次联席会议。市长罗云峰主持会议并讲话。罗云峰指出，建立“府检联动”工作机制是建设法治政府的一项重要举措。要深入学习贯彻习近平法治思想，全面落实省委、省政府部署要求，同向发力、凝聚合力，加快建设更高水平的法治政府、法治合肥，用法治为合肥经济社会高质量发展保驾护航。

6月

1日 合肥派河物流园生产服务型国家物流枢纽发展联盟合作签约仪式在合肥经济技术开发区举行。

5日 市疫情防控指挥部召开第73次工作视频会商会，研究部署高效统筹经济社会发展和疫情防控工作。会议强调，服务好现有企业是稳住经济最直接、最有效办法，也是最好招商引资。要加强对接服务，全力破解企业“急难愁盼”，支持其做大做强。要继续依法依规收回低效闲置土地，不断提高要素保障能力。

6日 省委书记郑栅洁、省长王清宪到合肥市集中隔离休养点，看望慰问援沪医疗队部分队员。省领导刘惠、虞爱华、汪一光参加。上海本轮疫情发生后，安徽省先后派出5582名医疗队员援沪抗疫。在圆满完成任务后，医疗队员已分批次全部返皖集中休养调整。

6—9日 全国政协副主席卢展工率全国政协调研组到安徽，开展贯彻落实中央政协工作会议精神进展情况“回头看”实地调研。省政协主席唐良智陪同调研并参加调研座谈会。调研组到合肥市包河区，滁州市来安县、琅琊区，六安市舒城县，调研社区协商议事厅、“共话舒心事·青墩夜话”协商平台建设等，并召开座谈会听取意见建议。市政协主席韩冰陪同在合肥调研并参加座谈会，副主席罗兆好陪同在合肥调研。

8日 市委外事工作委员会召开会议，深入学习贯彻习近平外交思想，传达学习省委有关会议精神，研究部署具体工作。省委常委、市委书记虞爱华主持会议并讲话。市领导罗云峰、单虎出席。

9日 为贯彻落实党中央稳经济决策部署，根据省委、省政府“优环境、稳经济”活动安排，省委书记郑栅洁在合肥市包河区开展现场集中办公，面对面听取意见、了解诉求，帮助企业解决实际困难和问题。省领导刘惠、虞爱华、汪一光陪同。

同日 国务院办公厅发布通报，对2021年落实有关重大政策措施真抓实干、取得明显成效的199个地方予以督查激励。合肥市作为“大力培育发展战略性新兴产业、产业特色优势明显、技术创新能力强的地方”获表彰。这是合肥市培育发展战新产业工作连续第5年（2017—2021年）获国务院表彰，被表彰次数位居全国城市第一。同时，合肥高新技术产业开发区在推动“双创”政策落地、促进创业带动就业、加强融通创新、扶持“双创”支撑平台、构建“双创”发展生态、打造“双创”升级版等方面成效明显，获得表彰。这也是该区“双创”工作第三次获国务院表彰。

10日 第二批国际湿地城市名单揭晓，合肥成功入选。

同日 上午10时，在合肥水运港国际集装箱码头，5票长虹美菱出口南美的家电产品以“联动接卸”模式在抵达洋山港后直接装运海船直驶目的港。该批产品的出运标志着合肥水运港与洋山港的“联动接卸”业务模式正式落地。

10—12日 中共中央政治局委员、中宣部部长黄坤明在安徽调研，先后到安庆市、合肥市等地，深入社区、企业、科研院所、新闻媒体、历史文化场馆等，了解经济社会发展和宣传思想工作情况，听取干部群众意见建议。

13日 省政府印发《“科大硅谷”建设实施方案》。“科大硅谷”将聚焦创新成果转化、创新企业孵化、创新生态优化，以中国科学技术大学等高校院所全球校友为纽带，汇聚世界创新力量，发挥科技体制创新引领作用，立足合肥城市区域新空间，打造科技创新策源地、新兴产业聚集地示范工程。

18日 合肥“创投城市计划（Long-Hefei）”项目资本对接活动启动仪式暨首场对接会在滨湖新区举办。启动仪式上，市“双招双引”项目资本对接平台正式上线运行。

21日 市防疫指挥部召开第77次工作视频会商会，分析研判形势，复盘工作流程，安排常态化防控举措。省市领导虞爱华、路军、刘卫宝参加。会议指出，鉴于全国疫情防控形势整体保持平稳，全市中高考也已顺利结束，决定从“全面严密防控”转为“重点周密服务”，高效统筹疫情防控和经济社会发展。

22日 大众安徽白车身下线暨首批本地零部件集中交付活动举行。省委常委、市委书记虞爱华，大众安徽首席执行官葛皖镝，江汽集团董事长项兴初、总经理李明出席活动。

25日 合肥市正式发布招考公告，专门面向2022年毕业的高校毕业生，一次性拿出4000个社区工作岗位，为全市4000个小区配备社区“小管家”。

26—30日 全国政协副主席辜胜阻率调研组到安徽，围绕“聚焦农村改厕问题改善人居环境”主题开展民主监督性调研，先后到合肥、芜湖、宣城等市部分乡村实地调研，召开座谈会，听取安徽省情况汇报并与省直相关部门负责同志深入交流。市政协主席韩冰陪同在合肥调研。

27日 市防疫指挥部召开第79次工作视频会商会，研判从道口发现一例省外带入型疫情，部署具体应对举措。会议强调，实践再次证明，严把入口关是防疫有效之举，道口力量要进一步加强，措施要进一步优化，继续提供免费核酸采样等服务，确保早发现、早处置。同时，科学安排道口轮班轮休，防范高温中暑和过度疲劳。要坚持“人、物、环境”同防，严格入境人员管理和冷链等货物检测消杀，最大限度降低物传人风险。要强化数据链闭环管理，确保大数据核查每日清零，防止“神不知鬼不觉”的事情发生。要严格落实“九不准”要求，继续力戒简单化、一刀切、层层加码。

同日 中国共产党合肥历史馆开馆揭牌活动举行。省委宣传部副部长、一级巡视员李兵，市委常委、秘书长单虎参加。

28日 市防疫指挥部召开第80次工作视频会商会，学习第九版全国防控方案，研判近两日市外传入型疫情，部署下一步应对举措。会议强调，要高效处置已发现病例，迅速切断传播链条，防止扩散外溢，坚决避免“急病遇到慢郎中”。特别是，数据核查必须确保一人不漏、一刻不误。会议决定，在本轮区域免费核酸检测之后，将继续开展必要的区域免费核酸检测。

同日 省委常委、市委书记虞爱华与中国工程院院士、探月工程总设计师、深空探测实验室主任吴伟仁，就加快推进深空探测实验室建设进行商谈。市领导袁飞、王文松参加。

30日 比亚迪合肥基地整车下线活动在长丰县下塘镇举行。省委书记郑栅洁出席，省长王清宪、比亚迪股份有限公司董事长兼总裁王传福分别致辞。省委常委、常务副省长刘惠主持，省领导虞爱华、汪一光、何树山参加。市领导罗云峰、葛斌、单虎、袁飞参加活动。

7月

1日 市长罗云峰与大众汽车集团（中国）执行副总裁刘云峰一行举行视频工作会谈，并见证大众智慧物流项目战略合作协议签约。副市长朱胜利参加。

2日 省委常委、市委书记虞爱华主持召开会议，部署贯彻落实省辖市市委书记、市长二季度工作视频会议精神，市领导罗云峰、汪卫东、韩冰参加。会议强调，要全面落实疫情要防住、经济要稳住、发展要安全的工作要求，不断提高预判能力、统筹能力、应对能力，全面复盘上半年、奋力决战下半年，坚决扛起为全省打头阵、挑重担、当主力、作贡献，以优异成绩迎接党的二十大胜利召开。

3日 市防疫指挥部召开第81次工作视频会商会，认真学习贯彻习近平总书记近期关于疫情防控重要讲话精神，分析研判最新防疫形势，部署针对性防控措施。会议强调，要进一步提高大数据筛查效率，争分夺秒、以快制快，不断提升精准防控水平。

6日 合肥市工商业联合会(总商会)第十五次代表大会召开。省委常委、市委书记虞爱华，省工商联党组成员、副主席兼秘书长李俊波出席开幕式并讲话。市领导汪卫东、韩冰、葛建荣、单虎，市各民主党派主委出席。市委常委、统战部部长陈晓波主持会议。

8日 市防疫指挥部召开第82次工作视频会商会，通报最新形势，分析研判风险，研究防控举措。会议强调，守好入口关只能加强不能削弱，要坚持严把公路道口、机场、码头、火车站等，继续提供免费核酸采样服务，应采尽采、愿采可采、即采即走。要进一步优化重点检，对高风险行业从业者适度加密检测频次，确保全覆盖、无遗漏。要科学安排兜底检，发挥已成立的国有核酸检测公司作用，即日起全市每五天开展一轮区域核酸检测，后期视情调整。

10日 安徽师范大学合肥校区（筹）二期工程竣工，即将移交投用。安徽师范大学合肥校区（筹）工程共分三期，一期工程已完成并投入使用，二期工程（主要包括主教学楼、阶梯教室、艺术楼、实验楼、图书馆、体育看台等）总建筑面积约5.6万平方米。安徽师范大学合肥校区（筹）校园面积为22.27公顷，将按肥西师范学校的规划，在保留原有部分建筑的基础上，实施新建和改造。

12日 县（市、区）人武部党委第一书记党管武装工作述职会议召开。省委常委、市委书记、合肥警备区党委第一书记虞爱华出席并讲话。市领导葛建荣、程雪涛、葛斌、单虎出席。市委常委、合肥警备区政委方涛主持会议。

同日 即日起，市直机关工委组织市直各单位分批开展“我与‘疫’线同志肩并肩”主题党日活动，发动市直单位和市属企业党员干部到城区8个高速道口值守，缓解一线防疫人员工作压力。

同日 国家发展改革委、交通运输部印发《国家公路网规划》，新命名G9912为合肥都市圈环线。其中，涉及合肥的国家高速公路共计10条。

14日 市政府新闻办召开新闻发布会，《第十四届中国（合肥）国际园林博览会吉祥物、LOGO征集启事》正式发布，面向全国公开征集吉祥物和LOGO，截止日期为2022年8月10日，以邮寄方式应征的作品以邮戳日期为准。吉祥物和LOGO各设采纳奖1名，奖金分别为12万元和6万元，另设提名奖和优秀奖若干。

14—16日 省委常委、市委书记虞爱华率市党政代表团，赴重庆拜访重庆在合肥企业总部，推进有关项目；赴成都学习考察，与四川省委常委、成都市委书记施小琳会谈。

15日 《合肥市加快建设国家新一代人工智能创新发展试验区促进产业高质量发展若干政策》发布。聚焦产业技术研发、自主创新产品推广、头部企业招引培育等环节，合肥进一步强化政策支持，促进人工智能产业高质量发展。

17日 市防疫指挥部召开第84次工作视频会商会，认真学习贯彻习近平总书记近期关于疫情防控重要讲话精神，分析研判最新疫情形势，部署针对性防控措施。会议指出，当前疫情形势复杂程度更大、防控难度更大、统筹力度要更大，必须在力求精准、力求方便群众上下更大功夫，全力守住不出现疫情规模性反弹底线。

19日 合肥开放大学揭牌仪式举行。

同日 商务部在官网公示全国第二批城市一刻钟便民生活圈试点评审结果。经城市申报、省级推荐、专家评审，最终确定50个城市（地区）为第二批城市一刻钟便民生活圈试点，合肥市成功入选。

22日 安徽省（长三角）精准医学创新中心项目签约仪式在合肥举行。省卫健委主任陶仪声，市委常委、常务副市长葛斌，复旦大学宁波研究院执行院长孙彭军出席并见证签约。该项目将落地肥西县，计划入驻长三角G60科创走廊合肥药谷科技产业园。

25日 合肥高新技术产业开发区与晶澳科技签署合作协议，合肥晶澳25GW光伏产业园正式落户，协议总投资50亿元。省委常委、市委书记虞爱华与晶澳科技董事长靳保芳商谈并见证签约。市领导袁飞、宋道军参加。

26日 省委常委、市委书记虞爱华主持召开市委安全生产专题视频调度会，查找问题、部署工作。市领导罗云峰、路军、葛建荣、程雪涛、黄维群、葛斌、单虎参加。会议指出，统筹发展和安全是“国之大者”，要坚持人民至上、生命至上，尽最大努力“杜绝较大事故、减少一般事故”。

同日 省委常委、市委书记虞爱华主持召开全市信访工作专题视频会。市领导罗云峰、葛建荣、程雪涛、黄维群、葛斌、单虎参加。会议强调，信访是送上门来的群众工作，要迎上去主动做好，细致了解愿望和诉求，持续破解群众急难愁盼问题。

同日 合肥一中瑶海校区启用现场会举行。市委常委路军出席。

27日 在酒泉卫星发射中心，世界首颗量子微纳卫星搭载“力箭一号”运载火箭成功发射。量子微纳卫星由合肥国家实验室牵头研制，其科学目标是在世界上首次实现基于微纳卫星和小型化地面站之间的实时星地量子密钥分发，为构建低成本、实用化的天地一体化广域量子保密通信网络奠定基础。

28日 合肥协同半导体产业研究院正式揭牌成立。这是安徽省首家完全市场化运作、投研孵一体的半导体产业创新创业服务平台与行业智库。

29日 省委常委、市委书记虞爱华主持召开市委常委会扩大会议，传达学习习近平总书记在省部级主要领导干部专题研讨班上的重要讲话精神、7月28日中央政治局会议精神，复盘上半年全市经济形势，部署安排下半年重点工作。市长罗云峰出席并讲话。会上通报全市上半年经济运行情况。

同日 由市委宣传部、市退役军人事务局、合肥警备区政治工作处主办的2022年度“合肥市最美退役军人”发布活动举行。活动分别从热心公益、爱岗敬业、服务基层三个类别，揭晓2022年度“合肥市最美退役军人”荣誉称号获得者，他们是：冯斌、何国先、朱金海、卓爱平、李文献、李伟、李林、许晓峰、陈璐、豆明生等10人。

同日 一列满载100个标准集装箱的合肥中欧班列从合肥北站开出，将从霍尔果斯口岸出境，前往匈牙利布达佩斯，全程10873千米，历时16—18天。这是合肥至布达佩斯中欧班列首发班列。

30日 2022年蔚来合作伙伴日活动在合肥举行，省委常委、市委书记虞爱华，蔚来创始人、董事长、CEO李斌出席并致辞。江汽集团党委书记、董事长项兴初，博世中国区总裁陈玉东等全国汽车行业知名企业家，市领导袁飞出席。

8月

2日 全国法治政府建设示范创建实地评估见面会在市政务中心召开。第二批全国法治政府建设示范创建实地评估组听取合肥市工作汇报。市长罗云峰主持见面会。

10日 合肥离子医学中心最后一名质子临床试验患者完成治疗出院。这意味着国内首家引进的具有360°旋转治疗机架Probeam质子治疗系统顺利完成临床试验治疗阶段工作，向正式临床应用迈出关键一步。

11日 2022中国地理信息产业大会在合肥开幕。自然资源部党组成员、国家自然资源副总督察陈尘肇，中国科学院院士徐冠华出席并讲话。省委常委、市委书记虞爱华，中国地理信息产业协会会长李维森出席并致辞。副省长周喜安，李德仁、童庆禧、王家耀、龚健雅、李建成、周成虎、郭仁忠、陈军、杨长风等院士，自然资源部及省直部门相关负责人出席。此次会议主题为“推进时空信息新基建 开拓数字经济新蓝海”，将吸引地理信息重点企业入驻，助力合肥地理信息产业高质量发展。

12日 由中国科学院合肥物质科学研究院强磁场科学中心研制的国家稳态强磁场实验装置再攀“世界科技高峰”，其混合磁体产生45.22万高斯的稳态磁场，打破美国国家强磁场实验室于1999年创造并保持23年之久的45万高斯纪录，成功“登顶”同类型磁体，成为目前全球范围内可支持科学研究的最高稳态磁场。

12—14日 第22届中国（合肥）国际装备制造业博览会在合肥滨湖国际会展中心举办，来自国内外260余家行业知名企业齐聚一堂，集中展示最前沿的新产品、新技术和新装备。

15—19日 全国人大常委会副委员长吉炳轩率队到安徽，就《中华人民共和国乡村振兴促进法》贯彻实施情况开展执法检查。在合肥检查期间，省委常委、市委书记虞爱华，市人大常委会主任汪卫东陪同。

16 日 文化和旅游部公布第二批国家级夜间文化和旅游消费集聚区名单，合肥金大地东西街和罍街上榜。

17 日 首届“中国环境谷”双碳峰会暨工业碳中和专委会揭牌仪式在合肥蜀山经济技术开发区举办，6 个环境类项目同“中国环境谷”进行意向入驻签约，现场举行“长三角 G60 科创走廊环境产业技术创新联盟工业碳中和专委会”和双碳联合实验室（合肥）揭牌仪式。

18 日 2022 第十五届安徽国际茶产业博览会在合肥滨湖国际会展中心开幕。

19 日 2022 安徽秸秆暨畜禽养殖废弃物综合利用产业博览会在合肥滨湖国际会展中心开幕。省长王清宪考察博览会展馆。副省长张曙光参加考察并在开幕式上致辞。合肥市组织近 50 家“两利用”、农机相关企业参加线下展览，一批先进技术、设备集中亮相。

20 日 省委书记郑栅洁赴合肥市调研督导抗旱工作。他强调，要认真学习贯彻习近平总书记关于防汛抗旱救灾的重要指示精神，树牢底线思维、极限思维，立足抗大旱、抗长旱，迅速行动、强化举措、扛起责任，坚决打赢抗旱救灾这场硬仗，全力保饮水安全、保秋粮稳产。省领导虞爱华、张曙光陪同调研。

同日 省委书记郑栅洁赴合肥市调研督导安全隐患排查工作。他强调，要全面落实党中央、国务院及省委、省政府的部署要求，牢固树立人民至上、生命至上理念，以“时时放心不下”的责任感，进一步抓实抓细安全隐患排查整治，扎实做好安全生产各项工作，全力保障人民群众生命财产安全。省领导刘惠、虞爱华陪同调研。

21 日 省委常委、统战部部长张西明赴合肥市庐江县就宗教场所安全情况进行调研。省委统战部副部长、省民委（宗教局）主任（局长）陆友勤，市委常委、统战部部长陈晓波陪同调研。

同日 以“量子赋能、共赢未来”为主题的第一届 CCF 量子计算大会暨首届量子计算产业峰会在合肥举行，来自全国各地的科研机构、高校、企业界代表共聚一堂，共商量子计算产业发展大计。

23 日 巢湖流域水生态修复与治理工程—十八联圩生态湿地蓄洪区工程可行性研究报告正式获得省发展改革委批复，并被纳入国家 150 项重大水利工程名录。

24 日 在习近平总书记考察安徽两周年之际，市委常委会扩大会议暨市委理论学习中心组学习会议召开，重温习近平总书记考察安徽重要讲话指示精神，学习《习近平谈治国理政》第四卷，研究部署进一步贯彻落实举措。省委常委、市委书记虞爱华主持会议。省委宣传部副部长李兵受邀围绕《习近平谈治国理政》第四卷作专题辅导报告。

24—25 日 九城市政协共商长三角 G60 科创走廊更高质量发展活动在上海松江举行。活动聚焦“科创赋能 产业协同”，围绕助力长三角 G60 科创走廊产业链供应链稳链强链主题进行深入交流，共商发展良策。市政协主席韩冰出席并作交流发言。

26 日 2022 中国黄山书会在合肥滨湖国际会展中心开幕。省委常委、市委书记虞爱华致辞并宣布开幕。开幕现场举行“十佳阅读推广人”“十佳阅读推广空间”“第四届百家示范农家书屋”“第四届百佳农家书屋管理员”代表颁奖活动，发布“皖版十佳好书”和“十大悦读好书”。

同日 合肥量子城域网开通暨合肥市人民政府、中国电信安徽公司深化战略合作协议签约活动举行。省委常委、市委书记虞爱华出席。

30 日 在全国“人民满意的公务员”和“人民满意的公务员集体”表彰大会上，合肥市长丰县下塘镇党委书记樊邵斌荣获全国“人民满意的公务员”称号，市国有资产监督管理委员会荣获全国“人民满意的公务员集体”称号。

9 月

3 日 市防疫指挥部召开第 91 次工作视频会商会。会议指出，要深刻、完整、全面领会和贯彻习近平总书记关于疫情防控重要讲话重要指示精神，进一步织密织牢全覆盖、立体式、常态化防控网络，坚持做到见事早、反应快、力度大，继续努力用最小代价实现最大防控效果。

4日 2022年国家网络安全宣传周网络安全博览会在合肥滨湖国际会展中心开幕。中央网信办副主任、国家网信办副主任赵泽良，省委常委、市委书记虞爱华出席，共同点亮启动柱。此次率先启幕的网络安全博览会是2022年国家网络安全宣传周的重磅活动之一，现场设置网络安全应用实践、技术创新、自主可控、互联网新应用安全等7大展区，60家龙头企业参展，众多高科技产品惊艳亮相。

5—6日 全国人大常委会副委员长陈竺率队到安徽，就外商投资法贯彻实施情况开展执法检查。省委书记、省人大常委会主任郑栅洁参加有关活动。在皖期间，执法检查组深入企业一线检查指导，实地考察合肥阳光电源股份有限公司、大众汽车（安徽）有限公司、花王（合肥）有限公司、联合利华（中国）有限公司，了解外商投资法实施情况，并在合肥召开相关座谈会，听取省政府及有关方面工作汇报，征求部分外商投资企业和商协会的意见建议。在合肥检查期间，市人大常委会党组书记、主任汪卫东陪同。

5—6日 全国妇联党组书记、副主席、书记处第一书记黄晓薇到合肥，深入社区、农村、园区、企业、科研院所等地，与妇女群众共同感悟在习近平总书记亲切关怀、亲临指导、亲自部署下，江淮大地大跨步发展的非凡十年，强调要全力聚民心，着力促发展，用心解民忧，团结引领广大妇女争做伟大事业的建设者、文明风尚的倡导者、敢于追梦的奋斗者，以实际行动迎接党的二十大胜利召开。省政府副省长、省工商联主席王翠凤，省政协副主席孙丽芳，省妇联党组书记、主席刘苹，市政协主席韩冰陪同。

5—11日 2022年国家网络安全宣传周在全国范围内统一开展，开幕式于5日在合肥市举行。中央宣传部副部长、中央网信办主任、国家网信办主任庄荣文出席开幕式并讲话，省委书记郑栅洁在开幕式上致辞，全国妇联党组书记、副主席、书记处第一书记黄晓薇，中华全国总工会副主席候选人、书记处书记人选、党组成员杨宇栋出席开幕式并发言。省委副书记、省长王清宪主持开幕式。省领导虞爱华、郭强、张红文、王翠凤出席开幕式。本届网安周主题为“网络安全为人民，网络安全靠人民”。开幕式上公布了首批国家网络安全教育技术产业融合发展试验区名单，合肥高新技术产业开发区榜上有名。6日举办的量子安全论坛现场发布量子安全能力底座，介绍近期发布的全国最大、覆盖最广、应用最多的量子保密通信城域网—“合肥量子城域网”等。同日举行长三角网络安全协同发展论坛。

6日 全省双拥模范城（县）命名暨双拥模范单位和个人表彰大会举行，合肥市被命名为全省双拥模范城，长丰县、肥西县、肥东县、庐江县被命名为全省双拥模范县。全市10个单位获评全省双拥模范单位（含部队6个），10名个人获评全省双拥模范个人（含部队6人）。

同日 肥西县境内的引江济淮工程淠河总干渠钢结构渡槽首次通航。引江济淮工程是安徽省基础设施建设“一号工程”，淠河总干渠渡槽总长350米，分左右两幅，其中钢渡槽全长246米，主跨跨度达到110米，是目前世界上跨度最大的通水通航钢结构渡槽。

8日 省委常委、市委书记虞爱华主持召开市委常委会会议暨市委理论学习中心组学习会议，深入学习习近平总书记关于意识形态工作重要论述，传达贯彻党中央及省委有关文件精神，研究部署意识形态工作。会议强调，意识形态工作要坚持全面抓、认真抓、天天抓，始终保持“时时放心不下”的责任感，有效防范化解各类风险隐患，做到任务落实不马虎、阵地管理不懈怠、责任追究不含糊。全市各级各部门都要提高学网、懂网、用网水平，积极主动回应网民关切，深入清理网络谣言和虚假信息，营造风清气正的网络环境。市属媒体要深化改革创新，发挥资源优势，打造更具影响力的新媒体平台。宣传部门要牵头加强户外公益广告牌（墙）管理，全面排查整治“错、俗、差、滥、缺”等问题，更好发挥弘扬主旋律、传播正能量作用。

同日 市防疫指挥部召开第92次工作视频会商会。会议强调，疫情防控必须坚持“放假不放松、中秋不中断”，始终保持应急指挥体系激活状态，更加科学精准、从紧从细，用超常努力保障市民如常生活。

9日 省政协主席唐良智赴合肥市，围绕“推动高新技术产业高质量发展”开展调研。省政协秘书长车敦安，市政协主席韩冰陪同。

15日 中共中央政治局常委、

国务院总理李克强在北京人民大会堂出席2022年全国大众创业万众创新活动周，发表重要讲话，宣布活动周启动。李克强通过视频先后巡视安徽华米科技公司、安徽爱意果园孵化空间、深圳影石科技公司、景德镇陶溪川邑双创平台、合肥心之声科技公司的双创项目，勉励他们锐气不减、精进不怠，创出更多新成果。省委书记郑栅洁在双创周合肥主会场致辞，省长王清宪参加。省领导刘惠、虞爱华、丁向群、郭强、张红文、韩军和创业创新者代表在合肥主会场参加启动仪式。

同日 2022年全国大众创业万众创新活动周启动仪式在合创巢双创园区举行。活动周以“创新增动能，创业促就业”为主题，主会场设在合肥市，全国各地同步开展。活动周期间，合肥市以实物展品、虚拟现实、线上直播等形式，组织80余场双创活动，为全国创新创业者带来一个“不一样”的活动周。

15—17日 全国政协副主席、致公党中央主席、中国科协主席万钢率队到安徽省调研长江生态环境保护民主监督工作。省委书记郑栅洁、省长王清宪、省政协主席唐良智等参加有关活动。省委常委、统战部部长张西明，省委常委、市委书记虞爱华陪同调研。调研组到芜湖、合肥巢湖市调研了朱家桥尾水净化生态公园、智慧长江芜湖综合管理平台、清溪河和裕溪河治理项目、巢湖闸建设及运行情况，了解长江流域生态环境保护和治理工作，并在合肥召开致公党中央对口安徽省开展长江生态环境保护民主监督工作座谈会。在合肥期间，市领导韩冰、陈晓波陪同调研。

16日 2022中国（合肥）首届场景创新峰会在全国“双创”活动周主会场“合创巢”举行，首发中国场景创新体系报告，发布合肥市场景清单，并颁发最佳场景创意奖。省科技厅党组书记吴劲松出席活动，市长罗云峰出席并致辞。

同日 十八联圩生态湿地蓄洪区工程正式开建。省委常委、市委书记虞爱华出席开工动员会并宣布项目开工。

17日 合肥大科学装置成果转化产业峰会在安徽创新馆开幕。省委常委、市委书记虞爱华，中国工程院院士、中科院合肥物质科学研究院等离子体物理研究所首席科学家李建刚，省科技厅党组书记吴劲松，中科院合肥物质科学研究院院长刘建国，中科院合肥物质科学研究院强磁场科学中心学术主任、安徽大学校长匡光力，国家同步辐射实验室党委书记、副主任李良彬等出席开幕式。市委常委袁飞致辞。合肥已布局建设大科学装置12个，规划约20平方千米的大科学装置集中区，是全国乃至全世界大科学装置较为集中的城市之一。

同日 合肥市2022年全球云聘会开幕式在中安创谷举行。省委常委、市委书记虞爱华出席。省委组织部副部长蒋曦致辞。省委教育工委书记钱桂仑，省人力资源和社会保障厅副厅长陈宏，中国科学技术大学、合肥工业大学、安徽大学、合肥学院负责人赵明出席。市委常委、组织部部长葛建荣作合肥人才发展环境推介。

同日 2022年全国科普日合肥市主场活动在市政务中心阳光大厅举行，发布2022年全国科普日合肥市系列活动，表彰合肥市第十八届青少年科技创新市长奖获得者和2022年合肥市“最美科技工作者”。市委副书记、市长罗云峰出席活动并为获奖代表颁奖。市委常委、常务副市长葛斌主持活动。

18日 全国双创活动周长三角创意经济论坛暨长三角全球创意设计大赛（IDC）创投中国（合肥）大会在瑶海区举行。来自长三角友好合作城市、创意经济专委会合作联盟41个会员城市的代表，和IDC创投大会部分代表等齐聚瑶海，分享全球前沿观点，激发创意思想，赋能合肥东部新中心高质量发展。

20日 2022世界制造业大会开幕式暨主旨论坛在合肥隆重举行。省委书记郑栅洁致辞，省委副书记、省长王清宪主持。省政协主席唐良智，省委常委，省人大常委会、省政府、省政协负责同志出席。开幕式上，举行重大项目集中签约仪式，发布一批精品新品。大会围绕“制造世界·创造美好”主题，通过线上线下相结合方式举办巡馆、专题活动、平行论坛、“六百”对接活动、展览展示等38场活动，为全球制造业搭建创新发展的桥梁，打造拓展合作的空间。

21日 以“量子科技·赋能未来—开创未来产业新时代”为主题的2022量子产业大会在合肥举办。省委常委、市委书记虞爱华出席并宣布大会开幕。中国电信集团副总经理唐珂、省科技厅副厅长姚群、中科院量子信息与量子科技创新研究院副院长朱长飞、市委常委袁飞分别致辞。

23日 第十四届中国（合肥）国际园林博览会组委会第二次会议召开。住房和城乡建设部副部长张小宏，省委常委、市委书记虞爱华，副省长周喜安出席会议并讲话。省住建厅厅长贺懋燮，市领导罗云峰、单虎出席。

24日 合肥高新技术产业开发区发布建设世界领先科技园区行动方案，提出到2035年，该区将成为全国首个以量子产业为领先标志的世界领先科技园区，基本建成“世界量子中心”。

28日 2022年全省第四批重大项目开工动员会在合肥举行。省委书记郑栅洁宣布开工，省委副书记、省长王清宪讲话，省政协主席唐良智出席。省委常委、常务副省长刘惠主持。省领导陶明伦、何树山、张曙光、杨光荣、周喜安、钱三雄参加。省委常委、市委书记虞爱华，市领导罗云峰、汪卫东、韩冰、葛斌、单虎、袁飞等在合肥分会场参加。合肥参加此次集中开工的重大项目共有110个，总投资1174.4亿元，年内完成投资111.8亿元。

同日 以“创新与高质量发展”为主题的第十五届中德应用型高等教育研讨会暨第二届长三角双元制教育国际合作研讨会，在合肥市与德国奥斯纳布吕克市共同开幕。会议以线上线下相结合的形式举行。全国政协副主席、中国科学技术协会主席万钢出席并讲话，德国前总统克里斯蒂安·武尔夫、安徽省省长王清宪、德国下萨克森州州长施特凡·魏尔分别致辞。合肥市委副书记、市长罗云峰出席开幕式。

10月

8日 中创新航科技（合肥）有限公司产品下线活动在长丰县下塘镇举行。市委副书记、市长罗云峰出席并宣布产品正式下线。市领导葛斌，中创新航董事长刘静瑜等出席活动并见证三期项目签约。

同日 市防疫指挥部第99次工作视频会商会召开，对近日疫情处置情况再复盘，对防控工作再部署。市领导程雪涛、葛斌、单虎、宋道军、刘卫宝参加。会议指出，国庆长假270多万人来（返）肥，人员流动大，带来疫情传播风险大。疫情防控必须进一步紧起来、实起来、严起来，请广大市民继续理解、支持和配合，时刻当好自己健康的第一责任人，近期非紧要不离肥，合力守护来之不易的防控成果。

11日 根据合肥市防指统一部署，再次动员市直单位选派人员增援基层疫情防控一线，1558人到岗到位。

12日 S329合六南通道全线通车。通车后，从合肥市区到六安市区车程由原来的1.5小时缩减至1小时。

14日 市长罗云峰主持召开全市疫情防控、安全生产工作视频调度会，部署安排有关工作。会议要求，市疫防办、安委办、信联办、网信办要发挥牵头抓总、统筹协调作用，各地要切实履行属地责任，严格落实领导干部在岗带班和24小时专人值班制，更快更准更稳开展应急处置。

16日 举世瞩目的中国共产党第二十次全国代表大会在北京人民大会堂开幕。市委、市人大常委会、市政府、市政协负责同志在市政务中心集中收看党的二十大开幕会，认真聆听习近平同志代表第十九届中央委员会向大会所作的报告。市委副书记、市长罗云峰，市人大常委会主任汪卫东，市政协主席韩冰等参加收看。上午，全市各级各部门，在合肥的高校、科研院所及企业等各条战线都通过各种形式，组织党员干部群众收听收看党的二十大开幕会。

20日 市长罗云峰前往瑶海区调研督导疫情防控工作，看望慰问一线防疫人员。市领导葛建荣、葛斌参加。在瑶海区应急指挥中心，罗云峰主持召开调度会，听取瑶海区疫情防控工作进展，就相关事项现场办公、明确举措。

22日 市委副书记、市长罗云峰主持召开全市疫情防控工作视频调度会，部署安排有关工作。省疾控中心党委书记、主任刘志荣出席。会议强调，要坚持全市“一盘棋”，市疫情防控应急指挥部统筹协调各工作专班任务，推动各项措施切实有效落实到位。要严格查验“两码”和48小时核酸检测阴性证明，必须做到场所码“一址一码、码址对应”，对不落实防控要求的场所立即责令整改。要持续推进核酸检测提质提效，认真组织每日区域核酸检测，确保应检尽检、不落一人，全方位堵住社会面传播风险漏洞。要规范执行隔离点、封控管控区域管理措施，严格控制人员流动，加强物资储备供应，保障群众日常需求。要妥善做好封控小区管理服务，对就地转为社区志愿者的小区人员，所在社区党组织要及时组织安排疫情防控志愿工作，让居民安心居家安全生活。各县（市）区、开发区设分会场。

23 日 省委常委、市委书记虞爱华从北京返回合肥后直奔市防疫指挥部，主持召开第 100 次疫情防控工作视频会商会，指挥全市疫情防控“歼灭战”。省政府副秘书长、省疫防办第一主任李必方，省疾控中心主任刘志荣参加。会议指出，近半个月来，合肥疫情防控工作遭遇了两年多来最大挑战、经受了最大考验、付出了最大努力，取得不断向好、来之不易的阶段性成果。当前防疫形势依然严峻复杂，研判不能误判，要坚定决心信心，立下军令状，奋力一搏，必须在 3 至 7 天，实现社会面动态清零，坚决打赢此轮疫情防控“歼灭战”，以实际行动和成效贯彻党的二十大精神。

24 日 省委常委、市委书记虞爱华主持召开第 101 次疫情防控工作视频会商会，再次分析形势，部署全市疫情防控“歼灭战”。正在瑶海区现场指导的省政府副秘书长、省疫防办第一主任李必方和省疾控中心主任刘志荣在分会场参加。会议指出，全市近 2 天全员核酸检测已出结果社会面均为阴性，封控区及隔离点仍有个别异常，疫情防控形势总体可控但仍不十分稳固，继续向好但不能盲目乐观，必须坚持以快制快、以变应变，努力用最快速度实现动态清零目标。

25 日 省委书记郑栅洁到安庆桐城市、合肥庐江县的企业和农村，向企业一线职工、基层党员干部和农民群众宣讲党的二十大精神。他强调，要衷心拥护“两个确立”、忠诚践行“两个维护”，把深入学习宣传贯彻党的二十大精神作为当前和今后一个时期首要政治任务，深入领会精神实质，深刻把握核心要义，推动以习近平同志为核心的党中央决策部署在基层落地落实。省委常委、合肥市委书记虞爱华在庐江县陪同调研。郑栅洁先后来到庐江县万山镇长冲村、汤池镇百花村，现场察看乡村文旅产业发展情况后指出，要保留乡村特色、尊重村民意愿，因地制宜发展民宿等富民经济，带动更多农民就地就业，推动农民增收、村集体经济壮大、乡村宜居。

26 日 全市传达学习党的二十大精神大会召开，深入学习贯彻党的二十大和二十届一中全会、党章修正案、十九届七中全会、10 月 25 日中央政治局会议精神。省委常委、市委书记虞爱华主持会议并按照原原本本学的要求，作解读式传达，部署安排全市学习宣传贯彻工作。市委副书记、市长罗云峰，市人大常委会主任汪卫东，市政协主席韩冰，市委常委，市人大常委会、市政府、市政协相关负责同志等出席。会议强调，要把学习宣传贯彻党的二十大精神作为当前和今后一个时期的首要政治任务，坚持边学习、边梳理、边落实，全面、系统、深入学习，完整、准确、全面领会，所有工作都要对标对表，正确的就要坚持，偏差的立即纠正，不能有惯性思维，不能有路径依赖，更不能想当然自以为是，切实做到与时俱进、知行合一、笃信笃行。要在全市上下迅速兴起学习宣传贯彻热潮，并统筹抓好经济发展、疫情防控、安全稳定、民生保障等各项工作，以实实在在的工作成效检验学习贯彻成果。会议以视频形式召开，各县（市、区）、开发区、滨湖科学城设分会场。

29 日 省委书记郑栅洁赴合肥市科创企业调研并宣讲党的二十大精神。他强调，要衷心拥护“两个确立”、忠诚践行“两个维护”，深入学习贯彻党的二十大精神，认真贯彻落实习近平总书记关于科技创新的重要论述，坚持科技第一生产力、人才第一资源、创新第一动力，加快实施创新驱动发展战略，加快建设科技强省、人才强省，不断开辟发展新领域新赛道，塑造发展新动能新优势。省领导丁向群、张红文陪同。调研中，郑栅洁走进科研人员、一线企业职工中间，面对面宣讲党的二十大精神。

同日 省委常委、市委书记虞爱华主持召开第 106 次疫情防控工作视频会商会，穿透式分析风险点位，研究部署针对性举措。会议研判，疫情防控总体形势继续向好，朝着既定目标稳步前进，特别是瑶海区已经连续 5 日社会面无新增病例。但必须清醒认识到，形势依然复杂，奥密克戎 BA.5.2 极易形成隐匿传播，感染者时常出现“先传播、再转阳”现象，给早发现、早溯源、早处置带来极大困难、极大挑战，必须以变应变尽最大努力争取最好结果。

31 日 省委常委、市委书记虞爱华主持召开第 108 次疫情防控工作视频会商会。会议强调，鉴于此次病毒新特性，出现零星散发病例，有可能成为较常见现象，不必恐慌，也不能松懈，要毫不动摇坚持“动态清零”，一旦发现异常，果断出击、迅速扑灭。为此，“四方”责任要进一步落实。希望广大市民继续做好个人防护，遵守防疫规定，共同守护熙熙攘攘的如常生活。

11 月

1 日 安徽省第十五届运动会开幕式在滁州市奥体中心举行。合肥市代表团在开幕式前已完成的比赛中，共取得 210.5 枚金牌，提前锁定本届省运会金牌榜第一。

4 日 按照中央统一部署，学习贯彻党的二十大精神中央宣讲团报告会在合肥举行。中央宣讲团成员、全国政协经济委员会副主任宁吉喆作宣讲报告。下午，宁吉喆走进合肥高新技术产业开发区部分企业宣讲党的二十大精神，与科技型企业党组织负责人、青年科技工作者、海归青年创业人员面对面互动交流，并在合肥工业大学作宣讲报告。

5 日 省委常委、市委书记虞爱华主持召开第 111 次疫情防控工作视频会商会。会议指出，本轮疫情防控歼灭战有望很快宣告结束，目前全市已无中高风险区，正式进入常态化防控阶段。

6 日 由国家发展改革委、国家卫生健康委、国家中医药局联合公布的第四批国家区域医疗中心项目名单中，安徽省报送的国家心血管和中医区域医疗中心 2 个项目的建设方案获得批复实施，这 2 个项目均位于合肥市。

7 日 2022 世界集成电路大会新闻发布会在北京和合肥两地同时举行。

8 日 省委常委、合肥市委书记虞爱华出席在国家会展中心（上海）举行的第五届中国国际进口博览会 2022 长三角 G60 科创走廊高质量发展要素对接大会，并参加相关活动。市委常委袁飞参加。

同日 在收听收看安徽省劳动模范、先进工作者和先进集体表彰大会后，合肥市 2022 年安徽省劳动模范、先进工作者和先进集体表彰大会举行。市委副书记、市长罗云峰出席并讲话。市领导汪卫东、韩冰、陈晓波、路军、葛建荣、程雪涛、黄维群、葛斌、单虎出席。合肥市共有 68 人荣获省劳动模范和先进工作者（安徽省劳动模范 47 人、安徽省先进工作者 21 人）称号，8 个集体荣获安徽省先进集体称号。

同日 省委常委、市委书记虞爱华赴上海出差返回合肥后，直奔瑶海区防疫指挥部，主持召开第 112 次疫情防控工作会商会，指挥瑶海区零星散发疫情防控工作。

9 日 省委常委、市委书记虞爱华主持召开第 113 次疫情防控工作视频会商会，穿透式分析疫情形势，部署针对性举措。会议强调，经过连夜快速果断处置，当前瑶海区零星散发疫情形势总体可控。要继续坚持以快制快、以变应变，力求更加精准科学，确保快速动态清零。

同日 继 11 月 7 日合肥市高三、初三年级恢复线下教学后，除部分临时强化管理措施的区域外，全市中小学其他年级和幼儿园有序恢复线下教学。

9—10 日 市委副书记、市长罗云峰赴浙江乌镇出席 2022 年世界互联网大会乌镇峰会长三角一体化数字文明共建研讨会，并赴嘉兴、杭州学习考察。

10 日 在《湿地公约》第十四届缔约方大会日内瓦分会场举办的第二批“国际湿地城市”颁证仪式上，合肥入选“国际湿地城市”名单。来自 13 个国家的 25 个城市新晋“国际湿地城市”，其中包括安徽合肥等 7 个中国城市。

11 日 省委常委、市委书记虞爱华主持召开市委常委会会议，传达学习习近平总书记近期重要讲话精神，研究全市贯彻落实工作。会议强调，要深入学习贯彻中央政治局常委会会议精神，完整、准确、全面贯彻落实党中央关于疫情防控决策部署，全面落实进一步优化防控工作的二十条措施，科学精准做好全市疫情防控工作，用心用情用力做好生产生活服务保障，快速打赢每一场零星散发疫情歼灭战，坚决守住不发生疫情规模性反弹底线。会议指出，把巢湖打造成最好名片是“国之大者”，要以更大决心、更大力度、更优机制推进综合治理，巩固“国际湿地城市”创建成果，加快十八联圩生态湿地蓄洪区建设，努力让市民看到更大变化、闻到更大变化，让巢湖最好名片更加美丽动人。

同日 位于合肥市中侨中心下沉式商业街区的 HNF 环球跨境免税店开业试运营，这是全省首家线下跨境免税实体店。

13 日 市规委会 2022 年第 16 次主任办公会召开。省市领导虞爱华、罗云峰、葛斌、单虎、何逢阳参加。会议听取合肥市“江淮运河百里画廊”专项规划的汇报，强调打造“百里画廊”意义十分重大、令人十分期待，要努力打造成“极具震撼、不留遗憾”的标志性文旅项目。

同日 省委常委、市委书记虞爱华主持召开第115次疫情防控工作视频会商会，围绕贯彻落实优化防控工作的二十条措施，研究部署防疫工作。

17日 2022世界集成电路大会在合肥开幕，发布“第十五届中国半导体创新产品和技术”和2022世界集成电路大会《合肥倡议》。省委书记郑栅洁出席。省长王清宪，工业和信息化部副部长王江平致辞。副省长何树山主持。省政协主席唐良智，省领导刘惠、虞爱华、宋国权出席。

同日 2022全球IC企业家大会在合肥举行，省委常委、市委书记虞爱华出席并致辞。

同日 省委常委、市委书记虞爱华先后与中国工程院院士吴汉明，英特尔高级副总裁、中国区董事长王锐，IBM大中华区董事长、总经理陈旭东等参加世界集成电路大会的嘉宾会谈。市领导单虎参加。

同日 外交部外国记者团到皖参访。市委常委、秘书长单虎在合肥会见外交部外国记者团。

18日 第五届世界声博会暨2022科大讯飞全球1024开发者节在合肥开幕。省委常委、市委书记虞爱华出席并致辞宣布开幕。省委常委、副省长张红文，中国科学技术大学党委书记舒歌群，中国电子信息产业发展研究院院长张立，中国科学院合肥物质科学研究院院长刘建国，省直有关部门负责同志出席。

19日 2022中国·合肥苗木花卉交易大会在中国中部花木城（肥西）开幕。省长王清宪宣布大会开幕。国家林业和草原局局长关志鸥，省领导虞爱华、宋国权、孙云飞出席。副省长周喜安主持开幕式。市长罗云峰出席。

19—20日 在中国生态文明论坛年会上，肥西县获第六批国家生态文明建设示范区称号，合肥经济技术开发区获生态文明建设示范区（生态工业园区）称号。

21日 安徽艺术学院与合肥市第二中学签约合作，合肥市第二中学正式更名为安徽艺术学院附属合肥市第二中学。

24日 省委书记郑栅洁赴合肥市调研督导企业安全隐患排查化解工作。他强调，要深入学习贯彻党的二十大精神和习近平总书记重要指示精神，坚持人民至上、生命至上，统筹好发展和安全，狠抓主体责任落实，狠抓规章制度执行，狠抓常态化监管，有力有效全面化解各类风险隐患，坚决防范和遏制重特大事故发生。省领导刘惠、张韵声陪同。

25日 省委常委、市委书记虞爱华主持召开第123次疫情防控工作视频会商会。会议决定，为了既防止“层层加码”，又防止“层层打折”、跑偏走样，对全市疫情防控工作探索实行“16个不得”负面清单管理。

29日 合肥市第十七届人民代表大会常务委员会第六次会议通过，决定任命王连贵为市人民政府副市长。

30日 中央全面依法治国委员会办公室印发《关于第二批全国法治政府建设示范地区和项目命名的决定》，合肥市被命名为“全国法治政府建设示范市”，获得全国法治建设领域的最高荣誉。

12月

1日 省委常委、市委书记虞爱华，市长罗云峰及市领导路军、刘卫宝、何逢阳、朱胜利在合肥体育中心分别接待信访群众。省委信访局副局长唐金林及相关区、部门负责人、律师等参加。此次接访活动从11月29日开始公示，实行“两联接访”，即市党政主要负责人联合接访、市县两级联动接访，在合肥体育中心组成20个市接访组，各县（市、区）、开发区主要负责同志在属地同步接访。

5日 省委常委、市委书记虞爱华来到健康驿站、高速道口等处，调研疫情防控工作，看望慰问一线防疫人员，并向他们及其家人表示由衷感谢。市领导程雪涛、刘卫宝参加。

6日 省委常委、市委书记虞爱华，市委副书记、市长罗云峰，市人大常委会主任汪卫东，市政协主席韩冰等市四大班子负责同志，在市政务中心集中收听收看江泽民同志追悼大会实况。市直各单位和各地干部群众通过各种方式收听收看追悼大会，共同缅怀江泽民同志的丰功伟绩和崇高风范，表达对他的深切哀悼和追思。

7日 省委常委、市委书记虞爱华在市防疫指挥部，与有关部门负责人和专家，集中学习疫情防控“新十条”，集中收看有关新闻发布会，随后主持召开第135次全市疫情防控工作视频会商会。会议强调，全市上下要坚持第九版、落实二十条，不折不扣、不等不拖执行“新十条”，正确的就坚持，不足的加把劲，过时的必须改，充分做好应对新挑战的思想准备和工作准备，尤其要加强医疗保障能力建设，加快老年人疫苗接种，更好统筹疫情防控和经济社会发展。

同日 大众安徽首台预量产车型在大众安徽整车制造基地如期下线。省委常委、市委书记虞爱华，副省长何树山，大众安徽首席执行官葛皖镝，省发改委、省经信厅、省外办、省国资委、江汽集团负责人出席下线活动，并和一线技术工人代表共同见证、启动车型下线。

8日 2022合肥企业50强榜单发布。其中，联宝电子在上年超千亿的基础上，营销收入突破1500亿元大关，继续稳居50强榜首。

9日 省委常委、市委书记虞爱华主持召开第136次全市疫情防控工作视频会商会。会议强调，要完整、准确、全面贯彻落实党中央决策部署，逐条对照执行各项优化防控措施，尽最大能力，做充分准备，以干部多担当，让群众少担心，努力实现“少感染、晚感染，降重症、防死亡”。

同日 省委常委、市委书记虞爱华调研骆岗公园建设工作。调研中，虞爱华强调，骆岗公园建设是贯彻习近平生态文明思想的生动实践，要以更高标准、更强力量、更实作风加快推进。

同日 第十三届中国（徐州）国际园林博览会总结会举行。市长罗云峰在合肥线上出席并致辞。会上，合肥作为第十四届中国国际园林博览会主办地，接过园博会会旗。第十四届中国（合肥）国际园林博览会计划于2023年9月开幕。

同日 G9912合肥都市圈“大外环”高速东环线—明光至巢湖高速公路合肥段正式通车。

12日 省委常委、市委书记虞爱华主持召开第137次全市疫情防控工作会商会。会议指出，要深入贯彻习近平总书记关于疫情防控的重要指示精神，完整、全面、准确理解和执行“新十条”，坚决克服麻痹思想和松懈情绪，推动防疫指挥体系随防疫政策的优化而优化，工作专班该加强的加强、该撤并的撤并、该增设的增设，确保始终处于高效激活状态，努力让防疫和医治工作保持平稳有序，始终把避免病亡作为重中之重，竭尽全力守护广大市民身体健康和生命安全。

13日 省委常委、市委书记虞爱华主持召开第138次全市疫情防控工作视频会商会，传达学习省疫情防控工作领导小组会议精神，部署全市防治工作。会议强调，要准确把握当前防疫由重在“防控”转为重在“防治”阶段的新特点新要求新矛盾，做足“迎峰”准备，尽最大努力保障市民就医用药，最大程度保护人民生命安全，最大限度减少疫情对经济社会发展的影响。

14日 省委常委、市委书记虞爱华，市长罗云峰及市领导单虎、宋道军、朱胜利，在合肥高新技术产业开发区开展“优环境、稳经济”现场集中办公。从上午9时至中午12时许，5个接待组共接待企业44家。其中，虞爱华接待12家企业负责人，罗云峰接待6家企业负责人。

15日 宜家家居合肥商场正式开业。省委常委、市委书记虞爱华，宜家中国总裁兼首席执行官庞安泽出席并致辞。市委常委、秘书长单虎出席。

16日 蜀山区运河新城重大项目签约暨阳光电源零碳中心产学研基地开工动员活动举行。省委常委、市委书记虞爱华宣布开工并见证签约。省生态环境厅党组书记、厅长曹哨兵，中科院合肥物质科学研究院院长刘建国参加。本次集中开工、签约项目31个，总投资211.6亿元，涉及新能源和节能环保产业、数字经济产业、基础设施和公共配套等。

同日 全球智能汽车产业峰会企业家论坛在合肥举行。市长罗云峰出席并致辞。

17日、18日 省委常委、市委书记虞爱华先后主持召开第140和141次全市疫情防控工作视频会商会。会议指出，根据目前疫情走势和有关专家预测，全市疫情高峰即将来临。千万人口大城市，千万不能有闪失，要完整、准确、全面贯彻落实党中央决策部署，更好统筹疫情防控和经济社会发展，努力做到“两保”，即千方百计保群众就医用药，全力以赴保城市正常运转，顺利度过流行期，确保平稳转段和社会秩序稳定。会议希望，广大市民继续当好自身健康第一责任人，做好个人防护，坚持戴口罩、少聚集、少串门等。

18日 全市领导干部学习贯彻党的二十大精神集中轮训班开班式举行。省委常委、市委书记虞爱华出席并作专题报告。市人大常委会主任汪卫东，市政协主席韩冰，市委常委，市人大常委会、市政府、市政协有关负责同志参加。虞爱华强调，学习宣传贯彻党的二十大精神，要做到学思用贯通、知信行统一，永葆“赶考”的清醒和坚定，养成“实干”的习惯和能力。

20日 国家林业和草原局印发《关于2022年国家湿地公园试点验收结果的通知》，安徽庐阳董铺国家湿地公园、安徽肥东管湾国家湿地公园通过国家验收，被授予“国家湿地公园”称号。至此，合肥已建立国家级湿地公园3处。

21日 由新华社《瞭望东方周刊》、瞭望智库共同主办的2022中国幸福城市论坛在杭州举办。合肥成功入选“2022中国最具幸福感城市”（省会及计划单列市）榜单。

26日 上午9时58分，合肥轨道交通5号线北段正式投入运营，与已投入运营的南段实现贯通，标志5号线全线顺利投入运营。至此，合肥轨道交通线网运营里程达170.95千米，运营站点133个。

同日 科技部火炬中心发布关于对安徽省认定机构2022年认定的第二批高新技术企业进行备案的公告，合肥市此次通过认定高新技术企业608家。全年净增1834家，再创历史新高。至此，合肥全市高新技术企业总数增至6412家。

28日 中国共产党合肥市第十二届委员会第五次全体会议暨市委经济工作会议召开。全会由市委常委会主持。省委常委、市委书记虞爱华出席并讲话。市委副书记、市长罗云峰，市人大常委会主任汪卫东，市政协主席韩冰，市委委员、市委候补委员出席。全会深入学习贯彻党的二十大、中央经济工作会议精神及省委十一届四次全会、省委经济工作会议精神，传达中央有关文件精神，听取和讨论虞爱华受市委常委会委托作的工作报告，审议通过《中共合肥市委关于深入学习贯彻党的二十大精神奋力谱写中国式现代化合肥篇章的决定》和《中国共产党合肥市第十二届委员会第五次全体会议决议》，部署2023年工作。虞爱华就《决定（讨论稿）》向全会作说明，并就贯彻落实全会精神作讲话。

29日 中国人民政治协商会议第十五届合肥市委员会第二次会议在市政务中心大会堂开幕。此次会议应出席委员524人，实到448人，符合规定人数。会上，市政协主席韩冰作政协第十五届合肥市委员会常务委员会工作报告，吴春梅作政协第十五届合肥市委员会常务委员会关于十五届一次会议以来提案工作情况的报告。此次会议至2023年1月1日闭幕。

30日 合肥市第十七届人民代表大会第二次会议在合肥大剧院开幕。会议应到代表525人，出席本次全体会议的代表468人，符合法定人数。市人大常委会主任汪卫东主持会议，市人民政府市长罗云峰作政府工作报告。会议审查合肥市2022年国民经济和社会发展计划执行情况与2023年计划草案的报告，审查合肥市2022年预算执行情况和2023年预算草案的报告；表决通过合肥市第十七届人民代表大会第二次会议选举办法，表决通过合肥市第十七届人民代表大会第二次会议总监票人、副总监票人、监票人名单。此次会议至2023年1月2日闭幕。

（徐仙春）

责任编辑：储茂仁

合肥概览

基本市情

【地理位置】 合肥位于北纬30°56′～32°33′、东经116°40′～117°58′。地处安徽中部、江淮之间、长江三角洲西翼，因东淝河与南淝河均发源于此而得名。是全国唯一环抱五湖四海之一——巢湖的省会城市，是全省政治、经济、文化、信息、交通、金融和商贸中心，也是全国性综合交通枢纽、长三角世界级城市群副中心、“一带一路”和长江经济带的重要节点城市。

【面积人口】 全市土地总面积1.14万平方千米，约占全省土地面积的8.2%，其中，市辖区面积1339平方千米。截至2022年末，全市户籍人口800.16万人，比上年增加7.49万人。常住人口963.4万人，增加16.9万人；常住人口城镇化率84.64%，提高0.6个百分点。全年出生人口8.57万人，出生率8.97‰；死亡人口5.15万人，死亡率5.39‰；自然增长率3.58‰，比上年回落0.14个千分点。

【行政区划】 合肥辖肥东、肥西、长丰、庐江4个县，1个县级巢湖市，以及瑶海、庐阳、蜀山、包河4个区。截至2022年末，全市有乡镇81个、街道（大社区）64个、城市社区（居委会）580个、村及农村社区（村委会）1160个。

【历史沿革】 合肥所在的巢湖流域是古人类重要发祥地之一，早在新石器时代，就有人类在此活动，有文字记载的历史约4000多年。有巢氏位列中华人文始祖之首。夏商西周时期，淮夷国族生活于此，与中原王朝既相互交往，又攻伐不断。春秋战国时期，为徐、楚、吴、越等诸侯国争夺之地，终归于楚。秦汉时期，正式建立合肥县，属九江郡，至今有2100多年；东汉刘秀升合肥为侯国；三国时属魏国淮南郡，为扬州刺史治所；东晋于合肥地区侨置豫州汝阴郡、南谯郡等；南北朝时期侨置郡县时设时撤。隋唐和两宋时属庐州，为庐州州治。元朝时期设庐州路。明清时属庐州府，为府治；清咸丰年间，合肥曾为安徽省临时省会。民国初，庐州府废，合肥县直属安徽省。抗日战争胜利后，国民政府安徽省省会由立煌县（今金寨县）迁至合肥。1949年1月21日合肥解放，2月1日根据中共江淮区党委的决定，将原合肥县划设为合肥市、肥东县和肥西县。1952年8月25日，安徽省人民政府正式成立，省会驻合肥。1964年9月，由肥东、肥西、寿县和定远四县各一部分新建长丰县，隶属合肥市；肥东县、肥西县隶属关系几经调整，1983年6月由巢湖地区、六安地区复属合肥市；2011年8月，安徽省实施部分行政区划调整，撤销原地级巢湖市，原居巢区改设县级巢湖市，由安徽省直辖、合肥市代管，庐江县划入合肥市。

自东汉末年以来，合肥数为州郡治所，一直是江淮地区重要的行政中心和军事重镇，素有“淮右襟喉、江南唇齿”“江淮首郡、吴楚要冲”之称，历来是重要商埠和兵家必争之地。西汉时，合肥是全国除长安外的十八大商贸市场之一。三国时，合肥成为“恩化大行”“官民有畜”的江淮“巨镇”。隋唐时期，合肥社会繁荣，百姓殷富。宋元时期，合肥为江淮之间首屈一指的政治军事重镇。南宋筑斗梁城，城中“百货骈集，千樯鳞次”，金斗河（淝河流经城区的一段）两岸“悉列货肆，商贾喧阗”。直到鸦片战争前，合肥的经济社会发展水平和全国大部分地区相比，仍毫不逊色。

【自然环境和资源】 合肥境内有丘陵岗地、低山残丘、低洼平原三种地貌，以丘陵岗地为主，江淮分水岭自西向东横贯全境。全市海拔多在15～80米，平均海拔20～40米，海拔最高为境西的595米的牛王寨。主城区地势由西北向东南倾斜，岗冲起伏；西南部属大别山余脉，层峦叠嶂。

合肥地处中纬度地带，属亚热带季风性湿润气候，季风明显，四季分明，气候温和，雨量适中。年均气温15.7℃，年均降水量约1000毫米，年日照时间约2000小时，年均无霜期228天，平均相对湿度为77%。

合肥自然条件优越，水资源、土地资源、农产品资源、矿产资源和旅游资源丰富。可利用水资源充裕，天然水资源总量为39.76亿立方米。地表水系较为发达，以江淮分水岭为界，岭南为长江水系，主要有南淝河、派河、丰乐河、杭埠河、滁河、裕溪河、兆河、柘皋河、白石天河、西河等；岭北为淮河水系，主要有东淝河、沛河、池河等。境内巢湖东西长54.5千米，南北宽21千米，水域面积770平方千米，号称“八百里巢湖”，湖底海拔5米，湖水容量随水位高程的不同而不同，当水位高程达14米时，湖水容量为63.7亿立方米。

全市耕地面积4819.74平方千米，是全国重要的农副产品生产区，粮食作物以水稻、小麦为主，经济作物主要有油菜、棉花、瓜果、蔬菜等，畜禽养殖业发达，特色农产品丰富，2022年全市绿色有机地标农产品总数375个，被授予“中国淡水龙虾之都”“中国坚果炒货之都”称号。长丰草莓、大圩葡萄、三十岗西瓜、中埠番茄、燕之坊杂粮、白云春毫茶叶、巢湖银鱼和白虾、合肥龙虾、肥西老母鸡等优质农产品深受消费者喜爱。

合肥的矿产资源丰富，有白云石、花岗石、磷、铁、铅、锌、银、明矾石、石膏、灰岩、矿泉水等。其中，肥东县磷矿储量居全省第二位；庐江县素有“地下聚宝盆”之称，铅、锌、硫铁矿、明矾石储量居全省首位，铜矿居第二位，硫铁矿储量占全省二分之一，铁矿储量占全省三分之一。

合肥自然环境优美，名胜古迹众多，城中有园，园中有城，是国家首批命名的3个全国园林城市之一，也是全国文明城市、全国优秀旅游城市。2022年，全市森林覆盖率28.36%，城市建成区绿地率40.3%，湿地保有量11.82万公顷，湿地率10.33%，湿地保护率74.82%。

【地方文化】 合肥地处古人类最早的发源地之一的巢湖流域，历史文化悠久，人文底蕴丰厚。自古以来，在合肥大地上，中原文化、楚文化、吴越文化和巢湖文化交融辉映，形成有巢氏文化、三国文化、包公文化、淮军文化等；20世纪初以来，合肥作为一块富有光荣革命传统的红色土地，红色文化资源丰富，截至2022年底，有革命历史类纪念设施遗址138个，有爱国主义教育基地41个，有延乔路、克农路等传承红色精神、弘扬红色文化的道路60余条；改革开放以来，创新文化特色日益鲜明。

合肥人杰地灵、从古至今孕育了无数杰出人物，在历史上产生了重要的影响。楚汉相争时的“亚父”范增，三国名将周瑜，“五代十国”时期吴国缔造者杨行密，北宋著名清官包拯，晚清重臣洋务派首领李鸿章，台湾光复后首任巡抚刘铭传，清朝直隶提督聂士成，抗法名将刘秉璋，北洋军阀皖系首领段祺瑞，北洋海军提督丁汝昌，淮军将领吴长庆，民国初期总理李经羲、龚心湛、贾德耀，辛亥革命时期上将倪映典、吴旸谷、范鸿仙，爱国将领冯玉祥，抗日名将卫立煌、孙立人、郭寄峤，“和平将军”张治中，中国共产党隐蔽战线卓越领导人李克农，国民党高级官员吴忠信，革命英烈柯武东、刘敏、徐百川，诺贝尔物理学奖获得者杨振宁，著名作家鲁彦周等。

【民族和宗教】 合肥市属少数民族散杂居地区，是安徽省民族工作重点市。全市有54个少数民族，少数民族户籍人口7.44万人，占全市常住人口的0.74%。有1个民族乡，12个少数民族聚居村和2个少数民族聚居社区，6所民族中小学校。合肥有佛教、道教、伊斯兰教、天主教、基督教五大宗教。市区较大宗教活动场所有明教寺、开福寺、清真寺、天主教堂、基督教堂等。

（方　志）

党的建设

【概况】 2022年，中国共产党合肥市委员会（以下简称“市委”）坚持以习近平新时代中国特色社会主义思想为指导，以喜迎党的二十大召开、学习宣传贯彻党的二十大精神为主线，深入贯彻习近平总书记考察安徽重要讲话指示精神，认真落实党中央决策部署及省委工作要求，全面落实新时代党的建设总要求，坚定不移全面从严治党，为全市经济社会高质量发展提供坚强保证。

【政治建设】 2022年，市委坚持把政治建设摆在首位，不断提高政治判断力、政治领悟力、政治执行力，不断完善坚决拥护“两个确立”的落实机制，不断提高坚决做到“两个维护”的落实能力，坚决做到“总书记有号令、党中央有部署，安徽见行动，合肥见成效”。认真落实“疫情要防住、经济要稳住、发展要安全”要求，以实际行动迎接党的二十大胜利召开。党的二十大召开后，将学习宣传贯彻大会精神作为首要政治任务，常委同志带头开展宣传宣讲和调查研究，组织各级各类宣讲4100多场、受众110多万人次。出台学习宣传贯彻《总体方案》《任务清单》《决定》，坚持“三边”工作法：边学习领会、边梳理完善、边推动落实，确保各项工作始终沿着总书记指引的方向砥砺前行。

【思想建设】 2022年，市委深入学习贯彻习近平新时代中国特色社会主义思想，认真落实市委常委会会议第一议题、市委理论学习中心组学习会议首要内容制度，市委理论学习中心组专题学习研讨20次。持续做好正面宣传、负面把控、全面鼓劲，《求是》杂志重点栏目宣传合肥，《人民日报》《经济日报》《法治日报》均在头版头条推介合肥，中央媒体正面报道合肥稿件4万多篇，城市美誉度持续提升。开展“江淮净网”“清朗”等排查整治行动，上线运营市互联网有害信息举报平台，成功举办国家网络安全宣传周，全年没有出现政治敏感事件、没有发生重大负面舆情。组建合肥日报传媒集团，市属媒体融合发展取得显著成效。开展“举旗帜·送理论”宣讲活动6.6万多场，受众超800万人次，“圆梦”百姓宣讲团、“先锋宣讲团”陈相珍分别获评全国基层理论宣讲先进集体、先进个人。繁荣发展文化事业和文化产业，新获批2个国家级夜间文旅消费集聚区。推进文明创建“十大行动计划”，深入实施公民道德建设工程，新当选“中国好人”3人，总数193位、居省会城市第2位。

【组织建设】 2022年，市委坚持以正确用人导向引领干事创业导向，着力打造高素质专业化干部队伍。深入贯彻新时代党的组织路线，注重增强干部“三大本领”（即推动高质量发展、服务群众、防范化解风险本领），提高“三种能力”（即防风险、迎挑战、抗打压能力），常态化深入疫情防控等重大斗争一线考察识别干部，提拔重用实绩突出的县处级干部248人，调整不适宜担任现职的县处级干部6人，推动干部能上能下、能进能出。创新干部培养锻炼方式，深入开展“双学双挂双任”，新引进20位在合肥高校专业人才挂任市直单位等副职，选派49名年轻干部到乡镇任职挂职，选派308名干部到国家部委、先发地区跟班学习，480名干部到产业发展、信访维稳一线等实践锻炼，一批年富力强的干部走上领导岗位。优化机构编制资源配置，探索编制、职数统筹使用和动态调整，推进内设综合科室归口集中管理。深化容错纠错减责免责试点工作，对12名干部失实检举控告进行澄清正名，切实为担当者担当、为负责者负责。集成创新人才政策，整合18个部门66个文件，出台《服务人才发展若干政策》。大力引进各类人才，2022年引进海外高层次人才447人，新引进高校毕业生首超30万人。

【作风建设】 2022年，市委狠抓中央八项规定精神及省、市有关规定落实，力戒形式主义官僚主义，整合组建市委督查考核办公室，市本级督检考、发文、开会同比分别下降8%、5.4%、0.5%，查处违反中央八项规定精神问题280起475人，给予党纪政务处分185人。把握作风建设行业性、地区性、阶段性特点，深入践行“一改两为五做到”，10项暖民心行动资金支付率全省第1，政府透明度位居全国第5，跻身“万家民企评营商环境”调查结果全国前10。落实“党建+信访”工作机制，进京访、到省访大幅“双下降”，超九成信访事项一次性化解。为多年重要会议活动期间首次。深入开展群众身边腐败和作风问题“1+N”专项整治，聚焦乡村振兴、教育医疗、安全生产、食品药品安全等20个方面“小切口”，推动解决群众反映强烈、损害群众利益的“大问题”。

【纪律建设和反腐败斗争】 2022年，市委积极落实管党治党责任，建立加强对“一把手”和领导班子监督、党委（党组）领导班子成员履行“一岗双责”分工清单，督促做到严于律己、严负其责、严管所辖。市委每半年专题研究纪检监察机关案件查办工作，对16个高配副县级镇及所辖村级党组织、23家市直单位党组织及其二级机构等开展集中巡察、集体反馈、集成整改。深入开展“四小四大”专项整治，处置问题线索1320件、查办案件528件、留置31人，主动投案、主动交代59人，运用“四种形态”处理1354人，追赃挽损1.04亿元。相关做法得到省委、省纪委充分肯定，《中国纪检监察报》予以专题整版报道。制作《自我革命进行时》《失“防”》等专题警示教育片，用身边事教育身边人。制定加强新时代廉洁文化建设打造清廉合肥的具体举措，通过项目化推进、条块化管理，推动廉洁文化建设实起来、强起来。

（周丽媛）

经济社会发展

【概况】 2022年，合肥市坚持以习近平新时代中国特色社会主义思想为指导，深入学习宣传贯彻党的二十大精神，以超常规举措应对超预期挑战，靠前发力稳经济政策举措，全市经济承压奋进、逐季恢复，呈现稳中向好的发展态势。全市地区生产总值（GDP）12013.1亿元，连续七年每年跨越一个千亿台阶，按不变价格计算，同比增长3.5%，高于全国0.5个百分点，与全省持平。其中，一季度同比增长5.3%，上半年同比增长2.9%，前三季度同比增长3.3%。分产业看，第一产业增加值379.2亿元，同比增长3.9%；第二产业增加值4394.5亿元，同比增长5.3%；第三产业增加值7239.4亿元，同比增长2.4%。

【农业生产保持稳定】 2022年，合肥市农林牧渔业产值584.09亿元，按可比价格计算，同比增长4.2%。全年粮食产量294.23万吨，连续九年稳定在300万吨左右，亩产实现“六连增”，达373公斤/亩；蔬菜产量250.65万吨，同比增长3.7%；水果产量52.16万吨，同比增长1.6%；猪牛羊禽肉产量35.52万吨，同比增长4.3%；禽蛋产量21.13万吨，同比增长1.9%；牛奶产量9.69万吨，同比增长9.7%；水产品总产量23.86万吨，同比增长4.3%。

【工业经济持续发力】 2022年，合肥市规模以上工业增加值同比增长6.3%，高于全国、全省2.7和0.2个百分点。新增规上工业企业368户，创十年新高，年末规上工业企业达2485户。其中，产值超亿元企业884户，同比增加25户；超10亿元企业136户，同比增加8户。规上战略性新兴产业产值同比增长14.3%，拉动规上工业产值同比增长7.7个百分点；产值占规上工业比重达56.2%，创同期历史新高。新增新能源汽车和智能网联汽车、光伏及新能源两个千亿产业。工业机器人、新能源汽车、锂离子电池、集成电路和太阳能电池产量分别同比增长37.8%、37.2%、34.0%、27.6%和23.1%。

【服务业加快恢复】 2022年，合肥市服务业增加值7239.4亿元，同比增长2.4%。其中，金融业增

表1 新时代十年合肥市主要经济指标情况

	2012年	2022年		平均增速（%）	占全省比重变动（%）	绝对量在全国省会城市位次变动
	总量	总量	增速（%）			
生产总值（亿元）	4167.98	12013.1	3.5	8.2	22.7→26.7	15→10
一般公共预算收入（亿元）	389.50	909.25	10.4	9.1	21.7→25.3	10→9
规模以上工业增加值	—	—	6.3	11.1	—	—
固定资产投资	—	—	9.1	10.4	—	—
工业投资	—	—	25.8	12.3	—	—
社会消费品零售总额（亿元）	1893.16	5021.62	-1.8	9.4	25.3→23.3	14→8
进出口总额（亿美元）	176.42	542.81	5.5	11.9	44.9→48.0	9→8
出口（亿美元）	136.28	345.23	9.9	9.8	50.9→48.3	7→9
金融机构本外币存款余额（亿元）	7075.18	25070.93	12.4	12.6	30.1→33.3	16→10
金融机构本外币贷款余额（亿元）	6462.50	23952.13	16.1	14.2	37.7→35.5	14→11
城镇居民人均可支配收入（元）	25434	56177	5.6	8.8	—	13→7
农村居民人均可支配收入（元）	9081	28727	7.0	9.8	—	17→7

注：金融机构存贷款余额平均增速以人民币口径计算，2012年占全省比重及省会位次均为人民币口径。

表 2　　2022 年合肥市与万亿城市经济总量比较

城市	GDP 总量（亿元）	同比增速（%）
上海	44653	-0.2
北京	41611	0.7
深圳	32388	3.3
重庆	29129	2.6
广州	28839	1.0
苏州	23958	2.0
成都	20818	2.8
武汉	18866	4.0
杭州	18753	1.5
南京	16908	2.1
天津	16311	1.0
宁波	15704	3.5
青岛	14921	3.9
无锡	14851	3.0
长沙	13966	4.5
郑州	12935	1.0
佛山	12698	2.1
福州	12308	4.4
泉州	12103	3.5
济南	12027	3.1
合肥	12013	3.5
西安	11487	4.4
南通	11380	2.1
东莞	11200	0.6

加值 1166.7 亿元，同比增长 8.7%。1-11 月，全市规模以上服务业营业收入突破两千亿元，达 2209.96 亿元，同比增长 5.5%。32 个行业大类中，21 个实现增长，增长面达 65.6%。租赁和商务服务业、科学研究和技术服务业营业收入分别同比增长 17.8% 和 27.7%，两大行业合计拉动规上服务业同比增长 7.1 个百分点，贡献率达 127.6%。

【固定资产投资较快增长】 2022 年，合肥市固定资产投资总额同比增长 9.1%，高于全国、全省 4.0 和 0.1 个百分点。其中，亿元以上投资项目 2677 个，同比增加 239 个，100 亿元以上项目 32 个，增加 6 个；亿元以上项目投资额同比增长 10.8%，对全市投资增长的贡献率达 109.9%。在中航锂电、比亚迪等一批重大项目带动下，全市工业投资增长同比 25.8%，创近十年同期新高，拉动全市投资同比增长 6.3 个百分点。其中，战略性新兴产业投资同比增长 31.4%，高技术制造业投资同比增长 34.7%。

【消费市场持续回暖】 2022 年，合肥市社会消费品零售总额 5021.62 亿元，同比下降 1.8%。大宗消费平稳运行，限额以上石油、汽车类商品零售额分别同比增长 10.0% 和 5.3%，拉动全市限上零售额同比增长 1.1 和 1.3 个百分点；绿色、智能产品消费表现亮眼，限上智能家用电器和音像器材、智能手机、新能源汽车零售额分别增长 2.9 倍、1.1 倍和 2.4 倍，拉动全市限上零售额分别增长 2.6、1.0 和 3.3 个百分点。

2022 年，进出口总额 3610.95 亿元，同比增长 8.6%，高于全国 0.9 个百分点。其中，出口 2301.84 亿元，同比增长 13.4%；进口 1309.11 亿元，同比增长 1.1%。中欧班列开行国际线路覆盖 18 个国家、90 个站点城市，全年开行 768 列，同比增长 15%。

【金融信贷量质齐升】 2022 年 12 月末，合肥市金融机构本外币存款余额 25070.93 亿元，同比增长 12.4%，高于全国 1.6 个百分点；本外币贷款余额 23952.13 亿元，同比增长 16.1%，高于全国 5.7 个百分点。其中，制造业贷款同比增长 48.8%，小微企业贷款同比增长 29.8%，均创历史新高。新增存贷款 6091.92 亿元，增量创历年新高。

2022 年，一般公共预算收入 909.25 亿元，扣除留抵退税因素后同比增长 10.4%，增速居全国 24 个地区生产总值（GDP）破万亿城市首位。一般公共预算支出 1380.18 亿元，同比增长 12.8%；其中民生支出 1166.10 亿元，占一般公共预算支出的比重超八成，达 84.5%。

【居民收入稳定增加】 2022 年，合肥市居民人均可支配收入 48820 元，同比增长 6.1%，高于全国、全省 1.1 和 0.1 个百分点，快于

表 3　　2022 年合肥市与长三角主要城市主要经济指标比较

	合肥			上海		南京		杭州		宁波		苏州	
	绝对量	在长三角位次	增长（%）	绝对量	增长（%）	绝对量	增长（%）	绝对量	增长（%）	绝对量	增长（%）	绝对量	增长（%）
生产总值（亿元）	12013.1	7	3.5	44652.8	-0.2	16907.9	2.1	18753.1	1.5	15704.3	3.5	23958.3	2.0
一般公共预算收入（亿元）	909.25	7	10.4	7608.19	3.9	1558.20	0.1	2450.61	8.4	1680.23	5.1	2329.18	0.1
规模以上工业增加值（亿元）	—	—	6.3	—	-0.6	—	2.4	—	0.3	—	3.8	—	2.4
固定资产投资（亿元）	—	—	9.1	—	-1.0	—	3.5	—	6.0	—	10.4	—	1.5
工业投资（亿元）	—	—	25.8	—	0.6	—	11.0	—	21.1	—	14.5	—	6.4
社会消费品零售总额（亿元）	5021.62	5	-1.8	16442.14	-9.1	7832.41	-0.8	7293.60	5.8	4896.7	5.3	9010.71	-0.2
进出口总额（亿元）	3610.95	11	8.6	41902.75	3.2	6292.13	0.3	7564.81	2.7	12671.26	6.3	25721.11	1.6
出口（亿元）	2301.84	14	13.4	17134.21	9.0	3827.91	-1.8	5140.65	10.6	8230.59	8.0	15475.04	4.0
金融机构本外币存款余额（亿元）	25070.93	6	12.4	192293.06	9.4	49531.31	10.8	69592.03	14.0	31302.66	15.0	47430.56	13.9
金融机构本外币贷款余额（亿元）	23952.13	6	16.1	103138.91	7.4	48760.23	12.6	62306.30	10.7	32986.07	13.6	46923.26	15.0
城镇居民人均可支配收入（元）	56177	19	5.6	84034	1.9	76643	4.1	77043	3.1	76690	3.8	79537	3.4
农村居民人均可支配收入（元）	28727	21	7.0	39729	3.1	34664	6.0	45183	5.8	45487	5.9	43785	5.5

GDP 增速 2.6 个百分点。其中，城镇居民人均可支配收入 56177 元，同比增长 5.6%；农村居民人均可支配收入 28727 元，同比增长 7.0%。城乡居民收入比由上年的 1.98 缩小为 1.96。全年城镇新增就业 13.9 万人，完成省政府下达目标任务的 106.9%。居民消费价格同比上涨 2.4%；其中，交通和通信、食品烟酒、教育文化和娱乐、其他用品和服务、生活用品及服务、衣着类分别同比上涨 4.8%、3.6%、3.2%、2.1%、1.4% 和 1.2%，居住、医疗保健类均同比上涨 0.3%。

【企业信心明显提升】 2022 年，合肥市邮政行业寄递业务量累计完成 16.16 亿件，同比增长 10.4%，其中快递业务量累计完成 13.28 亿件，同比增长 10.7%。全社会用电量 500.9 亿度，同比增长 12.8%，高于全国 9.2 个百分点，其中工业用电量 240 亿度，同比增长 7.4%，高于全国 6.2 个百分点。全年制造业 PMI 均值 50.7%，高于全国 1.6 个百分点。新增市场主体 29.2 万户，总数突破 150 万户。

（张世界　任凤娟）

责任编辑：史　志

中国共产党合肥市委员会

综 述

【概况】 2022年，中国共产党合肥市委员会（以下简称“市委”）坚持以习近平新时代中国特色社会主义思想为指导，坚决拥护“两个确立”，坚决做到“两个维护”，认真贯彻党中央及省委决策部署，全面落实疫情要防住、经济要稳住、发展要安全的要求，勇当科技和产业创新开路先锋，深化全面从严治党，奋力在现代化美好安徽建设中打头阵、挑重担、当主力、作贡献。

【学习宣传贯彻党的二十大精神】 2022年，市委顺利完成出席党的二十大代表推荐、提名、考察和选举工作。党的二十大召开前，专题研究风险防范化解工作，聚焦23个重点领域，全面排查处置风险，没有发生政治敏感事件、重大负面舆情。把学习宣传贯彻党的二十大精神作为首要政治任务，坚持“三边”工作法（即边学习领会、边梳理举措、边推动落实），市领导带头开展宣传宣讲和调查研究，组织各级各类宣讲4100多场、受众110多万人次。出台学习宣传贯彻《总体方案》《任务清单》《决定》，确保各项工作始终沿着总书记指引的方向前行。

【落实“疫情要防住”】 2022年，市委因时因势优化防疫措施，145次高效会商“兵棋推演”，58次通告提示提醒，200余条举措精准施策，以快制快迅速扑灭多起突发疫情，实现由防到治的平稳转段，全市全年实现“四个没有”（即没有封城停摆，没有物流停运，没有展会停办，没有考试停考），疫情防控取得重大决定性胜利。

【落实“经济要稳住”】 2022年，市委全面贯彻新发展理念，全市实现地区生产总值(GDP)12013.1亿元、同比增长3.5%，增速居全国24个地区生产总值超万亿元城市第6位，连续7年每年跨越一个千亿台阶。一般公共预算收入扣除留抵退税因素后增长10.4%、本外币贷款余额增长16.1%，均居地区生产总值超万亿元城市首位。规模以上工业增加值增长6.3%，居地区生产总值超万亿元城市第3位。进出口总额增长8.6%、固定资产投资总额增长9.1%，均居地区生产总值超万亿元城市第5位。规模以上工业产值首次突破万亿元，市属国企资产总额首次突破万亿元。净增市场主体16.6万户，总数突破150万户。新增百亿工业企业6户，创历史新高，总数达19户。净增国家高新技术企业1834户，总数超6400户、实现两年翻番。新增国家专精特新“小巨人”企业78户，总数达139户、实现一年翻番，总数居全国城市第14位。新增上市（含过会）企业14户，总数居全国城市第13位，其中科创板上市企业总数居全国城市第6位。新增“灯塔工厂”（即在第四次工业革命尖端技术应用整合工作方面卓有成效，堪为全球表率的领先企业）2户，总数4户、居全国城市第2位。

【落实“发展要安全”】 2022年，市委扎实做好防风险、保安全、护稳定各项工作，生产安全事故起数、亡人数分别下降37.6%、41%，近20年来首次实现全年未发生1起较大及以上事故。重大安全隐患自建房解危全部完成，全国自建房整治部际联席会议3次点名推介合肥做法。

【打造科技创新策源地】 2022年，市委扎实推进综合性国家科学中心建设，国家实验室有效运行，深空探测实验室、国际先进技术应用推进中心揭牌运行，“科大硅谷”启动建设，近2000公顷未来大科学城全面启动，2项成果入选“两院”院士评选的2022年中国十大科技进展新闻。组建全国首个城市“场景创新促进中心”，推动“两找”（即为好产品找好场景、为好场景找好产品），促进科技成果“三就地”（即就地交易、就地转化、就地应用），高校院所科技成果在合肥转化成立企业超200家。获批国家知识产权强市建设示范城市，年度发明专利授权量首次破万。天使基金、种子基金风险容忍度分别高达40%、50%，获批科创金融改革试验区。科技投入246亿元，占财政支出比重17.8%、居全国大中城市首位，技术合同交易额首次突破1000亿元。据世界知识产权组织报告，合肥跃居2022全球“科技集群”第55位、较上年提升18位，位居中国上榜集群第14位。支持建设中国科学技术大学科技商学院，成立市科创（人才）集团，举办全球云聘会，新增高技能人才5.5万人，来肥留肥就业创业并参保的高校毕业生超30万人。

2022年11月17日，世界集成电路大会发布《合肥倡议》

（市经信局／供）

【打造新兴产业聚集地】 2022年，合肥市战略性新兴产业产值同比增长14.3%，占规模以上工业比重56.2%、创历史新高，对工业增长贡献率达84%。新能源汽车和光伏两个产业链产值各翻一番，双双首次突破1000亿元。创新“产业链合伙人”招商，9月，在全国率先组团出国精准招商。维信诺模组等8个百亿项目开工建设，中创新航等5个百亿项目建成投产，比亚迪一期10个月整车下线，实现当年投产当年过百亿。开通世界最大量子城域网，量子科技园入选全国首批未来产业科技园建设试点培育。空天信息产业集聚北斗伏羲、天宇航空等关联企业、创新平台超70个。获批设立国家级互联网骨干直联点，讯飞图聆工业云成为全省首个国家级“双跨”平台。

【打造改革开放新高地】 2022年，市委实施具体改革举措106项，形成制度性成果60余项，建强用好科技大市场入选“中国改革2022年度市域改革案例”。突出市委科技创新委员会牵头抓总作用，推动“科技－产业－金融”良性循环。城市生命线工程、城市体检“合肥做法”、片区更新“肥瘦搭配”等获全国推广。政府透明度位居全国第5位，首次跻身全国工商联发布的营商环境全国城市前10位。启动大物流体系建设，打造高能级物流枢纽城市。中国（安徽）自由贸易试验区合肥片区10项制度性成果全国首创。合肥经济技术开发区位居230家国家级经开区第6位、前进4位。合肥高新技术产业开发区位居177家国家级高新区第7位、前进1位。

【打造经济社会发展全面绿色转型区】 2022年，市委扎实推进巢湖综合治理，系统实施点源、线源、面源、内源“四源同治”，10000公顷环湖十大湿地全面建成，十八联圩作为全国首个“生态湿地蓄洪区”正式开建，巢湖水质稳定保持Ⅳ类，成功入选“国际湿地城市”，“山水林田湖草沙一体化保护和修复工程”绩效考评全国第一，连续2年未发生大面积蓝藻水华。细颗粒物（$PM_{2.5}$）浓度“九连降”，空气优良率达86.3%，创历史新高。河流国考断面全部达标。中央及省环保督察交办问题办结率超90%，下剩问题按序时进度加快推进。有序推进双碳工作，单位GDP能耗为全国平均水平的1/2，度电GDP为全国平均水平1.7倍，能效水平保持全国前列。

【加快城乡融合发展】 2022年，市委深入实施乡村振兴战略，推进“两强一增”行动，粮食产量294万吨、居全国省会城市第5位。种子销售首次突破100亿元，水稻良种出口量连续4年全国第一。经济强村占比63%，较上年提高17个百分点。聚焦打造宜居、韧性、智慧城市，统筹城市规划建设治理，实体化运行市国土空间规划委员会办公室，平均每6天召开一次规委会，审议项目规划设计方案等571个，完善技术导则“正面清单”，制定红黄牌“负面清单”。编制完成国土空间总体规划，“三区三线”（“三区”即生态、农业、城镇三类空间；“三线”即根据生态空间、农业空间、城镇空间划定的生态保护红线、永久基本农田和城镇开发边界三条控制线）划定取得重要成果。大建设投资首次突破1000亿元，“1155”（即力争“十四五”末建成和在建铁路1000千米、高速公路1000千米、轨道交通500千米、城市快速路500千米）大交通行动计划加快实施，轨道交通实现“五线运营、八线共建”，5号线北段开通，二环高架实现42千米全线贯通，“大外环”高速加速“闭环”。

【提高人民生活品质】 2022年，合肥市民生支出超1100亿元，占一般公共预算支出84%。教育投入超230亿元，新增中小学幼儿园105所、学位托位超9万个。实施“名医名科名院”工程，培育江淮名医、学科带头人近200名，建设省市重点专科69个，创伤、儿童2个国家区域医疗中心开诊，中国科学院临床研究医院加快建设。创新实施职住平衡、二手房互换交易等举措，千方百计“保交楼、稳民生”，近10万“回迁户”搬进新房，逾期5年以上未安置项目基本清零。10项暖民心行动扎实开展，居民收入增长6.1%，快于全国1.1个百分点，快于地区生产总值（GDP）增速2.6个百分点，农村居民收入增速快于城镇1.4个百分点。

【推进文化自信自强】 2022年，市委牢牢掌握党对意识形态工作领导权，开展“举旗帜·送理论”宣讲活动7万多场，受众超1000万人次，基层理论宣讲获评全国先进。拥有全国道德模范6位，“中国好人”数量位居省会城市第2位，积极争创全国文明典范城市。集聚规模以上文化企业超500家，新获批2个国家级夜间文旅消费集聚区。加快打造环巢湖旅游休闲圈、骆岗中央公园、江淮运河百里画廊、未来大科学城等“一湖一园一廊一城”现象级科创文旅新地标。《人民日报》《经济日报》《法治日报》均在头版头条推介合肥，中央媒体正面报道合肥稿件4万多篇。

【深化民主法治建设】 2022年，市委支持人大、政协依法依章程履行职责，市人大常委会制定修改非机动车安全管理条例等4件地方性法规，深入推进党建引领全过程人民民主基层实践，扎实推进全国人大常委会法工委基层立法联系点建设。市政协围绕科技创新、产业创新、城市治理等重点工作深入协商议政，开展“一改两为”（即改进工作作风，为民办实事、为企优环境）“暖民心行动”等民主监督，持续推进“有事好商量”基层协商平台建设。完善大统战工作格局，支持各民主党派“五化五好”（即思想建设常态化，政治引领好；组织建设规范化，基础巩固好；履职尽责效能化，作用发挥好；阵地建设特色化，活动开展好；社会服务品牌化，形象建设好）建设，民族团结进步宣传教育取得新成效，宗教工作大督导实现乡镇（街道）全覆盖。一体建设法治合肥、法治政府、法治社会，成功创建全国法治政府建设示范市。深化国防动员体制改革，扎实做好退役军人服务，军政军民团结持续巩固。工会、妇联、工商联、社科联、残联、红十字会、欧美同学会等顺利完成换届，群团组织政治性、先进性、群众性进一步增强。

【纵深推动全面从严治党】 2022年，市委深入落实新时代党的建设总要求，牢记“全面从严治党永远在路上，党的自我革命永远在路上”，把握作风建设地区性、行业性、阶段性特点，坚持党性、党风、党纪一起抓，驰而不息推进全面从严治党。压紧压实管党治党责任，制定加强对“一把手”和领导班子监督、党委（党组）领导班子成员履行“一岗双责”分工清单。坚持以正确用人导向引领干事创业导向，常态化深入疫情防控等重大斗争一线考察识别干部，提拔重用实绩突出的县处级干部248人，选派49名年轻干部到乡镇任职挂职，新引进20位在合肥高校专业人才挂任市直单位等副职。坚持党建引领基层治理，新选派136名退出领导岗位干部担任乡村振兴和社区治理指导员，4300多个小区实现党的组织全覆盖，选配各类“小管家”1.1万人，推动“社区治理”向“小区治理”延伸。严格执行中央八项规定精神，深化“一改两为”，持续为基层减负，整合组建市委督查考核办公室，市本级督检考、发文、开会分别下降8%、26%、7%。市委每半年听取一次市、县两级纪检监察机关查办案件情况专题汇报，对高配副县级镇、市直单位二级机构等开展集中巡察、集体反馈、集成整改，靶向治理“四小四大”（即工程小但利益大、职务小但权力大、本事小但胆子大、年纪小但欲望大）问题。全市纪检监察机关接收信访举报、检举控告、重复信访举报分别下降29%、36%、46%。

（王　群）

重要决策

【落实“双减”政策】 2022年1月23日，市委办公室、市政府办公室印发《合肥市进一步减轻义务教育阶段学生作业负担和校外培训负担的工作举措》（以下简称《工作举措》）。《工作举措》明确促进义务教育优质均衡、提高课堂教学质量、提高作业管理实效、提高课后服务水平、严格培训机构审批、严格校外培训行为、严格培训机构监管、强化多方协同育人等8项重点任务，分别制定县级政府责任清单、市直部门责任清单、教育部门任务清单、学校任务清单和有偿补课治理任务清单，明确完成时限，压实各地各部门责任，全面推进“双减”工作落地落实。

【完善“双招双引”工作】 2022年3月16日，市委办公室、市政府办公室印发《进一步完善“链长制”（“双招双引”专班）工作方案》（以下简称《工作方案》）。《工作方案》聚焦“芯屏汽合”“急终生智”重点产业，明确开展产业规划研究、完善产业支持政策、支持重点企业发展、提升产业创新能力、组织开展“双招双引”、营造产业发展生态等6项工作任务，提出强化领衔领办、建立推进专班、加强定期调度、优化为企服务、加强分析监测等5项推进机制，做足补链、延链、强链文章，加快形成一批具有核心竞争力和重要影响力的新兴产业集群，支撑合肥新一轮高质量跨越发展。

【制造业提质扩量增效】 2022年5月12日，市委、市政府印发《合肥市制造业提质扩量增效“24333”行动方案》(以下简称《行动方案》)。《行动方案》提出，实施产业创新攻坚行动、产业链能级提升行动、优质企业引育行动、数字赋能发展行动、绿色低碳发展行动、优质制造引领行动、融入双循环专项行动等7项行动，力争到2025年，实现产业规模“24333”目标：新一代信息技术、汽车和智能网联汽车2个五千亿级产业集群，智能家电、装备制造、节能环保、光伏及新能源4个两千亿级产业集群，新材料、生物医药、食品及农副产品加工业3个千亿级产业集群，打造3个以上千亿级领军企业，培育300家左右专精特新“小巨人”和“冠军”企业，把合肥打造成具有全国重要影响力的先进制造业高地、新兴产业集聚的产业名城和制造业高质量发展试验区。

【全面推进乡村振兴】 2022年5月26日，市委、市政府印发《关于扎实做好2022年全面推进乡村振兴重点工作的实施意见》（以下简称《实施意见》）。《实施意见》从加强农业基础支撑、实施“两强一增”行动计划、健全巩固拓展脱贫攻坚成果长效机制、加快乡村产业发展、提升乡村建设水平、增强乡村治理能力、强化乡村振兴要素保障、加强党对“三农”工作的领导等8个方面，提出29条具体措施和60项重点工作任务。持续推进全省乡村振兴先行示范区建设，打造各具特色的乡村振兴样板。

【深化应急管理综合执法改革】 2022年6月5日，市委办公室、市政府办公室印发《合肥市深化应急管理综合行政执法改革实施方案》（以下简称《实施方案》）。《实施方案》明确整合监管执法职责、健全监管执法体系、规范人员编制管理、加强执法队伍建设、严格规范执法行为、完善执法方式、加强安全生产监管执法、加强执法保障等8项重点任务，着力解决执法力量薄弱、专业人员匮乏、多层多头重复执法等问题，形成权责一致、权威高效、监管有力、服务优质的应急管理综合行政执法体制，建设一支对党忠诚、纪律严明、赴汤蹈火、竭诚为民的应急管理综合行政执法队伍，为合肥经济社会高质量发展提供有力保障。

【推进标准化发展】 2022年6月10日，市委、市政府印发《关于推进标准化发展的实施意见》(以下简称《实施意见》）。《实施意见》从推动标准化与科技创新互动发展、提升产业标准化水平、完善绿色发展标准化保障、提升标准化对外开放水平、加快城乡建设和社会建设标准化进程、推动标准化工作改革等6个方面提出20项工作任务。到2025年底，基本建成推动合肥高质量发展的标准体系，标准化工作总体水平达到全国先进，标准化更加有效助力合肥市打造科创名城、产业名城、巢湖名城、活力之城、幸福之城。

【党建引领基层治理】 2022年6月10日，市委办公室、市政府办公室印发《关于深化党建引领城市基层治理的若干举措（试行）》（以下简称《若干举措》）、《社区工作者管理办法》（以下简称《管理办法》）。《若干举措》明确“一小区一党组织”模式，吸纳小区内“两代表一委员”、居民骨干、物业公司优秀党员以及快递外卖员、网约车司机等新就业群体为兼职小管家，常态化选派退出领导岗位干部担任基层治理指导员，并明确职责任务、完善落实机制，形成“小区党建指导员＋党组织书记＋红色小管家”的小区治理体系。《管理办法》从明确资格条件、提升能力素质、规范日常管理、落实报酬待遇、拓宽发展空间、健全考评机制、建立退出机制、强化责任落实等8个方面，着力加强社区工作者准入、培养、管理、保障、考评、退出等全流程工作，全面推进合肥市社区工作者职业体系建设。

【实施暖民心行动】 2022年6月23日，市委办公室、市政府办公室印发《〈合肥市就业促进行动方案〉等“暖民心行动方案”》（以下简称《行动方案》）。《行动方案》围绕群众“急难愁盼”问题，开展就业促进、“新徽菜·名徽厨”、老年助餐、健康口腔、安心托幼、快乐健身、便民停车、放心家政、文明菜市、老有所学等10项行动，切实让惠民政策直达群众、落地生根。

【建设新时代文明实践中心】 2022年7月2日，市委办公室印发《合肥市新时代文明实践中心建设实施方案》（以下简称《实施方案》）。《实施方案》提出党的创新理论传播行动、主流价值培育践行行动、文明城市创建提升行动、培育新人弘扬新风行动、丰富精神文化供给行动、壮大志愿服务队伍行动、构建文明实践工作体系行动等7项行动任务。到2022年底，各县（市、区）、开发区新时代文明实践中心（所、站）全年开展集中性活动不少于12场（次），群众对文明实践志愿服务活动认同和支持率达到90%以上，有志愿服务时间记录的志愿者人数占注册志愿者总人数的比例达50%以上。到2025年底，各县（市、区）、开发区新时代文明实践中心（所、站）每月开展集中性活动不少于2场（次），群众对文明实践志愿服务活动认同和支持率达95%以上，有志愿服务时间记录的志愿者人数占注册志愿者总人数的比例达60%以上。

【推动党史学习教育常态化长效化】 2022年8月10日，市委办公室印发《关于推动党史学习教育常态化长效化的实施方案》（以下简称《实施方案》）。《实施方案》提出“坚定历史自信，把党史作为必修课、常修课”“增强理论自觉，学深悟透习近平新时代中国特色社会主义思想”“提高政治能力，衷心拥护‘两个确立’、忠诚践行‘两个维护’”“优化营商环境，着力为群众办实事办好事”“凝聚奋进力量，大力弘扬伟大建党精神”“推进自我革命，争当全面从严治党的样板标杆”等6个方面22项重点任务，将推动党史学习教育常态化长效化与全面落实“疫情要防住、经济要稳住、发展要安全”的要求相结合，与落实全省改进工作作风为民办实事为企优环境大会精神相结合，与推动重点工作落实和重要领域、关键环节改革攻坚突破、落地见效相结合，切实把党史学习教育成效转化为干事创业的动力、举措和成效，以实际行动迎接党的二十大胜利召开。

【推广“四事四权”工作法】 2022年9月25日，市委办公室印发《关于推广“四事四权”工作法进一步加强和改进村（社区）治理的试点方案》（以下简称《试点方案》）。《试点方案》提出要坚持党建引领、坚持群众主体、坚持问题导向、坚持事要解决，注重因地制宜，积极探索创新，明确党员问事、群众说事、代表议事和支部办事4项重点任务，建立市级联席会议，将落实“四事四权”即通过网格管事、“五老”调事、支部说事、群众议事，保障群众对村（社区）事务的知情权、决策权、参与权、监督权工作法纳入试点地区党组织书记抓基层党建述职评议考核，作为星级党支部创评的基本标准，与村（社区）干部绩效报酬、评先评优等挂钩，扎实推动“四事四权”工作法落地落实。

【打造清廉合肥】 2022年11月24日，市委办公室印发《关于加强新时代廉洁文化建设打造清廉合肥的通知》（以下简称《通知》）。《通知》从4个方面提出12条具体措施，将廉洁文化建设融入党建、全过程人民民主建设、精神文明建设、文化阵地建设等工作之中，打造“一地一品一特色”廉洁文化品牌，创作一批可信、可爱、可敬的廉洁文化作品。把清廉合肥建设融入经济社会发展全过程，以“清廉机关”“清廉企业”“清廉学校”“清廉医院”“清廉村居”“清廉家庭”等“6+N”清廉单元示范带动、全域推进清廉合肥建设。

【实施场景应用创新】 2022年12月23日，市委办公室、市政府办公室印发《合肥市实施场景应用创新三年行动方案（2022—2024年）》（以下简称《行动方案》）。《行动方案》围绕勇当科技创新、产业创新两个开路先锋，分类推进全领域、全市域、全流程场景应用创新工作，全面实施场景应用“十百千”工程，力争每年落地不少于10项具有重要影响力的标杆场景，新增不少于100项具有显著示范性的应用场景，为不少于1000家企业开展场景对接，三年培育引进不少于50家独角兽（潜在）企业和200家瞪羚、哪吒、高成长型科技中小企业。《行动方案》提出，实现“天天有推介、周周有对接、月月有路演、季季有活动”，推广一批具有首创性、变革性的新技术新产品新方案，形成一批地标性场景应用创新活力区，谋划一批带动性强、覆盖面广的“超级”“特色”场景，不断提升城市创新活力和竞争力，塑造发展新动能新优势，打造“全域场景应用创新之城”。

【全面加强药品监管能力】 2022年12月29日，市委办公室、市政府办公室印发《合肥市全面加强药品监管能力建设若干举措》（以下简称《若干举措》）。《若干举措》提出完善药品监管制度体系、完善检查执法体系、完善稽查办案机制、形成执法办案合力、强化监管部门协同、优化监管队伍结构、提高专业化能力、加强检验检测能力建设、完善药物警戒体系、加强风险监测与评估、提升应急管理能力、推进智慧监管、加强政策引导促进产业创新、提升服务医药产业园能力、推动药品安全社会共治等15项重点任务。要求认真履行药品安全政治责任，坚持党政同责，建立药品安全工作考核评估体系，制定合肥市药品安全工作评议考核办法；严格落实药品经营主体责任清单，充分发挥行业协会作用，加强药品安全领域信用体系建设；创新完善适合药品监管工作特点的经费保障和人力资源政策；建立药品监管队伍尽职免责制度和容错纠错机制，激励药品监管干部职工担当作为。

【推动城乡绿色发展】 2022年12月29日，市委办公室、市政府办公室印发《合肥市推动城乡建设绿色发展行动计划》（以下简称《行动计划》）。《行动计划》提出构建绿色协调发展空间、建设宜居韧性智慧城市、建设宜居宜业和美乡村、转变城乡建设发展方式、推动城乡建设方式转变等5项重点任务。到2025年，城镇新建民用建筑中星级绿色建筑占比达100%，城镇建筑可再生能源替代率达8%，巢湖水质稳定在Ⅳ类并持续向好，园林绿化各项指标达到国家生态园林城市标准，农村生活垃圾无害化处理率力争达100%，城乡建设绿色发展体制机制和政策体系基本建立，碳减排扎实推进，城乡建设“绿色”和“宜居”更加相融，绿色成为城乡建设高质量发展的鲜明底色。到2035年，城乡建设与生态环境保护实现良性循环，城乡建设品质全面提升，人居环境更加美好，城乡建设领域治理体系和治理能力基本实现现代化，力争成为城乡建设绿色发展的典范城市。

【监督规范“小微权力”运行】 2022年12月29日，市委办公室印发《关于进一步加强村（社区）监督规范“小微权力”运行的实施意见（试行）》（以下简称《实施意见》）。《实施意见》围绕推动全面从严治党向基层一线、向群众身边延伸，进一步明确监督重点人群和重点环节，压实县乡村党组织、县乡纪委监委、村（社区）纪检委员、主管部门的各方责任，健全“纪检监察协作区＋镇（街）监察室＋村（社区）监督片组”工作机制、提级办理和交叉联合办案机制、村（社区）监督协同联动机制和智慧监督机制，着力破解当前基层监督薄弱环节、整治群众身边的风腐问题，推动监督下沉、监督落地，打通全面从严治党“最后一公里”。

【建立中小学校党组织领导的校长负责制】 2022年12月29日，市委办公室印发《关于建立中小学校党组织领导的校长负责制的实施方案（试行）》（以下简称《实施方案》）。《实施方案》提出明确学校党组织职责和书记校长职权、修订完善学校章程、健全议事决策制度、建立沟通协调制度、建立执行情况报告制度、规范党组织设置及班子配备、选好配强学校领导班子、配齐建强党务工作力量、加强教育行政部门工作力量、持续推动党的组织和工作有效覆盖、全面规范中小学校党组织隶属关系、加强学校党组织和党员队伍建设、加强优秀年轻干部队伍建设、全面提升学校党建工作质量等14项工作任务。到2024年底前，在合肥市具有独立法人资格且设立党的基层委员会、总支部委员会、支部委员会的公办中小学校全面建立党组织领导的校长负责制，实现以高质量党建引领教育高质量发展。

【优化生育政策】 2022年12月31日，市委、市政府印发《合肥市优化生育政策促进人口长期均衡发展实施方案》（以下简称《实施方案》）。《实施方案》提出实施积极生育支持政策、提升优生优育服务水平、加快发展普惠托育服务体系、大力发展养老服务体系、做好政策调整有序衔接等5个方面21项重点任务。2022年至2025年，合肥市每年建成2—3个示范性托育机构，各县（市、区）、开发区每年至少建成1个普惠性托育服务机构。到2025年，各县（市、区）、开发区公办独立托育机构不少于1个，全市总托位数达5.98万个左右，千人口托位数达5.6个以上，覆盖城乡的婴幼儿照护服务体系基本形成。生育、养育、教育成本显著降低，生育水平适当提高，出生人口性别比趋于正常，人口结构逐步优化，人口素质进一步提升。到2035年，促进人口长期均衡发展的政策制度体系更加完善，服务管理机制运转高效，生育水平更加适度，家庭发展能力显著提高，优生优育、幼有所育服务水平明显提升，人的全面发展取得更为明显的实质性进展。

【组建市委督查考核办公室】 2022年5月，市委将原市委办公室、市政府办公室内设处室市委督查室、市政府督查室，整合成立市委督查考核办公室（加挂市政府督查考核办公室牌子），为市委工作机关，正处级单位。市委督查考核办公室主要职责：负责做好党中央、国务院决策部署，省委、省政府及市委、市政府工作要求贯彻落实情况的督促检查；负责国家及省、市领导会议、调研时有关指示精神的督办落实；负责国家及省、市领导有关批示、指示、交办事项的办理和市委、市政府领导关注热点、难点问题的专项督办工作；负责合肥市承担的省政府年度目标管理绩效考核指标责任分解和主要经济发展指标季度考核情况分析；负责市政府对县（市、区）、开发区、政府工作部门年度目标管理绩效考核工作以及党群部门发展考核工作；配合做好省委、市委综合考核发展考核工作；根据市委、市政府要求，承办上级对合肥市开展的督查督办工作；牵头督办全国和省、市人大代表和政协委员涉肥议案建议、提案的办理工作；负责国务院“互联网+督查”问题线索核查办理、省政府督查信息化平台交办事项办理；负责人民网网友涉肥留言审核及督办工作。

（杨　晟）

重要会议

【市委全体会议】 2022年，中国共产党合肥市第十二届委员会召开3次全体会议，即第三次至第五次。

中国共产党合肥市第十二届委员会第三次全体会议。2022年1月6日，中国共产党合肥市第十二届委员会第三次会议召开。全会由市委常委会主持。全会学习贯彻党的十九届六中全会、中央经济工作会议及省委十一届二次全会、省委经济工作会议精神，审议通过《市委常委会工作报告》，研究讨论2022年市政府重点工作任务。省委常委、市委书记虞爱华代表市委常委会向全会作工作报告，并在全会结束时作讲话。

中国共产党合肥市第十二届委员会第四次全体会议。2月12日，中国共产党合肥市第十二届委员会第四次全体会议召开。全会由市委常委会主持。会议表决确定合肥市推荐全省出席党的二十大代表候选人推荐人选。省委常委、市委书记虞爱华在全会结束时作讲话。

中国共产党合肥市第十二届委员会第五次全体会议。12月28日，中国共产党合肥市第十二届委员会第五次全体会议暨市委经济工作会议召开。全会由市委常委会主持。省委常委、市委书记虞爱华作讲话。市委副书记、市长罗云峰部署2023年经济工作。全会学习贯彻党的二十大、中央经济工作会议精神及省委十一届四次全会、省委经济工作会议精神，传达中央有关文件精神，听取讨论虞爱华受市委常委会委托作的工作报告，审议通过《中共合肥市委关于深入学习贯彻党的二十大精神奋力谱写中国式现

2022年1月6日，中国共产党合肥市第十二届委员会第三次全体会议召开

（黎　静／供）

代化合肥篇章的决定》《中国共产党合肥市第十二届委员会第五次全体会议决议》，部署2023年工作。虞爱华就《决定（讨论稿）》向全会作说明，并就贯彻落实全会精神作讲话。各县（市、区）、开发区主要负责同志分别作交流发言。

【市委常委会会议】 2022年1月5日，省委常委、市委书记虞爱华主持召开市委常委会会议暨市委理论学习中心组学习会议，传达学习习近平主席二〇二二年新年贺词、习近平总书记在中央政治局民主生活会上的重要讲话精神、习近平总书记关于“三农”工作的重要指示、中央农村工作会议精神及省委常委会会议精神，研究部署贯彻落实工作。会议听取2022年“两节”慰问安排、合肥日报传媒集团（合肥日报社）组建情况汇报，讨论研究《市委常委会工作报告》《关于一体推进不敢腐、不能腐、不想腐体制机制建设的实施意见》。

1月24日，虞爱华主持召开市委常委会会议暨市委理论学习中心组学习会议，传达学习省部级主要领导干部学习贯彻党的十九届六中全会精神专题研讨班特别是习近平总书记在开班式上的重要讲话精神，省“两会”精神及省委书记郑栅洁在省十三届人大五次会议合肥市代表团审议时的讲话精神和省委常委会会议精神，听取2022年普通高中招生政策调整情况汇报，研究部署贯彻落实工作。

1月26日，虞爱华主持召开市委常委会会议，传达学习十九届中央纪委六次全会特别是习近平总书记在第一次全体会议上的重要讲话及省纪委十一届二次全会精神，研究讨论《市纪委十二届二次全会工作报告》，专题研究党风廉政建设和反腐败工作。

2月11日，虞爱华主持召开市委常委会会议，学习贯彻中央有关文件，传达学习全省改进工作作风为民办实事为企优环境大会精神，研究合肥市贯彻落实工作。

2月22日，虞爱华主持召开市委常委会会议，学习贯彻全国、全省组织、宣传、统战部部长会议和中央政法工作会议、全国政法队伍教育整顿总结会、省委政法工作暨全省政法队伍教育整顿总结会会议精神，传达学习中办、国办《关于加强新时代关心下一代工作委员会工作的意见》精神，审议通过《市委常委会2022年工作要点及任务分工》《中共合肥市委贯彻落实〈中国共产党统一战线工作条例〉具体举措》，研究部署贯彻落实工作。

3月15日，虞爱华主持召开市委常委会会议暨市委理论学习中心组学习会议，学习贯彻习近平总书记在中央政治局第三十六次集体学习时的重要讲话精神、习近平总书记在中央党校（国家行政学院）中青年干部培训班开班式上的重要讲话精神，传达学习省委常委会会议及省委民族工作会议、全省宗教工作会议精神，审议通过《中共合肥市委2022年政党协商计划》，研究部署贯彻落实工作。

4月14日，虞爱华主持召开市委常委会会议，学习贯彻习近平总书记关于乡村振兴工作重要论述、习近平生态文明思想，传达学习省委巡视办对市委巡察工作指导督导反馈意见，讨论合肥市整改方案。讨论审议《关于扎实做好2022年全面推进乡村振兴重点工作的实施意见》《合肥市推进生态环境突出问题起底、整改、巩固专项方案》《中共合肥市委巡察工作规划（2022-2026年）（试行）》，研究部署贯彻落实工作。

5月7日，虞爱华主持召开市委常委会会议暨市委理论学习中心组学习会议，传达学习习近平经济思想、习近平总书记在中央政治局会议、中央财经委员会、中央全面深化改革委员会和在海南考察时的重要讲话精神，习近平总书记关于总体国家安全观的重要论述，习近平总书记对湖南长沙居民自建房倒塌事故作出的重要指示精神和李克强总理批示要求，传达学习栗战书同志在安徽调研时讲话精神，传达学习中央、全省对台工作会议精神，学习贯彻《信访工作条例》，研究部署贯彻落实工作。

5月20日，虞爱华主持召开市委常委会会议暨市委理论学习中心组学习会议，传达学习习近平总书记在庆祝中国共产主义青年团成立100周年大会上讲话精神、在中国人民大学考察时讲话精神、致首届全民阅读大会的贺信精神及在中央政治局第三十七次集体学习时的重要讲话精神，学习贯彻习近平法治思想、习近平总书记关于教育的重要论述、习近平总书记关于加强和改进统一战线工作的重要思想，研究部署贯彻落实工作。听取部署中央依法治国办法治政府建设实地督察反馈意见整改工作，讨论研究《合肥市行政复议体制改革实施方案》。

6月2日，虞爱华主持召开市委常委会会议暨市委理论学习中心组学习会议，学习贯彻《中国共产党宣传工作条例》《中国共产党宣传工作简史》、习近平总书记关于意识形态工作的重要论述、习近平总书记关于全面从严治党的重要论述、习近平总书记关于防灾减灾救灾重要论述，研究讨论《市委党的建设工作领导小组2022年工作要点及任务分工》，听取合肥市意识形态工作责任制落实情况和市红十字会第八次会员代表大会筹备情况汇报，研究部署贯彻落实工作。

6月16日，虞爱华主持召开市委常委会会议暨市委理论学习中心组学习会议，传达学习习近平总书记在5月27日中央政治局会议上的重要讲话精神、习近平总书记在第三十九次集体学习时的重要讲话精神、习近平在庆祝中国国际贸易促进委员会建会70周年大会暨全球贸易投资促进峰会上的致辞、习近平在四川考察时的重要讲话精神及省委有关会议精神，学习贯彻习近平法治思想、《反有组织犯罪法》，听取合肥市常态化扫黑除恶斗争工作汇报，研究讨论《合肥市人大常委会2022-2026年立法规划（草案）》，研究部署贯彻落实工作。

7月7日，虞爱华主持召开市委常委会会议，传达学习习近平总书记在湖北武汉考察时的重要讲话精神、习近平总书记关于粮食安全的重要论述，习近平总书记6月27日给我省太和县种粮大户徐淙祥的重要回信、习近平总书记关于统计工作的重要论述及省委有关会议精神，研究讨论《合肥市批而未供、闲置和工业低效土地全域治理攻坚行动方案（2022-2024年）》，研究部署贯彻落实工作。

7月28日，虞爱华主持召开市委常委会会议暨市委理论学习中心组学习会议，传达学习习近平总书记在新疆考察时的重要讲话精神、习近平总书记在中共中央政治局第四十次集体学习时的重要讲话精神、习近平总书记关于党史学习教育的重要讲话指示精神及省委有关会议精神，学习贯彻习近平总书记关于巡视工作重要论述、习近平总书记关于退役军人工作重要论述，传达学习全国、全省退役军人工作会议精神，研究讨论《关于推进党史学习教育常态化长效化的实施方案》，研究部署贯彻落实工作。

8月18日，虞爱华主持召开市委常委会会议，传达学习习近平在省部级主要领导干部“学习习近平总书记重要讲话精神，迎接党的二十大”专题研讨班上重要讲话精神、习近平总书记在6月17日、7月28日中央政治局会议上的重要讲话精神、习近平总书记在中央统战工作会议、党外人士座谈会上重要讲话精神及省委有关会议精神，研究讨论《合肥市加强党外代表人士队伍建设若干举措（试行）》，研究部署贯彻落实工作。

8月25日，虞爱华主持召开市委常委会会议暨市委理论学习中心组学习会议，学习贯彻习近平总书记关于推动长三角一体化发展的重要讲话和指示批示精神，传达学习习近平总书记关于安全生产重要论述、习近平总书记关于防汛救灾的重要指示精神及省委常委会会议精神，传达学习2022年度长三角地区主要领导座谈会精神、长三角一体化发展高层论坛精神和省委常委会会议精神，研究部署贯彻落实工作。

9月8日，虞爱华主持召开市委常委会会议暨市委理论学习中心组学习会议，学习领会习近平总书记关于宣传思想工作的重要论述、关于意识形态工作的重要论述、关于加强和改进思想政治工作的重要论述、关于网络强国的重要思想，学习贯彻中央、省委意识形态有关文件精神，专题研究部署意识形态工作。

9月14日，虞爱华主持召开市委常委会会议暨市委财经委第三次会议，学习贯彻《习近平经济思想学习纲要》，分析当前经济形势，研究部署“经济要稳住”具体举措。

9月22日，虞爱华主持召开市委常委会会议暨市委理论学习中心组学习会议，传达学习习近平总书记9月19日对做好安全生产工作作出的重要批示精神、习近平总书记对全国老干部工作重要批示精神、中共中央办公厅《推进领导干部能上能下规定》及全国、全省老干部工作会议精神，学习贯彻《习近平生态文明思想学习纲要》、习近平总书记关于安全稳定工作和信访工作的重要论述、习近平总书记在省部级主要领导干部专题研讨班上的重要讲话精神和在8月30日、9月9日中央政治局会议上的重要讲话精神、习近平总书记考察安徽重要讲话和指示批示精神，听取巢湖综合治理工作和老干部工作汇报，研究部署贯彻落实工作。

11月4日，虞爱华主持召开市委常委会会议暨市委理论学习中心组学习会议，传达学习党的二十大、二十届一中全会、十九届七中全会精神，学习贯彻习近平总书记在10月25日中央政治局会议、二十届中央政治局第一次集体学习时和在瞻仰延安革命纪念地、在河南安阳考察时的重要讲话精神、习近平法治思想、习近平总书记关于科技创新重要论述及省委有关会议精神，讨论《中共合肥市委关于加强新时代检察机关法律监督工作的若干措施》，听取“科大硅谷”建设推进工作情况汇报，研究部署贯彻落实工作。

11月11日，虞爱华主持召开市委常委会会议，传达学习习近平总书记中央政治局11月10日会议重要讲话精神、习近平总书记在《湿地公约》第十四届缔约方大会开幕式和第五届中国国际进口博览会开幕式上的致辞精神、习近平总书记关于党风廉政建设和反腐败斗争的论述，研究部署贯彻落实工作。

12月2日，虞爱华主持召开市委常委会会议暨市委理论学习中心组学习会议，学习贯彻习近平总书记关于安全生产重要论述、习近平总书记对河南安阳市凯信达商贸有限公司火灾事故作出的重要指示精神、中共中央政治局关于加强和维护党中央集中统一领导的若干规定》《中共中央政治局贯彻落实中央八项规定实施细则》《十九届中央政治局贯彻执行中央八项规定情况报告》《关于党的十九大以来整治形式主义为基层减负工作情况的报告》及省委有关文件，听取安全生产工作、合肥市第十七届人民代表大会第二次会议、政协第十五届合肥市委员会第二次会议有关事项汇报，研究部署贯彻落实工作。

12月8日，虞爱华主持召开市委常委会会议暨市委理论学习中心组学习会议，传达学习习近平总书记《论“三农”工作》、习近平总书记向“杂交水稻援外与世界粮食安全”国际论坛发表的书面致辞精神、习近平总书记关于新时代公安工作重要论述、习近平总书记关于党的历史的重要论述、习近平总书记关于党校工作的重要论述、习近平总书记关于保密工作重要指示批示精神、《中共中央关于加强和改进新时代全民国防教育工作的意见》和《安徽省深化国防动员体制改革实施方案》文件精神，研究部署贯彻落实工作。

12月19日，虞爱华主持召开市委常委会会议，传达学习习近平总书记在江泽民同志追悼大会上致的悼词精神、习近平总书记中央经济工作会议、在12月6日中央政治局会议、12月2日党外人士座谈会上的重要讲话精神，研究部署贯彻落实工作。

12月23日，虞爱华主持召开市委常委会会议暨市委理论学习中心组学习会议，传达学习习近平总书记关于统计工作重要讲话和指示批示精神，听取合肥市国家统计督察“回头看”整改工作汇报，研究部署贯彻落实工作。

【市委常委会会议扩大会议】 2022年2月24日，省委常委、市委书记虞爱华主持召开市委常委会扩大会议，分析全市经济形势，部署下一阶段重点工作。市委副书记、市长罗云峰出席会议并讲话。会议通报全市2021年度和今年以来经济运行情况，部分县区、市直单位和合肥国际陆港公司、协鑫集成公司发言。会议强调，要坚持稳字当头、稳中求进，力争首季“开门红”、带动全年“满堂红”，以更加优异成绩喜迎党的二十大胜利召开。

5月5日，虞爱华主持召开市委常委会扩大会议，分析2022年一季度经济运行情况，安排下一阶段重点工作。罗云峰出席会议并讲话。有关市直单位和合肥君正科技有限公司、安徽生鲜传奇商业有限公司发言。会议强调，一季度，经济运行保持合理区间，疫情形势保持平稳可控，社会大局保持安全有序。二季度继续落实党中央及省委决策部署，增强高效统筹的能力，做到疫情防得住、经济稳得住、发展更安全。

6月1日，虞爱华主持召开市委常委会扩大会议，分析1-4月经济运行情况，部署下一阶段重点工作，罗云峰出席会议并讲话。市领导黄维群、葛斌分别就集中整治“四小四大”（即工程小但利益大、科室小但权力大、干部小但胆子大、年纪小但欲望大）问题、国土“三调”（即第三次全国国土调查）情况进行分析部署，有关市直单位和合肥晶澳太阳能科技有限公司发言。会议指出，2022年以来，面对一系列超预期因素冲击，全市上下贯彻落实党中央及省委决策部署，疫情防控取得阶段性成效、经济运行出现恢复性趋势、社会大局保持稳定性局面。会议强调，当前经济运行困难增多、挑战加大，要贯彻党中央“疫情要防住、经济要稳住、发展要安全”决策部署，把疫情影响降到最低，确保经济运行在合理区间。

6月9日，虞爱华主持召开“稳经济、保民生”市委常委会扩大会议，分析1-5月份经济运行情况，部署下一阶段重点任务。有关市直单位在会上作发言。会议指出，全市上下要扛起稳住经济大盘的政治责任，坚持“一盘棋”统筹、落实“一揽子”政策、做到“一竿子”到底，体现措施实、作风实、数字实、节奏快，把党中央“疫情要防住、经济要稳住、发展要安全”要求落实到位。

8月30日，虞爱华主持召开市委常委会扩大会议，分析1-7月经济运行情况，部署下一阶段重点工作。罗云峰出席并讲话。市领导葛斌就加快推进暖民心行动进行重点部署，安徽合力、盒马鲜生、汇成股份等企业和部分市直单位发言。会议指出，2022年，全市上下落实“疫情要防住、经济要稳住、发展要安全”要求，经济运行稳中有进、进中向好。会议强调，经济在正常运行中需要防止异常，在非常时期需要举措超常，咬定目标不松懈，深化改革破难题。

11月11日，虞爱华主持召开市委常委会扩大会议，学习贯彻贯彻党的二十大精神，贯彻落实省委省政府工作要求，总结分析全市1-10月份经济运行情况，部署下一阶段重点工作。市领导葛斌、刘卫宝分别就全市1-10月份经济运行情况、用好“三区三线”（“三区”即指生态、农业、城镇三类空间；“三线”即根据生态空间、农业空间、城镇空间划定的生态保护红线、永久基本农田和城镇开发边界三条控制线）划定成果和争创全国市域社会治理现代化试点市、全国社会治安防控体系建设示范城市、国家卫生城市、全国文明典范城市等工作进行分析部署，通威太阳能、芯瑞达科技、安徽邻几和有关市直单位发言。会议指出，2022年以来，全市上下紧紧围绕“疫情要防住、经济要稳住、发展要安全”，锚定目标干，盯住问题抓，呈现出“三好”态势：疫情形势总体较好、经济运行不断向好、社会大局平稳安好。会议强调，距离年底不足2个月，要紧盯全年目标任务，强化“交账”意识，以实干实绩检验学习贯彻党的二十大精神实效。

【其他重要会议】 *市委常委会党史学习教育专题民主生活会*。2022年1月25日，市委常委会党史学习教育专题民主生活会召开，省委书记郑栅洁全程参加指导。会议强调，要深入贯彻习近平新时代中国特色社会主义思想，弘扬伟大建党精神，继承党的优良传统，全面加强自身建设，打造政治坚定、担当尽责、勤政为民、作风过硬的班子，在现代化美好安徽建设中展现更大作为。会议书面通报合肥市委常委会2020年度民主生活会和中央巡视整改暨新一轮“三个以案”警示教育专题民主生活会整改情况，省委常委、市委书记虞爱华代表市委常委班子作对照检查，其他市委常委依次作对照检查。每位同志发言后，其他同志立即对其开展批评。

全市党史学习教育总结会议。1月8日，全省党史学习教育总结会议后，全市党史学习教育总结会议召开。省委常委、市委书记虞爱华出席并讲话，党史学习教育省委第一巡回指导组副组长俞秀国到会指导。会议强调，要不断巩固和扩大党史学习教育成果，坚持融入日常、抓在经常，做到常学常新、常学常悟、常学常得。领导干部必须始终讲党性，做到敬畏历史、敬畏文化、敬畏生态，慎重决策、慎重用权。坚持稳字当头、稳中求进，统筹兼顾抓工作，推动高质量发展行稳致远。

全市党的建设工作会议。2月23日，全市党的建设工作会议在市政务中心召开。虞爱华出席会议并讲话。会议强调，要坚决做到衷心拥护“两个确立”，忠诚践行“两个维护”，紧紧围绕迎接、宣传、贯彻党的二十大精神这条主线，发扬自我革命精神，争当全面从严治党样板标杆。党办、组织、宣传、统战、政法等部门都要守土有责、守土负责、守土尽责。要完整准确全面学习贯彻习近平新时代中国特色社会主义思想，对党中央战略决策要无条件执行，确保不偏向、不变通、不走样。要落实省委“一改、两为、五做到”（即坚定不移改进工作作风，为民办实事、为企优环境，做到对标对表，做到有求必应，做到真心真情，做到求真抓实，做到知敬畏守底线）要求，对工作作风问题露头就打、反复敲打、穷追猛打。

市委国安委全体会议。5月21日，十二届市委国安委第一次全体会议暨市防范化解重大风险工作领导小组会议召开。传达学习党中央、省委有关文件和会议精神，研究部署贯彻落实重点任务。会议强调，要学习贯彻习近平总书记关于总体国家安全观的重要论述，统筹发展和安全，全面构筑安全屏障。坚持问题导向，全面摸排各领域重大风险，堵住漏洞、化解隐患。关注新情况、新问题，做到既能有效防范，又能应对化解，掌握工作主动权，实现高质量发展和高水平安全良性互动。会议审议并原则通过《中共合肥市委国家安全委员会2022年工作要点》。

市委农村工作会议暨巩固拓展脱贫攻坚成果同乡村振兴有效衔接推进会。5月21日，市委农村工作会议暨巩固拓展脱贫攻坚成果同乡村振兴有效衔接推进会召开。虞爱华出席会议并讲话。市委副书记、市长罗云峰主持。会议传达学习中央和省有关会议精神，通报有关考核情况，部分县和市直单位发言。会议强调，要学习贯彻习近平总书记关于“三农”工作的重要论述，落实党中央决策部署和省委工作要求，扛起省会担当，加快乡村全面振兴，以实际行动和优异成绩迎接党的二十大胜利召开。

市委人大工作会议。5月26日，市委人大工作会议召开。虞爱华出席会议并讲话。市人大常委会主任汪卫东主持。会议传达学习中央人大工作会议精神和习近平总书记重要讲话精神、栗战书同志在安徽调研时的讲话精神及省委人大工作会议精神。会议指出，近几年，全市各级人大及其常委会依法作为、主动作为、创新作为、有效作为，在立法、监督、代表工作等方面做大量工作，为全市经济社会发展和民主法治建设作出重要贡献，成绩值得肯定。会议强调，习近平

总书记在中央人大工作会议上的重要讲话，丰富拓展中国特色社会主义民主政治和人民代表大会制度政治内涵、理论内涵、实践内涵。要理解内涵，把握实践要求，不折不扣贯彻落实到人大工作全过程和各方面。

全市粮食安全工作会议。6月14日，虞爱华主持召开全市粮食安全工作会议，部署贯彻落实工作。会议强调，牢记粮食安全是"国之大者"，贯彻落实党中央、国务院决策部署及省委、省政府具体要求，扛起省会担当，算好政治账、经济账、民生账，把粮食安全各项工作落实到位。

县（市、区）人武部党委第一书记党管武装工作述职会议。7月12日，县（市、区）人武部党委第一书记党管武装工作述职会议召开。虞爱华出席会议并讲话。会议听取各县（市、区）人武部党委第一书记述职，虞爱华逐一讲评。会议强调，要增强国防意识、责任意识，忠诚履职、奋勇争先，推动党管武装工作全面进步、全面过硬。警备区和驻肥部队官兵要主动融入合肥发展大局，为合肥发展再立新功。

市委安全生产和信访工作专题调度会。7月26日，虞爱华主持召开市委安全生产和信访工作专题视频调度会，查找问题、部署工作。部分县（市、区）、开发区，市直部门重点分析发言。会议强调，统筹发展和安全是"国之大者"，要坚持人民至上、生命至上，尽最大努力"杜绝较大事故、减少一般事故"。信访是送上门来的群众工作，要迎上去主动做好，了解愿望和诉求，破解群众急难愁盼问题。

全市领导干部学习贯彻党的二十大精神集中轮训班开班式。12月18日，全市领导干部学习贯彻党的二十大精神集中轮训班开班式举行。虞爱华出席并作专题报告。会议指出，要完整、准确、全面领会和把握党的二十大精神，坚持"三边"工作法：边学习领会、边梳理完善、边推动落实，做到坚持正确、加强不足、纠正偏差，用具体实践体现贯彻党的二十大精神的实际成效。会议强调，学习宣传贯彻党的二十大精神，做到学思用贯通、知信行统一，永葆"赶考"的清醒和坚定，养成"实干"的习惯和能力。要把工作当事业做、当学问做、当享受做，不怕劳累、不怕矛盾、不怕创新、不怕委屈，依靠顽强斗争打开事业发展新天地，坚定不移紧跟总书记、奋进新征程、建功新时代。

（祝　陈）

市委综合事务

【概况】 2022年，中共合肥市委办公室（以下简称"市委办"）服务保障市委，及时传达学习党的二十大精神，出台学习宣传贯彻《具体方案》《任务清单》《决定》，组织召开室理论学习中心组学习会议、室务会会议，采取"三会一课"等形式，传达学习党的二十大精神，结合党办职责制定13项任务清单，将党的二十大精神贯彻落实到履职尽责全过程、各方面。全年办理中央文件117件、省委文件236件、省直机关文件528件，制发编号文件543件，及时、准确收办电报、进行公文交换、开展文件清退。发挥党委信息主渠道作用和总汇作用，全年处理信息3万条，编报《合肥信息》1192期，向中办报送信息1200条，向省委办报送信息1729条，获省市领导批示55次。合肥信息位列长三角27城第7位、地区生产总值（GDP）过万亿元城市第18位、全国294个直报点第28位。全年举办合办讲习会"3次、"合办走基层"7次、"合办微学堂"5次，"合办走基层"入选市直机关优秀党建工作案例。"合办先锋"公众号开设"学习之窗""业务工作""机关党建"栏目，发布各类稿件78篇，向"合肥机关党建"

2022年6月27日，中国共产党合肥历史馆开馆，市委常委、秘书长，宣传部部长单虎参加揭牌仪式

（市委史志室/供）

推荐优质稿件30余篇，“合办先锋”获市直机关“十佳”党建品牌。

【服务工作大局】 2022年，市委办发挥以文辅政优势，高效保障70多次省委常委会会议、市委全会、市“两会”、市委常委会会议，以及市规委会主任办公会、市要素保障会等专题会议，全年整理文稿近200篇、约100万字，起草审核新闻稿360余篇、约30万字，多篇文稿获市委主要领导批阅肯定。全年牵头承办、指导协办各类会议290余次。服务保障市委主要领导赴北京、上海等地对接工作、招商引资等7次、会见重要客商59批次，出席世界制造业大会、世界集成电路大会等重点全国性活动30次。服务衔接市委主要负责同志参加中央、省委省政府召开的各类会议85次。保障国家领导人在合肥考察5次，接待外地党政代表团（考察团）来访5批次，服务保障省委主要负责同志来合肥调研32批次。

严谨细致审核文件，全年审核各类文件、议题文稿270余件，办文125件。强化备案审查，全年市本级开展备案审查161件，纠错率2.48%，未出现瞒报、漏报、迟报现象。开展涉计划生育、涉《中国共产党纪律检查委员会工作条例》和涉环境监督长规范性文件专项清理工作，对全市现行有效的规范性文件进行全面清理。

强化应急值守职能，打通网信、国安、城建、卫健、教育等重要紧急信息渠道，加强信息会商研讨，每周发送重要紧急信息预警预判提示单，向市委领导上报各类重要紧急信息1000余条，向省委总值班室上报重要紧急信息140余条。

完善市委专职常委工作机制，成立服务市委专职常委的秘书室，开展巢湖综合治理和教育、卫生等领域调研检查70余次、会议100余场，累计销号各类突出生态环境问题483个。致力服务全市产业链结构升级，围绕科技成果转化、产业链招商、重点企业上市、综合性国家科学中心建设等工作，服务保障、协调筹备会议活动400余次，开展督导考察和外出招商40余次。

实行市委办公室、市委政研室、市委督查办行政财务、组织人事、离退休工作“一体化”保障，由市委办公室相关处室统一办理3家单位的行政财务、组织、组织人事、离退休工作，节约编制人员6人，促进市委政研室、市委督查办聚焦主业。

加强档案工作培训指导，持续推动全市档案管理工作科学化、规范化、标准化。对全市各县（市、区）、开发区、各级机关单位等120余人开展线上档案业务培训，档案法律法规宣讲。对市城建馆、市发改委等20个单位开展档案安全工作督查。加强市县两级数字档案馆建设的监督指导，提升互联网+服务效能。

推进信创工程建设，持续抓好信创产品使用和深化应用。围绕互联网+政务服务等重要基础信息网络和涉及国计民生、基础信息资源的重要信息系统，推广国产密码应用宽度。加强电子政务内网日常管理。推进重点通信工程建设运行，做好日常运维管理和服务保障。

加强保密工作，组织开展保密宣传教育月活动，进行防止微信失泄密、网上敏感信息、党政机关失泄密隐患等专项检查，保障10余场重大活动，做好省委保密督查问题整改工作。

（刘　徽）

组　织

【概况】 截至2022年底，中共合肥市委直接管理的党组织中，有9个地方党委，4个开发区党工委，66个党组（党委、党工委）和滨湖科学城党工委。全市有基层党组织22065个，其中党委1602个、党总支1214个、党支部19249个；党员494206人，其中35岁及以下127786人、占25.86%，女党员150115人、占30.37%，大专以上学历269601人、占54.55%。全市有副市级以上领导干部51人；县处级干部2072人，其中县（市、区）341人、市直单位1045人、政法部门234人、市管企事业单位452人。全市公务员总数25927人（含参照公务员法管理人员1398人），其中，县（市、区）14683人，开发区363人，市直机关10881人。根据第七次人口普查，合肥拥有大学及以上文化程度人口247万。全市集聚“两院”院士138人，其中全职在合肥市31人、兼职38人、院士工作站在站院士69人，国家海外引才计划专家490人、国家“万人计划”专家152人；省海外引才计划专家300人、省“特支计划”专家285人，省“115”产业创新团队56个；省、市高层次人才创业团队206个。

【领导班子和干部队伍建设】 强化铸魂赋能。2022年，市委组织部及时启动领导干部学习贯彻党的二十大精神集中轮训，培训市直单位及乡镇（街道）主要负责人261人，分批培训干部1.2万人次。实施习近平新时代中国特色社会主义

2022 年 5 月 20 日，合肥市召开全市退出领导岗位干部到村任职工作动员会
（市委组织部 / 供）

思想主题教育培训计划，全年举办各类培训班 35 期、培训干部 3240 人次。创新设立年轻干部理论研修“周末课堂”，推进党史学习教育常态化。举办 8 期县处级干部任职班、进修班，加强换届后领导班子教育培训。开展“建五城·赋新能”系列培训，举办推进长三角一体化发展、创新驱动、依法行政等 10 类专题培训。实施新时代基层干部主题培训行动计划，聚焦乡村振兴、党建引领基层治理主题，培训基层干部 1.6 万余人。

推进强筋壮骨。创新开展“双学双挂双任”实践锻炼，选派 310 名干部到沪苏浙、国家部委等跟班学习，提升站位眼界；从在合肥市高校院所引进 20 名专家教授到市直单位、选派 42 名市直干部到县区挂职，提升专业层次；遴选 17 名市直年轻干部到乡镇任职，组织 480 名干部到信访维稳等一线锻炼，提升实战本领，广大干部在不同层级领域开阔眼界、增长才干。

鲜明选用导向。常态化全覆盖开展干部大调研，动态完善“五库四清单”（即党建、社会管理、经济、城建、法治五类干部储备库，提拔使用、重点关注、跟踪管理和适时交流四项清单），坚持实干实绩导向，全年提拔市管干部 235 人、择优晋升职级 1762 人。坚持在防疫一线“督事察人”，掌握表现突出干部 509 人，对 52 人予以提拔重用或晋升职级，激励广大党员干部持续奋战，得到省委主要领导肯定性批示。有序开展交流轮岗，187 名市管干部、584 名政法干部走上新岗位；选派 136 名退出领导岗位干部到村（社区）任职、接听热线，充分调动各层级干部积极性，得到省委主要领导肯定性批示。优化市委综合考核指标，拉开档次差距，42 个班子、525 名干部因成绩突出被评为“优秀”等次。落实《推进领导干部能上能下规定》及省委实施细则精神，调整不适宜担任现职市管干部 6 人。健全培养选拔优秀年轻干部常态化工作机制，选用“80 后”市管干部 44 人，总数达 150 人，储备科级年轻干部 673 人，招录选调生 124 人。

严密监督链条。出台干部监督进社区实施办法，建立干部负面信息沟通联席会议制度，加强干部 8 小时以外监督。健全“党建 + 信访”机制，落实“倒查 + 问责”要求，对 82 名在信访维稳等一线不担当不作为干部给予问责。落实领导干部个人有关事项报告制度，全年抽查 534 人、处理未如实报告干部 18 人。建成市管干部档案管理信息系统，2000 余本档案实现数字化。发挥“12380”四位一体综合举报平台作用，全年受理选人用人举报 45 件，追责问责 5 人。结合市委巡察，对 39 家单位（地区）开展选人用人工作专项检查，跟踪督促问题整改。加强科级干部选拔任用过程监督，审核把关 92 批 1728 人次干部调配方案，未同意或暂缓任用 16 人。结合市委综合考核，对全市 133 家有选人用人权单位、731 名新提拔干部开展“一报告两评议”，满意度分值较 2021 年普遍提高。

加强公务员工作。采用“一图读懂、知识测试”形式，开展公务员管理法律法规政策解读及知识问答。在市、县两级机关（含参照管理单位）部署开展清理和规范抽借调人员专项工作，清退 420 人。开展 2022 年度市直机关公开遴选公务员工作。规范科级及科级以下公务员个别调动工作，全年办理 72 名科级公务员转任手续。做好公务员考录工作，继续向应届毕业生和基层一线倾斜，全年招录 278 名，应届毕业生职位占 78.8%，县以下职位占 84%，金融学类、经济与贸易类、电子信息类以及理工类相关专业职位占 28%。推进公务员平时考核，选定 30 个单位作为市级联系点，编制平时考核工作创新案例 15 个。推进公务员绩效管理试点，形成专题调研报告。开展公务员表彰奖励，对 320 名公务员记三等功、

1790名公务员给予嘉奖，长丰县下塘镇党委书记樊绍斌、市国资委分别获评全国"人民满意的公务员"和全国"人民满意的公务员集体"称号。

【基层党组织和党员队伍建设】 开展星级支部创评。2022年，市委组织部实施"支部创'星'推进年"行动，开展"星级支部"创评工作，将"党建业务"与"发展指标"挂钩，分类建立一至五个星级评定标准，全市创建星级支部14278个，占总数的79.8%，其中五星级支部1186个、占8.3%，四星级支部1442个、占10.1%，三星级支部5725个、占40.1%，二星级支部3373个、占23.6%，一星级支部2552个、占17.9%，整顿软弱涣散党组织60个，进一步筑牢战斗堡垒、夯实执政根基。

推进抓党建促乡村振兴。出台激励村干部干事创业9条意见，深化党建引领乡村网格治理，建立16829个网格党小组、配备53792名网格员，试点推进"四事四权"工作法，即通过网格管事、"五老"调事、支部说事、群众议事，保障群众对村（社区）事务的知情权、决策权、参与权、监督权，探索乡村善治"合肥路径"，省委组织部专题调研合肥市做法。实施"农村用'信'推广年"行动，将党建引领信用村建设，由庐江向全域144个村推开，全市累计授信42.5亿元、用信22.3亿元。启动"村企联建"三年行动，首批314个村与企结对，助推村级集体经济发展，全市经营性收入50万元以上的村达732个、增长37%，其中100万元以上461个、增长218%。

深化党建引领城市基层治理。出台《关于深化党建引领城市基层治理的若干举措》《社区工作者管理办法》，创新"一小区一网格、一网格一组织、一服务一清单"治理模式，组建小区党组织3745个，选配大学毕业生等各类"小管家"1.1万名，解决小区群众日常问题5万余件，打通为民服务"最后一米"，得到省委主要领导肯定性批示，中央电视台《新闻1+1》进行专题报道。深化"红色物业"建设，培育示范点100个，全市9个小区入选首批"皖美红色物业"示范小区。

增强新兴领域党建实效。实施"单独组建行动计划"，新增非公企业党组织785个，组建新业态党组织224个。开展党建惠企专项行动，选派2350名党建指导员驻企帮扶，集成100项激励帮扶政策，依据星级创评成效，向企业提供。成立网约车、外卖行业党委，组建新就业群体党建联盟，实施"心向党·新向荣"行动，建立601个"歇歇角"驿站，制定60项服务清单，累计服务1.5万人次，党在新兴领域的号召力凝聚力不断增强。合肥市承办全省园区非公企业党建工作现场会、首届长三角地区园区非公企业党建论坛，并作经验交流发言。

夯实基层党建基础。推进书记抓基层党建常态化述职工作，压紧压实基层党建责任。抓好党员队伍建设，推进农村发展党员违规违纪排查整顿，认定违规违纪发展党员503名，对相关党员和559名责任人逐人提出处理意见。做好发展党员工作，不断优化党员队伍结构，全市发展党员6312名，其中产业工人747人、占12%，高知识群体286人、占4.5%，大学生1453人、占23%，非公有制经济和社会组织1550人、占24.6%。加强党员教育管理，动员全市1.7万个基层党组织、30多万名党员冲锋在前，抽调1.95万名机关、企事业单位党员干部下沉值守，构筑起一道道红色防线，党员电教片获中组部3项大奖。

【人才强市建设】 抓平台建设。2022年，合肥市全力创建国家吸引集聚人才平台。市委组织部牵头调研48家重点单位，聚焦国家实验室、综合性国家科学中心等建设，分类制定人才支持举措，合肥市被纳入国家先期布局建设名单，量子信息、聚变能源、深空探测等战略领域，集聚人才超7000人。建设省内人才飞地，印发合肥市服务全省人才发展《意见》，制定人才服务保障举措，开展人才供需和项目路演活动，全省近百家科技型企业申报首批入驻。深化政校企合作、产学研协同，与大学大院大所共建新型研发机构达38家，集聚海内外研发人才3500余人。

抓政策集成。整合18个部门、66个人才文件，集成出台《合肥市服务人才发展若干政策（试行）》，分类明确高层次人才、急需紧缺专业技术人才、高技能人才和高校毕业生等支持政策，让人才在就业创业各阶段都可尽享政策红利，实现政策"一口出"、一网通办，让人才"一单清"、一目了然。2021—2022年2年间，为3.5万名高层次人才、高技能人才、高校毕业生发放租购房补贴5.7亿元，为4206名高层次人才发放岗位补贴7557万元。

抓人才招引。强化海外人才招引，举办全球人才云聘会、海外高层次人才云聘会、海外留学人才云上见面会，引进海外高层次人才447人，创造"海外引才规模最大、入选国家项目最多、省会城市排名最好”3 项纪录。开展“招才引智高校行”系列活动，组织 2.7 万家次用人单位，举办线上线下招聘会 236 场，接收简历超 60 万份，全市新增高校毕业生首超 30 万人、高技能人才 5.6 万人；新建博士后工作站 11 家，总数达 182 家，在站博士后达 2565 人。成立市急需紧缺人才引进委员会，用好编制周转池，为市属医院、市疾控中心引进 7 名正高、博士和 63 名硕士，为市属高校引进 16 名博士和 68 名硕士。

抓机制创新。人才评价方面，升级人才分类目录，优化整合人才计划，推行项目评定分离，实现职称申报“免跑即办”。对急需紧缺的人才，可不受学历、职称等限制认定为高层次人才。放权松绑方面，完成千余名企业人才职称自主评定，在市自然科学基金中实行“正向赋权 + 负面清单”。人才培养方面，新组建教育名师工作室 35 个、名医工作室 21 个，以“名师带徒”方式强化专业人才队伍建设。成果转化方面，建立院士团队科技成果转化服务机制，举办“双需”对接活动 7 场。天使基金、种子基金风险容忍度分别提高 40%、50%，投资项目 225 个、投资额 12 亿元。建设科创驿站，推出“科里科气”路演品牌，投资高校院所人才项目 133 个。

抓生态优化。构建市委人才办、人才集团、人才发展促进中心“三位一体”人才服务机制，破解人才急难愁盼，建设“人才房”6925 套、92.9 万平米。在合肥高新技术产业开发区、合肥经济技术开发区试点推行“职住平衡”，供给总房源的 50%。开通人才就医、出入境等“绿色通道”，优化人才子女入学流程，建成全省首个医疗类“外国专家服务之家”，为海归人才提供创业辅导和法律服务。

（朱璐璐）

宣　传

【概况】 2022 年，合肥市宣传思想战线坚持以习近平新时代中国特色社会主义思想为指导，紧扣迎接宣传贯彻党的二十大精神主线，全面学习把握落实党的二十大精神，扎实推进宣传思想文化工作取得新进展、实现新突破。省级以上主要媒体宣传合肥稿件 9 万余篇，其中中央媒体近 4.3 万篇，《人民日报》、新华社、中央电视台新闻联播刊播 800 余篇，《求是》杂志重点栏目宣传合肥，《人民日报》《经济日报》《法治日报》头版头条推介合肥。合肥市连续三年获评全国基层理论宣讲先进集体。新增中国好人 3 人，总数 193 名、位居省会城市第 2 位。入选全国学雷锋志愿服务“四个 100”（即 100 个最美志愿者、100 个最佳志愿服务组织、100 个最佳志愿服务项目、100 个最美志愿服务社区）先进典型 6 个、位列 36 个省会城市 / 副省级城市第一。

【理论武装】 2022 年，市委宣传部把学习宣传贯彻习近平新时代中国特色社会主义思想作为首要政治任务，深入学习宣传贯彻党的十九届六中全会精神、党的二十大精神，学好用好《习近平谈治国理政》第四卷、“足迹”四部图书等权威资料和重点政治读物，常态长效推进党史学习教育。落实学习对标制度，市委常委会以上率下，带动全市各级党委（党组）把学习习近平总书记重要讲话精神作为第一议题。落实党委（党组）理论学习中心组学习规则，市委理论学习中心组注重交流研讨，开展集体学习研讨 17 次，带动各级中心组学习提质增效。组建专家、劳模、青年、巾帼等各类宣讲团，用好用活“理响合肥”“学习强国”等平台，开展“举旗帜・送理论”宣讲活动 7 万余场、受众逾千万人次，“圆梦”百姓宣讲团、先锋宣讲团陈相珍双双获评基层理论宣讲全国先进，首次实现先进集体和先进个人“双丰收”。抓好省市领导圈定课题和社

2022 年 7 月 19 日，“合肥这十年”首场新闻通报会召开

（市委宣传部 / 供）

科规划课题研究，8项成果在南京大学中文社科类核心期刊发表，《用好“国际湿地城市”新名片》被中共中央办公厅刊用。

【学习宣传贯彻党的二十大精神】 2022年，市委宣传部牢牢抓住工作主线，推进喜迎党的二十大召开、学习宣传贯彻党的二十大精神各项工作落地见效。在党的二十大召开前及期间，组织“牢记嘱托”“合肥这十年”“喜迎二十大”“二十大时光”等重大主题宣传，在全市设置横幅标语5000余条、灯杆旗3万余对、主题花境200余处，用好3万余块电子屏，开展“强国复兴有我”7类50项重点群众性主题宣传教育活动。党的二十大召开后，制定出台《总体方案》《任务清单》，开设“深入学习宣传贯彻党的二十大精神”专题专栏，组建市委宣讲团、市级示范宣讲团开展集中宣讲，引导带动全市开展党的二十大精神宣讲4100多场、受众110多万人次。

【新闻宣传】 2022年，市委宣传部围绕应对“三情大考”（即百年大变局的复杂世情、全球大流行的世纪疫情、50年不遇的高温旱情），抓好“三件大事”（即疫情要防住、经济要稳住、发展要安全），策划专题专栏近170个，市属媒体刊发新闻稿件3.6万余篇。特别是在疫情防控宣传引导中，坚持全流程参与决策会商、全媒体发布疫情信息、全方位解读疫情防控政策，探索出“会商决策+新闻发布”“官方通报+权威解读”“全息反馈+全媒传播”“及时公开+迅速辟谣”等信息发布创新举措，发布疫情防控会商会报道稿140多篇、通告58期，刊发宣传稿件3万余篇、全网总阅读量超50亿，央视《新闻1+1》直播连线合肥、介绍合肥市防疫做法，“光明正大来合肥”“来的都是客人，返的都是家人”“鲍庐恩”等宣传报道感动全网。

【文化事业】 2022年，市委宣传部推动高品质文化供给、高水平文化服务。加强文艺精品创作，立足合肥历史文化和改革发展实践，创排大型庐剧现代戏《逐梦》，推出纪录片《巢湖》、舞蹈《延乔兄弟》等一批文艺作品，广播剧《浪尖上的彩虹》《青山多妩媚》在中国之声频率播出，曲艺小品《社区故事》获中国曲艺牡丹奖节目奖，纪录片《刘铭传在台湾1884-1891》登陆中央电视台纪录片频道并获全国电视文艺星光奖提名，电影《陪你在全世界长大》获中国国际纪录片节金红棉“优秀首作纪录片”奖。推进城乡公共文化服务体系一体化建设，市中心图书馆基本建成，市美术馆、市博物馆、骆岗音乐厅加快建设，市应急广播体系建设完成，投用城市阅读空间140个，村级综合性文化服务中心建成率99%，徽州书局、新华书店三孝口店获评全国首届全民阅读大会年度最美书店。创新开展文化惠民活动，开展文化科技卫生“三下乡”、文化进万家、电影公益放映、戏曲进校园等活动，办好“高雅艺术惠民”“建设者之歌”慰问演出等品牌文化活动，“过年留合肥免费游合肥”“百名书法家义务为民写春联”等活动受到广泛赞誉。肥西县桃花镇文化站、市文化市场综合执法支队包河大队获评全国服务农民、服务基层文化建设先进集体。

【社会宣传教育】 2022年，市委宣传部把公民道德建设、爱国主义教育作为培育践行社会主义核心价值观的重要抓手，推动社会主义核心价值观融入经济社会发展和日常生活。开展文明创建“十大行动”（即培根铸魂强基行动、文明实践拓展行动、道德典型引领行动、文明风尚培育行动、城乡环境治理行动、行业优质服务行动、时代新人培育行动、志愿服务关爱行动、诚信建设专项行动、难点问题整治行动），一体推进“五大创建”（即创建文明城市、文明村镇、文明单位、文明校园、文明家庭）。开展“宪法宣传周”“民法典宣传月”等普法宣传活动，市民法治观念、法治意识显著增强。加强家庭、家教、家风建设，培育社会文明新风尚。开展诚信缺失突出问题专项治理、高空抛物专项整治、文明出行、爱国卫生月、“文明养犬”集中宣传月等活动，市民文明素养不断提升。宣传因公殉职的基层干部李俊等先进典型，常态化开展时代楷模、道德模范、“榜样”“最美”等系列宣传活动，培树先进典型，强化“好人成名人”道德实践，深化道德模范、身边好人和最美志愿者礼遇关爱行动。对全市363个革命历史类纪念设施、遗址和爱国主义教育基地进行实地核查，提升管理和展陈水平，用好用活红色资源。开展“思政七进”（即思政进企业、进农村、进机关、进社区、进学校、进军营、进网络）活动，创新推出“百场思政宣讲进百校”活动。开展“扣好人生第一粒扣子”主题教育实践、第29届青少年爱国主义教育读书等活动，办好《阳光成长》栏目，建强用好全市242所学校少年宫，试点建设17个“复兴少年宫”，推进未成年人思想道德建设。常态化开展志愿服务，全市注册志愿者超169万、占常住人口比例

18%，全年开展志愿服务2.5万场，4万余名志愿者常态化下沉疫情防控一线。

【对外宣传】 2022年，市委宣传部立足合肥改革发展生动实践，以“争当享誉全球的科创名城”格局视野，传播好“科里科气”城市气质，讲述好中国故事合肥篇章。借助中央、省级媒体等平台，利用世界制造业大会、全国“双创”活动周、国家网络安全宣传周、中国（安徽）科技创新成果转化交易会等国家级展会活动，让合肥声音成强音、产生大流量。庐江县被中宣部确定为首批17个“走进县城看发展”特别报道典型城市之一。适应国际传播规律，用好“国家队”“正规军”海外宣传窗口，合肥海媒页面（脸谱、推特、优兔）粉丝总量超47万人，页面阅读总量超605.9万人次，互动总量近25万次。

【文化体制改革与产业发展】 2022年，市委宣传部编制市“十四五”文化改革发展规划，出台国有文艺院团演出扶持暂行办法，修订市属文化企业国有资产重大事项监督管理实施细则、文学艺术精品扶持办法等，推动文化产业规范发展。加快市属媒体“瘦身强体”、融合发展，调整组建合肥日报传媒集团，推进市广播电视台改革，建成合肥媒体云平台，“合意”APP、“合肥通”新闻客户端上线运营。加快区域文创产业中心建设，推进“双招双引”，培育壮大文化市场主体，全市规模以上文化企业收入1263亿元，安达创展和磐石智能科技挂牌新三板，包河区、蜀山区（集聚类）和华米科技、安达创展（单体类）入选首批省级文化和科技融合示范基地。深化文旅融合发展，开展全域旅游创建，实施乡村旅游“421”（即“4个100”：打造100个精品主题村、100个特色美食村、100条旅游风景道、100家“后备箱”工程基地；“2个1000”：培育1000家精品民宿，培养1000名经营管理人才；“1个10000”：打造10000个乡村旅游“双微”提升点）行动，“一湖一园一廊一区”精彩串联，金大地东西街、罍街入选国家级夜间文化和旅游消费聚集区，庐江县百花村入选全国乡村旅游重点村。

【意识形态管理】 2022年，市委宣传部压紧压实意识形态工作责任，全市意识形态向上向好。深化网络综合治理，建成合肥市互联网有害信息举报平台，合肥市入选ipv6技术创新和融合应用综合试点城市，承办国家网络安全宣传周，合肥高新技术产业开发区入选首批国家网络安全教育技术产业融合发展试验区。深化“扫黄打非”工作，市“扫黄打非”办公室获评2022年全国“扫黄打非”先进集体。推进版权保护工作，乐堂动漫获评全国版权示范，新闻出版年度核验和统计工作获中央宣传部表扬。

（王安波）

统 战

【概况】 2022年，中共合肥市委统一战线工作部（以下简称“市委统战部”）严格落实中央、省委统战工作会议精神和《中国共产党统一战线工作条例》，不断提高统战工作科学化规范化制度化水平，为合肥市经济社会高质量发展凝聚人心、汇聚力量。全年举办16期同心论坛，11条统战工作直报信息被中央统战部采用。市委统战部获得全国信息直报点党委统战部三等奖，获评全省统战系统先进集体。推荐10名民营企业负责人为省工商业联合会（总商会）第十二届常委、执委人选，10家民营企业获评“安徽省第七届非公有制经济人士优秀中国特色社会主义事业建设者”。中共安徽省委主要负责同志对合肥市宗教工作作出肯定性批示。

2022年8月16日，市委统战部举办纪念中国共产党统一战线政策提出100周年图片展

（王小红/摄）

【思想政治建设】 2022年，市委统战部支持各民主党派开展“矢志不渝跟党走、携手奋进新时代”政治交接主题教育，推动各民主党派开展“五进五宣”党外干部纪法教育；开展民营经济人士理想信念教育；在无党派人士、党外知识分子、归国留学人员和新的社会阶层人士中开展“双树双建”主题教育、“凝聚新力量·筑梦新时代—2022年‘寻美·合肥’”主题活动；指导宗教界开展“爱党爱国爱社会主义”主题教育，组织“纪念中国共产党统一战线政策提出100周年”图片展并全市巡展。开展学习贯彻“习近平总书记关于做好新时代党的统一战线工作的重要思想”理论文章征集活动，征集120余篇，评选出33篇优秀作品。

【助力“双招双引”】 2022年，市委统战部成立“双招双引”工作专班，瞄准重点产业、重点区域、重点对象，摸排招引项目、人才线索等。依托欧美同学会长三角海创中心平台，举办“养人之地合肥欢迎您”海外知名高校留学人才“云上见面会”6场次，招引留学人员项目34个、入驻各类留学人才303人。依托侨梦苑平台，聚集400多家高新技术企业（上市8家）、高新技术专业人才3500多人（院士12人）、产值400多亿元。依托合肥“海峡两岸集成电路产业合作试验区”平台，集聚产业链相关企业超300家（其中，与中国台湾地区紧密合作企业近50家）、产值超420亿元。

【民主党派工作】 2022年，市委统战部持续实施“五化五好”（即社会化、项目化、清单化、规范化、品牌化，组织领导构建好、网络平台建设好、制度健全运行好、宣传教育引导好、优势作用发挥好）建设，举办全市民主党派代表人士暨市委委员培训班。协助市委制定并落实2022年度政党协商计划，组织召开各类情况通报会、民主协商和座谈会等7次。支持民主党派和无党派人士参政议政、民主监督，各民主党派提交市级以上议案、提案304篇，多次组织召开巢湖生态环境保护民主监督工作培训会、座谈会。制定《合肥市统一战线“同心示范工程”提质升级三年工作计划》，推动陆还村“湖羊养殖”项目落地。召开市政府有关部门对口联系民主党派和工商联工作座谈会。推动各民主党派建立内部监督机制，7个民主党派市级组织全部建立内部监督委员会。

【民族工作】 2022年，市委统战部制定《关于以铸牢中华民族共同体意识为主线推进新时代合肥民族工作高质量发展的实施方案》，修订《合肥市扶持清真餐饮企业暂行办法》。开展民族团结进步宣传教育，举办安徽省暨合肥市民族团结进步宣传月—铸牢中华民族共同体意识宣传活动。推进民族团结进步创建，合肥市第三十五中学被国家民族事务委员会命名为第十批全国民族团结进步示范单位，“艾力口腔门诊部互嵌式发展提升行动项目”被省民委确定为全省民族团结进步创建重点扶持项目。做好少数民族群众的服务管理工作，开通合肥市少数民族流动人口法律服务热线。组织少数民族群众参加第九届全省少数民族运动会，获团体第一名。做好中央及省财政衔接推进乡村振兴补助资金（少数民族发展任务）395万元项目备案管理工作。下拨民族企业技术改造贷款贴息和少数民族补助资金129.5万元，兑现民族特需商品贴息资金17.17万元。市少数民族发展资金从200万元增加至300万元，协调600万元市财政资金用于少数民族乡村建设。制定《全市民族宗教领导小组成员单位结对帮扶民族乡村行动方案》，推动23个市直单位结对帮扶14个少数民族村（社区）。

【宗教工作】 2022年，市委统战部推进宗教“四进四有”（即国旗国歌进场所、宣传标识进场所、法制教育进场所、道德典范进场所，有主题活动、有专题讲稿、有规章制度、有社会服务），在宗教界开展“喜迎二十大”系列活动，落实宗教团体季度学习制度，指导天主教爱国会顺利完成换届，开办市基督教两会第二期传道班，对48名传道员开展培训。开展宗教界崇俭戒奢教育活动。举办基层宗教政策法规培训9期，152个乡镇、街道（社区）332名民族宗教工作干部参训，编印《基层民族宗教工作手册》，组织民族宗教行政执法人员专门法律知识考试，3C4名宗教工作干部通过考试。推进宗教资金监管云平台建设，建设完成339处。将宗教活动场所纳入“雪亮工程”（即以县、乡、村三级综治中心为指挥平台、以综治信息化为支撑、以网格化管理为基础、以公共安全视频监控联网应用为重点的群众性治安防控工程）监管网络，建设完成392处。常态化开展宗教督查，梳理排查6个重点领域、34条具体风险点，细化198名重点关注对象防控举措。

【非公有制经济发展】 2022年，市委统战部完成工商联系统换届工作，吸纳一批优秀民营企业家进入工商联队伍。深入民营企业调研走访，收集整理市青年商会会员企业反馈问题20余件，逐一联系业务主管部门协调解决。利用合肥统战平台为20余家会员企业发布人才招聘信息。组织市青年商会金融服务对接会，3家银行为53家会员企业授信7.29亿元。引导非公有制经济人士参与光彩事业、公益慈善事业和“万企兴万村”乡村振兴行动，200多家企业及商协会为疫情防控捐款捐物4000余万元。

【党外知识分子工作】 2022年，市委统战部深化“双树双建”（即树牢理想信念、树好社会形象，建功立业争创一流业绩、建言献策服务发展大局）主题教育，5名党外知识分子获评全省“双树双建”年度标兵。引导党外知识分子为合肥“文化之城”建言献策，收集调研报告74篇。规范开展无党派人士政治面貌认定工作，推荐认定省级10名，市级43名。截至年底，合肥市有省级无党派人士20人、市级无党派人士72人。建立无党派代表人士数据库，加强联系服务，做好团结引导。支持和参与欧美同学会长三角海创中心建设，指导市欧美同学会参加“创响中国”安徽省创新创业大赛等各类双创比赛，全年推荐20余个创业项目参加各类大赛。开展留学归国人员“留学报国奖”评选活动，授予15名同志“留学报国奖”，25名同志“留学报国提名奖”。

【新的社会阶层人士工作】 2022年，市委统战部开展“合肥市新的社会阶层人士统战工作实践创新基地建设月”活动，打造实践创新基地46个，截至年底，全市累计打造全国实践创新基地1个，省级实践创新基地8个，市级实践创新基地16个，县区级77个。擦亮“合新合谊”品牌，开展“寻美·合肥”“喜迎二十大·同心跟党走”等各类主题活动200多场，开展志愿服务活动46场次，创作抗疫讴歌新时代、弘扬正能量的漫画、短视频等作品1000多部。指导新站高新技术产业开发区成立本级新的社会阶层人士联谊会，实现全市联谊组织县（市、区）、开发区级全覆盖。组织新的社会阶层代表人士培训班，开展新的社会阶层代表人士综合评价试点工作。

【港澳台及海外统战工作】 2022年，市委统战部召开合肥海外联谊会2022年度第一次副会长会暨港澳台代表人士新春座谈会。推荐16名合肥海联会理事参加市政协第十五届会议，多名代表提案被采用。合肥海外联谊会林溪、雁栖联络站举办“海联天下，对话‘一带一路’下的文化汇融”讲座。建立健全合肥市港澳工作联席会议制度，成立香港合肥同乡联谊会，摸排黄埔后代305人，加强黄埔后代联系联谊。召开合肥市推进“侨梦苑”建设协调服务会议，办好侨梦苑海外创新大赛，做好合肥籍海外华人华侨“双稳”工作，新增3所院校为省级华文教育基地，支持合肥幼儿师范高等专科学校举办中华文化大乐园（北美园）活动。

【党外代表人士队伍建设】 2022年，市委统战部开展党外干部队伍建设大调研，访谈座谈489人，对党外干部队伍总体情况进行分析，召开党外干部座谈会，完善党外干部年度履职报告制度，选派优秀党外干部到地方任职、挂职。出台《合肥市加强党外代表人士队伍建设若干举措（试行）》，建立党外代表人士发现储备、教育培养、选拔使用、监督管理四项制度。合肥市有副科级以上党外干部620名，当年度交流提拔副县级以上党外干部36名。

【统战文化建设】 2022年，市委统战部推动统战文化建设，推荐2期53本“同心书籍”，“同心书籍”进阅读空间实现市、县（市、区）、开发区全覆盖。新增合肥市民主党派之家、合肥学院党史研究基地、肥东县博物馆、肥西县刘铭传纪念馆、庐江县世界何氏根亲文化园等5家统一战线教育基地。综合利用传统新闻媒介和网络媒体平台，制作统战故事视频5个，统战文化氛围日益浓厚。

（程　进）

政　法

【概况】 2022年，全市政法机关紧扣“全省当标兵、全国创一流”的工作要求，圆满完成党的二十大等重大活动、重要节点维稳安保任务，全市政治社会大局持续稳定。全市命案、八类暴力案件、电诈案件数量同比下降，扫黑除恶战果和养老诈骗采取刑事强制措施数、查扣冻涉案资产数均列全省第一。市域社会治理现代化试点共性任务基本完成，区域特色工作任务全部完成，负面清单六项指标均未发生。创建全国社会治安防控体系建设示范城市测评取得优异成绩，成功创建全国法治政府建设示范市。全市法院审执结案件36万余件，同比上升36.38%；检察机关办案

2022 年 2 月 24 日，合肥市召开市委政法工作会议暨平安合肥建设工作会议
（市委政法委 / 供）

2.4 万余件，其中“能动履职”的法律监督案件同比上升 73.19%；行政败诉量、败诉率同比分别下降 53%、50.7%。全市政法机关走访企业 1500 余家，政法委系统接访群众 2856 批次 9236 人次，法院办结重点信访事项 730 件，检察机关做到 5918 件群众来信来访 7 日内程序回复、3 个月内办理情况答复，公安机关解决信访事项 8275 件。

【护航高质量发展】 2022 年，全市政法机关围绕服务科技创新，探索建设食药环知联合执法中心，在全省率先成立知识产权检察办公室，加大知识产权违法打击和司法保护力度；侦破一批重点案件，审结知识产权案件 17838 件。围绕优化营商环境，出台证券期货、公司类纠纷案件快审规定，清理涉民企“挂案”（即一些案件在办理过程中，既不了结又不向前推进），健全破产处置府院联动机制，开展破产积案专项清理，组织“江淮风暴”优化营商环境执行攻坚行动，开展“法院进万企依法解难题”、检察机关“访万企、解难题”“法律服务进万企”主题帮扶等活动。围绕护航绿色发展，开展巢湖水域治安治理专项行动，依法严打非法捕捞违法犯罪，全面落实环境公益诉讼制度，依托“河湖（林）长 + 检察长”机制推进巢湖生态环境联合检测、联合督查。围绕强化法治建设，开展行政执法“三项制度”（即行政执法公示制度、行政执法全过程记录制度、重大行政执法决定法制审核制度）落实强化年活动，完成《合肥市非机动车安全管理条例》《合肥市住宅小区物业管理条例》等法规立法工作，深化国家、省、市级民主法治示范村（社区）创建，推进法治宣传教育基地建设。

【维护社会稳定】 2022 年，全市政法机关坚持源头防范控“增量”，推进重大决策社会稳定风险评估刚性前置，合肥市委政法委员会出台《合肥市重大决策社会稳定风险评估第三方评估机构备案和管理办法（试行）》，加强稳评信息化建设，推动全市评估重大事项 722 件。坚持攻坚化解减“存量”，推进专班化解突出问题，重点领域社会风险有力防控化解。坚持强化管控防“变量”，开展重点人员服务管理工作，稳妥处置各类突发情况，全市政法委系统开展四级联动接访，法院开展“1+4+10”大接访，检察机关做实“群众信访件件有回复”，公安机关开展群众不满意事项“大起底、大接访”活动和“三级四警”联动接访。

【服务市域社会治理】 2022 年，全市政法机关扎实推进市域社会治理现代化试点工作。加强社会治安整体防控，健全社会治安防控工作联席会议制度，启动雪亮工程二期建设，累计建成 3740 个智慧平安小区并实现封闭式小区全覆盖，组建约 30 万人的“合肥义警”队伍。依法严打突出违法犯罪，开展夏季治安打击整治“百日行动”，侦办涉黑涉恶案件 12 件，电诈案件数量大幅下降。开展打击整治养老诈骗、拐卖妇女儿童等专项行动。治理公共安全重点隐患，纵深推进道路交通事故“减量控大”，开展“戴头盔、保安全、促文明”专项行动，全市未发生 3 人以上死亡较大事故；开展缉枪治爆专项行动，严打非法经营成品油违法犯罪，危爆物品管理“零流失、零被盗、零炸响”。加强和创新基层社会治理，深化“四员一律”（即审判员、检察员、警员、人民调解员和律师）进社区、“无案村（社区）”创建等工作，深入推进矛盾纠纷多元化解，推动开发区设立正科级事业单位综治中心，推进“合肥市综治信息化平台”建设。完善“一站式”诉讼服务中心建设，建立 217 个公安“办不成事”窗口全面受理“办不成”事项，创新推出“公证云选房”，全面建立“不动产登记便民服务点”。

【政法领域改革】 2022年，全市政法机关健全完善监督制约体系，落实涉法涉诉信访案件评查工作制度，加强重大敏感案件协调督办。出台关于人民法院司法建议和人民检察院检察建议办理工作的意见，成立侦查监督与协作配合办公室，优化“派驻+巡回”检察工作模式，制定检察权运行内部监督制约暂行办法，推进案件审判流程节点精细化管理。开展市、县、乡三级行政执法协调监督体系建设试点。量化法院、检察院入额领导每年办案数量，制定和完善400余项公安业务实施依据。推进审级职能定位改革，试点民商事案件二审巡回审判。深化诉讼制度改革，加强“枫桥式人民法庭”建设。将要素式审判扩展至金融、家事、道路交通三大类别，巩固拓展繁简分流改革试点成果。落实认罪认罚从宽制度，促进确定刑量刑建议采纳率、一审服判率提升。上线“合肥法拍直播中心”“智槌”网拍辅助系统，开通“赋强通”平台，加强执法司法创新。建立“府检联动”市、县两级全覆盖。建设网上“应急处置中心”，优化公安大数据建设应用平台。

（张翼冲）

机构编制工作

【概况】 2022年，合肥市委机构编制委员会办公室（以下简称“市委编办”）围绕发展抓优化协同，持续完善党政机构职能体系，破除制约高质量发展的体制机制障碍，推动制度优势更好转化为治理效能；围绕改革抓创新管理，坚持需求引领、问题导向，持续加大各类编制资源创新挖潜力度，提升编制资源使用效益；围绕民生抓统筹保障，强化宗旨意识，践行人民至上的工作导向，将有限的机构编制资源向民生事业倾斜、向基层一线倾斜，不断提高公益服务水平和能力；围绕信息化抓精细管理，充分发挥数字技术在创新机构编制管理、辅助科学决策中的独特作用，持续探索数据应用的常态化机制和方式方法，各项工作都取得了新的进展，为全市高质量发展提供有力保障。

【党政机构职能体系建设】 2022年，市委编办巩固党政机构改革成果，整合市委办公室、市政府办公室、市目标管理考核领导小组办公室相关督查职责，设立市委督查考核办公室，健全督查考核工作体系；调整市委政研室、市人社局等部门机构编制事项，跨部门划转民生工程项目实施、房地产市场监管推进等职责。深化综合执法改革，推进应急管理综合行政执法改革，组建应急管理综合行政执法队伍；落实五大领域综合行政执法改革任务，配齐配强生态环境等执法队伍；探索基层“一支队伍管执法”改革，在肥东县石塘镇和蜀山区三里庵街道开展改革试点。探索党务、业务、财务“三务”统分结合管理模式，在不增加编制的情况下，将编制规模较小部门的党务、人事、财务交由业务关联性强、规模较大部门统管，压减综合处室人员和数量，促进部门协同高效履职。如市委办公室统管市委政研室、市委督查考核办后，2家单位节约编制人员6人。

【重点领域关键环节改革】 2022年，市委编办持续推动改革创新和体制机制优化，成立市委常委专管的市委科创委，推动合肥国际应用超导中心等18个新型研发机构登记为事业法人，设立安徽创新馆管理服务中心、市科技成果转化促进中心；设立市人才发展促进中心，构建市人才办、人才集团、人才中心“三位一体”人才发展模式；成立巢湖综合治理指挥部，统筹推进巢湖综合治理；按照“事编匹配、优化节约、按需调剂”原则，聚焦行政复议、文物保护、粮食安全监管等领域，整合优化职能职责，调配机构编制资源，推动改革落地落实；整合规范、精简优化开发区管理机构设置，制定完善中国（安徽）自由贸易试验区合肥片区管委会、县（市、区）所属开发区管委会“三定”规定，即：部门（单位）职能设置、内设机构和人员编制规定，明确经济建设主责主业，探索推进“管委会+公司”管理体制，厘清政府和市场关系，激发开发区内生动力。

【基层管理体制机制改革】 2022年，市委编办深化经济发达镇管理体制改革，开展经济发达镇行政管理体制改革情况评估，制定《合肥市经济发达镇行政管理体制改革评估（初评）工作方案》，逐项对照“扩大经济社会管理服务权限”等7个方面开展评估，顺利通过省级复评；深化清单制度建设，认领市级及各县（市、区）行政许可事项清单，明晰行政许可权力边界，规范行政许可运行。优化乡镇（街道）权责清单厘清县乡职责边界工作，建立“两单一图四机制”，即：乡镇（街道）权责清单和乡镇（街道）配合事项清单、事项运行流程图、清单之外事项准入机制、县乡联动机制、双向考评机制、依单监管机制，依法厘清县级职能部门与乡镇（街道）权责边界。

【事业单位改革】　2022年，市委编办推进事业单位改革，着眼破解事业单位“小散弱”等问题，试点开展卫生健康系统部分事业单位机构调整，推动市属事业单位改革先行先试；优化事业编制资源配置布局，做大做强公益类事业单位，将市妇幼保健院、市口腔医院等特色专科医院机构规格升格为正处级，加强市疾控中心、市妇女儿童活动中心等机构编制保障；完成生产经营类事业单位改革后续工作，解决市交通运输局所属经营类事业单位改革遗留问题，收回事业编制275名；试点推进事业单位法人电子证书应用，推动全市事业单位法人证书电子化和电子证书跨行业、跨部门、跨区域互通互认，实现登记服务事项网上办理，提升事业单位监督管理服务效能。

【机构编制资源优化配置】　2022年，市委编办加强编制周转池制度建设，开展公立医院编制周转池运行情况系统评估与规范，并成功通过省委编办评估验收；做好高职院校周转池编制使用的规范指导，累计获批市属高职院校周转池编制使用计划201名；加大教育、卫生、平安建设、应急管理、生态环境等方面编制投放，下达中小学教职工补充计划1706名；指导督促县（市、区）落实幼儿园管理团队编制保障法，顺利达到“每园不少于3—6名”的编制配备标准；选取3个市级部门和2个县区作为评估对象，开展机构编制执行情况和使用效益评估试点；探索建立市直部门领导职数动态调整机制，明确动态调整的范围、依据和程序，保障部门实际需要。

【机构编制法治建设】　2022年，市委编办加强机构编制法规制度学习培训，推动《安徽省机构编制违规违纪违法行为处理和问责规则实施办法（试行）》纳入各地各部门理论学习中心组学习范围，举办全市机构编制系统干部专题培训班，增强全市各级领导干部机构编制法治意识；严格执行机构编制动议、论证、审议决定、组织实施有关规定，贯彻落实省委编委《严控总量统筹用编进人工作举措》，锁定空编存量，自然减员空出编制实行“退三进二”管理；完成第二次全国机构编制核查，执行机构编制重要事项报告制度；修订《实名制系统管理规范》，推动操作端口向二级机构延伸，实现业务网上办理；完成县（市）区机构编制政策法规执行情况审计，以市委巡察办通报的副县级乡镇私设机构等问题为契机，深化机构编制违规违纪违法行为督查，强化机构编制管理刚性约束。

（周　健）

2022年8月24日，全市机构编制干部素质能力提升专题培训会召开

（市委编办/供）

老干部工作

【概况】　2022年，合肥市委老干部局组织开展“建言二十大”“我看中国特色社会主义新时代”专题座谈调研、“学习宣传二十大、坚定不移跟党走”书画摄影展等活动。出台《关于进一步加强和改进新时代离退休干部发挥作用工作的实施意见》《关于加强离退休干部志愿服务工作的指导办法（试行）的通知》等文件，建立离退休干部“银发人才数据库”、离退休干部志愿者和志愿服务团队信息库。全市累计组建离退休干部宣讲团和“新时代‘五老’报告团”372个，成员1600余人；成立离退休干部志愿服务团队126个，有9800余名老同志走上志愿服务一线；130余名老同志响应组织号召，申请担任“乡村振兴指导员”“基层治理指导员”，参与12345热线接听等工作；320余名老同志参与疫情防控工作。全市3个集体、2名个人获得全省老干部工作先进表彰，市委老干部局老干部调研和宣传工作获

评全省优秀。

【离退休干部党的建设】 2022年，合肥市各级老干部工作部门克服疫情影响，以线上线下相结合的方式，通过举办党课报告会、专题辅导、集中学习、登门送学等，深入学习宣传贯彻党的二十大精神，引导广大老同志坚决拥护“两个确立”，坚决做到“两个维护”。贯彻落实中央关于加强新时代离退休干部党的建设工作的意见，出台合肥市具体推进的若干举措，积极开展星级党支部和“一支部一品牌”创建活动，全市有2个离退休干部党支部被评为五星级支部，全市3个离退休干部党支部获评全省离退休干部示范党支部，市委老干部局机关离退休干部党支部“十号之约”获评全省“一支部一品牌”优秀案例。

【服务管理】 2022年，市委老干部局印发《关于进一步做好干部光荣退休工作的通知》等文件，举行荣退仪式437场次，2019位新退休干部参加仪式。开展登门大走访活动，登门走访和看望生病老同志累计600余人次，登门为41名老党员颁发“光荣在党50年”纪念章。为驻肥离退休干部购买人身意外伤害保险，继续做好医疗统筹工作，对51名离退休干部、18名离休干部无工作遗属进行特困帮扶。市老干部活动中心严格落实市疫情防控管理规定，为老同志健康愉悦创造良好环境。合肥老年大学开展示范校创建工作，推进网上教学，确保疫情防控期间线下停课不停学。全市各级老年大学（学校）开展“老有所学”暖民心行动，满足老同志日益增长的精神文化需求。

（朱雪峰）

精神文明建设

【概况】 2022年，合肥市精神文明建设工作对标全国文明典范城市创建，统筹推进文明培育、文明实践、文明创建高质量发展。在3月公布的2021年全国文明城市年度测评通报中，合肥市位列30个省会、副省级城市第9位，受到中央文明办通报表扬。全市累计获评全国道德模范6位、全国道德模范提名奖8位、中国好人193名、全国文明村镇18个、全国文明单位75家、全国文明家庭4户、全国文明校园6所、全国学雷锋志愿服务“四个100”先进典型31个。

【文明城市创建】 2022年，合肥市系统推进全国文明典范城市创建工作，出台《合肥市“争创全国文明典范城市打造全国最干净城市之一”行动方案》，制发5大行动21项任务清单，聚焦市民群众“急难愁盼”，持续开展“行走合肥”实践活动，围绕暖民心行动、疫情防控等中心工作，推动抓好菜市场、医院、校园、交通场站、社居委、大型商业综合体等“6个周边”环境秩序综合治理，推动125条道路、12条高架桥纳入清扫保洁一级道路范畴，打造19个“席地而坐”城市客厅示范区域。分类施策攻克城市治理短板弱项，建立文明指数评价体系，围绕40类实地考察场所1600余个重要点位开展8轮次全覆盖督查，组织第34个爱国卫生月、“文明养犬”集中宣传月等活动，推动“守法礼让文明出行”“戴头盔、保安全、促文明”“高空抛物专项整治”“学文明条例做文明市民”等行动。推动城乡精神文明建设融合发展，常态化开展县域文明城市月度测评和文明城市创建工作交叉互查，开展省级文明城市、城区、村镇推报工作，创建6个省级文明城市、4个省级文明城区、18个省级文明乡镇、25个省级文明村。开展“两路一场”环境治理、农村人居环境专项整治改善行动。推进高价彩礼、大操大办等突出问题专项治理，实现“一约四会”（即建立村规民约、道德评议会、红白理事会、村民议事会和禁毒禁赌会）全覆盖。

【思想道德建设】 2022年，合肥市突出思想道德教育引导，在市属新闻媒体上开设“先进典型在身边”专栏，在公交车和地铁站打造道德模范、身边好人流动发布厅，常态化宣传道德模范和身边好人。组织开展道德模范和身边好人宣讲二十大精神活动，分区组织先进典型学习习近平总书记给“中国好人”的回信精神。举办“我们的节日强国复兴有我”主题活动210场，节日期间慰问各级道德模范、好人360人（次）。开展道德模范和身边好人推选活动，全市3人当选中国好人，8人当选安徽好人，评选产生合肥好人81人（组）。出台《关于进一步做好道德模范和身边好人礼遇关爱工作的通知》，常态化开展道德模范和身边好人帮扶礼遇工作，发放帮扶礼遇专项资金84.3万元，办理礼遇关爱卡1020张。

【未成年人思想道德建设】 2022年，合肥市制定《未成年人思想道德建设工作年度要点》，开展未成年人思想道德建设年度专项测评，推报获评省级“新时代好少年”1名，评选合肥市“新时代好少年”30名、合肥市“最美小创客”10名。举办“童心永向党筑梦新时代”——2022年合肥市学校少年宫网络展播和“强国复兴有我好少年红心向党”——2022年合肥市“新时代好少年”先进事迹网络发布活动，累计直播观看人数达300万人次。开展文明校园创建，新增参评第二届省级文明校园20所、复查通过省级文明校园17所。建管用好学校少年宫，新建学校少年宫9所，开展学校少年宫项目绩效评价，对233所已建学校少年宫进行专项检查。试点建设“复兴少年宫”17个，组织开展“强国复兴有我”暑期主题宣传教育活动百余场次。持续打造青少年健康成长栏目《阳光成长》，开展“绿书签行动”系列宣传活动，邀请全国“护苗·网络安全课讲师团”讲师、合肥市蚌埠路第二小学高级教师张群给青少年上一堂“护苗·网络安全课”，下发《绿色上网文明有我》倡议书。在合肥文明网设置“文明校园”“心理健康教育”“未成年人”专栏，累计刊发宣传信息300余篇。在《合肥日报》开设未成年人思想道德建设工作宣传专栏，进行常态化宣传。

【志愿服务】 2022年，合肥市建立疫情防控志愿服务体系，成立疫情防控工作专班，出台《合肥市疫情防控应急志愿服务指挥协调机制》，组织动员4万余名志愿者开展疫情防控应急志愿服务，组建市“抗疫”爱心志愿服务队和1720支药品配送志愿服务小分队，增设快递行业末端配送志愿服务站点280个，为兄弟城市送药89次、市内送药3.27万余次，生活物资代购配送3.25万余次。开展关爱志愿者行动，制作疫情防控志愿者防护知识短视频，为志愿者配送防护服、口罩、消毒酒精等防疫物资6.7万余件。在市属新闻媒体常年开设“学雷锋志愿服务”专题专栏，常态化宣传报道志愿服务活动和先进典型事迹580余篇（次），被中央、省属媒体报道或转载130余篇（次）。抓好先进典型选树，举办全市志愿服务项目大赛，70个项目入围决赛并获资金扶持，拨付220万余元扶持268个优秀志愿服务项目。常态化开展季度学雷锋志愿服务“四个10”（即每个季度在全市推选出10个最美志愿者、10个最佳志愿服务组织、10个最佳志愿服务项目、10个最美志愿服务社区）优秀典型推选活动，推选市级优秀典型120个、省级先进典型7个，全国学雷锋志愿服务“四个100”（即100个最美志愿者、100个最佳志愿服务组织、100个最佳志愿服务项目、100个最美志愿服务社区）先进典型6个、入选数位列全国省会城市和副省级城市第1。

2022年3月4日，安徽省暨合肥市3·5学雷锋纪念日新时代文明实践志愿服务交流展示活动举办 （市文明办/供）

【新时代文明实践】 2022年，合肥市深化拓展新时代文明实践中心建设，印发《合肥市新时代文明实践中心建设实施方案》，新打造市级示范所、站30个，建立文明实践活动月发布机制，常态化开展活动3.2万余场。新时代文明实践中心、所、站分时分类、分众开展党的二十大精神宣传宣讲1400余场，组织“我为群众办实事”“绿丝带爱心送考”等主题志愿服务活动2.5万场。

（牛良睿）

网络安全和信息安全

【概况】 2022年，市委网络安全和信息化委员会办公室（以下简称“市委网信办”）聚焦迎接服务保障党的二十大和学习宣传贯彻二十大精神工作主线，持续做好正面宣传、负面把控、全面鼓劲。举办2022年国家网络安全宣传周，入选国家互联网协议第6版（IPv6）技术创新和融合应用综合试点城市，获批首批国家网络安全教育技术产业融合发展试验区，市委网信办获评全国互联网法律法规知识云大赛优秀组织单位，市互联网行业党委获评安徽省互联网企业党建工作先进单位。

【互联网宣传管理】 2022 年，市委网信办严格落实新闻报道、转发推送、宣传阐释、互动引导等工作要求。开展党的二十大网络宣传，搭建“聚焦二十大”“深入学习贯彻党的二十大精神”等专题专栏 55 个，发布稿件作品 4700 条，网络传播量 2100 万次。开展“科创名城十年蝶变”三大主题宣传，网络传播量超 1.3 亿次。加强网络内容管理，对全市主要网络媒体进行新闻质量评估分析，提高网络媒体传播效果，提高舆论引导能力。以合肥市自媒体联盟为纽带，通过“三人行 E 同心”乐学会、“锦绣庐州 E 路芳华”文化季活动等载体，增强联盟黏性。国家网络安全宣传周期间，盟员单位作品阅读量突破 10 万 +，网络大 V 积极参与互动，视频点赞量超 100 万，发挥自媒体在网络舆论引导、网络资讯传播中的积极作用，共同构筑天朗气清、生态良好的网络空间。

【网络综合治理】 2022 年，市委网信办开展“清朗”“江淮净网”系列专项行动，针对“饭圈”（即粉丝圈子）乱象、垃圾信息、网络沉迷等突出问题开展 20 余项专项整治，清理有害信息 2966 条。完善举报、受理、处置一体化机制，上线合肥市互联网违法和不良信息举报平台，核查网民举报线索 390 余个，清理违法和不良信息 4600 余条，注销、封禁网站平台账号 430 余个。完善网络综合执法协调机制，依法对 2 家公司违法违规行为立案查处，约谈网站平台相关负责人 10 人次。深化网信法治宣传教育，建立普法辟谣专栏、防电诈专栏，推动网络文明和网络安全教育进校园、进课堂。

【网评与社会工作】 2022 年，市委网信办推进互联网行业党建工作，落实联系点、重大事项报告、述职评议三项制度，开展互联网企业党组织摸底排查“回头看”，摸排互联网企业 487 家。开展全市互联网企业喜迎党的二十大专题系列活动。推进争做中国好网民，“网络中国节”等系列活动。策划“四微行动”（即微课堂、微党课、微公益、微服务），打造网络素养“护苗”微课程，推出第二届互联网企业“书记讲党课”短视频，组织合肥市网络文化季等 13 个公益活动，制定党建惠企专项政策和专项服务清单 5 项 13 条。牵头组织“新新向党，筑梦合肥”关爱新业态新群体劳动者影音像创意大赛，连续举办三届“文明上网我行动”（网络防沉迷）活动。优化升级“皖中评”栏目，全年发稿 501 篇，阅读量逾 1300 万，转发量逾 90 万次，其中《让政策“红包”转化为企业发展的磅礴动力》，阅读量 10 万 +，获“美好安徽”优秀作品奖。

【网络安全】 2022年，市委网信办严格落实网络安全工作责任制，提升安全防护能力，筑牢网络安全屏障。建成合肥市网络安全态势感知平台，将58家党政机关、180家企事业单位纳入平台重点监测范围，发现并指导相关单位整改高危漏洞1.7万余个，组织开展“网盾”专项行动（即打击整治网络非法野生动植物交易联合行动），对200余家网站、系统开展网络安全渗透测试6次，网络安全通报数量较上年显著下降。发展全市网络与信息安全产业链，合肥智能网联汽车（车联网）安全示范基地等20个网安项目集中签约，总投资超20亿元。

【信息化】 2022 年，市委网信办统筹协调推进全市信息化工作，举办互联网协议第 6 版（IPv6）及下一代互联网安全主题论坛。国家智能社会治理试验基地建设有序推进，入选国家智能社会治理研究选题 2 个。中央网信办区块链信息服务备案 46 项，排在全国前列。长丰县国家级数字乡村试点，肥西县上派镇、花岗镇、包河区大圩镇省级数字乡村试点顺利完成阶段性评

2022 年 9 月 6 日，“长三角网络安全协同发展”论坛在合肥滨湖国际会展中心举办，20 个网络安全项目集中签约 （市委网信办 / 供）

估验收。全民数字素养与技能提升、区块链信息服务备案、互联网协议第6版（IPv6）规模部署等多项工作走在全国前列。

【国家网络安全宣传周】 2022年9月5日至11日，国家网络安全宣传周开幕式等重要活动在合肥举办。31位部级领导、1000余位嘉宾出席，1000万人次参与线上互动，8个平行论坛精彩纷呈。中央电视台《新闻联播》播发47秒专题消息，《人民日报》、新华社等刊发专版通讯，人民网、新华网等首页推荐，外交部新闻发布会重点推介，实现全媒体、全平台、全过程、全覆盖传播，网络传播量2亿次，联动七国网红大V，探访网络安全博览会，覆盖海外受众2000多万人次。活动得到中央和省市领导肯定。

（张春宇）

理论社科

【概况】 2022年，合肥市社会科学界联合会（中共合肥市委讲师团、合肥市社会科学院）（以下简称“市社科联”）抓好党委（党组）理论学习中心组学习，做实“举旗帜·送理论”专题宣讲，召开合肥市社会科学界联合会第八次代表大会，开展社科普及和学术研究，建好用好“学习强国”合肥学习平台，推动社科类社会组织、社科知识普及基地、理论宣讲示范基地建设。包河区“圆梦”百姓宣讲团获评全国基层理论宣讲先进集体，蜀山区五里墩先锋宣讲团陈相珍获评全国基层理论宣讲先进个人；《合肥打造群众“点赞”的宣讲品牌》被省委宣传部《宣传工作》采用。市社科联获评全省社科普及工作先进单位、全国社科组织先进单位。

【党委（党组）理论学习中心组学习】 2022年，市社科联认真落实中央及省委关于党委（党组）理论学习中心组学习要求，代拟《中共合肥市委理论学习中心组2022年度学习计划》，列出17个学习专题。落实“四个第一”（即组织学习第一时间、谋划工作第一步骤、落实任务第一要求、督查考核第一内容）学习对标制度，谋划学习方案，编印《中心组学习材料》22期。服务市委理论学习中心组学习20次，为市委理论学习中心组成员配发自学书籍1200册。

【基层理论宣讲】 2022年，市社科联组织全市围绕学习宣传贯彻习近平新时代中国特色社会主义思想、党的十九届六中全会精神、习近平总书记在省部级主要领导干部专题研讨班上重要讲话精神、《习近平谈治国理政》第四卷以及迎接和学习宣传贯彻党的二十大精神等专题，开展各级各类宣讲7万余场，受众1200余万人次，实现理论宣讲全覆盖。举办合肥市第五届“举旗帜·送理论”微宣讲比赛，参加全省第四届“举旗帜·送理论”微宣讲竞赛总决赛，获得一等奖（1名）、三等奖（2名）以及优秀组织奖。

【合肥市社会科学界联合会第八次代表大会】 2022年11月20日，市社科联召开第八次代表大会，听取和审查第七届委员会工作报告，审议通过市社科联《章程》（修改草案），选举产生新一届社科联领导机构，对下一阶段各项工作做出部署。

【社科普及】 2022年，市社科联围绕学习贯彻党的十九届六中全会精神等主题，与省社科联合办“安徽人文讲坛”3场，受众3000人次。围绕学习贯彻党的十九届六中全会、《习近平谈治国理政》第四卷、党的二十大精神等宣讲重点，开展“社科名家大巡讲”活动，组织社科专家分批深入机关和企事业单位、学校、社区、乡村等开展巡讲20余场。举办“合肥市第十八届社会科学知识普及活动月”活动，围绕“奋进新征程迎接二十大”主题，开展理论讲座、读书分享、知

2022年11月20日，合肥市社会科学界联合会第八次代表大会开幕

（市社科联/供）

识问答、文艺演出等活动100余场。组织参加首届全国各省市区社科普及基地讲解员大赛，合肥选手获得三等奖。

【学术研究】 2022年，市社科联围绕经济社会发展全局性、战略性重大问题，组织开展8项省市领导圈定课题研究，为市委、市政府科学决策提供智力支持和理论参考。在2019—2020年度安徽省社会科学奖评选中（该奖项2022年度集中评审），省市领导圈定课题成果《合肥争创国际湿地城市研究》获得一等奖，合肥市社科普及丛书《有趣的合肥地名（一、二）》获得三等奖。2022年度安徽省“三项课题”（即基础学术、应用对策、社科普及）研究活动中，合肥市获得9个奖项，市社科联获评“三项课题”研究活动先进单位。编发《合肥日报》理论版14期、理论文章50余篇。组织合肥市社科界召开第十二届学术年会暨社科工作培训会，面向全市社科界征集论文近百篇，优选论文57篇并汇编成册。

【“学习强国”合肥学习平台】 2022年，市社科联召开“学习强国”合肥学习平台业务培训暨工作交流会，专题培训平台推广使用及供稿工作。开设“牢记嘱托”“创新天地”“学习实践”等栏目、“学习贯彻六中全会精神”“沿着总书记的足迹”“聚焦党的二十大”等专栏，多角度学习宣传贯彻习近平新时代中国特色社会主义思想，累计刊发图文视频稿件20246篇。在2022年“学习强国”全国平台组织开展的县级融媒季度赛中，合肥3部作品获得全国奖项（全省获奖3部）。

【基地建设】 2022年，市社科联召开合肥市社科工作座谈会暨社科普及工作现场示范教学会，增强社科工作能力和本领。肥西县三河镇新时代文明实践所、包公园管理处获评“全省社科普及先进单位”，包公园管理处同时获评“全国社科组织先进单位”。

（刘素馨）

市直机关党建

【概况】 中共合肥市委市直机关工作委员会（以下简称“市直机关工委”）是市委派出机构，统一领导市直机关党的工作，指导督促市直机关党组（党委）落实机关党建主体责任。对市直机关各级党组织、党员领导干部落实党建责任制、遵守政治纪律和政治规矩情况进行督查检查，及时向市委报告有关情况。截至2022年底，党组织关系在市直机关工委的有114个。其中：机关事业单位85个、省部属驻肥企业15个、行业综合党组织14个。党员37295名，其中：女党员11738名，少数民族党员446名。基层党组织1828个。其中：基层党委137个，党的总支部委员会59个，党支部1632个。2022年，市直机关工委全力做好迎接宣传贯彻党的二十大精神各项工作，推进模范机关建设，开展星级支部创评，抓好特色品牌创新，深化工作效率大提升专项行动，夯实基层基础，提升机关党建质量。

【政治机关建设】 2022年，市直机关工委以学习宣传贯彻党的二十大精神为主线，完成市直机关党的二十大代表推荐工作，开展“合肥这十年”主题征文、“巾帼心向党喜迎二十大”主题演讲比赛、学习宣传贯彻党的二十大精神示范宣讲等活动。利用理论学习中心组学习、机关大讲堂、书记讲党课、青年理论学习小组等载体，开展《习近平谈治国理政》第四卷、党的十九届六中全会精神、党的二十大精神等学习；在机关党建公众号开设专栏，动态反映市直机关宣传贯彻党的创新理论情况。制定发放模范机关创建活动评价标准，以模范机关创建深化“一改两为五做到”落实，合肥模范机关创建典型经验被中央和国家机关工委《2012—2022奋进的十年——新时代机关党建巡礼》一书收录。定期分析、研判意识形态领域情况，在党务干部培训中专门设置意识形态相关内容课程。举办市直机关党员发展对象、基层党支部书记培训班3期，培训829人次。

【基层组织建设】 2022年，市直机关工委把严肃党内政治生活作为推动全面从严治党向纵深发展的基础性工程，牵头承担省直机关工委《提升党的组织生活质效》重点课题研究。机关各级党组织持续严格“三会一课”等组织生活制度落实，突出主题党日党性党味，为党员过“政治生日”，强化党员的党性意识和党员意识。开展星级党支部创评，在市直机关1131个参评党支部中，评出一星党支部210个、二星党支部200个、三星党支部413个、四星（过硬）党支部220个、五星（示范）党支部88个，分别占参评党支部总数的18.6%、17.7%、36.5%、19.5%、7.7%。区分机关事业单位和国有企业，分别制发年度党建工作常规任务清单。

优化调整4个党建联系片区、18个党建联盟成员单位，印发《市直机关党组织分片包联“四项清单”》，依托片区进行示范过硬支部和主题征文初评。建立“穿透式”分析研判机制，聚焦问题导向，抽样调研41个单位机关党组织，从是否始终坚持以党的政治建设为统领等7个方面，查找问题166个，现场反馈督促整改。“穿透式”分析研判机制运行情况得到市委主要领导批示肯定，并在省直工委专题会上作交流发言。制定《关于进一步加强市直单位机关纪委建设的实施意见》，指导49家市直单位按要求成立机关纪委，建立机关纪委专职书记、副书记人员档案。强化纪检监察，审理市直机关科级党员干部违纪违法案件23件，备案审核党纪政务处分案件25件，提出审查处理意见建议16条。

【党建和业务融合】 2022年，市直机关工委以“党建+”项目为重点，探索党建业务融合新路径，市直单位上报实施“党建+”项目218个。建设“一支部一品牌”，5篇案例在人民网·中国共产党新闻网“第六届基层党建创新典型案例征集活动”专题页面展示；6篇案例获评全省“一支部一品牌”优秀案例。“‘一改两为’市直机关支部/党员见行动”4篇案例被省委组织部安徽先锋微讯刊登推广。常态化开展“微经验”“微党课”评选。引导市直机关深度参与党建引领基层治理，落实好“四联四定”和在职党员到社区报到要求，全年市直单位向对口帮扶村和社区提供帮扶资金453万余元，参加志愿服务3100次，结对帮扶贫困户1179户，帮助解决群众困难1512件，化解基层矛盾369件。在疫情防控期间，市直各单位组织14批次、1万余名市直党员干部下沉社区、值守道口，成立587个党员先锋队、突击队、党员攻坚小组，设立415个党员责任区和793个党员先锋岗，市直机关17个集体和26名同志分别获评全市疫情防控先进集体和先进个人，占全市受表彰集体和个人总数的27%；11个集体和12名同志分别获评合肥市先进党组织和优秀共产党员，占全市受表彰党组织和党员总数的40%；市直机关工委表彰市直机关30个先进基层党组织和30名优秀共产党员。市直机关疫情防控经验做法在“旗帜网”刊发。完善党建带群建制度机制，把市直机关工青妇工作纳入机关党建日常调度，支持市直机关工青妇组织开展劳动技能竞赛、“迎新春、贺新年”送春联等活动，开展工人先锋号、青年文明号、“三八”红旗集体等创建评选。克服疫情影响，组织市直机关60多个单位、240余名运动健儿参加市全民健身运动会。

【效能建设】 2022年，市直机关工委开展常态化暗访6轮，专项暗访3轮。有1名机关干部因违反效能建设纪律下沉到交警部门协助维护交通秩序3个月。开展7轮上下班制度执行情况抽查、2次会风会纪专项督查，市直机关上下班纪律和会风会纪明显好转。13个县（市、区）、开发区和滨湖科学城管委会自行组织暗访187轮，查实整改各类问题194个。与市纪检监察部门和组织部门深入一线，开展疫情防控综合督导。开展“满意处长群众评”“社会评窗口”和“千项办件看效能”活动，全年有71个处室负责人和48家窗口服务单位参加“满意处长群众评”“社会评窗口”评选，29家窗口服务单位参加“千项办件看效能”评选，评出“群众满意处长”11名、“群众满意窗口”18个、“群众满意办件”249件。市直单位精简行政许可事项1156项，减少审批环节1357个，创新服务新举措1154件，升级智能服务、数字服务项目1052个。政务服务事项平均承诺时限压缩至2个工作日以内，平均申报材料减少到2个以下，推进“一窗办”“一网办”“就近办”“异地办”等改革举措，市热线办“为

2022年3月4日，市效能建设工作领导小组第六次会议召开
（市直机关工委/供）

企服务”专席，受理办结涉企诉求11.9万件，23个“办不成事”反映窗口，办理疑难事项和复杂问题789件。开展“新春访万企、助力解难题”“优环境、稳经济”等助企服务活动，走访企业83.7万个，帮助解决企业反映问题和合理诉求7.45万件。开展“百员联百企”主题活动（即100名效能监督员分10个组联系100家企业），全年累计收集企业各类诉求54个，全部办结。定期对12345政务服务便民热线涉及行政效能类别的信件开展跟踪督办，全年受理办结群众效能投诉40件，协调办理群众诉求8件，跟踪效能投诉信件3450件。扩大年度效能考核和“三项评议”群众参与度，将党代表、人大代表、政协委员、服务对象、工作对象作为评议主体，评议面扩大到2万人。完善“党建+效能”“纪检+效能”联动机制，效能建设与优化营商环境、市委督查督办联动，切实解决人民群众和市场主体反映强烈的突出问题。健全社会公众满意度测评体系，让社会公众的评判真正成为改进作风、提升效能重要标尺。全年122个效能建设被考评单位有43家被评定为优秀等次。

（余　婧）

政策研究

【概况】　2022年，中共合肥市委政策研究室（以下简称“市委政研室”）围绕市委中心工作和全市发展大局，履行“一室三办”职能，“智囊团”“参谋部”“思想库”作用充分显现，获评全省党委政研系统先进集体。

【文稿起草】　2022年，市委政研室打破处室界限，组建工作专班，全力做好文稿服务保障工作。围绕全面贯彻落实党的二十大精神，起草《中共合肥市委关于深入学习贯彻党的二十大精神奋力谱写中国式现代化合肥篇章的决定》，制定《关于贯彻落实省委十一届四次全会〈决定〉有关合肥任务的分工方案》《关于贯彻落实市委十二届五次全会〈决定〉重要举措分工方案》，推动构建清单化、闭环式工作机制。围绕市委重大决策部署、重要会议、重要活动，组织起草市委主要负责同志在省委常委会会议、省辖市季度工作会议、省委经济工作会议、市委全会、市委常委会扩大会议、市委农村工作会议、市委理论学习中心组学习会议、市“两会”有关代表团等重要会议发言、讲话材料和讲课稿230余篇。

【调查研究】　2022年，市委政研室围绕事关合肥未来发展的重大战略问题、制约经济社会高质量发展的重点问题、群众关心的热点问题，开展调查研究，总结经验做法，分析问题短板，提出对策建议。聚焦服务中心城市能级提升，围绕国资引领战新产业发展、建强用好科技大市场、城市规建治、企业反映问题、主要指标预警分析、建安投资、助企纾困解难、招商项目落地、楼宇经济发展、海外仓等专题，深入基层一线、市场主体开展重点调研，形成调研报告、专报20余篇。其中，《合肥市应对疫情影响稳增长工作情况报告》《从统计视角对合肥市有关经济问题的建议》《合肥市城区楼宇经济发展情况报告》《关于合肥市乡村产业振兴有关问题的报告》《合肥市扎实推进工程建设项目“评定分离”改革》等多篇报告，得到省、市领导批示。聚焦解决群众急难愁盼，围绕乡村产业振兴、12345为企服务、大学生稳就业、商品住房置换、“党建+信访”、基层治理创新等开展专题调研，形成调研报告、专报10余篇。其中，住房互换工作建议专报、《合肥市选派退出领导岗位干部到村任职助力乡村振兴》《合肥市倾力打造12345热线服务品牌》等多篇报告，获省、市领导批示肯定，相关对策建议转化为政策举措。

【履行市委改革办工作职责】　市委全面深化改革委员会办公室（以下简称“市委改革办”）设在市委政研室。2022年，市委改革办加强改革举措有机衔接、协同联动，谋划实施106项重点改革任务，牵头开展国防动员体制改革，推动改革举措落地见效。全年服务召开2次市委全面深化改革委员会会议，讨论研究11份改革方案文件，形成70多项制度性成果，推出30多项原创性改革举措，合肥全面深化改革工作在全省作经验交流。调整优化市委全面深化改革委员会专项小组设置，各领域改革覆盖更全面、职能发挥更完善。完善改革任务督促提醒机制，每季度对改革任务进行全面盘点，对进展明显落后预期的改革任务牵头单位，联合督考办发放工作督办单，全年发放4期。坚持真督实察，谋划7项改革任务，制定年度重点督察计划，牵头开展“建立健全‘12345’为企服务办理机制”情况督察，对县（市、区）、开发区开展全面督察调研，加强督察问题整改，确保改革任务按序时进度高质量推进。持续优化改革考核评分细则，首次将开发区纳入考核范畴，注重区分考核对象、划定考核重点，体现“干多干少不一样”“干好干坏不一样”。加强改革经验总结推广，梳理形成党的十八大以来改革创新案例170篇；提炼21项重点推广、培育的改革案例，其中4项改革入选全省首批重点推广和培育案例，数量位居全省第一。全年编发市委改革简报32期，被省委改革办采用刊载5篇，“退出领导岗位干部到村任职”等4篇信息获省、市委主要负责同志肯定性批示。“工程建设项目‘评定分离’”入选安徽省年度十大改革案例，“依托安徽创新馆建强用好科技大市场”入选“中国改革2022年度市域改革案例”。

【履行市委财经办工作职责】 市委财经委员会办公室（以下简称“市委财经办”）设在市委政研室。2022年，市委财经办持续完善经济部门会商机制、重点企业联系机制、万亿城市对标机制三大工作机制，服务召开8次市委常委扩大会议（经济形势分析会）、3次市委财经委会议、3次省辖市季度工作会议后的贯彻部署会、1次市委全会暨经济工作会、1次“防疫情、稳经济、保安全”专题会，统筹制定会议方案，累计邀请16家企业代表参会发言，安排12家单位作经验交流发言、12家单位作重点分析发言，起草市委主要负责同志讲话稿，加强经济运行穿透式、环顾式分析，累计分析研判经济指标、项目建设、产业发展、营商环境、城市建设等10余个重点领域，涵盖工业、消费、投资、金融、新经济等70多个具体问题，提出硬招实招100余条，并统一移交市委督查办跟踪问效，推动全市经济运行稳中有进、进中向好。编制《数说合肥》，内容涵盖市情、科创、产业、城建等40个板块，集聚超过1800条数据，成为领导案头、手边重要工具书。开展经济领域专题分析，累计起草16篇信息专报上报省委，7次获省领导批示，起草企业反映问题、建安投资、市场主体、楼宇经济、招商项目落地等财经专报10余篇，7次获市领导批示。

【履行市委党建办工作职责】 市委党的建设工作领导小组办公室设在市委政研室。2022年，在市委政研室增设党建协调处，建立县（市、区）党建联络人机制，着力构建沟通顺畅、科学有效的工作体系。制定印发《市委党的建设工作领导小组2022年工作要点》，部署71项工作任务，明确牵头单位、责任单位和完成时限。服务召开全市党的建设工作会议，贯彻落实省委“一改两为五做到”要求，重点强调改进工作作风问题，专门就党办、组织、宣传、统战、政法等部门党的建设工作作出部署，提出明确要求。围绕学习贯彻党的二十大精神，组织起草市委有关重要文件、重要文稿，推动全市上下兴起学习宣传贯彻热潮。服务召开市委常委会会议暨市委党的建设工作领导小组会议，研究部署推进全面从严治党工作。牵头完成省辖市领导班子党建考核相关工作，完成县（市、区）党建考核指标制定与考核赋分工作。围绕产业人才发展、“党建+信访”“四事四权”工作法等开展调研，形成调研报告或信息专报。

【载体建设】 2022年，市委政研室把握意识形态工作正确方向，加强全市经济社会高质量发展亮点、成效宣传推介，组织编撰《中国合肥•2022》图书，突出系统集成、图文并茂、多维视角，全方位宣传推介合肥。按时编辑发行《合肥工作》12期，精心策划“稳中求进促发展，勇益前行谱新篇”“真抓实干谋发展，惠企为民办实事”“稳企业提信心，强主体促发展”“改革红利持续释放，发展活力不断增强”等重点专题，特别策划“‘合肥这十年’之‘县区巡礼’”“深入学习贯彻党的二十大精神”等专刊，持续推动正能量产生大流量、好声音成为最强音。

（魏　玮）

保　密

【概况】 2022年3月11日，合肥市委对市直机关机构进行微调，将原正县级市委保密办（市国家保密局）整体并入市委办公室，在市委办公室挂牌市委保密办（市国家保密局）。2022年，合肥市委保密办（市国家保密局）坚持以习近平新时代中国特色社会主义思想为指导，深入贯彻中央及省、市委保密工作决策部署，强化领导干部保密工作责任制落实，将保密工作纳入市委党建考核和政府目标管理考核，推动机关单位主体责任有效落实，全年未发生重大失泄密案件。

【保密宣传教育】 2022年，市委保密办开展经常性保密宣传教育。4月，组织开展保密宣传教育月活动，在合肥电视台、地铁及公交站点等多渠道播放保密教育公益宣传片，获省国家保密局肯定。发挥党校保密教育主渠道作用，将保密课程纳入县干班、青干班等主体班教学计划。开展“保密故事大家讲”微视频征集活动，全市共征集25篇，向省级推荐优秀作品6篇，其中庐阳区教体局报送的微视频《鸡毛信》被国家保密局评选为全国“保密故事优秀讲述人”。在全市机关单位开展保密警示教育，全市45家单位500余名工作人员收看保密警示教育片。10月，做好全省保密系统先进集体和先进个人推选工作，全市共推举3个先进集体和3名先进个人。12月，开展保密公益宣传片创意文案和保密公益宣传海报征集评选工作，上报保密公益宣传片创意文案15篇，海报28篇。

【保密监督检查】 2022年，市委保密办常态化开展保密监督检查。年初，开展防止微信失泄密案件专项检查，全市机关、单位开展自查自纠行动。加强互联网使用日常监管，全年发现并查处违规案件51起。开展各类保密专项检查4次。9月，接受省委保密工作督查组对合肥市实地督查。11月，印发《关于进一步严明保密纪律加强保密管理的通知》，进一步加强保密管理。11月、12月，联合市委国安办、市国家安全局等单位，开展全市保密安全大检查。

【保密技术服务】 2022年，市委保密办加大保密技术投入力度，为全市提供保密技术服务保障。做好全市保密科技信息化建设。2月，按照国有资产管理有关规定，完成全市党政机关涉密领域资产登记管理。4月，配合省保密局完成2家市直单位的涉密信息系统测评工作。完成全省党代会、市委常委会及中心组理论学习会等涉密会议保障。

【保密依法行政】 2022年，市委保密办严格落实“互联网＋监管”工作，及时上报和发布监管检查情况。推进互联网+政务服务工作，实现“7×24小时”政务服务地图关联以及“一码通办”、“智慧办”“即办件”等功能全覆盖。3月下旬，召开保密培训会，对全体执法人员进行保密行政执法培训。做好行政执法证件年审工作，注销已退休人员执法证1人、调离保密工作岗位人员执法证6人。5月，联合市教育局、市公安局，对各县市和市教育考试院的试卷保密室进行检查。安排人员全程参与高考、中考和高中学业考试试卷安全保卫工作和应急指挥值班，为全市公务员招录、司法考试等各类涉密考试提供保密服务保障。

（翟利民）

档　案

【概况】 2022年，合肥市各级党委（党组）坚决扛起档案工作政治责任，对党管档案工作立制度、建机制、抓落实，把党的领导贯穿工作全过程、各方面，构建市、县、乡、村四级档案管理网络体系。局馆分设后，初步建立既分工负责又协同配合的档案工作一体化工作模式。合肥市档案服务农村基层社会治理国家级试点做法被《中国档案报》头版刊登，“互联网＋政务服务”事项全年办件覆盖率、好评率均为100%，获得市委领导肯定性批示，市档案局被评为2022年度《中国档案》宣传工作先进单位，市档案馆获批“全国示范数字档案馆”。

【档案宣传教育】 2022年，市档案局印发《深入学习贯彻习近平总书记对档案工作重要批示精神推动合肥档案事业创新发展的工作方案》，提出8个方面举措、35项具体任务，推动总书记批示精神落地落实。市档案局、市档案馆通过新媒体开展“喜迎二十大档案知多少”档案知识竞赛，3.6万余人参与。利用抖音平台推送宣传短视频，推动档案工作走近大众、服务大众。市档案馆加强《档案今拾》《档案观止》《档案印象》3大文化品牌开发力度，全年推出142期，编印《合肥市科技创新大事记》《合肥市科技创新档案文件选编》2部编研成果。

【队伍建设】 2022年，全市档案工作网络逐步建立健全，各县（市、区）档案局、市直各单位明确分管负责人，确定专兼职档案工作人员，档案人才队伍得到加强，市档案局举办线上档案业务培训，受训人员120余人。蔡学龙、张嵩被评为全国档案工匠型人才；席克平、许德斌被评为全国青年档案业务骨干；周安银等4人被评为省级档案专家，倪群等19人被评为市级档案专家；胡姝华、程伟2人获得副研究馆员资格。

【规范化建设】 2022年，市档案局、市档案馆联合编印《合肥市档案业务手册》，学习宣传档案工作文件政策、法律法规及行业规范标准。编制《市直单位档案工作履责清单》，梳理4个方面18条具体职责，提升市直单位档案工作规范化水平。起草《合肥市重特大事件档案工作任务清单》《合肥市重特大事件档案工作流程图》，加强重特大事件档案工作监督指导。谋划建立市直单位档案工作协作组制度，搭建学习交流平台，加强工作横向联系。

【档案行政执法】 2022年，市档案局贯彻落实档案行政执法“三项制度”（即档案行政执法公示制度、执法全过程记录制度、重大执法决定审核制度），规范行政执法行为，对肥西县、庐阳区、市生态环境局开展档案行政执法检查，反馈问题81条，对市民政局、长丰县、经济技术开发区等6家单位开展行政执法“回头看”，梳理整改建议40条。落实档案网络信息安全月报告制度，强化档案实体安全，对市城建档案馆、市发展和改革委员会等19个单位进行档案安全检查，建立工作台账252条，反馈整改建议139条。开展年度信息安全数据恢复应急演练，提升应急处置工作规范化和科学化水平。全市全年未发生档案安全事故。完成11轮“互联网+”政务服务事项优化，办件覆盖率、好评率均达100%。完成7项政府网站服务事项优化，及时更新法制平台数据。上报2021年行政执法数据，公开自由裁量权基准、重大执法决定法制审核目录和行政处罚决定书等，做好执法人员执法证换证和2022年度执法证年审。

【监督指导】 2022年，市档案局分阶段开展19家市直单位机关档案“三合一”表审核。调研市产投集团等5家企业，指导合力叉车、科大讯飞、维信诺等项目建设档案工作。指导安徽省巢湖管理局、合肥轨道交通有限公司等50余家单位档案业务。各级档案部门建立对接服务机制，持续做好“两类档案”（即脱贫攻坚档案和疫情防控档案）归集移交工作，全市建立“两类档案”专题数据库，数字化加工11.2万件。肥西县柏堰社区、巢湖市建中村2个国家级档案服务农村基层社会治理试点工作经验在全市范围内全面推广，肥西县山南镇小井庄村、长丰县杜集镇邱集社区2个省级试点工作稳步推进，肥东县四顶社区等13个市级试点单位均通过验收。

【信息化建设】 2022年，全市数字档案馆建设稳步推进，档案信息资源共享平台得到完善。市档案馆获批“全国示范数字档案馆”，档案综合管理系统通过三级等保测评。巢湖市、庐阳区、包河区数字档案馆完成基本软硬件建设，推进肥东县、肥西县2个数字档案馆建设。高新技术产业开发区数字档案室应用系统开发服务项目通过验收。市委统战部、市司法局等9家单位数字档案室投入使用，新站高新技术产业开发区完成档案设施设备和库房管理系统项目、数字档案室项目招标工作。巢湖市各乡镇、街道数字档案室系统投入使用。市建设信息中心（城建档案馆）、包河区同安街道、朱岗社区作为“安徽省数字档案资源共享平台”试点单位，实现馆室资源互联互通。全市完成馆藏档案数字化扫描308万页、照片1700张，接收电子文件原文1.3万件。

（彭红梅　王乃龙）

2022年9月23日，合肥市级档案专家座谈会召开　　（杨文元/摄）

史志编研

【概况】 2022年，中共合肥市委党史和地方志研究室（以下简称“市委史志室”）统筹疫情防控和主责主业，在全员下沉抗疫累计近4个月的情况下，史志工作成果丰硕。《中国共产党合肥历史》第三卷（1978—2012）启动编撰、合肥党史馆建成开馆、推进合肥方志馆建设等3项工作首次列入市委年度工作要点，党史工作在全市年度综合考核中分值权重再次提升。市委主要领导4次对合肥史志工作作出批示。市委常委会在听取全市党史工作汇报时给予充分肯定。市委史志室被列为市委党建工作领导小组成员单位、市委理论学习中心组学习会固定列席单位。

【史志编研】 2022年，市委史志室在全省率先启动《中国共产党合肥历史》第三卷（1978—2012）

编撰工作，于4月底完成大纲编制，6月底形成专题资料目录，10月份以市委办公室名义印发《关于认真做好〈中国共产党合肥历史〉第三卷（1978—2012）专题资料征编工作的通知》，同步推进专题资料征编与初稿撰写工作。首次采用视频会议形式举办全市党史三卷专题资料征编业务培训班，邀请省委党史研究院专家指导授课。《合肥党史故事（青少年版）》通过省委宣传部教辅审读程序再版印刷；首部22万字的《中国共产党合肥历史大事记（1921—2021）》由中共党史出版社出版；完成《中国共产党合肥历史大事记（1978—2012）》《合肥市脱贫攻坚资料汇编》和《合肥市新冠肺炎疫情防控文件资料汇编（一）》；推进《中共合肥历史人物传》（第一卷）出版工作。加强合肥红色资源保护和利用，做好革命遗址核查工作，更新革命遗址（红色纪念场馆）名录、遗址保护利用等基本情况。

落实市县两级地方综合年鉴“一年一鉴、公开出版”全覆盖。对标精品年鉴，突出政治统领、党建引领，突出合肥科技创新地域特色，《合肥年鉴（2022）》获评全省一等奖。

推进《合肥科技志》编纂工作，组织多轮专家评审，对志稿内容进行审读审查，把好志书政治关、体例关、史实关、文字关、保密关，确保全面客观记述合肥科技发展史实，展示科技力量在合肥高质量发展中发挥的重要支撑作用。

开展《合肥地情活页》和《合肥大事记》内刊编印工作，在组稿撰稿、编辑送审、校改印制、发送反馈等环节做到高质高效，全年分别出刊6期约30万字。

提供方志业务指导和地情咨询服务，审核巢湖市博物馆新馆和合肥市档案馆新馆布展方案大纲，指导肥东县全面编修乡镇志工作，把关《众兴乡志》《牌坊回族满族乡志》《桥头集镇志》《小井庄村志》，为安徽能源集团、中煤矿建集团有限公司企业志编修工作提供专业指导。

【史志宣教】 2022年，市委史志室持续抓好合肥史志室门户网站宣传主阵地建设和维护，全年发布信息150余篇，审核县（市、区）投稿100余篇，修改、更新网站栏目10余次，更新网站信息300余篇。及时优化网页设置，先后4次调整专栏板块，增设“学会之窗”“两会专题报道”“抗疫在行动”“喜迎二十大奋进新征程”“中国共产党第二十次全国代表大会”等专栏和移动窗口链接。在网站首页增设视频专栏《红色烙印——革命文物故事》专题纪录片；结合党的二十大系列报道，在“党史研究”专栏连续转载党的历次代表大会等史料。开展“喜迎二十大、奋进新征程”主题征文活动，征集主题文章50篇，评出优秀征文12篇。开展合肥市史志工作年度十件大事评选活动，评选结果在《合肥日报》专版刊登。推出首部反映合肥科技发展历程的短视频。对接省市电视台、《合肥日报》《合肥晚报》、学习强国等，围绕史志编研、党史教育等中心工作开展主题宣传。

协助市委宣传部，参与合肥市革命历史类纪念设施、遗址和爱国主义教育基地审查整治工作，参加渡江战役纪念馆展陈现场核查。与市委网信办联合建立“持续清理网上历史虚无主义”联动机制，定期研判清理网上历史虚无主义。组织合肥市6家全省党史教育基地单位参与《安徽省党员干部党史教育基地巡礼》约稿工作。完成市委统战部《合肥统战纪事》书稿审读。

继续铸强“红耀合肥”系列品牌，《安徽画报》出刊“红耀安徽·合肥篇”专栏10期、《合肥晚报》出刊“红耀合肥”专栏20期，所刊文章全部由“学习强国”平台转载。组织全市史志系统参与全省科研成果评比，18项成果获奖，其中一等奖4项，获奖层级与数量均

2022年6月27日，中共合肥市委党史和地方志研究室党总支赴中国共产党合肥历史馆开展“学党史·忆初心”主题党日 （市委史志室/供）

位列全省第一。连续第三年被省委党史研究院（省地方志研究院）评定表彰为党史宣传教育及刊物工作先进单位。工作和活动信息，全年被中央党史和文献研究院网站刊发11篇，刊发数量位列全国城市第三，居全省首位。

【场馆建设】 2022年6月27日，中国共产党合肥历史馆开馆，社会各界踊跃参观，全年接待各界参观团队600多批次、近4万人次。市委史志室与市委组织部联合发文，开展第十三个全市党员干部党史教育日活动，将合肥党史馆定为全市党员干部党史教育日重要活动基地。

合肥方志馆是合肥市为民服务中心内相对独立场馆，融收藏保护、展览展示、编纂研究、专业咨询、信息服务、开发利用、宣传教育、业务培训、文化交流等功能为一体，批准总建筑面积8100平方米，其中合肥地情展厅面积4100平方米。市委史志室成立合肥市地方志馆建设推进工作小组，推进合肥方志馆建设，截至年底，合肥方志馆展陈大纲报经市委审批通过，布展初步设计方案通过专家评审。

【构建大史志格局】 2022年，市委史志室发挥市属高校和合肥党史专家库作用，广泛联络团结省、市、县各级文史方志界专家学者，邀请他们参与合肥史志工作，分享融汇研究成果。参加长三角地区方志会议，就党史正本编撰、志鉴编纂、史志宣传教育、史志场馆建设管理、红色资源挖掘等领域进行交流，以长三角先发地区史志工作成功经验推动本地史志系统工作取得实效。

（陶俊生）

党校（行政学院）教育

【概况】 2022年，中共合肥市委党校（合肥行政学院）（以下简称“市委党校”）坚守为党育才、为国献策初心使命，全年举办各类主体班39期，培训学员4177人次，向市委市政府报送资政报告18篇，其中，11篇获得市领导肯定性批示。发表论文45篇，完成校（院）内外47个课题立项。

【教学培训】 2022年，市委党校严格按照调学计划举办班次并规范学制，创新开设全市科级年轻干部理论研修“周末课堂”，培训学员150人，开设学习贯彻习近平新时代中国特色社会主义思想等专题研讨班6个，培训学员770余人次；承办外培19个班次，培训学员2100人，包括新疆生产建设兵团乡村振兴战略培训班等4个外省市班；承担省委党校（安徽行政学院）研究生教学点教学任务，招录研究生100人，在校生达438人。

推进教学改革，把学习贯彻习近平新时代中国特色社会主义思想作为中心内容与首要任务，做到长班有板块，短班有专题，班次全覆盖。党的理论教育和党性教育课程占总课时的82.2%，习近平新时代中国特色社会主义思想课程占总课时的86.2%，主体班次党性教育课程占总课时的32.8%。邀请省、市直领导及市直部门主要负责人授课91次，邀请其他先进典型、专家学者授课34人次。深化“用学术讲政治”教学改革，修订校（院）精品课评选办法，强化激励措施；创新教学方法，加大案例式、互动式方法在教学中的应用，全年新开发5个校（院）现场教学基地，推进完成县区党校红色教学基地验收工作，确定渡江战役总前委旧址等8个现场教学基地（红色）列入全市党校系统现场教学基地库；组织9个批次试讲，开发《习近平谈治国理政》第四卷、党的二十大精神学习辅导类等新专题50个，充实校（院）教学专题库；开展全市党校（行政学院）系统精品课比赛，评选出市委党校（行政学院）组精品课程、优秀课程各2门，县（市、区）委党校组精品课程2门、优秀课程4门，推荐2门课程参加第八届全省党校（行政学院）系统精品课评选，并成功入选；组织校（院）5门课程向省委组织部申报省市共建课程，2门课程通过申报并完成课程建设。统筹利用全市干部教育培训资源，加大市县两级党校教学资源整合力度，推动线上线下同步教学，形成干部教育培训一盘棋、一张网的资源共享机制。全市科级年轻干部理论研修“周末课堂”、学习贯彻党的十九届六中全会精神加强政治能力建设暨推动绿色低碳发展专题培训班，校（院）主会场教师现场授课，各县区分会场网络直播线上同步授误，教学效果良好。与县、区委党校合作办学，利用县、区党校教学场地，举办2期培训班。

【科研资政】 2022年，市委党校修订《中共合肥市委党校（合肥行政学院）学术委员会章程》《中共合肥市委党校（合肥行政学院）重点学科建设实施办法》等科研管理相关制度，加强科研管理服务和课题管理调度。全年立项校级课题29个，其中专门设置“合肥党建引领基层社会治理对策研究”“合肥城市公共交通发展对策研究”等2项重大课题，为市委市政府科学决策提供理论基础和对策参考。立项校外课题18个，其中省部级课题2个（省领导圈定课题1个、省市领导圈定课题1个），市厅级课题14个（市哲学社科规划项目6个、市政府重大研究课题1个、省市领导圈定课题2个、全省党校系统重点课题4个、全省社会主义学院课题2个）。校（院）教职工在各级各类公开出版刊物发表学术论文40篇，其中核心期刊6篇，市级党报5篇。组织教研人员参加各类成果评奖，5项研究成果分获第二届全省社会主义学院系统优秀科研成果三等奖、合肥市委市政府政研室2021年度全市高质量调研成果三等奖、第二届南京都市圈论坛优秀奖、安徽省社科联“三项课题”二等奖、安徽省社科联“三项课题”三等奖。加强重大理论和现实问题课题发布，设置习近平新时代中国特色社会主义思想及其实践研究课题24个。出版学术期刊《中共合肥市委党校学报》6期。向省委省政府、市委市政府报送资政报告18篇，其中，《解决小问题彰显大文明》《“双碳”背景下提升全市天然气供应保障能力的对策建议》《“双碳”背景下助力合肥建设“中国新能源汽车之都”的对策建议》等11篇获得市领导肯定性批示。

【对外交流】 2022年，市委党校通过线上对外培训、共同承办培训、选派教师协助培训等形式，提升外培影响力。组织参加上海金山区委党校“推进党建引领社会治理现代化”理论研讨会、第二届南京都市圈论坛、省委宣传部“习近平生态文明思想的安徽实践论”研讨会、省社科联第十七届学术年会、市社科联第十二届学术年会等活动。与市委办公室、市发展和改革委员会、市科技局等部门合作完成北京怀柔区委党校等四地九校综合性国家科学中心建设文集编写课题，与市委政法委合作开展“合肥市开发区社会治理”“合肥城市公共交通发展”等课题研究。开展全市党校系统“深入学习宣传党的二十大精神”理论研讨会征文活动，收到征文63篇，入围征文30篇，汇编优秀论文集。组织全市党校系统教研人员参加“合芜蚌”党校系统“深入学习贯彻党的二十大精神”征文及线上论坛活动，全市党校系统有12篇征文获表彰并入选研讨会论文集。

【业务指导】 2022年，市委党校注重加强与上级党校沟通协调，加大对下级党校的业务指导，制定出台年度业务指导工作计划，各校（院）委成员深入联系点实地调研，督查上年度办学质量评估反馈问题整改情况和主业主课推进情况。印发《2022年度县（市）区委党校办学质量评估指标体系》，对各县（市）区委党校开展办学质量评估，将评估结果反馈各县（市）区委组织部、党校，并督促整改落实。组织开展全市党校系统优秀教学比赛、精品课程评选、师资专题培训、理论研讨会等业务培训和素质提升活动，加强系统人才队伍建设。开展首届县级党校“名师名家”评选，以比选示范促带动。将党员干部教育培训进一步向基层延伸，挂牌成立乡镇（街道）党校，扩大基层党员干部教育培训覆盖面，打通干部教育培训“最后一公里”。截至年底，挂牌成立56所乡镇（街道）党校，庐江县、肥西县做到基层党校全覆盖。

【新校区建设】 市委党校新校区建设为全面提升党校（行政学院）教研资工作水平打下坚实的硬件基础。新校区位于蜀山区运河新城明理路与崇德路交口，占地面积18.27公顷，总建筑面积14.3万平方米，包括教学办公综合楼、学术报告厅、文体馆、图书馆、学员食堂、学员宿舍楼、专家楼等7栋单体建筑，可同时容纳1500名学员住校学习生活。2022年底正式动工，计划2024年底建成使用。

（钱益锋）

责任编辑：王晓燕

合肥市人民代表大会

综　述

【概况】　2022年，在中共合肥市委的坚强领导下，合肥市人民代表大会常务委员会（以下简称“市人大常委会”）坚持以习近平新时代中国特色社会主义思想为指导，牢牢把握喜迎党的二十大召开、学习宣传贯彻党的二十大精神这条主线，衷心拥护“两个确立”、忠诚践行“两个维护”，按照中央及省委、市委人大工作会议部署要求，依法履职尽责，积极担当作为，各方面工作取得新进展新成效。

2022年9月5日，全国人大常委会法工委副主任武增一行来肥实地察看合肥基层立法联系点场地建设和工作开展情况，并给予高度评价　　（高　博/摄）

【市人大常委会工作】　2022年，市人大常委会将学习宣传贯彻党的二十大精神作为首要政治任务，及时制定常委会及机关实施方案和任务清单，并对市人大代表学习宣传贯彻二十大精神提出要求。召开党组理论学习中心组学习会、常委会专题讲座等，开展学习交流，自觉用二十大精神统揽和谋划人大工作。市委及时召开人大工作会议，贯彻落实中央人大工作会议精神，省委常委、市委书记虞爱华要求“深入践行全过程人民民主，依法保障‘国之大者’落实”；出台贯彻落实中央文件的实施方案，明确52项举措，为人大履职提供有力政治保障。市人大常委会在全国省会城市率先出台《关于深入学习贯彻习近平总书记中央人大工作会议重要讲话精神加强和改进新时代地方人大工作的决定》，召开全市人大学习交流座谈会，推动学习贯彻走深走实。时任委员长栗战书来合肥调研时，对市人大常委会党组学习贯彻中央人大工作会议精神的举措成效，给予充分肯定。

市人大常委会党组充分发挥把方向、管大局、保落实的政治功能，坚决落实“疫情要防住、经济要稳住、发展要安全”重要要求，强化人大担当。常委会班子成员奔赴4个县（区），对疫情防控、安全生产、信访稳定、意识形态等重点工作开展督导，推动风险隐患排查整治；赴各县（市、区）常态化开展“访企解难”活动，累计接访企业291家，协调解决问题383个。就全市安全生产专项整治三年行动开展专题调研，听取审议专项工作报告，推动进一步完善和落实“从根本上消除事故隐患”的责任链条、重点工程和工作机制。

市人大常委会认真贯彻省委常委、市委书记虞爱华“把实践点打造成为完善社会治理、服务人民群众的示范点”批示要求，出台《市人大常委会联系指导全过程人民民主基层实践工作方案》，完善常态化联系指导机制，将实践点拓展至36个。市人大常委会班子成员定期调研走访，指导基层实践。在庐阳区亳州路街道召开工作推进会，交流经验做法，推动各地在民生实事、环境保护、基层治理、法治建设中，发挥全过程人民民主重要作用。

（周家佳）

重要会议

【**市人民代表大会会议**】 2022年，合肥市人民代表大会会议召开2次，即市十七届人民代表大会第一次会议和市十七届人民代表大会第二次会议。

市十七届人民代表大会第一次会议。市十七届人民代表大会第一次会议于2022年1月10日至14日举行。第一次全体会议于1月10日召开，市十六届人大常委会主任汪卫东主持会议，市人民政府市长罗云峰作政府工作报告。会议审查合肥市2021年国民经济和社会发展计划执行情况与2022年计划草案的报告，审查合肥市2021年预算执行情况和2022年预算草案的报告。

第二次全体会议于1月12日召开，市十六届人大常委会主任汪卫东作市人大常委会工作报告，市中级人民法院院长王晓东作市中级人民法院工作报告，市人民检察院检察长何宏海作市人民检察院工作报告。会议表决通过市十七届人大一次会议选举办法；表决通过市十七届人大一次会议总监票人、副总监票人、监票人名单；表决通过设立市十七届人大专门委员会的决定；表决通过市十七届人大各专门委员会主任委员、副主任委员、委员人选表决办法。

第三次全体会议于1月14日召开，中共安徽省委常委、合肥市委书记虞爱华作会议讲话。会议选举市十七届人大常委会主任、副主任、秘书长、委员；选举市人民政府市长、副市长；选举市监察委员会主任；选举市中级人民法院院长；选举市人民检察院检察长；表决通过市十七届人大各专门委员会组成人员人选名单。会议选举汪卫东为合肥市第十七届人民代表大会常务委员会主任；选举王文松、宋道军、张业锁、吴利林、张怀科为合肥市第十七届人民代表大会常务委员会副主任；选举刘晓文为合肥市第十七届人民代表大会常务委员会秘书长；选举罗云峰为合肥市人民政府市长；选举葛斌、赵明、刘卫宝、何逢阳、姚凯、朱胜利为合肥市人民政府副市长；选举华克思为合肥市监察委员会主任；选举王晓东为合肥市中级人民法院院长；选举何宏海为合肥市人民检察院检察长，检察长须报经省人民检察院检察长提请省人民代表大会常务委员会批准。有41人当选为合肥市第十七届人民代表大会常务委员会委员。会议举行宪法宣誓仪式。新当选的市十七届人大常委会主任、副主任、秘书长，市人民政府市长、副市长，市监察委员会主任，市中级人民法院院长，市十七届人大各专门委员会主任委员进行宪法宣誓。

2022年1月10日，合肥市第十七届人民代表大会第一次会议开幕

（张大岗/摄）

市十七届人民代表大会第二次会议（第一、二次全体会议）。市十七届人民代表大会第二次会议于2022年12月30日至2023年1月2日举行。第一次全体会议于2022年12月30日召开，市人大常委会主任汪卫东主持会议，市人民政府市长罗云峰作政府工作报告。会议审查合肥市2022年国民经济和社会发展计划执行情况与2023年计划草案的报告，审查合肥市2022年预算执行情况和2023年预算草案的报告；表决通过合肥市第十七届人民代表大会第二次会议选举办法，表决通过合肥市第十七届人民代表大会第二次会议总监票人、副总监票人、监票人名单。第二次全体会议于2022年12月31日召开，市人大常委会主任汪卫东作市人大常委会工作报告，市中级人民法院院长王晓东作市中级人民法院工作报告，市人民检察院检察长何宏海作市人民检察院工作报告。第三次全体会议于2023年1月2日召开。

【市人大常委会会议】 2022年，市人大常委会会议召开8次，即市十六届人大常委会第三十三次会议、市十七届人大常委会第一次至第七次会议。

市十六届人大常委会第三十三次会议。1月5日，市十六届人大常委会第三十三次会议在市政务中心举行。市人大常委会主任汪卫东主持第一次全体会议，出席第二次全体会议并讲话。会议经表决，原则通过合肥市人民代表大会常务委员会工作报告（稿），通过关于合肥市第十七届人民代表大会代表的代表资格的审查报告，通过《合肥市第十七届人民代表大会第一次会议议程（草案）》，通过合肥市第十七届人民代表大会第一次会议各项建议名单，通过人事任免案，并组织宪法宣誓。

市十七届人大常委会第一次会议。3月17日，市十七届人大常委会第一次会议在市政务中心举行。市人大常委会主任汪卫东主持第一次全体会议，出席第二次全体会议并讲话。会前，召开市人大常委会党组理论学习中心组学习（扩大）会暨常委会专题学习会，传达学习十三届全国人大五次会议精神，省委党校政治和法律教研部教授杜敏作《宪法》专题讲座。会议对市十七届人大常委会委员、市人大各专门委员会副主任委员，组织宪法宣誓；听取审议2021年法治政府建设情况的报告、2021年规范性文件备案审查工作情况的报告；表决通过《合肥市人大常委会关于深入学习贯彻习近平总书记中央人大工作会议重要讲话精神加强和改进新时代地方人大工作的决定》《合肥市第十七届人民代表大会常务委员会组成人员守则》；表决通过人事任免事项，对新任命人员组织了宪法宣誓。

市十七届人大常委会第二次会议。5月11日至12日，市十七届人大常委会第二次会议在市政务中心举行。市人大常委会主任汪卫东主持第一次全体会议，出席第二次全体会议并讲话。会前，召开市人大常委会党组理论学习中心组学习（扩大）会暨常委会专题学习会，传达学习栗战书同志在安徽调研时讲话主要精神及省委人大工作会议精神，通报全市疫情防控工作情况，并邀请安农大教授黄成林作公园建设管理立法专题讲座。会议初次审议《合肥市公园建设管理条例（草案）》；表决通过《关于废止〈合肥市科学技术进步条例〉〈合肥市职工民主管理条例〉的决定》、关于个别代表的代表资格报告，并组织宪法宣誓。会议听取审议市政府关于2021年度环境状况和环境保护目标完成情况及巢湖综合治理进展情况的报告；表决通过《关于在地方立法工作中落实全过程人民民主的规定》。

市十七届人大常委会第三次会议。6月27日，市十七届人大常委会第三次会议在市政务中心举行。市人大常委会主任汪卫东主持第一次全体会议，出席第二次全体会议并讲话。会议初次审议《合肥市非机动车安全管理条例(草案)》;表决通过人事任免案，并组织宪法宣誓。会议表决通过《合肥市公园条例》；听取审议市政府关于合肥市新能源汽车产业发展情况、名医名科名院工程实施情况、财政科技资金安排使用情况、研究处理市人大常委会关于2020年度国有资产管理情况综合报告和2020年度国有自然资源资产管理情况专项报告的审议意见情况等报告，听取审议市监委关于开展巩固拓展脱贫攻坚成果同乡村振兴有效衔接专项监督工作情况的报告；听取审议《合肥市养犬管理条例》执法检查报告。会后，召开市人大常委会党组理论学习中心组学习（扩大）会暨常委会专题讲座，邀请中共安徽省委党校教授陈定洋作《中华人民共和国乡村振兴促进法》专题讲座。

市十七届人大常委会第四次会议。8月30日至31日，市十七届人大常委会第四次会议在市政务中心举行。市人大常委会主任汪卫东主持第一次全体会议，出席第二次全体会议并讲话。会前，召开市人大常委会党组理论学习中心组学习（扩大）会议暨常委会专题讲座，观看“生命重于泰山——学习习近平总书记关于安全生产重要论述”电视专题片，听取合肥市2022年上半年经济形势分析专题报告。会议表决通过《合肥市非机动车安全管理条例》《关于修改〈合肥市养犬管理条例〉的决定》，初次审议《合肥市消防条例（修订草案）》，审查批准2021年市级决算和2022年市级预算调整方案，表决通过关于个别代表的代表资格报告和人事任免案。听取审议2022年上半年国民经济和社会发展计划执行情况及下半年工作意见、2021年度市级预算执行和其他财政收支的审计工作、安全生产专项整治三年行动工作情况、民族工作情况、全市法院知识产权审判工作情况、环境保护“一法一条例”执法检查等报告。

市十七届人大常委会第五次会议。10月28日，市十七届人大常委会第五次会议在市政务中心举行。市人大常委会主任汪卫东主持第一次全体会议，出席第二次全体会议并讲话。会议传达学习党的二十大精神；初次审议《合肥市住宅小区物业管理条例（草案）》，表决通过《合肥市消防条例》、关于个别代表的代表资格报告和人事任免案。听取审议市十七届人大一次会议议案建议办理情况、关于制定《合肥市住宅小区物业管理规定》议案办理情况、全市检察机关民事虚假诉讼监督工作情况、长江保护法执法检查等报告；听取审议关于市十七届人大一次会议3号议案和6号建议办理情况评估报告，并开展满意度测评。

市十七届人大常委会第六次会议。11月28日至29日，市十七届人大常委会第六次会议在市政务中心举行。市人大常委会主任汪卫东主持第一次全体会议，出席第二次全体会议并讲话。会前，举行市人大常委会党组理论学习中心组学习（扩大）会议暨常委会专题讲座，省委党校政治与法律教研部主任、省委讲师团专家库高端宣讲专家安群，作题为《以习近平法治思想为指引 全面依法治国 建设法治中国》的讲座。会议表决通过关于召开市十七届人大二次会议的决定、关于个别代表的代表资格报告和人事任免案，并组织宪法宣誓。听取审议合肥市国土空间总体规划（2021-2035年）（草案）编制情况、骆岗中央公园建设情况、2021年度市级预算执行和其他财政收支审计查出问题整改情况等报告；听取审议国有资产管理情况综合报告，并开展专题询问；听取审议《乡村振兴促进法》执法检查报告。

市十七届人大常委会第七次会议。12月28日，市十七届人大常委会第七次会议在市政务中心举行。市人大常委会主任汪卫东主持第一次全体会议，出席第二次全体会议并讲话。会议听取审议市十七届人大二次会议筹备工作情况报告，表决通过关于批准2022年市级第二次预算调整方案的决议、市人民代表大会常务委员会工作报告稿、市十七届人大二次会议议程及各项建议名单、关于个别代表的代表资格报告和人事任免案，并组织宪法宣誓。

（周家佳）

人大监督

【概况】 2022年，市人大常委会深刻领会把握“实行正确监督、有效监督、依法监督”重要指示，围绕中心大局，履行监督职责，努力推动问题解决、工作改进、法律实施。全年听取审议“一府一委两院”报告19项，开展执法检查4次、专题询问1次、专题调研8项，备案审查规范性文件68件。

【经济运行形势监督】 2022年，市人大常委会听取审议计划和预算执行、审计及审计查出问题整改等情况报告，批准本级决算和预算调整方案，组织市级预算初审，推动经济健康发展。开展政府债务管理情况专题调研，就支持和促进政府相关部门保障重点领域投资等提出意见建议，市政府主要领导批示要求认真研办。制定国有资产监督五年规划，连续第5年听取审议国有资产管理情况综合报告，并开展专题询问，推动国有资产家底更清、布局更优、成效更好。听取财政科技资金安排使用情况、新能源汽车产业发展情况等报告，就优化财政科技投入结构、保障新能源汽车产业链供应链安全等建言献策。

【美丽合肥建设监督】 2022年，市人大常委会聚焦城市规划建设，听取审议《合肥市国土空间总体规划（2021-2035年）》（草案）编制情况报告，就衔接相关法律法规要求，优化公园绿地、水系廊道等提出意见建议。聚焦巢湖治理，开展环境保护“一法一条例”执法检查，听取审议2021年度环境保护及巢湖综合治理进展情况报告，开展农业面源污染防治专题调研，督促相关部门抓好生态环境突出问题

2022年6月14日，市人大常委会主任汪卫东率队就《合肥市非机动车安全管理条例》开展立法调研 （袁 兵/摄）

2022 年 5 月 18 日，市人大常委会主任汪卫东带领执法检查组赴瑶海区，开展《合肥市养犬管理条例》执法检查 （高 博 / 摄）

整改、推进巢湖水质改善等。聚焦长江保护，开展《长江保护法》执法检查，就加强入江水质管理、河湖岸线保护修复等建言支招。聚焦公园建设，听取审议骆岗公园建设情况报告，推动相关部门强化要素保障、谋划运营管理、打造精品工程。聚焦水库管理，市县乡三级人大联动，对全市 704 座水库开展水环境治理督导调研，就水库养殖污染、面源污染等提出意见建议。开展“庐州环保世纪行”活动。《中国人大》杂志以《法治助力打造“巢湖名片”》为题，专题报道合肥人大助推巢湖治理的工作实践。

【民生领域监督】 2022 年，市人大常委会着眼于推进养老事业发展，落实暖民心行动要求，开展老年助餐服务情况调研，合肥市养老服务立法、监督等经验做法在全国人大社会建设委员会专题会议上作交流。着眼于推进健康合肥建设，听取名医名科名院工程实施情况报告，就加强人才引进、建设特色专科等献计献策。着眼于规范养犬行为，开展《合肥市养犬管理条例》执法检查，推动相关部门进一步落实执法责任、加强智慧管理平台及流浪犬收容等硬件设施建设。着眼于推进农业农村优先发展，开展《乡村振兴促进法》执法检查，促进相关部门加强农村一二三产业融合发展、农村人居环境整治、乡村人才队伍建设。着眼于增进民族团结，听取审议民族工作情况报告，就做好少数民族服务管理、推进民族乡村产业发展等提出意见建议。

【法治合肥建设领域监督】 2022 年，市人大常委会听取审议法治政府建设情况报告，就优化政府职责体系、提高行政效率等提出意见建议，推动全市法治政府建设取得更大进步。围绕巩固拓展脱贫攻坚成果同乡村振兴有效衔接监督工作，首次听取市监委专项报告，支持监察机关聚焦民生领域“微腐败”、乡村治理等，强化监督检查，提升监督质效。听取审议市中院关于全市法院知识产权审判工作情况报告，针对诉讼周期长、案件鉴定难、侵权成本低等问题提出意见建议；听取审议市检察院关于全市检察机关民事虚假诉讼监督工作情况报告，针对案件线索发现、查证追责等环节提出意见建议。开展“江淮普法合肥行”活动，围绕纪念现行宪法公布施行 40 周年，开展主题征文、座谈交流、备案审查培训等活动，让法治精神在全社会弘扬光大。听取审议年度规范性文件备案审查工作情况报告，推动备案审查工作制度化规范化。

（周家佳）

代表工作

【概况】 2022 年，市人大常委会深刻领会把握“充分发挥人大代表作用，做到民有所呼、我有所应”重要指示，搭建履职平台，强化服务保障，推动代表发挥主体作用。

【代表联系群众】 2022 年，市人大常委会按照全省统一部署，开展以关注民生提建议、五级代表在行动为主题的“聚民意，惠民生”行动，组织各级代表围绕疫情防控、民生实事、基层治理等热点难点，走访群众、倾听民声，收集意见建议 68188 条，及时转交办理，推动解决一大批群众急难愁盼问题。加强代表活动阵地建设，推进全市 592 个代表工作站（代表活动室）建设，畅通代表联系群众渠道。以小组为单位，组织市人大代表开展专题调研，形成调研报告 30 篇，提出建议 130 多条，助力有关部门改进工作、完善机制。进一步推行民生实事项目人大代表票决制、街道选民代表会议制度，全市当年县乡两级票决（票选）产生 559 件民生实事项目，把民生实事办到群众

2022年3月3日，市人大常委会主任汪卫东率队赴肥西县三河镇、包河区方兴社区，专题调研党建引领全过程人民民主基层实践点建设工作

（高　博/摄）

心坎上。瑶海区人大代表童乃高被评为省2022年度“十大法治人物”。

【议案建议办理】 2022年，市人大常委会代表在市十七届人大一次会议上提出的10件议案（并案后为5件）、297件建议全部办理完毕，推动解决一批与人民群众生产生活息息相关的问题。开展议案建议办理情况评估，选取1件议案、1件建议办理情况，进行评估和满意度测评。建立市人大代表建议管理系统，实现代表建议在线一键提交、实时了解进度、跟踪办理结果，提高代表建议办理信息化水平。

【代表履职服务保障】 2022年，市人大常委会为贯彻落实时任委员长栗战书在合肥主持召开的人大代表座谈会精神，制定《关于进一步加强代表工作的意见》，对抓好代表学习培训、联系群众工作等5个方面，提出明确要求。举办市十七届人大新任代表培训班，省委常委、市委书记虞爱华作专题辅导报告，为代表依法履职提供及时指导。出台《市人大常委会组成人员联系原选举单位基层代表的方案》，保障代表依法履职，促进代表发挥作用。认真做好合肥市选举的省人大代表履职服务保障工作，代表提交的2件议案、11件建议获省委办公厅等联合表彰，市委（市政府）督查考核办获评“代表建议办理工作先进单位”。配合做好省人大代表换届选举相关工作。

（周家佳）

人事任免

【概况】 2022年，市人大常委会坚持党管干部原则与人大依法任免相统一，严格落实法律知识考试、供职报告、宪法宣誓等制度，听取“一府两院”有关工作人员履职情况报告，并开展满意度测评，强化被任命人员法律意识、责任意识、公仆意识。

【人事任免信息】 2022年1月5日，合肥市第十六届人民代表大会常务委员会第三十三次会议任命：苏青为市人大常委会办公室主任，翟纯为市中级人民法院副院长。免去：李茂凯的市人大常委会副秘书长、办公室主任职务，赵甄的市中级人民法院副院长、审判委员会委员职务，翟纯的市中级人民法院执行庭庭长职务。

3月17日，合肥市第十七届人民代表大会常务委员会第一次会议决定任命：罗平为市政府秘书长，拱艳为市发展和改革委员会主任，刘业勋为市教育局局长，范进为市科学技术局局长，程振革为市经济和信息化局局长，刘卫宝为市公安局局长，徐生彬为市民政局局长，吴昌文为市司法局局长，黄永强为市财政局局长，张旭生为市人力资源和社会保障局局长，储昭海为市自然资源和规划局局长，丁志松为市生态环境局局长，姚凯为市城乡建设局局长，汪涛为市交通运输局局长，刘正义为市农业农村局局长，黄永宏为市水务局局长，杨有明为市商务局局长，郑家余为市文化和旅游局局长，张晓峰为市卫生健康委员会主任，梁宏兵为市退役军人事务局局长，葛世新为市应急管理局局长，昂朝晖为市审计局局长，桂龙为市城市管理局局长，刘鹏为市政府外事办公室主任。任命：陈刚为市人大常委会预算工作委员会主任，李锋为市人大常委会农业与农村工作委员会主任，王道荣为市人大常委会城乡建设环境与资源保护工作委员会主任，王浩为市人大常委会教育科学文化卫生工作委员会主任，李卫国为市人大常委会人事代表选举工作委员会主任，陈启亮为市人大常委会民族宗教侨务外事工作委员会主任，张晓胜为市人大常委会监察和司法工作委员会副主任，王道才为市人大常委会教育科学文化卫生工作委员会副主任，梁斌为市人大常委会人事代表选举工作委员会副主任，费广华为市人大常委会民族宗教侨务外事工作委员会副主任，唐德鹏、王世保为市人大常委会社会建设工作委员会副主任。金峰为市中级人民法院执行庭庭长、审判委员会委员、审判员，杨艺、蒋培、张勇、江华为市中级人民法院审判委员会委员、审判员，曹海清为合肥铁路运输法院院长、审判委员会委员、审判员，刘莉为合肥高新技术产业开发区人民法院院长、审判委员会委员、审判员，晏维友、杜先祥为市人民检察院副检察长、检察委员会委员、检察员，潘孝峰、童祖权、章白宇为市人民检察院检察委员会委员、检察员，徐佐钧、黄小欣、王晓召、林晨为市人民检察院检察员，刘刚、黄凌、顾克为合肥高新技术产业开发区人民检察院检察委员会委员。批准任命：张树东为肥东县人民检察院检察长，张朝东为肥西县人民检察院检察长，艾云为长丰县人民检察院检察长，方中华为庐江县人民检察院检察长，李鹏飞为巢湖市人民检察院检察长，王丙坤为瑶海区人民检察院检察长，王成余为庐阳区人民检察院检察长，张庆虹为蜀山区人民检察院检察长，叶玉军为包河区人民检察院检察长。免去：司胜平、陈刚的市人大常委会副秘书长职务，程林的市人大常委会预算工作委员会主任职务，徐春雷的市人大常委会农业与农村工作委员会主任职务，汪菊喜的市人大常委会城乡建设环境与资源保护工作委员会主任职务，马谟荣的市人大常委会人事代表选举工作委员会主任职务，凌必发的市人大常委会民族宗教侨务外事工作委员会主任职务，杨锐的市人大常委会财政经济工作委员会副主任职务，陈明义的市人大常委会教育科学文化卫生工作委员会副主任职务，李皖生的市监察委员会委员职务，徐艳阳的市中级人民法院副院长、合肥知识产权法庭庭长、审判委员会委员、审判员职务，杨艺的合肥铁路运输法院院长、审判委员会委员、审判员职务，施光远的合肥高新技术产业开发区人民法院院长、审判委员会委员、审判员职务，陈华琳的市中级人民法院刑事审判第三庭庭长、审判委员会委员、审判员职务，王丽的市中级人民法院民事审判第二庭庭长、审判委员会委员、审判员职务，罗钢的市中级人民法院民事审判第三庭庭长、审判委员会委员、审判员职务，袁开平、姚海峰、艾云的市中级人民法院审判委员会委员、审判员职务，叶玉军、沐方斌、余海兰的市中级人民法院审判员职务，黄欣的市人民检察院副检察长职务，洪星的市人民检察院检察委员会委员、检察员职务，王成余、张庆虹的市人民检察院检察员职务，李新枝的合肥高新技术产业开发区人民检察院副检察长、检察委员会委员职务。决定：市监察委员会副主任黄维群代理主任；接受华克思的辞职请求，报合肥市人民代表大会备案。

6月27日，合肥市第十七届人民代表大会常务委员会第三次会议决定任命：黄永宏为市城乡建设局局长。任命：杨祥生、瞿晓陆为市人大常委会副秘书长，张勇为市中级人民法院副院长、合肥知识产权法庭庭长，黄文新为市中级人民法院执行庭副庭长、审判委员会委员、审判员，鲍杰为市中级人民法院刑事审判第二庭庭长，张长海为市中级人民法院刑事审判第三庭庭长，程亚娟为市中级人民法院民事审判第一庭庭长，张虹为市中级人民法院民事审判第二庭庭长，陈思为市中级人民法院民事审判第三庭庭长，张勇为市中级人民法院民事审判第四庭庭长，胡明艳为市中级人民法院行政审判庭庭长，王苗为市中级人民法院未成年人案件审判庭庭长，沈严为市中级人民法院审判监督庭庭长，王二辉为市中级人民法院立案庭副庭长，潘攀为市中级人民法院立案二庭副庭长，钱爱民为市中级人民法院民事审判第一庭副庭长，张丽红为市中级人民法院民事审判第二庭副庭长，于海波、王倩为市中级人民法院民事审判第三庭副庭长，钱岚为市中级人民法院合肥知识产权法庭副庭长，项红为合肥高新技术产业开发区人民法院副院长、审判委员会委员、审判员，刘刚为合肥高新技术产业开发区人民检察院副检察长。决定免去：姚凯的市政府副市长、市城乡建设局局长职务，黄永宏的市水务局局长职务。免去：吴光艳、马从军的市监察委员会委员职务，张勇的市中级人民法院民事审判第一庭庭长职务，沈严的市中级人民法院民事审判第四庭庭长职务，张虹的市中级人民法院行政审判庭庭长职务，程亚娟的市中级人民法院未成年人案件审判庭庭长职务，陈思的市中级人民法院审判监督庭庭长职务，张进的市中级人民法院立案二庭副庭长职务，鲍杰的市中级人民法院刑事审判第二庭副庭长职务，王苗的市中级人民法院民事审判第二庭副庭长职务，钱爱民的市中级人民法院民事审判第三庭副庭长职务，项红的市中级人民法院民事审判第三庭副庭长、审判员职务，张长海的市中级人民法院民事审判第四庭副庭长职务，陈思的市中级人民法院未成年人案件审判庭副庭长职务，黄文新的合肥高新技术产业开发区人民法院副院长、审判委员会委员、审判员职务，倪受国的合肥高新技术产业开发区人民检察院副检察长职务。

8月31日，合肥市第十七届人民代表大会常务委员会第四次会议任命：李莉为市人大常委会人事代表选举工作委员会副主任，张友国为合肥高新技术产业开发区人民法院执行庭庭长，倪良月为合肥高新技术产业开发区人民法院民事审判一庭（环境资源审判庭）庭长，李红俊为合肥高新技术产业开发区人民法院审判委员会委员、明珠人民法庭庭长，刘文静为合肥高新技术产业开发区人民法院审判委员会委员、自由贸易试验区人民法庭庭长，马晨翔为合肥高新技术产业开发区人民法院自由贸易试验区人民法庭副庭长。免去：田岚、魏竹梅的市中级人民法院副院长职务，毕守国的合肥高新技术产业开发区人民法院审判委员会委员职务，唐峻的合肥高新技术产业开发区人民法院执行庭庭长职务，李德家的合肥高新技术产业开发区人民法院刑事审判庭庭长职务，倪良月的合肥高新技术产业开发区人民法院民事审判一庭（环境资源审判庭）副庭长职务，张友国的合肥高新技术产业开发区人民法院明珠人民法庭庭长职务，陈忠的市中级人民法院审判员职务。

10月28日，合肥市第十七届人民代表大会常务委员会第五次会议任命：杨丽、王成玮为市中级人民法院审判员，王颖为合肥高新技术产业开发区人民法院审判员。免去：赵杰的市中级人民法院审判员职务，高学丽、钟会的市人民检察院检察员职务。

11月29日，合肥市第十七届人民代表大会常务委员会第六次会议决定任命：王连贵为市人民政府副市长。任命：韦晋峰、杨柯为市监察委员会委员。免去：黄敏霞的市中级人民法院审判委员会委员、审判员职务，黄成的市中级人民法院行政审判庭副庭长职务，李敏、解作荣的市中级人民法院审判员职务，李春浩的合肥城郊地区人民检察院副检察长职务。决定：接受王文松的辞职请求，报市人民代表大会备案。

12月28日，合肥市第十七届人民代表大会常务委员会第七次会议决定任命：徐斌为市经济和信息化局局长。决定免去：程振革的市经济和信息化局局长职务。决定：接受王兴梅、宣丽玲的辞职请求，报市人民代表大会备案。

（周家佳）

责任编辑：田　文

合肥市人民政府

综 述

【概况】 2022年，合肥市人民政府贯彻新发展理念，高效统筹疫情防控和经济社会发展，推动经济实现质的有效提升和量的合理增长。全市实现地区生产总值12013.1亿元，同比增长3.5%；实现一般公共预算收入、规模以上工业增加值、固定资产投资、进出口总额，城乡居民人均可支配收入同比分别增长10.4%、6.3%、9.1%、8.6%、6.1%；实现社会消费品零售总额同比下降1.8%。

2022年9月17日，全国科普日合肥市主场活动举行，市委副书记、市长罗云峰为“合肥市第十八届青少年科技创新市长奖”获奖者、“合肥市2022年最美科技工作者”颁奖 （市科协／供）

【科技创新】 2022年，合肥市创新引擎释放强劲动能，国家实验室入轨运行，量子信息未来产业科技园入列首批国家试点。深空探测实验室揭牌运行，认知智能全国重点实验室获批建设，国家重大科技基础设施建成、在建和获批数量均居全国前列。稳态强磁场建设刷新世界纪录，入选年度十大科技新闻。国际先进技术应用推进中心全国首批第一个挂牌成立，江淮前沿技术协同创新中心正式运营。链接全球高端创新要素的科大硅谷实体运行，全新模式培养“五懂型”（即懂科技、懂产业、懂资本、懂市场、懂管理）人才的中国科大科技商学院挂牌成立。合肥市当年入选国家知识产权强市建设示范城市，年度发明专利授权量首破万件，实现技术合同交易额首超千亿元。合肥市跃居2022全球“科技集群”第55位，较上年提升18位；居全球“科研城市”第16位，比上年前进4位。

【产业升级】 2022年，合肥市“芯屏汽合”“急终生智”地标性产业集聚发展，入选全国首批产业链供应链生态体系建设试点城市之列，排名全国先进制造业百强市第11位。战略性新兴产业对工业增长贡献率84%，实现规模以上工业总产值突破万亿元，工业投资增速、新增规模以上企业数创十年新高。在产业主体发展方面，净增国家高新技术企业1834家，总量实现两年翻番；新增国家专精特新“小巨人”企业78家，总量实现一年翻番；新增百亿工业企业达8户，创历年之最；新增上市（过会）企业14家、科创板6家，总量分别居全国第13位、第6位。国家级互联网骨干直联点完成落地建设；实现数字经济居全国第12位，比上年前进2位。

【生态环境】 2022年，合肥市环湖十大湿地全面建成，获“国际湿地城市”称号。巢湖富营养指数降幅超过近5年之和，连续第二年消除蓝藻异味，“山水工程”绩效考评居全国第一。细颗粒物（$PM_{2.5}$）平均浓度为近10年来最低，空气质量优良率创10年来新高。入选全国首批智能建造试点城市，获批建设国家“无废城市”。城市体检“合肥经验”，片区更新“合肥做法”，均在全国推广。

【改革开放】 2022年，合肥市获批建设国家科创金融改革试验区，设立全国首个场景创新促进中心，组建政府母基金，科创、产业基金总规模超3000亿元，创历史新高。“网上政务服务”连续第4年位居全国前列，“万家民企评营商环境”首次进入全国十强之列。公铁海多式联运入选国家示范工程，服务贸易创新发展试点实践案例全国推广。主动融入长三角一体化发展，共建G60科创走廊科技成果转化为基金，组建数字长三角联盟，产业合作园区落地项目投资超500亿元。完成合肥都市圈范围调整和规划编制，启动建设首个市际毗邻园区（合淮共建区）。中国（安徽）自由贸易试验区合肥片区形成54项省级制度创新成果，有12项为全国首创，有3项入选长三角自贸试验区制度创新案例。

【城市建设】 2022年，合肥市国土空间总体规划编制完成，城市大建设投资首超千亿元，42千米二环高架全线贯通，城市生命线“合肥模式”在全国推广。骆岗公园、东部新中心、运河新城、新桥科创示范区、未来科学城“五大片区”建设提速提品。建成、在建铁路947千米、高速公路815千米、快速路267千米，轨道5号线北段开通，运营总里程171千米。推进“七项攻坚战”建设，整治大市场10处，消防无水小区通水64个，改造供电自建自管小区48个、二次供水小区73个，解危D级危房2.4万平方米，建成和美小区117个。改造提升老旧小区175个，既有住宅加装电梯293部。攻坚“安置难”，有9.5万“回迁户”搬进新居，逾期5年以上未安置项目基本清零。建成充电设施8500个，新增停车泊位9万个。

【乡村振兴】 2022年，合肥市有六成行政村成为经济强村，占比提高14个百分点；有112个脱贫村村均经营性收入实现过百万元。实现脱贫人口人均纯收入同比增长16.5%，在全省领先，巩固脱贫成果、衔接乡村振兴两项工作连续第4年获全省表彰。实现粮食产量295万吨，蔬菜产量250万吨，生猪出栏168万头，水稻良种出口连续第4

表1　　2022年合肥市与中部省会城市主要经济指标比较

	合肥			武汉		郑州		长沙		太原		南昌	
	绝对量	在中部省会城市位次	增长(%)	绝对量	增长(%)	绝对量	增长(%)	绝对量	增长(%)	绝对量	增长(%)	绝对量	增长(%)
生产总值（亿元）	12013.1	4	3.5	18866.4	4.0	12934.7	1.0	13966.1	4.5	5571.2	3.3	7203.5	4.1
一般公共预算收入（亿元）	909.25	4	10.4	1504.74	3.7	1130.79	-7.6	1202.00	8.2	437.48	3.3	457.68	5.1
规模以上工业增加值（亿元）	—	—	6.3	—	5.0	—	4.4	—	8.3	—	8.5	—	6.0
固定资产投资（亿元）	—	—	9.1	—	10.8	—	-8.5	—	5.1	—	0.2	—	7.6
工业投资（亿元）	—	—	25.8	—	19.3	—	32.5	—	5.2	—	-13.4	—	8.4
社会消费品零售总额（亿元）	5021.62	4	-1.8	6936.20	2.1	5223.14	-3.3	5235.56	2.4	1761.40	-6.0	3012.00	4.6
进出口总额（亿元）	3610.95	2	8.6	3532.24	5.3	6069.72	3.1	3149.12	21.4	1467.07	-20.2	1345.56	4.3
出口（亿元）	2301.84	3	13.4	2153.02	11.6	3596.32	1.3	2311.58	23.6	971.82	-14.6	954.89	6.7
金融机构本外币存款余额（亿元）	25070.93	4	12.4	35754.03	5.9	29416.53	8.6	27882.56	10.0	18288.01	14.9	16110.30	9.2
金融机构本外币贷款余额（亿元）	23952.13	4	16.1	44383.81	8.7	34814.00	7.6	29853.42	9.6	18162.14	9.5	18949.13	7.5
城镇居民人均可支配收入（元）	56177	3	5.6	58449	5.7	46287	2.3	65190	4.9	43694	5.6	52622	4.3
农村居民人均可支配收入（元）	28727	3	7.0	29304	7.7	28237	5.4	40678	6.5	22822	5.9	24218	5.7

年居全国第一，种子销售额首破百亿元。推进“两强一增”行动（即科技强农、机械强农、促进农民增收行动），新增首席专家工作室50个、农事服务中心59个。农业科技进步贡献率68%，主要农作物综合机械化率85%。农村人居环境整治成为全省示范，建成省级美丽乡村33个、美丽宜居自然村722个。

【民生福祉】　2022年，合肥市民生支出超1100亿元，占一般公共预算支出84%，十项暖民心行动资金投入量、任务完成数全省领先，入选“2022中国最具幸福感城市”。新增城镇就业13.5万人，“根治欠薪”工作成为全国先进，社区“三公里”就业圈成为全国经验。建成幼儿园、中小学105所，新增学位7.7万个，幼儿园公办率、普惠率分别达56%、92%，义务教育课后服务、幼儿园延时服务实现全覆盖，普通高中“双新”示范区建设成为全国典型。培育江淮名医、学科带头人近200名，建设省市重点专科69个，有80%社区卫生服务中心建成紧密型医联体，创伤、儿童两个国家区域医疗中心开诊。建成家庭养老床位4100张，新增托位1.4万个，养老服务质量监测满意度居全国第一。全省率先实行“交房即办证”制度，筹集保障性租赁住房2.3万套。安徽美术馆建成开放，市中心图书馆基本建成，第十二届中国曲艺牡丹奖合肥赛区活动成功举办，有4个景点入选全国乡村旅游精品线路，庐江百花村入选全国乡村旅游重点村。第十五届省运会囊括金牌总数等六项第一，取得历史最好成绩。改造配建700多个便民健身设施，“15分钟健身圈”实现全覆盖。封闭小区全部建成智慧平安小区。安全生产事故数、亡人数连续第7年实现“双下降”。

（李　杰）

重要会议

【市政府全体会议】　2022年，合肥市人民政府召开2次全体会议，即第1次和第2次全体会议。

市政府第1次全体会议。9月13日，市政府第一次全体会议在市政务中心召开。会议强调，2022年以来，全市上下高效统筹疫情防控和经济社会发展，在应对超预期因素冲击中，较好稳住经济大盘和社会大局。各地各部门要切实增强全市经济社会高质量发展的紧迫感，辩证看待当前有利因素和风险挑战，坚定信心，认清差距，咬定下半年经济增长目标，力争取得经济社会发展最好结果。要全力做好疫情防控工作，坚决守住不发生疫情规模性反弹的底线。要全力巩固经济稳中向好势头，强化经济运行调度，千方百计保主体、稳就业，突出抓好扩投资、促消费，为全省发展多作贡献。要全力塑造创新驱动发展新优势，坚决服务好国家战略科技力量建设，加快推进国家实验室、大科学装置、“科大硅谷”等高能级创新载体建设，精心办好全国“双创”活动周、世界制造业大会等重大创新活动。要全力做强产业支撑，推进一产“两强一增”，推动工业经济提速提质，充分挖掘现代服务业发展潜力。要全力深化改革开放，紧盯优化营商环境等重点领域改革，扎实推进长三角一体化发展，引领带动合肥都市圈高质量发展。要全力提升城市品质，提升五大片区规划建设水平，加快“城市大脑”“智慧合肥”建设。要全力改善生态环境，深入推进巢湖综合治理，加快突出生态环境问题整改。要全力增进民生福祉，高质高效推进十大暖民心行动，精心有序做好保供稳价。要全力守住安全底线，多举措抗旱保供水，加大保障能源供应，防范化解金融等风险隐患。要创新改进工作方法，强化系统观念、争先意识、用数能力，坚守廉洁从政底线，切实做到守土有责、守土负责、守土尽责，以实际行动向党的二十大胜利召开献礼。

市政府第2次全体会议。12月14日，市政府第二次全体会议在市政务中心召开，讨论即将提交市十七届人大二次会议审议的《政

2022年12月14日，市政府第二次全体会议召开　　（市政府办/供）

府工作报告（讨论稿）》《关于合肥市2022年国民经济和社会发展计划执行情况与2023年计划草案的报告（讨论稿）》《关于合肥市2022年预算执行情况和2023年预算草案的报告（讨论稿）》。会议强调，要抓好年底收官，聚焦重点领域，紧盯关键环节，压实县区责任，精准调度、补缺补差，确保在全省考出好成绩、在长三角和全国城市保位争先。要谋实2023年开局，全面落实省委、省政府及市委部署要求，尽快明确任务措施，确保各项工作起好步。要兜好民生保障，统筹抓好防疫物资保供、救治能力提升、老年人疫苗接种、生活必需品供应等工作，严格规范药品市场秩序，加强防护知识宣传，切实保障老人、儿童和困难群众、弱势群体的安全和基本生活。要把好安全关口，绷紧思想之弦，提前做好低温、雨雪天气应对，加强交通运输、消防、危化品等领域安全监管，维护社会大局稳定。各级领导干部要守好廉洁底线，严于律己、严负其责、严管所辖，努力营造廉政勤政、风清气正的政治生态，奋力开创高质量发展新局面。

【市政府常务会议】 2022年，合肥市人民政府召开27次常务会议，即市政府第110次常务会议，以及新一届政府第1次至第26次常务会议。

市政府第110次常务会议。1月7日，市政府召开第110次常务会议，听取审议关于《合肥市支持市属公用事业建设与经营资金管理办法》《加快推进小城镇新型城镇化建设实施方案》《合肥市全民科学素质行动规划纲要实施方案（2021-2025年）》《合肥市“十四五”战略性新兴产业发展规划》《合肥市“十四五”现代服务业发展规划》《合肥市“十四五”现代物流业发展规划》起草情况汇报。

市政府第1次常务会议。1月21日，市政府召开第1次常务会议，听取并审议关于农民工权益和工资清欠工作有关情况、关于《合肥市12345热线农民工讨薪类诉求办理工作制度》和《合肥市市级政府投资建设项目审计监督办法》起草情况等汇报。

市政府第2次常务会议。2月17日，市政府召开第2次常务会议，听取审议关于2021年法治政府建设相关情况等汇报。

市政府第3次常务会议。3月4日，市政府召开第3次常务会议，专题听取并审议《合肥市优化营商环境行动方案（2022版）》起草情况及18个指标情况汇报，部署安排优化营商环境相关工作。

市政府第4次常务会议。3月15日，市政府召开第4次常务会议，听取审议关于《实施“保主体、增主体、强主体”行动的意见》《科技强农机械强农促进农民增收行动实施方案（2022-2025年）》《合肥市“十四五”金融业发展规划》起草情况汇报。

市政府第5次常务会议。3月23日，市政府召开第5次常务会议，听取关于应急管理工作有关情况和《合肥市推进生态环境突出问题起底、整改、巩固专项行动方案》《合肥市“十四五”生态环境保护规划》《合肥市“十四五”农业农村现代化规划》等起草情况汇报。

市政府第6次常务会议。3月29日，市政府召开第6次常务会议，学习《中华人民共和国科学技术进步法》，听取并审议《2022年依法行政和法治政府建设工作安排》《合肥市制造业提质扩量增效“24333”行动方案》等起草情况汇报。

市政府第7次常务会议。4月12日，市政府召开第7次常务会议，传达学习中央关于粮食安全相关文件，听取并审议《合肥市城市阅读空间管理服务运营提升三年行动计划（2022—2024年）》等起草情况汇报。

市政府第8次常务会议。4月26日，市政府召开第8次常务会议，听取审议关于《推进标准化发展的实施意见》《加快推进合肥市生物医药产业高质量发展的若干政策》等起草情况汇报。

市政府第9次常务会议。5月10日，市政府召开第9次常务会议，听取审议关于《合肥市加快推进集成电路产业发展若干政策》等，学习领会习近平总书记关于加强和改进人民信访工作的重要思想，学习解读《信访工作条例》。

市政府第10次常务会议。5月31日，市政府召开第10次常务会议，听取并审议《加快农村寄递物流体系建设行动方案》《合肥市非机动车安全管理条例（草案）》的情况汇报。

市政府第11次常务会议。6月15日，市政府召开第11次常务会议，听取并审议《合肥市暖民心行动方案》《巢湖流域农业面源污染治理实施方案（2022-2025年）》《合肥市市区低运量轨道交通线网规划》等起草情况汇报。

市政府第12次常务会议。6月24日，市政府召开第12次常务会议，学习《中华人民共和国种子法》，听取并审议《我市财政科技资金安排使用情况的报告》《合肥市名医名科名院工程实施情况的报告》等起草情况汇报。

市政府第13次常务会议。7

月5日，市政府召开第13次常务会议，传达学习习近平总书记关于统计工作的重要论述，听取并审议《长丰县建设能源综合改革创新试点县方案》等起草情况汇报。

市政府第14次常务会议。7月28日，市政府召开第14次常务会议，听取并审议关于废止《合肥市城市集中供热管理办法》等三部规章、关于《合肥市邮政快递管理办法（草案）》的说明、2021年度全市工业发展目标考核结果和2022年考核办法修订情况汇报等。

市政府第15次常务会议。8月5日，市政府召开第15次常务会议，听取并审议关于《合肥市“三大球”资助奖励实施办法（暂行）》《合肥市参赛省级及以上体育比赛奖励办法》等起草情况汇报。

市政府第16次常务会议。8月19日，市政府召开第16次常务会议，审议《合肥市消防条例（修订草案）》的说明、关于合肥市安全生产专项整治三年行动工作情况汇报等。

市政府第17次常务会议。8月26日，市政府召开第17次常务会议，审议《合肥市市级储备粮油管理办法》《合肥市网络餐饮外卖配送管理办法（草案）》《合肥市市政公用事业特许经营管理办法（草案）》等。

市政府第18次常务会议。9月29日，市政府召开第18次常务会议，学习《中华人民共和国噪声污染防治法》，审议《合肥市加快软件产业发展推进软件名城创建若干政策》等。

市政府第19次常务会议。10月13日，市政府召开第19次常务会议，统筹调度疫情防控、安全生产、信访稳定、意识形态等工作，要求各地各部门时刻紧绷思想之弦，坚决落实扁平化指挥管理，积极防范化解各类风险隐患，统筹抓好当前各项重点工作，为党的二十大胜利召开营造安全稳定的社会环境。

市政府第20次常务会议。10月19日，市政府召开第20次常务会议，审议《2021年度国有资产管理情况综合报告》等。

市政府第21次常务会议。11月14日，市政府召开第21次常务会议，审议《骆岗中央公园建设情况的报告》《合肥市实施场景创新三年行动方案（2022—2024年）》等，听取第二届合肥市市长质量奖评审工作有关情况汇报。

市政府第22次常务会议。11月23日，市政府召开第22次常务会议，学习《中华人民共和国疫苗管理法》，听取《合肥市全面加强药品监管能力建设的若干措施》等起草情况汇报。

市政府第23次常务会议。12月2日，市政府召开第23次常务会议，审议《创业合肥行动方案》等，听取关于合肥市生活垃圾分类工作情况汇报。

市政府第24次常务会议。12月7日，市政府召开第24次常务会议，学习《法治政府建设实施纲要（2021—2025年）》（以下简称《纲要》），听取关于《政府工作报告（讨论稿）》以及《合肥市2022年国民经济和社会发展计划执行情况与2023年计划草案的报告》《合肥市2022年预算执行情况和2023年预算草案的报告》等起草情况汇报。

市政府第25次常务会议。12月16日，市政府召开第25次常务会议，听取关于《支持“科大硅谷”建设若干政策》起草情况等汇报。

市政府第26次常务会议。12月30日，市政府召开第26次常务会议，传达学习中央关于统计工作有关文件精神，研究部署统计督察“回头看”反馈意见整改工作。

（李　杰）

市政府综合事务

【概况】 2022年，合肥市政府办公室收集各类信息1.8万多篇，采编《政务要情》《报省办信息》《每日政务信息》《信息专报》《信息参考》5类期刊1034期6300多篇。其中，被省政府办公厅采用325篇，被国务院办公厅采用28篇，获国务院领导批示12篇，获省政府领导批示51篇。市政府办公室在当年全省政务信息舆情工作综合考评中位居全省首位。

【建议和提案办理】 2022年，市政府承办人大代表议案建议和政协提案793件，包括省人大代表建议42件，省政协提案33件，市人大代表议案建议286件，市政协提案432件，全部按时办复，办理质量提高。

【政务公开】 2022年，市政府政务公开办公室聚焦市委市政府中心工作，夯实政务公开工作基础，推进公开方式创新，抓好重点工作落实，提升政府信息发布质量，累计发布信息34万余条，新受理政府信息公开申请3001件，市政府透明度指数在49个较大的市政府中位居第5位。

提高政策发布质量。建立市级行政规范性文件库，规范发布市政府现行有效行政规范性文件454件，废止失效文件85件，推动市直部门和县（市、区）政府清理公布规范性文件，按照统一要求建立规范性文件库。印发《关于进一步改进和加强政策文件解读工作的通知》，发布市级政策文件和解读材料186份。开展“十佳政策解读”评选活动，运用文字、动漫视频、图解、新闻发布等多种方式提高解读效果。

加强重点领域信息公开。及时公开2022市级政府权责清单、行政权力中介服务清单和公共服务清单目录，发布权力、服务事项办理结果信息37142条。突出与群众切身利益相关的事项信息公开，累计发布公共服务、公共资源配置等信息近2万条。梳理惠农补贴政策清单，公布资金发放结果信息25505条，推动村居公开资金发放情况并留档备查。完善重大建设项目全生命周期公开项目、材料、责任三个清单，发布相关信息6963条。加强经济领域信息公开，建立稳经济大盘等专栏3个，发布政策、项目信息1682条。开通就业服务专栏和《合肥市重点企业招聘》专题，累计发布招考招聘信息400余期。

夯实公开工作基础。开展政务公开“提升年”活动，组织61家单位修订制度和目录规范，探索编制村（居）务公开事项清单，提升工作标准化规范化水平。邀请省办专家来合肥讲解年度重点工作任务与优秀案例，推动基层加强常态化业务培训，组织各类培训50余场。开展行政规范性文件库、惠农补贴、依申请公开办理等专题检查6次，分县区调度推进问题整改，帮助提高业务能力。

创新做好政府发布相关工作。及时公开疫情防控权威信息，引导网上舆论，稳定社会情绪，累计发布疫情通报300余条、通告55条、会商会信息145条。围绕群众关心关切，发布《市长热线一周最新回应》71期，解答疫情防控、政务服务办理等各类事项49类300余个。市政府发布全年新增订阅人数49万，累计点击量1.55亿人次，阅读量10万+的信息322条，在“新榜安徽”全国政务新媒体排行榜中保持在前十位，在“徽喜鹊”安徽省政务新媒体排行榜中保持在市级第一位。

（李　杰）

营商环境建设

【概况】 2022年，合肥市锚定打造市场化法治化国际化一流营商环境，树立“营商环境只有更好、没有最好”的理念，按照“不是最好就学习最好”的要求，推进对标先进、统筹兼顾、系统发力等建设。在国办电子政务办开展的“网上政务服务能力调查评估”中，连续第四年位居全国前列，成为网上政务服务能力“非常高”的城市之一；在全国工商联发布的2022年度“万家民营企业评营商环境”中，首次进入全国前10名之列。

【推进市场化改革】 2022年，合肥市全面完成114项审批事项“证照分离”改革，开展“一业一证一码”改革，全面推行证明事项告知承诺制，率先实现“清单之外无证明”制度，释放市场主体活力。在全省率先实行纳税信用等级A级、B级企业之间不动产交易简易办税制度，办理时限压缩至半小时内。招投标全面推进一站式服务、一网通办理，全程网招率达100%。探索建立知识产权证券化产品经常性发行机制，知识产权证券化产品融资近3.9亿元。搭建“信易贷”平台，推进信用数据和实体经济深度融合，平台入驻企业突破25.9万户，授信总额逾1138亿元，获“全国中小企业融资综合信用服务特色平台”称号。

【法治化建设】 2022年，合肥市出台施行《优化营商环境若干规定》，为法治化营商环境建设提供制度保障。构建以信用为基础的新

2022年4月26日，合肥市签署《关于合肥市知识产权高质量发展战略合作协议》，正式加入长三角知识产权发展联盟　　（市市场监管局/供）

2022 年，合肥市建成 RCEP 企业创新服务中心。图为 3 月 3 日，市商务局组织合肥外贸助企帮扶主题活动 RCEP 专场讲座 （市商务局 / 供）

型市场监管体系，出台省内首个“双随机、一公开”地方标准，统一全市随机抽查工作平台，将全市 54 万户企业和 8367 名监管人员全部纳入，分类建立随机抽查“两库”，推行“一业一查”监管新模式，推进信用分类监管，实施柔性监管，有效减少入户检查 1.1 万余次。强化知识产权创造、保护和运用，获批成为首批国家知识产权强市建设示范城市，中国（合肥）知识产权中心正式通过验收，专利授权周期压缩至 3 个月，压缩逾 85%。打造诚信政府，开展政务失信治理工作，建立防范和治理政务失信的长效机制，全面清理拖欠民营企业、中小企业账款，政务失信治理对象实现清零，政府透明度居全国第 5 位，成功创建全国法治政府建设示范市，综合信用指数排名跃居全国第 1 位。

【城市国际化水平】 2022 年，合肥市实行合肥中欧班列运费分段结算试点、合肥水运港“联动接卸”模式等创新举措，推广企业集团加工贸易监管模式、海关特殊监管区域“无感通关”、出口退税无纸化等便利化举措。实施出口退税全流程专人跟踪提醒督办，出口退税平均时间不超过 3 个工作日，办理出口退（免）税额 206.62 亿元。在开放通道建设方面，合肥国际陆港一期建成，新开通国际货运航线 3 条，中欧班列开行 768 列、净增百列。推动自贸区探索创新，形成 54 项省级制度创新成果，有 12 项属全国首创，有 3 项入选长三角自贸试验区制度创新案例；建成 RCEP 企业创新服务中心，提升完善国际贸易、国际投资、国际人才服务等综合服务事项。

【政务服务便利化】 2022 年，合肥市企业开办实现“章、税、银、保、金、医”全部事项 1 日内办结制度，并与水电气和地方金融服务平台实现对接，服务质效拓展延伸；纳税次数降至 3 次，达到全国最优水平；工程建设项目审批“提速”，简易低风险项目压缩到 16 天，推进“建筑师负责制”的做法被国家住建部肯定和推介。全面实现企业办电红线外“零投资”制度，为企业节约投资成本 7302 万元；用水用气推行零跑办、零资料、零投资的“三零”模式。发布 40 项市级产业政策“免申即享”清单，兑现资金达 8.39 亿元。在政务服务大厅推行涉企服务周末轮岗制度，设立涉企服务窗口、“办不成事”反映窗口和全程帮办代办窗口，市县两级“一制度三窗口”计接受咨询事项和办理事项 1.5 万余件。开设 12345 热线“为企服务”专席，开通以来受理企业诉求近 8.7 万件，办结率 99.95%。

（肖明君）

【数据供需对接】 2022 年，合肥市数据资源局常态化组织开展数据资源供需对接，年内征集三批数据需求，推动法院和供水、供电、供气等公共服务类国有企业的数据共享；聚焦部门提出的办理破产、执行合同、市场监管、政务服务等 8 项营商环境指标及其他工作中对数据跨部门应用的需求，完成 218 类数据归集共享，以数据要素赋能全市各项重点工作，数据共享需求满足率达 95%。

【数字赋能政务服务】 2022 年，市数据资源局做实“全程办”，依托数据资源支撑，提升政务服务事项“全程网办”率，变“群众跑腿”为“数据跑路”。全市“最多跑一次”事项占比 99.99%，“全程网办”事项占比 98.94%。深化“联合办”，推进“出生进一件事”等 141 个重点场景“一件事联办”，优化业务流程，提高政务服务联合办理效率。推进“智慧办”，选取办件量大、材料相对简单的事项，应用数据碰撞核对，开展无自有住房公积金提取等69个事项智慧智能审批工作。拓展“自助办”，拓展服务渠道，35 个便民服务接入 1246 个银行网点 3807 台自助终端，15 个查询服务接入 IPTV 电视端“皖事通办”服务专区。推广“就近办”，将 13 个市县（市、区）6414 项事项下沉至为民服务中心，纳入一窗式办理；实现长三角 41 个城市、138 个应用场景“一网通办”。探索“跨级办”，组织对“村居受理、乡镇初审、县级办结”事项进行流程优化，配置“三级联动”事项 417 个，完成办件 7084 个。

（方晴晴）

政务服务

【概况】 2022 年，合肥市政务服务管理局坚持以“现代化美好安徽建设”为引领，以深化“五高地一示范”建设为着力点，贯彻省委“一改两为”大会精神，深化“放管服”改革，推进营商环境和“互联网 + 政务服务”建设，重构政务服务体系，探索创新服务模式，形成线下线上深度融合的政务服务新格局，政务服务的整体服务、创新服务、精准服务、协同服务一体化能力得到显著提升。

2022 年 9 月，国务院办公厅、中央党校（行政学院）公布最新一期全国重点城市一体化政务服务能力调查评估结果，合肥市位居第一方阵，获“非常高”评价。合肥市获第四届全国政务热线发展高峰论坛 2022 全国政务热线服务质量评估 A+ 城市。

【周末轮岗服务】 2022 年，市政务服务中心筛选高频次政务服务事项，开展领导带班、窗口轮岗的周末轮岗延时服务，并推广至全市 13 个县级政务服务中心。周末轮岗服务做法在 9 月获中央纪委暗访组的充分肯定。

【“办不成事”窗口】 2022 年 3 月 15 日，市政务服务中心开设“办不成事”窗口，受理因各种原因在窗口未能办成事的反映，解决“推诿扯皮、办事拖拉”、江浙沪可办合肥不能办等问题，建立登记、督办、跟踪制度，确保每一个登记的问题都能得到合规处理或合理解释。8 月份，在创建法治政府示范市活动中，合肥市“办不成事”窗口受到国家司法部评审组的高度关注和一致好评。

【自助服务】 2022 年，市政务服务管理局完成市本级及 13 个县区全省智能自助操作系统上线及事项配置工作，配备自助机 70 多台，实现市县两级 15 个 7×24 政务服务大厅自助机配置全覆盖，完善 7×24 小时不打烊服务功能。在全市银行网点的上千台自助机上上线“营业执照打印”“公积金查询”“社保查询”等高频、即办的政务服务事项，将自助办服务延伸至社区和村居。

【“一号答”热线】 2022 年，市政务服务管理局围绕打造全国一流政务热线品牌的目标，扩容 12345 热线电话受理大厅，成立新的电话受理中心，完成热线归并优化工作，实现一号受理、统一派单、分级办理、限时办结、有诉必应、全程督办。实行话务员“红黄牌”考核和“金银铜牌”评选，定期对热线服务进行评估，提升业务水平。全年热线直办率、话务满意率、办理满意率分别为 83%、98.2%、98%；转办事项按期反馈率、回复率和办结率均超 99.6%。

【“为企服务”专席】 2022 年，市政务服务管理局推进热线赋能为企服务改革创新试点，在全省率先开设为企、人才、“1+N”突出问题举报专席，设立“为企服务受理中心”，出台为企服务《若干政策》，常年安排领导干部接听，优选 74 名为企“政策专员”实行坐班接听，招募 14 位退休干部“客串”话务员，让政策解答更加精准。

【集成服务方式】 2022 年，市政务服务管理局会同市数据资源局、市卫生健康委员会、市公安局、市人社局、市医疗保障局重构新生儿“出生一件事”办理流程，打通系统接口，优化功能布局。群众在医院住院期间，向医院一次申请，即可办理新生儿出生所有相关事项。“出生一件事”集成服务方式在长丰县、合肥高新技术产业开发区 2 家医院成功实现。推动水、电、气、热、通信等公共服务进驻政务服务大厅开展服务，市本级及 13 个县级政务服务中心均完成进驻，为企业提供“一站式”服务。

【免申即享服务】 2022 年，市政务服务管理局会同市数据资源局、市财政局优化“政策直达，免申即享”服务，配合财政局完成“免申即享”功能界面优化改造等升级工作，政策兑现更公开透明，企业获得感得到提升。在疫情期间，助力企业更加方便快捷兑现优惠政策，截至年底，全市推出免申即享为企服务政策 35 项，兑现政策资金 8.38 亿元，惠及 4285 户次企业。

【优化窗口服务质量】 2022 年，市政务服务管理局在市政务服务系统开展“V+”服务大升级活动，督促各窗口围绕“加减乘除”四个维度（即服务提质做“加法”，简政放权做“减法”，服务效能做“乘法”，破解难题做“除法”）制定“V+”服务升级包，提升窗口服务水平。优化大厅窗口布局，规范窗口人员着装；增设老年残障窗口、法律援助窗口，强化“好差评”整改督办。大厅面貌焕然一新，服务功能更加完备，政务服务差评按期整改率、满意率均为100%。

【平台集约化建设】 2022年，市政务服务管理局加强平台集约化建设。推进渠道归并。归并25条热线，成立新电话受理中心；完成省委部署的热线提升扩容任务；整合50家部门网站“领导信箱”，实现“话网微端”多渠道综合受理，实行一个号码服务、一个平台办理。完善统一系统。横连69家市直部门、33家公用企业，纵贯13个县（市、区）、144个镇街、1000多个村居，实现全市域覆盖联通；创新拓展知识库、效能监察、大数据分析等功能板块，实现“一号受理、互联互通、方便群众、服务决策”。创新服务功能。在全国率先上线智能语音信息系统，分流15%人工话务量，提升接通应答率和服务便捷度；在全省率先开通5G云高清视频热线，实现线上服务可视化交互，“面对面”帮群众排忧解难。全年热线受理量851.3万件，同比增长452%，直办率达80.9%。

【疫情防控】 确保“打得通”。2022年，市政务服务管理局根据疫情反复特点和短信集中发送节点，提前安排备班人员和居家接听，实行弹性工作制，做好来话激增应急准备；上线智能语音客服，通过语音播报解答疫情相关问题，减少市民排队等待时间。

确保“答得准”。优化政策更新对接机制，及时更新答复口径，形成“即答式”手册便于话务员掌握，抽调干部驻点培训、测试、抽检、拨测，确保精准、规范应答。

确保“转得快”。安排局、办负责人值守带班，现场协调解决紧急问题；与120建立协同联动机制，保障特殊群体紧急就医需求，并在接诉后第一时间电话交办属地，守护市民身体健康和生命安全。

确保“办得好”。对“两码”核查举报、就医送药、物资紧缺、来（返）合肥报备等46881件重要紧急件，安排专人跟踪督办，限期24小时办结，确保不出问题。全年受理涉疫诉求445.6万件，占受理总量的52.3%，直接解答率85.5%，成为疫情防控服务的“总客服”。

【为企服务】 开设为企专席。2022年，市政务服务管理局在全省率先设立为企服务受理中心，开设为企、人才、“1+N”突出问题举报专席，出台为企服务《若干政策》，从市直相关部门优选74名涉企政策业务骨干为“政策专员”，定期到专席坐班接听企业来电，现场受理涉企诉求，做好涉企政策的宣传和解释工作。

提升办理水平。建立为企服务政策知识库，明确涉企事项办理统一答复口径，并及时、动态更新；建立全流程闭环办理工作机制，严格对涉企诉求办理质量进行考核通报，切实保障办理质效。

坚持领导接听。常态化开展领导干部接听、省市“接热线、办实事”联动接听、“政策专员”坐班接听活动，零距离听取民意、权威解答相关政策、解决企业难题。全年受理涉企诉求10.2万余件，各级领导406人次接听来电1190件。

【提升热线服务质效】 完善培训体系。2022年，市政务服务管理局围绕服务与沟通技能、热点与新增业务、重疑难点案例分析、情绪疏导与管理等内容，举办培训2456场次；采用“请进来”与“走出去”相结合的方式，邀请市公积金管理中心、市交通局等职能部门到12345热线开展培训76场次，安排话务人员到医保中心、公积金中心现场学习，计96人次。

优化绩效考核。对服务外包机构设置人工接通率、线路畅通率等关键性约束指标，确保热线平台稳定运行；对话务员实行“金银铜牌”评比制度和“红黄牌”惩戒退出机制，将考评结果与绩效挂钩；常态化开展月度考试、日常抽测、集中测评等，夯实话务人员业务能力。在当年开展的全省“大练兵”活动中，有5位话务人员获评全省“业务标兵”。

加强质检回访。各分中心之间采取互检模式，相互取长补短；定期分析典型案例、优秀录音、共性问题，针对性开展质量提升培训；建立话务满意率、办理满意率短信回访或网上评价“双回访”机制，一次评价不满意系统退回重办，二次评价不满意件人工电话回访，倒逼提升诉求办理质量。质检抽查率当年达到来话量的2.2%，质检合格率为80.2%，服务水平投诉率占来话量的0.05%；转办件按期反馈率98.9%，回复率、息诉率和办结率均超过99.6%，办理满意率98.3%，平均办理时长4.1个工作日。

【探索数智赋能热线发展】 智能助力受理提速。2022年，市政务服务管理局通过智能座席助手实现智能填单，利用语音识别及语义理解技术，进行实时对话转写、自动总结归类，提高工单记录效率，实现话务员单次服务时长缩短10%，话后工单整理时长缩短30%。

数据分析深挖民意。与第三方专业机构合作，发挥12345热线大数据分析联合实验室作用，深挖数据资源，反映社情民意，及时预警特定诉求，实现“早发现、早处置、重防范”；加强常规数据分析，实时掌握宏观情况；深度研究群众反映的重点、难点、热点、新点问题，形成专题报告，为相关决策提供科学支持。全年编辑民情热点、热线专报144期，市领导批示131件次。

（张世辉）

信 访

【概况】 2022年，合肥市人民政府信访局（以下简称“市信访局”）畅通信访渠道，解决信访突出问题，信访工作呈现“信升访降，走访下行”态势；优化网、信、访结构，全市群众来信和网上投诉同比上升13%，走访人次同比下降10.4%。在全省信访工作目标考核中，合肥市被省信访工作联席会议评为“2022年度全省信访工作责任目标考核优秀单位”。

2022年，合肥市委常委会会议、市政府常务会议有6次听取信访工作情况汇报，有8次专题研究信访工作。省委常委、市委书记虞爱华专题批示信访工作45次，市委副书记、市长罗云峰批示33次。信访工作纳入市委常委会（扩大）会议调度内容，党委、政府分管负责同志每周进行专题调度，重要事项实行随时调度，形成“党委副书记＋政法委书记＋公安局局长”牵头抓的信访工作机制。信访工作被纳入党建工作考核范围和各级书记年度述职评议重要内容；信访岗位成为锻炼培养干部的重要平台，市县两级全年安排155名新晋升和年轻干部在信访部门挂职锻炼。

【领导接访下访】 2022年，市党政主要负责同志示范带头，接访群众127批184人次，面对面帮助解决疑难复杂问题，其中在1月15日、12月1日两次开展公开接访工作，在2月19日、6月18日两次开展下基层主动约访工作。根据市委、市政府领导工作分工，每周四安排市领导精准接访工作，全年工作周接访群众113次260批358人次。全国“两会”和党的二十大期间，由市领导每天带班值班，接访群众，处理信访事项。各县（市、区）、开发区党政负责同志同步开展公开接访、带案下访、定点约访等工作，全年接访接待群众4278批8258人次。

【信访积案攻坚】 2022年，市委、市政府主要负责同志带头领衔承包17件疑难复杂事项，亲自约访调度，推动积案化解。各地各部门化解130余件历时10年以上的“钉子案”“骨头案”。由中央信联办集中治理重复信访、化解信访积案专项工作交办的2104件信访积案全部办结，办结率100%。全市化解信访积案专项工作受到省主管部门的肯定，市信访局被国家信访局表彰为“治理重复信访、化解信访积案专项工作优秀集体”。

【信访专班化解】 2022年，合肥市“3+1+X”信访维稳专班处置化解各类突出信访矛盾500余起。按照“管业务管信访、管行业管信访”要求，成立征地拆迁、涉众金融领域信访专班，抽调专人集中办公，实体运行，形成“1（市信访维稳专班）+4（市房地产、涉众金融、涉法涉诉、征地拆迁信访专班）+N”专班攻坚信访难题的格局，全年化解房地产信访突出问题191件、涉众金融事项60起、涉法涉诉信访事项978件、征地拆迁重点事项102件。

【信访双向规范】 2022年，合肥市建立信访事项星级处置机制，对全市信访事项实行“一至五星”星级管理，四星、五星案件提请市领导安排接访约访、跟踪调度、重点督导。建立“多端口受理、一个平台统筹、分层级办理、多方式反馈”的群众来信来访办理高效快捷运行机制，对信访件实行“清单化、闭环式”管理，定期开展自查、抽查、联查和责任倒查，最大限度减少重复信访。建立行业领域专业督办、信访部门综合督办、市委市政府督查部门倒查督办和市领导亲自督查督办的“四级递进督查督办”制度，按照“三到位一处理（即群众诉求合理的解决问题到位，诉求无理的思想教育到位，生活困难的帮扶救助到位，行为违法的依法处理）”原则，推进法治信访和“双向规范（即依法规范信访事项受理办理、依法规范信访人的信访行为）”信访工作。对信访工作中存在的党员干部不作为、慢作为问题依纪依规提出问责建议。对存在缠访闹访、以访施压等违法信访行为的，坚决依法打击。

（陈 曌）

市直机关事务管理

【概况】 2022年，合肥市机关事务管理局保障全市党政机关安全高效运转，实现公务安全出行959.3万千米，保障会议12.9万人次，保障餐饮135万人次，接待各级来宾约400批次、1.2万人次。

在保障2022年国家网络安全宣传周活动中，该局被省网信办评为表现突出单位。

【办公用房管理】 2022年，市机关事务管理局初步建成市党政机关办公用房管理平台并进入试运行阶段。开展办公用房年度信息统计，其中市级党政机关办公用房总建筑面积70.7万平方米、技术业务用房总建筑面积61.3万平方米。指导、调度县（市、区）、开发区和市直有关单位开展低效闲置办公用房清理处置工作，清查闲置办公用房1.77万平方米，处置闲置办公用房1.42万平方米。完成市公安局等7处6万余平方米办公用房权属变更登记工作。完成省工商联、省残联等部分省直单位原办公楼的实物接收移交。处理市直有关单位办公用房调配需求，协调解决各重点工作专班集中办公场所问题。

【公务用车管理】 2022年，市机关事务管理局升级公务用车管理信息平台，推进公务用车全生命周期监管工作。有序更替市直单位公务用车，采购公务用车54台，其中采购新能源汽车30台；处置公务用车54台，其中报废48台，拍卖6台。组织2022-2025年度市直单位社会化车辆定点租赁服务招标，推广“分时租赁”等创新举措，降低公务出行成本。加强对定点租赁、定点维修企业的监管，落实委托管理单位责任，确保依规开展公务出行活动。依据《驾驶员管理办法》，定期开展安全教育培训，增强安全行车意识。深入各县（市、区）基层一线，开展基层公务出行保障调研，发现困难和问题，总结经验做法，提出意见建议，形成专题调研报告并报市政府。

【公共机构节能】 2022年，市机关事务管理局贯彻省公共机构节能“十四五”规划实施方案，统筹推进全市公共机构节能工作。配合省机关事务管理局做好能耗数据统计会审。联合开展节能宣传周、全国低碳日、节水宣传周等主题活动，做好日常宣传，营造浓厚节能氛围。召开2022年全市公共机构节能工作暨培训视频会议。组织收看四期公共机构绿色低碳讲堂，组织参加第九期公共机构节能管理远程培训。加强对节约型机关、节水型示范单位创建的动态管理，提升创建成效，超额完成创建任务。推进市政务综合楼合同能源管理项目，完成工程招标，督导施工有序进行。推进生活垃圾示范点建设，改造升级市政务综合楼垃圾分类回收点，确定市检察院、市生态环境局为创建示范点。

【公务活动保障】 2022年，市机关事务管理局做好国家网络安全宣传周、双创活动周、世界制造业大会、中央媒体在合肥采访、京东方一整车企业供需对接专题会等大型会议和重要活动在合肥的服务保障工作，完成各级党政代表团、知名企业家来合肥考察交流和各级考核组在合肥指导督查的服务保障工作。严格贯彻落实中央“八项规定”精神及省、市关于公务接待相关管理办法，规范公务接待流程，细化公务接待标准，提升公务接待品质。加强与各保障相关单位的协调联动，挖掘地方特色，整合接待资源，展现合肥形象。

【机关后勤保障】 2022年，市机关事务管理局落实市委、市政府

2022年5月，市机关事务管理局利用蜀山区大洋百货宣传节水行动
（市机关事务管理局／供）

关于疫情防控的决策部署，做好疫情常态化防控，集中办公区平稳有序运转。开展维修改造，改善办公环境，加强物业监管，提升服务质量。定期组织消防安全检查、联动测试、处突演练，实施并完善信访维稳联动机制。加强食品卫生监管，改善就餐环境，保障餐饮135万人次，满意度逾90%。做好会议设施设备的日常维护。

【勤俭节约办事】 2022年，市机关事务管理局坚持贯彻政府带头过紧日子的要求，有保有压，优化支出结构，主动申报压减有关预算经费。会同市统计局高质量完成市本级46家行政单位2021年度机关运行成本统计调查。完成市政务中心二楼、三楼食堂经营管理和效益情况审计。做好反食品浪费宣传，深化“光盘行动”，发挥党政机关的示范引领作用。强化内控执行，着重规范事前绩效评价和小额零星采购。推进账面房产和闲置资产移交、盘活工作，完成年度通用设备报废处置事宜。

（马千里）

驻京、驻沪事务

【驻京事务】 2022年，合肥市人民政府驻北京联络处突出招商引资和接待服务两条主线，开展对外联络、合肥外宣、信息辅政和机关建设工作。捕捉“双招双引”项目信息220余条，重点接洽80余个项目，拜访各类机构70余家；接待访客40余批140多人次；邀请16家企业赴合肥考察交流；参加会议、论坛、参观交流等招商活动30余次。全程服务、促进签约项目4个，协议招商引资总额133.5亿元，分别为合肥·上海产业协同和双创示范基地项目、上市公司达威股份病原体检测试剂研发生产基地项目和北京航天联志公司上市主体和智能制造基地项目等。在接待工作方面，服务保障各项活动150批次、约900人次，出车450台次。保障市委、市政府主要负责人在京推进重点项目、拜访国家部委等系列活动9次100余人。全年报送市委、市政府政务信息计133条，被采用44条。

【驻沪事务】 2022年，合肥市人民政府驻上海联络处被上海市合作交流委评为年度双服务先进集体。加入省防疫上海工作专班，三年以来转运入境赴皖人员1万余人，受到省办领导肯定；提升服务保障能力，先后接待来沪领导，协助保障市直单位、县区来沪相关活动10余批次120余人次；深度参与G60科创走廊建设，争取到生物医药、环保等产业合作示范项目在合肥落地；引进上海启源芯动力科技公司等10余家特色鲜明、优势突出的企业，签署合作协议。获取招商信息84条，其中优质重点项目信息31条。向市委、市政府报送专题《上海信息》50期70余篇，通过市政务平台报送信息300余条。

（李　杰）

责任编辑：田　文

中国人民政治协商会议合肥市委员会

综　述

【概况】 2022年，在中共合肥市委坚强领导下，中国人民政治协商会议合肥市委员会（以下简称“市政协”）坚持以习近平新时代中国特色社会主义思想为指导，以迎接学习宣传贯彻中共二十大为主线，深入学习贯彻习近平总书记关于加强和改进人民政协工作的重要思想，全面落实中央及省委、市委决策部署，按照省委常委、市委书记虞爱华关于政协工作“三多、三转变”（即有实效的做法多，实现了由“做了什么”“做了多少”，向“做出了什么效果”转变；有影响的活动多，实现了由“一般不活动”，向“活动不一般”转变；有创见的建言多，实现了由“说得对”向“说了真采用”转变）的要求，认真践行“三四二一”工作理念，牢牢把握团结和民主两大主题，围绕中心大局忠诚履职，以政协制度效能建设推进专门协商机构建设，为合肥市在新征程上奋力建设“五大名城”，作出积极贡献。

政协第十五届合肥市委员会第一次会议选举产生政协委员521名，来自31个界别。按界别分：中共37人，民革20人，民盟18人，民建20人，民进14人，农工党18人，致公党7人，九三学社11人，无党派10人，共青团13人，总工会19人，妇联14人，青联3人，工商联25人，科协14人，台联5人，侨联7人，文艺14人，科技24人，社科19人，经济27人，农业20人，教育35人，体育5人，新闻出版11人，医药卫生24人，对外友好3人，社会福利6人，少数民族9人，宗教8人，特邀61人。

市政协设常务委员会，由主席、副主席、秘书长和常务委员组成。设有提案委员会、经济委员会、农业和农村委员会、人口资源环境委员会、教科卫体委员会、社会法制委员会、民族宗教委员会、港澳台侨外事委员会、文化文史和学习委员会等9个专门委员会。

2022年7月13日，全市政协系统党的建设暨宣传思想工作交流座谈会召开
（市政协/供）

【政治建设】 2022年，市政协常委会坚持把迎接中共二十大、学习宣传贯彻二十大精神作为贯穿全年的重大政治任务，认真做好思想引领、汇聚力量、议政建言、服务大局各项工作，为保持平稳健康的经济环境、国泰民安的社会环境、风清气正的政治环境贡献政协

力量。

凝心聚力喜迎二十大。深刻认识中共二十大在推进中华民族伟大复兴进程中的重要里程碑意义，在全市政协系统组织开展“奋勇争先创佳绩、喜迎党的二十大”主题实践活动，提出11个方面38项具体措施并认真抓好落实，营造同心迎盛会、团结共奋进的良好氛围。召开全市各界人士“喜迎二十大·奋进新征程”迎国庆茶话会，四大班子主要负责同志与市各民主党派、工商联、无党派人士和各族各界代表人士，在合肥企业家代表欢聚一堂，共话发展成就、共谋美好未来。以迎接中共二十大为主题，召开全市政协系统党的建设暨宣传思想工作座谈会，推动全市政协系统党的建设有效覆盖，宣传思想工作提质增效。按照市委部署要求，聚焦疫情防控、安全生产、信访维稳和意识形态等重点工作，市政协3位党组成员分别赴巢湖市、安徽巢湖经济开发区、蜀山区、庐江县开展包保督导活动28次，发现并推动解决问题39项，为全力护航二十大、保持全市社会大局安全稳定发挥积极作用。

学思践悟领会新思想。围绕迎接中共二十大加强思想政治建设，健全以政协党组理论学习中心组学习为引领的学习体系，一以贯之学懂弄通做实习近平新时代中国特色社会主义思想，深入学习贯彻中共十九大及十九届历次全会精神，学好用好《习近平谈治国理政》第四卷，推动党史学习教育制度化长效化，专题学习习近平总书记“7.26”重要讲话精神。中共二十大召开后，通过会议学习、专家辅导、宣传宣讲、主题调研、委员读书活动等形式，迅速兴起学习宣传贯彻热潮，推动二十大精神内化于心、外化于行。召开“学习贯彻中共二十大精神”专题常委会，作出关于全市政协系统学习宣传贯彻中共二十大精神的决议，引导广大政协委员和社会各界人士按照习近平总书记“五个牢牢把握”的重要要求，认真学习领会二十大提出的新思想新论断、作出的新部署新要求，更加深刻领悟“两个确立”的决定性意义，更加自觉做到“两个维护”。

党建引领促进新发展。坚持党对政协工作的全面领导，全面落实中央及省委、市委政协工作会议和相关文件精神，协助市委做好省委新时代加强和改进政协工作督查反馈问题整改工作，相关工作获得全国政协调研组充分肯定。坚持以党的政治建设为统领，充分发挥政协党组把方向、管大局、保落实的重要作用。深化拓展“一入五建”，根据十五届政协委员调整情况，优化调整9个专委会功能型党支部，成立21个专委会党小组，23个委员小组，在协商议政、民主监督等履职活动中更好发挥战斗堡垒作用，以党建工作新成效推动政协事业新发展。

（王辰菲）

2022年12月19日，市政协召开党组理论学习中心组学习扩大会议，邀请省委讲师团团长作学习宣传贯彻党的二十大精神专题宣讲　（市政协/供）

重要会议

【市政协十五届一次会议】 2022年1月8日至13日，市政协召开十五届一次会议。大会有8项议程，听取和审议政协第十四届合肥市委员会常务委员会工作报告；听取和审议政协第十四届合肥市委员会常务委员会关于提案工作情况的报告；列席合肥市第十七届人民代表大会第一次会议，听取并讨论市政府工作报告及其他有关报告；举行大会发言；选举政协第十五届合肥市委员会主席、副主席、秘书长、常务委员；审议通过政协第十五届合肥市委员会第一次会议提案审查委员会关于十五届一次会议提案审查情况的报告；审议通过政协第十五届合肥市委员会第一次会议决议；市委主要领导同志讲话。

【市政协十五届常委会会议】 2022年，市政协十五届常委会会议召开6次，即第一次至六次。

2022 年 11 月 11 日，市政协召开十五届四次常委会会议，专题传达学习党的二十大精神（市政协 / 供）

市政协十五届一次常委会会议。会议于 3 月 18 日召开。市政协主席韩冰出席会议并讲话。会议传达学习全国“两会”精神，省委、市委有关会议精神，通报《政协合肥市委员会 2022 年工作要点》（征求意见稿），协商通过十五届市政协副秘书长名单和专门委员会设置及各专门委员会主任、副主任名单，颁发各专门委员会主任任命书。

市政协十五届二次常委会会议。会议于 6 月 29 日召开。市政协主席韩冰出席会议并讲话。会议审议通过有关人事事项；开展“打造高质量科创平台，促进合肥市科技创新生态体系建设”专题协商，通过《关于“打造高质量科创平台，促进合肥市科技创新生态体系建设”的建议》。

市政协十五届三次常委会会议。会议于 9 月 26 日召开。市政协主席韩冰出席会议并讲话。会议书面传达学习习近平总书记在省部级主要领导干部“学习习近平总书记重要讲话精神，迎接党的二十大”专题研讨班上的重要讲话精神、习近平总书记在中央统战工作会议上的重要讲话精神、《中国共产党政治协商工作条例》、省委办公厅《关于加强和改进新时代市县政协工作的若干举措》；审议通过有关人事事项；开展“大力实施数字赋能行动，推进数字产业化、产业数字化”专题协商，通过《关于“大力实施数字赋能行动，推进数字产业化、产业数字化”的建议》。

市政协十五届四次常委会会议。会议于 11 月 11 日召开。市政协主席韩冰出席会议并讲话。会议传达学习中国共产党第二十次全国代表大会和中国共产党第二十届中央委员会第一次全体会议精神，以及全国政协、中共安徽省委、安徽省政协和中共合肥市委有关会议精神，6 位委员作口头发言；审议通过《政协合肥市委员会关于学习宣传贯彻中国共产党第二十次全国代表大会精神的决议》和有关人事事项。

市政协十五届五次常委会会议。会议于 12 月 24 日召开。市政协主席韩冰主持会议并讲话。会议决定市政协十五届二次会议召开日期，审议通过市政协十五届二次会议议程（草案）、日程（草案），协商通过市政协十五届二次会议人事安排。审议通过《市政协常委会工作报告（草案）》《市政协提案工作报告(草案)》和有关人事事项，讨论《合肥市人民政府工作报告(征求意见稿)》。市政协主席会议成员和市政协常委作年度述职。

市政协十五届六次常委会会议。会议于 12 月 31 日召开。市政协主席韩冰主持会议。会议听取大会秘书处关于小组讨论情况综合汇报；通过政协第十五届合肥市委员会增补常务委员候选人名单（草案），市政协十五届二次会议选举办法（草案），市政协十五届二次会议总监票人、监票人名单（草案），政协第十五届合肥市委员会提案委员会关于十五届二次会议提案审查情况的报告（草案），政协第十五届合肥市委员会第二次会议决议（草案）。

（王辰菲）

政治协商

【概况】 2022 年，市政协常委会牢牢把握专门协商机构性质定位，坚持围绕中心、服务大局，突出建言靶向性，提高资政含金量，全年开展 1 次全体会议协商，2 次高层次面对面协商（即市委社情民意座谈会、市政府政协委员资政会），2 次议政性常委会协商，1 次市委书记领衔督办重点提案协商和若干次专题协商、对口协商、提案办理协商等，充分发挥政协职能优势，不断提升“1＋2＋2＋1＋X”协商议政格局，有效服务市委市政府科学决策、精准施策。

【服务中心城市能级提升】 12月8日，市政协常委会围绕“全面提升大城市治理水平”开展社情民意座谈会协商，提出16条意见建议。省委常委、市委书记虞爱华充分肯定协商成果，要求相关部门对意见建议做到能用尽用、能用快用，加快打造宜居、韧性、智慧城市。9月29日，围绕“大力实施‘两强一增’行动，全力打造全省乡村振兴示范区”开展政协委员资政会协商，罗云峰市长现场交办有关部门，要求把“对策”转变为“政策”、“建议”转变为“行动”。11月3日，就“大力推进合肥市现代交通体系建设”开展专题协商，所提15条具体建议，逐步转化为政策举措，助推合肥全面提升城市能级。

【促进科技产业深度融合】 11月22日，市政协常委会围绕“打造科技成果‘三就地’示范区”开展市委书记领衔督办提案专题协商，提出5个方面15条具体建议，省委常委、市委书记虞爱华要求相关部门在吃干榨尽、抓早投小、由内向外、从有到优、由分到统等方面下功夫，不断开辟发展新领域新赛道，塑造发展新动能新优势。6月29日，围绕“打造高质量科创平台，完善合肥市科技创新生态体系建设”开展议政性常委会议协商，9月26日，围绕“大力实施数字赋能行动，推进数字产业化、产业数字化”开展议政性常委会议协商，精准建言献策，助推合肥把科创优势转化为发展胜势，勇当科技和产业创新开路先锋。7月5日，以“加快合肥市软件产业发展，进一步推动传统产业转型升级”为议题开展专题协商，关于培育壮大信创产业、实施软件名城名园名企名品行动计划等建议得到有关部门认真办理，推动合肥软件园挂牌成立，促进软件产业集聚发展。

2022年12月8日，市政协召开社情民意座谈会，开展“全面提升大城市治理水平”专题协商（市政协／供）

【助力推进生态文明建设】 5月17日，市政协常委会围绕“提升环巢湖十大湿地文化内涵，助力打造合肥‘最好名片’”开展专题协商，推动环巢湖湿地生态价值、文化价值、经济价值、社会价值有机融合。发挥界别优势，组织委员围绕骆岗公园、“引江济淮”工程合肥段建设、农村人居环境整治暨改厕工作等开展视察调研，助推项目加快建设、工作有序落实。持续关注巢湖综合治理，组织委员、专家和部门负责同志深入项目现场，实地考察生态修复治理、美丽乡村建设等，提交《关于巢湖综合治理调研视察的建议》，获得市委、市政府主要负责同志高度肯定，关于科学调控水位、加大湖内湿地修护和建设等建议及时转化为具体举措，为加快建设人水和谐、城湖共生的美丽合肥贡献政协力量。

【主动融入对外开放合作】 10月20日，市政协常委会聚焦“推进合肥陆港型国家物流枢纽建设”开展重点协商，11条对策建议被有关部门及时运用，促进合肥深度融入“一带一路”建设。积极参加长三角“六市一区”政协主席第四次联席会议，推动开启九城市政协共商长三角G60科创走廊高质量发展第二轮活动，围绕“深化企业创新驱动，加快实现科技自立自强”开展联合调研，助力提升区域协同创新水平。深度参与长三角公共外交协会联系机制建设，搭建高层次合作交流平台，促进优势互补，助推合肥争当长三角一体化发展“优等生”。

（王辰菲）

民主监督

【概况】 2022年，市政协常委会坚持在参与中进行监督，在监督中服务发展，全年开展民主监督活动22次，不断拓宽民主监督渠道，提高民主监督成效。

2022 年 10 月 15 日，市政协开展“新徽菜·名徽厨行动”监督调研

（市政协 / 供）

【专题监督】 2022 年，市政协常委会开展巢湖“山水工程”建设重点民主监督活动，围绕巢湖湿地群保护与修复、“林长制”落实情况等开展监督式调研，助力合肥成功入选国际湿地城市。就“推进中国（合肥）跨境电子商务综合试验区建设”建议办理情况开展重点民主监督，关于海外仓建设、跨境电商人才培养等 9 条对策建议全部落实。

【民生监督】 2022 年，市政协常委会聚焦群众牵肠挂肚的民生大事和天天有感的关键小事，以“和美小区”三年行动方案推进落实情况、公立医院专科联合体建设和合肥市“名医名科名院”工程建设情况、提高行政执法水平等为议题，开展重点民主监督，助推相关惠民举措落地见效。深入贯彻落实全省“一改两为”大会精神，以“新春访万企、助力解难题”“优环境、稳经济”活动为抓手，市政协主席、副主席牵头组成 9 个小组，深入县（市、区）、开发区开展接待企业、现场办公、实地调研、跟踪监督，累计走访和接待企业 396 家，推动解决各类诉求问题 435 个，帮助企业纾困解难，坚定发展信心。如推动合肥必欧瀚生物技术公司新冠抗原检测试剂盒开展的临床试验及获批上市。聚焦群众所需所盼，深入开展“暖民心行动”民主监督活动，组织开展调研座谈 19 场次，提出意见建议 86 条，相关建言转化为具体措施。如“关于守护儿童口腔健康的建议”，推动合肥市基层医疗机构对小学和幼儿阶段学生开展口腔涂氟和窝沟封闭，切实增强群众获得感、幸福感。发挥特约监督员作用，选派委员围绕棚户区和老旧小区改造、“四好农村路”建设、中小学课后服务等 18 项民生工程建设情况开展监督问效，促进民生实事落实落地。

（王辰菲）

参政议政

【概况】 2022 年，市政协常委会围绕市委、市政府中心工作，坚持以人民为中心的发展思想，始终把关注民生、履职为民作为政协工作的出发点和落脚点，促进社会和谐，增进民生福祉。

【办好民生实事好事】 2022 年，市政协常委会围绕“强化扶贫资产管理，发展壮大村级集体经济”开展专题协商，为持续巩固脱贫攻坚成果、有效衔接乡村振兴建言献策。支持各民主党派、工商联开展“同心示范工程”“百企兴百村”活动。扎实开展巢湖市烔炀镇凤凰村乡村振兴帮扶工作，积极牵线搭桥，推动乡村文旅项目落地建设，擦亮“中国美丽休闲乡村”靓丽名片。主动服务常态化疫情防控，广大政协委员在疫情防控中或立足本职、发挥专长，或下沉值守、奋战一线，或志愿服务、助力防控，或奉献爱心、捐款捐物，或建言献策、献计出力，展现同心抗疫、共克时艰的责任担当；市、县（市、区）两级政协 300 多名机关干部主动下沉道口卡点、场站小区等参与防疫值守；全市政协系统累计捐赠款物 3650 多万元，为统筹推进疫情防控和经济社会发展贡献了力量。

【拓展为民服务履职载体】 2022 年，市政协常委会深化拓展“双联双创”活动，创新联系方式、丰富履职载体、健全激励机制，引导委员履职活动向基层一线延伸，履职足迹融入百姓日常。市政协委员联系走访群众 1600 多人次，协调解决问题 330 多个，带动群众创业 120 多项，形成“一个委员”影响“一众人群”的乘数效应。认真落实市委出台的《市、县（市）区政协开展“有事好商量”平台建设工作的实施意见》，根据十五届市政协委员调整情况，重组和新建政协委员工作室51个，覆盖四级政协委员300多名，开展政策宣贯、法律服务、科技助农、送医下乡、乡村振兴、扶弱济困等各类活动500多场，形成广泛社会影响。支持各县(市、区)建成基层民主协商议事厅113个，常态化开展政策宣传、协商议事、为民服务、凝聚共识工作。围绕小区公共设施改造、放心家政等群众身边的“关键小事”开展线上协商议事厅活动11场，吸引20多万名群众参与讨论，推动小区破旧道路维修、增设临时停车点等问题得到有效解决，《人民日报》、新华网、《人民政协报》《安徽日报》等进行专题报道。

（王辰菲）

凝聚共识

【概况】 2022年，市政协常委会牢牢把握团结和民主两大主题，通过政协制度运行、民主程序和有效工作，努力把社会各界力量聚得更紧、同心圆画得更大、“朋友圈”建得更好，为全市经济社会发展凝聚磅礴力量。

【加强思想政治引领】 2022年，市政协常委会发挥人民政协“重要阵地、重要平台、重要渠道”作用，依托主席读书会、委员讲堂、委员小组、“合肥政协书院”委员读书活动等学习载体，组织各党派团体、各界别学深悟透习近平新时代中国特色社会主义思想，深入学习领会中共二十大精神，夯实共同思想政治基础。常态化开展党外委员“我看合肥新发展”专题调研视察，在体验新变化、感受新成就中凝聚共识、汇聚力量。严格落实党管意识形态责任，加强政协宣传思想工作，深化新媒体融合应用，组织开展“讲好‘中国式商量’故事”网络主题采访暨“政协江淮行”合肥站活动，着力讲好中国故事合肥篇章，更好地强信心、聚人心、筑同心。

【坚持发扬民主】 2022年，市政协常委会发挥政协统战职能，完善市政协党组集体走访市各民主党派、工商联制度，建立政协党组成员联系民主党派、工商联制度，定期开展走访交流、谈心谈话等活动。认真落实《中国共产党政治协商工作条例》，支持和保障各民主党派、工商联、无党派人士和社会各界人士参加政协共同性事务，推动政协协商同政党协商有效衔接，以协商聚共识、以共识固团结、以团结聚人心。全市各民主党派、工商联和无党派人士作大会发言250次、提交提案189件、反映社情民意信息1200多条、参加调研视察93场次，有效服务党政决策，助推经济社会发展，彰显了新型政党制度的优势和活力。

【深化团结联谊】 2022年，市政协常委会坚持大团结大联合，围绕“培育特色产业，推进少数民族乡村全面振兴”“加大宗教人才培养力度，积极推进宗教中国化方向”开展协商调研，促进民族团结、宗教和睦。精心组织《合肥文史》（第五辑）“工业篇”编撰工作，首次推出有声书阅读模式，切实发挥政协“存史、资政、团结、育人”作用。完成合肥之友联谊会、合肥市政协企业家委员联谊会换届工作，广泛团结社会各界人士，不断汇聚建设合力。

（王辰菲）

自身建设

【概况】 2022年，市政协常委会立足人民政协新时代新方位新使命，坚持守正创新，抓好自身建设，不断夯实基础、完善机制，推动政

2022年2月18日，市政协召开机关党的建设、党风廉政建设暨效能建设工作会议

（市政协/供）

协工作创新发展。

【强化委员责任担当】 2022年，市政协常委会加强委员学习教育，举办十五届市政协新任委员培训班，市委主要领导同志莅临结业式并对委员履职提出明确要求。常态化开展学习辅导、情况通报，为委员知情明政、增强履职能力提供坚实保障。推深做实“合肥政协书院”委员读书活动，完善“2+N”委员读书群机制，开展专题学习中共二十大精神、“两强一增在行动”等11期主题读书活动，召开市政协委员线下读书交流会，在“凤凰网安徽”同步直播，34.3万人在线参与，推动读书与履职深度融合。完善委员履职考核制度体系，不断增强委员履职积极性、主动性。

【抓好政协机关建设】 2022年，市政协常委会牢牢把握政治机关属性，以模范机关建设为抓手，持续推进“党建+”品牌建设，进一步提升机关党建工作质量。持续推动专委会在“专、实、新”上下功夫，促进专委会工作更加活跃、更具特色。坚持正确用人导向，出台《市政协机关“合协青年”成长计划》，全面加强干部队伍建设。发扬自我革命精神，持续正风肃纪，深入推进“四小四大”专项整治，支持派驻纪检监察组监督执纪问责，切实把作风之实和履职之能相结合，提升政协机关工作质效。市政协机关连续7年在市委综合考核中获得“优秀”等次。

【加强政协上下联动】 2022年，市政协常委会认真落实全国政协、省政协重要会议精神，服务保障全国政协、省政协来肥调研视察24次，参加省政协各类会议活动27场次，提交大会发言36篇。贯彻落实中央办公厅《关于加强和改进新时代市县政协工作的意见》及省委若干举措，出台市政协贯彻落实工作方案，完善市政协领导分工联系县（市、区）政协制度，加强对基层政协工作的指导，注重发挥乡镇（街道）政协联络组（工作委员会）作用，着力在有事共商、履职共推、资源共享、队伍共建、品牌共育上统筹整合，更好发挥整体优势、增强工作合力。

（王辰菲）

政协提案

【概况】 2022年，广大政协委员、政协各参加单位紧紧围绕落实省、市党代会提出的目标任务，积极运用提案形式参政履职，提出提案623件，经审查及并案处理后立案483件。其中，集体提案66件、委员提案417件，交85家承办单位办理，所有提案均办复。提案所提建议，采纳或列入计划落实的470件，占97.3%；因受条件限制待研究解决的11件，占2.3%；作为工作参考的2件，占0.4%。

【为打造科创名城建言】 2022年，打造科技成果“三就地”示范区8件提案，由省委常委、市委书记虞爱华亲自领衔督办，有力推动《合肥市进一步加强科技成果转化若干措施（试行）》等多个重要政策文件的出台，加快合肥市种子基金管理、中试基地（平台）建设、知识产权保护运用等方面的改革步伐，推进合肥市大力创新技术转移和成果转化模式，高水平、常态化开展科技成果发现、挖掘、策划、转化和服务工作。

【为打造产业名城献策】 2022年，在一产“两强一增”行动方面，有关提案被选为罗云峰市长领办提案，关于加强合肥市种业创新体系建设等方面的建议得到积极采纳。在二产“提质扩量增效”行动方面，关于推动家电产业和传统制造业转型升级发展，大力发展量子信息等

2022年11月22日，市政协召开市委书记领衔督办市政协“打造科技成果‘三就地’示范区”系列重点提案办理协商会 （市政协/供）

新兴产业的具体建议，在市委、市政府制定的多份产业促进政策中得到体现，有力助推合肥市打造“芯屏汽合”“急终生智”产业地标。在三产“锻长补短”行动方面，关于促进新媒体产业、文化创意产业等的建议富有针对性和可操作性，为合肥市制定相关产业政策提供参考和依据。

【为打造巢湖名城出招】 2022年，关于水环境工作的有关建议，在合肥市编制河流水体达标方案、开展自动监测体系建设等工作中得到落实。关于挖掘运河文化、打造文化新城的有关建议，有效助力古江淮运河遗址保护利用、运河文化研究和江淮运河旅游走廊建设。发展绿色金融、开展高效污染拦截及生态修复、推进农村人居环境整治、加强环巢湖文化特色品牌建设等具体建议得到采纳落实，让巢湖成为合肥最好的名片。

【为打造活力之城集智】 2022年，关于提高大城市意识和水准、提高城市规建管水平的一系列建议，在《合肥市城市更新工作暂行办法》中得到体现，并不断在合肥市实施城市更新计划等工作中产生积极成果。关于高质量推进合肥国家物流枢纽建设的建议，被《合肥市“十四五”现代物流业发展规划》充分吸纳。关于融入长三角一体化发展、推进国际教育文化交流等建议，为合肥市不断扩大对外开放，奋力迈向具有国际影响力的社会主义现代化大都市发挥积极作用。

【为打造幸福之城聚力】 2022年，关于落实“双减”政策、全面提升学生素质的一系列建议，有力促进合肥市校外培训机构监管工作及中小学生课后服务的开展，推动义务教育阶段减负提质。关于进一步完善重度残疾人及就业困难人员就业保障的建议，在合肥市打造社区“三公里”就业圈，以及健全社会保障和社会救助工作中得到积极采纳。关于加强外卖骑手劳动权益保护的有关建议，直接推动《合肥市网络餐饮外卖配送管理办法》立法工作，对外卖骑手劳动报酬、社会保险、工作强度等劳动权益保障作出具体规定。

（王辰菲）

责任编辑：赵永军

中国共产党合肥市纪律检查委员会

合肥市监察委员会

综　述

【概况】　2022年，合肥市各级纪检监察机关发扬自我革命精神，忠实履行职责使命。坚决扛起“两个维护”政治责任，持续强化政治监督；加固中央八项规定堤坝，持续纠“四风”树新风；一体推进不敢腐、不能腐、不想腐，持续打好反腐败斗争攻坚战、持久战；坚守政治巡察定位，持续发挥巡察利剑作用；坚持人民至上，持续整治群众身边不正之风和腐败问题；坚持把纪律规矩挺在前面，做实做细监督首责；强化系统集成、协同高效，持续深化纪检监察体制改革；坚持打铁必须自身硬，持续推进规范化、法治化、正规化建设。以走在前作表率的自觉担当，以抓基层打基础的鲜明导向，以整治“四小四大”的主动作为，坚定不移正风肃纪反腐，推动纪检监察工作高质量发展取得新成效。

【监察体制改革】　2022年，合肥市纪律检查委员会（市监察委员会）（以下简称“市纪委监委”）出台《进一步加强纪律监督监察监督派驻监督巡察监督统筹衔接的实施意见》，推动“四项监督”机制、流程、资源整合。深化“室组”联合监督、“室组地”联合办案机制，由各纪检监察室牵头，建立健全工作例会、常态互查、信息共享等制度。贯通协同人大监督、审计监督、统计监督等各类监督，开展违规享受低保、统计造假等问题联合监督执纪执法。认真贯彻落实派驻机构工作规则，强化对派驻机构的领导指导，召开专题调研座谈会，优化请示报告、述职考核机制，制定出台市属企业纪检监察机构问题线索处置和案件查办六项举措。按季度通报分析派驻机构线索处置和办案情况，促进“探头”作用发挥。

2022年10月16日，合肥市纪委监委及时组织广大纪检监察干部集中收看中国共产党第二十次全国代表大会直播　（市纪委监委／供）

【调查研究】　2022年，市纪委监委坚持深学习、实调研、抓落实，把调查研究作为破解难题、推动工作的重要途径，不断推动纪检监察工作高质量发展。深入学习宣传贯彻党的二十大精神，制定总体方案和任务清单，市纪委监委领导同志围绕9个重点课题牵头开展调研，形成一批有价值的调研成果。围绕加强村居监督，在实地调研基础上，协助市委创新制定《加强村（社区）监督规范小微权力运行的实施意见》，细化明确“监督什么、谁来监督、怎么监督”问题，联镇街带村居，打通基层监督“神经末梢”。围绕运用“四种形态”、有效惩治和预防行贿、贯彻落实省委相关文件、完善党的自我革命制度规范体系等主题，形成调研报告上报省纪委，为决策提供参考。围绕年轻干部违纪违法问题等重点课题开展调研，形成针对性小切口调研报告，为“四小四大”专项整治提供有力抓手。

【宣传教育与预防】 2022 年，市纪委监委结合实际研究制定落实举措，扎实推进党史学习教育常态化长效化。坚持敢于“发声”、善于“发声”，聚焦民生领域监督、乡村振兴、小微权力“监督一点通”平台、“一改两为”工作、“三不腐”一体推进、四项监督统筹衔接等重点工作，宣传推介合肥纪检监察工作新举措、新成效，营造迎接宣传学习贯彻党的二十大的浓厚氛围。全年在国家级报、网、刊发布新闻稿件 43 篇。在省纪委新媒体平台发稿 339 篇，在《合肥日报》发稿 76 篇。“清风合肥”微信公众号发布稿件 413 篇，总阅读量超过 100 万 +。微信公众号“清博指数”持续稳居全省 16 个省辖市纪检监察微信公众号第一。编辑出版《庐阳风纪》6 期，涉及文字量 30 余万字。成功举办七届“包公杯”全国反腐倡廉优秀曲艺作品汇演活动。协助市委出台《关于加强新时代廉洁文化建设打造清廉合肥的通知》，以“6+N”清廉单元和 40 项市、县两级重点项目建设为着力点，推动清廉合肥全域全民共建。依托包公园，开展“包公清廉文化教育精品课”活动 39 场。举办第四届“清廉合肥”“三微”作品征集活动，征集作品 170 部。制作“四小四大”问题专项整治工作专题警示教育片《自我革命进行时》和警示教育读本。制作完成人防系统违纪违法案件警示教育片《失“防”》。紧盯“四风”新形势、新动向，加大通报曝光。在省、市纪委网站发布我市党员干部违纪违法案件 39 起。在节假日向全市 13000 名党员干部发送廉洁提示，阅读量达 8 万余人次。全力做好“警示教育视频、文字资料库”两库建设工作。

2022 年 11 月 22 日，以“说唱廉洁歌 奋进新时代”为主题的“包公杯”反腐倡廉七届优秀曲艺作品汇演，在合肥大剧院举行　（市纪委监委 / 供）

【队伍建设】 2022 年，市纪委监委带头加强政治建设。全年向省纪委监委请示报告事项 180 次，向市委请示报告事项 210 次，制定县（市、区）纪委监委向市纪委监委请示报告事项清单。全面落实党建工作责任制，创评“星级党支部”，推动基层党组织建设提档升级。4 个集体获评全省纪检监察系统先进集体，3 名同志获评全省纪检监察系统先进工作者，其中 1 人被中央纪委国家监委嘉奖为优秀纪检监察干部。着力提升高素质专业化水平。深化全员培训，组织参与上级纪委监委线上培训 23 期 5131 人次。强化实战练兵，选送 62 名干部赴上级纪委监委学习锻炼。强化年轻干部培养，创新举办“学思践悟习近平新时代中国特色社会主义思想心得体会讲演汇报会”，召开年轻干部座谈会，组建青年理论学习互助小组，开设“周末清风讲堂”“年轻干部共享课”。从年轻干部中提拔、使用科级领导干部 36 名。严格内部监督管理。认真落实省纪委监委“监督执纪执法规范化水平提升年”部署和全省审查调查安全视频会精神，对省纪委监委安全检查反馈指出合肥市存在的问题立行立改、举一反三，开展审查调查安全工作质量提升专项行动和“走读式”谈话场所拉网大检查，牢牢守住不发生安全事故的底线。

（刘　杰）

2022年1月29日，中国共产党合肥市第十二届纪律检查委员会第二次全体会议召开（市纪委监委/供）

重要会议

【市纪委全体会议】 中国共产党合肥市第十二届纪律检查委员会第二次全体会议，于2022年1月29日在市政务中心召开。出席会议的市纪委委员41人，列席254人。省委常委、市委书记虞爱华出席全会并讲话。市委常委，市人大常委会、市政府、市政协领导班子成员出席会议。全会由市纪委常务委员会主持。全会以习近平新时代中国特色社会主义思想为指导，全面贯彻党的十九大和十九届历次全会精神，深入学习贯彻十九届中央纪委六次全会特别是习近平总书记重要讲话精神，全面落实省纪委十一届二次全会部署要求，总结2021年纪检监察工作，部署2022年任务。审议通过时任省纪委常委、市委常委、市纪委书记、市监委主任华克思代表市纪委常委会所作的《永葆自我革命精神忠实履行职责使命，为加快合肥现代化建设提供坚强保障》的工作报告。全会审议通过《工作报告》和《中国共产党合肥市第十二届纪律检查委员会第二次全体会议决议》。

【专题会议】 县（市、区）纪委书记、监委主任述职会。2022年1月14日，市纪委监委召开县（市、区）纪委书记、监委主任述职会议，听取各县（市、区）纪委书记、监委主任履职情况报告，征求对市委常委会、市纪委常委会及市纪委监委主要负责同志个人的意见建议。时任省纪委常委、市委常委、市纪委书记、市监委主任华克思主持会议并作点评发言。

“清风合肥”·微电影微视频微动漫作品征集创作座谈会。1月14日，市纪委监委召开“清风合肥”·微电影微视频微动漫作品征集活动创作座谈会。征集活动自开展以来，收到应征作品176部，经组织专家进行两轮评审，最终评选出入选作品22部，其中微电影类6部，微视频微动漫类6部，优秀作品10部，4家单位被评为优秀组织单位。征集到的作品主题突出、制作精良、形式新颖、寓意深刻，展示全面从严治党和反腐败斗争的新进展、新成效、新成果。

党史学习教育专题民主生活会。1月27日，市纪委常委会召开党史学习教育专题民主生活会。时任省纪委常委、市委常委、市纪委书记、市监委主任华克思主持会议并作总结讲话。省纪委监委纪检监察干部监督室主任，市委党史学习教育第三巡回指导组副组长一行到会指导。市委巡察办主任、市纪委监委相关部门主要负责同志列席会议。

党史学习教育总结会。1月28日，市纪委监委召开党史学习教育总结会，深入学习贯彻党的十九届六中全会精神和习近平总书记关于党史的重要论述，贯彻落实中央、省市党史学习教育总结会议精神，全面总结概括市纪委监委党史学习教育的总体成效，对持续巩固拓展党史学习教育成果提出明确要求。时任省纪委常委、市委常委、市纪委书记、市监委主任华克思出席会议并讲话。市委党史学习教育第三巡回指导组副组长到会指导。

十二届市委第二轮巡察动员部署会。3月1日，十二届市委第二轮巡察动员部署会召开，会议深入学习贯彻习近平总书记关于巡视巡察工作重要论述，传达学习省委常委、市委书记虞爱华在市委书记专题会议上的讲话精神，宣布十二届市委第二轮巡察组长、副组长授权任职及任务分工的决定。市委常委、市委组织部部长、市委巡察工作领导小组副组长葛建荣出席会议并讲话。

第二届“包公杯”全国书法篆刻大赛作品展开幕会。3月4日，由省文联、省纪委宣传部、市纪委监委、市委宣传部主办的第二届“包公杯”全国书法篆刻大赛作品展开幕。本次大赛投稿参赛作品近5000件。经由国内书法名家组成的评审委员会严格评审，遴选出入展作品134件，其中一等奖3件，二等奖8件，三等奖15件。参赛作品形式多样，主题鲜明，内容丰富。

十二届市委第二轮巡察中期汇报会。4月6日，十二届市委第二轮巡察中期汇报会召开。会议听取市委各巡察组巡察进展情况的汇报，研究推动解决当前巡察工作中存在的突出问题，并就做好下一阶段巡察工作提出具体要求。

监督执纪及特殊群体疫情防控工作专题部署会。4月13日，市纪委监委组织市公安局、市司法局、市民政局、市第四人民医院等部门召开监督执纪及特殊群体疫情防控工作专题部署会，听取监所、养老院、儿童福利院等特殊群体基本情况和疫情防控措施落实情况，并就如何做好特殊群体居所疫情防控工作、加强督查督办进行座谈讨论。

市属国有企业纪检监察机构主要负责人座谈会。5月24日，市纪委监委组织市属国有企业纪检监察机构主要负责人召开座谈会，进一步规范市属企业纪检监察机构问题线索处置和案件查办工作。会议强调，加强市属国有企业纪检监察机构问题线索处置和案件查办工作的规范管理，通过嵌入式监督、融合式监督、日程式监督，全面提升案件查办效能，保障国资国企高质量发展。

2022年6月10日，市纪委监委召开年轻干部座谈会

（市纪委监委/供）

年轻干部座谈会。6月9日，市纪委监委召开年轻干部座谈会。来自市委巡察机构、市纪委监委派驻机构，委机关各部门的42名年轻干部代表结合自身经历以及工作岗位实际，围绕学习习近平总书记讲话精神分享心得体会，15名同志作重点发言。市委常委、市纪委书记、市监委代主任黄维群与年轻干部进行谈心交流，并对同志们的发言逐一进行点评。

全市纪检监察工作推进会。6月24日，全市纪检监察工作推进会召开，市委常委、市纪委书记、市监委代主任黄维群主持会议并讲话。市纪委监委领导班子成员，各县（市、区）纪委监委主要负责人，市委巡察机构负责同志，市纪委监委各派驻（出）机构，省部属驻肥有关单位、市属企事业单位纪检监察组织，委机关各部门主要负责同志参加会议。会议认真贯彻落实全省基层小微权力“监督一点通”服务平台建设推进会、全省乡镇（街道）纪检监察协作区制度化规范化建设推进会会议精神，对全市小微权力“监督一点通”服务平台建设、“四小四大”专项整治和协作区制度化规范化建设等工作作出专题部署。

十二届市委第三轮巡察动员部署会。7月8日，十二届市委第三轮巡察动员部署会召开，会议深入学习贯彻习近平总书记关于巡视巡察工作重要论述，传达学习省委常委、市委书记虞爱华在市委书记专题会议上的讲话精神，宣布十二届市委第三轮巡察组长、副组长授权任职及任务分工的决定。市委常委、市纪委书记、市委巡察工作领导小组组长黄维群出席会议并作动员讲话，市委常委、市委组织部部长、市委巡察工作领导小组副组长葛建荣主持会议。

纪检监察干部业务培训会。7月25日，市纪委监委举办《实施条例》专题培训班，260余名纪检监察干部参加培训。培训邀请省纪委监委政策法规研究室专家围绕《实施条例》的重要意义、主要内容、贯彻落实三个方面，为全体纪检监察干部进行全面系统解读，增强干部纪法意识、程序意识、证据意识，提高依规依纪依法履职水平。

全市协作区制度化规范化建设推进会。7月27日，市纪委监委召开全市协作区制度化规范化建设推进会。各县（市、区）纪委监委主要负责同志围绕加强协作区制度化规范化建设作交流发言，会议深入学习全省乡镇（街道）纪检监察协作区制度化规范化建设推进会议精神，持续深化基层纪检监察体制改革，推动全市协作区实体化运行，进一步提升协作区制度化规范化水平，织密扎牢基层监督网，推动全面从严治党向基层一线、向群众身边延伸。

全市纪检监察机关案件查办工作汇报会。8月26日，省委常委、市委书记虞爱华主持召开市纪委监委案件查办工作汇报会，专题调度市县两级纪检监察机关案件查办情况。市纪委监委领导班子和9个县（市、区）纪委监委主要负责同志参加。会议强调，全面从严治党永远在路上，党的自我革命永远在路上。全市各级纪检监察机关要从严履职履责，敢办案、会找案、能防案，切实做到"五办"：抓紧办、持续办、提级办、交叉办、文明办。从严提高监督执纪质量，盯住关键岗位、关键人、关键事，加强穿透式、常态化、超前式监督，精准运用监督执纪"四种形态"，一案一通报、一案一警示，实现政治效果、纪法效果和社会效果相统一。

十二届市委第四轮巡察暨提级交叉巡察工作动员部署会。10月10日，十二届市委第四轮巡察暨提级交叉巡察工作动员部署会召开，会议深入学习贯彻习近平总书记关于巡视巡察工作重要论述，传达学习省委常委、市委书记虞爱华在市委书记专题会议上的讲话精神，宣布十二届市委第四轮巡察和十二届市委提级交叉巡察组长、副组长授权任职及任务分工的决定。市委常委、市纪委书记、市委巡察工作领导小组组长黄维群出席会议并作动员讲话，市委常委、市委组织部部长、市委巡察工作领导小组副组长葛建荣主持会议。

巡察整改业务培训会。11月16日，市委巡察办组织召开十二届市委第三轮巡察整改业务培训会，市纪委监委、市委组织部、市委宣传部有关部门负责同志分别围绕巡察整改日常监督有关要求、如何做好选人用人专项检查和落实意识形态工作责任制专项检查发现问题整改进行业务培训辅导；市委巡察办有关负责同志围绕被巡察党组织巡察整改工作流程作业务培训辅导，并就深入做好巡察整改和成果运用工作提出具体要求。

（刘　杰）

监　督

【概况】　2022年，市纪委监委坚持把学懂弄通做实习近平新时代中国特色社会主义思想作为首要政治任务，第一时间跟进学习习近平总书记关于党的自我革命、一体推进"三不腐"等重要论述和讲话指示精神，把对标看齐作为"第一标准"，把对标落实作为"第一要求"，自觉运用贯穿其中的立场观点方法武装头脑、指导实践、推动工作。深入学习宣传贯彻党的二十大精神，制定总体方案和任务清单，市纪委领导同志带头开展学习研讨和宣讲，聚焦学习培训、宣传宣讲、贯彻执行、重点任务，组织开展推动党的二十大精神落实见效专项监督275次，做到深学习、实调研、抓落实。

2022年4月7日，市委常委、市纪委书记、市监委主任黄维群赴经开区调研
（市纪委监委／供）

【政治监督】 2022年，市纪委监委围绕“国之大者”强化政治监督，聚焦习近平总书记关于粮食安全、耕地保护、生态环保、科技创新等重要指示批示，围绕“疫情要防住、经济要稳住、发展要安全”等重要要求，制定年度政治监督清单，健全完善台账管理、闭环管控机制，跟进监督、及时纠偏、保障落实。对省、市委主要负责同志关于营商环境、群众信访、网络舆情等92件批示件和交办件，分类建账、快查快办，以不落实的事倒查不落实的人。

【“一把手”和领导班子监督】 2022年，市纪委监委紧盯“关键少数”压实管党治党责任，协助市委制定加强对“一把手”和领导班子监督、党委（党组）领导班子成员履行“一岗双责”分工清单，细化具体任务，推动管党治党责任一体履行、同向发力。综合运用线索处置、谈心谈话、干部送任、参加民主生活会等方式，对“关键少数”实施近距离常态化监督，全市纪检监察机关约谈领导班子成员、重点岗位人员797人。

【日常监督】 2022年，市纪委监委综合线索处置、信访举报、舆情反映等信息渠道，加强政治生态分析，对各级党组织履行管党治党政治责任、贯彻民主集中制、依规依法履职用权等开展超前式、常态化、穿透式监督，对苗头性、倾向性问题及时提醒，对失职失责、违纪违法问题严肃查处，防止“一谈了之”“一函了之”。持续推进纪检监察信息化硬件、网络、机制、服务“四维一体”建设，不断提升运用信息技术精准研判、发现问题的能力和效率。严把选人用人党风廉政意见回复关，回复党风廉政意见14919人次。

【深化运用“四种形态”】 2022年，全市纪检监察机关综合运用“四种形态”批评教育帮助和处理4969人次，其中，运用第一种形态以教育帮助为主谈话函询、提醒批评3267人次，占总人次的65.7%；运用第二种形态给予轻处分、组织调整1086人次，占21.9%；运用第三种形态给予重处分、职务调整241人次，占4.9%；运用第四种形态处理严重违纪违法、触犯刑律的375人次，占7.5%。

（刘　杰）

执　纪

【概况】 2022年，市纪委监委坚持把中央八项规定精神作为铁规矩，采取交叉互查、“室组地”联动等方式开展明察暗访，强化日常监督，密切关注隐形变异新动向，严查顶风违纪问题。常态长效推进作风建设。关注由风变腐、风腐一体问题，督促落实廉洁从政“八个不得”行为规范，推动领导干部依法用权、廉洁用权。

【落实中央八项规定精神】 2022年，市纪委监委协助市委修订作风建设“三十条”规定，推动以上率下、常抓不懈。以钉钉子精神，盯住“四风”新表现新动向，盯住重大活动、重要节点，常态化开展明察暗访、交叉互查。深入开展违规吃喝、违规收送礼品礼金问题专项整治，从严纠治擅离职守组织或参与“酒局”“牌局”等不正之风，集中排查党员干部酒驾醉驾背后的“四风”问题。协助中央纪委、省纪委开展中秋国庆作风建设专项督查，组织10个督查组同步开展明察暗访，及时核查处置反馈问题，相关做法被中央纪委专刊推介。

【监督推动“一改两为”落实】 2022年，市纪委监委协助市委细化贯彻省委改进作风若干举措，扎实开展“六不”问题专项整治，明确“六紧盯六严查”重点任务，严肃查处为民办事“踢皮球”、为企办证不诚信等“虚躲冷粗假”问题，通报10起“一改两为”正负面典型案例。聚焦打造一流营商环境，跟踪督办“新春访万企、助力解难题”“优环境、稳经济”活动中企业诉求。

【整治民生领域漠视侵害群众利益问题】 2022年，市纪委监委聚焦教育医疗、安全生产、食品药品安全等民生重点领域，结合农资打假、清理拖欠中小企业账款、城乡自建房屋安全等专项行动，深入开展“1+N”专项整治，严肃查处群众身边不正之风和腐败问题。巩固深化扫黑除恶专项斗争和政法队伍教育整顿成果，推进“打伞破网”常态化。

【纪检监察信访工作】 2022年，市纪委监委持续开展重复举报专项治理活动，委领导认真落实定期接访、带案下访、主动约访、包案督访“四访”制度，包保化解疑难复杂信访事项，推动化解信访积案。严肃倒查重点信访事项背后的不担当、不作为、乱作为问题。加强与12345热线、市信访综合平台协作配合，建立重点信访事项跟进监督四项工作机制。

（刘　杰）

问　责

【**概况**】　2022年，市纪委监委精准规范用好问责利器。坚持失责必问、问责必严，针对落实环保整改不到位、解决群众诉求不及时等问题，依规依纪对15个党组织和85名党员干部实施精准问责。对发生严重违纪违法案件的1家市直单位实施党风廉政建设“一票否决”、1县被取消市委综合考核评优资格。落实“三个区分开来”要求，积极探索实践容错纠错减责免责工作，常态开展教育回访和澄清正名工作，为12名干部失实检举控告进行澄清正名。

【**一体推进“三不腐”**】　2022年，市纪委监委坚持一体推进不敢腐、不能腐、不想腐，反腐败斗争攻坚战持久战更加深入。保持查办案件高压态势，每半年向市委主要负责同志专题汇报市县两级纪检监察机关案件查办情况，以“敢办案、会找案、能防案”为要求，建立健全“抓紧办、持续办、提级办、交叉办、文明办”办案工作机制，全市纪检监察机关提级、交叉办理案件321起。市县联动深化粮食购销领域腐败问题专项整治。部门协同深挖彻查工程招投标领域腐败案件，有力整肃公共资源交易市场环境。配合上级纪委监委开展金融领域腐败问题整治。坚持受贿行贿一起查，推进行贿人信息库建设，立案行贿人员31人。建成使用党风廉政教育裕溪路基地，扩充看护人员180名，为上级纪委监委14个专案组提供有力保障。全年全市纪检监察机关处置问题线索4602件，立案1709件，给予党纪政务处分1643人，其中，县处级干部立案40件、处分38人；采取留置措施69人、同比增长72.5%，移送检察机关65人、同比增长97%，释放反腐败斗争“永远吹冲锋号”的强烈信号。

【**“四小四大”专项整治**】　2022年，市纪委监委协助市委开展“工程小但利益大、科室小但权力大、干部小但胆子大、年纪小但欲望大”专项整治。坚持“查、改、治”一体发力，推动各级党委（党组）自查自纠问题2047个、建章立制962项，共处置问题线索1320件、查办案件528件、留置31人。“四小四大”专项整治相关做法得到省委、省纪委充分肯定，《中国纪检监察报》予以专题整版报道，并作为全面深化改革典型案例报送中央深改办。

（刘　杰）

巡视巡察

【**概况**】　2022年，市委巡察工作围绕“一改两为”要求、“四小四大”特点，紧盯高配副县级镇、下设或直属机构两个重点领域，灵活运用指导督导、上下联动、提级交叉等方式，坚持完善分系统整改、提级整改、合力整改三项机制，推动市县巡察工作高质量发展。组织实施第二、三、四轮巡察，对16个高配副县级镇开展巡察，对23个党组织开展常规巡察，对其下设或直属的149个党组织开展延伸巡察，实现重点单位下设或直属机构巡察全覆盖；对四大开发区的8个街道（中心、社区）以及58个村（居）

2022年6月24日，全市纪检监察工作推进会召开，对全市小微权力“监督一点通”服务平台建设、“四小四大”专项整治和协作区制度化规范化建设等工作作出专题部署

（市纪委监委／供）

党组织开展延伸巡察。

【上下联动】 2022年，市委巡察高配副县级镇，要求县（市、区）同步对镇所辖320个村级党组织开展巡察。在第三轮、第四轮巡察期间，组织县（市、区）党委比照市委巡察对象，对58家单位、251家下设或直属机构党组织开展联动巡察。由市委统一授权，统筹全市力量，对9个乡镇（街道）及下辖71个村（社区）开展提级交叉巡察。对肥西县、庐阳区巡察工作开展指导督导，及时总结经验，对其他县（市、区）委巡察机构推动成果运用共享，督促巡察质量整体提升。

【贯通融合】 2022年，市纪委监委制定“四项监督”统筹衔接的意见，充分发挥巡察综合监督平台作用，建立巡察整改监督工作联席会议制度。市委组织部对39个单位（地区）开展选人用人专项检查，抽查核实个人事项59份。市财政局、市审计局抽调27人次参加市委巡察，并把审计发现问题整改情况纳入巡察监督内容。向市财政局、市教育局、市民政局等11家主管部门发整改提示函，推动开展乱占耕地等领域专项整治。

【成果运用】2022年，市纪委监委认真贯彻落实中央关于加强巡视整改和成果运用的意见及省委若干措施，研究制定《关于加强市委巡察整改和成果运用的工作举措》，审核巡察整改方案和集中整改进展情况报告，召开巡察整改业务培训会，解决被巡察党组织“不会改”问题。将巡察整改情况纳入市委综合考核，对8家整改不力的单位进行扣分。提请市委召开巡察高配副县级镇集中反馈约谈会，通报典型问题，督促县（市、区）党委压实整改责任。协同开展整改情况专项检查，组建专项督查组，对省委巡视及市县巡察发现问题整改“大改建”情况开展专项督查。

【自身建设】2022年，市纪委监委制定巡察干部教育培训计划，结合巡察动员对市县巡察干部业务培训368人次，推荐19人次参加省委巡视，抽调266人次参加市委巡察。完善巡察办内设处室分工，制定巡察业务工作规程，出台人才库管理办法等13项制度，提升巡察工作制度化、规范化水平。严格执行巡察作风纪律后评估制度，到24家被巡察单位开展巡察后评估，对巡察组政治纪律、廉洁纪律、保密纪律等方面进行全方位监督。

（刘　杰）

责任编辑：贾南田

军 事

合肥警备区

【概况】 2022年，合肥警备区党委对标“五个一流”，发挥区域优势，打头阵、挑重担、当主力、作贡献，警备区全面建设不断提升。

*持续深化思想政治建设。*突出迎接和学习贯彻党的二十大精神这条主线，警备区党委常委会10次跟进学习习主席重要讲话精神，党委中心组4次组织专题学习。巩固深化党史学习教育成果，突出“忠诚拥护核心、矢志奋斗强军”深化主题教育，开展庆祝建军95周年、共青团成立100周年活动，组织“四个不能辜负”专题教育，宣传“舍身救人的好干部”郭俊英模事迹。

*召开党管武装工作述职会议。*7月12日，县（市、区）人武部党委第一书记党管武装工作述职会议在警备区召开。会议听取各县（市、区）人武部党委第一书记述职。

*开展“八一”助学圆梦活动。*8月25日，在巢湖市夏阁镇元通村开展2022年度“八一助学圆梦”活动，资助30名优秀困难学子，累计资助金额12万元。合肥警备区连续10年开展八一助学活动，累计帮助200多名品学兼优的贫困学生圆梦校园、完成学业。

*助力乡村振兴。*投入150余万元用于乡村振兴，为巢湖市夏阁镇元通村修建27户村民入户公路，为阜阳市临泉县庙岔镇老店社区援建一座扶贫车间，为阜阳市阜南县公桥乡唐林村援建农产品加工车间项目，进一步带动村民就业，激发群众内生动力。

*推动军事设施保护问题解决。*全面排查全市军事设施，梳理军事设施基本信息、当前状况、存在问题等情况，2次深入驻小蜀山某部调研军事禁区用地被侵占事宜，3次协调市政府推动解决矛盾问题。

*开展驻肥高校征兵宣传短视频大赛。*5-7月，合肥市征兵办会同市委宣传部、共青团市委组织首届驻肥高校征兵宣传短视频大赛。大赛累计征集征兵宣传短视频作品近百份，采取线上拉票方式，吸引高校大学生点赞转发逾33万次。赛事组委会评选出一、二、三等奖和创意奖共12份，优秀作品即将通过B站、抖音、今日头条APP向大学生群体高频推送，通过市域户外大屏滚动展播，提高优秀大学生参军报国热情。

【开训动员及徒步拉练】 2022年1月4日，合肥警备区召开全区开训动员大会，组织师团两级现役官兵和文职人员85人徒步行军拉

2022年1月4日，合肥警备区召开全区开训动员大会，组织徒步行军拉练
（合肥警备区/供）

练，途中设置通过染毒地段、防敌卫星侦察、目标警戒防卫、战场卫生救护、通信装备操作、轻武器实弹射击等训练课目，锤炼指挥能力，培塑战斗作风，用练兵备战实际行动吹响新年度军事训练的“冲锋号角”。

【国防动员潜力调查】 2022年，合肥警备区根据年度潜力统计调查计划安排，协调组织地方发改、经信、科技等职能部门，按照行业主管部门牵头采集、军事机关汇总审核的方式，组织全市国防动员基础潜力、重点潜力和新域新质潜力调查工作。

【年度民兵军事训练】 2022年，合肥警备区军事训练工作以安徽省《2022年国防动员训练工作要点》为依据，以战略决胜国防动员准备为牵引，结合合肥辖区实际，聚焦战略决胜使命任务，突出任务分队训练，严格训练监察，全面提升战略决胜国防动员援战能力。先后采取基地统训、挂钩代训、联演联训等方式，完成年度训练任务。

军地联合防汛勘察。修订完善《警备区应对洪涝灾害和台风方案》，会同市防办梳理全市11处险工险段。与陆军合成某旅、武警合肥支队对接防汛兵力部署，高标准完成勘察任务。

民兵分队骨干抓训。5月17日至27日，遴选全市21名民兵抗洪抢险骨干及教练员，赴安庆参加集训，重点进行抗洪抢险基本方法、防汛装备器材操作使用、抢险救灾“一个过程”演练等内容学训。6月上旬，利用肥东县人武部组织通信分队集训的契机，组织全区60名通信骨干跟学跟训，重点对北斗手持机、通信电台、对讲机等各类装备器材操作进行学训，全面增强通信业务技能，带动全区民兵通信分队专业水平提升。

民兵分队区域联训。5月16日至6月20日，依托巢湖市人武部、肥西县人武部和肥东县人武部，分别组织民兵防化分队、民兵油料保障分队和民兵通信保障分队区域联训。训练中突出班（排）防化保障、核化事故应急救援、野战油料保障和应急通信保障等“一个过程”任务行动内容训练，探索“教学资源共享、场地器材共用、能力素质共升”的联训联保模式，为民兵分队任务行动训练提供借鉴。

2022年5月16日，合肥警备区依托肥东县人武部，组织民兵通信保障分队区域联训 （合肥警备区/供）

【市应急营集训】 2022年9月19日至30日，合肥警备区在肥西县国防动员训练基地组织市应急营训练。主要安排军事理论、战备常识、军兵种常识、装备器材操作，并组织森林灭火、应急救援技能训练和20公里徒步行军拉练。通过集训，打牢应急装备器材的操作基础，提升分队遂行抢险救灾任务能力。

【民兵整组】 2022年，合肥警备区论证出台合肥市民兵“十四五”发展计划，对接市发改委、科技局等单位，核准编兵潜力，拟制下发全市民兵力量编组方案，完成民兵分队基干民兵编组任务。重点向认知作战、新能源、新材料等行业领域拓展编兵，各项指标较上年均有提升。

【深化国防动员体制改革】 2022年，合肥警备区紧跟全省深化国防动员体制改革进程，主动靠前谋划、主动对接协调，严格对照省里《改革方案》，共同研拟合肥市改革实施方案（初稿）和国动办“三定”规定，推动并指导各县（区）如期完成体制改革落地。

【综合保障】 2022年，合肥警备区着力打好疫情防控持久战，根据疫情动态，滚动修订防控应急预案，搞好军地协调对接，严抓营院管控和人员管理，组织全员核酸检测 2500 余人次。组织学习军费改革新政策、新标准、新系统，按时开立资金集中收付账户，严格规范经费结算报销程序，完成经费结转结余和预算编制调整工作。开展全区装备普查和装备实力统计，筹建现役装备器材库，加强民兵装备仓库规范管理，核查旧杂式弹药 89 类 5 万余件，做到零差错、零失误。细致做好新兵运输和被装发放工作，协调体系医院完成全区 140 余名官兵、文职人员和职工年度健康体检，完成机关营院、营房改造升级，提高物业服务质量。

（徐　鹏）

2022 年 10 月，训练间隙，官兵通过阅读报纸学习党的二十大精神

（武警合肥支队／供）

武警合肥支队

【概况】 2022 年，中国人民武装警察部队安徽省总队合肥支队（简称“合肥支队”）面对盛会之年的政治背景、空前严峻的疫情形势、极为繁重的任务考验、加快发展的建设要求，坚定基本思路，部队经受住各种严峻复杂考验，务实肯干的风气逐步成型起势。

坚定举旗铸魂，政治引领向党而强。掀起学习贯彻党的二十大精神热潮，同步参加理论轮训和组织党委中心组学习，固化“推荐＋自主＋抽点”学习交流模式，推动习近平强军思想入心入脑、见行见效。深化拓展教育创新成果，构建启发式、覆盖式、课题式分享路径，统筹开展开年教育、主题教育和经常性教育，1 人获省政法系统演讲比赛一等奖，3 份教案被武警部队、总队收录教育资源池。注重以文化人，举办八一文艺汇演，为基层新建荣誉墙 22 个、书香军营 14 个，1 个家庭、1 个集体被表彰为省“五好家庭”“三八红旗集体”。探索构建“五位一体”执勤文化，做法被收入武警部队《执勤工作实施手册》。打好意识形态领域主动仗，官兵忠心向党的思想根基持续巩固。

主动扛责上肩，练兵精武向战而行。围绕迎接保卫党的二十大，常态开展“学、研、推”方案活动，出台《巡逻勤务警士组长选配办法》，配套规范执勤阵地，完成 12 个点位 289 天巡逻任务，点位多、时间长创历史新高。协调目标单位投入 3300 余万，彻底整治 9 个久拖未决的老大难隐患，成功处置 8 起执勤险情，其中 1 起受到武警部队主要首长大会表扬，2 起被武警部队作为执勤典型事例转发，完成押解押运等专项勤务 76 起，支队及 2 个中队、2 名个人被总队表彰为先进。高标准承办武警部队执勤安保规范化建设试点任务，22 批次 800 余人次现地观摩反响良好，受到武警部队首长机关和各大单位肯定。立起强训鲜明导向，贯穿全年组织“铸盾”“砺剑”比武竞赛，开展“扫盲式”群众性练兵、“过关制”指挥员比武，承办总队 480 名春季新兵教育训练，2 人参加总队教练员比武进前十、获评总队“优秀教练员”，支队位列总队机动分队考核第三；“七场三室”、勤训长廊等训练场地建设被武警部队、总队推广。

突出重心下沉，夯基固本向稳而进。着眼建设“三个过硬”基层，制发党委机关精准帮建计划，扭住“双争”评比、组织鉴定、蹲点帮建等重点环节，夯实基层基础。执勤一、六大队及 9 个中队被评为“四铁”先进单位，执勤九中队、长丰中队示范引领作用明显，2 个

2022 年 12 月 18 日，武警安徽总队合肥支队某特战小队在进行实战演练

（武警合肥支队／供）

后进单位“脱贫摘帽”，惠及官兵的 30 件好事实事如期落地。制发《周工作秩序规范》，倡导学法规、用法规、以法规检视工作、推动建设，持续规范“四个秩序”，清理令位不符警官和超占兵员 27 人，着力推进物规整、人规矩、事规范。1 个单位、1 名个人因安全工作成效突出被总队表彰为先进。强力攻坚克难，成功移交滞留近 10 年伤病残士兵，在军委规定的时间后墙内“压哨”卸下包袱，解决上级高度关注、长期困扰支队的历史性难题。

聚力向战为兵，保障效益向优而精。着眼建设一切为了打仗的后勤，建强“一组五队”应急保障力量，规范战备物资储备，加强后装队伍人才建设，创新枪弹“静态点验法”，保障能力得到实践检验。全面开展营区营貌整治，先后投入 400 余万元，解决部分单位官兵如厕、洗澡、喝水、出行等问题。抓好疫情防控，规范建立 4 处隔离场所，创新副食品“厢式”存储消毒验收模式，高效稳妥处置核酸混检异常“假阳”事件，疫情防控“自查自纠”“群众性大讨论”活动受到武警部队年终考核组高度评价。全年为基层培养各类保障人才 126 人，安全行车 45 万余千米，开展 14 轮覆盖巡诊，组织 2031 人健康体检，向战为兵抓保障的导向更加鲜明。

【执勤安保规范化集训】2022 年，合肥支队承担武警部队执勤安保规范化集训及观摩任务，先后迎接各级 22 个波次 700 余人次现地观摩，全程无差错，疫情防控无闪失。

【“铸盾”“砺剑”比武竞赛】2022 年，合肥支队立起强训鲜明导向，贯穿全年组织“铸盾”“砺剑”比武竞赛，区分执勤分队和机动分队，拿出专门评功评奖指标，4 人次立战备训练三等功。

【城市武装巡逻】2022 年，合肥支队采取乘车、徒步相结合方式，协助合肥市公安局担负安徽省行政中心、高铁南站、中心城区、淮海路步行街和市政务中心重点路段、重点目标武装巡逻任务。完成 12 个点位 4 批次 289 天巡逻任务，用兵 1 万余人次，点位多、时间长、批次密创纪录。

【临时勤务】2022 年，合肥支队完成押解押运勤务 76 起，押解、押运总里程长达 8000 余千米。

执勤一大队执勤一中队、执勤四中队等单位成功处置 8 起执勤险情，其中 1 起受到武警部队主要首长大会表扬，2 起被武警部队作为执勤典型事例转发。

执勤一大队执勤五中队、执勤二大队执勤六中队上尉政治指导员陈天宇因安全工作成效突出被总队表彰为先进。

（梁敏响）

人民防空

【概况】 合肥市人民防空办公室（以下简称“市人防办”）成立于 1950 年，前身是合肥市防空司令部，2008 年增挂合肥市民防局牌子，2022 年 12 月根据中央深化国防动员体制改革决策部署，以合肥市人民防空办公室为基础调整组建合肥市国防动员办公室，是市政府工作部门，为正处级，暂保留市人民防空办公室牌子。截至 2022 年底，机关行政编制 21 人，实有在编人员 22 人（含 1 名工勤人员）；

内设综合协调处、动员准备处（科技融合处）、战备建设处、工程防护处（军事设施保护处）、政策法规处、勤务保障处、机关党委（人事处）；下设人防重点工程管理处、人防（民防）指挥信息保障中心、人防工程质量监督站、人防设施监督管理处四个公益一类事业单位。

2022年，市人防办统筹疫情防控和重点工作，履行人民防空核心使命，贯彻落实长三角城市群人防一体化战略，制定2022年度全市人民防空训练计划，严密组织按纲施训；定期参加省办组织的视频会议、短波电台、4G等训练考核任务；严密组织全市防空警报试鸣暨重要经济目标防护演练等系列活动；先后两次组织全市人防指挥通信季度综合训练，高标准完成国家防办“济南会议”装备展示任务，得到军委国动办首长肯定，推动合肥人防实战化训练向纵深发展。参加市国土空间规划委员会专题会，推进人防工程建设纳入相应地块出让、划拨规划的条件要求；全年在全市159个控制性详细规划方案中，提出人防建设意见，优化专业队工程的数量及布局。制定印发《全市人防普法宣传工作实施方案》，对全市人防普法宣传工作重点工作进行明确和细化；在《合肥晚报》推出《安徽省实施〈人民防空法〉办法》普法宣传专版，人民防空社会知晓度得到提升。2022年获得全省人防系统年度考核先进单位。

【军事斗争准备】 组织人防指挥通信季度综合训练。3月7日至3月11日，市人防办在巢湖开展合肥人防指挥通信第一季度综合训练。6月，在巢湖开展合肥人防指挥通信第二季度综合训练。期间，陆军炮兵防空兵学院教授率队深入驻训现场调研指导人防装备建设。

完成国家防办某科目演示训练工作。7月8日，在皖能合肥电厂厂区内完成国家防办赋予的某专项科目训练演示任务。国防动员部部长，通过视频方式远程观看，并给予肯定。2名同志被国家人防办通报表扬。

开展“9.18”防空警报试鸣暨重要经济目标防护演练工作。9月18日，合肥市组织全市防空警报试鸣暨重要经济目标防护演练等系列活动，演练紧贴实战要求、模拟实战场景，重点围绕重要经济目标防护和空袭后果消除，区分防护行动筹划、防护行动实施和消除空袭后果三个阶段组织实施，开展多科目演练。市人防办组织通信指挥、消防救援、医疗救护、供电抢修和伪装防护等5支人防专业队与驻地军事院校协同，出动120余人，各型车辆、装备40余台（套）。

做好部分一、二级重要经济目标防护救援方案编制工作。通过招标借鉴，选择有代表性的部分一、二级重要经济目标和部分科研生产类重要经济目标开展方案编制试点，指导重要经济目标单位完成方案编制任务。

开展群众防空组织整组工作。按2.5‰-3‰城区人口比例整组抢险抢修、医疗救护、消防、治安、防化防疫、通信、运输7支传统人防专业队，足额组建信息防护、心理防护、伪装防护3支新型人防专业队，探索建立人防工程平战转换专业队伍。完成人防数据统计及国防潜力调查统计工作和省办人防指挥工程迎检工作。

【指挥通信平台建设】 2022年，市人防办完成瑶海、庐阳、蜀山、包河四区机动指挥平台建设，并列装训练。第二代人防小型机动通信系统升级改造完成。加快人防警报系统建设，完成30台人防固定警

2022年9月18日，合肥市组织全市防空警报试鸣暨重要经济目标防护演练等系列活动　（市国动办/供）

报器项目安装调试任务。

【行业管理】2022 年 5 月 10 日，市人防办组织召开人防工程档案管理专题协调会，结合实际情况，优化人防工程竣工档案资料接收清单，减轻企业收集整理档案资料的负担。6 月，组织人防工程设计、施工、管理单位参加网络教学培训，提高从业人员专业技术能力。7 月至 10 月，对多家防护设备定点生产企业资格变更情况进行核查。8 月，开展全市人防工程防护设备质量巡查抽查，现场查阅资料台账、随机抽样检测。11 月 28 日，随机抽取 2 家人防工程防护设备生产安装企业，对人防工程防护设备质量巡查抽查内容进行复核性检测。

【人防工程平战结合】 人防工程安全检查。2022 年 4 月 11 日，市人防办到省建设厅大院、合肥仪表厂宿舍和市府广场等处，对人防工程进行安全检查。6 月 9 日，组织召开安全生产约谈会，通报当前全市安全生产情况，签订企业安全生产承诺书。7 月 21 日，组织仪表厂早期人防工程拆除方案专家评审。

轨道交通兼顾人防。5 月 13 日，与合肥市轨道交通集团联合启动轨道交通兼顾人防工程标识方案编制工作，通过在人防工程出入口设置标识牌、指示牌和导引标识牌，帮助人民群众战时正确识别、快速进入人防工程。9 月 2 日，标识方案正式纳入《合肥市轨道交通线网导向设计导则》。11 月 18 日，组织召开轨道交通 5 号线北段人防工程专项竣工验收会。

公共人防工程。与庐阳区政府联合开展四里河路公共人防工程建设工作，战时作为城市防护体系的重要组成部分，平时用于公共停车，解决群众停车难的问题。4 月 23 日，项目完成市发改委立项批复；8 月 25 日，项目建议书通过省人防办组织的专家审查；10 月 18 日，在合肥公共资源交易平台完成设计招标。

【人防宣传教育】2022 年，市人防办在“3.1”国际民防日、“5.12”防灾减灾日、“9.18”防空警报试鸣日等宣传周期间开展人防普法活动，印制《安徽省实施〈人防法〉办法》彩页通过下沉防疫志愿者向群众发放，印制“《安徽省实施〈人防法〉办法》解读”和“三防知识”宣传折页共 19.2 万份；“9.18”宣传周期间，基层社区开展人防宣传，组织疏散演练，近 106 万学生参加防空疏散演练。参加“人民防空铸盾江淮”国防动员法律法规主题宣传展暨多馆联展活动、利用市办网站、“合肥人防”微信公众号开展宣传，提高人防和国防动员法律法规社会知晓度。强化人防网站、微信公众号等组稿，宣传人防职能使命、人防工作成效、人防法律法规。全年“合肥人防”微信公众号推出信息 358 篇；办网站发布信息 323 篇（其中工作动态信息 115 篇，“重要转载”和“时事要闻”信息 208 篇）；推出《合肥晚报》“人防专版”3 期和电视台财经频道“合肥人防”专题节目 7 期；《中国人民防空》《安徽人防》杂志刊登信息文章 17 篇。

（丁　婕）

退役军人事务

【概况】 2022 年，合肥市退役军人事务局坚持退役军人工作为经济社会发展服务、为国防和军队建设服务的职责使命，开展退役军人权益维护、安置就业、拥军优抚、军休管理、服务保障体系建设等工作，制定并印发合肥市退役军人事业发展史上的第一个五年规划——《合肥市“十四五”退役军人服务和保障规划》，圆满完成三年“集中移交”安置任务，合肥市第一人民医院挂牌全省首家地市级退役军人优待合作医院，启动合肥市军休综合服务楼建设项目，成立合肥军休老年大学，完成合肥军供站新业务用房改造，挂牌 24 家市级“退役军人就业创业园地”，举办退役军人及军属专场招聘会 64 场次，评选发布 10 名“合肥市最美退役军人”，发布第三届合肥籍官兵立功受奖光荣榜，承办首届全省退役军人职业技能大赛、全省第二届军休门球比赛，全市退役军人工作迈上新的发展台阶，合肥市及所辖四县成功获评全省双拥模范城（县）。

【机制建设】 2022 年，合肥市全面加强党对退役军人事务工作的领导，市委主要领导主持召开市委退役军人事务工作领导小组暨市双拥工作领导小组会议，推动形成齐抓共管、相互配合的退役军人工作合力。召开全市双拥办主任会议，研究部署双拥重点工作。及时动态调整全市拥军支前工作领导小组。成立局专项资金监管领导小组，对各类专项资金使用情况进行常态化监管。持续建设全国示范型退役军人服务站。开展退役军人事务系统“练兵比武”活动。全市退役军人服务中心（站）均录入百度、高德地图，方便退役军人办理各项业务。建立1967人的基层信息员、代办员队伍，为退役军人提供帮办代办服务1099件。

【移交安置】　2022年，市退役军人事务局详细审核计划分配军转干部、符合政府安排工作条件的退役士兵档案材料，多部门协商科学拟制安置岗位计划，完成年度安置任务。完成逐月领取退役金人员的接收工作。按标准发放自主就业退役士兵一次性补助金。加强军地协调，优化工作流程，完成军队离退休干部和伤病残士兵“三年集中移交”安置任务，为全省提前超额完成三年集中移交安置任务做出合肥贡献。

【拥军优属】　2022年，市退役军人事务局出台《关于进一步加强军人子女教育优待的指导意见》等制度文件，447名符合条件的军人子女享受教育优待政策。联合市公安局暑期在全市组建12个军警子女“爱心托管班”，帮助解决军人家属照料孩子难题。举办随军未就业家属专场招聘会。挂牌全省首家地市级退役军人优待合作医院，设立退役军人门诊、退役军人专属病房，为退役军人和其他优抚对象提供优先、优质、优惠服务。开展军地结对共建，建立并完成军地互办实事双清单60项。为合肥籍驻西藏官兵、二等功军人父母和全市最美退役军人开展免费体检。创新“党建+送法”进军营服务试点，实现驻肥部队法律援助工作站全覆盖。

【优抚褒扬】　2022年，市退役军人事务局在全省率先启动优待证制发工作，全市退役军人及其他优抚对象优待证申领率达100%。组织开展退役士兵返乡报到集中迎接活动。按规定足额兑现各类优抚资金。加强光荣院建设，肥东县光荣院成功申报省“十四五”标准化光荣院建设并在年内立项。推进烈士纪念设施整修工程，迁移散葬烈士墓134座，就地整修零散烈士墓318座、其他烈士纪念设施12座。明确全市816座烈士纪念设施管护权责。开展“网上祭英烈”活动，网上祭扫平台收到虚拟献花56万朵，为烈士网上留言的游客9071人次。推出9期《江淮英烈故事汇》系列音频节目，出版《江淮英烈家书》，开展红色主题宣讲30场。

2022年8月1日，合肥市退役军人优待合作医院揭牌成立

（市退役军人事务局／供）

【就业创业】　2022年，市退役军人事务局召开全市退役士兵专项岗位专题会议，推动退役士兵扶持就业专项岗位有序开发使用。开展退役军人能力提升专项行动，稳步推进职业技能培训，全年全市培训退役军人达1742人，完成省厅下达任务率的130.2%。承办首届全省退役军人职业技能大赛，合肥市参赛队伍获中式烹调师赛、电子商务师赛一等奖和汽车机械维修工赛二等奖。评选挂牌24家市级“退役军人就业创业园地”。举办退役军人及军属专场招聘会64场次，其中线上41场，线下23场，3909家单位提供岗位57790个，达成就业意向4353人，签约就业协议1404人。

【权益维护】　2022年，市退役军人事务局开展暖心解难专项行动，聚焦解决退役军人反映强烈的信访问题，建立健全“党建+信访”“清单+闭环”“倒查+追责”“专项整治+系统治理”的“4+”

2022 年 12 月 1 日，合肥市军休老年大学挂牌成立

（市退役军人事务局 / 供）

信访工作机制。局党组每季召开会议，通报情况，分析形势，部署工作。落实信访事项台账管理，实施全过程闭环监督。对信转访、初转重、下转上、个转集信访事项，倒查原因，限期整改。建立健全防范化解退役军人重大风险工作机制，形成军地相关部门联动的防范化解重大风险的工作格局。落实常态化联系退役军人工作机制，收集退役军人意见建议 403 条，排查化解纠纷 545 件。建立并支出帮扶困难退役军人专项资金 179 万元，帮扶 20301 人次。

【军休服务】 2022 年，市退役军人事务局加强军休服务基础设施建设，推进合肥军休综合服务楼项目，持续对军休机构办公及活动场所进行升级改造。成立合肥军休老年大学，加入长三角军休老年大学合作联盟，推动军休文化融入长三角一体化发展。在省厅老干部活动场所设立军休服务点，探索省市共建共管。开展市县两级军休机构结对共建，促进市、县两级军休机构平衡发展。落实军休干部“两个待遇”。举办“喜迎二十大，红心耀庐州”军休书法绘画展，承办安徽省第二届军休门球比赛。

（曹玲娟）

责任编辑：崔建军

民主党派与工商联

中国国民党革命委员会合肥市委员会

【概况】 2022年，中国国民党革命委员会合肥市委员会（以下简称“民革市委”）为中国国民党革命委员会合肥市第十二届委员会，有市委委员23人。主委1人，副主委3人。民革市委下设五个专门委员会，分别为：三农专委会、经济专委会、社会和法制专委会、祖国统一专委会、科教文卫体专委会，下设4个总支、1个基层委、30个基层支部。发展新党员47人。有党员943人，其中具有中级及以上职称的588人，平均年龄54.1岁。党员主要分布在教育、文化、科技、医药卫生等界别。党员中省政协委员3人（其中常委2人），市人大代表4人（其中常委1人），市政协委员27人（其中副主席1人，常委5人），县（区）人大代表11人(其中副主任1人,常委1人)，县（区）政协委员79人（其中副主席2人，常委16人）。

【思想政治建设】 *深入学习贯彻中共二十大精神。*2022年，民革市委把学习宣传贯彻中共二十大精神作为首要政治任务。各基层组织和广大党员通过专题会议学习、线上交流学习、撰写心得体会、组织各类活动等形式，深入学习贯彻中共二十大精神。

*推动理论学习常态化长效化。*完善以理论学习中心组学习为引领的多层次学习体系，营造领导班子带头学、基层组织全面学、结合活动融合学的浓厚学习氛围。开展征集学习贯彻“习近平总书记关于加强和改进统一战线工作的重要思想”理论文章，征集理论研究文章14篇。组织党员参加4期市委统战部举办的“同心论坛”活动。

*发挥主题教育引导作用。*开展“矢志不渝跟党走、携手奋进新时代”政治交接主题教育，丰富载体形式，创新方式方法，把政治交接主题教育落到实处。常委班子前往寿县安徽第一面党旗纪念园，重温红色革命足迹。基层组织纷纷召开学习会、走访革命老区、参观烈士陵园、观故居等，通过全覆盖、多形式的学习活动，继承和弘扬多党合作优良传统，始终保持同中国共产党同心同德、团结奋斗的政治本色。

*筑牢宣传思想阵地。*坚持正确舆论导向，加强与《团结报》等主流媒体合作，全年在团结报网等主流媒体发表宣传稿件41篇。“民革合肥市委会”微信公众号推送消息183条，编辑上传民革市委网站稿件150余篇。加强宣传思想干部人才队伍建设，民革市委获评“民革全国宣传思想工作先进集体”，1名党员获评“民革全国宣传思想工作先进个人”。

【组织建设】 *提高人才队伍素质。*2022年，民革市委在市、县（区）人大、政协换届中，一批政治素质好、代表性强的党员担任人大代表、政协委员，其中县（区）政协委员的规模数量取得突破进展。根据民革党员教育培训要求，安排近20名党员参加民革省委、市委组织部、市社会主义学院举办的培训，提升民革党员素质。1名党员获“安徽省科技进步一等奖”，1名党员获“安徽省科技进步奖二等奖”，1名党员获“安徽省教育成果奖一等奖”，1名党员获“安徽省教学成果奖一等奖”，1名党员获评“首届安徽优秀公益律师”，1名党员获评“安徽省基层名中医”，1名党员获评“安徽省环保产业新晋工作者”。

*强化基层组织建设。*各总支(基层委）和支部探索基层组织建设和发展的新路径，庐阳总支筹建民革党员之家，蜀山总支开展爱国主义教育实践活动，包河总支开展社区共建，瑶海总支同巢湖基层委开展友好共建。巩固第一批、第二批民革中央示范支部创建成果，稳步推进第三批示范支部创建，三个支部争创民革中央示范支部和省示范支

部，以示范支部创建为抓手，继续对支部进行年度考核，推动支部工作制度化规范化，提升组织力和凝聚力。

【参政议政】 开展调查研究。2022年，民革市委开展7个重点调研和政党协商课题，分别为“关于疫情防控下如何做好社区治理”“环巢湖流域农业面源污染治理”“打响科创名片，繁荣合肥文化——建设合肥文化之城的建议”“关于粮食生产安全”“合肥市农产品深加工产业现状的调查与研究”“推动合肥国家科技成果转移转化示范区建设”“服务业招商引资情况”。在中共市委统战部民主党派工商联专题调研成果和组织工作评比中，《关于推进合肥市“双减”工作的意见建议》《以文化为魂，让旅游更精彩——关于合肥市乡村文旅产业发展的调查和建议》分别获专题调研成果二等奖、三等奖。

参与政党协商。民革市委主要领导在省政协，中共合肥市委、市政府、市政协召开的各类协商会、座谈会、情况通报会上，围绕政府工作报告、乡村振兴战略、重要人事事项、党风廉政建设等提出意见和建议，就党委、政府的一些重要决策充分协商。3篇发言材料被选为省政协专题协商会大会发言，8篇发言材料被市政协委员资政会和市社情民意座谈会采用。在市政协十五届一次全会上，提交大会口头发言1篇，集体提案7件，党员中的政协委员提交个人提案42件，1篇集体提案和3篇个人提案被列为重点提案。在县（市、区）两会上，提交提案建议119件。

提升信息工作质量。党员提交社情民意反映信息近千篇，民革市委筛选上报100余篇，其中《完善应急志愿服务法治保障 提升城市治理水平》《坚持地方金融监管全域一盘棋 持续融入长三角一体化发展》被民革中央采用；省委统战部采用1篇；市政协采用16篇，其中《关于在常态化疫情防控形势下做好社区综合治理工作的建议》获市长批示。1名党员获评民革全省反映社情民意信息工作优秀工作者。

开展专项民主监督。成立巢湖生态环境保护民主监督工作领导小组，制定实施方案，明确年度工作计划和重点调研方向。参加巢湖生态环境治理培训，先后召开巢湖生态综合治理民主监督座谈会、巢湖农业面源污染治理调研动员会、推进会以及撰稿小组调度会。与市农业农村局、市生态环境局、市城管局、巢湖管理局等部门对接，赴庐江县实地调研，在巢湖生态环境保护民主监督工作座谈会上，就巢湖流域农业面源污染情况，提出6点建议。

夯实专委会履职基础。重新组建5个专委会，由副主委或常委分管联系，选拔参政议政能力强的同志担任专委会主任、副主任，召集一批年轻党员担任专委会委员，以党员特长为基石，聚集智慧型人才，突出发挥好各专委会的特点和优势，提高参政成果的质量水平。2名专委会主任获评“民革全省参政议政工作先进个人”。

【社会服务】 打造“博爱·牵手”品牌。2022年，民革市委祖统专委会联合瑶海四支部成立博爱牵手公益服务中心，庐阳二支部成立向日葵志愿服务队。市民革企业家联谊会发挥经济领域人才和资源优势，通过各种渠道捐款捐物，承担社会责任。各基层组织开展扶贫济困、讲座、义诊等公益活动35次，受益人数近千人。1名党员获评“民革全省社会服务工作先进个人”。

开展法律服务。发挥民革组织和党员人才优势，探索法律服务新途径、新方法，线上线下相结合，开展法律咨询和普法活动1218次，其中线上900余次。开展法律援助106例，受益人数432人次。8名党员加入市检察院“益心为公”检察云平台志愿者队伍。

投身疫情防控。64名党员医务工作者冲锋在前，尽忠职守。其

2022年5月21日，民革合肥市委召开环巢湖生态综合治理民主监督座谈会
（民革合肥市委／供）

中，3 名党员获评合肥市疫情防控一线党外医务工作者“同心同行人物”。基层组织和广大党员响应号召，为抗疫捐现金 11.55 万元，捐赠物资价值约 60.5 万元。近百名党员下沉社区、高速路口、火车站、核酸检测点等场所，参加志愿服务。

【促进祖国和平统一工作】 *持续开展教育学习，提升理论水平。*2022 年，民革市委通过台海形势报告会、全委会、常委会、主委会、机关会议等，组织学习台湾问题和海峡两岸有关动态，准确理解把握当前两岸工作的主旋律和总基调。《台湾问题与新时代中国统一事业》白皮书发布后，民革市委机关第一时间组织学习交流，并购买 100 册书籍发放给各基层组织，引导广大党员正确面对当前台海局面和错综复杂的国际形势，做好宣传工作。

*发挥祖统专委会优势，促进对台交流合作。*加强和台商台胞联系，同合肥市中华两岸交流协会安徽联络处、台湾安徽同乡联谊总会合肥办事处交流学习。关心助力台企经营发展，走进 4 家台商企业，开展台商企业在合肥经营发展状况调研活动。

（张晓倩）

中国民主同盟合肥市委员会

【概况】 2022 年，中国民主同盟合肥市委员会（以下简称“民盟市委”），下辖 1 个基层委员会，7 个总支部，18 个基层支部。截至 12 月底，全市有盟员 1292 人，平均年龄 55.01 岁，其中在职盟员 933 人，占 72.21%，主体界别 951 人，占 73.61%；高级职称 590 人，占 45.67%；中上层人士 1129 人，占 87.38%。盟员中省人大代表 1 人，省政协委员 3 人（常委 1 人），市人大代表 3 人（常委 2 人），市政协委员 24 人（常委 6 人）。

【思想建设】 *学习贯彻中共二十大精神。*2022 年，民盟市委印发《学习宣传贯彻中国共产党第二十次全国代表大会精神工作安排》，紧密结合政治交接主题教育，开展系列学习教育活动。利用主委会、常委会、理论学习中心组会议专题宣讲二十大精神；组织学习中共二十大精神专题培训班，创新采用线上直播形式，扩大培训范围，取得良好效果；网站、公众号开辟专栏，深度宣传解读二十大精神，营造浓厚学习氛围。

*深化政治交接主题教育。*开展“矢志不渝跟党走、携手奋进新时代”政治交接主题教育，并与市委统战部“五进五宣”党外干部纪法教育、理论学习中心组学习等工作有机衔接、深度融合，通过集中学习、专题宣讲、现场教学等形式深入学习中共党史、多党合作史、民盟盟史，引领全市广大盟员切实践行新型政党制度，不断提高政治判断力、政治领悟力、政治执行力，以信念坚定、知行合一的担当，学思践悟、躬身笃行，筑牢多党合作共同思想政治基础。

*加强网络平台建设。*民盟市委网站、微信公众号紧跟时事热点，及时发布重大新闻，做好盟务工作和盟员先进事迹的宣传报道，开辟多个专栏营造浓厚的思想宣传氛围：“喜迎二十大”“学习贯彻二十大”，在全市盟员中引发宣传学习二十大热潮；“两会进行时”集中报道民盟界别人大代表、政协委员两会履职风采；“盟史专栏”开展多党合作史、民盟盟史学习；“同心抗疫”宣传盟员抗疫先进事迹；“政治交接主题教育”“喜迎民盟十三大”展示主题教育成果。全年发布各类新闻稿件 340 余篇，微信公众平台推送信息 167 期 350 余篇，发挥宣传阵地的思想引领作用。

【组织建设】 组织发展。2022 年民盟市委发展新盟员 35 人，增长 2.71%，其中女性 21 人，中级以上职称 14 人，主体界别 22 人，平均年龄 34.94 岁。新盟员呈现出学历层次高、职称高、年轻化的特点。

*加强基层组织建设。*以《基层组织工作手册》为抓手，加强工作指导，推动基层组织工作规范化、制度化、常态化。指导完成合肥学院总支、市直机关综合支部、机关支部、科技支部等班子调整工作，选拔一批政治素质高、业务能力强、热心盟务的骨干配备到基层组织领导班子，增强组织凝聚力。成立庐阳区总支“盟员之家”，实现“盟员之家”四区一市全覆盖。

*强化作风建设。*召开 2022 年民主生活会，对领导班子成员进行检视，开展批评与自我批评，进一步提高领导班子自身建设水平。调整民盟市委监督委员会，推进内部监督制度落实，加强作风建设。传达学习纪检监察工作会议精神，提升领导班子纪律意识、红线意识。切实改进会风，巩固精文减会成果，提高工作效能。

【参政议政】 2022 年，民盟市委坚持把参政议政作为第一要务，激发盟员议政热情。在民盟省委

2022年参政议政工作会议上，民盟市委获评“参政议政工作模范集体”，2人被评为先进个人，1人被评为优秀个人。在民盟市委2022年参政议政先进评选中，市直机关综合支部等6个基层组织被评为先进集体，11人被评为先进个人，蜀山总支被评为优秀组织奖。

专题调研。围绕科技成果转化、大城市综合治理、农业现代化、文化之城建设、职业教育供给侧改革等确定8个重点课题组，完成8篇调研报告。其中《加快建设高水平新型研发机构打通科技成果转化最后一公里》被民盟省委转化为省政协专题协商会书面发言材料；《关于凝练合肥城市文化理念、提升合肥城市文化形象的建议》被转化为市委政党协商课题发言材料，并被《合肥日报》专栏节选刊登；《加快推进新型智慧城市建设、推动合肥大城市治理能力提升》《打造农村电商产业集群 助推乡村经济高质量发展》分别被选为市委社情民意座谈会和市政协资政会书面发言。民盟市委各专委会立足自身专业优势，深入开展调查研究，形成的调研成果被转化为市政协大会书面发言和集体提案，发挥示范引领作用。

履职建言两会。在省十三届人大五次会议、市十七届人大一次会议和省政协十二届五次会议、市政协十五届一次会议上，盟员人大代表、政协委员上报集体提案9件，个人议案、建议、提案32件，其中《优化公共空间有效供给 努力建设人民满意的幸福城市》被选为市政协大会口头发言稿。集体提案《关于打造科技成果“三就地”示范区的提案》被列为市委书记督办提案的主要提案，在市委书记领衔督办重点提案办理协商会上作口头发言，并被评为优秀提案。5名盟员获市政协委员考核优秀等次。

反映社情民意。收集343篇，上报137篇，获中央统战部内部采用2篇，获全国政协、民盟中央采用1篇，获省政协采用4篇，获主要领导批示1篇；获市政协采用9篇，获市领导批示2篇。协助拍摄制作“政协论坛”节目——《完善托育服务体系建设》。

参与论坛征文。组织报送43篇论文参加民盟中央经济论坛、民盟省委教育、法治、科技论坛和市委统战部理论研究文章征文，3篇论文获一等奖，5篇获二、三等奖。民盟市委获民盟省委教育论坛组织奖。

【民主监督】 2022年，民盟市委开展巢湖生态环境保护民主监督。结合工作实际制定实施方案，构建组织保障体系，抽调具有经济、法律、科技、环境监察等领域专业特长的盟员骨干组成专家组，并引入中国科技大学专家团队提供智力支持。工作组先后赴包河、巢湖、肥东等地开展专题调研，实地考察除藻杀藻设备运转及湖面蓝藻生长情况。调研报告《推进藻水鱼泥一体化综合治理解决巢湖蓝藻水华频发顽疾》被《合肥统一战线》全文刊登，主委领衔调研课题报告《立足全流域全生态提高巢湖流域生态环境治理水平》被转化为省、市人大建议。

【社会服务】 2022年，民盟市委结合实际，发挥自身优势，组织开展形式多样、内容丰富的社会服务活动。民盟市委获评民盟中央“社会服务工作先进集体”。

发挥科技人才优势，共建“同心科创基地”，开展“科技创新润苗行动”科大行活动。持续开展“农村教育烛光行动”，赴巢湖市烔炀中学捐赠慰问，举办德育专题讲座传经送宝。携手社区创立“美美与共”社会服务站，立足居民需求开展心理健康讲座、健康义诊、反诈宣传、“新春送福”等活动，获得居民好评。关注特殊教育儿童，走进昕艺儿童康复中心和笑童颜儿童康复中心慰问儿童及教职工，并捐赠教学用具和康复器材。各基层组织发挥自身优势，打造多个特色社会服务品牌，开展青春期健康讲

2022年9月22日，民盟合肥市委“美美与共”社会服务站在庐阳区亳州路街道古城社区揭牌
（民盟合肥市委/供）

座、网上公益教学、急救知识普及、助学慰问等活动，树立良好的社会形象。

携手同心助力疫情防控。全市盟员响应市委统战部“同心防疫致敬一线”捐赠号召，短时间内汇聚捐款10余万元。盟内教育、医疗、文艺工作者、机关干部闻令而动，主动下沉基层，尽职尽责做好卡口值守、入户摸排、重点人员健康跟踪、核酸检测、志愿服务、应急演练、防疫政策宣传等各项疫情防控工作，尽己所能筑牢居民健康屏障。1名盟员被评为合肥市疫情防控一线党外医务工作者“同心同行人物”，民盟合肥市委宣传部部长张甦当选2022年二季度“合肥好人”。

助力“双招双引”。按照市委统战部“双招双引”工作部署，紧盯重点产业链、创新链，积极搜集线索、牵线搭桥，先后向统战部提供18个优秀项目和人才线索，并提供全方位信息咨询和项目对接。成功招引2位海外优秀青年学者，1位海外留学人才来合肥就业，引进1个项目落地。

（吴　雷）

中国民主建国会合肥市委员会

【概况】 2022年，中国民主建国会合肥市委员会（以下简称“民建市委”）下辖5个基层委，3个总支部，10个直属支部，1个老委会，1个企业家联谊会，6个专门工作委员会，会员总数1280人。现为第十四届委员会。2022年发展会员55人，平均年龄37.7岁，经济界人士48人，占比87.3%。

会员中，担任全国人大代表1人，省政府参事2人，省政协委员3人（其中常委1人），市级人大代表15人（其中副主任1人，常委1人），市级政协委员38人（其中常委9人），县（区）人大代表12人（其中副主任1人，常委2人），县区政协委员68人（其中副主席2人，常委8人）。

民建市委获评民建中央定点帮扶工作先进集体、2022年度全省先进市委。在单项评比中，获全省参政议政工作先进集体一等奖、全省反映社情民意工作先进集体一等奖、全省新闻宣传工作先进集体一等奖、全省社会服务先进集体、全省理论研究工作组织奖。获评市政协社情民意信息工作优秀单位、市统战信息宣传工作先进单位。

【思想建设】 2022年，民建市委学习宣传贯彻中共二十大会议和习近平总书记重要讲话精神，联合民建省委共同举办“二十大精神宣讲进基层”系列活动，走进包河区基层委、庐阳区基层委等基层组织开展专题宣讲；动员书画家会员参加“喜迎二十大奋进新时代”安徽民建书画摄影展，参展作品近百幅；会刊网站设立专题、专栏，各基层组织开展红色教育、线上辅导、知识竞赛等学习活动。

将全面学习贯彻习近平新时代中国特色社会主义思想作为首要政治任务，教育引导广大会员坚定不移地走中国特色社会主义政治发展道路，毫不动摇地坚持中国共产党的领导，切实用中共二十大精神武装头脑、指导实践、推动工作。

深化优良传统教育，学习民建十二大精神；召开纪念民建合肥市级组织成立70周年座谈会，表彰先进，组织老中青各行业会员代表交流履职体会；开设会刊、会网站专版宣传，加强中国特色社会主义伟大成就和多党合作光荣历史宣传教育，激励广大会员提高政治站位，继承和发扬民建优良传统，焕发新的时代精神。

做好宣传工作。《合肥民建》和市委网站全年编发各类稿件400余篇；在《民讯》、团结网、《江淮时报》、凤凰网等媒体发稿150余篇，在全省市级组织中发稿量排名第一，获民建安徽省新闻宣传先进单位一等奖表彰。

2022年12月7日，纪念民建合肥市级组织成立70周年座谈会召开
（民建合肥市委／供）

做好理论研究工作。多次开展优秀理论文章学习交流活动，动员会员参与理论研究征文活动，理论研究成果数量创历年新高。《中国新型政党制度的特色与优势分析》获市委统战部理论征文三等奖，多篇成果获民建省委理论研究优秀成果二、三等奖，获民建省委理论研究组织奖表彰。

【组织建设】 2022年，民建市委规范会员发展，优化入会申请材料填报程序。将谈话教育作为会员发展的前置程序，加大入会前考察和培养、入会后学习和培训的力度，尤其注重发展对象参政议政能力的考察和培养。对非公经济人士做综合评价，听取企业所在地市场监管、税务等部门意见，了解申请人守法诚信经营、依法纳税等情况；对新的社会阶层人士征求所在单位党组织意见。举办新会员培训班，通过入会宣誓程序和统战知识测试环节，增强入会荣誉感，提高参政党意识。有计划安排基层组织班子成员、骨干会员参加民建中央骨干会员培训班、市民主党派代表性人士培训班、民建安徽省社情民意培训班等各类学习。推荐会员加入民建安徽省专门工作委员会；3名会员获民建中央社会服务工作表彰，28名会员获民建省委参政议政、社情民意、新闻宣传、社会服务等各类表彰。

以考核评优为抓手，推进基层组织规范化建设。评选年度优秀基层委（总支部），督促指导各基层委（总支部）严格按照《中国民主建国会合肥市基层委（总支部）工作手册》开展并记录工作；持续开展“十佳支部”考评，激发支部活力；开展民建合肥市级组织成立70周年先进集体和先进个人工作评选表彰。对基层组织的会费和经费管理使用情况进行检查，规范会费经费的使用和管理。调整补充部分基层组织班子成员；组织老委会召开第五次会员大会；成立新一届参政议政、文艺、妇女、法律等4个专门工作委员会。召开组宣工作会议、支部建设经验交流会，促进基层组织比学赶超，加强横向交流。在有条件的基层组织建立“会员之家”，为会员交流活动搭建平台。包河区基层委等10个基层组织获评民建安徽省先进基层组织。贯彻落实民建中央、省委内部监督委员会会内监督工作要求，围绕维护会的纪律、重大会务工作、领导班子履职、基层组织建设等方面开展内部监督工作。

【参政议政】 2022年，民建市委修订课题立项制度，立项13个课题，形成《抢抓共建科创金融改革试验区机遇在打造长三角科技创新共同体中实现更高质量发展》《关于加强排水户雨污混接管理，从源头加强巢湖综合治理的建议》等30篇调研成果。

7篇成果被省政协民主协商会采用；3篇被选为省政协集体提案，1篇提案被列为省委、省政府领导阅批督办的重点提案，2篇成果被省领导阅批；3篇被选为市政协大会发言；2篇成果获市领导阅批；1篇研究成果获市委、市政府高质量调研成果三等奖，民建市委是唯一获成果表彰的民主党派机关单位。提交市政协提案53篇，6篇提案被表彰为市政协十五届一次会议优秀提案。

社情民意信息3条被省政协采用，36条被民建省委采用，17条被市政协采用，1篇被省高院领导批示，1篇被市领导批示。十余条社情民意被市直单位采纳或反馈工作进展，促进相关问题的解决。

对口肥东县开展巢湖生态环境保护民主监督工作，成立开展巢湖生态环境保护民主监督工作领导小组，围绕“加快内源污染整治和生态修复”与“建立排水养护长效管理机制”两个课题，为助力巢湖综合治理、聚力打造“最好名片”贡献民建智慧。

【社会服务】 2022年，民建市委响应中共中央号召，发扬民建优良传统，参与乡村振兴。推进肥东县八斗镇南鲁和美乡村建设，企业家会员、骨干会员以捐款、捐建项目、帮助规划设计、消费扶贫等形式，累计捐款捐物500多万元，建成集文化、体育运动、休闲及景观功能为一体的南鲁文体广场和5千米的环南鲁水库健身步道。组织企业家会员赴民建省委对口联系帮扶点——河北省丰宁县，向凤山镇精神病患者项目捐款10万元。持续对口帮扶市统一战线“同心示范工程”示范点，春节、六一慰问肥东县陆还社区、南桥社区困难群众、高龄老人、少年儿童等群体。会员企业未阳农牧（安徽）有限公司与肥东县八斗镇陆还社区签约总投资800万元的“湖羊养殖”项目。

打造四个主城区民建同心社区服务站，开展特色活动40次，收集社情民意数十条；坚持开展民建“英才招聘校园行”活动，贴近企业实际需求，走进合肥经济学院举办专场招聘会，更好服务大学生就业和会员企业单位用人。

参加疫情防控，为香港、上海、合肥以及其他省市地区疫情防控一线捐款捐物826万余元，会员及机关干部下沉街道社区、值守路口道口，累计志愿服务400余人次。

市委领导和企联会班子深入了解会员及会员企业遇到的困难和问题，通过各种渠道向党委政府及相关部门反映情况提出建议，维护会员权益，全年市委班子走访会员单位及会员企业20余家。

（王　建）

中国民主促进会合肥市委员会

【概况】　2022年，中国民主促进会合肥市委员会（以下简称“民进市委”）为中国民主促进会合肥市第八届委员会，有常务委员10人，委员30人。下辖1个基层委员会，7个总支部委员会，49个支部委员会，下设参政议政工作委员会、参政党理论研究会。发展新会员35名，会员总数894人，平均年龄54岁。会员界别分布为：高等教育、普通教育、科学技术、医药卫生、文化艺术、新闻出版传媒、公有制经济、新的社会阶层、司法机关、政府机关、党派机关和团体等。其中教育界占69.2%，中高级职称职务占85.7%。有省政协常委1名，市人大代表3名（其中市人大常委会委员2名），市政协委员24名（其中市政协常委6名）；各县（市、区）人大代表13名、政协委员50名，其中县（市、区）人大常委会副主任1名、人大常委会委员4名，县（市、区）政协常委8名）。

【思想建设】　*政治学习常抓不懈。*2022年，民进市委以深入学习贯彻习近平新时代中国特色社会主义思想为重点，组织学习中共二十大精神等。修订《民进合肥市委会理论学习中心组学习规则》，印发《民进市委会理论学习中心组2022年度学习计划》，开展常态化目前共学习活动。

*主题教育深入开展。*开展“矢志不渝跟党走、携手奋进新时代”政治交接主题教育，组建主题教育领导小组，强化整体推进。开展民进中央“政治交接·民进记忆”主题征文活动，开展征集会员双岗建功先进事迹和各基层组织履职优秀成果活动，增进广大会员对中国共产党和中国特色社会主义的政治认同、思想认同、理论认同、情感认同。

*宣传工作不断创新。*贯彻落实《中国民主促进会宣传思想工作条例》，新开设合肥民进微信公众号宣传阵地，提升合肥民进影响力。优化网站宣传版面，突出主题，新设“矢志不渝跟党走、携手奋进新时代”和“深入学习贯彻中共二十大精神”等2个专题宣传板块，展示合肥民进精神面貌。向民进中央、省委会，省市政协和省市委统战部报送各类新闻稿件、理论文章200余篇，在中央和省市级媒体上刊发稿件100余篇。民进市委获民进安徽省委“宣传思想工作先进单位”表彰。

*理论研究持续探索。*以应用理论为重点，强化理论研究队伍建设，制定《民进合肥市委会理论研究工作奖励、表彰办法》，深化激励机制。参加民进中央参政党理论研究课题招标工作，并连续3年中标。

【组织建设】　*抓领导班子建设。*2022年，民进市委贯彻民主集中制，明确职能分工，建立联系制度，要求主副委分别联系常委、委员和各基层组织，加强与基层组织的沟通联系，上下联动，形成合力。

*抓组织发展建设。*对合肥民进组织情况进行梳理，筹备成立民进四中支部。推进入会积极分子的推荐考察，加强对入会积极分子的培养。继续保持会员发展的精英化和年轻化，发展新会员35名，平均年龄37岁，硕士以上学历5人。做好民进第十三次全国代表大会代表候选人建议人选、民进安徽省第九届委员会委员候选人建议人选的推荐、上报和考察工作。

*抓人才队伍建设。*全面梳理统计党外代表人士和党外干部信息，加强分类管理，为骨干会员搭建发展平台。推荐3名会员参加市委党校2022年春季学期党外干部培训班，组织11名会员参加全市民主党派代表人士暨市委委员培训班，组织50余名会员参加安徽民进新会员培训班，系统化培育思想素养、政党意识和履职能力。推荐1名会员为合肥市人社局效能监督员，2名会员续聘合肥市效能监督员。摸排、推荐省委会青工委换届人选1名、民主监督专家组成员9名、同心智库专家2名以及合肥市妇女第十三次代表大会代表人选1名。有省市人大代表、政协委员30名，县（市、区）人大代表、政协委员62名。

【参政议政】　2022年，民进市委详细梳理参政议政骨干队伍，调整优化参政议政专委会成员，首次制定《参政议政工作考核奖励表彰办法》，多措并举提升参政议政水平。

调查研究上，对口市民政局开展“疫情防控下社区综合治理”调研，对口市文旅局开展“文里文气”文化之城建设调研。完成《常态化疫情防控下社区综合治理工作存在的问题和建议》等调研报告18篇。

《地校企合作共建，助力产业升级》调研成果被《江淮时报》和安徽新闻网登载转发。《打造创新策源地，构建发展新格局》在全市各民主党派工商联专题调研评比中获三等奖。

主渠道履职上，会人大代表、政协委员在省市“两会”上建言献策，展现民进风采。提交省政协五次会议提案1件，立案1件。提交市政协十五届一次会议集体提案25件，20件被立案，个人提案59件，46件被立案（含联名4件）。有4篇被选为大会发言材料。2篇提案被市委常委阅批，2篇提案被副市长领办，《关于精准解决就业困难人员灵活就业问题的提案》被市政协副主席领衔督办。2名会员被评为十四届政协优秀政协委员。

协商议政上，多次参加省市政党协商、政府协商和政协协商。2篇调研报告被选为省政协月度专题协商会书面发言。1篇被选为市政协委员资政会口头发言稿，1篇被选为市政协专题协商会口头发言稿，1篇被选为市政协专题协商会书面发言稿。

信息工作上，收到社情民意信息167篇，上报153篇，68篇被采用，其中《关于进一步加强对第三方医学检验实验室监管及支持力度的建议》1篇被民进中央采用，2篇被省政协采用，52篇被省民进采用，13篇被市政协采用。沈炎芳撰写的《提升“网络+网络”服务水平，推进智慧社区建设》被时任省委书记郑栅洁批示，李阳撰写的《重视有限空间安全隐患、降低事故发生率》被时任常务副省长刘惠批示。《加强社区工作者队伍建设，夯实基层治理基础》被列为社情民意座谈会书面发言。民进市委获民进安徽省委“反映社情民意信息工作先进单位”表彰。

2022年7月10日，民进合肥市委赴陆环社区开展“同心工程”送医送药活动
（民进合肥市委／供）

【社会服务】 民主监督。2022年民进市委将“加快推进巢湖流域农村生活污水治理”确定为调研方向，着力开展巢湖生态环境保护民主监督重点工作。先后前往庐江县盛桥镇和白山镇、合肥市农业农村局、合肥市生态环境局召开座谈会，并开展实地调研。针对生活污水无组织排放等三大类问题，提出解决建议，为市委、市政府决策提供参考。

疫情防控。面对疫情，号召广大会员奉献爱心，贡献力量，累计捐款捐物7.8万元，124人次会员下沉社区一线抗疫。购买慰问品8000余元，慰问合肥市第二人民医院发热门诊的医务人员。包河总支2名会员分别获评“合肥市先进党外医务工作者”和“安徽省先进工作者”。

同心工程。制定《民进合肥市委加强合肥市统一战线“同心工程”示范点建设提质升级实施方案》，着力加强“同心工程”示范点建设。捐助2万元，帮助陆环社区改造宣传栏和文化墙。组织会内医生会员赴陆还社区开展送医送药活动，为200多名村民提供疾病诊断和健康咨询，免费测血压、血糖百余人次，并向群众和陆还社区卫生所赠送30余种价值近4000元的药品。

社会服务。组织会员参加“矢志不渝跟党走、携手奋进新时代”安徽民进政治交接主题教育书画作品展，9名会员9幅作品入选书画作品展。组织推荐9名会员为安徽民进开明书画院三届理事会成员候选人，推荐2名会员为安徽民进企联会四届理事会成员候选人。各基层组织开展公益活动10余次。

双招双引。发挥优势作用，深入开展“双招双引”工作。提供合作质谱医学检测项目、阳光医疗集团、辉愈放疗软件平台等医疗相关项目投资线索5个，涉及待投资金额1.6亿；提供“安徽省国际商会中小企业国际服务联盟产业创新中心”“清华汽车研究院合肥研发创新中心”等产业创新项目2个，涉及投资金额约10亿。

（高　雅）

中国农工民主党合肥市委员会

【概况】 2022年，中国农工民主党合肥市委员会（以下简称“农工党市委会”）为第十二届委员会，有主委1人，副主委3人，常委16人，委员41人。

截至2022年底，全市农工党党员966名，男444人，女522人，平均年龄55.1岁。其中医药卫生、人口资源、生态环境界别的561人，占比58.1%；中高级职称824人，占比85.3%。大学以上学历688人，占比71.2%，其中：博士研究生10人，硕士研究生149人，大学学历529人。

党员中，省人大代表3人、省政协委员3人（其中常委1人）、市人大代表5人（其中常委1人）、市政协委员23人（其中副主席2人，常委5人；农工党界别18人、工商联界别1人、医卫界别2人、教育界别1人、文化艺术界1人）区县级及巢湖湖市人大代表16人（副主任1人、常委4人）、区县级及巢湖市政协委员62人（其中常委8人）。

【思想政治建设】 2022年，农工党市委会聚焦迎接学习宣传贯彻中共二十大精神，夯实共同的思想政治基础。

*加强政治理论学习。*班子成员带头，深入学习贯彻习近平新时代中国特色社会主义思想，认真学习中共二十大精神和习近平总书记最新重要讲话和重要指示批示精神，不断强化理论武装，以科学理论指导实践、推动工作。主委及班子成员领题开展理论研究，撰写理论文章、开展理论宣讲，不断深化对新型政党制度的理解和把握。在基层组织负责人培训班和新党员培训班上，组织基层负责人和新党员学习研讨中央统战工作会议精神和《中国共产党政治协商工作条例》等内容。

*推进政治交接主题教育。*按照农工党安徽省委工作要求，在中共合肥市委统战部的指导下，成立领导组，精心安排、突出重点、有序推进各项活动。印发主题教育工作方案，引导各基层组织按照方案精神和要求，结合实际开展各类主题教育。

*加强宣传思想工作。*发挥市委会微信公众号、网站等平台作用，以“非凡十年•农工党员故事”“喜迎二十大”“二十大代表风采”“农工党员热议二十大”“基层组织主委学习二十大体会”等专栏形式，带领全市党员深入学习贯彻习近平新时代中国特色社会主义思想，掀起学习宣传贯彻中共二十大精神热潮。

【组织建设】 *加强班子建设。*2022年，农工党市委会贯彻民主集中制，健全完善领导班子议事决策机制。落实班子成员民主生活会、述职和民主评议制度，开展批评与自我批评，增进班子团结，提升班子整体效能。落实班子成员联系基层组织工作制度，深入基层组织调研、指导。

*突出组织发展质量。*坚持把高层次人才队伍建设摆在重要位置，落实省委会组织发展规划，谋划组织发展工作，提升新党员中高层次人才比例。全年新发展党员28人。举办基层组织负责人培训班和新党员培训班，开展农工党《章程》、农工党史和参政议政专题知识培训，推荐骨干党员参加农工党省委、市委统战部组织举办的各类培训和实践锻炼，深化政治交接。

*加强内监委建设。*加强内监委成员培训，提升内部监督的能力和水平。开展党内监督工作，开展骨干党员纪法教育培训，组织基层组织负责人意识形态专题学习，认真落实市纪委、监委驻市委统战部纪检监察组的工作要求，常态化开展廉洁风险预警提示活动。

【参政议政】 *做好协商议政工作。*2022年，农工党市委会围绕大城市治理、“文里文气”文化之城建设、政府工作报告等重要议题，参加中共合肥市委、市政府召开的座谈会、协商会、情况通报会，积极建言献策。上报的各类建议经过农工党安徽省委筛选，向省政协各类会议上报建议5篇，4篇被采纳为书面发言，1篇被选为口头发言。在市政协十五届二次常委会暨“打造高质量科创平台，促进合肥市科技创新生态体系建设”专题协商会上提交发言材料2篇；开展巢湖生态环境湿地保护民主监督，形成《关于环巢湖十大湿地规划建设、生态修复和合理利用的建议》，在各民主党派、无党派人士开展巢湖生态环境保护专项民主监督工作座谈会交流发言；参加市政协湿地文化专题协商，提交1篇会议书面发言；在市社情民意座谈会、市政协委员资政会上提交发言材料4篇，均被用为书面发言；先后参加市政协“放心家政”“安心托幼”行动民主监督调研、座谈，提出建议。在市政协十五届二次全委会上，围绕用好环巢湖湿地资源、文化之城建设提交2篇发言材料，均得到市政协的肯定。

2022 年 4 月 19 日，农工党合肥市委赴肥西县肥光社区就疫情防控下如何做好社区治理开展专项调研 （汪雨琦 / 摄）

提案议案、社情民意信息和专题调研取得新成果。向农工党省委会上报集体提案材料 10 篇，1 篇材料被选用为农工党中央全国两会集体提案，4 篇材料选用为省政协集体提案。戴夫主委提交的《关于推进安徽省科技成果转化“三就地”的提案》获评“十二届省政协优秀提案”。担任人大代表的农工党员在省市人大全会期间提交建议 4 篇，在区级人大全会期间提交建议 10 篇。在区级政协提交提案 59 件。市政协十五届一次会议以来，提交提案 32 件，有 4 件提案被选为市政协重点提案，“关于提升安徽省内高校科技成果转化效率的提案”被选为市委虞爱华书记督办提案。4 件提案被评为市政协优秀提案，有 6 名农工党员被评为市政协委员优秀等次。形成调研报告 13 篇，《关于干预和帮扶学习障碍儿童的调研报告》获农工党中央年度优秀调研报告三等奖。《关于合肥市乡村振兴工作情况的调查与思考》获全市各民主党派、工商联专题调研优秀成果一等奖，市委会获组织奖。报送社情民意信息 129 篇，18 篇被农工党中央采用，3 篇被省政协采用，51 篇被农工党省委采用，5 篇被市政协采用。

【社会服务】 2022 年，农工党市委会服务全市常态化疫情防控，广大农工党员立足本职，发挥专长，在医护和公共卫生岗位上的农工党员持续奋战一线，部分农工党员和市委会机关干部多轮下沉社区道口值守，不少农工党员奉献爱心捐款捐物。开展“农工党环境与健康宣传周”等社会服务品牌活动，开展农工党员亲子护卫南淝河活动，组织农工党员参加农工党中央“我为大方下一单”消费帮扶活动，助力贵州大方县乡村振兴。

（王　娟）

中国致公党合肥市委员会

【概况】 2022 年，中国致公党合肥市委员会（以下简称“致公党市委会”）下设 2 个基层委员会、3 个总支部委员会，2 个直属支部委员会。全市各级组织 23 个，党员 353 人，其中，本科以上学历 312 人，占党员总数 88.4%；有侨海关系 305 人，占党员总数 86.4%；中上层人士 340 人，占党员总数 96.3%；副高副处以上人士 151 人，占党员总数 42.8%。党员中担任致公党中央委员 1 人，致公党安徽省委委员 2 人（省委常委 1 人、省委委员 1 人）。各级人大代表、政协委员 81 人次。其中市级人大代表 2 人（含市人大常委 1 人）、县区人大代表 6 人（其中常委 4 人）。全国政协委员 1 人、省级政协委员 2 人、市级政协委员 15 人（含市政协副主席 1 人、市政协常委 4 人）、县区级政协委员 55 人（含区政协副主席 3 人、区政协常委 11 人）。党员中担任厅局级领导职务 1 人、县处级职务 12 人，党风党纪、行政执法监督员等各类社会特约职务 6 人次。

【思想建设】 2022 年，致公党市委会获评致公党中央“中国致公党宣传思想工作优秀集体”。

深入学习贯彻中共二十大精神。将学习宣传贯彻中共二十大精神作为首要政治任务，召开理论学习中心组会议，认真学习二十大报告，面对面交流探讨学习心得；编写发布党员学习二十大报告心得体会。全市各级组织和各专委会分别召开专题会议学习贯彻中共二十大精神。

开展政治交接主题教育。参加致公党安徽省委会召开的“矢志不渝跟党走、携手奋进新时代”政治交接主题教育动员会，召开专题会议研究通过《致公党合肥市委会开展“矢志不渝跟党走、携手奋进新时代”政治交接主题教育实施计划》，成立主题教育领导小组，对政治交接主题教育重点工作进行安排部署。

加强宣传阵地建设。宣传市委会自身建设新成效和履职新作为。采写发布稿件106篇。其中，36篇稿件被省级以上媒体采用发布，8篇稿件刊登于《团结报》。完善微信公众号，组织开展“合肥致公小课堂—宣传工作培训”，提升宣传工作水平。

开展理论研究工作。组织党员参加致公党省委会和市委统战部征文活动，提交多篇理论文章。在市委统战部组织的学习贯彻“习近平总书记关于做好新时代党的统一战线工作的重要思想”征文活动中，2篇作品获得三等奖。

【组织建设】 加强党员队伍建设。2022年，致公党市委会发展党员12人，平均年龄35.8岁，中上层人士10人，具有中级以上职称6人，研究生以上学历7人，具有县区政治安排2人。紧扣“选的准”“育得强”，以党内工作实际和现实表现为主要依据，推荐优秀党员参与各类评选。1名党员获评“安徽省先进工作者”，2名党员被推荐为安徽省“益心为公”检察云平台志愿者，1名党员被评为合肥市疫情防控党外先进医务工作者，1名党员获评“首届安徽优秀公益律师”，1名党员被推荐担任合肥市人社局效能监督员，2名党员被推荐进入安徽省省级社会稳定风险评估专家库、合肥同心智库。

强化党员学习培训。开展“合肥致公小课堂”专委会工作及宣传工作培训，提高党员政治素养与履职能力。50名党员参加致公党省委会在金寨举办的骨干党员培训班，系统接受革命传统教育和理想信念教育。多名党员参加致公党中央组工干部、对外联络干部线上培训，合肥市党外干部“五进五宣”网络专题培训等。各基层组织、专委会先后组织成员赴合肥科技企业、高校、博物馆等参观学习，为建言履职储备知识经验。

深入推进党内监督。以“跟党走、守初心、担责任、做贡献”为主题，组织和参与“五进五宣”党外干部纪法教育系列活动。组织近百位党员参加“同心论坛”暨全市党外干部纪法教育宣讲活动（致公党市委会专场）和“五进五宣”党外干部纪法教育专题讲座；参加致公党省委会内部监督工作会议，学习内部监督工作有关精神。

【参政议政】 参加民主协商议政。2022年，致公党市委会领导班子参加市委市政府民主协商会议，就文化之城建设、社区治理工作、政府工作报告等提出意见建议，得到市委、市政府肯定，相关建议被采纳。致公党市委会主要负责同志在全国双周座谈会上作《优化科技评价机制 释放人才科研活力》口头发言，为科技创新发展建言献策。

做好两会履职参政。先后向全国和省市两会提交大会发言、提案、议案和建议49件。市政协十五届一次会议期间，4篇提案获评优秀提案。市政协十五届一次会议上，致公党市委会作《关于把巢湖保护区建设成为近零碳排放实验区的建议》口头发言。

开展调研形成高质量建言成果。坚持“无调研不发言”，深入开展调查研究，先后完成8篇高质量调研报告。《全面推进碳减排，做好碳达峰、碳中和前期工作》等4篇被致公党中央评为参政议政优秀成果。

开展生态环境保护民主监督工作。配合致公党中央对口安徽省开展长江生态环境保护民主监督工作调研。开展“巢湖蓝藻治理问题研究调研”课题调研，形成《坚持科学治藻，助力巢湖打造合肥“最好名片”》调研报告，得到相关省领导批示。

健全机制反映社情民意。组织党员关注经济社会发展，关注民生，

2022年7月12日，致公党合肥市委会赴包河区开展巢湖生态环境保护民主监督调研
（致公党合肥市委/供）

不断拓展思路，社情民意工作取得新进展。全年撰写反映社情民意信息 99 篇。其中被致公党中央采用 1 篇，被省政协采用 1 篇，被省委会采用 18 篇。

提高专委会履职能力。加强参政议政队伍建设，新成立经济工作专委会和党史党务专委会。召开专委会工作会议，制定《致公党合肥市委会专门委员会通则》，开展专委会工作培训，指导推动各专委会开展课题调研等工作。

【对外联络】 *聚焦归国留学党员群体*。2022 年，致公党市委会对留学归国党员做好摸底工作、组织学习《习近平给南京大学留学归国青年学者的回信》，激励归国留学人员发扬留学报国精神。组织党员参与市委统战部举办的合肥市“留学报国奖”评选活动，1 名党员获评“留学报国奖”，4 名党员获评“留学报国提名奖”。

着力服务创新创业。贯彻落实“双招双引”工作部署，发挥侨海优势，动员广大党员多渠道发现、推荐、引进项目和人才，为合肥实现高质量发展贡献力量。引进优秀海归人才 3 名、招商引资项目 2 项。

【社会服务】 2022 年，致公党市委会发挥自身优势，汇聚全市党员力量，开展各项帮扶工作，1 名党员获评致公党中央“中国致公党社会服务先进个人”。致公党市委会主要负责同志赴包河区、合肥高新技术产业开发区开展“访企解难”活动，赴庐阳区、蜀山区开展现场办公，帮助企业解决实际困难和问题。巢湖基层委连续 6 年开展贫困学生助学活动。庐阳基层委“同心志愿服务队”队员赴杏花村街道金都社区开展“送法进社区”活动。包河总支深入社区开展普法宣传活动。参加市委统一战线“同心工程”和定点帮扶的示范点肥东县八斗镇陆还社区的帮扶工作。疫情防控期间，广大党员响应号召，“变身”志愿者，投身社区防控。1 名党员被评为“合肥市抗击疫情一线医务工作者同心同行人物”。向红十字会捐款总人数为 161 人，总金额 33120 元。党员其他渠道捐款捐物 65.25 万元。

（张　艳）

九三学社合肥市委员会

【概况】 2022 年，九三学社合肥市委员会（以下简称“市九三学社”）下设瑶海、庐阳、蜀山、包河、巢湖 5 个基层委员会（31 个支社）、1 个机关直属小组。落实“人才强社”战略，发展新社员 34 人，其中：博士研究生 3 人、硕士研究生 9 人、高级职称 12 人、女社员 9 人，平均年龄 35.6 岁。社员总数 771 人，平均年龄 51 岁，其中，高级职称 418 人，占社员总数的 54.2 %，女社员 279 人，占社员总数的 36.2%。社员中担任九三学社省委委员 2 人（副主委 1 人），省人大代表 2 人，省政协委员 2 人（常委 1 人），市人大代表 6 人（常委 2 人），市政协委员 22 人（副主席 1 人，常委 7 人），县区人大代表 11 人（常委 2 人），县区政协委员 82 人（副主席 2 人，常委 14 人）。副处级及以上职务社员约 30 人，其中，3 人任副县（区）长，1 人挂职副区长。获评社中央“2022 年全国宣传思想工作先进单位”；获评社安徽省委“先进市级组织”“组织工作先进集体”“新闻宣传工作先进集体”“参政议政工作先进集体”“反映社情民意信息工作先进集体一等奖”“社会服务先进集体”。获评市政协“优秀信息工作单位”；获评市委统战部“全市统战信息工作先进单位”“市民主党派工商联专题调研工作优秀组织奖”。

【思想建设】 2022 年，市九三学社以习近平新时代中国特色社会主义思想为指导，将思想政治建设作为核心工作，把学习宣传贯彻中共二十大精神作为首要政治任务。要求社各级组织和广大社员原原本本学、深入细致学、联系实际学，

2022 年 9 月 3 日，九三学社合肥市委举办“矢志不渝跟党走　携手奋进新时代”主题教育文艺汇演

（九三学社合肥市委 / 供）

学深悟透中共二十大精神。市九三学社领导班子带头学习，召开全委会、主委会、理论学习中心组会议等专题学习中共二十大精神，号召并组织各基层组织及专委会、工委会、社员骨干、机关工作人员等进行专题学习，发放《党的二十大报告辅导读本》等书籍。通过集体学习、座谈研讨、听辅导报告、征文等多种方式，学习中共二十大会议精神，深刻领悟“两个确立”的决定性意义，增强“四个意识”、坚定“四个自信”、做到“两个维护”，切实把思想和行动统一到中共二十大精神上来。

出台《九三学社合肥市委员会开展“矢志不渝跟党走、携手奋进新时代”政治交接主题教育实施方案》，以线上线下相结合的方式开展教育培训。参加社中央“非凡十年”主题征文，征集征文25篇，上报社省委10篇，1篇被社中央采用，1篇被《安徽九三》采用。上报徽文化论坛征文4篇，上报市委统战部理论论文5篇；上报市政协、社省委学习中共二十大心得13条，5条被社省委采用，10条被市政协采用。

【组织建设】 *规范组织发展。*2022年，市九三学社严格组织发展程序，把好入口关，坚持“三个为主”原则、坚持发展与巩固相结合，完成专委会、工委会换届工作，出台《九三学社合肥市专门委员会工作通则》。10月，市九三学社“社员之家”在安徽省交通建设股份有限公司揭牌成立。基层组织规范化建设持续推进，连续4年对基层组织进行年度考核，促进基层组织健康发展。

*丰富学习培训活动。*举办“2022年度基层组织负责人及新社员培训班”、开展政治交接主题教育培训；参加省委统战部举办的“全省基层组织负责人培训班”、市委统战部举办的“市民主党派基层组织负责人培训班”，组织市九三学社领导班子及广大社员积极参加九三学社中央“网络课堂”、青年骨干培训班、网络安全与信息化培训班，全省新社员培训班等线上学习。

*鼓励社员双岗建功。*在本职工作中，1名社员获安徽省科学技术进步奖二等奖，3名获安徽省科学技术进步奖三等奖；张树才获评2022年“安徽省劳动模范”；徐辉获评安徽省“最美科技工作者”；仇多宏被安徽省科学家企业协会、安徽省院士专家联谊会评为“2021年度优秀专家”；王克陆获“安徽慈善奖”等等。在社务工作中，阚春秀被社中央评为“九三学社组织工作先进个人”；14名社员被社省委评为“2020-2021年度先进个人”，10人获评“2021年度参政议政工作先进个人”，5人获评“2021年度反映社情民意信息工作先进个人”，1人获评“2020-2021年度社会服务先进个人”。4人获评市政协“优秀政协委员”。

【参政议政】 2022年，市九三学社在“两会”提交议案、提案100多件。在全国政协十三届五次会议上，《进一步发挥大科学装置在强化战略科技力量中的作用》被九三学社中央作为集体提案，《关于推进区域特色农产品产业健康发展的建议》被九三学社中央作为界别提案。在省政协十二届五次会议上，《关于进一步加强安徽省韧性城市建设的提案》等8篇被社省委采用为集体提案，其中2篇被作为大会书面发言，《关于完善市场主体参与涉企政策制定与评价机制的提案》被作为省委书记领衔督办提案，《关于进一步加强安徽省高等职业教育改革的建议》被作为重点提案。提交市政协集体提案11件，社员提交市“两会”议案提案48件。《抓住“双碳”机遇促进合肥产业转型升级》作为市政协大会口头发言，10篇为书面发言。《关于制定〈合肥市住宅小区物业管理规定〉的议案》被列为市人大1号议案。

专题协商质量齐升，提交材料63件。其中口头发言8篇，书面发言20篇。在省政协“加快发展外贸新业态新模式助力安徽高水平对外开放”月度专题协商会上，1篇为口头发言，1篇为书面发言。在省政协资政会、协商会上，3篇作为口头发言，10篇为书面发言。在市政协专题协商会上，4篇作为口头发言，3篇为书面发言。在“大力实施‘两强一增’行动，全力打造全省乡村振兴示范区”市政协委员资政会上，1篇作为口头发言，6篇为书面发言。

围绕市政协年度重点协商活动主题，及社省委参政议政招标课题，市九三学社确定立项课题12个并全部完成。在社省委对2021年度参政议政优秀成果表彰中，2篇报告被评为特等奖，3篇一等奖，8篇二等奖，10篇三等奖。在市委统战部“2021年度合肥市民主党派工商联专题调研工作表彰中，1篇调研报告被评为一等奖，1篇二等奖，1篇三等奖。

信息工作稳步提质。收到并上报信息371篇，其中被零讯采用1篇，全国政协采用4篇，社中央采用10篇，省政协采用14篇，省委办公厅及统战部采用1篇，社省委采用160篇；市政协采用50篇。

【民主监督】 2022年，市九三学社配合社省委开展年度专项民主监督工作。参加5场社省委、市委统战部举办的巢湖生态环境保护民主监督工作研讨班、培训会、座谈会。承担“环巢湖十大人工湿地运营状况”调研课题。与市林园局等部门就巢湖生态环境保护民主监督、“环巢湖十大人工湿地运营状况”等工作进行座谈交流。参加社省委赴肥东开展巢湖农业面源污染方面的民主监督。上报相关社情民意信息5篇，其中《做好“用”字文章，发挥三河湿地功能效用》被省政协采用。20多名社员应邀担任各级司法机关和政府部门的特邀（特约）人员、效能监督员，认真履行民主监督职责。

【宣传工作】 2022年，市九三学社网站登稿247篇，微信公众号登稿65篇。社网站开设“矢志不渝跟党走、携手奋进新时代”主题教育专栏和“中国共产党第二十次代表大会”“二十大代表风采”专栏。“社员之家”平台上传稿件53篇。向有关单位、媒体报送宣传稿件。被团结网采用11篇，凤凰网安徽采用4篇，社中央采用29篇，社省委采用36篇，市政协采用35篇，市委统战部采用13篇，《合肥日报》采用1篇，《江淮时报》采用4篇，人民政协报公众号采用1篇，《江淮晨报》采用1篇。

【社会服务】 *科普进校园*。2022年，市九三学社邀请社内心理健康、口腔、化学等方面的9位专家分赴13所中小学开展20场讲科普活动，为2500多位学生送去科普讲座，获得学校师生好评。

服务社区。发挥专家工作站和医疗工作站的优势，为社区居民、学生、家长等特定人群开展8余次讲座及活动。其中，“预防未成年人犯罪”普法进校园1场；为填报高考志愿的家长和学生开展系列讲座2场，向防疫一线人员捐赠防疫物资4次，工作站医疗专家上门帮扶烟墩街道患病困难群众。

“双招双引”。组织社内相关专家、企业家座谈交流“双招双引”工作。发放《2022年合肥投资指南》，宣传合肥发展的良好态势、创新创业的优良环境，营造浓厚的舆论氛围。上报6条有效招商线索。

投身公益。开展“关爱城市美容师”活动，资助瑶海区8名环卫工人即将上大学的子女每人3000元助学金，获得市城管局“2022年度关爱环卫工人爱心单位”表彰。参与疫情防控，组织捐款捐物近10万元，先后有80余名社员坚守疫情防控一线。

（欧金玲）

合肥市工商业联合会（市总商会）

【概况】 2022年，合肥市工商业联合会（市总商会）（以下简称“市工商联”）围绕全市疫情防控和经济社会发展大局，引导广大民营企业投身疫情防控一线；创新优化服务民营经济发展的方式和手段，主动服务、靠前服务，助推经济高质量发展；营造民营企业健康安全的发展环境，让民营企业轻装上阵、敢干敢拼。先后获评全国工商联“2022年度调查点工作先进基层工商联”、“创新中国”工商联工作最佳案例等。

7月5日至6日，市工商联第十五次代表大会在合肥举行，会议选举产生市工商联第十五届执行委员会委员、常务委员及领导班子，所有候选人均为全票当选。

做好疫情防控工作。及时通过各类媒介广泛宣传疫情防控“二十条”措施和市委、市政府关于疫情防控的决策部署，响应企业需求，耐心纾解企业情绪，引导民营企业配合属地严格落实防疫要求。指导民营企业用足用好扶持政策，推动扶持政策传导到基层、落实到企业，最大限度减小疫情对民营企业发展的影响，做到疫情防控和生产稳定两不误。在上海疫情形势严峻之时，向上海市合肥商会发出《慰问信》，鼓励他们树立战胜疫情的信心，号召合肥民企驰援上海。展现民营企业的责任担当。组织开展8批次防疫慰问活动，筹措会费20万元，购买防护物资驰援瑶海区、慰问城区4个高速道口一线工作者。号召民营企业弘扬企业家精神，履行责任担当，广大民营企业积极响应，为抗击疫情提供人力、智力、物力支持。老乡鸡、洽洽食品、国轩高科、菜大师、文一集团、合肥市宣城商会、宿松商会等捐赠爱心蔬菜，驰援上海爱心物资折合人民币500万余元；合肥市阜亳商会克服种种困难按期高质量完成上海方舱医院援建任务，得到中铁建工的高度评价和中央电视台新闻的报道；新华教育集团、古井合肥分公司、合肥泉州商会、天长商会等纷纷捐款，为疫情防控提供资金支持；伊普诺康生物、鸿鹤集团、皖力医药、合肥市含山商会、滁州商会等捐赠防疫物资，为一线疫情防控人员撑起“保护伞”。400多家企业参与捐赠，30多家所属商会发起捐款捐物。各商协会及企业组织志愿者逾3000人次投身疫情防控第一线。

2022 年 7 月 6 日，合肥市工商业联合会（总商会）第十五次代表大会举行
（市工商联 / 供）

【思想建设】 2022年，市工商联把学习宣传贯彻中共二十大精神作为首要政治任务。坚持整体把握、全面系统、突出重点、抓住关键的原则，党组中心组专题集中研讨，民营企业家中征集学习心得，推出微信公众号《凝聚同心向党合力坚定高质量发展信心—我市民营企业家热议党的二十大报告》，在互动交流中营造学习二十大精神的浓厚氛围。组织民营企业家参加省联宣讲、参与市级宣讲、指导县（市、区）工商联、商协会组织宣讲，形成上下联动的宣传态势，涌现出芜湖路街道商会、天长商会等宣传工作典型。

【优化营商环境】 2022 年，市工商联依托民营企业调查点开展民营企业评价营商环境工作，参与全国工商联一年一次的“万家民营企业评营商环境”调查和省工商联每季度一次的“全省民营企业评营商环境”工作，在 11 月发布的全国工商联“2022 年万家民营企业评营商环境”结果中，合肥与杭州、南京等长三角副中心城市一起进入全国前十名。在指导企业准时准确填报问卷的同时，充分利用调查数据，对民营企业运行情况和营商环境进行深入分析研究，形成专题材料，先后 2 次向市优化营商环境工作领导小组专题报告民营企业调查点工作开展情况，4 次向市营商办提交专题书面报告。民营企业调查点工作获评全国工商联“调查点工作先进基层单位”和省工商联“调查点工作先进市级单位”。

【参政议政】 2022 年，市工商联围绕政协大会、资政会、社情民意座谈会和专题协商会等参政议政发言发声。在市政协十五届一次会议上提交提案 6 件，其中 1 件被列为市委书记重点督办提案，承办市政协十五届一次会议提案 4 件，其中主办 2 件，会办 2 件，2 名工商联界别委员在市政协“大力推进我市现代交通体系建设”专题协商会上发言。在市政协十五届二次会议上提交提案 11 件，1 名委员代表工商联界别委员在市政协十五届二次全会上发言。建立“周调研、月报告、季总结”工作机制，坚持问题导向，实行分层分级调研，做到“四个全覆盖”，将实地走访调研与问题收集相结合，广泛征集意见建议，推动矛盾有效化解、问题有效解决。

【经贸服务】 2022 年，市工商联邀请、接待 9 批次来合肥客商，并在对来合肥投资企业项目论证基础上赴南京、武汉、北京、青岛、海宁、杭州等地开展“双招双引”工作，拜访 39 家企业，获得招商线索 4 条。与锐士方达人力资源科技集团有限公司、盛杰人才服务集团公司签订招引海外高层次人才战略合作框架协议。与杭州市工商联探讨并共同发起“长三角省会城市青年企业家共同成长计划”，与长三角地区 11 家工商联联合主办“第三届长三角商协会资源对接会暨产业链供应链合作论坛”，对接“长三角地市商会联谊会”成立事宜。组织涉外企业线上参加安徽友好省州白俄罗斯布列斯特州国际商务交流展览论坛，组织民营企业参加全联首届民营企业共建“一带一路”峰会和省联“一带一路”国际合作专题培训班，组织 15 家民营企业参加由省政府港澳事务办和香港特别行政区政府驻沪办主办的“皖港交流会”。

统筹惠企金融服务方式，拓宽金融服务渠道，深化与建行的金融合作，探索与中国交通银行安徽省分行、中国工商银行合肥分行、中国银行合肥分行、杭州银行合肥分行开展业务对接。截至年底，建行合肥分行累计对接市工商联系统推荐企业 2592 户，投放企业 1543 户，放款总额 77.7 亿元，其中小微企业 1514 户，累计投放总额 46.9 亿元，各项指数均居全省第一；18 家商协会参与商会授信，累计授信额度84亿元，实际投放贷款108户，1.1亿元；推出“工商联快贷”信贷产品，实现信贷资金“精准滴灌”。《“商协会平台授信”金融惠企赋能》获评“创新中国”工商联工作最佳案例。

发动全市324家企业参与安徽省上规模民营企业调研及百强排序申报活动。在入围门槛普遍提高的背景下，营收百强、制造业综合百强、服务业百强“三榜”，合肥市79家企业入围，110次上榜。其中营收百强企业39家，制造业综合百强企业26家，服务业百强企业45家。

【“万企兴万村”行动】 2022年，成立由市工商联、农业农村局共同牵头的合肥市“万企兴万村”行动工作领导小组，市工商联与市乡村振兴局等7部门联合制定下发《合力推进巩固拓展脱贫攻坚成果同乡村振兴有效衔接工作方案》，引领民营企业积极融入乡村振兴战略。与市文旅局共同主办合肥市文旅宣传推介会——“合肥民营企业专场”活动，组织109家民营企业参加；组织企业赴阜阳开展“万企兴万村”项目考察对接活动；指导县（市、区）、开发区工商联开展县级“万企兴万村”行动实验项目认定工作。据“万企兴万村”行动台账显示，截至年底，“兴村”项目891个，投资经营类项目预投入总金额63亿元，实际到位资金15亿元，公益捐赠类捐物总额6330万元。

【稳岗就业】 2022年，市工商联坚持线上、线下相结合开展招聘活动，累计吸引171家企业参加，提供596个岗位，4751个职位。联合合肥学院、合肥职业技术学院、安徽新华高级技工学校、安徽万通高级技工学校4所院校开展4场线上招聘活动，在合肥学院开展线下“2022年合肥市工商联会员企业走进院校专场招聘活动”。做好促进民营企业吸纳高校毕业生就业岗位信息统计工作，挖掘面向高校（含高等职业院校）应届毕业生招聘就业岗位933个，职位6193个。高校毕业生就业创业工作累计参与企业393家，提供岗位1529个，10944个职位。加强推送就业政策，通过官微、商会联络群、企业联络群等渠道不间断地推送就业政策，帮助企业了解政策内容、掌握申请流程。

【法律服务】 2022年，全市各级工商联依托商会调解委员会受理调解案件3811件，调解成功1741件，调解成功率46%；市本级受理案件604件，调解成功408件，调解成功率68%。市工商联先后走进鼎众数科、正山信息和左之岸建设等企业义务开展法律咨询和义务法律顾问工作，利用商调委17个工作站和县区商调委开展对外接受法律咨询服务，全年接待咨询人数达500人次，组织76名律师分19个小组分别对报送的19家企业进行全面的法治体检工作。和市中级人民法院共建沟通联系机制做法受到全国工商联和最高人民法院联合通报表彰。

【组织建设】 截至2022年底，市工商联联系商、协会115家，其中异地商会38家，行业协会27家，其他类商会5家，团体会员34家，异地合肥商会11家。2022年新发展直属会员64人。指导筹建合肥市衢州商会、合肥市绍兴商会，8家商会获评全国“四好商会”，20家商会获评省“四好商会”。指导合肥市蚌埠商会等5家商会完成换届，完成57家商会年检预审工作，完成12名商会拟任会长的综合评价工作。市工商联所属商会党委整体接收泉州商会党支部、南通商会党支部，批准成立蚌埠商会党支部、无为商会党支部。市工商所属商会党委有商会党支部21个（含功能型党支部4个），比上年增长23%，新发展预备党员5名，所属商会党委党员总数达92名。

（侯　静）

责任编辑：赵永军

群众团体

合肥市总工会

【概况】 2022年，合肥市总工会开展“中国梦劳动美合肥篇章——喜迎二十大建功新时代”主题宣教活动500余场，推出“党的二十大精神在工会”系列专栏，覆盖职工超50万人次。弘扬劳模精神劳动精神工匠精神，获评全国五一劳动奖状2个、奖章4个、工人先锋号3个；获评省劳动模范和先进工作者68名、省先进集体8个；评选市五一劳动奖章、奖状、工人先锋号200个。选树“合肥工匠”20名，《工人日报》头版头条以《“科里科气”的合肥有一群“新工匠”》为题予以宣传报道，得到全总主要领导关注。评选“最美职工”20位。开展“好网民”活动，获全国奖项16个、全省奖项43个。

举办市级创新竞赛23项，带动县（区）、产业工会举办示范性竞赛300项、基层岗位练兵和业务比武近万场，百万职工投身竞赛活动；融入长三角一体化发展，先后组织职工参加多个比赛项目。开展第八届职工技术创新成果和2022年职工“五小”活动创新成果评选，收到申报项目近1300项，评选出职工技术创新成果167项、职工“五小”活动创新成果120项。

困难职工帮扶工作提质增效，救助困难职工家庭1356户。筹措资金2000余万，开展“四送”服务。持续开展“绿色出行”普惠行动，38.42万名职工参与。组织职工疗休养1.57万人次，为农民工免费体检1168人次。合肥市劳模工匠馆全面建成投入使用。市职工体育活动中心部分运动场地在31个法定节假日面向全市职工免费开放。累计建成“合肥工会幸福驿站”175家，年服务职工200万人次。构建和谐劳动关系，健全“法院＋工会＋人社”劳动争议诉裁调对接机制，成功调解劳动争议559件，为职工挽回经济损失870万元。

全市基层工会组织1.68万个，会员182.6万人，累计发展新就业形态劳动者会员9.5万人，组建乡镇级新就业形态联合工会116个，在长三角地区率先实现市区新就业形态工会组织“兜底建”全覆盖。百人以上已建工会非公企业职代会、厂务公开建制率均超95%。合肥工会数智聚惠云平台获得全国工会“市级十佳”平台。“合肥工会”微信公众号粉丝数突破69万人，居全省工会微信影响力排行榜首位。

2022年7月11日，合肥市劳模工匠馆开馆 （市总工会／供）

【新就业形态劳动者入会服务】 2022年，市总工会根据新就业形态劳动者入会工作纳入合肥市“心向党·新向荣”专项服务清单，累计发展新就业形态劳动者会员9.5万人，同比增加4万人。加强重点建、行业建、兜底建，推动组建饿了么合肥地区工会、合肥市电子商务行业工会联合会等重点企业（行业）工会。组建乡镇级新就业形态联合工会116个，吸纳会员超2万人，在长三角地区率先实现市区新就业形态工会组织“兜底建”全覆盖。开通“新业态网上入会”专用入口14个，实现市县两级工会“新业态网上入会”全覆盖。为新就业形态劳动者量身定制服务举措16条，建设服务站点近200个，赠送职工意外伤害互助保险2万份。开展关爱货车司机“三个一”行动，慰问货车司机1万人次。

【产业工人队伍建设改革】 2022年，市总工会持续深化产业工人队伍建设改革，召开深化产业工人队伍建设改革试点暨市产改协调小组会议，印发《合肥市产业工人队伍建设改革重点工作清单》《关于发挥企业主体作用深入推进产业工人队伍建设改革的实施意见》，选定市级试点50家，县级试点200家，市县联动纵深推进产改工作，推动产改课程进党校。

【选树“科里科气”合肥工匠】 2022年，市总工会围绕全市打造“科创名城”“产业名城”的大局目标，紧扣16个重点产业链，面向基层一线职工开展评选。评选命名数量由前两届的10名增加至20名，获奖工匠所在行业涵盖集成电路、新型显示、光伏及新能源、人工智能、传统工业、农业等，其中科创型人才占比由2020年的50%提高至2022年的80%，呼应合肥“芯屏汽合”“急终生智”产业布局。

【推进职工服务阵地建设】 2022年，合肥市劳模工匠馆及线上“云展馆”于7月同步开馆。包河区、合肥新站高新技术产业开发区、肥东县、肥西县工人文化宫加快建设，实施瑶海区工人文化宫改建工作，全市工人文化宫总建筑面积突破20万平方米。新建“合肥工会幸福驿站”58家，累计建成175家。新建职工书屋（吧）40家，市工人文化宫职工书屋获评全国工会品牌职工书屋示范点。命名女职工“阳光家园”30家。建成“职工生活幸福型企业”10家，市职工服务（帮扶）中心、中盐红四方分别入选全国工会帮扶中心赋能增效试点、企业提升职工生活品质试点。

【开展“暖民心行动”】 2022年，市总工会“工会送岗位乐业在江淮”就业援助行动实现稳定就业1.85万人。举办合肥市2022年餐饮烹饪技能竞赛，创建“名徽厨”劳模工匠人才创新工作室5家，培训徽厨4000人次。暑假期间，示范开办职工“爱心托管班”，带动各级工会服务职工子女5000人次；创建托育室2家。9月份开始，市职工体育中心部分运动场地上午时段免费向全体市民开放，“合肥工会”微信公众号开设“积分工园”专栏，每月推出200张“60元健身普惠电子券”，可预约市职工体育中心任何时段任何运动场地。联合市人社局等单位，举办合肥市第三届家政服务职业技能大赛，培训家政人员6300名，全面推广“培训+就业+服务”特色做法。

（谷康霞）

中国共产主义青年团合肥市委员会

【概况】 2022年，中国共产主义青年团合肥市委员会（以下简称“团市委”）聚焦共青团始终成为“政治学校、先锋力量、桥梁纽带、先进组织”的定位，按照“三力一度两保障”工作格局，高效服务“双招双引”为青年创新创业搭台赋能，做好疫情防控青年志愿服务。全年有关工作获市委领导肯定性批示。在团省委开展的市级团委2022年度工作评估中被确定为优秀等次，在全省共青团位居前列。连续三年获评年度党建考核“好”等次，机关党支部获评“五星级党支部（示范党支部）”。

截至年底，全市有团组织20558个。其中，团领导机关9个，基层团委633个，基层团工委83个，团总支820个，团支部15401个。团员29.17万人；其中，学生团员11.69万人，机关事业单位团员1.73万人，国有企业团员1.30万人，非公企业和社会组织团员2.22万人。团干部2.22万人。其中，专职团干部64人，兼职团干部22107人。

【青少年思想引领】 2022年，团市委以学习宣传贯彻党的二十大为主线，持续深化青少年理论武装，着力强化青少年精神素养，不断凝聚紧跟总书记、奋进新征程、建功新时代的思想共识，营造昂扬向上、团结奋进的浓厚氛围。

抓学习固根本。开展“学习（喜迎）二十大、永远跟党走、奋进新征程”主题教育，组织庆祝建团100周年系列活动，线上线下同步举办“青春心向党——合肥青年运动发展历程展”。组织青年讲师团、红领巾巡讲团开展学习宣传贯彻党的二十大精神宣讲、报告会30多场。组织动员全市各级团组织，29万余名团员青年开展主题学习活动，“智慧团建”支部覆盖率 100%。581 余万人次参学“青年大学习”“红领巾爱学习”网上主题团、队课。

抓实践拓平台。组织青少年有序参与政治建设，扩大职业体验、志愿服务和大中专学生社会实践等工作的覆盖面，提供 1000 余个企事业社会实践岗位，组建 62 支大学生志愿者暑期“三下乡”社会实践团队，动员 306 名返乡实践高校学子在广阔平台上锻炼本领、增长才干。通过“线上 + 线下”“现场 + 研学”的方式，在全市广泛开展“红领巾科普讲堂”活动 1000 余场次，覆盖少先队员 30 余万人次。推动瑶海区、合肥经济技术开发区与在合肥高校建立第二课堂示范实践基地建设，常态化合作联系。

抓阵地强供给。主动占领网络思想政治教育阵地，发挥合肥共青团融媒体矩阵优势，其中，抖音号粉丝 286 万，阅读量超 6 亿人次，长期位居全国地市级团组织抖音综合影响力排行榜首位。开设“青马学员说”专栏，制作《我们》《像一道光》等主题视频献礼建团百年，播放量超过 15 万次。举办 2022 年国家网络安全宣传周青少年日活动，坚守共青团舆论阵地，持续用力展现网络文明“新篇章”。联合中国科学技术大学举办“青春心向党 奋进新征程”——“云赏樱”网络视频直播活动，381.8 万青年居家共享“樱花”盛宴，畅谈科教报国。

【服务发展】 实施招商引才青春建功行动。2022 年，团市委组织中国（合肥）人工智能企业家峰会，全国 19 家高意向性企业来合肥投资恳谈。组织市青年企业家协会开展银企对接活动，现场授信 1050 亿元，兑现超 535 亿元，启动合肥市创业青年成长计划，为 200 余名创业青年搭建产业协同、政企互联的交流平台。搭建“地方 + 高校 + 企业”交流平台，开展“千师万生进企业”“千校万岗”等交流活动 40 余场，邀请在合肥高校师生走进 50 家重点企业开展实地考察、座谈交流等活动，引导在合肥高校学生认知、认可、认同合肥的经济社会发展成果。借助 2022 世界集成电路大会平台，创新会议会展志愿服务育人机制，打造“线上岗位推介 + 线下面对面交流”新模式。

实施疫情防控青春建功行动。迎战高温酷暑，招募 10493 名青年参与高速道口疫情防控值守，累计服务时长 23235 小时。团市委机关及二级机构全员下沉，5000 余名青年志愿者常态化参与防疫工作。组织 4000 余名青年志愿“新”力量参与“周末假期让我上”，有效补充和调整防疫力量。发起“城市守护计划—‘37℃的爱’公益行动”，组织团属力量向防疫一线捐赠医用口罩、防护服等保障物资 100 余万元。开通 12355 抗疫咨询专线，提供心理疏导 122 人次。

实施创新驱动青春建功行动。作为 2022 年“双创”活动周的重点活动之一，举行长三角 G60 科创走廊青年创新发展主题活动，九城市团委共同成立长三角 G60 科创走廊“科技 + 文化”青年创新发展联盟。办好“创青春”等一批赛事，合肥市 17 个青年创新创业项目在安徽青年创新创业大赛中获奖。开展“肥东发展之我见”青年主题论坛、“肥西青年 TED 沙龙”等活动，用好“青年文明号”“青年岗位能手”等“青”字号工作品牌，搭建青年人才交流平台。

【青年发展】 2022 年，团市委以推动《合肥市落实〈安徽省中长期青年发展规划（2018—2025 年）〉实施方案》纵深实施为统揽，聚焦志愿服务、权益保护等重点领域，锚定农村留守儿童、家庭困难学生等重点群体，依托党赋予的资源和渠道，优化服务机制体系，改进工作作风，切实提升服务青年实效。

聚焦志愿服务。围绕“青春志愿小区”行动，摸排市辖区 2738 个小区的空巢老人、残疾青少年、重点青少年等群体对志愿服务的需求，汇总在合肥各高校近万名大学生志愿者及机关企事业单位、区域化共建单位、社会组织、社工机构

2022 年 9 月 16 日，长三角 G60 科创走廊青年创新发展主题活动举办

（团市委 / 供）

等青年志愿者资源清单，实现小区发展需求和居民需求与青年志愿服务供给有效对接。在瑶海区春华社区设立青春志愿小区驿站，实现青春志愿服务与基层社会治理有机融合。推出“庐小志”志愿服务品牌，组织少年儿童参与社会实践和基层社区治理。组织“河小青”青少年环保志愿者队伍，开展巡山护河护绿、对话河长、传播绿色生态志愿服务。

聚焦身心健康。围绕青少年法治宣传、心理健康、中高考减压、防疫情绪调解、安全自护、禁毒反诈等主题，深化推进“合青护航·快乐成长”行动，开展线下活动300余场，推出网络视频公开课和线上直播课近50期，覆盖青少年20万人次。依托市青少年服务台提级打造未成年人服务热线，为242名青少年提供法律咨询和心理服务。《合肥市青少年心理健康服务调研报告》获评团中央“共青团与人大代表、政协委员面对面”主题调研活动“全国地市级一类报告”。

聚焦权益维护。动员和发挥社会各界力量，募集资金打造乡村小学“梦想实验室”，提升少年儿童科学素养；持续开展“爱心照亮求学路”助学活动，市本级资助困难家庭大学新生245名，发放助学款98.6万元。开展全国未成年人检察工作社会支持体系示范建设，持续发挥“社会观护团”实践功能，累计开展涉案未成年人心理评估48次，社会调查318次，合适成年人72次，为438名涉案未成年人提供观护服务，教育感化其改过自新。深化开展“共青团与人大代表、政协委员面对面”活动，了解青少年所急所盼，参与“青少年模拟政协提案征集活动”，畅通青少年利益诉求表达渠道，通过“两会”发声，为青少年健康成长发展提供有利政策建议。

【组织建设】 2022年，团市委锚定强“三性”、去“四化”的改革目标，紧盯关键环节，健全组织体系，推动改革向纵深发展，各级团组织政治功能和社会功能更加彰显。

全面从严治团。坚持组织建设从严，依托“智慧团建”系统加强基础团务管理。干部管理从严，加强团干部教育培训统筹，深化平时考核，增强“青马工程”吸引力和影响力，擦亮共青团为党育人的金字招牌，相关做法在《中国青年报》头版头条报道。发展教育从严，实施少先队员光荣感倍增计划，落实推优入团工作，推动党、团、队育人链条相贯通，确保党团队一体衔接有效落实。

全面深化改革。深入开展县域共青团基层组织改革，肥西县试点工作评估为全国优秀。做好城市基层组织改革试点工作。持续巩固完善团、青、学、少、社等组织体系，推动传统领域团建，扩大非公领域和新兴领域团组织覆盖面。推进“一专一站两联”建设，相关工作在《中国青年报》专题报道，并获得市委主要领导肯定性批示。

（李　锐）

合肥市妇女联合会

【概况】 2022年，合肥市妇女联合会（以下简称“市妇联”）从严从实加强自身建设，深化政治机关意识教育，持续提升妇联党建工作质量和水平，妇联党建工作作为基层党建创新典型案例在人民网登载，在全市连续6年获评“好”等次。全国妇联党组书记、副主席、第一书记处书记黄晓薇来合肥考察调研，赞誉合肥“‘徽姑娘’靠奋斗穿上了‘水晶鞋’，靠科技拥有了‘魔法棒’”。

坚持守正创新加强广大妇女思想引领。以万名执委“大走访、大宣讲、大落实”工作为切入点，组建合肥“守心”巾帼宣讲团，以走进群众的“板凳会”“家庭会”“庭院会”，指尖上的“奋斗感言”“微宣讲”等形式，宣讲新时代十年的历史性成就，激励广大妇女用奋斗礼赞时代，用拼搏创造幸福生活。合肥市贯彻落实党的二十大精神《牢记嘱托跟党走引领全市广大妇女在推进中国式现代化中展现新担当新作为》在《中国妇女报》刊登。

紧扣喜迎党的二十大重要时间节点，开展“三学三展三服务”系列活动（即学理论学党史学榜样、展风采展作为展家风、服务中心服务妇女服务家庭），“我奋斗·家国美”故事汇在全国女性之声、中国妇女报视频号、抖音号上直播，20万人收听收看。紧扣主题，联动民政、工会开展网络安全到家庭、个人信息保护主题日（直播）活动，举办“非凡十年”主题演讲赛、“二十位女企业家说”“今天我来读云接力”等主题活动，线上线下50万人次参与。

坚持体现时代性、注重群体性、突出示范性，让各类先进典型成为妇女群众身边的榜样、时代的标杆。程佳慕获省演讲比赛一等奖，短视频《守心》获省一等奖；“防疫在南站”“红莓姐姐”乡村女性成长计划项目分获一、二等奖，万年埠街道获“全国巾帼志愿服务阳

2022年8月22日，合肥市妇联举行三八红旗手（集体）联盟成立大会

（市妇联/供）

光站”称号，包河社区先后获全国妇联志愿服务“十佳”社区、全国“四个100”最美社区称号。组建合肥市三八红旗手（集体）联盟，成立20个工作室，发扬“聚是一团火、散是满天星”精神，当好服务引领妇女群众的二传手、三传手。开展“送奖到基层”、报告会、座谈会等活动，“声屏报网端微”等全媒体宣传，让典型事迹感染人、引导人、激励人，先进典型接地气、立得起、传得远。2022年获全国荣誉的各类先进个人、家庭、集体12个。

主动革新推动组织建设。持续在女性集中的领域灵活多样建立妇女组织，织密妇联组织网络。启动以“地缘、趣缘、业缘”为纽带的小区妇联、广场舞妇联、新业态妇联建设，加强与工会组织合作，不断拓展企业妇联组建形式，涌现出工业园区特色妇联、商业街区示范妇联、物业行业妇联、环保系统妇联等“四新”妇联组织721个，推动妇联组织精彩“出圈”。深化“群建促党建”，制定并细化党建惠企政策6条，为快递物流、平台经济等女性群体，提供困难帮扶、法律维权、健康关怀等关爱活动。出台《妇联组织参与基层社会治理服务“一老一小一小区”工作意见》，让“一老一小”遇到困难想得起、找得到、靠得住。

选优配强基层妇联组织。全市127个乡镇（街道）妇联完成换届选举工作，妇联主席45周岁及以下占56%；大学及以上学历84人，占66%，执委2832名，45周岁及以下2272人，占80.2%；大专及以上学历2527人，占89.2%，妇女代表7305人。选举产生村（社区）妇联主席1720名，副主席2683名，执委15686名，实现村（社区）“两委”中100%有女性，村（社区）妇联主席100%进“两委”。

【服务发展】 *推动科技创新巾帼行动*。省、市妇联联办2022巾帼双创经验分享会暨创新创业成果展，长三角G60九城市新兴产业菁英女性风采展示、科创走廊科技与产业创新大赛等，合肥御微半导体、安徽润安思变等在大赛中获一、二等奖。市妇联优化服务环境，走进中国科技大学、科学岛、女企业家协会，开展“扬帆300”优秀女企业家进高校线上直播活动；积极助企纾困金融对接，406户小微企业获得小额担保贷款2.55亿元。助力“双招双引”，从海外引进4位人才在合肥就业，服务合肥“一号工程”。举办“‘皖’家联动‘合’你一起”系列交流交友活动20多场次，服务在合肥青年3000余人，让人才爱在合肥、留在合肥。

抓好乡村振兴巾帼行动。支持女性投身新技术、新产业、新业态发展，为乡村振兴贡献应有之力。培育新技能人才，开展创业技能线上直播课、家政培训大篷车、电子商务等培训35期，覆盖群众3万多人，激活乡村振兴人才引擎。促进产业发展，提质扩面妇女专项扶持资金项目，通过11个项目127.3万元资金带动300多万元社会资金注入，“巾帼科技助农直通车”服务到田间地头40余场次。肥东县牌坊乡杭椒产业入选全国“一村一品”示范村镇名单，肥西宇禾合作社等两家单位获评“全国巾帼现代农业科技示范基地”。开展“美丽庭院”创建、实施“共建洁净庭院”项目，形成“开门迎客”“巧妇课堂”“一桌家宴”等乡村名片。乡村振兴“徽姑娘”创业联合会十年工作经验、创业模式在《中国妇女报》刊登。

引领妇女在“疫情”中担当作为。发挥妇联的政治优势、组织优势、群众优势，调动2万多名妇联干部、妇联执委、巾帼志愿者及女性社会组织等力量，在疫情防控中展现“她担当”。市妇联全程参加全市疫情防控工作会商会，认真领会重大任务部署，积极参与“八类特殊人群”统计、跟踪、关爱等工作。壮大“合肥大姐”志愿服务队，以小区为单位组建巾帼志愿服务组织，参与“敲门行动”、配药送医

小分队，当好群众贴心人、暖心人。“解忧小分队”热线电子海报进入不同楼栋群，为万千家庭排忧解难。“8+N”抗疫关爱活动温暖一线人员，筹集40多万元为431名援沪医护人员和500名一线巾帼志愿者送去“暖心包”。广泛发动各界捐款捐物400余万元，展现巾帼家国情怀。

【家庭文明建设】 “最美家庭”助力美美与共。2022年，市妇联推出各具特色的家庭典型，以“小家和”助推“大家美”，让“最美家庭”不仅各美其美，更能美美与共。选创全国最美家庭3户、全国五好家庭3户，省最美家庭9户、省五好家庭10户，市最美家庭100户、市五好家庭50户。突出“廉洁家风润万家”鲜明特色，开展“扣好人生第一粒扣子”主题实践、打造包公故里孝肃家风馆、礼遇“最美家庭”等活动，引导广大家庭升华爱国爱家的家国情怀，建设相亲相爱的家庭关系，弘扬向上向善的家庭美德。

“赋能家长”引领科学家教。贯彻实施全国《家庭教育促进法》及省《家庭教育促进条例》，推动出台《合肥市关于指导推进家庭教育的五年规划（2021-2025年）》，为推动家庭教育指导服务体系建设提供指导和保障，引导广大家长自觉成为新时代儿童的引路人、守护人、逐梦人。倡导“让孩子快乐成长”科学家教理念，举办首个“家教有‘法’”家庭教育宣传周，举办家庭教育、心理健康、安全知识普及宣传等讲座、报告会300多场（次），《家长课堂》“妈妈的力量”悦读会等项目及时回应家长疑问，累计覆盖群众200多万人（次）。

“物暖情浓”做实民生实事。做深做细做实困境妇女儿童家庭精准关爱服务，多元募集公益基金，与爱心企业、单位联动发力，在商场、写字楼、街头通过视频、海报转发倡议，开展宣传动员，累计募集公益资金305万元，比上年度增长36%。持续进行健康关爱，高标准完成1678名城镇低保妇女“两癌”免费筛查工作，为560户临工妈妈等群体提供百万公益健康体检套餐。全年，累计关爱慰问妇女儿童831名，慰问款物达500万元。

【维权服务】 促进两纲实施。2022年，市妇联出台《2021-2030年妇女儿童发展纲要》，明确169项主要目标191条策略措施，定量指标高于全省28个，新增定量指标37个，教育、福利等重要指标水平全国领先，明确目标任务分工，强化责任落实，确保新两纲实施开好局、谋好篇、起好步。顺应新时代妇女儿童新需求新期盼，高标准建设合肥市妇女儿童活动中心，实施儿童友好社区试点项目，“儿童友好、儿童优先”理念融入社区管理各方面。

完善部门联动。探索“妇联+政法力量”联动合作的模式，立足抓源头、强服务、重实效，让妇女儿童维权有温度更有力度。抓住全国维权关爱工作试点契机，建立“家暴告诫书、村居通知书、受害人告知书”三书模式，形成家暴快速、协同处置机制；组建“娘家人”后援团，用心用情为重点群体提供跟踪服务，逐步形成党政主导的维权服务机制。与公检法司民等部门深度合作，共同建立妇女儿童维权关爱专班，建立常态化开展婚姻家庭纠纷排查化解工作、家暴个案定期通报、妇女儿童舆情监测通报等制度，提供“组团式”暖心服务。建立“党建+信访”十项工作制度，开展四级妇联主席公开接访活动，妥善化解，持续跟踪，形成信访事项处置闭环。

加强法治宣传。在全社会营造尊重和保障妇女儿童权益的法治环境，促进妇女群众学法懂法守法用法。“建设法治中国 巾帼在行动”活动贯穿全年，举办普法活动1355场次，《说法报平安》《巾帼微普法 庐州讲堂》等普法节目覆盖抖音、微信、商业综合体、3000多辆公交车移动电视，直接触达长三角10城市。发挥公益团队作用，加强与女警爱心服务队、基层网格员的联动协作，为权益受侵害的妇女儿童提供关爱支持。实施“中国妇女法律援助行动”、受侵害未成年人心理观护项目，为妇女儿童挽回经济损失114万元。

（王晓梅）

合肥市科学技术协会

【概况】 2022年，合肥市科学技术协会（以下简称“市科协”）围绕党委政府中心工作，认真履行“四服务”职责；深化科协系统改革，不断加强基层组织建设和推进科技资源科普化；加快科普条例立法，全面推进全民科学素质提升；加强自身建设，海外人才离岸创新创业基地和科技馆新馆建设取得新进展，圆满完成各项任务。合肥市获2022年度全民科学素质考核全省第一名，合肥市公民具备科学素质水平为17.5%，比2020年提高3个百分点，增幅为全国第一。合肥国家海外人才离岸创新创业基地获评优秀基地（全国共5个），合肥市入选“‘科创筑梦’助力‘双减’

试点城市”。市科协获评中国科协“2021年科普中国信息员典型代表”第一名。长丰县和肥西县获批2021—2025年度第二批全国科普示范县（市、区）。市科协、蜀山区科协等6家获评“2022年全国科普日优秀活动组织单位”，“合肥市2022年全民科学素质竞赛”等6个活动获评“2022年全国科普日优秀活动”。20家在合肥单位被认定为2021—2025年“全国科普教育基地”。

【服务科技工作者】 团结联系展形象。2022年，市科协统筹“全国科技工作者日”系列活动，开展“创新争先，自立自强”优秀典型学习宣传260余场。举办“科里科气——合肥科技工作者书法美术摄影展”，《合肥日报》等主流媒体宣传报道，向科技工作者献上诚挚祝福。

树立典型广宣传。授予王佳宁等20名同志合肥市“最美科技工作者”及“最美科技工作者”提名；施珂、何宏亮获评安徽省“最美科技工作者”，姚涛获评首届“安徽省优秀青年科技人才”。《合肥日报》、合肥电视台设置专栏推介宣传。

竭诚服务促保障。开展科学传播职称申报评审，拓展科普人才成长通道，服务科普人才队伍建设。191人通过省评委会评审，其中高级1人，中级48人，初级142人。

招才引智尽职责。落实市人才工作领导小组成员单位职责，做好拔尖人才、高层人才采集申报。举办海外人才创新创业活动4场，营造创新创业氛围，优化创新创业生态；举办第三届合肥海外人才资本项目对接会，“线上+线下”路演项目12个，达成投资对接意向项目5个。

完善委员组织机制。制定《关于加强重点领域企业科协组建工作的通知》，在高新技术、专精特新“小巨人”和民营企业等新组建70家企业科协，扩大企业科协覆盖面。出台《企业科协工作指引》，加强对企业科协联系服务，引导企业科协规范化建设。推进委员履职，基层“三长”（即长期在基层从事科技教育、宣传、推广的基层学校校长、卫生院院长、农业技术服务中心主任）联系服务，专栏交流展示履职信息160篇。走访慰问基层科技工作者、委员、“三长”等，听取意见建议，表扬20名优秀委员和“三长”等。

【服务创新发展】 科技引领融创新。2022年，市科协搭建高水平交流平台推动融通创新，汇聚创新创业要素，营造创新创业氛围。参与承办2022年“全国大众创业万众创新活动周”，做好通知报到、入住就餐、跟车接送、现场对接等，完成视察彩排、展商接待及会场服务；承办“科创中国—新时代创业者说”等工作，展示合肥为企服务风采，得到全国双创周组委会及省市双创周筹备办的通报表扬。

集聚资源优服务。完善实施细则和考核办法，加强国家海外人才离岸创新创业基地建设。新增离岸孵化器1家、海外服务站2家，引进31名海外人才（全职18人，柔性13人含1名海外优青），成立19家离岸人才创新企业，举办创新创业活动25场。组织科技专家进园区产学研对接5次，创办“天使之约”沙龙6场，提供法律服务助力海智企业稳定经营4场等。

“智会”服务聚要素。举办2022年青少年智能创新暨机器人创新公开赛、创意编程与智能设计大赛、人工智能无人机竞赛等，服务青少年科学素质教育。市抗癌协会、护理学会等举办《第九届安徽省胸部肿瘤论坛暨肺癌治疗新进展学习班》《常态化疫情防控背景下高质量护理创新发展与安全管理学术交流活动》等学术活动30余场；市图书馆学会开展《人造太阳》等科学家讲坛活动5期；市抗癌协会开展三下乡活动4场次。强化学会能力水平。市健康管理协会、心理咨询师协会等获评社会组织5A等级。市护理学会、中医学会完成换届，市无人机科技教育学会、市科普及志愿者协会完成登记注册，指导市天文学会、市科创成果交流学会、市科普教育基地协会筹备。注销市众创空间协会，帮扶市乳腺病学会、市医学会等专项整治。

高端学术塑品牌。关注生物安全领域学科前沿热点，开展“生物科学之生物安全——系列学术沙龙”，促进科技进步和科学繁荣，提升科技文化软实力。《生物学杂志》入选第二届中国期刊设计艺术周，在第二十九届北京国际图书博览上集中展览展示。

打造一流学术期刊。遴选优秀青年学者担任编委和审稿人，在组织专题稿件、特约综述、学术沙龙活动中发挥其资源、学科、人脉优势和智囊作用，推动《生物学杂志》国内一流期刊建设。完善“标杆工程”，增加原创性高质量研究论文征集，举办优秀论文评选活动等。探索科技期刊融合发展，推进数字出版和网络传播，扩大期刊学术影响力。

区域联动享资源。扩容升级科普产业联盟，新增13家会员单位；成功晋级合肥市产业技术创新战略联盟，联盟的规范化程度和创新能力得到提升。与合肥经济学院共建校企人才培养基地，探索校企合作办学与科普人才培养新模式，搭建就业平台。召开合肥市科普产业联盟第二次全体成员大会，启动《合肥市科普产业发展规划》编制。

【服务群众】 完善全民科学素质工作机制。2022年，市科协出台《合肥市全民科学素质行动规划纲要实施方案（2021—2025年）》，调整高规格全民科学素质领导小组，新增6家成员单位。制定全民科学素质年度工作要点，明确各成员单位年度任务和工作规则，召开年度会议推进落实。加强各成员单位的交流与协作，统筹开展全国科普日、合肥科技创新日等活动，形成科普合力，构建完善的工作机制。

推进科技创新资源科普化。发挥科技创新载体科普作用，制定《合肥市科技资源科普化改革方案》。整合科技资源，开发10条科普游线路；编写“科技风华—合肥籍院士的故事”图书，弘扬科学家精神。邀请国家气象台、中国科学技术大学、安徽大学等专家，线上线下开展天文主题科普讲座5场次。动员国轩高科等企业科协，联合开展青少年机器人竞赛、第一届人工智能无人机竞赛等；指导市无人机教育学会、市青少年科创学会创建科普品牌。联合中科大地空学院，常态化开展“九章论坛”系列讲座，推动科技资源科普化、科普资源社会化。

深化科普设施体系建设。制定《合肥市教育科普基地管理办法》，鼓励各行业和领域建立科普教育基地或专门科普场所，认定首批10家合肥科普游基地，2家防震减灾科普基地，推荐认定3家国家级科普教育基地，建立42家省级以上示范期内科普教育基地台账。指导长丰县科技馆常态化运营，肥东县科技馆竣工待交付运营，肥西县科技馆定位少儿探索主题馆，持续推动社区科普资源流转共享。

提升基层科普服务能力。组织科技馆、科普教育基地、科技类培训机构、中小学校开展助力“双减”科普行动试点。所属学会面向中小学生及家长，开展复课前心理调适系列直播。利用新时代文明实践中心、党群服务中心等阵地，构建县（市、区）、开发区科普组织动员体系，推动科普工作重心下移。肥东县科协承接全国科技志愿服务示范活动，蜀山区科协志愿服务参加安徽省全国科普日主场活动展示。建设科技小院5个。以科技专家、大学生、科普达人为主的志愿体系逐步完善。

2022年7月31日，合肥市第十四届青少年机器人竞赛颁奖典礼举行

（市科协／供）

擦亮科普品牌助力科教融合。组织“喜迎二十大、科普向未来”全国科普日活动，所属学会、科普基地和社会各界开展活动近2000场。深化科学素质价值引领，联合开展全民科学素质大赛、农民科学素质网络知识竞赛、科普读书月、科技活动周、防灾减灾日、食品安全宣传周、全国低碳日、茶文化、苗木花卉等主题科普，营造崇尚创新和科学理性的社会氛围。聚焦五大重点人群，实施五大科普工程，推动馆校结合、馆馆结合。市科技馆进校园、进社区活动12场，科普培训服务60余次。“科普为民惠民”活动期间，邀请中科院老科协线上+线下开展科普活动47场次，覆盖近万人次。为市委党校主体班作科普专题宣讲4次。

推进新馆建设和老馆运营。推进科技馆新馆建设，工程项目建设基本完成，全面部署主题场馆进场布展施工。老馆发挥科普服务主阵地作用，开展科迷加工厂、科学表演、科普微讲堂等活动595场次，社会主义核心价值观主题活动10场次，受众超5万人次。借助新媒体优势，尝试自媒体直播，与公众形成良好的交互。策划开馆20周年、“镜头里看科技馆”系列活动，为新馆建成开放预热。

【资政服务】 2022年，各县（市、区）、开发区科协及所属学会开展疫情防控应急科普宣传，利用微信公众号等新媒体分享科普中国疫情防控资料，推送疫情防控知识。市青少年心理研究会为一线防疫志愿者录制心理疏导视频，缓解一线防疫人员心理负担，为广大中小学生提供情绪的出口。

科普赋能助决策。市科协呼应国家深空探测实验室建设，依托在建的市科技馆新馆，打造集航天科普、成就展示、未来畅想于一体的中国深空探测科技馆。所属学会科普苗木知识，打造特色基地，助力2022中国·合肥苗木花卉交易大会成功举办和世界湿地公园建设；成立长三角科技传播联盟，打造区域科技传播共同体，推动区域合作发展；参加“长三角青少年科技盛典”，第19届长三角科技论坛及2022长三角一体化院士论坛，组建“长三角科普场馆展陈工作交流群”等。

整合资源履职能。吸纳“芯屏汽合”“急终生智”等产业和科技传播专家110余人，录入库专家180余名。做好科协委员、政协科协界别委员联系服务，围绕产业发展、社会治理、助力“双减”等建言献策。

（周海波）

合肥市文学艺术界联合会

【概况】 2022年，合肥市文学艺术界联合会（以下简称“市文联”）加强党对文艺工作的全面领导，突出迎接宣传贯彻党的二十大这一主线，发挥文联“两个优势”，团结引领全市广大文艺工作者站稳人民的中心立场，围绕党委的中心工作，把握精品创作的中心环节，忠诚履职，守正创新，推动新时代合肥文艺事业繁荣发展。通过争取各方支持，实现全市县（市、区）级文联组织全覆盖。推进《市文联文艺家协会工作制度》和《市优秀文艺工作者“双百”培养计划》，加强会员思想道德建设、业务培养和宣传推介。全年吸收和发展新会员700余人，成功推荐申报省级会员176名、国家级会员21名。4名同志获批省委宣传部2022年度“江淮文化名家”培育工程。5人被遴选为第三批合肥市宣传文化名家工作室领衔人。加强对所属事业单位的指导和管理，整合资源，筹划成立展览学术和收藏委员会，举办各类公益性展览、创作学术活动20余场。推进合肥美术馆项目建设。《未来》杂志更名《合肥文艺》，全年出刊6期，发表文学作品140万字。

【主题文艺实践】 2022年，市文联围绕迎接宣传贯彻党的二十大，策划组织“1+10”系列主题文艺实践活动，用文艺的形式表现合肥笃定前行的精神风貌和开拓奋进的辉煌成就。“1”即“文艺献礼二十大·砥砺奋进新征程”主题文艺展览，“10”包括科里科气——合肥市科技创新成果主题创作书画展、“合肥新时代”短视频图片摄影大赛、第三届“合肥之美”文学笔会、合肥市第七届书法大展、喜迎二十大启航新征程——合肥·久留米友好美术馆庆祝开馆30周年馆藏作品展、名城之韵——江淮大写意画派四人展、科里科气——全市科技工作者书法美术摄影展、徽韵·丝路情——“一带一路”城市美术馆美术作品联展、童心向党——合肥市首届少儿新创舞蹈展演以及《科创名城·中国合肥》套色木刻组画创作。举办“版画中国——版画艺术在民间”全国系列巡展（合肥站）、“马郢杯”首届长三角“美丽乡村”书法大赛、“艺道双峰翰墨情缘——郭公达·李碧霞中国画作品展”等。适应疫情防控新常态，打造“线上云展览”和网络平台优秀作品推送专栏。“合肥之变——报告文学”专栏刊载关于合肥科技创新、经济社会发展等

2022年11月22日，“科里科气——合肥市科技创新成果主题创作书画展”在合肥久留米友好美术馆举办

（市文联/供）

报告文学作品约5万字；“盛世华章壬寅贺岁”合肥篆刻网络展，庆“三八”——合肥市美协巾帼画会作品微展，“文化进万家”合肥非遗专场直播，《合肥——我们的影像》《合肥谢谢你——致敬劳动者》《为谁辛苦为谁甜——一座城如常生活的幸福模样》摄影专辑等，均受推崇。

【文艺精品创作】 2022年，市文联完善“深扎”主题实践常态化机制。组织作家对全市主导产业深度采访，创作出版《合肥科技创新报告文学集》。深入采访近50位院士和科学工作者，通过撰写小报告文学的方式，参与省委宣传部重点项目《合肥科学家故事》。组织书画工作者深入科研一线，历时4个多月，创作100余幅记录和描绘合肥科技创新精神气象的书画力作。着眼致敬新时代，创作曲艺剧《没有共产党就没有新中国》、相声《今非昔比》《点赞》，庐剧小戏《绿水巢湖》《温度》，编辑出版“全面建成小康社会”主题纪实摄影集《追风之城》。梳理建立全市重点文艺创作项目库，组织重大奖项申报和推优工作。建立健全创作激励机制，对符合要求的36件作品予以近70万元资金扶持。与中国作协创联部、中国作协定点深入生活办公室、《人民文学》杂志社、省文联和市委宣传部联合举办小说《追风》作品研讨会。1人获《百花园》2022年度优秀原创作品奖。小品《社区故事》获第十二届中国曲艺牡丹奖节目奖，蝉联“七连冠”，相声《让子弹飞》获得文学提名奖。3件美术作品入选庆祝中国人民解放军建军95周年全国美术作品展，在省第八届美术大展中，市美协作品获奖15件、入选71件。1人入选“征程：迎接庆祝党的二十大胜利召开书法大展”，1人入选全国第五届草书作品展，6人入选2022年“中国书法年展”。在省第二届书法篆刻临创大展中，市书协64人上榜，29人获奖，35人入选。在省第二十二届摄影大展中，市摄协作品获奖74件，入选100件。2首歌曲入选“唱响新时代”——安徽省优秀原创歌曲。

【文艺志愿服务】 2022年，市文联成立市文艺志愿者协会。开展“百名书法家义务为民写春联”等文艺志愿服务活动30余场，现场撰写春联、福字1万余幅，向最美劳动者、好人、道德模范赠送书画作品近200幅，活动遍及企业、乡村、街道等生产生活一线。市书协获评中书协2022年元旦春节期间“送万福进万家下基层公益活动”先进单位。举办公益文艺品牌“大湖之约——艺术名家大讲堂”，推动活动进高校。承担中国文联“文艺进万家，健康你我他”新时代文明实践文艺志愿服务活动试点工作，首批选定3个县（市）、9个乡（镇）、27个村（社区）先行先试，形成市、县、乡、村四级联动模式，采取群众点单、文联下单、艺术家接单、观众评单方式，让更多基层群众感受到文艺带来的获得感、幸福感。在第二届宣传推选学雷锋文艺志愿服务“四个100”时代风尚先进典型中，长丰县杨庙镇马郢社区获评学雷锋文艺志愿服务“最美文艺志愿服务社区”，市摄协理事张大岗获评学雷锋文艺志愿服务“最美文艺志愿者”。

【助力疫情防控】 2022年，市文联贯彻落实市委疫情防控工作部署，机关和所属事业单位全员下沉高速路口、火车站和社区一线，参与卡口执勤、社区值守、核酸检测登记等工作，累计参加疫情防控志愿服务1700人次（日）。动员全市文艺界以“艺”战疫。市作协组织骨干会员，深入防疫一线采访，创作一批反映抗疫的文学作品，在《合肥日报》《合肥晚报》《江淮晨报》三报同时刊发。合肥文学公众号增开“众志成城抗疫情合肥作家在行动”栏目，推出6期抗疫主题文学作品100余篇。市摄协广泛动员摄影工作者为英雄塑像、为时代留影，推出抗疫主题摄影《合肥市疫情防控一线图集》，结合梳理3年来的珍贵抗疫影像，出版《“抗疫影像”主题摄影作品》画册。市书协组织推出《以艺战疫——合肥市书协“双百”人才抗疫主题作品网络展》。市诗词学会组织创作抗疫主题诗歌300余首，择优采编推出《合肥战“疫”，我们在一起》，受到社会各界肯定。

（王　春）

合肥市归国华侨联合会

【概况】 2022年，合肥市归国华侨联合会（以下简称“市侨联”）召开合肥市侨商联合会第一次会员代表大会，选举产生合肥市侨商联合会第一届理事会、监事会。在全市挂牌成立3家“安徽省华侨国际文化交流基地”，并新申报成功3家，截至年末，全市有“中国华侨国际文化交流基地”“安徽省华侨国际文化交流基地”10家。组织全市30余所高中学校开展第二十三届世界华人学生作文大赛征文工作，参与初赛的学生人数总计达到60894人，经各学校初评，推荐4700篇优秀作品提交大赛组委会。庐阳区亳州路街道财富广场“侨胞之家”获评“全国侨联系统先进典型”，市侨联等9家获评全省先进基层侨联组织，20名同志获评全省先进基层侨联干部。

【侨创平台建设】 2022年，市侨联发挥庐阳IE果园、高新区海联会等侨创平台在“双招双引”中的重要作用，组织IE果园园区企业参加2022年全国大众创业万众创新活动周主会场参展，李克强总理视频连线IE果园孵化空间。推动合肥侨企恒烁半导体（合肥）股份有限公司成功上市科创板。发挥合肥高新技术产业开发区海联会广泛联系和服务出归国留学人员的特色优势，通过举办“养人之地 合肥欢迎您”——海外知名高校留学人才“云上见面会”，招引众多海内外留学人才来合肥就业创业，向世界制造业大会推荐侨企项目。

2022年度世界制造业大会“百家侨企”项目签约活动中，合肥市侨联推荐6个项目，涉及生物医药、智能终端、高端装备制造等领域，投资总额17.82亿元。

【双招双引】 2022年，市侨联参与长三角一体化建设，坚持以“构建海外科技人才智库、助力国际科研成果转化、赋能境外科技双招双引”为目标，推进海内外科技合作、助力海归人才与海外高层次人才来肥创新创业、筑梦江淮。推荐侨企加入长三角新侨创新创业联盟，通过招引活动推进“双招双引”实现突破。在国际科技成果转化、高层次海智专家人才引进工作中，依托英国智归科创中心、合肥中德创新中心等海归人才创立的机构或社会组织，围绕先进制造、生命健康、环保科技、汽车产业链，通过以赛引才、专场对接、访问交流等多种形式，主办数十场中外跨国交流活动，直接招引科创企业30余家，成功链接100余个海智项目与中国产业平台对接，统筹组织“智归长三角·科创聚英才”海外项目合肥路演对接会系列活动，推动数十位海外高层次人才专家、院士团队归国发展，为具备海外背景的科技人才项目提供全方位了解合肥市真实市场诉求、合作机会、营商环境等投资环境的契机。

推荐安徽普泛能源技术有限公司创始合伙人、首席科学家、加拿大归侨谷俊杰教授参评第九届“中国侨界贡献奖”并获二等奖。与市委统战部（市侨办）联合举办的“侨心侨力科里科气”合肥市侨界代表人物创新创造创业线上展，展示近两年内37名侨界代表人物创新创业风采，发挥高层次人才来合肥创新创业的示范效应，集聚更多的海内外华侨华人高层次人才到合肥创新创业。

2022年3月4日，卫立煌故居举行“安徽省华侨国际文化交流基地”揭牌仪式
（市侨联/供）

【为侨服务】 2022年，市侨联贯彻落实省、市关于改进工作作风为民办实事为企优环境大会精神，开展“新春进侨企、助力解难题”活动，领导班子集中走访调研，深入阳光医疗、鑫储智能、高新区中安创谷科技园等企业、园区10余次，召开“新春进侨企、助力解难题——合肥市侨商座谈交流会”，宣讲全省关于优化营商环境的相关政策，面对面听取侨资企业、侨界代表人士对涉侨政策和政务服务、营商环境的意见建议。

会同律师团队，在微信公众号开设“侨法宣传”专栏开设“商法专栏”板块，推送《安徽省实施〈中华人民共和国归侨侨眷权益保护法〉办法》《安徽省关于留学人才相关扶持政策》《涉侨法律政策指南》等内容，为侨实时解读涉侨政策，解读企业成立、经营、管理中遇到的法律问题。搭建侨商需求发布平台——“侨商合作”，为有需求的侨企提供信息推广渠道。

（吴　俊）

合肥市残疾人联合会

2022 年 5 月 19 日，合肥市“同心筑梦”残疾人就业招聘会举办

（市残联 / 供）

【概况】 2022 年，合肥市残疾人联合会（以下简称“市残联”）组织开展残疾人事业宣传，举办“喜迎二十大建功新时代——合肥市残疾人线上读书日活动”“喜迎二十大——我的奋斗故事”主题征文和残疾人文化周系列活动，评选残疾人事业好新闻，丰富残疾人的精神文化生活。加强残疾人专题专栏融媒体建设，开设《手语新闻》1 个、《共有这片蓝天》1 个，刊发《温馨残联》专版 24 期，推送“合肥残联”微信公众号稿件 464 条。举办合肥市第五届残疾人运动会；组团参加安徽省第八届残疾人运动会，获金牌 23 枚、银牌 11 枚、铜牌 8 枚。

推进基层组织规范化建设，完成县乡两级残联换届，建成残疾人之家 151 个、残疾人工作站 1512 个。调查 2022 年度持证残疾人基本服务状况，动态更新 176718 名残疾人信息。完善残疾人证办理流程和事项清单，核发残疾人证 16204 本、迁移 402 人。

【康复服务】 2022 年，市残联实施残疾人精准康复行动，开展入户调查、康复评估和辅具适配，为 23202 名有康复需求的残疾人提供精准康复服务，服务率 100%；为 3563 名残疾人适配辅具，适配率 100%，超额完成省定 90% 任务。落实《残疾儿童康复救助制度实施办法》，康复训练救助 11 名残疾儿童、耳蜗手术听力残疾儿童 33 人、适配助听器 23 人、矫治手术肢体残疾儿童 4 人，辅具适配服务 49 人，白内障复明手术 896 例。认定残疾儿童救助定点服务机构 56 家。完成残疾儿童康复基本公共服务标准化国家专项试点，建立含三大类 64 项残疾儿童康复基本公共服务标准化体系，颁布《孤独症儿童康复服务规范》等四类残疾儿童康复服务标准，填补安徽省残疾儿童康复服务地方标准的空白。

实施困难残疾人康复民生实事，药费补助困难精神残疾人 13783 名、超任务数 5559 名；康复训练残疾儿童 5358 名、超任务数 4194 名；装配残疾儿童矫形器 471 人、超任务数 388 人；适配残疾儿童辅具 483 人、超任务数 411 人。

【就业创业】 2022 年，市残联实施残疾人就业三年行动计划，扶持阳光大棚 53 个、阳光助残就业扶贫基地 2 个、残疾人辅助性就业机构 44 家、盲人按摩店 190 家。出台《合肥市残疾人就业创业及教育培训扶持资金管理办法》，集中安置补贴 248 人、创业扶持补贴 48 人、社保补贴灵活就业 1992 人、设施农业项目补贴 53 人、职业技能培训补助补贴 842 人。核查适龄残疾儿童少年 4689 名，资助各学龄段残疾（家庭）学生 15948 人。

【权益保障】 2022 年，市残联坚持“属地管理、分级负责，谁主管、谁负责”，落实权益保障各项帮扶救助机制，

办结“12345 政府服务直通车”154 件、接受法律援助咨询 52 人次。推进无障碍环境建设，无障碍改造困难残疾人家庭 1786 户，办理残疾人意外伤害保险 29677 份（四个主城区、三个开发区），发放残疾人机动轮椅车燃油补贴 1725 人，政府购买城区残疾人托养服务 4172 人，最大程度消除各种有形无形障碍，优化残疾人事业发展环境。

（吴晓岚）

合肥市贸易促进委员会（市博览局）

【概况】 2022年，合肥市贸易促进委员会（市博览局）（以下简称“市贸促会”）成立重点商贸项目建设领导小组，按需召开项目建设工作会议，实行动态跟踪服务，确保项目早建成早见效。印制《合肥市重点商贸项目招商指引》，梳理商贸项目地块42个，规划商贸项目37个，占地面积152.18公顷；盘活存量商贸项目5个，面积171.3万平方米。突出高端品牌引进，前往京沪等城市开展招商推介活动，在安徽省商贸流通业双招双引推介会上，合肥市有4个项目签约、签约金额达18.6亿元。滨湖国际会展中心二期、宜家家居广场、银泰中心二期、盒马鲜生网点等10个重点商贸项目相继开业，为合肥市消费市场注入新的活力。

【会展服务】 2022年，市贸促会积极应对疫情冲击，在全国率先成立会展（酒店）疫情防控专班。市、县（区）两级专班联动，累计督查酒店2.5万家，督查50人以上聚集活动5013场，为全市3600多家酒店及两大专业场馆的有序运营提供支撑，全力服务保障重点展会的成功举办。全年举办国家网络安全宣传周、世界制造业大会、集成电路大会、中国地理信息产业大会、全国“双创”活动周、中国（合肥）国际装备制造展、中国黄山书会、苗交会等重点展会200多场。借助上海市贸促会、会展行业协会等平台，重点招引上海展会。对上海跨国采购会展中心、上海新国际博览中心、上海展览中心（集团）等场馆运营商展开地毯式营销。中国国际自行车展览会、中国国际煤炭工业展、全国植保展等近30家品牌展会主办方意向来合肥办展。接洽中国高等教育学会、中机国际、西麦克、华墨集团等展会主办方，与4家全国性会展主体实现合作。其中，政文会展与厦门凤凰会展成立合资公司，通过资源优化整合，产业优势互补，打造品牌展会；国机集团下属会展公司西麦克会展与合肥市达成合作洽谈，合作范围涉及在合肥办展、外出参展、会展人才培育等方面；政文会展与央视网达成初步战略合作意向，共同服务合作全国性展会运营项目；广东鸿威国际会展公司加快入驻合肥，计划在智能家电、文化产业领域移植培育一批展会。合肥会展竞争力持续增强，在中国会展研究会组织评比中，连续多年位居“中国最具竞争力会展城市”前列。

【国际联络】 2022年，市贸促会走访中国国际商会，邀请长三角广慧投资联盟企业家考察团20家上市公司来合肥考察。拜会日本驻沪领事馆、上海美中贸易协会、美洲工业集团（墨西哥）等驻沪境外商协会；承办投资泰国（合肥）圆桌交流会，帮助合肥企业充分利用东盟经济一体化和RCEP互惠互利等机遇“走出去”。运用中德工商理事会工作机制，服务保障中德合作创新园项目建设，助力打造中德国际客厅，吸引更多战略投资者和优势企业入驻，助推中德交流融合，高质量建设合肥对外开放形象窗口。

【为企服务】 2022年，市贸促会收集外资企业诉求和建议，上报中国贸促会协调国家部委解决。开展全市其他营利性服务业走访帮扶工作，对全市其他营利性服务业（商务会展涉及8个子行业）190家企业走访帮扶。组织召开合肥市国际商会第三届会员大会，注册会员363名，提名并选举产生105名理事会成员，成立5个专业委员会，完善组织机构，丰富服务手段。组织企业参加“国际商会大讲堂：安徽上市公司发展报告会”，推动涉外商事法律综合服务中心功能建设，开展RCEP惠企服务、国际商事专题培训，协助企业开拓海外市场。指导和服务协会依据章程开展换届选举、政策宣讲、技能竞赛、助企纾困等活动。

（李　俊）

合肥市红十字会

【概况】 2022年，合肥市红十字会着力深化改革，弘扬人道精神，召开市红十字会第八次会员代表大会，累计建成红十字基层组织705个。新增红十字志愿者643名，新增志愿服务组织8个，在中国红十字志愿者网注册志愿服务队伍21支，服务时长2万余小时。成功申请总会志愿服务项目1个、省红十字会项目4个。加强红十字青少年工作，安徽中医药大学团委获评全国红十字模范单位。

做好宣传工作。结合春分缅怀日、世界红十字日、世界献血者日、世界急救日等开展宣传活动，组织重点宣传26次、发稿800余篇，弘扬红十字精神。与合肥电视台联合制作4期急救知识科普短视频、1期遗体器官捐献登记科普视频，

2022 年 6 月 24 日，合肥市红十字会召开第八次会员代表大会（邢　乾 / 摄）

助力健康合肥建设。

【“三救”工作】 抗疫救援。2022 年，市红十字会组织全市红十字工作者、志愿者做好捐赠接收、抗疫消杀、扫码协查、物资保障等工作，累计接收捐赠款物总价值 5070.21 万元，包括捐款 1096.14 万元，其中疫情防控资金 684.12 万元；捐物总价值 3974.07 万元，其中疫情防控物资 3972.77 万元。

人道救助。“博爱送温暖”活动筹集款物总价值 84.7 万元，受益群众 4728 人。“博爱庐州”项目救助白血病患儿 2 名，救助金 8 万元。帮助 56 名白血病患儿、8 名先心病患儿申请总会基金救助 211.5 万元。新建 3 个红十字博爱家园。腾讯 58 人道公益日活动筹款 7.3 万元。

急救培训。开展救护知识普及 61 场，普及群众 13 万余名；救护员培训 71 场，培训红十字救护员 2373 名。举办合肥市首届红十字应急救护师资实操授课比赛，获全省师资授课大赛优秀组织奖等多个奖项。建设刘铭传纪念馆红十字景区救护站、长丰轨道交通学校应急救护工作站。

【“三献”工作】 无偿献血。2022 年，市红十字会举办“世界献血者日”主题活动，加大《合肥市献血条例》宣传，传播优秀志愿者事迹，31 名志愿者获 2020-2021 年度造血干细胞奉献奖、41 名志愿者获志愿服务奖。全市采集血液 127268 人次，采集 193136.68 单位，分别同比增长 1.9% 和 6%。

造血干细胞捐献。全市造血干细胞入库志愿者 2.8 万名，库容量位居全省首位，完成 10 例造血干细胞捐献。对 2019-2022 年留样的 563 名造干捐献志愿者进行回访，提高有效库容。组织造干小队服务造干志愿者 54 次。

遗体器官捐献。开展春分缅怀、人体器官捐献志愿登记宣传季等活动，全市实现器官捐献 68 例、遗体 80 例、角膜 96 例；全市累计登记遗体器官角膜捐献志愿者约 5.1 万名，较上年净增约 2 万名；累计实现器官、遗体、角膜捐献 964 例，占全省三成以上。

（张　妍）

合肥中华职业教育社

【概况】 2022 年，合肥中华职业教育社（以下简称“市职教社”）新发展个人社员 5 名。市职教社有个人社员 252 名，团体社员 47 名，社员小组 12 个。筹集 5.2 万元善款捐助市红十字会用于保障一线医护人员开展疫情防控。参加省社“中华职业教育社 105 周年座谈会”和“第十届职业教育与城市发展高层对话会”，加强交流合作。

【筹备换届】 2022年，根据《合肥市中华职业教育社章程》规定，市职教社应于2022年换届。上半年市职教社向市委统战部上报关于市中华职教社换届工作方案的报告。市委统战部主要领导高度重视，多次研究职教社换届工作，并对市职教社新一届领导班子组建做了大量协调指导工作。市职教社按照市委统战部领导要求，全力以赴投入换届筹备工作，为市职教社第四次社员代表大会做了充分准备。9月下旬市职教社召开了三届六次社务委员会议，通报了换届工作方案，审议了市职教社第三届社务委员会工作报告和换届大会的有关事项。因为疫情原因换届大会推迟到2023年召开。

【学习新《职教法》】 2022 年 5 月 1 日，新修订的《中华人民共和国职业教育法》（以下简称《职教法》）正式开始施行。市职教社积极宣传新《职教法》，向社专家委员会、社员小组、各县市社征集相关意见。5 月下旬，组织社员线上观看总社举办的新《职教法》解读

2022年9月22日，合肥市中华职业教育社三届六次社务委员会议召开

（合肥中华职教社／供）

活动。6月上旬，组织社员线上参加总社举办的新《职教法》学习研讨会。

（苏嘉麟）

合肥市计划生育协会

【概况】 2022年，合肥市计划生育协会（以下简称“市计生协”）有基层协会组织2056个，会员34.5万人，工作人员3695人，志愿者2.2万人，12个县（市、区）、开发区均建立协会组织。全市有6个县（市、区）出台改革方案。以村“两委”换届为契机，加强乡、村两级组织建设，3月底前全面完成换届工作，乡村计生协组织在改革中得到稳定和加强。全市1719个村居全部成立公共卫生委员会，为基层公共卫生服务奠定基础。

按照中国计生协部署，全市各村计生协牵头，开展人口计生村规民约有关内容清理修订完善工作，对涉及人口计生的村规民约、自治章程、宣传标语等进行修订，删除不符合中央和省相关精神及操作性不强的内容，修改完善落实三孩生育政策、弘扬新型婚育文化、促进家庭健康、维护计生家庭合法权益等内容，将健康融入村规民约，引导广大群众重视家庭，提升全民健康素养。开展《中国计划生育协会章程》修改征询工作，并向省计生协及时反馈相关意见。试点使用中国计生协网上平台，参加试点培训，并录入相关数据。开展中国计生协先进个人和先进单位推荐工作，长丰县等8个单位和5名个人申报中国计生协表彰先进单位和个人。

【参与健康合肥建设】 2022年，市计生协发挥协会群团作用，参与健康合肥建设。

疫情防控。利用组织网络健全、会员及志愿者遍布各个角落的优势，广大会员以“志愿者”身份全面参与社区疫情防控宣传动员、巡查督查、人员排查、核酸检测、值守值班和环境卫生清理等工作，全力做好疫情防控“最后防线”，生力军作用得到发挥。市计生协联系厂家利用“抗疫有我·幸福同行”公益活动，为乡镇、村居抗疫人员免费发放洗衣液等洗护用品。

卫生城市创建。市计生协全体工作人员全员参与合肥市创建国家卫生城市工作，协助完成《合肥市人民政府关于印发合肥市创建国家卫生城市三年行动计划（2022-2024年）的通知》的出台工作，承担市卫健委网站创卫专栏的建设工作，全程参与卫生城市创建省级评估验收以及其他相关工作。

托育工作。根据省卫健委暖民心行动—安心托育行动实施方案要求，配合人口家庭处开展托育相关工作，通过协会网络，在社会各界群众中广泛征求对现行生育政策优化的意见和建议，收集整理3条群众密切关注的问题和11条调整生育政策的建议上报。参与托育机构中期和年度等级评审，配合作好国家托育项目专家调研组和市人大专题调研，协助督促市妇幼保健院托育机构建设。

【“暖心家园”项目建设】 2022年，市计生协落实国家、省项目的申报和实施，进行调研和督查，指导项目县区严格按照项目实施方案开展工作，了解项目实施进度，解决项目实施中遇到的困难问题。蜀山区暖心家园（西园），肥西县新市民健康行动、合肥经济技术开发区锦绣社区青春健康沟通之道家长培训项目成功申报获批国家试点项目；庐阳区、蜀山区2个国家级暖心家园项目持续获得中国计生协资金支持。庐阳区暖心家园、青春健康沟通之道、蜀山区新市民健康行动、合肥高新技术产业开发区新市民健康行动、优生优育指导中心、合肥新站高新技术产业开发区家庭健康促进行动等6个项目获批省级

2022 年 5 月 29 日，肥西县计生协举办“生育政策与护理知识竞赛活动”

（市计生协／供）

试点，各获得 5 万元的省级资金支持。着力推动计划生育特殊家庭“帮扶联系人、家庭医生签约、就医绿色通道”3 个“全覆盖”。巢湖市在全市范围开展计生特殊家庭关怀行动，引入专业社工人才和工作理念，并实现帮扶工作全覆盖。

【家庭健康促进行动】 2022 年，市计生协以“好家风、健康行”为主题，开展“讲好健康家风故事”“健康家味道”、家庭健康知识竞赛等系列活动，各级计生协广泛动员群众参与，肥西县官亭镇推荐传统家风故事、上派镇制作健康家味道视频，作为优秀案例报送中国计生协，为期 5 天的线上有奖知识竞答活动发出红包 1800 多个，通过活动的开展，提升家庭健康素养、倡导健康生活方式。长丰县吸引全县各级计生协会员、志愿者及广大人民群众积极参与，收到健康家风故事和健康家味道推荐案例约 30 例并推送至国家、省级媒体进行宣传分享。

【生育关怀】 2022 年，市计生协用好人口健康基金，筹集人口健康资金 687 万元，帮扶慰问计生家庭 2542 人次。为全市新发生 125 户失独家庭提供每户 3000 元的慰问金；为 225 名计生特殊家庭和计生家庭慢性病患者提供 19.1 万元慢性病补助；为 225 名大病住院计生家庭提供 61.9 万元大病补助；为 1754 名计生困难家庭和三留守儿童发放 134.1 万元慰问金；为 321 名新入学的大学生提供 74.6 万元助学成才资金。为全市 6237 名卫计专干和 7343 户计生特殊家庭投保意外伤害保险，累计赔付 103.57 万元，赔付率 120% 以上。继续与中国人寿合肥分公司合作，为 14.64 万户计生家庭提供计生家庭意外伤害保险，9000 余人次获得理赔，累计赔付 1208 万元。

【服务群众】 2022 年，市计生协以活动为纽带，做好群众感情联络。全市各级计生协在疫情形势仍然严峻的情况下，通过各种方式积极开展各类计生活动。利用元旦、春节、母亲节、“5.29”会员活动日、“7.11”世界人口日等开展内容丰富、形式多样的群众性宣传教育活动。市计生协与省人口健康基金会联合在双墩镇开展“人口健康宣教江淮行”活动，邀请专家对居民关心的健康问题进行讲解。

（吕广发）

责任编辑：赵永军

法　治

人大立法

【概况】 2022年，市人大常委会深刻领会把握“推进科学立法、民主立法、依法立法”重要指示精神，突出地方特色，加强重点领域立法，为推进城市治理体系和治理能力现代化提供有力法治保障。全年制定、修改和审议法规5件、废止2件，开展立法调研4件。

【发挥立法引领推动作用】 2022年，市人大常委会为改善城乡人居环境，助力生态园林城市建设，制定《合肥市公园条例》，健全管理体制，加强规划建设，落细保护管理，对补齐绿道、厕所等短板作出明确规定。针对非机动车保有量快速增长、安全事故多发的情况，制定《合肥市非机动车安全管理条例》，对履行管理责任、禁止改装行为等作出规范。聚焦新形势下物业管理的难点问题，制定《合肥市住宅小区物业管理条例》，把物业管理纳入基层治理范畴，在规范业委会和物业企业运行、加强物业纠纷调处等方面作出规定。落实国家消防体制改革要求，适应全市消防工作新形势，修改《合肥市消防条例》，进一步完善安全职责、火灾预防等方面内容，保护群众生命财产安全。贯彻《动物防疫法》新规定，修改《合肥市养犬管理条例》，进一步加强流浪犬处置闭环管理、犬只收容场所设置、免疫与登记管理，让文明养犬成为习惯。围绕科学技术普及、城区停车管理等方面，开展立法调研。废止《合肥市科学技术进步条例》《合肥市职工民主管理条例》。

2022年7月22日，市人大常委会主任汪卫东率队赴庐阳区，就《合肥市消防条例》修订开展立法调研　（高　博／摄）

【创新立法工作机制】 2022年，市人大常委会坚持党委领导、人大主导、政府依托、各方参与的立法工作格局，实行立法项目“双组长”制，人大常委会、政府分管负责人共同牵头、加强统筹，协调解决立法工作中的重大问题。出台《关于在地方立法工作中落实全过程人民民主的规定》，广泛征求人大代表、社会公众意见，让人民群众全过程参与法规立项、起草、审议、实施等各环节。认真编制本届人大五年立法规划，聚焦城市建设管理、环境保护、历史文化保护等重点领域，将34件项目列入立法规划。开展立法后评估，通过部门自评、第三方评估等方式，对《合肥市居家养老服务条例》进行全面评估，收集意见建议，为修改条例提供重要参考。

【推进全国人大基层立法联系点建设】 2022年，市人大常委会出台《关于进一步加强基层立法联系点建设意见》等文件，通过强化组织、完善机制，构建吸纳民意、汇集民智的平台载体，认真落实意见征集、调查研究、法治宣传等各项任务。完成全国人大常委会交办的《噪声污染防治法》《民事诉讼法》等15部法律草案意见公开征集，上报建议311条，被采纳45条，有效发挥民主民意表达的“直通车”作用。9月，全国人大常委会法工委负责同志来合肥调研，给予高度评价。11月，合肥基层立法联系点工作获省2022年度“十大法治事件”提名奖。新华社当年先后2次做专题报道。

（周家佳）

2022年5月16日，合肥市推进依法行政工作领导小组会议暨全市依法行政工作会议召开 （市司法局/供）

法治政府建设

【概况】 2022年，合肥市推进法治政府建设，获评全国法治政府建设示范市；年度落实重大政策措施真抓实干激励中获国务院办公厅5项激励表扬，并列全国省会城市第3位；25项工作获省政府激励表扬30次，居全省第1位；政府透明度指数居全国第5位；万家民营企业评营商环境调查结果居全国第10位；城市一体化政务服务能力评估总体指数连续4年获评“非常高”；法治政府建设全省考核连续14年居第1位；获评全省优化营商环境工作优秀单位。

【法治政府建设示范创建】 第二批全国法治政府建设示范创建活动自2022年8月启动，合肥市政府将示范创建工作作为全面推进法治政府建设的有力抓手，举全市之力开展创建工作。11月30日，中央全面依法治国委员会办公室正式印发《关于第二批全国法治政府建设示范地区和项目命名的决定》，合肥市被命名为“全国法治政府建设示范市”，获得国家级法治建设领域最高荣誉。在省级法治政府建设示范创建中，合肥市两个综合地区、一个单项成功入选公示名单。

【政务服务优化】 2022年，合肥市政府创新政务服务供给，安徽政务服务网合肥分厅和皖事通合肥分厅APP全面建成，全市银行网点千台自助机上线“营业执照打印”“公积金查询”“社保查询”等高频即办政务服务事项，市、县、乡14.2万事项全部网上办理，线上办理“进一网”，市场主体登记、新落户人才租房补贴续发等69个事项实现线上智能办理，长三角G60科创走廊45项企业事项、65项个人事项实现“跨省通办”。发挥中国（合肥）知识产权保护中心作用，专利授权周期压缩至3个月，较普通授权周期缩减85%以上。率先将“医保登记”纳入“一网通办”平台，实现企业开办全流程7个事项“零成本”“一日办结”。“证照联办”“证照并销”等改革有序推进，简易注销市场主体2.63万户。在全省率先实行转让方为纳税信用等级A级、B级企业不动产转移登记简化办理，时限压缩至半小时内。招投标依法必招项目全程电子化率达100%。“信易贷”平台获评“全国中小企业融资综合信用服务特色平台”。建立“综合查一次”联合执法机制，助力营商环境优化。

【法治环境营造】 2022年，合肥市政府印发《合肥市打造一流法治化营商环境行动方案》，部署10个专项行动，发挥法治对营商环境的规范和保障作用。开设12345热线“为企服务”专席，累计受理企业诉求近11.8万件，办结率99.95%。开展公共政策兑现和政府履约践诺专项行动，对自查梳理上报的存量问题逐个督察调度，完成率100%。市级产业政策累计兑现资金超120亿元，创历史新高。落实新的组合式税费支持政策超400亿元，惠及市场主体超100万户次，在全国城市综合信用指数最新排名中跃居第1。开展法律服务进万企等活动，开展宣讲591场、走访民企1517家、出具法治体检报告399份、提出法律建议2747条，协助企业依法依规申请政策支持264次。深化违法行政行为集中整治行动，县、乡两级行政机关败诉案件量下降54.9%、败诉率下降48.2%。

【诚信高效政府建设】 2022年，合肥市政府全方位审查房地产调控、招投标改革等领域规范性文件，对164件市级文件提出意见340条，严格执行规范性文件"三统一"（即统一登记、统一编号、统一发布）制度、备案审查制度，开展文件定期清理和专项清理，更新行政规范性文件制定与管理手册，为依法行政提供制度依据。依法妥善处置重大涉法事务347件次，防范法律风险。设置"难办证""难安置"治理、公共政策兑现法律专班，推动历史遗留问题依法化解。推进"决策、执行、管理、服务、结果"五公开，主动公开信息近30万条。依法办理依申请公开200余件，答复及时率、规范率100%。督办省政府转发国务院"互联网＋督查"平台转送问题线索4145条，办结率100%。办理市"两会"期间议案建议提案718件，办复率100%，办理省人大建议工作受到省级通报表扬。强化法治督察、纪检监察、检察、信访等协作，建立健全重点领域线索移送、信息共享、疑难问题定性、重大案件会商等协调机制。

【规范行政权力运行】 2022年，合肥市政府推进行政执法协调监督工作体系建设试点工作，在全省率先出台试点工作方案，将全部县（市、区）及所辖乡镇（街道）均纳入试点范围，全覆盖、一体化推进试点工作。制定行政执法协调监督主体、对象和职权三张清单，明确各级协调监督机构，梳理全市司法行政系统执法监督人员195人，确认和公告行政执法主体279个，梳理市级协调事项6项、监督事项23项。开展行政执法"三项制度"（即行政执法公示制度、行政执法全过程记录制度、重大执法决定法制审核制度）落实强化年活动，评查案卷260份，轮训执法人员600名，公示执法信息1.4万条。"两法衔接"工作指引和文书格式落地实施，全市线上移送案件200件，做到工作网上留痕、案件实时监控。全国首创的行政处罚案件群众公议制度全面覆盖，公议案件1188件，无一因复议诉讼被撤销、变更或者确认违法。

2022年，合肥市建立"百姓评理说事点"947个。图为人民调解员在社区"百姓评理说事点"化解基层矛盾纠纷 （市司法局／供）

【多元解纷格局构建】 2022年，合肥市政府坚持和发展新时代"枫桥经验"，开展"人民调解为人民，全力护航二十大"专项活动，全市人民调解组织受理案件9.2万件，调解成功率96%，调解成功协议金额近10亿元。建立"百姓评理说事点"947个，打造特色调解品牌，延伸矛盾排查触角。创新安置帮教工作方式，通过科技手段快速查找失联对象，消除安全隐患。完成司法所提档升级，42个司法所获评省级示范司法所。发挥行政复议实质性化解行政争议功能，推进行政复议体制改革，依托175个复议基层受理点以及12348安徽法律服务网，打通复议为民"最后一公里"，畅通复议申请渠道，做到有电必接、来访必理、有案必收，全年收到当事人赠送锦旗10面。全年市本级办理复议案件859件。

（王冬雨）

公　安

【概况】　2022 年，合肥市公安局（以下简称“市公安局”）以党的二十大安保维稳工作为主线，以创建全国社会治安防控体系示范城市为抓手，以全省公安机关工作交流“擂台赛”为平台，完成三级以上警卫任务、重要会议（活动）33 批次，完成 2022 年世界制造业大会等 198 场大型活动安保任务。全市社会治安大局呈现“两升五降四无”的良好态势，即：现行案件破案率、抓获犯罪嫌疑人数同比上升；命案、八类案件、盗窃案件、诈骗案件、治安案件同比分别下降；没有发生影响政治安全的重大敏感案事件、没有发生重大恶性案事件、没有发生暴力恐怖事件、没有发生较大以上交通事故。监所连续 18 年安全无事故。全市各级公安机关被公安部、省公安厅贺电表扬 193 次，177 个集体、1719 名民辅警受到各级表彰，其中全国优秀公安局 1 个、全国优秀公安基层单位 2 个，全国公安系统二级英雄模范、全国优秀人民警察各 3 人，全国公安机关爱民模范 1 人；收到锦旗、表扬信 1270 面（封），各类点赞 1000 万余次，群众对公安工作满意度 98.62%。市公安局获评全市效能建设考评“优秀”等次，实现“两连冠”；获评“2022 年度合肥市优化营商环境工作优秀单位”“2022 年度市政协社情民意信息工作优秀单位”“2020—2022 年度 12345 政务服务便民热线优秀成员单位”。

【科技兴警】　2022年，市公安局统筹推进重点信息化项目建设，出台《合肥市公安局科技信息化警企合作管理办法》，与华为等14家国内知名企业和科研机构深度合作，建成智慧警务联合创新中心；携手中国科学技术大学先进技术研究院、合肥综合性国家科学中心数据空间研究院等，建设警民融合创新基地、公共安全大数据研究中心等10个科技创新平台，推进70个科技信息化警企合作项目，70个项目中，获得公安部基层技术革新奖9个、省科技进步奖2个、省科技强警专项27个、省公安机关改革创新大赛奖7个。公安系统38个单位成立数据建模小组，搭建数据模型232个，失毒驾重点违法行为打击模型助力全市查处失毒驾重点交通违法行为329人次，包河区公安分局“写字楼多模态人员信息采集与预警平台”入选法治日报社2022年政法智能化建设智慧治理创新案例，科信、刑警、交警在公安部举办的大数据建模比武竞赛中分别获得一、二、三等奖。刑警支队民警李永强被国家打击治理电信网络新型违法犯罪合成作战平台授予“平台之星”荣誉；刘跃创新工作室获得全国奖项10个，承担部省级科技项目12项，编制标准4项，获得软著3项，专利8项；经侦支队民警董睿入选第二批“全国经侦专家库”。科信支队民警古磊获得全国公安视频图像智能化应用比武竞赛一等奖。市公安局代表队在“平安安徽”全省公安机关警务大数据应用技能比武竞赛中获团体及个人第一名。肥东县公安局、庐江县公安局、蜀山区公安分局、特警支队警用无人机运用方面领跑全省。

市公安局刑事科学技术研究所（以下简称“刑科所”）痕检、声像、文检 3 个实验室被评为“全国公安机关重点司法鉴定专业实验室”；刑科所入选“全国公安机关重点司法检验鉴定机构”，实现安徽省公安领域“重点机构”零的突破。刑侦部门电子物证实验室获得全省公安机关现场勘查技能比武竞赛团体第一名；理化实验室是全省唯一的一级实验室，获得全省公安机关理

2022 年 7 月中旬，市公安机关开展第四次“筑安”统一行动

（市公安局 / 供）

化实验室比武竞赛第一名，实现“三连冠”。刑警支队自主研发的《质谱法》检验标准，是全国唯一一个由地市级公安机关牵头制定的行业标准；“国产三重四级杆液质联用仪的研发”获全国刑事技术“双十计划”金奖，为安徽省取得的唯一金奖；“快勘快检APP”项目获公安部基层技术革新奖二等奖；《用于毒品监测的采样装置及监测系统》获得国家实用新型专利；“水域现场勘查机器人技术”“枪弹痕迹三维智能比对识别系统”等一系列创新成果被公安部重点推广。市公安局自主研发的毒品分析大数据比对平台，获批国家计算机软件著作权；毒品实验室研发用于指纹汗液中毒品检测的便携式荧光实时检测装置，获首批国家实用新型专利证书。

合肥交警创新研发事故预防打击处置大数据模型，智能分析查处毒驾等各类重点交通违法行为4125人次，厢式货车、面包车违法载人16辆次，开展“私家车上牌免查验”全国试点，全年超过5.8万辆私家车新车上牌免予查验，超过1200辆私家车免查验办理新车注册业务；和大众集团对接，推进审批无人驾驶线路工作。全市超脑平台全量接入前端感知、执行设备8.4万余个（套），日均融汇交通数据2亿余条，覆盖全市建成区超80%范围，《人民日报》、新华社等中央媒体多次报道智能交通赋能保畅护安。

【打击刑事犯罪】 2022年，市公安局开展扫黑除恶、打防电诈、打击养老诈骗等十项具体安保工作，破案同比上升43.5%。打击电诈发起2次全国集群战役，参与14次，考核成绩位居全省第1，全国计划单列市第2。

*打击严重暴力犯罪。*制定下发合肥市公安局刑侦部门“个人极端犯罪线索”同步上案机制，全年八类案件（即八类严重暴力犯罪案件：故意杀人案、故意伤害案、强奸案、抢劫案、爆炸案、放火案、绑架案、劫持案）破案率100%；现行命案破案率100%；视频侦查支队精准抓获网上逃犯401人，其中历年逃犯29人，含命案逃犯6人（最长潜逃31年），受到省公安厅表扬。打击涉枪犯罪发起全国集群战役4次，参与16次，考核成绩位居全省第1。

*常态化扫黑除恶。*探索建立扫黑除恶专家人才库，搭建侦查办案支援体系，开展“利用信息网络实施黑恶犯罪线索摸排”“涉黑涉恶线索交叉复核”、严打“村霸”等农村地区黑恶犯罪专项行动。九类案件（即涉黑涉恶犯罪案件中常见的九种罪名：强迫交易罪、敲诈勒索罪、寻衅滋事罪、聚众斗殴罪、非法拘禁罪、故意毁坏财物罪、组织卖淫罪、强迫卖淫罪、故意毁坏财物罪、组织卖淫罪、开设赌场罪）发案量同比下降42.61%、破案率上升40.01%，扫黑除恶工作考核成绩位居全省第1、全国省会城市第3。

*打击电信诈骗。*全国首创印制印有反诈宣传漫画的反诈彩票。建设全省首条反诈宣传地铁专列。举办合肥市首届校园反诈主题漫画海报设计大赛、首届大学生反诈主题辩论赛、首届大学生反诈主题舞台剧大赛。联合市妇联成立“合肥市巾帼反诈宣讲团”，联合市教育局印发《合肥市校园反诈宣传教育工作实施方案》。在全省首创新增涉诈APP，升级讯飞AI语音外呼，各分县（市）局涉诈警情处置结队捆绑。全年处置电诈预警数据265.2万余条，止付账户30.3万个，阻断封停涉案电话号码4.9万个，被公安部通报表扬2次。建立合肥市“府通”打防犯罪联合实验室（即以市政府名义与人行合肥支行、省银保监局、省通管局建立“府银通”联动机制，邀请工信部信通院、省通管局、腾讯公司等36名专家加入，共同研究反制手段），全年电诈立案同比下降8.5%；破电诈现行案件同比上升140.4%；打击处理同比上升18.1%；全市诈骗及上下游犯罪公诉同比上升15.1%。打掉一个特大电信网络诈骗团伙，受到公安部和省公安厅通报表扬。

*打击经济犯罪。*全年接警4979起，移交受理经济案件1606起，群众满意度97.24%。瑶海区公安分局侦破全省首例骗取留抵退税、全省首起利用“黑嘴”荐股操纵证券市场犯罪。肥西县公安局侦破合肥市首例玉石直播类诈骗案件，抓获犯罪嫌疑人32名。蜀山区公安分局《合肥“3•29”操纵证券市场案》获评全省经侦部门精品案例一等奖。《合肥经侦持续推进接报案立案改革》被人民公安报刊登报道。深入打击本地突出经济犯罪，全年立经济案件1789起（含四县一市），同比增加51.73%，采取强制措施1423人，同比增加10.91%。其中，立非法集资案件40起，涉案金额约9.66亿元，采取强制措施117人；立传销案件136起，采取刑事强制措施110人，破获瑶海“4.09”、合肥经济技术

开发区“汇拍”等重点网络传销案件。部署打击整治养老诈骗专项行动，侦破12起养老领域非法集资案件，涉案金额约2.31亿元，采取强制措施65人。商贸领域立案211起，采取刑事强制措施152人，协同浙江金华警方侦办的提供虚假证明文件案，受到公安部贺电表扬；开展财税领域专项打击行动，立财税案件457起，采取强制措施316人，侦破“6·01”“5·27”等重点案件；开展反洗钱专项行动，立案30起，破案18起，采取刑事强制措施47人；立涉及资金通道犯罪的非法经营案129起，破案72起，采取强制措施175人，经侦支队总结提炼的打击流窜型假币犯罪技战法被公安部经侦局采用；开展“猎狐2022”专项行动，分别从香港、缅甸、马来西亚、迪拜等国家和地区抓获猎狐逃犯9人，经侦支队被公安部授予“猎狐”专项行动成绩突出集体；开展各类大要案专案侦办工作，“3·29”操纵证券市场案11名主要犯罪嫌疑人被提起公诉，退赃1800万元。“3·17”房地产专案完成对涉案公司司法审计工作。

打击民生犯罪。全市立食药环知森领域刑事案件574起，同比上升22%，采取刑事强制措施1310人，同比上升33%，移送起诉1278人，同比上升41%，17起案件被公安部、省公安厅挂牌督办，其中7起案件受到部、厅贺电表彰。全市四类侵财案件破案率同比上升46.26%，采取强制措施同比上升15.75%，全市检察机关公诉四类侵财犯罪嫌疑人同比上升14.43%，排名全省第一。打击拐卖妇女儿童犯罪，全年核查办结线索427条，现行拐卖妇女儿童案件全部侦破，抓获犯罪嫌疑人同比上升15%，起诉拐卖犯罪嫌疑人同比上升20%。

打击毒品犯罪。开展“百日行动”“清源断流”“擂台赛”等行动，侦办庐江“2·21”公安部目标案件，抓获涉案人员356名，摧毁一个跨境、跨省、多层级的走私贩毒网络。巢湖市公安局联合外省侦破部级毒品目标案件“2022.06.23”涉毒“减肥药”案件。全市破获毒品犯罪案件238起，其中公安部目标案件3起、省公安厅目标案件5起，抓获各类涉毒犯罪嫌疑人662名，起诉嫌疑人432名，缴获冰毒120余克，各类新精活物质及麻精药品520余克，毒品替代物（笑气）4600升，查获吸毒人员609人次，强制隔离戒毒36人。全市戒断三年未发现复吸人员12928人，同比上升10.5%；有吸毒人员2345人，同比下降26.4%；新发现吸毒人员135名，同比下降59.4%。

2022年8月，市公安局推进公安部“百日行动” （市公安局／供）

【治安行政管理】 2022年，市公安局提升社会综合治理水平，全市社会治安形势呈现“三升四降六没有”态势，即：刑事打处数、八类案件破案数、电诈打处环比分别上升16.9%、15.5%、37.8%；接报治安类、两抢、打架斗殴、电诈警情环比分别下降2.1%、6.7%、16.1%、7.9%；没有发生重大群体性事件，没有发生重大亡人事故，没有发生重大恶性刑事案件和个人极端案事件，没有发生民警严重违法违纪问题和重大涉警负面舆情。在省公安厅7次考核评比中，市公安局4次位居全省第一，先后被省公安厅授予集体二等功、集体三等功。

基层基础工作。深化警务机制改革，推进派出所“两队一室”（即社区警务队、案件办理队、综合指挥室）勤务模式。组建社会治安防控体系示范城市创建办公室，加强对创建工作任务及示范点建设统筹调度，稳步推进64个示范点建设；创新建立“五查三处一复盘”工作机制，即基础排查、警情核查、交叉互查、系统抽查、交办督查，未落实场所治安基础防范要求管理的要依法查处、上级通报、媒体曝光涉及场所违法犯罪的要依法查处、发生重大案事件或造成重大影响的要依法查处，各分县市局须对特种行业场所发生重大案事件的开展复盘。开展寄递分拨中心驻警抽检工作，优化娱特系统从业人员打卡、旅馆业管理系统未成年人入住等多项功能，安装网约房智能门锁安装1830间、旅馆业人证合一设备661家。建成并投入运用3779个智慧平安小区，封闭式管理小区覆盖率100%。54家医院设置安检机或通过式金属探测门，65家医院安装一键式报警装置，67家医院设置警务室，配备安防监控设施2.7万个，7家医院建设前段人脸识别智能防护系统。出台《公交安全防范七条措施》，3480台公交车安装易燃挥发物车辆报警装置，2190台车辆安装“一键报警”装置，3225台车辆安装驾驶室隔离门，车辆安全标识覆盖率100%。全市22个民爆库房监控设施纳入公安视频监控平台，消除各类隐患40余处。开展剧毒易制爆危险化学品单位数据清洗工作，检查1147家次，发现并整改安全隐患51处。落实旅游景区、人员密集场所联合安全检查，全市重点景区未发生任何安全事故。10批次军品运输过程未出现任何纰漏，圆满将合肥市制造大型国徽护送进京。

治安整治。组织开展6次“筑安”系列统一行动和31次常态化集中清查整治，全年出动警力12.5万人次，出动车辆3.9万台次，清查各类场所5.3万家次，抓获各类违法犯罪人员3215名。侦办黄赌案件2960起，抓获违法犯罪嫌疑人13492名，同比上升10.23%，侦办部督黄赌案件8起，省厅挂牌案件13起，联合市委政法委对14处黄赌重点区域、路段进行挂牌督办。侦办跨境赌博案件171起，抓获犯罪嫌疑人616名，移送起诉犯罪嫌疑人340名，查扣冻结资金2540万元，打掉网赌平台131个。探索建立打击枪爆违法犯罪数据模型，破获枪爆刑事案件25起，同比上升38.89%，采取刑事强制措施209人，同比上升161.25%。成功收网“3.2”特大非法经营烟花爆竹团伙，对64名犯罪嫌疑人采取刑事强制措施，捣毁非法存储烟花爆竹仓库50个，查扣涉案烟花爆竹12.8万余件，涉案价值1100余万元。对接省防指、市直相关部门接收疫情期间入境人员数据9659条，预警、处置重大涉疫谣言等135条，配合网信等部门落查处置各类舆情信息206条，向疾控部门推送流调溯源数据20万余条，累计核查外地来肥数据、上级推送数据、外地来（返）肥数据738.3万余条，清查各类场所4.6万家次、关停7900余家次，侦办涉疫类案件599起、处罚673人（单位）。

共建共治。建立“网上警民议事厅”，全市1098名社区民警建立2000余个警民议事群，为群众提供帮助11.6万次。组建13689支“合肥义警”队伍，注册“合肥义警”志愿者约30万人，参与各类活动1.01万场次，参与义警志愿者5.22万人次。蜀山区公安分局组建全市首支“一拖五”义警队伍和“洋义警”服务队。全市增配460名派出所专职调解员，建成115个线下“警民联调室”，矛盾纠纷调解成功率99.9%。

利民服务。实现长三角区域户口网上迁移、新生儿入户、户籍类证明等多项户政业务“跨省通办”，105项高频户政业务全程网办；全市设立“办不成事”反映窗口217个，为群众企业解决“疑难杂症”2549件，《市委改革工作简报》专题推广市公安局做法。警官联系包保462家规模以上企业，解决实际困难210件；联合市保安协会成立全省首个专业保安督察队，对全市291家市级重点内保单位以及600余处党政机关、学校、医院等重点部位开展常态化保安服务督导；组建女警爱心服务队、特殊群体社会关爱专班，累计开展各类志愿服务活动460次，帮扶、慰问6260人次。

【道路交通安全管理】 2022年，全市“亡人事故起数”“交通事故亡人数”分别同比减少19起、27人，下降4.5%和6.15%，较大事故“零”发生，民意总量同比下降6.1%、行政复议和事故复核撤销率分别同比下降1.4%、3.7%，交通违法查处总量同比上升34.17%（含四县一市）、非现场违法采集量同比上升15%、交通信号系统联网运行率上升3.46%。

全年召开6次道路交通联席会议，依托市道交办、市安委办、市文明办“三办平台”，对16家高风险运输企业开展警示约谈，对448处道路交通隐患和高风险运输企业、车辆和驾驶人进行联合挂牌督办，对19起涉及生产经营性车辆的亡人交通事故启动事故调查。动态排查各类道路交通隐患1700余处，完成448处部、省、市级挂牌督办交通隐患治理，对12个亡人交通事故总量高且同比上升的镇（街）园区进行市级挂牌督办。建设84个交管站、1228个劝导站，配备118名安全员、2311名劝导员。全年采集农村电动二、三轮车和农村面包车信息近23万条，排查道路隐患3万余处，宣传教育2.7万次。建设智慧岗亭42处，接入道路视频监控专网、公安网、互联网，综合应用百度地图、交通超脑、情指勤督等系统。累计排查各类道路交通隐患1.2万余处，整改农村突出隐患路口路段103处；完成1340辆逾期未报废车辆的追销工作。

出台《合肥市非机动车安全管理条例》，填补合肥市非机动车安全管理法律空白。推行柔性执法，落实“首违”警告制度，全年警告各类交通违法25万起。行政复议数、撤销率同比分别下降38%、1.4%；事故复核数、撤销率同比下降2.3%、3.7%，获得全省交警执法质量考评和执法记录仪考评双第一。落实“舒心车检”“一站式”办理车检，全年办理各类车驾管业务396.3万笔，办理各类车辆通行证22.2万张，“交通违法查询”服务300余万次，“一键挪车”服务226万次。“合肥交警”抖音号、快手号入选中央政法委评选的“四个一百”优秀政法新媒体账号，《合肥推出“四用”举措筑牢道路交通安全防线》被人民公安报宣传报道。

【轨道交通安全管理】 2022年，合肥轨道交通公安分局推行勤务改革，变民警“驻站”为“巡站”，量化勤务清单，增强勤务统筹和接处警时效，接警到场用时同比缩减10%。经常性组织实训演练，开展应对大客流、嫌疑查缉等综合演练3场次、各站点自行组织小单元演练500多场次。推进新型巡逻防控体系建设，调整交换站治安管辖，优化站点警力布设，提高勤务效能；联合“地上”辖区警力多警联勤，高等级勤务期间加密频次；深化警企协作，印发轨道警企协防共治方案，常态开展警企联巡演练；组建轨道义警1321人，开展义警活动40余场次。突出“1·3·5分钟”（即1分钟响应启动、3分钟到场扑救、5分钟协同作战）快反工作，常态化开展应急处突警力拉动和站点作战小单元应急演练。推动智慧安检、人脸卡口、智能客流统计等重点项目建设。开展夏季治安打击整治“百日行动”，排查整改隐患435处、化解矛盾纠纷198条、受理处置妇女权益案件11起，依法行政拘留8人。

【出入境管理与服务】 2022年，合肥公安出入境管理部门处理省公安厅推送数据760076条，筛查入境返肥人员数据38263条，未发生人员漏管失控，守住窗口单位民警辅警未染疫底线。优化人才入籍服务，首创“涉外企业联络官”制度，确立涉外企业联络官9名，帮助企业解决急难愁盼事项65件，提供靶向追踪式永久居留申请服务，受理外国人永久居留申请112人，同比上升28.5%。服务创新创业，成功实现“单一窗口”的惠及群体从A类专家扩大到B类、C类在内的所有来肥工作的外籍人员，受理外籍人员工作、居留许可500余人次，建立移民事务服务中心，在全省首创推出外籍人员“一事一码”矩阵二维码服务指南，打造中英双语办事攻略，《安徽政务交流》、中国警察网、合肥电视台等媒体相继报道出入境管理支队外籍人员“单一窗口”经验做法。首创出入境证件办理“绿名单”制度和“候鸟守护计划”，为企业“走出去”和合肥市留学学子提供快捷便利服务，截至年底，为15家企业1300余名员工、864名留学学生和家长快捷办理出国境证件。出入境管理办事大厅获评“2020—2022年度政务服务先进窗口”。

全年办理中国公民出入境证件28500人次，外国人签证证件3890人次，宣布作废出入境证件44本，阻止特殊人员申办证件810人，拒签或缩短停留期限35人，合肥公安出入境管理部门实质性审查制度获评全国地方公安机关优秀执法制度。开展打击治理跨境赌博、“三非”外国人治理和妨害国（边）境管理犯罪打击三个专项，全市立案侦办跨境赌博案件171起（部督、省督各1起），抓获犯罪嫌疑人616名；侦办妨害国（边）境管理犯罪案件497起（省督2起），抓获犯罪嫌疑人230名；办理“三非”案件268起（移民局督办3起），查处“三非”外国人173名；加快羁押待遣人员清遣，遣送出境34人，合肥市三个专项数据战果在全省名列前茅。“5.30”专案获移民局贺电表扬，“8.5”专案境外在逃主犯归案实现安徽省红通人员追逃零的突破，获省公安厅通报表扬。肥西县公安局出入境管理部门被公安部表彰为全国公安机关“三非”外国人专项治理和集中打击妨害国（边）境管理犯罪专项斗争成绩突出集体。

（章鑫睿　赵　洁）

检 察

【概况】 2022年，合肥市人民检察机关全面贯彻落实党的十九大和二十大精神，以争创“全国一流检察院”为抓手，办理各类案件24585件，包括全国首例“自洗钱”犯罪案件、监察体制改革以来上级交办全省的首例中管干部职务犯罪案件等；25个案例被最高检等省级以上单位评为典型案例，典型案例数同比增长逾5倍；28个集体、37名个人受到省级以上表彰，涌现出全国检察机关“文明接待室”、安徽省“十大法治人物”等一批先进典型。

【服务社会治理】 维护国家安全和社会稳定。2022年，合肥市人民检察机关依法履行指控证明犯罪主导责任，批捕各类犯罪2359人，起诉11890人。贯彻宽严相济刑事政策，参与反分裂、反暴恐、反邪教斗争，起诉66人；落实反有组织犯罪法，常态化开展扫黑除恶专项斗争，起诉涉黑恶犯罪138人；对杀人、抢劫等严重暴力犯罪保持高压态势，起诉308人；贯彻少捕慎诉慎押刑事司法政策，对较轻犯罪、初犯偶犯等，依法不捕1261人、不诉3241人；对捕后可不继续羁押的，依法建议释放或变更强制措施288人；规范落实认罪认罚从宽制度，推进听取意见录音录像全覆盖，一审认罪服判率达95.5%，从源头上减少诉讼增量，促进社会内生稳定。

推动市域社会治理现代化。聚焦群众关注的安全生产、食品药品、金融监管等领域，向有关部门制发社会治理类检察建议108份，推进治罪与治理并重。发挥司法恢复性作用，构建矛盾纠纷多元化解机制，促成刑事和解不起诉76人。惩治涉疫违法犯罪，保障人民群众生命健康安全；落实“谁执法谁普法”责任，开展法治宣传500余场，以案释法弘扬法治精神。庐江县人民检察院探索“检察官+专职调解员+社会力量”联动工作模式，突出前端化解，帮助解决基层治理难问题。

2022年12月，市检察院举行宪法宣誓仪式 （市检察院/供）

【服务发展】 推进“府检联动”机制建设。2022年，市人民检察院组织召开首次“府检”联席会议，与教育、应急、审计等部门出台联动工作意见7项，打造巢湖“最好名片”、未成年人综合保护、行刑衔接等14个联动项目，推动市县两级“府检联动”机制建设全覆盖。巢湖市人民检察院与公安、医保等部门协作，提前介入办理许某某、丁某等人骗取医保基金、违法收售药品案件，该案件被评为全省行刑衔接典型案例。肥西、高新、庐阳等地人民检察院启动派河流域“益心护水”、整治雨污混接助力“引江济淮”、金融检察服务“金融高地”建设等特色联动项目。

助力打造法治化营商环境。严惩破坏市场经济秩序犯罪，起诉962人。推进涉案企业合规改革，办理合规案件28件。市人民检察院联合市工商联等14家单位共建第三方监督评估机制，督促涉案企业作出合规承诺、落实合规整改后，依法作出不捕、不诉等从宽处理决定。高新区人民检察院依法决定不起诉的一家新能源企业，经合规整改，生产经营渐入正轨，公司年产值突破亿元。深化长三角一体化司法协作，长丰县人民检察院办理一起跨越两省四市的合规案件。推进“访企解难”，市县两级人民检察院领导带头接访企业家44次、走访企业102家，开展检察官进企业“百日体悟”，共话“法治需求”。常态化清理长期未侦结的涉民企“挂案”106件，清理率达98.2%。

服务创新驱动发展。发挥知识产权检察办公室职能作用，发布《合肥知识产权检察工作白皮书》，对接科大讯飞等科创企业需求，专设检察保护联络点；与市委宣传部、市知识产权局等10家单位签订合作框架意见，建立快速协同保护机制，构建知识产权全链条保护格局；依法起诉侵犯商业秘密、商标权等知识产权犯罪178人，办理相关民事、行政检察监督案件6件；2个办案组、2名干警被国家版权局评为查处重大侵权盗版案件有功单位及个人。

防范化解金融风险。起诉金融诈骗、破坏金融管理秩序犯罪179人，其中，起诉非法吸收公众存款、集资诈骗等涉众金融犯罪144人，与政法各单位合力追赃挽损8064万元。联合人民银行、海关等部门开展打击治理洗钱违法犯罪三年行动，健全同步审查、线索移送等协作机制，起诉洗钱犯罪12人。蜀山区人民检察院办理的费某、程某某涉毒洗钱案被评为全国检察机关“十大法律监督案例”。

【司法为民】 办好群众信访。2022年，合肥市人民检察机关落实“党建+信访”工作要求，实施“温暖控申”亮面建设“431”行动（即力抓“4项工作”：群众信访件件有回复、集中治理重复信访化解信访积案、控告申诉案件办理、司法救助工作；立改“3个服务”：12309检察服务中心服务环境、服务方式、服务作风；压实“1个责任”：压实“一把手”检察长抓群众信访工作责任），新收群众信访5918件，均在规定时间内告知并答复办理结果。落实领导干部带头办理疑难复杂信访案件等制度，市县两级人民检察院领导接访1132件次，包案办理首次信访案件502件，包案化解率达98.8%。发挥公开听证在矛盾化解中的积极作用，促进信访案件听证化解率达85%。瑶海区人民检察院成功化解张某某等人申请取保候审信访案，该案件被评为全省涉法涉访典型案例。

呵护未成年人健康成长。落实未成年人保护法和预防未成年人犯罪法，对侵害未成年人犯罪“零容忍”，从严追诉277人。对涉罪未成年人，依法起诉132人；对罪行较轻并有悔改表现的，附条件不起诉127人。联合教育、民政等部门落实心理疏导、复学就业等多元措施，帮教360名涉罪未成年人回归社会，帮扶108名未成年被害人走出困境。落实强制报告、入职查询制度，在办理一起猥亵儿童案时，发现某校负责人知情未报告的线索，及时移送相关部门依法追责，该案件被最高检评为典型案例。推进全国未检工作社会支持体系示范项目建设，成立合肥市包正未成年人司法社会服务中心；联合团委、妇联召开新闻发布会，深化检察官兼任法治副校长作用，以司法保护助推“六大保护”（即家庭保护、学校保护、社会保护、网络保护、政府保护、司法保护）融通发力。包河区人民检察院未成年人法治宣传教育基地，成为师生“热门打卡地”。

强化特殊群体权益保障。结合司法办案，救助生活陷入困境的受害方435人，累计救助金额453.7万元，同比分别上升107.1%、58.7%。开展“检察蓝”助力解决农民工讨薪问题专项行动，办理支持起诉讨薪案件137件，帮助追回“血汗钱”107.3万元。开展打击整治养老诈骗专项行动，从严惩治欺老骗老犯罪70人。开展守护“半边天”专项监督活动，监督撤销虚假婚姻登记5件。联合残联开展无障碍环境建设公益诉讼。

【法律监督】 刑事检察监督。2022年，合肥市人民检察机关强化立案和侦查活动监督，联合公安机关率先在全省实现侦查监督与协作配合办公室市县两级设置全覆盖，监督侦查机关依法立案134

2022年12月，合肥市第八中学师生走进合肥市检察机关法制宣传教育基地接受法治教育 （市检察院／供）

件、撤案275件，同比分别上升151%、132.4%。强化刑事审判监督，对认为确有错误的刑事裁判提出抗诉30件，法院审结22件，采纳率达77.3%；对刑事审判活动违法情形提出纠正意见31件次，采纳率达100%。强化刑事执行和监管执法监督，开展职务犯罪、涉黑涉恶犯罪财产刑执行检察专项活动，核查被执行人1900人，核查执行金额3.8亿元；对全市7个看守所开展巡回检察，发现并督促其整改监管执法不规范等问题。

民事行政检察监督。审查办理民事、行政监督案件915件。对认为确有错误的民事、行政裁判，提出抗诉或再审检察建议40件，法院采纳率达90%；提请抗诉51件。以检察建议监督纠正民事、行政审判和执行活动中违法情形382件，同比上升208.7%，法院采纳率超90%。深化虚假诉讼专项监督，监督审判机关纠正虚假诉讼21件，市人大常委会专题听取并审议专项报告。常态化推进行政争议实质性化解，针对部分行政诉讼案件程序已结但讼争未解的申诉问题，综合运用公开听证、司法救助等方式，有效化解行政争议60件，同比上升66.7%。

公益诉讼检察监督。立案办理公益诉讼536件。其中，发出诉前检察建议489件，行政机关回复整改率达98.9%；依法提起公益诉讼73件。办理生态环境和资源保护、食药安全领域案件368件，追索环境损害赔偿金148.6万元、食药领域惩罚性赔偿金68万元。办理国土国财领域案件14件，督促保护、收回国有财产3.8亿元。拓展办案范围，办理安全生产、个人信息保护等新领域公益诉讼案件144件，占全市公益诉讼案件总数的28.1%；1起案件被评为全国检察机关公益诉讼全面实施五周年“好案件”。凝聚公益保护合力，与应急管理、消防等部门协作，畅通线索双向移送；深化“河湖（林）长+检察长”协作机制，促推长江经济带生态环境警示片所涉18个问题的逐项整改。

监检协同办案。强化监检衔接配合，提前介入全市监委系统调查案件32件，同比上升255.6%；受理监委移送职务犯罪81人，起诉64人，同比分别上升62%、93.9%；共同推进受贿行贿一起查，起诉受贿犯罪16人、行贿犯罪9人，同比分别上升14.3%、200%。提升检察侦查专业化水平，专设检察侦查机构，立案查办司法工作人员职务犯罪2人，有力维护司法公信。

（黄 柳）

法 院

【概况】 2022年，合肥市两级法院受理各类案件369922件，其中新收案件354550件，审执结363437件，收结案同比分别上升28.12%、36.38%，法官人均结案646.7件，同比增加180.8件。其中，市中级人民法院受理案件31402件，新收各类案件29423件，审执结30624件，同比分别下降9.05%、1.29%，法官人均结案291.7件，增加1.7件。市中级人民法院民四庭获评“全国法院先进集体”，包河区人民法院未审庭获评“人民法院少年法庭工作先进集体”，肥西县人民法院三河法庭入选最高法院第三批新时代人民法庭建设案例。市中级人民法院“5G+庭审”项目入选《蓝皮书·中国法院信息化发展报告（2023）》；“包公司法文化传承工程”入选全省法院文化建设特色项目；“法官进网格为民办实事”入选全市效能建设优秀案例；加装电梯案在中央电视台“法治深壹度”栏目播出。全市法院14个集体和65名个人获得省级以上表扬表彰。

【平安合肥建设】 2022年，合肥市两级法院贯彻总体国家安全观，审结各类刑事案件9361件。

涉黑恶犯罪惩处。贯彻反有组织犯罪法，常态化开展扫黑除恶专项斗争，一审审结涉黑恶案件8件48人，二审审结12件138人，重刑率达33.33%，发出司法建议27份，移送各类线索54条，执行到位涉黑恶财产1078万余元。开展打击整治养老诈骗专项行动，审理相关案件14件89人，市中级人民法院在全省法院系统作经验交流。坚决打击电信网络诈骗，审理相关案件43件，涉案金额24亿余元，发布电信网络诈骗和养老诈骗典型案例8篇。

危害群众安全犯罪惩处。审结故意杀人、抢劫、强奸等严重暴力犯罪案件251件，盗窃、诈骗等多发性侵财案件1906件，涉“黄赌毒”犯罪案件693件。审结危害食品药品安全犯罪案件50件。审理非法吸收公众存款、集资诈骗等涉众型经济犯罪案件82件，为群众挽回损失8亿余元。联合公安、检察机关打击违反疫情防控政策行为，审结妨害疫情防控、传播虚假信息等案件5件。审理最高法院指定管辖的重大职务犯罪案件，审理贪污、贿赂、渎职等犯罪案件49件57人。坚持行贿受贿一起打击，对3名行贿人依法判处实刑。

人权司法保护。深化以审判为中心的刑事诉讼制度改革，准确适用认罪认罚从宽制度，启动非法证据排除程序12次，对5559名被告人依法判处缓刑、管制或免予刑事处罚。推进刑事案件律师辩护全覆盖，为1900余名被告人提供法律援助。从严审结减刑、假释案件6212件，杜绝“纸面服刑”“提钱出狱”破坏公平正义。

【服务经济社会发展】 2022年，合肥市两级法院审结各类民商事和行政案件173603件，同比上升5.42%。

优化法治化营商环境。开展“法院进万企，依法解难题”活动，实地走访企业1000余家，听取意见建议500余条。加强产权司法保护，审结买卖租赁、股权转让、金融借款等合同纠纷案件121816件。创新金融审判机制，上线“赋强通”平台，助力快速化解金融纠纷。开展“江淮风暴”执行攻坚优化营商环境夏季行动，实际执行到位金额48.47亿余元。畅通市场主体退出通道，优化破产处置府院联动机制，召开多次破产审判府院联席会议，推进“执转破”和破产积案清理，建成破产案件一体化管理平台，审理华安外经公司破产重整等案件367件，清理“僵尸企业”160余个，盘活土地、房产562万平方米，妥善安置职工3400余人。出台证券纠纷代表人诉讼和示范判决等规定，审结惠而浦公司证券虚假陈述系列案件，依法判决惠而浦公司赔偿股民损失4208万余元。加大行政争议协调化解力度，依法审结各类行政案件3816件。

服务创新驱动发展。完善知识产权审判“三合一”机制，加强关键核心技术、重点领域、新兴产业等司法保护力度，审结专利、商标、著作权、商业秘密、集成电路布图设计等知识产权案件3686件。喜马拉雅诉易听公司不正当竞争纠纷案例入选中国法院50件典型知识产权案例，12个案例入选全省知识产权保护典型案例。合肥高新技术产业开发区人民法院被国家版权局授予2021年度查处重大侵权盗版案件有功单位。维护公平竞争的市场秩序，审结垄断、不正当竞争案件62件。加强新就业形态劳动者和消费者权益的保护，促进数字经济、平台经济规范健康发展。与科技、市场监管等部门签署服务保障科创企业高质量发展合作协议。

2022年9月2日，合肥高新法院自由贸易试验区人民法庭揭牌成立

（马晶璐/摄）

护航重大战略。深度参与长三角司法协作，市中级人民法院在首届长三角金融司法论坛上作主旨发言，正奇公司诉博海公司等借款合同纠纷案例入选长三角金融审判典型案例。成功调解涉“中欧班列”货运纠纷，服务保障“一带一路”建设。设立中国（安徽）自由贸易试验区合肥片区法庭，依法服务片区建设。支持公益诉讼，审理“走私穿山甲鳞片案”等买卖野生动物、破坏生态环境资源案件95件。助力推进乡村振兴，审结涉农村土地“三权”分置、耕地农资、民宿经济等纠纷532件。设立“军人军属优先”办理窗口，审结涉军民商事案件19件，维护军人军属合法权益。

【司法为民】 2022年，合肥市两级法院深化“为群众办实事示范法院”创建，提升群众安全感和政法满意度。

民生权益保障。审理名誉权、肖像权、姓名权等案件190件。审理婚姻家庭、医疗、养老、育幼等案件9929件。审理涉教育案件820件。审结房屋买卖、租赁等案件10231件。审结工资报酬、社会保险、工伤赔偿等纠纷5235件。

妥善处理物业纠纷 14130 件。缓减免诉讼费 616 万余元，发放司法救助金 722 万余元。

特殊群体保护。加强老年人权益保护，审结涉老案件 169 件。开通残疾人立案绿色通道，邀请手语老师参与庭审或调解。深化家事审判改革，推行案件归口管理和未成年人权益代表人制度，成立家庭教育指导站和“反家暴联盟”，发出人身安全保护令 23 份，发送家庭教育责任告知书 1732 份、家庭教育令 36 份，选派 82 名法官、法官助理担任法治副校长，对 9 名未成年犯封存犯罪记录。少年审判工作经验在最高法院会议上作交流。

胜诉权益兑现。加大执行攻坚，受理各类执行案件 100631 件，执结 99621 件，同比分别上升 37.05%、40.7%，实际执行到位金额 175.33 亿余元。贯彻市人大常委会决定，推行人民陪执员制度。深化执行联动，完善“司法查控 + 不动产登记”新模式，建立全省首个司法救助与社会救助衔接机制。执结拖欠劳动报酬、医疗赔偿、赡养费、抚养费等涉民生案件 9903 件，执行到位金额 2.55 亿余元。加大网络司法拍卖力度，搭建全省首家法拍直播中心，上线智槌辅助系统，举办“5•20”“6•18”“双 11”网拍节，成交金额 4.56 亿元，溢价率 15.91%。建立“执行 110”制度，为执行当事人提供全天候服务。中央电视台《今日说法》栏目专题报道合肥法院执行工作。

【服务社会治理】 2022 年，合肥市两级法院助力市域社会治理现代化建设，诉前调解案件 139939 件，占一审民事行政立案比 98.17%，8 家基层人民法院一审民事行政案件出现负增长。

诉源治理成果巩固。与 60 家行业组织、调解机构合作共建，聘请特邀调解员 1088 人、特邀调解组织 131 个。推进“法官送法，与法同行”“法官进网格”等活动，配合市委平安办为 423 个“无案村（社区）”挂牌。严厉打击虚假诉讼，维护诚信诉讼秩序。发送履行生效裁判责任告知书，深化执源治理。开展“1+4+10”大接访（即市中级人民法院院长下基层接访的同时，其他院领导成立刑事、民商、行政、执行 4 个接访组接访，全市其他 10 家基层人民法院领导在属地法院进行接访，形成联动大接访长效机制），推动建立“三级评查”制度，息诉罢访 182 件，群众满意度 91%。某公司拖欠员工工资执行信访案，被省委政法委作为优秀案例通报表扬。

诉讼服务品质提升。深化“一站服务、一网通办、一次办成”，自主开发诉讼费监管系统，网上立案 168361 件，跨域立案 322 件，预约立案 23762 件，网上缴费率达 89.71%，42335 件保全案件实现网上办理，在线委托鉴定率达 98.2%。落实立案登记制，建立立案偏离度预警机制，当场立案率超 95%。推进司法专递面单电子化改革，电子送达率 85.73%，实现法律文书一键送达当事人手机端。

法治宣传。开展“法律六进”(即进机关、进乡村、进社区、进学校、进企业、进单位)，组织宪法宣传周、“美好生活•民法典相伴”、预防养老诈骗等普法宣传 200 余场次。与《安徽法制报》联合打造“法官说”普法类视频节目，肥东县人民法院开展“普法赶集”，肥西县人民法院开设“普法微课堂”，长丰县人民法院开设“杨法官公开课”，庐阳区人民法院普法案例登上合肥公交移动终端。开设“以案普法”微信专栏，刊登典型案例 76 件。加强与新闻媒体互动，建设“两微一网抖音号”宣传矩阵，讲好法治故事。

【司法改革】 2022 年，合肥市两级法院推进司法改革和智慧法院建设，提升审判执行质效。

司法责任制落实。推进司法体制综合配套改革，所有法官配备在

2022 年 8 月 10 日，市法院在长丰县公开接待来访群众　（马晶璐 / 摄）

办案一线，完善容错纠错机制，落实“让审理者裁判、由裁判者负责”。压实院庭长监管责任，加强对“四类案件”（即重大、疑难、复杂、敏感的案件；涉及群体性纠纷或者引发社会广泛关注，可能影响社会稳定的案件；与本院或者上级人民法院的类案裁判可能发生冲突的案件；有关单位或者个人反映法官有违法审判行为的案件）监管。院庭长常态化带头办案，人均结案数占所有员额法官人均结案数的83.28%，占结案总数的46.57%。完善审委会、专业法官会议规则，推行类案检索，提级管辖审理案件，加强业务条线指导，统一裁判尺度和法律适用。

审判执行管理机制创新。推行院领导常态化包保督导基层法院制度，基层法院和市中院业务庭定期向市中院党组汇报审判执行工作。推进审级职能定位改革试点，探索建立民商事案件二审巡回审判机制，在包河区人民法院试点驻院审理二审案件。推行“65432”审判管理工作法（即实现大多数以上案件1/6审限送达，1/5审限庭审准备，1/4审限开庭，1/3审限合议，1/2审限结案），深化审判辅助事务服务外包集约化管理，一审、二审案件平均审理周期、执行案件平均用时分别缩短9.09天、9.89天和22.13天。开展“双精”评选，一审案件、生效案件服判息诉率分别增至89.53%、98.67%，王某诉蔡某某教育培训合同纠纷案例入选《人民法院案例选》，多篇案例入选全省法院百篇优秀案例。

智慧法院成果应用。推进互联网法庭建设，常态化开展网上庭审、线上调解、电子送达、云上执行。完成“六专四室”（即人民法院刑事审判警务保障专用囚车、专用囚车库、专用羁押通道、专用电梯、专用桌椅、专用卫生间、羁押室、监控室、枪弹室、警用装备室）“智慧警务”建设。在全国率先融合量子加密技术打造“5G+庭审”，做法入选《蓝皮书·中国法院信息化发展报告（2023）》。推行无纸化办案，建设“中间库”系统，应用庭审语音识别转写系统和电子质证系统。加强司法公开，公开裁判文书41187份，直播庭审50132场，推送审判流程信息167131条，开发执行案件流程节点短信发送系统。

（赵 晨 张 敏）

司法行政

【概况】 2022年，合肥市成功争创全国法治政府建设示范市，法治政府建设考核连续14年全省第1。市司法局获得全国普法工作先进单位等国家级表彰3项，平安安徽建设、全省司法行政系统先进集体等省级表彰6项，效能建设、机关党建等方面获市级表彰（表扬）16项，市委综合考核、市政府目标管理绩效考核、省司法厅综合考核均为优秀等次。

【法治合肥建设】 *统筹推进法治建设*。2022年，市司法局牵头制定合肥片区法治服务保障八条措施、打造一流法治化营商环境行动方案、法治合肥建设规划分工方案等重要文件。开展依法推进公共政策兑现和政府履约践诺专项行动，完成履约和进入诉讼程序的存量问题占比100%。对11位市管“一把手”集中述法评议，市政府常务会议学法5次、市管干部任前法律知识考试11批141人。实施“法治为民办实事”项目市级12个、县级46个。3人获全省十大法治人物、1件获十大法治事件提名奖。

做好示范创建。完成全国法治政府建设示范市实地评估环节综合访谈、随机考试、卷宗评查等工作，合肥市成功创建全国法治政府建设

2022年8月30日，市司法局举办行政执法协调监督技能竞赛

（市司法局/供）

示范市。顺利完成第二批省级示范创建组织申报等，推荐综合项目3个、单项项目3个，抓好实地评估和评议答辩各项工作。提请市委常委会会议听取中央依法治国办实地督察反馈问题整改情况汇报，制定整改方案，完成30项，常态化推进33项。

提升行政立法质量。制定《市政府规章制定计划》，完成13件法规规章起草、审查、立法后评估。围绕邮政快递、餐饮外卖、出租汽车管理等领域存在的突出问题，制定修订3部规章。委托安徽大学专家团队参加《合肥市市政公用事业特许经营管理办法》起草。

规范行政执法行为。完成2021年市政府规范性文件定期清理，现行有效432件。依法妥善处置招商引资、企业改制、股权投资涉法事务347件次。在全省率先试点市、县、乡三级行政执法协调监督体系建设，确认和公告执法主体279个，梳理监督职权27项。开展行政执法“三项制度”（即行政执法公示制度、行政执法全过程记录制度、重大执法决定法制审核制度）落实强化年活动，评查案卷260份，轮训执法人员600名，公示执法信息1.4万条。“两法衔接”工作指引和文书格式落地实施，线上移送案件200件。全国首创的行政处罚案件群众公议制度得到全面覆盖，公议案件1188件，无一因复议诉讼被撤销、变更或者确认违法。全市收到行政复议申请1730件、受理1372件、审结1201件，纠错率9.3%。开展规范行政执法专项行动，行政败诉量、败诉率同比下降53%、50.7%。清查行政给付义务不履行行为，375件应履尽履。全市行政机关负责人出庭应诉1720件，出庭应诉率100%。

【公共法律服务】 2022年，市司法局制定法律服务“一县区一特色”“一机构一特色”建设评价标准，打造法律服务品牌。建成市级和县级公共法律服务中心10个、乡镇（街道）工作站144个、村（居）工作室1542个；组建村（居）法律服务微信群1413个，在12348安徽法网开通合肥店铺551家，上架法律服务产品2566件。组织公证技能竞赛，办理公证事项24084件。创新推出“公证云选房”，线上选房23次，惠及1.6万人。开展法律援助质量建设年活动，办理案件12411件，为受援群众挽回经济损失近2.3亿元。连续第12年开展律师行业“学雷锋律师服务月”活动。法律服务进万企开展宣讲591场、走访民企1517家、出具法治体检报告399份、提出法律建议2747条，协助企业依法依规申请政策支持264次。开展法治宣传助力城市大建设专项普法活动，成立法律服务团52个，举办普法331场，服务群众2.4万人次。印发《重点普法目录》，开展征地拆迁、房地产、涉众金融、养老诈骗等重点领域专项普法宣传。在“民法典宣传月”、中高考等时间节点，拍摄制作第二部主题微电影《守护高鑫》。联动创建民主法治示范村（社区），创成国家级3个、省级26个，命名市级89个。命名市级法治宣传教育基地9个、青少年法治教育实践基地（法治资源教室）4个。完成“法律明白人”乡村6826人、城区1346人的登记造册。

【维护安全稳定】 2022年，市司法局统筹抓好疫情防控和监所安全，加强疫情防控联防联控，规范警务勤务，市义城监狱实现连续23年无罪犯脱逃，市戒毒所实现连续21年“六无”（即无毒品流入、无戒毒人员脱逃、无戒毒人员非正常死亡、无所内案件、无安全生产事故、无重大疫情发生）安全目标。开展人民调解专项活动，全市人民调解组织受理案件9.2万件，调解成功率96%。完成司法所建设提档升级三年行动计划，启动司法所高质量发展三年行动计划，全市42个司法所获评省示范司法所。建立“百姓评理说事点”988个，打造“庐州街坊”“老张说事”等调解工作品牌，有效化解基层矛盾纠纷。设置市社区矫正管理局（支队），成立安置帮教及社区矫正戒毒人群协调指导组，开展社区矫正“抓管理防风险保安全”专项活动，9个县市区完成县级社区矫正机构设置，建成远程探视点29个，成功探视6939人次。落实安置帮教“一人一档”和定期走访制度，对重点人员“必接必送”，全市在册社区矫正和安置帮教对象总体保持稳定。

（李玉为）

仲 裁

【概况】 2022年，合肥仲裁委员会（以下简称“市仲裁委”）受理案件1735件，涉案标的65.97亿元，收费4428万元，同比分别增长20%和32.89%，办结案件1968件，调解、和解率49%。其中

2022 年 9 月 23 日，合肥仲裁委召开建设施工领域鉴定工作座谈会

（市仲裁委 / 供）

网络书面审理案件 94 件，涉案金额 1.67 亿元；网络“云开庭”案件 216 件，办理个案时限平均缩短 26 天。以轮值副主席单位参加常设中国建筑工程法律论坛在内的区域或全国性交流合作 12 起。批准设立国际商事仲裁中心。

【仲裁服务】 2022 年，市仲裁委完善《委托工作管理办法》，缩短委托鉴定类案件鉴定周期。执行更加严格的回避制度及仲裁员披露制度，全年 25 名仲裁员实行主动回避。推出远程网络立案、网络开庭，接受当事人邮寄立案，实行案件回访，建立无休息日仲裁开庭审理案件制度。启动互联网仲裁“云”服务，当事人通过线上提交仲裁立案申请，可完成案件线上受理、信息查询、线上办理等流程，全年远程网络立案 250 件，邮寄立案 268 件，非工作日开庭 62 件。强化网络书面审理，将互联网金融产品业务流程所产生的纠纷，通过网络传输、批量审核、技术辅助、类案智裁进行化解，出台《网络仲裁电子书面审理仲裁规则》，全年受理互联网金融案件 94 件，案件标的近 1.67 亿元，平均结案时间不超过 25 天。11 月 14 日，省司法厅核准批复设立合肥仲裁委员会国际商事仲裁中心，该中心立足于服务安徽自由贸易试验区，依法高效解决涉外投资贸易等国际商事纠纷案件。

举办“合肥仲裁委公益云讲堂”，联合省个体民营企业协会开展“个体工商户服务月”系列“送法上门”仲裁宣讲活动。与高新技术产业开发区管委会、市政府国有资产监督管理委员会以及省律协联合举办仲裁专题工作交流会，优化仲裁工作流程，提升仲裁服务水平。全年组织建筑房地产领域等相关机构座谈交流 10 余次，线上公益普法 24 课时，惠及 14000 余人 / 次。通过官方网站、微信公众号、协会平台等开展仲裁法律制度科普宣传近 800 条，总阅读量达 5.5 万余次。

【仲裁队伍建设】 2022 年，市仲裁委优化仲裁员队伍结构，启用最新版《仲裁员名册》，在册仲裁员 543 名，高学历、专业性强的仲裁员比例大幅提高，尤其是以外语为工作语言的涉外专家仲裁员数量增加较多，为新型仲裁案件、涉外案件的处理储备人才。与中国政法大学联合举办 3 期在线培训班，组织 37 次专家论证，通过仲裁实务培训、仲裁员培训、廉政培训等提升仲裁人员业务水平和服务质量。组织仲裁员参加仲裁员利益冲突与回避制度研讨会、长三角仲裁一体化发展联盟年会、上海社会科学院法学研究所分论坛以及第二届长三角仲裁律师论坛。

（张万杏）

责任编辑：王晓燕

改革开放

综　述

【概况】 2022年，市委全面深化改革委员会（以下简称“市委深改委”）全面贯彻习近平总书记关于全面深化改革的重要思想，全面落实党中央改革决策部署及省委工作要求，充分发挥改革的突破和先导作用，不断塑造发展新动能新优势，充分激发全社会创造活力。全年召开2次市委深改委会议，讨论研究11份改革方案文件，106项年度重点改革任务落地见效，形成30多项原创性改革举措，出台70多项制度性成果。认真总结和提炼改革经验做法，提炼21项重点推广、培育的改革案例，其中4项改革入选全省首批重点推广和培育案例，数量位居全省第1。全年编发市委改革简报32期，省委改革办刊载4篇，“工程建设项目‘评定分离’”入选全省年度十大改革案例，“依托安徽创新馆建强用好科技大市场”入选“中国改革2022年度市域改革案例”。

【经济和行政体制改革】 完善科技创新体系。2022年，市委深改委建立健全“市委科创委统管+专职常委专管”的“大科技”工作机制，服务保障“国之重器”，深空探测实验室揭牌运行，“科大硅谷”启动建设，全国首个先进技术应用推进中心在合肥成立。组建科技成果转化工作专班，先后把18个符合条件的新型研发机构登记为事业法人。安徽创新馆承担并圆满完成国家新一轮“全创改”任务，推动省将技术经纪专业纳入职称评定范畴。成立全国首个“城市场景创新促进中心”，获批国家知识产权强市建设示范城市，年度发明专利授权量首次破万，技术合同交易额首超千亿元。推动科技—产业—金融良性循环，成功获批科创金融改革试验区，科技投入占财政支出比重达17.8%，居全国大中城市第1位。组建200亿元政府母基金，合肥市成为全国天使基金、种子基金风险容忍度最高城市之一。优化人才服务保障体系，成立市科创（人才）集团，组建运行中国科大商学院，将60多项人才政策由“多口出”整合为“一口出”，新增高技能人才5.5万人，新招引大学生突破30万人。

健全现代化产业体系。深化项目建设全周期管理，成立重点项目工作专班，固定资产投资增长9.1%，增速居全国万亿城市第5位。出台制造业提质扩量增效实施方案，新增百亿工业企业6户、创历史新高，总数达19户，培育战略性新兴产业连续5年获国务院表彰奖励。推动产业链延链强链补链，组建16个产业链工作专班，新增新能源汽车、光伏两个千亿产业链，新签约重点产业链项目973个、协议投资额超4100亿元，入选全国首批产业链供应链生态体系建设试点城市。加快会展业高质量发展，世界制造业大会、世界集成电路大会、世界声博会等重大展会成功举办。出台企业上市五年倍增计划，新增上市（过会）企业14家、科创板6家。加快推动合肥都市圈同城化发展，启动建设全省首个市际毗邻园区—合淮共建区。

深化要素市场化配置改革。国企改革三年行动全面完成，组建粮食集团、城市生命线集团等，市属国有企业资产总额首次突破万亿。强化“服务好现有企业就是最好招商”理念，创新实施市委要素保障会、产业链供需对接、企业超产激励等机制政策，新增“四上”（即规模以上工业企业、资质等级建筑业企业、限额以上批零住餐企业、国家重点服务业企业等这四类规模以上企业的）企业1587户，创历史新高。深化亩均效益评价改革，参评企业亩均税收32.9万元，居全省首位，与浙江省平均水平相当。探索工业用地“弹性容积率”、科研用地出让方式改革、“收储变收回”整治低效工业用地等措施，新供应工业用地0.23万公顷、同比增长108%；获批林地定额指标510

公顷。探索重点项目招投标“评定分离”改革，累计完成项目标段143个，成交金额540多亿元。推进营商环境优化升级，再造“12345”服务流程，开通设立为企服务专席，每天受理群众诉求2万多件，首次跻身营商环境全国城市前10位。

推进高水平对外开放。全面启动大物流体系建设，组建工作专班，成立物流集团，促进物流业提质增效降本。加快构建水陆空立体大通道，获批长三角区域首个陆港型国家物流枢纽。优化中欧班列运营机制，出台弹性支持政策，全年开行768列、净增100列，累计发运量居全国城市前10位。国际货运航班同比增长35.5%，国际客运航班复航首飞，引江济淮一期工程试通水试通航。深化中国（安徽）自由贸易试验区合肥片区专项推进行动，形成54项制度创新成果，12项全国首创，“安徽自贸试验区十佳制度创新成果”合肥片区独占5项。

持续深化机构改革。建立领导职数动态调整机制，在严控总量的前提下，根据职责轻重推动职数向重点综合部门倾斜。优化部门内设机构设置，裁撤市经信局1个老干部工作处，成立市场拓展指导处；合并市商务局、市农业农村局行政审批处与政策法规处，腾出机构分别成立楼宇经济处、种业管理处。探索内设综合科室归口集中管理，整合市委办公室、市政府办公室相关督查考核职能，设立市委市政府督查考核办公室，构建大督查工作格局。对编制规模较少的小部门探索“三务统分结合”管理模式，推动人员向一线集中、力量向一线倾斜。完成市县两级深化国防动员体制改革，组建成立市国防动员办公室。

【城乡融合发展改革】 统筹城市规建制改革。2022年，市委深改委优化市国土空间规划委员会运行机制，组建规划建筑技术平台，开展重大项目规划和土地出让前置审查，全年审查各类项目200多个。动态调整规划设计技术规范，新建住宅小区配建托育、养老用房，新建中小学、幼儿园周边配置游园、公厕、家长等候区“三件套”。出台合肥市城市更新工作暂行办法，启动“老城减法1210行动”，组建市级城市更新公司，城市体检“合肥经验”、片区更新“肥瘦搭配”全国推广。

全面推进乡村振兴。深入实施“两强一增”行动，农业科技进步贡献率达68%、主要农作物综合机械率达85%。出台扶持农业产业化发展若干政策，农产品加工产值突破1700亿元。深化农村土地制度改革，启动高标准农田建设改造提升试点及“小田变大田”改革，获批4个全域土地综合整治试点，建成高标准农田1.4万公顷。深化农村经营制度改革，试点开展农业生产“大托管”省级示范，托管面积达0.47万公顷。深入推进农村集体产权制度改革，村集体经济强村占比达63.1%，百万以上经济强村达461个。健全防止返贫监测帮扶机制，脱贫人口人均纯收入增长16.5%、全省领先。

【文化体制改革】 2022年，市委深改委围绕更好满足人民日益增长的精神文化生活需要，统筹推进思想政治建设、文化管理体制、公共文化服务体系等改革任务。弘扬社会主义核心价值观，建成并运营“复兴少年宫”17个，拥有全国道德模范6位，“中国好人”数量位居省会城市第2位。深化国有文化企业改革，组建合肥日报传媒集团。加大公共文化服务供给，出台城市阅读空间管理服务运营提升三年行动计划，城市记忆馆具备开放条件，市青少年活动中心、市中心图书馆基本建成，城市阅读空间建设入选中宣部全民阅读优秀推介项目。实施乡村旅游“421”行动，新获批2个国家级夜间文旅消费集聚区，培育111个文旅网红打卡点。

【社会体制改革】 持续增进民生福祉。2022年，市委深改委全力办好人民满意的教育，建成中小学、幼儿园超百所，新增学位7.7万个，幼儿园公办率、普惠率分别达56%、92%，优质教育集团城区覆盖面达七成。全面落实“双减”工作，义务教育课后服务、幼儿园延时服务实现全覆盖，民办义务教育在校生占比降至4.42%。深化产教融合城市试点，合肥学院“三业一体”人才培养模式在全国推广。出台“一老一小”整体解决方案，建成家庭养老床位4100张、新增托位1.4万个。深入实施“三名”工程，出台紧密型城市医联体建设实施方案，国家儿童区域医疗中心即将运营，上海六院安徽医院正式运营。创新实施职工医保门诊共济保障、经办服务“同城通办”，建立社会救助及补贴标准自然增长机制。促进房地产市场平稳健康发展，在全省率先实行“交房即办证”、二手住房互换改革。健全物业规范长效管理机制，实行“红黄牌”制度，依法严管全市769家物业公司。

完善社会治理体系。构建“一竿子插到底”的疫情防控指挥体系，因时因势调整优化政策，实现疫情防控和经济社会发展高效统筹。智慧平安小区建设实现封闭小区全覆盖，超八成建成小区可防性案件零发案，成功创建“全国法治政府示范市”。在全省率先建立健全违规电动三轮车四轮车管理机制，备案登记率达98%以上。健全安全风险防范机制，安全生产事故数、亡人数连续7年实现“双下降”。落实“党建+信访”工作机制，进京访、到省访大幅“双下降”，超九成信访事项一次性化解，百万人口进京访量首次退出全省前10。

【民主法制领域改革】 2022年，市委深改委围绕坚持党的领导、人民当家作主、依法治市有机统一，做好重点领域立法、政协协商制度完善、群团改革等工作。开展“小切口”“小快灵”立法，制定修改非机动车安全管理条例等4件地方性法规。完善全过程人民民主常态化联系指导机制，基层实践点拓展到36个。健全完善“有事好商量”平台体系，成立、重组市县两级政协委员工作室97个、社区协商议事厅113个。支持7个民主党派市级组织做好内部监督机制建设。深化群团组织改革，出台红十字会深化改革实施方案，推进县域共青团基层组织改革试点，肥西县改革试点成效得到团中央充分肯定。

【生态文明体制改革】 *推进巢湖综合治理。*2022年，市委深改委优化整合巢湖大统管机制，整合市环巢湖生态示范区建设领导小组办公室、巢湖风景名胜区管理委员会职能并入省巢湖管理局。探索“湿地+蓄洪”保护模式，环湖“十大湿地”全面建成，成功入选“国际湿地城市”，十八联圩作为全国首个生态湿地蓄洪区正式开建，办好岸边“八件事”，“山水工程”绩效考评全国第1名。创新环巢湖农业面源污染治理模式，沿环湖一千米打造0.82万公顷绿色有机农业示范带。巢湖水质保持Ⅳ类以上，连续两年未发生大面积蓝藻水华。

*加快全面绿色转型。*打好蓝天、碧水、净土保卫战，细颗粒物（$PM_{2.5}$）浓度实现“九连降”，空气优良率86%，入选全国“十四五”时期“无废城市”建设名单。率先在全省开展环评审批与排污许可“两证合一”改革试点，企业办事成本压减40%。长丰县获批全省首个能源综合改革创新试点县。肥西县、合肥经济技术开发区成为国家级生态文明建设示范区。

【党的建设领域改革】 *强化党建引领基层治理。*2022年，合肥市打造全天候小区治理服务体系，出台深化党建引领城市基层治理的若干举措，配强小区党建指导员、志愿者、物业服务人员、业主委员会“四位一体”力量，组建小区党组织3745个，全市4357个小区实现党的组织全覆盖，选配大学毕业生等各类“小管家”1.1万人，推动“社区治理”向“小区治理”延伸。

*激发干部队伍活力。*创新干部培养锻炼方式，深入开展“双学双挂双任”，新引进20位在合肥高校专业人才挂任市直单位副职，选派49名年轻干部到乡镇任职挂职，选派308名干部到国家部委、先发地区跟班学习，480名干部到产业发展、维稳一线实践锻炼。健全干部光荣退休制度，选派136名退出领导岗位干部到村（社）居担任乡村振兴和基层治理指导员。牢固树立“允许改革有失误、但不允许不改革”的鲜明导向，探索实践容错纠错减责免责工作，对12名干部失实检举控告进行澄清正名，切实为担当者担当、为负责者负责。

*持续正风肃纪反腐。*出台干部监督进社区的实施办法，加强干部八小时以外监督。在全省创新开展“四小四大”专项整治，处置问题线索1320件、查办案件528件、留置31人，相关做法得到省纪委充分肯定。出台《进一步加强村（社区）“小微权力”运行的实施意见》，推动全面从严治党向基层一线、向群众身边延伸。创新分系统巡察机制，先后对粮食购销、高配副县级镇、下设或直属机构开展集中巡察、集体反馈、集成整改。全市纪检监察机关接收信访举报、检举控告、重复信访举报分别下降29%、36%、46%。

（魏　玮）

招商引资

【概况】 2022年，合肥市新签约重点项目1321个，协议投资额同比增长13.2%。其中协议投资额50亿元以上重大项目21个，100亿元以上项目6个。外商直接投资（FDI）12.05亿美元、增长4.5%。亿元以上在建省外投资项目613个，实际到位资金1778.5亿元，位居全省第一。

【产业链招大引强】 2022年，合肥市重点产业链新签约项目973个，包括新能源汽车、集成电路、光伏等重点产业，比亚迪新能源汽车产业园二期和三期、中创新航新能源电池二期、派能科技10GWh锂电池研发制造、晶澳25GW光伏产业园、芯投微滤波器芯片等一批重大项目先后签约落地。空天信息等未来产业加速布局，中科星图、航

2022 年 8 月 11 日，中国地理信息产业大会在合肥开幕

（市投资促进局／供）

天宏图、银河航天等一批龙头企业纷至沓来，新签约项目 26 个，产业链规模和产业品牌效应初步显现。

【工作机制优化】 2022 年，合肥市出台《合肥市进一步加强“双招双引”工作若干措施》《合肥市招商引资项目流转共享暂行办法》，编印《合肥市重点产业招商指南》，编制《合肥市“双招双引”要素手册》，上线“双招双引”app 管理平台，修订合肥市招商引资大项目认定导则和考核办法，完善“双招双引”工作推进机制，提升工作水平。

【招商活动】 2022 年，合肥市委、市政府领导先后带队赴北京、成渝、福建、深圳、杭州等地上门招商，在合肥接见重要客商 400 多批次。9 月下旬，合肥市投资促进局联合新型显示产业链专班赴韩国开展显示产业招商，签署投资协议 6 份，总投资近 20 亿元。2022 年世界制造业大会签约项目 70 个、投资额 668 亿元。中国地理信息产业大会签约空天信息项目 15 个、投资额 66.3 亿元。

【招商方式创新】 2022 年，合肥市开展以“合肥诚邀共建产业链合伙人”为主题的“云”发布活动，推动一批项目对接、洽谈新热潮。围绕将合肥打造为“全域场景创新之城”，加大应用场景招商力度，组织空天信息、人工智能等专题场景供需对接会，参与企业超 300 家，促成意向合作 50 多项。打造合肥“创投城市计划”招商品牌，常态化开展项目资本对接活动，遴选发布 80 余个产业项目融资需求，吸引 88 家投资机构参与活动，为全市重点产业链项目拓展融资渠道，助力高质量项目落地。

（柏双鹏）

对外交往

【概况】 2022 年，合肥市立足国内国际疫情发展形势，统筹利用跨国公司、国际友城、外国驻沪总领馆及国际组织等国际资源，主要采取线上线下相结合的方式推进对外交往。在“走出去”尚未完全恢复的情况下，持续加大在合肥外籍人士和外资企业服务力度，推进外事赋能地方经济社会发展。9 月，合肥市组建近 3 年来全省首个因公出国招商团组，宣告全市因公出国（境）工作正式重启。12 月，再次组团赴外“拓市场”“抢订单”。对外交往呈现逐步复苏态势。

【友城交往】 2022 年，合肥市优化国际友城布局，加大在南欧地区友城拓展力度。2 月，在中国农历新春到来之际，精心挑选红灯笼、中国结、老虎玩偶等新年礼品寄往俄罗斯友城下诺夫哥罗德市，“远程”助力下诺夫哥罗德市举办迎新春庆冬奥活动。5 月，应邀参加白俄罗斯布列斯特州线上国际商务交流展览论坛开幕式和友城论坛，并在论坛上对合肥市进行宣传推介。7 月 14 日，与西班牙萨拉曼卡市建立友好合作关系签约仪式暨绿色金融专题对话会顺利举行。中国驻西班牙大使吴海涛、西班牙驻华大使拉法尔·德斯卡亚、合肥市市长罗云峰和萨拉曼卡市市长卡洛斯出席并致辞。两市市长签署结好意向书，并互赠结好纪念品，外交部官网对活动进行报道。9 月，与新西兰北帕默斯顿市教育交流研讨会通过视频方式举行。合肥 6 所学校与新西兰 5 所学校进行对接，并筹划建立两市联合教育联盟。12 月，线上参加“友好城市共享未来”中日友城青少年“虚拟互访”交流大会，合肥市行知学校与久留米市的中学生相聚“云端”，分享中日传统文化，巩固两市青年友谊。全年，合肥市发起或参与各类友城交流视

2022 年 7 月 14 日，合肥市与西班牙萨拉曼卡市建立友好合作关系签约仪式暨绿色金融专题对话会举行（市外办/供）

频会议 22 场。做好“留学合肥”政府奖学金工作，资助“留学合肥”政府奖学金生 66 人次，拨付奖学金 129 万元。推进民间外交工作，组织在合肥外籍人士参加“庆华诞·看安徽”“外国人过中国节”“汉字缘”2022 国际故事大会等友好交流活动。

【外宾来访】 2022 年，合肥市克服国内疫情反复带来的不利影响，做好各类外事接待与礼宾保障工作。省委常委、市委书记虞爱华先后与大众中国研发执行副总裁穆拓睿、大众中国首席执行官贝瑞德、宜家中国总裁庞安泽等重要外宾进行工作会谈，市委副书记、市长罗云峰会见日本、法国、以色列、泰国等多国驻沪总领事。11 月，应外交部邀请，由乌兹别克斯坦、白俄罗斯、埃及等 15 国媒体记者组成的外国记者团走进合肥，探访合肥发展故事。康宁、思爱普、西门子等世界 500 强企业及中国亚洲经济发展协会、联合国工发组织等国际组织代表先后造访合肥市，洽谈合作。全年，市委、市政府主要或分管负责同志参加外事活动 14 场，接待来自跨国公司、外国驻沪总领馆、国际组织等各类外宾约 260 人。

【外事服务】 2022 年，合肥市外事部门加大外事惠企力度。根据国际疫情形势变化，因时因势调整外籍人士来合肥入境邀请政策，上半年为 73 家企业、高校、科研机构邀请 967 人，政策变动后，办理邀请函 20 批 54 人次。与大众安徽共同举办合肥市新能源汽车产业链对接会和大众汽车合肥专场全球人才招聘会，4 个超 5 亿元项目达成落地意向，4 家“大众系”企业招录海内外人才超百名。精准服务阳光电源、智飞龙科马等企业拓展国际市场，赴沪闭环转接大众安徽 18 名中外籍技术专家顺利到达合肥，完成大众、长鑫等企业 5 架次包机出入境保障工作。成功保障疫情发生以来安徽省首个海外招商团组顺利出访，出访团签署 6 份投资协议，协议总投资近 20 亿元。落实 APEC 商旅卡自贸区赋权试点工作，“APEC 商务旅行卡服务直通车”在中国（安徽）自由贸易试验区合肥片区授牌。全年，为全市 19 家企业申办 APEC 商旅卡 106 张，同比增长超过 2 倍。

【外事管理】 2022 年，合肥市对外交往工作严格落实“疫情要防住、经济要稳住、发展要安全”要求，全力营造安全稳定外部环境。筑牢涉外疫情防线，累计引导约 2780 名在合肥外籍人士进行疫苗接种。加强涉外风险防控，梳理合肥市在 22 个中高风险国家和地区的企业、人员信息近 1000 条，指导属地政府及时劝返境外项目非必要人员。以“非必要，非紧急，不出国”“海外反诈”等为主题，开展形式多样的预防性领保宣传活动，做好境外风险信息提示服务。全年，建立健全防范化解涉外风险工作机制 2 项，妥善处理肥东县涉外信访件、长丰县涉外诈骗案等涉外案（事）件 8 起，确保合肥市外部环境安全稳定。

（吴　凡）

对外贸易

【概况】 2022 年，合肥市外贸进出口争先进位，取得多项新突破。全市实现进出口总额 3610.9 亿元、增长 8.6%，增速高于全国 0.9 个百分点，总量占全省 48%；进出口、出口、进口总值均创历史新高。进出口总值位居中部省会城市第 2 位、全国省会城市第 8 位。进出口增速在全国 24 个地区生产总值（GDP）万亿城市中位居第 5 位、在长三角 8 个 GDP 万亿城市中位居第 1 位。

【外贸主体培育】 2022年，合肥市组织企业参加中国进出口商品交易会、中国国际进口博览会等国际展会，支持企业拓市场、保订单。组织政策宣讲、业务培训活动，帮助企业提升业务能力，开拓国际市场。全市进出口实绩企业近3800家，其中，联宝科技、阳光电源、江淮汽车等过亿美元重点进出口企业70家。

【新业态新模式】 2022年，合肥市商务局推进中国（合肥）跨境电子商务综合试验区建设，全年实现跨境电商交易额196.25亿元，同比增长50.9%，跨境电商交易规模再创新高。合肥经济技术开发区综合保税区跨境电商产业园在2022年省级跨境电商产业园建设情况评估中，被评为优秀等次。与蚌埠市合作推动安徽首单跨区域合作“跨境电商＋市场采购贸易”货物在合肥通关放行。合肥拓图网络科技有限公司俄罗斯海外仓、安徽鸿晟国际货运代理有限公司美国海外仓、合肥隼鸟科技有限公司俄罗斯海外仓等3家企业的公共海外仓被认定为2022年省级公共海外仓。推动“跨境电商＋产业带”融合发展，以光伏新能源、汽车及零部件、消费类电子产品等优势特色产业为主攻方向，培育出一批跨境电商细分领域行业标杆企业，助力“合肥品牌”走出国门。

【载体建设】 2022年，合肥新桥机场完成国际定期货运航线执飞366班，增长31.2%。合肥水运港集装箱吞吐量突破42万标箱，同比增长5.1%。合肥中欧班列开行768列、增长15%。合肥综合保税区实现进出口31.22亿美元，同比下降18.9%。合肥经济技术开发区综合保税区实现进出口总额126.1亿美元，同比增长22.7%，占全省综合保税区进出口总额的62%。合肥空港保税物流中心（B型）实现进出口1.51亿美元，增长12.9%。

（周 波）

对外经济合作

【概况】 2022年，合肥市商务局指导“走出去”企业，抢先布局“一带一路”等重点市场，优化“走出去”结构布局，壮大新设境外主体，服务保障重点“走出去”企业，推进对外合作，提高合肥市企业“走出去”质量。全市实际对外投资4.87亿美元，同比增长16.5%。对外承包工程新签合同额46.9亿美元，同比增长40%，占全省86%；完成营业额16.4亿美元，占全省69%；外派劳务2656人，占全省50%。

【融入“一带一路”建设】 2022年，合肥市投资“一带一路”国家项目30个，新增协议投资额4.89亿美元。截至年底，累计有87家境内企业在“一带一路”35个国家投资177个项目，新增协议投资额29.16亿美元。“一带一路”国家和地区来合肥市投资设立外资企业19家，累计投资总额84.32亿美元，主要涉及其他电子设备制造、火力发电和无机盐制造等行业。

【政策体系建设】 2022年，市商务局通过对外投资合作交流平台及政策引导，拓展企业“走出去”参与国际化经营渠道，提升企业海外安全风险自我防范能力。全年组织全市重点外经企业参加“皖港交流会”、《新加坡投资环境及中新绿色发展合作》讲座、“一带一路”中亚国际环境论坛、企业海外合规经营和风险防范培训班、对外投资合作政策业务培训等线上线下培训，助力企业稳步“走出去”。

2022年11月，合肥市组织参加省级外贸专题培训，提高企业开拓国际市场能力

（市商务局／供）

【对外承包工程】 2022年，合肥市新签合同额超5000万美元的项目26个，累计新签合同额41.59亿美元，占全市88.7%。新签合同额超亿美元的项目7个，累计新签合同额27亿美元，集中在

煤矿开采及运输、风力发电和石油化工等重要领域。完成营业额超亿美元的企业6家，合计14.13亿美元。

（黄桂兰）

中国（安徽）自由贸易试验区合肥片区

【概况】 2020年9月24日，中国（安徽）自由贸易试验区合肥片区（以下简称“合肥片区”）正式揭牌，实施范围64.95平方千米（含合肥经济技术开发区综合保税区1.4平方千米），涵盖合肥经济技术开发区、合肥高新技术产业开发区、蜀山区三个区块。2022年度，合肥片区围绕科技创新、产业发展、投资贸易等三大方面开展制度创新，高质量完成各项目标任务，制度创新力、开放带动力、产业竞争力、环境吸引力得到增强。

【经济成效】 2022年，合肥片区新设市场主体12044家、同比增长21%，占安徽自贸试验区76.3%，实有市场主体达到47508家。实际利用外资5.5亿美元，占安徽自贸试验区82.6%。全年进出口总额超一千亿规模，达1254.6亿元、同比增长22%，占安徽自贸试验区67.4%。

【试点任务】 2022年，合肥片区坚持以清单化、节点化、责任化全面落实省总体方案，涉及合肥片区的109项试点任务落实93项、落地率85%，超额完成省定第二年80%目标任务。

【制度创新】 2022年，合肥片区揭牌设立以来，围绕科技创新、产业发展、投资贸易等三大方面开展制度创新，累计形成68项省级制度创新成果，其中全国首创13项。9月，合肥片区5项制度创新案例入选“安徽自贸试验区两周年制度创新十佳案例”。11月，合肥片区2项制度创新案例入选长三角自由贸易试验区联盟第二批制度创新案例。2023年1月，中国（安徽）自由贸易试验区建设工作领导小组办公室印发《关于印发中国（安徽）自由贸易试验区2022年度复制推广改革试点经验的通知》，全省2022年度复制推广的80项改革试点经验中有44项为合肥片区创新探索，其中“推动科技成果转化”4项：“横向课题结余经费出资科技成果转化模式”“深化科研人员职务科技成果所有权试点改革”“长三角环境技术产品协同评价模式”等；“投资贸易便利化”23项：“一份‘信用报告’代替多张‘合规证明’的企业上市服务新模式”“‘中欧班列进口货物分段计税’运费机制改革”“科创小贷助力企业上市新模式”等；“助力产业发展”17项：“市场采购贸易与跨境电商深度融合”“软件产品增值税即征即退新模式”“环评与排污许可‘两证合一’改革”等。

2022年6月9日，安徽首条跨境电商“合肥至大阪”货运航线正式启航

（陈晓柯／供）

【赋权承接】 2022年，合肥片区提出“3+1”承接机制，明确经开、高新、蜀山三个区块所在地管委会（或区政府），即经开区管委会、高新区管委会、蜀山区政府为承接主体。中国（安徽）自由贸易试验区特别清单212项全部承接，均可直接办理或线下代办，提升市场主体获得感。

【复制推广】 2022年，合肥片区在全国278项制度创新成果中，与合肥有关的222项落地见效，其中深化推进213项，新落地9项。

贸易领域。落实海关特殊监管区域与自贸试验区统筹发展举措20条，推进新型易货贸易首单落地，完善海关特殊监管区域“保税+”功能业态，保税维修、保税研发等各类项目先后落地，合肥经济技术开发区综合保税区年进出口额首破百亿美元，全国排名提升到第

11位。

投资领域。落实自贸试验区贸易投资便利化改革创新举措19条，深化“一业一证”“证照联办”“一照多址”等商事制度改革，率先落地商事登记确认制等试点事项。

知识产权领域。片区知识产权纠纷人民调解委员会聘任首批138名调解员，成功调解纠纷16件。推出第二期知识产权证券化产品，为科技型企业融资1.3亿元。

（陈晓柯）

区域合作

【概况】 2022年，合肥市发挥省会城市辐射带动作用，推动区域协调发展，主动融入新发展格局，在承东启西、连南接北中发挥更大的“桥梁纽带”作用。合肥都市圈是国家规划布局的长三角城市群五大都市圈之一，也是安徽省最早的区域经济合作载体之一。合肥都市圈实现生产总值28656.2亿元、一般公共预算收入2258.5亿元、社会消费品零售总额13014.2亿元，分别占全省63.6%、62.9%和60.5%，全省发展核心增长极作用进一步彰显。

2022年，合肥市深化与皖北结对合作，进一步实现资源共享、优势互补、合作共赢。印发2022年合肥与阜阳、寿县、霍邱县合作事项，明确28项重点合作事项，并推进合作事项落到实处。给予阜阳合肥、寿县蜀山、临泉庐阳、合肥高新区霍邱等4个现代产业园区（以下分别简称“阜合园”“寿蜀园”“临庐园”“霍高园”）4.1亿元结对共建资金支持。统筹安排县域帮扶资金，结对帮扶阜南县、颍东区、颍上县的肥西县、巢湖市、长丰县安排年度支持资金共计突破6615万元。2021年度南北合作共建园区目标考核中，蜀山区、高新区分获县级园区援建方第1名和第3名。

【合肥都市圈】 合肥都市圈包括合肥市、蚌埠市、淮南市、滁州市、六安市、马鞍山市、芜湖市、桐城市（县级市）八市。

规划计划共商。2022年，合肥市政府完成合肥都市圈范围调整和规划编制。合六同城化发展顶层设计开展前期研究。制定《合肥市推进都市圈一体化建设2022年工作要点》，会同淮南市、六安市联合印发实施合淮产业走廊、合六经济走廊2022年重点项目及合作事项计划，确保相关规划落地实施。

基础设施互联。安徽省交通运输厅组织推动合肥、六安、淮南三市交通互联工作，合肥市交通运输局持续推进合淮一体化工作。合新高铁全线施工，沪渝蓉沿江高铁沪宁合段、巢马城际铁路江北段、新桥机场S1线寿县段开工建设。合肥都市圈环线纳入国家公路网规划，明光至巢湖高速合肥段、合六叶高速改扩建、德上高速合肥至枞阳段、无岳高速庐江至桐城改扩建、合六南通道等通车运营，淮南至桐城高速合肥段初步设计、和襄高速肥西（丰乐）至舒城（千人桥）段施工图设计先后获批。新桥机场改扩建工程加快推进，肥东县白龙通用机场完工。

产业科创协同。合肥市政府推进合六一体化新能源汽车零部件产需对接会在六安金安区举办，中国声谷·舒城声光电产业园揭牌。与寿县、霍邱、定远、桐城等9个县（市）合作共建供肥蔬菜基地项目45个、面积近212.67公顷，供肥蔬菜数量2.47万吨。安徽科技大市场六安分市场正式启动运营，合肥综合性国家科学中心大健康研究院与安徽理工大学共建职业医学与健康联合研究中心签约揭牌。

合作平台共建。合肥市发展和改革委员会(以下简称“市发改委”)持续推进合淮合作区建设。合肥经济技术开发区与寿县签订新桥科技创新示范区（合淮合作区）合作共建协议。合淮合作区总体发展规划编制完成，会同淮南市政府联合行文上报省政府审批。持续推进合六同城化发展。7月27日，两市政府主要负责同志对合六重点合作事项进行会商。10月5日，两市在霍邱县召开合作园区和同城化会商座谈会。合六市域（郊）铁路前期工作、G312合六路快速化改造项目建设等加快推进。

公共服务共享。合肥市政府推进龙河口引水工程、巢湖市长江供水工程加快建设。会同六安市、芜湖市、滁州市开展杭埠河、丰乐河、裕溪河和滁河联合巡河，推进跨界河流及流域水污染联防联控。组织企业赴淮南、六安等市开展“重点企业用工对接”“结对合作劳务对接”等活动22场次，服务企业180多户次。与六安、淮南、滁州等市签订《劳务协作框架协议》，与淮南市签署《人力资源交流合作框架协议》，在淮南市人力资源市场设立“合肥市重点企业招聘专区”。举办合肥都市圈护理质量控制培训暨老年护理安全管理创新案例大赛，合肥市第一人民医院选派专业技术人员17人次以驻点、会诊等不同方式对六安市四院进行帮扶。召开合肥都市圈露营大会，举办2022肥西·庐江·舒城·桐城文旅云上分享会。舒城（杭埠）到合肥（滨湖）定制客运班线开通运营。

【与皖北结对合作】 园区共建。2022年，合肥市持续推进合作共建现代产业园区建设，四个现代产业园区稳步发展。

阜合园于2011年12月经省政府批复设立，2022年阜合园实现规模以上工业产值42.8亿元，同比增长58.7%；完成固定资产投资46.1亿元，同比增长9.1%，财政收入7.52亿元；省外亿元招商引资到位资金47.95亿元，同比增长65.1%。以江淮汽车中重卡项目为龙头，新招引4家配套项目落地，累计产值超150亿元。文一体育馆交付使用，安医大附属阜阳医院二期临床医学院及医技楼项目具备投用条件，阜阳礨街具备开街条件。

寿蜀园于2012年7月经省政府批复设立，2022年寿蜀园实现规模以上工业产值39.4亿元，增长15.1%；战略性新兴产业产值28亿元，增长11.7%；高新技术产业增加值3.5亿元，增长26.4%；固定资产投资25.6亿元，同比增长21.2%。新签约项目25个、协议投资额67.6亿元，新开工项目26个，续建项目31个。完成征地97.66公顷，110千伏变电站项目建成投入使用，蜀山大道、百花路竣工验收。

临庐园于2014年7月经省政府批复设立，2022年临庐园实现规模以上工业总产值8.47亿元，实现工业增加值1.43亿元，同比增长7.2%；完成固定资产投资总额29.95亿元，同比增长11.04%；实现财政收入1.71亿元；招商引资实际到位资金13.67亿元，同比增长10.15%。欣荣农民返乡创新创业基地项目完工，推进阜临河畔安置区一期项目、拓展区路网等4个项目建设，欣荣智能制造产业园项目完成前期准备工作。

霍高园于2016年7月经省政府批复设立，2022年霍高园实现规模以上工业产值6.2亿元，同比增长19%；固定资产投资总额5.3亿元；财政收入0.43亿元，同比增长21%；新签约项目21个，招商引资实际到位资金15.96亿元，同比增长126%。高新创业园一期第一施工段全部验收并取得产权证明，公寓楼建成并陆续为企业办理入驻。

产业合作。合肥市继续与皖北地区城市阜阳市（颍上县）、淮南市（寿县）、滁州市（定远县）、六安市（霍邱县）合作共建蔬菜基地，共建基地38个、面积578.22公顷（其中露地蔬菜面积448.2公顷，设施钢架大棚128.68公顷，连栋大棚13333平方米），供肥蔬菜数量17700吨。商贸方面，积极推进商贸企业合作，合肥滨投集团在阜阳投资建设礨街，打造集高端居住与一站式商业，娱乐，文化，美食，度假为一体的复合商业空间。加强电商合作，联合蚌埠市商务局，推动安徽首单跨区域合作“跨境电商+市场采购贸易”货物在新桥机场海关监管下顺利通关放行。工业方面，创新搭建合作载体，探索市际毗邻区产业布局、基础设施、公共服务等同城化模式，正式签订新桥科技创新示范区（合淮合作区）合作共建协议，总体发展规划提请省政府审批。协同推进“双招双引”，合肥市向阜阳合肥现代产业园区推介的江苏吉麦30万辆新能源汽车总部基地、联东U谷、T3出行全国呼叫中心等项目积极洽谈，总投资达160亿元；向寿县引荐的上海菱天金属汽车车身件激光拼焊、合肥品能光伏组件生产等项目完成集中签约，总投资约15亿元。推进延链补链强链，合肥支持阜阳合肥现代产业园区加快推进江汽阜阳中重卡生产基地产线改造，谋划推动阜阳年产10万台中重卡基地项目落地。

科技创新协作。协同推动皖北城市科创平台合作共建，合肥市支持将皖北符合条件的项目纳入合肥综合性国家科学中心的重大科技平台，中科大技术转移蚌埠中心加快建设，安徽理工大学高等研究院（合肥）挂牌成立，恒荣高分子、楚光照明与皖西学院机械与车辆工程学院签订产学研合作框架协议，

2022年，阜合产业园长达1100米的阜阳礨街基本建成　（常佳佳／摄）

新桥科技企业孵化器完善管理服务机制。

医疗教育合作。合肥市卫生健康委员会选派专家赴霍邱县开展结对帮扶，接收霍邱县医院医师到肥东县人民医院挂职超声医学科副主任，开展交流学习。合肥一中与阜阳七中、霍邱一中，合肥市十中与颍上二中继续结对，通过线上交流，开展高考备考指导，传授新高考改革的配套做法与经验。寿县组织教师参加“合肥市许家良名师工作室”、蜀山区教体局教研室开展的中考英语“话题复习”观摩以及初中物理等各级各类教研活动。合肥学院精心组织专家团队指导帮助皖西经济技术学校建设数字化校园、开发数字课程资源。

文化旅游合作。合肥市文旅部门邀请寿县、霍邱文旅部门参加合肥市每月举办的“文旅大讲堂”线上学习培训。帮助设计旅游线路产品，并制成精美的旅游卡片在合肥的130家酒店展示。配合淮北、宿州、亳州等城市在合肥举办文化旅游推介活动。

人才劳务互动。合肥市选派11名干部在阜阳合肥现代产业园区工作，蜀山区选派16名干部到寿县蜀山现代产业园工作，高新区遴选4名专业类人才到合肥高新区霍邱现代产业园工作；接收30名皖北地区干部和专业人才来合肥交流学习。赴亳州、阜阳、宿州和淮南4地市开展“两皖对接”现场活动，提供就业岗位2100多个，接受咨询2000余人次，达成初步就业意向300多人次。赴亳州市、阜阳市和临泉县开展“合肥比亚迪公司跨区域专项用工对接”活动，并分别与三地签署“人力资源新合作框架协议”。

（刘 磊 高 婵）

【援疆工作】 安徽省对口支援新疆维吾尔自治区和田地区的皮山县，16个地市分批次轮流承担对口支援新疆的任务。合肥市先后于2010年4月至2013年12月、2017年1月至2019年12月分别承担过安徽省第一批、第三批对口支援新疆的任务。

消费帮扶。合肥市商务局对口帮助新疆特色农产品进入合肥市各类商贸物流企业销售，组织市内合家福、永辉等商超与皖疆实业、鑫德尚等助销代理公司对接助销，和田印象牌灰枣、骏枣、核桃等新疆特色农产品在合肥上市。2022年11月，市发改委会同市商务局发布《合肥市对口支援新疆皮山县消费帮扶倡议函》，组织开展市直单位对口支援新疆西藏农产品消费扶贫行动，合肥市党政机关、事业单位团体采购2.16万份价值400多万元的农产品。安徽省棉麻有限责任公司每年从新疆采购近14000吨新疆皮棉；合肥银山棉麻股份有限公司每年采购棉花10000多吨，金额1500多万元，每年从新疆采购扶贫产品12万元；安徽五星果品有限公司每年采购新疆苹果2000吨，香梨1000吨。

结对共建。合肥市肥东县撮镇镇、肥西县山南镇、巢湖市烔炀镇、庐阳区三十岗乡等乡、镇政府与新疆皮山县乔达乡的亚依勒干村、结依乃克村、巴什布拉克村、古勒巴格村等4个村集体签订对口帮扶结对共建协议，形成结对帮扶工作关系，建立对口帮扶长效机制，助力对口帮扶乡镇社会稳定与经济发展。

【援藏工作】 合肥市发改委牵头支援西藏自治区、新疆工作，2022年制定《关于落实第三次对口支援西藏工作会议精神进一步做好援藏工作方案的任务分工》，制定市级援藏项目资金管理办法，建立市级援藏项目库，按年度及时足额拨付项目资金至措美县，每年召开1次援藏项目联合会商会，帮助解决执行过程中存在的困难和问题。合肥市委组织部在全市范围内选派政治素质过硬、业务能力全面、工作作风务实、发展思维开阔的年轻优秀干部6名组成援藏工作组，到山南市哲古镇驻点援藏。严格落实援藏干部人才教育、管理、考核等各项制度规定，建立合肥市援藏干部人

2022年6月，庐阳区三十岗乡援助新疆皮山县古勒巴格村小学课桌椅

（市发改委／供）

才临时党组织，建立派出单位主要领导全面负责、联络员全程对接、各部门全力支持的工作机制，落实定期联系、赴藏慰问、谈心谈话、座谈交流、重大事项报告等制度。全面落实好生活补助、健康体检、探亲休假等各项规定，解决好援藏干部人才工作生活实际困难。

坚持以民生保障为重点，乡村振兴取得成效。合肥市承担2019年7月至2022年7月的对口支援西藏地区山南市措美县任务。坚持把保障和改善民生放在突出位置，创新帮扶方式，抓好农村人居环境整治、基础设施建设，增强哲古群众生活幸福感、获得感、安全感，促进高原牧区乡村振兴。制定“两治理（治脏治乱）、一加强（加强基础设施建设）、一引导（引导建设旅游公服）”的人居环境整治方案，形成安全饮水工程、污水处理工程、道路恢复工程、生态保护修复工程、公厕改新建工程、给排水管道处理系统工程、旅游配套设施、生活垃圾治理工程等15个建设项目。将援建措美县哲古镇人居环境综合整治项目纳入市级大建设计划，首次在措美县引进EPC（即设计、施工、运营一体化）项目建设模式，邀请国有大型企业参与项目建设，合肥援藏干部任项目建设指挥长，负责日常推进工作。合肥市援助项目4年累计总投资额达8558万元，成为山南市乃至西藏地区人居环境综合整治的标杆，项目的建成使哲古草原湖泊旅游承载力得到提升，农牧民实现增收，成为促进民族团结、维护社会稳定的民心工程。

坚持以智力援藏为龙头，补齐人才短板。合肥市为措美县农牧民党员发展能手培训200多人，并对接安徽省城乡规划设计院、安徽农科院等单位的专家长期为措美县规划、产业发展等提供智力支持。依托合肥国有企业成熟旅游项目，帮助措美县培养旅游管理和服务人员，共享营销推广渠道，帮助措美县形成产业投资、建设、运营的自有体系。实行送医下乡措施，组织援藏医技人才下乡进村、放牧点开展体检义诊38批次，组织先天性心脏病、包虫病等专项排查1340余人次。在措美县开展第一台胆囊微创手术，第一台剖腹产手术。组织力量全程指导，保障措美本地医生成功开展第一台外科手术，实施全科医师智慧医疗助理项目。继续办好合肥35中西藏班，打造民族教育特色品牌。

（吴玉莹）

长三角一体化

【概况】 合肥市是长三角世界级城市群副中心。2022年，安徽省印发《长三角一体化发展规划“十四五”实施方案重大项目库》，7月，合肥市印发出台《合肥市实施长三角一体化发展规划“十四五”重大项目推进工作方案》。“十四五”期间，合肥市组织实施长三角一体化重大项目97个，总投资4830.12亿元，推动实现国家、省市明确的建设目标。其中，“十三五”结转项目22个，总投资1773.44亿元；“十四五”新开工和开展前期工作项目75个，总投资3056.68亿元。2022年实施项目76个，总投资4017.8亿元；2023年实施项目68个，总投资4088.65亿元；2024年实施项目59个，总投资3886.54亿元；2025年实施项目44个，总投资3715.58亿元。预计通过五年建设，实现主体工程完工项目73个，总投资1943.24亿元；推进并结转到“十五五”的项目22个，总投资2886.88亿元。

【体制机制建设】 2022年，合肥市出台《合肥市长三角一体化发展年度工作要点》《省长三角一体化发展领导小组第六次会议纪要合肥市落实工作方案》等文件，全面部署落实一体化发展工作任务，建立年度考核、专题调度、季度推进、月度进展等调度工作机制。举办全

2022年9月6日，国家网络安全宣传周长三角网络安全协同发展论坛举办

（市发改委/供）

市深度融入长三角一体化发展专题培训班，提升干部区域发展战略思维能力和推动区域经济高质量发展专业化能力。加大干部选派赴沪苏浙力度，先后组织选派277名干部赴沪苏浙党政机关、一流园区和企业跟班学习。

【产业协同发展】 2022年，合肥市融入长三角现代产业体系，联动长三角万亿城市，共同打造具有国际竞争力的新一代信息产业集群，集成电路、新型显示、人工智能入选国家首批战略性新兴产业集群。携手共建物联网、生物医药等8个合作示范园区，牵头组建新能源汽车、先进计算、环境等3个产业联盟。五年来，大力培育发展战略性新兴产业，合肥高技术制造业增加值年均增长22%，战略性新兴产业产值年均增长17%。工业稳增长、转型升级和产业数字化先后3次获国务院督查激励。近年来，合肥规模以上工业平均增速达11.2%，居万亿城市前3位；规模以上工业总产值突破万亿，位居全国先企业进制造业百强市第11位。

【基础设施联通】 2022年，合肥与长三角39个城市实现铁路互联互通，8条铁路纳入《长江三角洲地区多层次轨道交通规划》，合肥高铁里程和密度居长三角主要城市首位（里程524千米，密度458千米／万平方千米），与长三角主要城市、中部省会城市和都市圈城市实现1至2个小时通勤。加快推进沪渝蓉高铁合武段、合池城际铁路、合六市域（郊）铁路、合巢、合庐市域（郊）铁路等项目前期工作。沪渝蓉、合新六城际开工建设。明巢高速、合六叶扩容建成通车。合宁、合芜、合安高速“四改八”、滁淮高速公路建成通车，S329合六南通道于10月正式通车。新桥机场二期改扩建工程有序进行，与西部航空达成战略合作，新桥机场迈入“双基地”运营新阶段，肥东白龙通用机场首飞成功。水运港口货运增速加快。合肥国际陆港一期建成、新开通3条国际货运航线，水运港集装箱吞吐量42万标箱、增长5%，中欧班列开行突破768列、净增百列。引江济淮工程通水试航。

【生态环境治理】 2022年，合肥市实施“五大工程”，强化“四源同治”，全面完成入湖入河排口排查，巢湖流域一级保护区绿色生产面积达0.8万公顷，巢湖富营养指数降幅超过近5年累计，水质保持Ⅳ类，连续两年实现无蓝藻异味。环湖“十大湿地”全部建成，获评“国际湿地城市”。开工建设十八联圩生态湿地蓄洪区，环巢湖鸟类种群创有数据以来最高纪录。环湖沿线布设76处便民公共服务设施，市民近湖亲湖更加舒适方便。20个国考断面水质全部达标、水质优良率85%，县级及以上饮用水水源地水质达标率100%。完成33个废弃矿山修复，获批建设“无废城市”。

【招商与合作】 2022年，长三角区域来合肥在建亿元以上项目291个，到位资金770.6亿元，同比增长19.98%。长三角省际产业合作园区招商引资取得新进展，省、市两级发改委率省际产业合作园区赴江苏开展园区对接合作和项目招引活动，合肥省际产业合作园新引进亿元以上沪苏浙项目15个，实际到位资金20.59亿元。5个区域链接实现全覆盖，合肥市与沪杭甬城市合作、所辖主城区与沪苏浙城区合作全覆盖，与上海静安区等5城市发起全球服务商融入长三角经济高质量发展六大行动，与宁波市制定并推动落实20周年深化合作事项清单。长三角C9城区联盟战略合作（长三角主要城市中心城区高质量发展联盟）成效明显，采芝斋、雷允上、惠山泥人等近20家长三角老字号商家率先入驻合肥庐阳“乐购长三角”购物平台，C9城区国资集团共同推动沪苏浙城市更新一体化发展，成立长三角主要城市中心城区古城保护与城市更新发展联合体。

【公共服务共享】 2022年，合肥市导入长三角优质公共服务资源，实现与长三角41个城市“一网通办”，与长三角城市实现138个政务事项全域通办，全年与长三角城市开展远程异地评标项目190个，与上海共建儿童、创伤、中医等3个国家区域医疗中心，长三角公积金跨省提取正式上线，交通出行等实现“同城待遇”。与上海音乐学院签署战略合作协议，包河区与上海徐汇区16校结对共建。开展长三角红色旅游创新发展合作交流，罍街“罍＋村”上海首店落户陆家嘴正大广场，渡江战役纪念馆联合中共一大会址纪念馆等成立长三角红色博物馆联盟。合肥民政局联合上海浦东新区、浙江杭州、江苏南京等城市民政局签订《长三角三市一区民政工作合作框架协议》，在基层社会治理、社会服务、民生保障等方面深化合作，拓展发展空间，实现资源共享共用、服务标准互建互认、人才队伍与服务机构共训共享。

（吴玉莹）

庐州海关

【概况】 庐州海关于2018年12月14日经海关总署批复设立，由合肥海关原现场业务处、原合肥出入境检验检疫局组建。2019年12月11日，庐州海关正式开关。辖区为合肥市全境（不含新桥机场），包括合肥综合保税区、合肥经济技术开发区综合保税区两个海关特殊监管区域，并承担合肥国际邮件互换局、合肥港国际集装箱码头、中国（合肥）跨境电子商务综合试验区、合肥火车货运北站中欧班列的监管任务等，全方位支持合肥打造对外开放新高地。2022年，庐州海关监管货运量147.56万吨；审核报关单量21.96万份；监管邮递物品133.22万件，监管中欧班列768列。据海关统计：合肥市货物贸易进出口总值达到3610.9亿元。

【班列运费改革试点】 2022年，庐州海关联系班列运营平台进行实地调研、解读政策，核实合肥地区中欧班列回程路线及运费计征情况，了解合肥中欧班列班列运营情况及运费计征方式，科学解析国际铁路运输成本构成，解读审价法规，通过不同线路起卸前、后运输距离比例，科学合理分摊境外、境内段运费，成功试点合肥中欧班列境内段运费不计入完税价格，有效降低企业国际贸易成本，支持外贸企业更好地运用陆上运输通道。自2022年3月份试点以来，至年底，为26列班列，60余家企业的400余票货物减免税款128.28万元。

2022年6月8日，庐州海关助力合肥港-洋山港“联动接卸”整体监管模式首航
（庐州海关／供）

【监管模式调整】 2022年，合肥综合保税区区内部分企业面临同属一个集团，生产线紧密相连，料件流转频繁，量少次数多等问题，企业在各家公司之间均维持多本加工贸易手册、账册用于料件调拨，造成成本增加。庐州海关通过推广企业集团加工贸易监管模式，解决保税料件在两家公司间自主存放、流转的问题；实现对保税料件的统一规划、采购、调拨和试用，提升保税货物流转的规范性和及时性；盘活企业内部资源；为企业生产赢得时间，产能得到释放，实现保税物料“随用随取”。1-12月该企业出口数量和金额与去年同期相比增长90%和106%。

【属地查检中心打造】 2022年，庐州海关针对辖区集成电路、新型显示面板、芯片等高新企业进口原材料、高精度设备批次多，对属地查检有较高的时效需求，为满足该类货物可以随到随查，及时走访相关企业和地方政府部门，聆听需求建议，在强化风险管理的基础上，利用综保区海关监管作业场所，探索建立属地集中查检中心监管模式。8月1日，庐州海关属地集中查检中心正式上线运行。该中心是目前安徽省内首家海关集中查检中心，它的成立，有效延伸“就近监管”效能，实现高新技术企业属地查检由“货等人”向“人等货”转变，保障企业急需料件验放“零延迟”，全年开展集中查检490批次，货值约1.88亿元。

（江　啸）

中欧班列

【概况】 2022年，合肥中欧班列加密运行、拓展线路、提升服务，全年开行列数达到768标准列、较上年增长14.97%，铁海联运箱量28093个40英尺集装箱、较上年增长31.16%。

2022 年 2 月 16 日，中欧班列（中国合肥 - 越南河内）首趟开行（邢利华 / 供）

【加密运行班列】 2022年，合肥中欧班列稳定运行“定点、定线、定车次、定时、定价”五定班列，加密运行企业定制班列，不断拓展回程班列，保障外贸企业进出口通道畅通。合肥中欧班列全年发运768标准列、增长14.97%，发运31496个40英尺集装箱、增长15.02%；自开行以来至2022年底，累计开行超2800列。全年发运量位居全国开行城市前10位、长三角地区第2位。

【拓展国际线路】 2022 年，合肥中欧班列开辟新站点，扩大“朋友圈”。新开行线路覆盖越南、匈牙利 2 个国家，新增河内、布达佩斯等国际站点 28 个。截至 2022 年底，班列版图覆盖 18 个国家，90 个国际节点城市，基本实现对欧洲区域全覆盖，为安徽省进出口企业提供高效便捷的物流通道，构建一条联结欧亚大陆的“生命通道”。

【提升服务水平】 2022 年，合肥市加密企业定制班列，受俄乌冲突等影响，俄罗斯方向发运需求激增，合肥中欧班列成为本土企业出口重要通道，全年发送去程企业定制班列 335 列、较上年增长 191.3%。稳定发展合肥中欧班列“+阜阳”“+芜湖”“+宣城”“+黄山”等城际定向班列，服务范围覆盖全省 16 个地市。班列货源不断丰富，太阳能光伏、液晶显示屏、机器人部件等高精产品成为主流，高货值成为合肥中欧班列的品牌形象，超 500 万美元占比达 30% 以上。

（邢利华）

责任编辑：徐仙春

生态建设与环境保护

综 述

【概况】 2022年，合肥市优化环评审批流程，全市1152个计划开工和续建项目、49个重点基础设施和工业项目审批时限压减超60%；市生态环境保护委员会率先在全省成立14个专业委员会，开展21个领域起底、整改、巩固专项行动；累计销号各类突出生态环境问题496个、信访件4212件，办结率均超90%。全年受理环境举报29598件，信访查处率100%、结案率100%。

【生态环境审批服务优化】 2022年，合肥市生态环境局（以下简称“市环境局”）推进“减证便民”，对37类行业项目实行告知承诺审批，公布取消生态环境政务服务事项申请材料114项，为160家企业提供环评与排污许可“两证合一”审批服务。全年审批环境影响报告书项目95个、环境影响报告表项目866个，办理排污许可事项922件。推进“环境影响区域评估+环境标准”改革，全市16个开发园区实现区域评估全覆盖、全公开，入园项目直接引用，缩减环评文本40%，节约编制成本1/5。开展环评文件技术复核104件，抽查环境影响登记表50个，整治161家环评编制单位及环评工程师诚信档案。

【生态环境质量】 2022年，合肥市细颗粒物（$PM_{2.5}$）平均浓度32.3微克/立方米，同比下降0.3%，实现“九连降”，创历史新低；空气质量优良率86%，创十年来新高，2项约束性考核指标均居全省前列，连续两年达到国家二级标准，重污染天气连续三年清零。水环境质量稳步改善，全市20个国考断面全部达标，其中7个优于考核标准，优良率达85%。土壤环境质量安全稳定，重点建设用地安全利用率达100%，受污染耕地安全利用率达90%以上。

【环境保护宣传】 2022年，合肥市举办安徽省暨合肥市纪念六五环境日和江淮环保世纪行启动仪式，创建第五批13个“合肥市生态环境教育基地”，推进8家全国环保设施公众开放单位向社会开放55次。组织“合肥这十年”生态环境专场发布会等主题伴随式采访2次，召开新闻（发布）通气会4次。开展生态文明示范创建，肥西县入选第六批国家级生态文明建设示范区，成为合肥市首个国家级生态文明建设示范区；合肥经济技术开发区入选国家级生态文明建设示范区（生态工业园区），成为生态环境部、商务部、科学技术部联合授予

2022年11月19日，合肥经开区在中国生态文明论坛南昌年会上被授予“生态文明建设示范区（生态工业园区）”称号　　（周　琪/摄）

8 家园区之一。

【环保产业发展】 2022 年，合肥市开展“双招双引”，举办 3 次“云洽谈”、4 次“企业家沙龙”、4 场供需对接会，开放应用场景 15 项，收集场景需求 39 项，全市节能环保产业产值达 428 亿元，新能源和节能环保产业“双招双引”项目落地统计监测综合评分全省第一。申报 41 个中央储备库项目，争取上级专项资金 19151 万元，分配用于 33 个环境治理项目。奖补 10 个污染治理设施提标改造项目 1053 万元，撬动企业环保投入 3900 万元。

（魏　健）

污染防治

【概况】 2022 年，合肥市推进大气、水、土壤和噪声污染治理，巢湖水质稳定保持Ⅳ类，富营养化指数降幅超近五年之和。机动车强制检验与维护闭环流程，总数、比例均居全省首位。全市主要河湖断面水质稳定达标，县级及以上在用饮用水源地水质达标率 100%。

【巢湖污染防治】 2022 年，合肥市推进巢湖污染防治，打造“合肥最好名片”，巢湖水质稳定保持Ⅳ类，全市 20 个国考断面全部达标，其中 7 个优于考核标准，优良率达 85%，全湖好转为轻度富营养，富营养化指数降幅超近五年之和。完善蓝藻防控三级网格，奖补 2000 万元专项治理资金，蓝藻水华累计发生面积、最大发生面积同比分别下降 50.1%、53.1%，为近 5 年来最小，连续两年实现蓝藻不聚集、无异味。完成省巢湖专班交办的 10 项任务清单，推进涉巢问题整改，完成小板桥河、许小河等 6 个问题整改销号。做好 172 个直接入湖排口命名、竖牌，逐个溯源排查，明确责任主体。完成巢湖流域一级保护区 286 个自然村生活污水治理，治理率达 87.7%。

2022 年 8 月 5 日，合肥市向日立建机（中国）有限公司核发全省第一张非道路移动机械电子标签

（张　正／摄）

【大气环境治理】 2022 年，合肥市建立全天候空气质量调度机制，每日分析研判污染形势，每月通报空气质量排名倒数县区，多部门联合夜查 35 次，排查整治扬尘问题 1760 个，整改裸土 4500 处，处罚建筑施工及建材企业 397 家。开展三轮重点区域异味专项整治行动，全覆盖排查 584 家重点企业，办理工业废气污染案件 291 件。出台《合肥市机动车和非道路移动机械排放污染防治条例》，实施国六机动车排放标准，常态化开展柴油车路检路查和入户抽测，检测柴油车 1419 台次、遥测柴油车 100 多万辆。调整扩大高排放非道路移动机械禁用区，检测非道移动机械 2607 台，处理“冒黑烟”投诉 281 起。推进机动车强制检验与维护（I/M）制度闭环，5736 台车完成“初检超标－预约维修－复检合格”闭环流程，总数、比例均居全省首位。

【水环境治理】 2022 年，合肥市强化重点河流水质达标预警调度，每日监测预警水质超标断面，每月通报国、省、市考断面超标情况，全年发布水质预警 74 个。修订《合肥市地表水断面生态补偿办法》，全市产生污染赔付金 29650 万元、生态补偿 24750 万元。开展派河、小南河、十五里河、滁河等专项整治行动，排查交办各类问题 900 余件，严格饮用水源地环境保护，开展“清零行动”，全覆盖检查集中式饮用水源地，县级及以上在用饮用水源地水质达标率100%。强化入河排污口监管，排查各类入河排污口6243个。完成27个乡镇政府驻地污水处理厂提质增效、54个行政村农村生活污水治理任务，全市农村生活污水治理率提升至43%。整治完成省下达39个建制村环境，治理农村黑臭水体8条，发布《畜禽养殖场（户）粪污处理利用设施建设与管护技术指南》，肥东县、长丰县编制畜禽养殖污染防治规划。

【土壤环境治理】 2022年，合肥市推进“无废城市”建设，完成马合钢东南和西北片区、氯碱东三片区、地铁六号线等3个污染地块修复，做好6个生活垃圾填埋场土壤和地下水环境现状调查评估。动态更新土壤污染重点监管单位名录158家，实行再开发利用地块场地调查报告备案40个。完成耕地质量类别划分，实现1036.13公顷中轻度污染耕地安全利用，5.47公顷严格管控类耕地用地功能调整。针对3个国考地下水点位，制定《国家地下水质量考核点位水质保持方案》。整改自然保护地问题点位82个，开展“回头看”实地督查2次，年度整改完成率100%。

【噪声污染防治】 2022年，合肥市推进肥东、肥西、长丰、庐江四县声功能区划定，截至年底，全市所有县均完成声功能区划定工作。调整城区区域噪声监测点网格划分面积和4类声功能区监测点位。开展工业噪声污染防治，2家企业因噪声问题受到处罚，处罚金额6.7万元，1家企业报请政府予以停业。强化建筑施工噪声污染防治，全市415家施工工地安装噪声在线监测仪，比上年增加94台套。推进交通运输噪声污染防治，城市轨道部门2022年投入采用的低噪声振动的轨道车辆数达220辆，对1485米轨道沿线、3092米城市道路安装声屏障设施。新增城市轨道交通自动监测点位72个。重拳出击噪声扰民问题，困扰圣大国际小区居民长达2年的瑶海区SPACE酒吧噪声问题得到彻底整治。区域环境噪声状况：全市区域环境噪声网格测点位369个，网格规格1000m×1000m，网格总面积为369平方千米，区域环境噪声平均值为58.5dB(A)，同比下降0.5dB(A)。城市道路交通噪声质量状况：全市道路交通干线噪声监测80个路段，路段总长度为591.7千米，平均路宽为34.9米，平均车流量为1635辆/小时，全市道路交通干线噪声值范围为51.2～81.4dB(A)，平均值68.8dB(A)，达较好水平。

（魏　健）

环境监管

【概况】 2022年，市环境局加强生态环境风险防范，优化生态环境信息化平台，严格生态环境执法监管，全市未发生较大及以上等级突发环境事件，环境安全形势保持稳定。“巢湖流域水环境智能管理决策研究”获评2022年国家智能社会治理研究选题三等奖。合肥市生态环境综合行政执法支队连续三年蝉联省级非现场监管执法技能竞赛中集体、个人双料冠军，获评生态环境部“2022年生态环境保护执法大练兵市级表现突出集体”。

2022年7月28日，合肥市生态环境局对合肥热电集团有限公司安能分公司污染源自动监控系统开展执法检查

（宋淑珍/摄）

2022 年 6 月 2 日，安徽省暨合肥市纪念六五环境日和江淮环保世纪行启动
（姚　彪 / 摄）

【生态环境风险防范】 2022 年，合肥市成立安全生产委员会，每月分析调度安全生产形势，构建风险隐患整改闭环管理机制。开展涉危化品企业检查，排查 5 个化工园区环境风险，整治全市 19 家尾矿库污染隐患。落实“两个 100%”要求，医废日处置能力提高到 300 吨，累计安全处置医废 2.2 万余吨。公布危废重点监管单位 147 家，投运 3.6 万吨 / 年铝灰渣利用项目，建成 3.3 万吨 / 年生态处置焚烧炉，发证 3 个 1 万吨 / 年危废收集贮存转运项目。率先在全省入列辐射应急搜源车，开展放射源及射线装置执法检查 406 家，废弃放射源处理率 100%。举办“2022 年合肥市暨庐江县突发环境事件跨区域（铜陵市）联动处置应急演练”，首次采取“无脚本”形式跨区域协同联合演练。

【信息化建设】 2022 年，市环境局启动“天地空”一体化大气污染管控平台建设，建成重点排污单位自动监控设备“安装、联网、运维监管”三个全覆盖视频监控系统，全市安装联网污染源监控企业 460 家、排口 816 个、设备 2006 台套。率先在全省完成电子政务外网与环保专网整合。投运巢湖流域 98 座微型水质自动站，构建县级及以上饮用水源地自动监测预警体系。建成合肥市大气超级站，布设包河、庐阳两座 VOCs 组分站、肥东化工园区 3 个监测站。配置县级站水质监测设备 46 台、大气监测设备 62 台。

【执法监管】 2022 年，市环境局办理行政处罚案件 535 件，《环保法》配套办法适用案件 182 件，均居全省前列。举办全市非现场监管执法技能竞赛，率先在全省开展执法机构规范化创建试点，完成 65 家污水处理厂排污许可清单式执法检查试点。《肥东温氏畜牧有限公司绕过自动监测设备，逃避监管排放水污染物案》入选生态环境部 2022 年第四批生态环境执法典型案例（自动监控领域），《被处罚后不整改依法再予重罚》获评全省生态环境系统“以案释法”典型案例。成功磋商首起涉气环境损害赔偿案，赔偿金额达 353 万余元，创历史最大赔偿额度，实现水、大气、土壤污染生态环境损害赔偿案件全覆盖。

（魏　健）

巢湖治理

【概况】 2022 年，安徽省巢湖管理局（以下简称“巢湖管理局”）推进新一轮巢湖综合治理，巢湖水质持续改善，全湖平均水质持续稳定在Ⅳ类。蓝藻水华累计发生面积与上年同期相比减少 1209.37 平方千米，连续两年基本达到沿湖蓝藻不聚集、无异味。环湖十大湿地全部建成，提升生态蓄洪功能约 2.88 亿立方，巢湖湿地资源记录植物数量达 562 种，鸟类总数达 381 种，新发现鸟类 6 种，世界极危物种黄胸鹀飞临巢湖。合肥市入选第二批“国际湿地城市”。

【禁捕退捕】 2022 年，巢湖管理局建立“十年禁渔”联合执法协作机制，加大市场监管执法巡查频次和渔具制售企业监管力度，落实水产品来源公示、索证索票等制度；加强“三无”船舶（即无船名船号、无船舶证书、无船籍港的船舶）和遗留网具清理整治以及乡镇自用船、特定用途船只、流动性商船等各类船舶管理。全年累计出动车（船、艇）3992 次，渔政执法人员 11976 人次，查处渔业案件 30 起，清理渔具 3398 条、“三无”船舶 54 艘，查处非法垂钓行政案件 106 起，罚款 2.12 万元。

【防汛抗旱】 2022 年，长江流域遭遇 1961 年以来最严重长时间气象水文干旱，出现罕见的“主汛期反枯”。巢湖管理局全力做好抗旱工作，及时将中央、省、市抗旱工作要求传达到各闸站，会商相关部门，先后实施三轮引江济巢，提引江水8亿立方米、入巢湖3.14亿立方米，最大限度缓解旱情，保障生活生产及抗旱用水需要。

【省级巢湖湖（河）长制工作】 2022年，巢湖管理局在杭埠河及兆河流域开展联防联控，组织合肥、六安、肥西、舒城河长办联合巡查小南河。召开第31次杭埠河等流域水质达标工作联合调度会议，推进水污染防治共保联治。将巢湖污染治理攻坚战实施方案确定的42条河流全部纳入2021年度省级巢湖湖（河）长制考核，压实相关部门和河长责任。

【一级保护区监管】 2022年，巢湖管理局组织“五清”（即清理整治沿湖村庄污水处理设施、清理整治沿湖小餐饮和农家乐、清理整治沿湖重点建设项目和新增建设图斑、清理整治沿湖泵站排放污水、清理整治沿湖水产养殖污水处理）扫尾，对沿湖县（市）逐项核清问题源头，落实整改措施，加快问题整改。开展新一轮“五清+”提升行动，即在“五清”成果基础上，将对象扩大至环巢湖岸线排口等八大类，初步建立巢湖一级保护区入湖岸线排口等设施项目数据库。

【亚行项目实施】 2022年，巢湖管理局做好亚行一期项目完工检查和项目后评估工作；开展亚行贷款巢湖流域综合生态保护和绿色发展项目（二期项目）前期准备工作，协助亚行项目团队及咨询专家启动二期项目总可研报告编制等工作，确定二期项目投资估算约31.13亿元，折合4.60亿美元（4.45亿欧元），其中利用亚行贷款1.5亿美元。

【环保突出问题整改】 2022年，巢湖管理局成立巢湖突出生态环境问题整改专班，全部完成市专班1号交办单交办的5项任务和市2号交办单交办的任务1项；持续推进巢湖综合治理任务9项；办理省生态环境厅交办的各类设施排查数据调阅等任务近20项。牵头销号突出生态环境问题10个，其中，中央层面6个问题中1个完成省级销号，5个申请省级验收，省级层面4个问题全部完成市级验收销号。

2022年11月，巢湖管理局开展巢湖湖区蓝藻采样　（周　童/摄）

【巢湖流域山水工程】 2021年5月，巢湖流域山水林田湖草沙一体化保护和修复工程（简称巢湖流域山水工程）作为全国唯一的湖泊型流域生态修复项目，入围国家“十四五”首批山水林田湖草沙一体化保护和修复十大工程，工程概算总投资151亿元，获中央财政补助20亿元。巢湖管理局会同市自然资源和规划局、财政局、生态环境局等部门统筹推进巢湖流域山水工程，制定《巢湖流域山水林田湖草沙一体化保护和修复工程工作方案》《合肥市巢湖流域山水林田湖草沙一体化保护和修复工程中央专项资金管理办法》，建立常态化调度机制，组织4次一线人员业务培训，加快中央资金拨付执行。截至2022年底，巢湖流域山水工程12个子项目基本完工，29个子项目在建，6个子项目开展施工招标和初设审批，累计完成概算投资60亿元。累计完成生态保护修复总面积516平方千米、矿山生态修复面积120公顷、水源涵养区生态修复面积15公顷、湿地修复面积417公顷、河道修复长度54千米、岸堤修复长度42千米、水污染治理面积49公顷、林草等植被生态覆绿面积570公顷、生物多样性保护治理面积166公顷、水土流失治理面积121公顷。

（徐京平　韩　琦）

林业和园林

【概况】 2022年，合肥市林业和园林局（以下简称“市林园局”）以推动林业园林高质量发展，打造绿色美丽合肥为主线，深化林长制改革，推进林业增绿增效，提升城镇园林绿化品质，推进湿地保护修复，森林生态格局得到优化，城镇绿地布局实现均衡，市域生态体系进一步完善。截至年底，合肥市森林覆盖率28.36%，城市建成区绿地率40.3%，湿地保有量11.82万公顷，湿地率10.33%，湿地保护率74.82%。顺利通过国家森林城市、国家园林城市复查验收；成功申办第十四届中国国际园林博览会；成功获批国际湿地城市。

【林长制】 2022年，合肥市建立健全湿地保护修复、湿地生态补偿机制和国际湿地城市发展模式，7个省级示范区先行区体制机制创新点任务基本完成，环巢湖先行区获评全省优秀等次。开展“林长制这5年”专题系列宣传，“环巢湖湿地保护修复让合肥‘最好名片’更闪亮”成功入选2022年度长三角地区林长制改革十大案例，滨湖国家森林公园以林长制提升“建管用”水平、长丰县薄壳山核桃示范区、庐江县黄桃产业示范区建设经验做法入选省林长制改革典型案例。健全责任体系，增设市委副书记、分管副市长为副总林长，下发总林长令专项推动森林防火、松材线虫病防治等重点任务落实，累计下发市县级总林长令30个，市、县级林长巡林590余次，其中，总林长巡林71次。建立市、县级林长直接联系林业产业基地、经营主体、基层林长“三联系”工作机制，推进林企经营管理、林业基层治理等重难点问题解决，市、县级林长联系基层林长人数596人次，帮助企业解决问题50余个。推动乡镇级林长开展述职评议和村级林长履责公示。市、县级林长、森林警长、检察长、法院院长落实协作机制开展联合督查等活动34次。

【林业碳汇】 2022年，市林园局开展“碳汇森林”行动，编制合肥市林业生态系统碳汇能力巩固提升方案，蜀山区试点开展森林碳储量调查及林业碳汇开发空间数据库建设工作。中国（合肥）苗木花卉交易会（合肥市首例“碳中和”试点展会）以购买碳配额方式对所产生的约1117吨二氧化碳当量进行抵消，实现“零碳会议”。联合安徽农业大学开展植被碳储量及其固碳能力研究，计划建立湿地植被系统碳数据库，优化湿地高碳群落构建模式。开展全市林业碳汇工作培训2次。编制方案申报全国林业碳汇试点市建设项目、省林业碳汇项目、碳汇造林项目、森林经营碳汇项目。

【林业增绿增效】 2022年，合肥市完成人工造林0.15万公顷、封山育林0.01万公顷、退化林修复0.01万公顷、森林抚育0.84万公顷。完成上一轮退耕还林落地上图工作。开展造林绿化空间适宜性评估。编制《江淮运河生态廊道建设实施方案》，完成江淮运河生态廊道15千米范围内造林0.06万公顷，森林质量提升0.29万公顷。利用退耕还林林地资源，发展木本油料产业，全市累计完成退耕还林更新0.17万公顷。推进庐江县国

2022年9月，龟山湿地公园 （邱少林／摄）

家储备林项目，总体规划获省林业局批复。

【林业产业发展】 2022年，市林园局出台《合肥市推动经济高质量发展若干政策实施细则（林业部分）》，年度奖补林业产业项目78个，奖补资金1530.91万元。合肥市创建省级森林城镇6个，省级森林村庄59个。四顶山居、海银生态园白马山、东庵森林公园、龎村国家森林乡村4家基地入选安徽省森林康养基地（第二批）。170个村居采用乡土树种、经济林树种等开展村庄绿化，栽植各类苗木15.4万株。

【城区绿化】 2022年，合肥市完成新增改造提升绿地面积725.3万平方米。庐州公园二期庐阳区段西区工程完工、蜀山区段完成总工程量34%。电灌站公园、珠光绿地、铁线公园等65个公园游园项目完工，山茶路公园、金寨路游园等11个公园游园开工建设。完成新增绿道长度约104.6千米，匡河绿道（匡河北段）、南门库绿道、高压走廊（金寨路－马鞍山路）绿道等建设完成。通过造林绿化、抚育管护、自然保护、认建认养等八种形式参加义务植树活动人数达464.8万人次，完成植树1630万株（含折算），完成面积0.24万公顷。绿化管理部门养管的公共绿地，整形修剪乔灌木260万株、绿篱地被4967万平方米，补植乔灌木5.1万株、绿篱地被206.4万平方米，常态化进行绿带净化和喷淋浇水除尘、花境养护、病虫害防治、施肥等。开展园林绿化提标行动，围绕城区9条重点道路，开展“小老树”整治，补齐城市绿化短板。颁布实施《合肥市公园条例》，加强公园规划、建设、保护和管理。

2022年9月，巢湖东庵森林公园 （巢湖市委史志室／供）

【湿地资源保护】 2022年，合肥市环巢湖十大湿地全面建成，退居7005户，退养0.1万公顷，退耕0.31万公顷，修复湿地面积0.43万公顷，栽植乔木41万株、灌木335万平方米，水生植物906万平方米，完成投资58.5亿元。出台《环巢湖十大湿地管养技术导则》，制定湿地生态效益补偿考核评价指标体系，印发环巢湖十大湿地生态效益补偿资金管理办法和考核办法。完成对环湖县（市）区十大湿地管养情况考核，兑现奖补资金6817万元。持续开展湿地修复后生态功能、环境质量、物种多样性、湿地景观等指标生态监测工作。

【森林资源管护】 2022年，合肥市获批永久使用林地项目133宗；审批绿化变更63宗，移植乔木1.05万株，占用绿地总约14.67万平方米。开展历年森林督查案件查处整改“清零”行动，2021年度查改率98.32%，2022年森林督查已提交自查核实成果。组织“绿盾2019”问题点位市级验收，验收点位5处，通过4处。开展“自然保护地及林地”生态环境突出问题起底、整改、巩固专项行动。巢湖市土地整理涉林问题以及肥东管湾湿地公园侵占生态保护红线问题整改销号。开展自然保护地勘界成果“回头看”、风景名胜区整合优化和自然保护地变化图斑核查。开展“清风行动”，打击野生动物非法贸易，查处案件6起，收缴野生动物制品140件。

【森林防灾减灾】 2022年，合肥市清理病死松树22108株，完成率100%；清理枯死松树122632株，完成率188.6%；完成打孔注药266727株，完成率329%；媒介昆虫药剂防治200公顷、生物防治213.33公顷。完成美国白蛾防治135.54万亩次。加强森林防火巡查巡护，实行森林防火重点单位责任人上岗等制度，全市发生一般森

2022 年，筹建中的园博园春景 （市林园局／供）

林火灾 2 起，未造成林木损失和发生人员伤亡事故。开展“森林防火进农村、进社区、进学校、进企业、进家庭”专项宣传活动。开展林园行业安全生产大检查，推进安全生产专项整治三年行动，成立专项督查组，检查单位 370 次，排查整改隐患 176 个。

【“国际湿地城市”荣誉】 2022 年 6 月，经《湿地公约》第 59 次常务委员会批准，合肥市成功入选国际湿地城市。环湖十大湿地全面建成，十大湿地日均净化水量能力 120 万立方，湿地蓄洪达 2.69 亿立方米，实施“退耕退养退居还湿”，农业面源污染有效减少，环湖湿地植物 622 种，鸟类 303 种，生物多样性更加丰富。

【中国（合肥）国际园林博览会筹办】 2022 年，合肥市将举办本届中国（合肥）国际园林博览会（以下简称“园博会”）作为“建设长三角世界级城市群副中心、争创国家中心城市”的大事要事，突出“在城市中心建百姓园博”理念，彰显“利用停用机场建设园博园”特色。截至年底，骆岗公园智慧中心项目完工，停车场、景观绿化一期、水生态及配套工程、航站楼及水上停车楼改造工程、城市更新区首开区、城市展园建设有序推进。

【中国（合肥）苗木花卉交易会】 2022 年 11 月 19 日 -23 日，第 20 届中国（合肥）苗木花卉交易会举办，线上和现场交易销售对接金额 2.1 亿元，现场签订意向合同金额近 5.6 亿元。36 个林业“双招双引”项目现场集中签约，投资总金额 207.3 亿元。全国（合肥）苗木花卉交易信息中心正式揭牌，新华社中国经济信息社首次发布新华·中国（合肥）苗木价格指数。

（卢梦云）

责任编辑：王晓燕

工 业

综 述

【概况】 2022年，合肥市实施工业立市、制造强市战略，推动工业经济高质量发展，新型显示、集成电路、新能源汽车、光伏及新能源等战略性新兴产业拔节壮大，规模以上工业增速位居24个万亿城市第3位，实现产值突破万亿元，光伏及新能源、新能源汽车两个产业实现产值首破千亿元，工业投资增速、新增百亿企业、规模以上工业企业、专精特新企业数量均创十年来新高，合肥造大尺寸液晶面板、显示驱动芯片及存储芯片、白色家电、光伏逆变器、色选机等产品产量位居全国第1位。在赛迪发布的全国先进制造业百强市中，合肥位居第11位，工业成为全市经济发展的主引擎。

【企业培育】 2022年，合肥市实施保主体、增主体、强主体集中行动，构建“规上企业—专精特新企业—龙头骨干企业”的培育体系。推进“小升规”，建立“小升规”企业库，兑现262户企业升规，稳规奖励7300余万元；新增规上工业企业368家，净增266家。推进“规做精”，出台专精特新中小企业倍增行动计划，新增41家省专精特新冠军企业，总量实现一年翻番，累计82家、占全省23.4%；有78家企业入选第四批专精特新“小巨人”行列，居全国第10位，累计达139家，居全国第14位。推进“精做优”，发挥企业上台阶、激发存量企业活力、金融支持等政策效应，鼓励企业做强做优。新增产值超百亿元企业6家，累计达17家，数量创历史新高。

【产业发展】 2022年，合肥市实施“243”先进制造业工程，优化产业结构，实现战略性新兴产业产值同比增长14.3%，对工业增长贡献达77.9%，占规上工业比重56.2%。其中，新能源汽车产业实现产值同比增长33.9%，12月大众安徽首台预量产车、蔚来第30万辆车、比亚迪第10万辆车相继下线，全年实现产量突破25万辆、占全国3.6%；光伏产业实现增加值增长94.7%，对全市工业增长贡献率达61.2%，晶硅组件产量达27GW、占全国9%以上。新能源汽车、光伏、新材料、高端装备、家电等产业链“双招双引”项目数、投资额居全省前列。开通世界最大量子城域网，量子科技园入选全国首批未来产业科技园建设试点培育，集聚量子领域企业47家，居全国第1位。招引北斗伏羲、天宇航空等20多家空天信息企业落地，加快打造“中国星城”。“1+6+N”

2022年4月26日，蔚来第20万台量产车下线 （市经信局/供）

合肥软件园格局基本确立，中国声谷入驻企业突破1900家，营收突破1400亿元。全年召开京东方、合力叉车及智能家电、新材料等供需对接会20余场，促成各类合作意向30多个。高质量举办2022世界制造业大会、新能源汽车展、世界集成电路大会等活动，产业知名度和美誉度提升。

【项目建设】 2022年，合肥市开展先进制造业投资专项行动，紧扣项目谋划、前期、建设、竣工等关键环节，编制2022年度440个亿元以上工业项目投资计划清单，健全重点项目监测分析、协调调度、督查督办机制，加强全周期、全链条管理，构建储备、签约、建设、投产的项目运行闭环，力促签约项目早落地、开工项目快建设、竣工项目早投产，当年工业投资单月增速始终保持20%以上的高增长。全年新开工产业项目325个，有6个百亿项目签约落地，维信诺模组、国轩标准电芯等5个百亿项目开工建设，中创新航、晶科等4个百亿项目竣工投产，比亚迪、晶科实现当年投产当年产值破百亿元。工业投资同比增长25.8%、居长三角万亿GDP城市第1位，完成投资突破1200亿元。

【亩均改革】 2022年，合肥市成立亩均效益评价领导小组，出台实施意见、评价办法、2022年工作要点等系列指导文件，各级各部门协同推进。健全以任务清单化为引领的落实机制，压实县区主体责任，“一企一单”核实企业用地、税收、营收数据，累计发放“一企一单”1995张，企业盖章确认率达99%。实际参评规上工业企业1977户，覆盖率达92%，高于全省平均水平4个百分点。6月底完成1977家规上工业企业亩均评价，2021年度亩均税收32.9万元，居全省第1位，是全省平均水平的2倍，略高于浙江省平均水平。建立金融支持“亩均论英雄”改革白名单，专题召开2场“亩均英雄贷”银政企对接会，鼓励金融机构为企业量身定制亩均信用贷、担保贷等创新产品，建立“亩均英雄贷”金融产品库，产品品类达百余款，覆盖不同类型企业融资需求。累计为993户企业发放企业贷1871个，贷款金额558.3亿元，其中专精特新企业222户、贷款金额83.8亿元。发放项目贷13个，资金77亿元。

【创新发展】 2022年，合肥市实施产业基础再造工程，强化企业主导的产学研深度融合和关键核心技术攻关，合力、乐凯、清华合肥院等3家企业获批省级制造业创新中心，创建54家省级企业技术中心、41家省级工业设计中心，新增省级“三首”产品177项、占全省46.7%。联宝电子入选国家级质量标杆；合锻智能获中国工业大奖提名奖；合肥通用机械研究院获中国专利金奖，科大国盾、华凌股份获中国专利银奖，产业链价值链向中高端迈进。

（*蔡宏磊*）

主导产业

【概况】 2022年，合肥市拥有平板显示及电子信息产业、汽车及零部件产业、光伏及新能源产业、家电产业、装备制造业、食品及农副产品加工业6大主导产业，六大主导产业实现增加值比上年增长11.6%，占规模以上工业的68.8%。

【平板显示及电子信息产业】 2022年，合肥市平板显示及电子信息产业实现规模以上工业增加值同比增长4.1%，占工业比重26.5%。

平板显示产业。拥有京东方、维信诺、康宁等龙头企业，坚持“龙头＋配套”发展模式，集聚企业超120户，实现从上游背光模组、材料及电子元件、驱动及控制到中游面板、下游终端的全产业链布局。相继实施京东方三条高世代线、维信诺AMOLED6代线、维信诺模组等一批投资超百亿重点项目，全产业链累计投资项目超过120个，完成投资超1550亿元，形成TFT-LCD、AMOLED、硅基OLED微显示等核心领域，布局Mini/MicroLED、量子点显示、激光显示等新一代显示技术。在赛迪顾问发布的2022新型显示十大城市中，合肥位居第2位。

集成电路产业。集聚企业约400家，从业人员逾2.5万人，成为全国少数几个拥有集成电路设计、制造、封装测试及设备材料全产业链的城市之一，集聚长鑫存储、晶合集成、通富微电等一批行业龙头企业，累计拥有创新平台52家，其中省级以上创新平台37家。在制造领域，长鑫存储12寸晶圆项目建设、量产销售进展顺利，带动近50家关键配套企业集聚；晶合晶圆一期二期实现满产满销，在全球芯片代工企业中居市场占有率第九位。在设计领域，联发科技、杰

发科技、伏达半导体等龙头企业在车规级、手机快充芯片领域实现国产突破。如杰发科技的智能座舱芯片覆盖通用、大众、吉利等国内外一流整车厂，君正科技 T02 嵌入式人工智能视觉芯片国际领先，全芯智造制造类 EDA 填补工业软件国内空白等。在封测领域，通富微电、沛顿科技高端封测产能不断提升。在装备材料领域，芯碁微装直写式光刻机、双台面激光直接成像设备打破国外垄断；至纯科技国内首个 12 吋晶圆再生基地实现量产。

【汽车及零部件产业】 2022 年，合肥市汽车及零部件产业实现规模以上工业增加值同比增长 29.2%，占工业比重 7.4%；实现汽车产量 67.7 万辆，同比增长 16%。聚集规上工业企业近 300 家，拥有江淮汽车、蔚来汽车、大众（安徽）、比亚迪、长安汽车等 5 家整车企业，以及国轩高科、中航锂电、巨一科技、华霆动力、锐能科技等核心配套企业，形成涵盖整车、关键零部件、应用配套的产业体系。拥有汽车技术与装备国家地方联合工程研究中心等省级以上创新平台 60 家。2021-2022 年，同时获批新能源汽车换电模式应用试点、智慧城市基础设施与智能网联汽车协同、产业链供应链体系建设 3 个试点城市。

*新能源增势强劲。*比亚迪、蔚来、大众安徽、国轩高科等百亿元项目进展顺利，多款量产车、试制车实现如期下线，其中比亚迪项目从谈判到签约仅 23 天，从开工到下线仅 10 个月，刷新“合肥速度”；12 月，大众安徽首台预量产车、蔚来第 30 万辆车、比亚迪第 10 万辆车相继下线。2022 年，新能源汽车产业实现产值同比增长 33.9%，完成产量达 25.5 万辆、同比增长 132%，占全国总量的 3.6%。

*智能网联抢先布局。*发布智能网联汽车道路测试管理实施规范，开放公开道路测试里程达 1000 千米。集聚智能网联相关企业 47 家，环境感知环节，拥有雷达、摄像头生产企业 11 家，地图、定位服务商 4 家；车联网通信环节，拥有星云互联等企业 6 家；智能座舱环节，拥有芯智科技等企业 6 家；自动驾驶解决方案环节，拥有科大讯飞、商汤科技等企业 15 家，其中，白犀牛等 8 家企业开展商业化场景应用。

【光伏及新能源产业】 2022 年，合肥市实现光伏及新能源产业产值首次突破 1000 亿元，实现规模以上工业增加值同比增长 94.7%，占工业比重 8.1%。光伏电池片出货量约 12GW、全国 4% 以上；组件出货量约 27GW、占全国 10% 左右；逆变器出货量约 75GW，位居全球第 1 位。光伏发电并网容量超 2.8GW，居全国省会城市前列，占全省总量的 13.8%。

*构建产业体系。*构建“一核两区”的总体产业布局。以合肥高新技术产业开发区为“核”，统筹推进技术研发和生产制造；打造合肥新站高新技术产业开发区和肥东县两大光伏产业集聚区，新站高新区以综合服务为主导兼顾配套，肥东县重点布局高效组件制造和配套。支持其他县区整合资源优势，招引光伏产品制造、光伏发电应用等企业落地，为打造“光伏第一城”夯实空间支撑体系。

*壮大产业规模。*全市当年光伏及新能源产业链新签约、开工、投产项目数及投资额均居全省第 1 位。梯度培育优质企业，累计培育规上工业企业 50 余户、国家专精特新“小巨人”企业 11 户、制造业单项冠军企业 2 户。出台光伏产业专项政策及实施细则，在“制造端”和“应用端”双向发力，支持项目建设、激励扩大规模、鼓励技术创新、支持分布式应用、拓展应用场景、推动多能互补、发展智能运维。

*提升产业韧性。*支持龙头骨干企业联合高校院所推动产学研深度

2022 年 7 月 12 日，阳光电源产业园区 （市经信局 / 供）

融合，建成清洁电力转换技术创新中心、光伏并网发电实验室等省级以上创新平台22个，10项产品获光伏领跑者先进技术认证，获批各类专利2000余项，主持或参与制定地方及以上标准16项。推进光伏扶贫、农光互补、仓顶阳光、光伏建筑一体化等，有4家企业、2个项目获评国家智能光伏试点示范，形成维信诺屋顶光伏发电、珠江路车辆段分布式发电等一批场景应用案例。

【家电产业】 2022年，合肥市家电产业实现规模以上工业增加值下降6.8%，占工业比重6.9%。

*产业规模全国领先。*集聚产业链上下游规上企业153户，从业人员超6万人。全市当年家电产业实现产值约900亿元，美的洗衣机、海尔电冰箱、格力等3户企业实现产值超百亿元。全市家电“四大件”实现产量达5750万台套，占全省64.6%、全国9.7%。其中，洗衣机、冰箱分别占全国24.7%、24%。培育10亿元以上配套企业10户，当地平均配套能力约70%，核心配套能力约75%。

*完善产业布局。*初步构建以3个核心集聚区引领，3个特色集聚点、1个产业转移承接点为补充的“331”产业空间格局。合肥高新技术产业开发区、合肥经济技术开发区、合肥新站高新技术产业开发区分别为西部核心区、南部核心区、东北部核心区，主要生产冰箱、洗衣机、空调、彩电等“四大件”。肥西经济开发区为西南部集聚点，以冰箱、洗衣机为主，厨房电器为辅；长丰（双凤）经济开发区为北部集聚点，以厨卫电器为主，推进智能家居应用；肥东经济开发区为东部集聚点，以生活小家电为主，发力电商直销；巢湖市作为产业转移承接点，谋划建设巢湖智能家电产业新城，承接后期市区家电产业转移和新招引项目。

*推进转型升级。*全市当年家电企业拥有省级以上企业技术中心39家（国家级5家）、工业设计中心24家（国家级3家），美菱和海尔大冰箱、晶弘多门冰箱、格力高端空调等产量占比均超3成。推动家电企业“智改数转”，建成省级智能工厂、数字化车间35个，美的洗衣机、海尔创新产业园入选全球“灯塔工厂”、占全市五成；有234款产品、系统通过智能家电（家居）国家标准认证，总数居全国城市第1位。推进家电产业节能减排，建成省级以上绿色工厂9家（国家级4家）；有143款产品入选国家绿色设计产品，占全国4.5%。

【装备制造业】 2022年，合肥市装备制造业实现规模以上工业增加值增长8.5%，占工业比重12.2%。集聚规上工业企业600余家，在现代工程机械、工业机器人、轨道交通装备、航空航天装备、工业母机、高端医疗装备、智能成套装备等细分领域均有布局。

*企业培育效果显著。*拥有安徽合力、日立建机、巨一科技、美亚光电、合锻智能、欣奕华、江航装备、泰禾光电、哈工大机器人等一批优势骨干企业。合力叉车连续30年位居中国工业车辆行业第1位，集装箱起重机、重型正面吊等产品，居全国领先水平；合锻智能是中国最大的液压机设备制造企业，国内市场占有率约30%；美亚光电、泰禾光电等30余家企业，占国内色选机市场80%以上份额；欣奕华洁净搬运机器人在国内细分市场占有率超过70%；正远包装固体类包装产品在国内市场占有率居第一位，行业综合排名第3位。

*产业创新成果丰硕。*拥有中国科学院合肥智能机械研究院、合肥工业大学智能制造技术研究院等24个重点创新平台，累计创建10家国家级企业技术中心、6家省级制造业创新中心，通用机械研究院、合力股份等3项成果获2022年度

2022年7月20日，合肥中车轨道交通车辆有限公司总装车间产线，产业工人们正忙着组装轨道交通电客车
（新站高新区管委会/供）

中国机械工业科学技术奖。

【食品及农副产品加工业】　2022年，合肥市食品及农副产品加工业实现规模以上工业增加值增长4.7%，占工业比重7.8%。拥有规上工业企业160余户，其中营收亿元以上企业56户，形成以太古可乐、统一、娃哈哈为代表的酒、饮料和精制茶制造业，以老乡鸡、中粮粮油为代表的食品制造业，以洽洽食品、富煌三珍为代表的农副食品加工业。推进国家级消费品工业“三品”战略示范城市建设，开展消费品工业“增品种、提品质、创品牌”工作，青松食品等15户企业获评省级“三品”示范企业，洽洽食品等5户企业登陆中央电视频道近30次，纽斯康等2户企业入选工业和信息化部食品工业“三品”专项行动典型成果名单。

（蔡宏磊）

转型升级与结构调整

【概况】　2022年，合肥市战略性新兴产业实现产值同比增长14.3%，对工业增长贡献达77.9%，占规模以上工业比重56.2%。光伏及新能源、新能源汽车两个产业实现产值首破千亿元。光伏产业实现增加值增长94.7%，对全市工业增长贡献率达61.2%；实现晶硅组件产量达27GW，占全国10%左右。汽车产业实现增加值增长29.2%；实现新能源汽车产量突破25万辆，占全国3.6%。开通世界最大量子城域网，量子科技园入选全国首批未来产业科技园建设试点培育，集聚量子领域企业47家，居全国第1位。招引北斗伏羲、天宇航空等20多家空天信息企业落地，加快打造“中国星城”。

【高端化引领】　2022年，合肥市实施创新驱动发展战略，抓好企业技术中心和制造业创新中心建设，引导和支持企业增强技术创新能力。新增市级企业技术中心76家、省级企业技术中心54家；新增省级制造业创新中心3家。坚持以创新项目为抓手，推进重点领域技术攻关项目，推荐61户企业申报省级补短板和共性技术揭榜任务，推荐省级制造业产学研项目106个。鼓励企业加大研发投入，依托创新平台开发具有市场竞争力的创新产品，新增“三首”产品177项、占全省46.7%。坚持工业设计与制造业融合发展，新增市级工业设计中心63家、省级工业设计中心41家；有200余件产品参加安徽省第九届工业设计大赛综合赛；有6件设计产品获得金奖，占全省总数的60%。联宝电子入选国家级质量标杆；合锻智能获中国工业大奖提名奖；合肥通用机械研究院获中国专利金奖，科大国盾、华凌股份获中国专利银奖。

【智能化转型】　2022年，合肥市新建5G基站4642个，累计建成1.8万个，实现乡镇以上区域连续覆盖和重点区域深度覆盖。工业互联网标识解析体系加快建设，获批设立国家级互联网骨干直联点。实施百个工业互联网平台培育、“智改数转”诊断、企业上云3大行动，讯飞图聆工业云成为全省首个国家级“双跨”平台，新增国家级专业特色型平台2个，八成以上规上企业完成“智改数转”线上诊断，推进产业数字化成效明显获国务院表彰激励。联合工业互联网创新中心、羚羊公司等单位，先后举办10期“智赋合肥”系列培训，累计2000余家次企业、超万人次

表1　　国家级绿色工厂名录

序号	企业名称	序号	企业名称
1	阳光电源股份有限公司	13	合肥伊利乳业有限责任公司
2	合肥京东方光电科技有限公司	14	合肥京东方显示技术有限公司
3	安徽安利材料科技股份有限公司	15	合肥中南光电有限公司
4	合肥美菱股份有限公司	16	洽洽食品股份有限公司
5	合肥鑫晟光电科技有限公司	17	安徽江淮汽车集团股份有限公司
6	TCL家用电器（合肥）有限公司	18	合肥华凌股份有限公司
7	合肥国轩高科动力能源有限公司	19	合肥美的洗衣机有限公司
8	合肥晶澳太阳能科技有限公司	20	合肥乐凯科技产业有限公司
9	安徽合力股份有限公司	21	合肥恒大江海泵业股份有限公司
10	联宝（合肥）电子科技有限公司	22	合肥国轩电池有限公司
11	通威太阳能（合肥）有限公司	23	安徽华恒生物科技股份有限公司
12	劲旅环境科技有限公司		

表 2 国家级服务型制造示范企业、平台、项目名录

序号	企业名称	名称	级别
1	惠而浦（中国）股份有限公司	基于 wi-fi 无线通信技术的智能家电信息交互系统	国家级示范项目
2	合肥华升泵阀股份有限公司	化工重载机泵集群生命周期管理项目	国家级示范项目
3	合肥通用机械研究院	高端流体机械设备与压力容器服务型制造示范平台	国家级示范平台
4	阳光电源股份有限公司	总集成总承包服务	国家级示范企业
5	合肥荣事达电子电器集团有限公司	荣事达智能家居全价值链双创服务平台	国家级示范平台
6	安徽容知日新科技股份有限公司	全生命周期管理和信息增值服务	国家级示范企业
7	安徽青松食品有限公司	即食食品全生命周期双向追溯建设项目	国家级示范项目
8	劲旅环境科技有限公司	“制造 + 服务 + 互联网”城乡环卫一体化生活垃圾治理项目	国家级示范项目
9	合肥泰禾光电科技股份有限公司	智能检测分选装备全生命周期管理项目	国家级示范项目
10	瑞纳智能设备股份有限公司	全生命周期管理	国家级示范企业
11	安徽舜禹水务股份有限公司	全生命周期管理	国家级示范企业
12	中工经信投资发展有限公司	中国（合肥）工业设计城	国家级示范平台
13	安徽中青检验检测有限公司	食品安全检验检测服务平台	国家级示范平台
14	合肥安达创展科技股份有限公司	定制化服务、总集成总承包、全生命周期管理	国家级示范企业
15	阳光新能源开发股份有限公司	全生命周期管理、总集成总承包	国家级示范企业
16	安徽巨一科技股份有限公司	总集成总承包	国家级示范企业
17	安徽国泰众信检测技术有限公司	食品质量安全与检验检测认证整体解决方案一站式服务平台	国家级示范平台
18	安徽国科检测科技有限公司	食品行业交互设计及产品质量追溯平台	国家级示范平台

参加论坛、沙龙、座谈等形式多样的系列培训活动。推进智能制造工程，推广应用工业机器人等智能装备3000台，新增6家省级智能工厂、35个数字化车间，美的洗衣机成为全省第2家“灯塔工厂”，青松食品入选国家智能制造示范工厂。

【绿色化发展】 2022年，合肥市鼓励企业开展节能技术改造，加快提升行业能效，有6户企业获评市级能效“领跑者”企业，其中中盐红四方获评工业和信息化部重点用能行业能效“领跑者”。组织7家节能服务机构为14户能耗千吨标煤以上企业提供公益节能诊断服务，挖掘30余个节能技改项目。鼓励京东方等用水大户开展节水改造，实施节水技改项目6个，可实现年节水量约572.23万吨。鼓励企业研发绿色低碳创新技术产品，有2项技术入选国家工业和信息化领域节能技术装备推荐目录，27项技术和48款产品装备入选省工业领域节能环保“五个一百”推荐目录，推广先进技术60项、装备产品82款。开展绿色制造体系建设业务培训，指导全市80余户意向企业对标绿色制造评价标准开展创建，新增国家级绿色工厂6家、绿色设计产品1个、绿色供应链管理企业4家，累计分别达23家、194个、9家。

【服务化融合】 2022年，合肥市开展第二批市级服务型制造示范企业（平台）遴选工作，认定市级服务型制造示范企业（平台）69家，新增省级服务型制造示范企业（平

台）17 家、国家级 5 家。截至年底，累计培育市级以上服务型制造示范企业（平台）239 家，其中国家级 18 家，省级 109 家，市级 112 家。全面实施质量强市战略，加快培育工业质量品牌竞争发展新优势，新增国家级质量标杆 1 个、省标准化示范企业 3 家、安徽工业精品 11 个。累计培育国家级质量标杆 6 个、省标准化示范企业 32 家、安徽工业精品 148 个。

（蔡宏磊）

减轻企业负担

【概况】 2022 年，合肥市办理留抵退税及其他各项减税降费超 355 亿元，惠及市场主体超 100 万户次。贯彻“一改两为五做到”精神，开辟“优化营商环境”专栏，座谈访企 10 余场，倾听 200 余家企业心声。鼓励项目单位清单编制阶段优先推荐优秀中小企业品牌；对标中小企业资质、业绩编制招标文件；给予小微企业产品投标 10%-20% 价格折扣；鼓励联合体参与重大基础设施项目建设，提高中小企业市场份额。诚信企业免缴项目估算总投资 5000 万元及以下房建市政项目投标保证金，给 8000 余家次投标企业累计免缴投标保证金超 15 亿元。500 余个项目实行主材调差机制，实现招标人与中标人风险共担。当年有 8000 余家次诚信投标企业免缴保证金 36.51 亿元；完善电子保函平台，减少 4221 家企业资金占用 61.15 亿元；限额以下政府采购项目全额面向中小企业采购。

【稳岗扩岗】 2022 年，合肥市累计投入就业类资金 10.7 亿元；筹措失业保险基金 20.9 亿元，同比增长 54.1%。减征 14 万户企业失业、工伤保险费 8.1 亿元；缓缴 1298 户企业养老、工伤、失业保险费 5.3 亿元；发放 9.4 万户企业稳岗补贴资金，惠及 227.92 万人。开发见习岗位 1.47 万个，新增见习人数 5056 人；给予公益性岗位补贴和社会保险补贴，惠及群体约 7.9 万人次；发放创业担保贷款 13.5 亿元，拨付财政贴息资金 1.03 亿元，支持 4902 名创业者带动 1.88 万人就业。给予企业 7.2 万人次在岗员工发放岗前培训、免费技能培训补助、标准技能提升培训补助，提供贫困家庭学生就读技工院校补助；为 26028 人开展创业培训，给予创业培训机构创业培训补贴。

【优化服务】 2022 年，合肥市制定评定分离监督工作操作指引、定标阶段监督工作任务清单、定标成员库管理办法、项目操作手册等配套制度，强化“评、定、监”独创监管模式，拓宽定标候选人“函询”范围至 12 个部门，全面了解定标候选人信息，推进区评市定，抑制投标人和评标专家之间利益输送链，推进构建“诚信为本、必出精品”的公共资源交易市场。全市当年吸引企业参与投标 667075 家次，成交金额 4740 亿元，交易规模位列 24 个万亿 GDP 城市第 5 位。

【数字赋能】 2022 年，合肥市实现开标不见面、投标不进厅、评标无纸化，依法必招项目全流程电子化率达 100%。开创“移动交易”，在“皖事通”开设“合肥公共资源”专区，上百万条交易信息“一站查询”。上线“一网通办”服务专栏，实现 51 个交易事项线上办理。强化“四电”应用，在线发放超 1.4 万份中标通知书，云签近 1.4 万份电子合同并公开，调取 100 余种电子证照及照面信息。“长江链·标证通”助力合肥、长沙、南昌、武汉四城市超 30 万家市场主体城市群范围内无障碍投标。推动签订长三角一体化合作框架协议，明确各

2022 年，合肥市在“皖事通”开设“合肥公共资源”专区，实现交易信息“一站查询”

（市公管局／供）

自分工职责。开展异地远程评标合作950次，促进长三角城市群、长江中游城市群、合肥都市圈更高水平合作。

（蔡宏磊）

世界制造业大会

【概况】 2022年9月20日至23日，由国家工业和信息化部、科技部、商务部、国务院国有资产监督管理委员会、中国工程院、国务院发展研究中心、全国工商业联合会、中国人民对外友好协会、中国中小企业协会、全球中小企业联盟、安徽省人民政府共同主办，安徽省经济和信息化厅、安徽省商务厅、安徽省外办（港澳办）、合肥市人民政府等共同承办的2022世界制造业大会在合肥市滨湖国际会展中心举办。该届大会贯彻落实习近平总书记关于制造业高质量发展的重要论述和致2019世界制造业大会重要贺信精神，以“制造世界创造美好”为主题，以“精简、务实、节俭、高效、安全”为原则。开幕式上，安徽省委书记、省人大常委会主任郑栅洁致辞，全球中小企业联盟全球主席克里斯蒂安·武尔夫，国家工业和信息化部党组成员、副部长王江平，国家商务部党组副书记、国际贸易谈判代表兼副部长王受文，中国人民对外友好协会会长林松添，上海市委常委、副市长张为发表致辞或视频致辞。大会展览总面积5.9万平方米，举办各类重要活动38场次，邀请全球政商学界4621名嘉宾参会，发布各类新产品、新技术70余项，展示全球先进制造的发展新成果，向着打造国际制造业交流合作的高端平台迈出新的重要步伐。

此次大会，合肥市邀请50名重点企业高层参会，其中境外500强企业客商6人、世界500强企业客商6人、上市行业领军企业13家以及省内外知名民营企业客商17人等。

【产品发布】 2022世界制造业大会首次创新性举行新产品新技术发布。聚焦“智、高、新”三大亮点，开幕式重磅发布新技术、新成果15项；合肥市推荐的量子系列产品、巢湖一号SAR卫星等产品在大会开幕式获权威发布。

大会设置专门的发布厅举办工业设计、纺织新材料、软件、智慧生活、汽车、工业互联网等7场发布活动，发布产品、榜单等41项。通过大会各论坛，发布超声定向空爆机器人治疗系统、阿里云智能制造平台等20余项新产品。相继推出《中国新能源汽车产业高质量发展报告2022》《工业互联网发展应用指数白皮书》等系列研究报告。

【展览展示】 2022世界制造业大会坚持“新”“特”理念，以“制造世界·创造美好”为主题，采取政府办展和市场办展相结合方式，首次邀请国机集团、中国电科、中国建材等央企举办大国制造展，组织645家企业参展，展出产品5000余件，线下累计接待观众5.9万人次，线上访问量达1008万人次。

2022年9月20日，世界制造业大会上中国电科展馆展出的“战鸿”空中应急指挥机

（张大岗/摄）

在展览中，首次举办制造强省特色展，首次引入三场市场化展览。其中，政府主导展2.4万平方米，包括序厅、大国制造专题展、“三首”产品展、“专精特新”展、工业设计展、工艺美术展，以及首次由多个国家参加的室外农机展；并首次采用先进数字视觉技术举办线上展会。市场化展3.5万平方米，包括2022国际（合肥）新能源汽车展、中国安徽国际塑料产业博览会和中国国际机电产品交易会。参展企业中既有世界500强、中国500强企业，也有独角兽企业、专精特新“小巨人”企业。展品中展出国内首个载人固定翼应急指挥机“战鸿”、

电磁全息管道内智能检测机器人等中国高端装备的最新创新成果，以及应流集团“华龙一号”核电站主泵泵壳、佳力奇先进复合材料等一批创新产品。合肥市推荐的超高清显示屏等 22 件产品被纳入主会场序厅“制造强国”展，均为世界第一或国内首创。

【项目合作】 2022 世界制造业大会深化央企、民企、外企、港澳企、台企、侨企等“六百”项目对接合作，促成合作项目 567 个，总投资额 3794 亿元。国家工业和信息化部组织所属 7 所高校与安徽省开展产教融合交流活动，与安徽省 167 家单位达成意向合作项目 323 项。合肥市列入大会成果的签约项目 70 个，投资额 668 亿元，签约项目个数、投资额占比分别为 12.32%、17.61%。

【宣传推介】 2022 世界制造业大会坚持点、线、面相结合，在“两站一场”、会展中心、入驻酒店、重点道路沿线等区域，综合运用电子显示屏、形象标牌、道旗、桁架、灯杆旗等多种形式宣传展示。主流媒体报道浓墨出彩，《人民日报》刊登 3 个整版 6 篇重磅稿件，头版推出《新兴产业集群发力创新驱动后劲十足安徽制造向“新”而行》等报道。中央电视台从 7 月 1 日起在重点时段借助“精品安徽·皖美智造”栏目对大会进行宣传，9 月 20 日当晚《新闻联播》栏目即播出大会开幕盛况。国际在线发挥平台优势，报道覆盖德国、俄罗斯、韩国、日本等国，浏览量达 830.5 万余次。截至 9 月 28 日，各级各类媒体在重要版面时段位置刊（播）发原创稿件 3000 余篇（条），全网传播量超过 6 亿人次。

（蔡宏磊　刘学刚）

世界集成电路大会

【概况】 2022 世界集成电路大会于 11 月 16 日 -18 日在合肥市成功举办。大会由国家工业和信息化部、安徽省人民政府联合主办，合肥市人民政府、安徽省经济和信息化厅、中国半导体行业协会、中国电子信息产业发展研究院承办，以“合作才能共赢”为主题，内容涵盖“会、展、赛、训”等方面，包括开幕式暨开幕论坛、4 场高峰论坛、10 场主题论坛、第二十届中国国际半导体博览会（ICChina2022，以下简称“半导体博览会”）、项目路演、技能大赛、师资培训等同期活动。

省委书记、省人大常委会主任郑珊洁，省长王清宪，工业和信息化部副部长王江平出席开幕式、参观半导体博览会。省领导虞爱华、宋国权、何树山，市领导罗云峰、葛斌、单虎、袁飞、赵明、朱胜利等出席大会，参与论坛致辞、参观展览、客商会见、项目路演等活动。大会得到政、产、学、研、用、金各界广泛关注，来自 11 个国家和地区 157 位嘉宾发表演讲，有 30 余位学者、企业家参与现场对话、座谈；各类论坛活动参会 4800 余人次，开幕论坛线上图文直播点击超 24 万次，半导体博览会参观超 1.3 万人次，线上观展超 1.87 万次。

【大会成果】 2022 世界集成电路大会硕果累累。

打造高层次交流平台。坚持“国际化、专业化、品牌化、市场化”原则，“会展赛训”结合，政产学研用金融通，搭建共建共享共赢平台。大会延续和整合全球 IC 企业家大会、“中国芯”集成电路产业促进大会、“ICChina”等知名品牌活动，中国电子信息产业发展研究院、中国半导体行业协会、中国家电协会以及上海、江苏、西安等

2022 年 11 月 17 日，高新企业亮相世界集成电路大会

（新站高新区管委会 / 供）

国内集成电路集聚发展地区行业协会共同参与组织；两院院士吴汉明、邬江兴、倪光南、罗毅、潘建伟及高通、英特尔、IBM、AMD、西门子EDA、华为、长鑫存储、紫光等国内外头部企业负责人发表主旨演讲或致辞。半导体博览会设置综合展区、产业链展区、供应链展区、地方发展成果展区、显示应用等5大展区，集中展示集成电路领域的新技术、新产品、新服务，吸引280余家国内外重点企业参展，上海、天津、陕西、无锡、南京、厦门、泉州、成都等多个地区组团参展。

引领产业战略方向。“合作才能共赢”的主题鲜明突出，大会成为世界了解中国集成电路产业发展和政策导向的最佳窗口，汇聚、表达全球集成电路产业寻求合作共赢的心声，向全球发出中国集成电路产业开放发展的意愿和决心。

促成前沿智力成果。政、产、学、研等各方代表共同发布2022世界集成电路大会《合肥倡议》，提出共迎风险挑战、共筑产业生态、共促低碳转型、共聚资源要素、共谋多元赋能，倡议共同维护产业链供应链韧性与稳定。大会发布“第十五届中国半导体创新产品和技术”评选结果、第十七届“中国芯”优秀产品征集结果。相关机构围绕产业链以及人才、投融资、应用等配套要素，发布《中国集成电路产业链全景图》《全球模拟集成电路研究》《全球先进封装产业研究》《中国智能光伏产业研究白皮书》《中国集成电路产业人才发展报告（2021-2022年版）》、“集成电路产业知识赋能工程”等研究成果，把脉产业发展、提供智力支撑。

搭建“双招双引”桥梁。合肥市10户重点企业负责人受邀发布主旨演讲，有70户企业亮相半导体博览会，相关活动凸显本地集成电路产业在新型显示、智能网联汽车等领域应用成果。安徽省半导体行业协会、安徽大学、合肥科创集团等参与大会活动组织；合肥高新技术产业开发区、合肥经济技术开发区、合肥新站高新技术产业开发区、安徽巢湖经济开发区与20余户重点目标企业开展一对一专场对接，组织实地考察、招商推介。围绕当地重点企业产业链合作召开闭门交流会；华中科技大学教授为合肥沛顿200余名员工作技术讲座。

宣传成效显著。大会前后，有100余家媒体进行广泛报道，发布近百篇原创稿件，新华社发布题为《2022世界集成电路大会探访：半导体企业坚定看好中国市场》的通稿；中新社发出题为《2022世界集成电路大会在安徽合肥举行以“合作才能共赢”为主题》的通稿；《中国电子报》特别刊登安徽专版；新华社、中央电视台国际频道、《中国日报》等发布对外英文报道。大会知名度通过多层次报道得到提升，安徽以及合肥产业名片影响力得到扩大。

（*蔡宏磊*）

责任编辑：田　文

民营经济

综 述

【概况】 2022年，合肥市民营经济实现增加值6532.6亿元，同比增长4.1%，高于地区生产总值（GDP）增速0.6个百分点；占全市地区生产总值（GDP）比重54.4%，同比增加0.5个百分点，创2015年以来新高。截至年底，合肥市拥有民营经济市场主体146.9万户，占市场主体总量的97%，同比增长12.2%；其中，新登记民营经济市场主体28.3万户。7月，省发展民营经济领导小组发布2021年度全省发展民营经济考核结果，合肥市再次获省发展民营经济考核第1名，作为优化民营经济发展环境、激发民营经济活力和创造力、促进民营经济健康发展成效显著市受到省政府办公厅通报表扬。

【政策扶持】 2022年，合肥市完善全市领导干部联系重点民营企业工作机制，围绕贯彻落实《合肥市促进民营经济发展条例》，连续出台支持民营经济发展10条、实施细则39条、激发创业热情16条等专项政策。全年出台稳企增效9条、物流运输4条、助企纾困8条、稳经济34条等一系列助企纾困政策，全市统筹市本级产业政策资金150.5亿元，增长22.8%、惠及企业超3.1万户次。

2022年8月22日，庐江县举办政企有约会商会　（孙志恒／摄）

【创新引领】 2022年，合肥市建设合肥“科创大脑”平台，实现全市科创资源汇聚、对接等全流程数字化管理服务。强化知识产权创造、保护和运用，获批首批国家知识产权强市建设示范城市，中国（合肥）知识产权中心正式通过验收，专利授权周期压缩至3个月，压缩85%以上。深入实施高新技术企业三年倍增行动，累计培育高新技术企业6412家，其中民营企业6001户，占比达93.6%。健全小微企业创业创新示范基地梯度培育机制，全市拥有国家、省、市小微企业创业创新示范基地132家，累计孵化创新型中小企业247家、专精特新企业197家。

【金融支持】 2022年，合肥市开展优质小微工业企业推介，扩大小微工业企业贷款贴息政策覆盖面，全年兑现512户企业奖补资金9487.98万元，涉及企业贷款超105.64亿元。发挥国有基金作用，优化股权投资发展环境，全年累计投资项目120个，投资金额47.09亿元，被投资的企业中，8成以上为民营企业。出台《推进企业上市

表 1　　合肥市专精特新“小巨人”企业名单

序号	企业名称	序号	企业名称	序号	企业名称
1	合肥金星机电科技发展有限公司	48	瑞纳智能设备股份有限公司	95	合肥中亚环保科技有限公司
2	合肥科拜耳新材料有限公司	49	固力发电气有限公司	96	合肥晶威特电子有限责任公司
3	安徽芯瑞达科技股份有限公司	50	合肥荣事达太阳能有限公司	97	安徽三禾一信息科技有限公司
4	合肥康尔信电力系统有限公司	51	合肥市丽红塑胶材料有限公司	98	合肥大道模具有限责任公司
5	合肥星波通信技术有限公司	52	合肥旭阳铝颜料有限公司	99	彩虹（合肥）光伏有限公司
6	合肥海特微波科技有限公司	53	安徽伟光电缆股份有限公司	100	合肥新汇成微电子股份有限公司
7	安徽博一流体传动股份有限公司	54	安徽大地熊新材料股份有限公司	101	合肥视涯显示科技有限公司
8	合肥恒大江海泵业股份有限公司	55	合肥安信瑞德精密制造有限公司	102	合肥合宁电工设备有限公司
9	安徽华米信息科技有限公司	56	合肥力威汽车油泵有限公司	103	安徽巡鹰新能源集团有限公司
10	合肥芯碁微电子装备股份有限公司	57	万申科技股份有限公司	104	安徽中显智能机器人有限公司
11	科大国盾量子技术股份有限公司	58	安徽巨一科技股份有限公司	105	合肥海源机械有限公司
12	劲旅环境科技股份有限公司	59	安徽锐能科技有限公司	106	合肥艾普拉斯环保科技有限公司
13	安徽合凯电气科技股份有限公司	60	合肥紫金钢管股份有限公司	107	合肥市神雕起重机械有限公司
14	合肥华升泵阀股份有限公司	61	安徽电气集团股份有限公司	108	合肥方源机电有限公司
15	安徽华信电动科技股份有限公司	62	安徽容知日新科技股份有限公司	109	安徽超清科技股份有限公司
16	合肥荣事达电子电器集团有限公司	63	安徽协创物联网技术有限公司	110	合肥和安机械制造有限公司
17	合肥燕庄食用油有限责任公司	64	安徽中科中涣防务装备技术有限公司	111	合肥实华管件有限责任公司
18	安徽捷迅光电技术有限公司	65	科希曼电器有限公司	112	安徽东风机电科技股份有限公司
19	安徽省恒泰动力科技有限公司	66	科威尔技术股份有限公司	113	合肥真谊机械制造有限公司
20	科大智能物联技术有限公司	67	科大智能电气技术有限公司	114	合肥科天水性科技有限责任公司
21	合肥维天运通信息科技股份有限公司	68	宏晶微电子科技股份有限公司	115	安徽惠洲地质安全研究院股份有限公司
22	安徽皖仪科技股份有限公司	69	安徽航天信息有限公司	116	安徽云森物联网科技有限公司
23	安徽中科大国祯信息科技有限责任公司	70	合肥圣达电子科技实业有限公司	117	安徽宏远机械制造有限公司

续表

序号	企业名称	序号	企业名称	序号	企业名称
24	合肥同智机电控制技术有限公司	71	必欧瀚生物技术（合肥）有限公司	118	合肥恒鑫生活科技股份有限公司
25	安徽一天电气技术股份有限公司	72	合肥城市云数据中心股份有限公司	119	安徽中源环保科技有限公司
26	合肥工大高科信息科技股份有限公司	73	伏达半导体（合肥）有限公司	120	合肥丰德科技股份有限公司
27	合肥中科类脑智能技术有限公司	74	中科美络科技股份有限公司	121	安徽龙磁科技股份有限公司
28	会通新材料股份有限公司	75	合肥润东通信科技股份有限公司	122	合肥国轩电池材料有限公司
29	合肥波林新材料股份有限公司	76	安徽清新互联信息科技有限公司	123	安徽德科电气科技有限公司
30	安徽万瑞冷电科技有限公司	77	安徽智泓净化科技股份有限公司	124	安徽美高美高分子材料有限公司
31	合肥博雷电气有限公司	78	合肥大唐存储科技有限公司	125	合肥星源新能源材料有限公司
32	安徽江淮松芝空调有限公司	79	合肥达因汽车空调有限公司	126	辰航新材料科技有限公司
33	合肥杰事杰新材料股份有限公司	80	安徽沃弗永磁科技有限公司	127	安徽皖维皕盛新材料有限责任公司
34	合肥东方节能科技股份有限公司	81	阳光智维科技有限公司	128	合肥市菲力克斯电子科技有限公司
35	龙迅半导体（合肥）股份有限公司	82	富芯微电子有限公司	129	巢湖云海镁业有限公司
36	中科美菱低温科技股份有限公司	83	合肥君正科技有限公司	130	恒烁半导体（合肥）股份有限公司
37	合肥中车轨道交通车辆有限公司	84	合肥万豪能源设备有限责任公司	131	安徽朗坤物联网有限公司
38	安徽元琛环保科技股份有限公司	85	安徽亚泰环境工程技术有限公司	132	安徽长庚光学科技有限公司
39	合肥井松智能科技股份有限公司	86	安徽中科海奥电气股份有限公司	133	安徽大恒能源科技有限公司
40	合肥搬易通科技发展有限公司	87	安徽科创中光科技股份有限公司	134	中水三立数据技术股份有限公司
41	安徽尚德科技有限公司	88	科大国创新能科技有限公司	135	安徽宇航派蒙健康科技股份有限公司
42	合肥中南光电有限公司	89	合肥埃科光电科技股份有限公司	136	安徽众邦生物工程有限公司
43	中原内配集团安徽有限责任公司	90	合肥中辰轻工机械有限公司	137	安徽长龙电气集团有限公司
44	安徽中科光电色选机械有限公司	91	合肥晟泰克汽车电子股份有限公司	138	安徽新宇环保科技股份有限公司
45	合肥恒信动力科技股份有限公司	92	合肥神马科技集团有限公司	139	合肥富煌君达高科信息技术有限公司
46	安徽凯旋智能停车设备有限公司	93	安徽威尔低碳科技股份有限公司		
47	安徽舜禹水务股份有限公司	94	合肥汇通控股股份有限公司		

五年倍增行动计划》，强化领导包保、协调调度、综合服务，高质量开展万家企业资本市场业务培训专项行动，全年新增7家上市公司，其中6家是民营企业。截至年底，全市累计有53家民营企业实现成功上市，占全市上市企业总数的66%。

【企业培育】 2022年，合肥市出台《合肥市专精特新中小企业倍增培育行动计划》，从上市融资、智转数改、市场拓展、要素保障等方面加大扶持力度，引导中小企业走专精特新发展道路。强化分类指导，建立专精特新“小巨人”企业培育库，对主营业务收入平均增长率、全国细分市场占有率、I类知识产权数、研发费用总额等核心指标处于“临界”区间的企业加大培育力度，推动其尽快达到创建标准，壮大“小巨人”企业后备力量。全市累计培育专精特新“小巨人”企业139户、省专精特新冠军企业82户、省专精特新中小企业708户、创新型中小企业789户。其中，当年新增专精特新“小巨人”企业78户，总数实现一年翻番。

【优化环境】 2022年，合肥市贯彻落实全省“一改两为”大会精神，围绕对标打造市场化法治化国际化便利化营商环境目标，迭代出台《合肥市优化营商环境行动方案(2022版)》200条改革提升任务。开展“新春访万企、助力解难题”“优环境、稳经济”活动，健全合肥市常态化企业诉求收办机制。开展妨碍民营经济公平参与市场竞争专项排查整治，清理政策措施1221件。开展“一起益企”中小企业服务行动，发挥合肥市小微企业“1+13+X”公共服务平台网络以及各级中小企业公共服务示范平台带动作用，全年累计开展各类服务活动超32万户次。

（蔡宏磊）

“专精特新”企业选介

【概况】 2022年，合肥市出台专精特新中小企业倍增培育行动计划，引导企业专注细分领域，加强研发制造、工艺改进和市场拓展，实现“创新型中小企业—专精特新企业—冠军企业—‘小巨人’企业—单项冠军企业”五企共育的梯次升级。推广“投资+招引”“融资+融智”等模式，不断提升专精特新企业质量。完善政策体系，从加强创新、企业引育、加速上市、融资保障等领域给予支持，引导中小企业走专精特新发展道路。合肥市当年有78家企业获评第四批专精特新“小巨人”，占全国的1.8%，增量居省会城市第4位，全国城市排名第10位。截至年底，全市“小巨人”企业总数达139户，总量居省会城市第5位，全国城市第14位，超广州、西安、郑州、南京等城市；累计培育82户省专精特新冠军企业、708户省专精特新中小企业；6批次评定1037户市专精特新中小企业，形成以“小巨人”企业为龙头、省级专精特新企业为主干、市级专精特新企业为根基的良性梯度培育格局。

【必欧瀚生物技术(合肥)有限公司】 必欧瀚生物技术（合肥）有限公司成立于2013年11月，致力于体外诊断试剂及配套仪器的研发和应用，通过ISO13485质量管理体系认证并获得医疗器械生产许可证。以血清胃功能检测为代表的消化系统疾病诊断技术达到国际先进水平。2018年12月，血清胃功能检测作为唯一的胃癌筛查方法被国家卫生健康委员会引入《中国胃癌诊疗指南》，相关诊断标准也以公司产品为依据。产品获20个医疗器械认证，其中Gastrin-17的化学发光和荧光免疫层析试剂检测水平均达到国际领先水平。积极参与抗疫工作，基于公司的研发技术体系，开发完成一系列COVID-19抗原和抗体测试，获美国FDA-EUA认证，抗原胶体金产品通过中国NMPA、欧盟CE自测、德国BfArM、澳大利亚TGA等多国注册，新冠系列产

2022年8月，富芯微厂区 （富芯微公司/供）

品销往 50 多个国家和地区。

【富芯微电子有限公司】 富芯微电子有限公司成立于 2015 年，总部位于安徽省合肥市国家级高新技术产业开发区，占地约 2 公顷。该公司是一家集芯片设计研发、制造、封装、测试到销售服务完整产业链的半导体 IDM 微电子企业，拥有一条年产 70 万片可控硅、功率保护器件及集成电路的芯片生产线，以及配套的封测生产线。该公司科研团队获评“安徽省高层次人才科技团队”等，与中国科学技术大学等高校及研发机构建立密切的合作关系，申请独立自主知识产权专利 100 余项，获发明专利 20 余项，获安徽省专利优秀奖。产品包括晶闸管（可控硅）、瞬态电压抑制器（TVS）、半导体放电管（TSS）、P61089 系列过压防护集成电路、静电防护器件（ESD）、MOS 管、双极型晶体管（BJT）、整流二极管、肖特基二极管、快恢复二极管等，主要应用领域是家电、安防、消费电子、通讯、汽车电子、工控仪表、清洁能源等。

【合肥晟泰克汽车电子股份有限公司】 合肥晟泰克汽车电子股份有限公司成立于 2003 年 3 月，是一家从事汽车智能化关键传感器及系统研发、生产和销售的国家级高新技术企业。该公司设有技术中心、实验中心、营销中心和数字化生产基地，通过 ISO9001、IATF16949、ISO14001 和 ISO45001 四项管理体系认证，被认定为“国家专精特新‘小巨人’企业”、安徽省“专精特新冠军企业”和“专精特新中小企业”；被评为“安徽省著名商标”“安徽名牌产品”；两次获“安徽省质量奖”、获“安徽省科学技术进步奖”；先后被评为“合肥市创新型企业”“合肥市科技小巨人培育企业”“合肥市庐州产业创新团队”，获“合肥市科学技术进步一等奖”。主营产品有智能驾驶产品单元和车身电子产品单元，智能驾驶产品单元分为环境感知传感器和智能驾驶控制系统，车身电子产品单元分为车身感知系列和车身控制系列，为奇瑞、比亚迪、上汽、北汽、长城、江淮、吉利、日产、东风、合众、华人运通等国内 20 多家主机厂配套。

【科大国盾量子技术股份有限公司】 科大国盾量子技术股份有限公司成立于 2009 年 5 月，是中国第一家从事量子信息技术产业化的创新型企业。主要从事量子保密通信产品研发及产业化，前瞻布局量子计算、量子测量等仪器检测业务。该公司建有省级工程技术中心和企业技术中心，拥有国内外量子技术相关专利 240 余项，专利数和产品市场占有率居世界前列。先后获军队科技进步奖一等奖、中国专利优秀奖、省科技进步奖一等奖、专精特新“小巨人”企业等。该公司自主研发的系列化产品涵盖量子通信网络设备、终端设备、核心器件、科学仪器，以及系统性的管控和应用软件等，提供电信基础设施、政企专网、公共云、私有云、大数据等信息服务平台融合量子技术的信息安全解决方案，提供国防、政务、金融、能源等行业领域信息业务的量子安全保障。

【安徽龙磁科技股份有限公司】 安徽龙磁科技股份有限公司成立于 1998 年，主要从事永磁铁氧体及软磁系列产品的研发、生产和销售。年产永磁铁氧体磁瓦 4 万吨以上，在全球拥有 7 个生产基地和 5 个销售中心。生产的高性能永磁铁氧体湿压磁瓦是直流电机的核心部件，广泛应用于汽车驱动，电气化系统以及车身等各个部位和附件中，如启动电机、ABS 电机、雨刮器电机、摇窗电机等。自 2020 年以来，积

2022 年 7 月 4 日，科大国盾外景 （市经信局／供）

2022 年，安徽龙磁科技股份有限公司建成高性能永磁湿压磁瓦第 4 代工厂
（龙磁公司 / 供）

极布局并建设软磁项目。搭建软磁料粉制备，磁芯生产（金属磁粉芯，铁氧体粉芯），器件开发等多个团队和生产线，依托永磁行业的多年积累，打造软磁产业链。先后通过 ISO9001、QS9000 以及 IATF16949 等质量体系认证。经过多年努力，“龙磁”品牌在国内外市场得到广泛认同，该公司成为全球众多知名电机生产企业的主流供应商。

【合肥芯碁微电子装备股份有限公司】 合肥芯碁微电子装备股份有限公司成立于 2015 年，是一家专业从事以微纳直写光刻为技术核心的直接成像设备及直写光刻设备的研发和生产的国家高新技术企业。该公司在集成电路制版领域基本攻克 90nm 制版设备，填补国内的空白。在晶圆制造领域基本攻克后道生产的光刻设备。该公司授权核心技术专利 100 余项，先后获评国家专精特新“小巨人”企业、安徽省高层次科技人才团队、2020 年度中国电子电路行业百强企业、中国潜在独角兽企业等，并获批建立安徽省企业技术中心、外国专家工作室和第十批省级博士后科研工作站。2021 年 4 月登陆上交所科创板，成为国产光刻设备第一股。

（蔡宏磊）

责任编辑：田　文

信息产业与信息化

综　述

【**概况**】 2022年，合肥市数据资源局释放数据要素价值、整合资源、创新服务，加快培育大数据、物联网、云计算等数字产业，深入推进市级大数据企业认定培育工作，打造数字经济核心产业集群，2022年新增认定合肥市大数据企业881家，获批安徽省大数据企业525家。

【**大数据企业认定**】 2022年，市数据资源局协调推进省、市、县企业培育认定工作，注重工作联动，加强梯次培育，做好存量挖掘，在认定的市级大数据企业中梳理符合省级认定条件的企业名单并组织企业开展申报；努力扩大增量，在申报材料、申报时间等要求上尽量向省级认定相关标准靠拢，方便企业同步开展省市大数据企业申报。首批701家省级大数据企业中，合肥市企业占75%。

践行惠企便民，实行全程线上办理。通过对大数据产业系统升级改造，打通企业申报、县区推荐、专家评审、部门审核、结果公示等环节，实现市级大数据企业认定全程线上办理，提交申请零跑腿、申报材料电子化，减轻企业申报成本，提高各级审核效率，方便审核流程追溯和企业服务管理。

加大宣传力度，强化政策解读。组织县（市、区）数据局参加省市大数据企业认定培训视频会议，强化服务意识；梳理企业申报常见问题，编制“大数据企业认定政策九问九答”并通过局官网、微信公众号等媒体平台发布，提高政策知晓度；在庐阳大数据产业园、瑶海物联网产业园、包河区联东U谷等园区开展调研宣讲，加强政企对接。

2022年7月2日，中国声谷　（市经信局／供）

【**推动数字产业化**】 2022年，市数据资源局加快培育数字产业，建设合肥人工智能与大数据研究院、合肥综合性国家科学中心数据空间研究院、安徽省安全人工智能研究院、吉林大学（合肥）技术转移中心、上海大学合肥产业技术创新中心5个技术创新和成果转化平台。

依托合肥市“城市大脑”底座，建设数字防疫、城市生命线、数字城管、智慧社区、交通超脑、智慧停车、数字巢湖、一网通办、一码（卡）通等一批应用场景。市级数字经济试验区包河区建成运行“大共治”一体化信息化网络平台，打造“十分钟管理全覆盖的高效率治理模式”；蜀山区在全市首建“政务信息共享交换平台”，提升社会服务能力。智慧园区管理中心入选安徽省第二批“城市大脑”应用试点名单；合肥高新技术产业开发区建成全省首个区域经济大脑，实时掌握全区经济和产业运行态势；庐阳区深化全区商贸业数字化改造，培育数字消费场景。

联合市级数字经济试验区开展“双招双引”，引进中科星图、字节跳动、翼迈科技、幺正量子、机数量子、国盛量子、新之数字科技、中交简石数字科技、智慧星光、冰寒科技、国泰新点11家重点企业。举办合肥先进计算产业“双招双引”暨基地建设推进会，推动重点用户、战略合作、生态创新中心等签约。

（方晴晴）

数字经济发展

【概况】 2022年，合肥市坚持“建平台”与“用平台”双轮驱动，数字经济领域呈现基础设施建设、工业互联网平台体系、工业互联网创新应用和工业互联网生态体系齐头并进的良好态势，实现工业互联网赋能千行百业提质增效，工业互联网创新发展迈出坚实步伐。

【基础设施建设】 2022年，合肥市编制印发《2022年合肥市推进5G建设发展工作要点》，在省内率先组织编制并出台《合肥市建筑物配建5G移动通信基础设施技术导则》。落实“1112”工作机制，新解决149个5G疑难站点和442个“转改直”受阻站点，近三年来累计解决1390个5G疑难站点和1263个“转改直”受阻站点；新建5G基站4642个，超额完成当年度5G基站建设任务，全市累计建设5G基站超1.8万个，实现乡镇以上区域连续覆盖和重点区域深度覆盖。支持优质采和安徽移动新建两个工业互联网标识解析二级节点。

【工业互联网平台体系】 2022年，合肥市印发《合肥市百个重点工业互联网平台培育专项行动方案》，成立工作专班，建立会议机制、调度机制和平台动态更新机制，将103个平台列入培育库，形成“20+80”平台体系，涵盖双跨型、行业型、专业型、区域型及企业级平台，及时协调解决平台建设运营中存在的问题，推进平台建设发展壮大。讯飞图聆工业云获批省内首个国家级“双跨”平台，劲旅环境、合力叉车等6家获批国家级特色专业型平台。获批省级行业、专业及区域型平台16家，占全省比重近6成。推进省级工业互联网综合服务平台—羚羊平台推广应用，帮助羚羊公司广泛调研企业、对接重点企业和各类优质服务商资源，了解企业对工业互联网场景的需求并开展云化软件选品；委托羚羊公司开展营收5亿元以上企业诊断，组织“四上”企业上平台、用平台；帮助对接包河经开区，联合徽商银行启动羚羊平台+园区+金融试点项目建设。依托合肥市工业互联网综合服务平台，开展规模以上企业工业互联网应用水平在线诊断，并对参加“智改数转”线下诊断的企业进行跟踪闭环服务。

【工业互联网创新应用】 2022年，合肥市加快制造业与工业互联网深度融合，促进制造业网络化、数字化、智能化转型。通过政策引领、宣传培训、咨询诊断等多种手段，加快工业互联网在电子信息、汽车、装备制造、家电、光伏及新能源、食品加工等行业的应用推广，形成一批典型示范。联合利华合肥工业园、美的洗衣机成为全球“灯塔工厂”；联宝电子、江淮汽车建成全国智能工厂典范，科大讯飞、金星机电、美亚光电、劲旅环境、联宝电子等5家企业入选国家级工业互联网平台创新领航应用案例，有80余个项目获批国家级工业互联网及大数据等示范试点、453家企业通过国家两化融合管理体系贯标评定；安徽新华印刷等28家企业入选省级企业级工业互联网平台，占全省的40.5%；评选出9个“十佳工赋”场景项目和74个工业互联网场景应用示范项目予以奖补。容知日新、工大高科、瑞纳智能、井松科技、劲旅环境等8家工业互联网领域企业成功上市。平台化设计、数字化管理、网络化协同、个性化定制、智能化制造、服务化延伸等新模式在合力、江汽、洽洽、容知日新、奥瑞数控等重点企业落地实施。

【工业互联网生态体系】 2022年，合肥市推进中国工业互联网研究院安徽分院落地合肥，吸引国内外优质服务商资源来肥，与浙江蓝卓、海尔卡奥斯、树根互联等200多家工业互联网平台企业及服务商开展合作洽谈，遴选90余家优质服务商形成全市解决方案服务商资源池，推进杭州趣链、上海汉韦、黑湖智造、广东品高等10余家企业在合肥落地区域总部或全资子公司。打造“智赋合肥”培训品牌，联合工业互联网创新中心、羚羊公司等单位，先后举办10期“智赋合肥”系列培训，累计2000余家次企业、超万人次参加论坛、沙龙、座谈等形式多样的系列培训活动。推动成立合肥市工业互联网协会，有成员单位130余家，依托协会卓有成效地开展解决服务商遴选、10

亿元以上企业免费诊断以及“双招双引”等活动。开展宣传推广活动，聚焦工业互联网最新动态、典型案例和行业新模式、新技术等，联合市工业互联网协会每月刊发《合肥市工业互联网发展工作简报》，加大工业互联网相关知识和应用场景宣传。

（蔡宏磊）

智慧城市建设

【概况】 2022年，合肥市落实《数字安徽建设总体方案》，配合开展一体化数据基础平台试点工作，组织加快“城市大脑”重点领域重点项目落地实施，广泛开展应用建设，丰富应用场景。合肥市入选数字经济发展新一线城市，位居全国第12位，较上年再进2位，连续第四年被安徽省评为发展数字经济成效明显地区，数字经济成为引领合肥高质量发展重要推动力。在国务院电子政务办公室对2021年度全国32个重点城市网上政务服务能力调查评估中，合肥市连续第4年被评为网上政务服务能力“非常高”的城市。

【体制与机制创新】 2022年，合肥市在国内较早成立市级数据资源主管部门，全面优化整合大数据管理职能，促进数据资源开发利用与开放共享，统筹数字经济和大数据产业发展，组建合肥市大数据资产运营有限公司，探索推动数据要素市场化运营。加强顶层设计谋划，出台《合肥市数字经济发展规划（2020-2025年）》《合肥市“十四五”数字合肥发展规划》，聚焦打造具有全国影响力的数字产业集群。强化产业政策扶持，出台《合肥市大数据企业认定管理办法》，在全国率先采用数据收入标准对大数据企业进行量化认定。

【产业创新】 2022年，合肥市将创新能力纳入大数据企业认定考量，大数据企业近80%为国家级高新技术企业，有6家企业成功登陆科创板，企业平均拥有知识产权数量超过31项。推动创新策源，建成量子信息国家实验室、国家新一代人工智能开放创新平台、认知智能全国重点实验室、语音及语言信息处理国家工程研究中心等一批“国字号”创新平台。加强创新协同，成立综合性国家科学中心合肥数据空间研究院、合肥人工智能与大数据研究院，落地腾讯（合肥）智慧产业总部基地、阿里云物联网产业基地等一批产学研合作机构。

【招大引强】 2022年，合肥市汇聚中科星图、四维图新等空天信息产业链企业和单位超50家、科研机构和创新平台10家，初步形成空天信息产业体系。落地神州数码信创总部基地、华云数据信创云产业基地等项目，布局关键领域信息技术应用创新产业。鼓励优势产业做大做强，依托科大讯飞等企业打造智能语音产业基地“中国声谷”，集聚人工智能相关企业上千家，形成千亿规模产业链。培育国盾量子、本源量子、国仪量子为代表的量子企业，形成“量子大道”产业地标。

【服务保障】 2022年，合肥市结合重点工作，加强对有关智慧城市重点项目的安排、支撑和调度。组织相关责任部门根据《合肥市“城市大脑”建设方案》，编制《合肥市“城市大脑”重点项目建设三年计划》，明确具体应用场景对应项目和建设计划安排。推进合肥市综治信息化平台建设二期项目建设，打造市域社会治理现代化指挥、多元化矛盾纠纷调处、社会治安综合

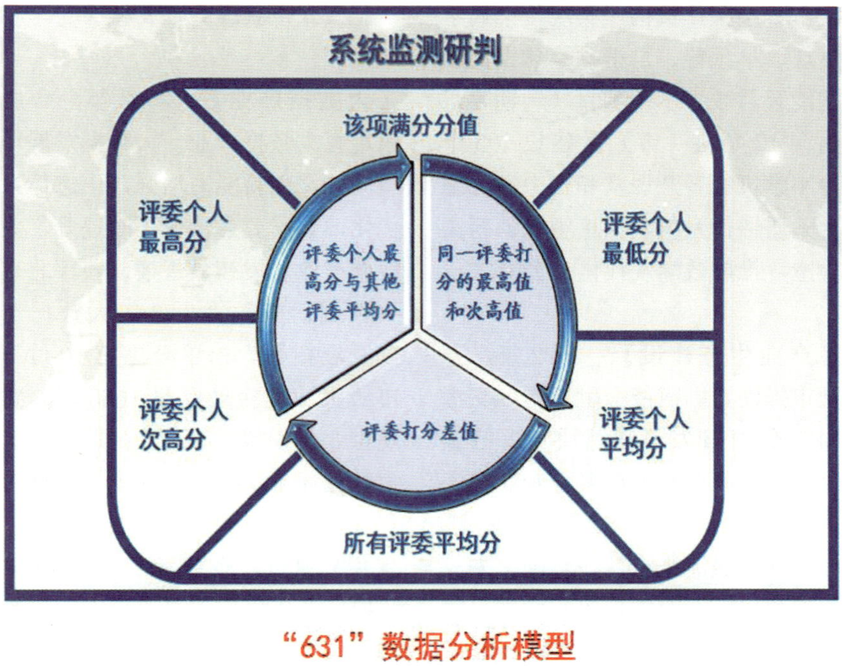

2022年8月，合肥市在公共资源交易监管首创“评委打分监测系统”

（市公管局/供）

治理、重点人群服务管理、重大事项应急处置五大实战功能。建设公共资源交易智能语音分析系统（二期），提升公共资源交易智能化监管水平，优化监督方式，提高评标效率和准确率，实现“智慧交易”。建设网络交易监管服务平台（三期）及企业法人基础库，建成全市基础企业法人库，汇聚150.4万户市场主体数据，与公安、人社、医保等30多个部门共享数据10万余次。建设地表水水质自动监测体系，新建95个一体化微型水质自动监测站，对9个建立水质自动监测站的加装总氮监测单元和质控模块，搭建市水质自动监测管理平台，提高水环境管理水平。推进智慧合肥时空大数据平台建设，为智慧城市上图应用提供地理信息支撑。推进合肥市重要产品追溯体系建设，实现农产品、农资产品等重要商品的源头追溯。建设人工智能医疗服务平台项目（一期）-合肥市传染病防控智慧化预警多点触发系统，全面覆盖18家二三级医院、四区四县一市基层医疗机构，实现传染病早发现、早预警、早干预。建设人工智能智慧教育示范项目（一期），面向12个县（市）区建设405个中小学班级智慧课堂和初中学生综合素质评价系统、人工智能创新实验室，推进教学现代化、智能化。

2022年，蜀山经开区智慧城管项目入选安徽省“城市大脑”应用试点

（联通公司/供）

【产业生态建设】 2022年，合肥市推动数据赋能金融工作，支撑14家银行开发“智慧快贷”等金融产品，降低数据要素型企业融资成本，累计凭“数”授信120亿元。构建行业交流平台，在全国率先成立大数据行业党委，组织成立大数据产业联盟、数据要素产业联盟、区块链产业创新战略联盟，构建“党建引领、联盟支撑”的产业交流合作体系。加强产业推荐宣传，定期组织企业参展中国“智博会”“数字中国”峰会展会，连续第五年举办中国（合肥）数字经济创新峰会，每年发布《合肥市数字经济发展白皮书》，开展优秀企业、案例、应用场景推介。率先实践数字应用，构建“新一代政务云+城市中台+应用场景”三位一体“城市大脑”，在国内率先建设开通规模最大、用户最多、应用最全的量子城域网，打造“城市生命线”城市安全管理合肥模式，获国务院表彰推广。

【大数据产业】 2022年，合肥市培育大数据产业，大数据发展环境向好，创新能力增强，生态体系优化，数据要素价值不断提升，大数据产业发展初具规模，获评北京大数据研究院“2022年大数据产业发展指数”榜单全国第10位。市级大数据企业存量1655家，实现企业营收超800亿元；培育省级大数据企业525家，占全省75%。有15家大数据企业实现成功上市，有3家独角兽企业和11家潜在独角兽企业，先后培育“量子通信第一股”“数字货运第一股”，相继研发出全球首颗智能穿戴领域人工智能芯片、国内首台自主知识产权的量子计算机、世界首次千公里级量子纠缠密钥分发等一批标志性产业创新成果。

（方晴晴）

无线电管理

【概况】 2022年，安徽省无线电管理委员会办公室合肥管理处（以下简称“合肥无线电管理处”）拥有各类无线电监测固定站、小型站、民航站17个，移动监测车5辆，压制车1辆，升空平台监测系统1套，考试无线电监测与压制系统5套，1套无线电传感器系统（含90个传感器），1套铁路无线电监测系统，1套众包无线电监测系统，1套核心要地无线电保障系统。合肥市无线电管理技术设施当年形成由固定监测站、传感器和众包系统为主的常规超短波无线电监测网，使无线电管理得到强有力的技术支撑。

【频率台站管理】 2022年，合肥无线电管理处为宜家家居、新华人寿等单位办理频率新增许可事项

5 项，为合肥燃气集团、晶合集成电路等单位办理频率变更、续用、注销等事项 40 项，核换发电台执照 460 个（除公众移动基站执照），新增业余电台 141 个。合肥地区“两表一单”登记建成 5G 基站 12648 个，其中广电 700M 基站建设近 3000 个。首次调整业余无线电台管理模式，形成“操作能力验证－呼号核发－设台手续办理－日常监督检查”闭环管理。截至年底，合肥市设有各类无线电台（站）总数 134167 个，其中公众移动基站 128148 个，超短波台（站）4725 个，业余无线电台（站）884 个，其他台（站）410 个。

【干扰排查】 2022 年，合肥无线电管理处实施无线电监测超过 3 万小时，排查各类无线电干扰 27 起，其中民航干扰 17 起，公众移动通信干扰 8 起，铁路干扰 1 起，其他干扰 1 起，均得到有效查处，合法无线电台（站）的正常运行得到保障。3 月 18 日，中央电视台财经频道《对话》栏目在中国科学技术大学先研院进行录制，突然话筒频率受干扰，无法使用；该处技术人员根据频率使用情况和监测结果，指导节目组更换频率，加强对使用频率的监测，保证节目录制顺利进行。合肥新桥机场当年有两次校飞突遇紧急干扰，该处均成功定位可疑干扰源，提前消除隐患，避免机场造成重大损失。

【安全保障】 2022 年，合肥无线电管理处完成世界制造业大会、党的二十大、省党代会等重大活动和各类重要考试的无线电安全保障任务。世界制造业大会期间，该处安排两组人员全员出动，一组在大会现场开展无线电监测，保障大会期间的电磁安全；另一组负责引导重要领导的车辆行程，保障工作获大会执委会肯定并发来感谢信。完成高考、中考、司法、会计等各类重要考试无线电保障任务 28 次，参与保障天数 56 天次，投入人员 562 余人次。

【专项行动与基础工作】 2022 年，合肥无线电管理处开展严厉打击非法入境、销售无线电发射设备、频率使用年度报告工作、卫星地球站和短波无线电台站专项核查、业余无线电台专项核查等专项行动。在开展严厉打击非法入境、销售无线电发射设备专项行动中，与海关合作排查入境设备 3 批次，与市场监管、公安开展线上检查各一次，开展线下店铺检查 3 次，查处非法销售设备 94 台。在打击“黑广播”专项行动中，上半年查处取缔“黑广播”7 个，下半年全面清零，“黑广播”数量同比下降 70%。

完成国家无线电管理局下发的两批次无线电发射设备型号核准“双随机、一公开”抽查、省内无线电管理“双随机、一公开”抽查、无线电管理宣传、发射设备销售市场检查、行政执法、固定资产管理、设备维护等工作，确保年度各项既定目标任务的全部完成。

（汪全君）

2022 年 10 月 18 日，市无管办开展无线电发射设备销售备案联合检查

（市无管办／供）

通信业

【概况】 2022年，合肥市电信业务总量135.87亿元，比上年增长29.7%。年末本地固定电话用户116.13万户，比上年末减少3.25万户。移动电话用户1145.08万户，增加36.47万户，移动电话普及率121部/百人。固定互联网宽带接入用户487.99万户，比上年末增加52.89万户。

【合肥电信】 2022 年，中国电信合肥分公司全面深化企业改革，其中以云为核心纵深推进政企改革，建立健全以客户为中心的组织体系，推进从面向“云”到面向“以云为核心的政企全项目”，从“被调度”走向企业“主流程”，构建以云中台为中枢的全项目调度统筹体系，提升以天翼云为底座的产业数字化发展能力。以产数收入增长要求为指引，开展行业BU团队承包试点，通过牵引BU聚焦头部客户开展DICT项目攻坚，打造全区行业标杆；优化调整政企包区薪酬结构，牵引客户经理，加快拓展产数业务和DICT项目；强化产数考核评价，加大云改数转类指标考核权重及应用。

公司获2022年安徽公司技能大赛2个团体一等奖，华润万象生活天翼云图项目获国家工业和信息化部“绽放杯”5G应用大赛智慧商业专题赛一等奖、人气之星奖，“蔚来汽车5G+云+AI全场景智能工厂”应用获评当年安徽省5G+工业互联网十大创新应用之一，有10名员工分别获评省劳动模范、省金牌职工、市五一劳动奖章、市五一巾帼标兵等。

经营服务。实现业务收入增长，企业收入提升，收入规模和收入增幅攀升，达到近三年来的最高值，年末收入同比增长9.3%，收入份额提升0.25PP。产数业务实现快速突破，产数及天翼云成为拉动收入增长的重要动力。在价值经营方面，完成净利润实现预期目标，自由现金流同比提升明显，年末完成10项效能提升主指标。在提升经营发展的质量和效益方面，DICT增量成本累计完成占总额比9.17%，优于年度目标1.53PP。公司服务水平保持领先地位，客户服务实现行业、全省双领先，当年度用户感知综合评价在全省排名第一，服务工作运营评价居全省排名第六位，工信部有效申诉率领先值36.3，行业排名第一；携号转网申诉率同比下降50.7%，在全省排名第一，公众客户年度满意度领先值1.29，连续三个季度居同业第一位，在全省排名第四位；政企客户满意度96，高于目标值8PP，同比提升4.9分。

通信网络建设。全面新建开通5G基站，实现合肥市主城区、县域城区连续覆盖，5条地铁线、102所校园、景区和乡镇以上区域实现全覆盖，向热点农村延伸广覆盖；5G分流比达38.95%，居全省首位；推进基站低成本自建42处，搬迁自建134处；推动《合肥市建筑物配建5G移动通信基础设施技术导则》政策落地。电联4G共享小区，其中实现电信共享完成率199.43%，关拆小区进度128.62%。在光网建设方面，城域网出口带宽较上年提升68%；FTTH端口利用率提升至56.15%，光网覆盖加厚。在算力建设方面，全面完善“1+4+X”算力布局，完成铜陵路、祁门路等五个机楼机架建设。全面贯彻数字中国战略，推进赋能数字合肥建设，与市政府签订安全领域深化战略合作协议，参与建设全市统一的政务云和大数据平台，同市政府完成基于“天翼云4.0”架构的政务云建设规划，为全市各级政府单位在“十四五”期间开展XC应用做好资源储备；加快打造天翼云在合肥地区的主导地位。在智慧社区建设方面，全年签约744个小区，聚焦疫情防控、小区物业管理需求，以信息化手段助力社区综合治理；全面规模拓展数字乡村，覆盖75%以上，并以数字化手段助力乡村基层治理。

全面加强维护网信安全，加强网信安全管理，全量资产安全可靠，不良信息处置准确和及时率均100%，实现信息泄露事件零发生、工信部通报未备案网站零发生。推动备案核查自动化，提升备案信息核查效率。贯彻落实数据安全法、个人信息保护法要求，完善数据安全全生命周期管理流程。严格落实反诈防诈工作，自主创建8大预警模型，快速预警拦截疑似高危号码。深化警企协作，警企共建“反电诈宣传教育基地”。完成中国电信安徽省公司下达的农村区域FTTH端口、5G基站建设任务，提升农村地区光宽、4G网络覆盖密度与质量，并面向脱贫群众延续提供通信业务惠民政策，确保平价信息终端供应。

（刘　芳）

【合肥联通】 2022年，中国联合网络通信有限公司合肥市分公司（以下简称“中国联通”）设有10个职能部门、5个县分公司、4个区分公司，拥有全口径各类用工千余人，大专及以上学历占员工总数的95%。该公司全面贯彻落实集团公司“1+9+3”战略规划体系，建成覆盖全市的全业务综合通信网络和营销服务网络，当年获评“合肥市放心满意消费示范公共服务企业”，并获“绽放杯”5G应用征集大赛全国赛优秀奖、“绽放杯”5G应用征集大赛绿色智能制造专题赛一等奖、中国工业互联网大赛优秀奖等。

落实网络强国战略。全面推进移动网分场景全覆盖。对合肥市境内高速公路及快速路信号覆盖质量进行优化，总体道路信号覆盖率由97.8%提升至99.2%。完成地铁4号线、5号线北段4/5G全线优化，修复异厂家设备参数差异，站台与隧道之间4G切换等问题。对全市265处菜市场信号覆盖进行核查优化工作，完成大润发、永辉超市、联家超市、润宜家超市等76

处门店的信号覆盖核查优化工作。全年新增覆盖重点口碑场景100多处，新增建设基站137座，4G基站规模达6018个，较2021年增长13.93%；新增室分605处。截至年底，累计建成5G基站4101座，较上年提升513座；5G室分1573处，较上年提升103.4%。城市整体5G网络覆盖率达到81.37%，城区、县城5G覆盖率93.21%，农村乡镇5G覆盖率71.27%。在千兆宽带建设上，城区住宅覆盖数253.67万户，城区住宅覆盖率83.16%，比2022年1月提升12.16%。光纤宽带用户占比从上年的88.42%提升至91.59%。城镇家庭宽带接入速率提升至208Mbps. 农村家庭宽带接入速率提升至146Mbps。在算力网络推进上，合肥拥有IDC机架数785架；IDC出口带宽4000G，完成政务云和骨干云池扩容，MEC共享型节点2个，MEC专享型节点4个。在IPv6建设上，支持IPv6的CDN节点超过92%，总体IPv6网络流量占比达32.36%，政府、大型政企单位等IPv6用户占比达15%，家庭宽带IPv6用户占比58%。

*巩固信息安全防线。*依托集团公司数据能力，累计向公安机关提供疑似诈骗GOIP线索35次，抓获嫌疑人12人，查获设备及手机12台，收缴手机卡若干张。派驻省、市两级反诈中心快速响应，累计关停69个号码，阻断省外号码112107个，封堵网站3526739个，保护性暂停693个。派驻省、市两级反诈中心因快速响应，支撑有效，收到来自省公安厅、市打击治理电信网络新型违法犯罪工作联席会议办公室的感谢信函。

*全面推动数字化转型。*在数字政府领域，新签数字政府项目121个，打造覆盖全市的三级视频会议系统，成功完成省政府“重大项目云签约”等多个重大视频会议的保障工作。在科技抗疫领域，承接多个区县货车定位管理平台、疫情防控平台、方舱医院信息化、电子哨兵等建设任务，承担科技抗疫服务项目超过50个。在工业互联网领域，累计新签工业互联网项目71个，打造“新能源汽车智慧园区”巨一科技、“国家级智能制造试点示范”长虹美菱、“5G融合绿色灯塔工厂”美的洗衣机。

2022年5月，合肥联通完成安徽重大项目“云签约”活动保障工作

（合肥联通／供）

*履行社会责任。*完成全面各项重大活动网络重保任务。为党的二十大、2022世界制造业大会、网安周、双创周等重大活动及会议，以及爱琴海商场、宜家家具商场、奥特莱斯周年庆等商业活动提供网络保障，全年出动保障车辆及人员上百次。推进数字乡村建设助力全面乡村振兴，累计建设村级平台266个，带动移宽发展11123户。为困难群众提供免费宽带6735条，享受扶贫优惠困难群众达1.08万户；每月给贫困群众减免32.4万元通信费用，全年累计给贫困用户累计减免388万元通讯费用。开展助老助残暖心服务，“智慧助老”服务体验中心正式挂牌，为老年群体提供专属优惠套餐，如孝心卡、银龄卡、无忧卡等；发放助老语音流量礼包，针对残障人士提供畅视和畅听王卡，办理时设置专用绿色通道，截至年底，享受助老助残政策用户累计达8866户。

（王　丽）

【合肥移动】 2022年，中国移动通信集团安徽有限公司合肥分公司（以下简称“合肥移动”）实现收入58.35亿元；服务5G用户超396万户、宽带用户225万户，累计服务移动通信客户约690.1万户；手机客户满意度领先值2.91、家宽客户满意度领先值6.06，客户满意度居行业领先地位。合肥移动被授予合肥市工人先锋号、三八红旗集体及五一劳动奖章等称号6项，12345市长热线在2022年全国政务热线服务质量评估中获评“A+总体评估优秀单位”。

*业务发展。*推进5G网络布局建设，开通5G站点2456个，其中700M站点开通2063个，实现县城及以上连续覆盖并全面达到精品网

标准，80%行政村同步实现5G覆盖，5G平均下载速率超900Mbps。强化4G信号弱覆盖补点，通过拆现补忙开通4G站点216个，建设4G基站累计超过1.3万个。加快全光网络建设，推进“光纤到户”工程，家庭光纤宽带全面覆盖城镇小区，新增宽带覆盖36.1万户，累计到达583万户，千兆宽带实现县城及以上全接入能力，300M及以上高速宽带占比超58.0%。

信息化应用。开展“四个平安”“领先行动”，建设数字乡村771个、覆盖率65%，平安街区191处，合作平安校园35所、智慧小区50个。在智慧制造方面，与安徽江河智能装备集团联合打造5G+工业互联网平台项目，与联合利华联合打造5G专网项目。在智慧教育方面，与安徽大学合作，打造全省首个5G双域实验专网和5G实验室。在智慧执法方面，与合肥市公安局、肥西县公安局、安徽女子监狱合作进行5G智能警务、狱务终端升级项目。全年成功打造38个省级示范项目和7个专网标杆项目。

落实疫情防控“三个保障”。在通信保障方面，完成全市7900余个核酸检测点等重点场景的7*24小时信号监控、隐患整治和优化扩容工作。在服务保障方面，全力保障疫情防控相关系统实现第一时间上线、安全稳定运行；协助完成约11家方舱医院及隔离点建设；开展流调电话大数据平台合作，与市卫生健康委员会数据平台进行对接，实现疫情流调自动外呼；发送疫情提醒公益短信约2.24亿条。在防疫保障方面，做好一线服务人员防护工作，累计发放口罩等防疫物资12.5万件；全年累计开展核酸检测54轮次，参与人数41950人次。

网信事业。在信安管控方面，严格落实“断卡”“打猫”“排雷”等专项行动，预警处置各类异常号码9万余个，配合警方破获开卡团伙案件13起，抓获嫌疑人17人，涉案号码月均值同比下降36%。在应急保障方面，累计出动保障人员1910人次，保障车辆762辆次，完成党的二十大、安徽省两会、全国双创活动周、世界制造业大会、世界集成电路产业大会、全国网络安全周等重大活动、突发事件应急通信保障任务。

助力区域经济社会发展。积极落实“数智乡村振兴计划”，全年建设开通农村及偏远区域700M基站226处，5G信号覆盖行政村166个；助力平安乡村安防监控体系建设，累计打造平安乡村771个；消费乡村振兴产品145.21万元，助销28.64万元。

（唐　啸）

责任编辑：田　文

农业农村

综　述

【概况】　2022年，合肥市扛稳粮食安全政治责任，全面推进乡村振兴，加快建设农业强市。粮食产量294.23万吨，蔬菜产量250.65万吨，生猪出栏164.5万头，牢牢守护好市民“米袋子”“菜篮子”“肉案子”。

农业经济稳健运行。农林牧渔业总产值584亿元，同比增长4.2%，一产增加值379亿元，同比增长3.9%。农村常住居民人均可支配收入28727元，同比增长7.0%，增速高于全省、全国平均水平。

种业之都加速形成。拥有国家种业阵型企业6家，建成国家农作物种质资源库2个，118个农作物品种通过国家品种审定、占全省80%以上，杂交水稻种子出口连续四年全国第一。

美丽乡村展现新貌。农村人居环境整治成为全省示范，建成省级美丽乡村33个、美丽宜居自然村722个，创建省级文明乡镇18个、文明村25个。

脱贫成果持续巩固。健全防止返贫监测帮扶机制，选派71名退出领导岗位干部到村任职。脱贫人口人均纯收入同比增长16.5%，全省领先。和美乡村与现代都市交相辉映、相得益彰，书写共同富裕的时代答卷。

【粮食和重要农产品生产】　2022年，合肥市成功应对历史罕见高温干旱，粮食产量294.23万吨，夺得“十八连丰”。

建设高标准设施蔬菜基地35个，新增设施蔬菜面积1333公顷，蔬菜产量250.65万吨，同比增长3.7%。

畜牧业结构不断优化，新建及改扩建规模养殖场58个，新增生猪产能10万头。

持续实施虾稻产业“3115”发展战略（全市虾稻综合种养面积100万亩以上、一产产值100亿元以上，一二三产总产值500亿元以上），新增虾稻综合种养面积6900公顷、绿色池塘标准化改造面积403.93公顷，全年水产品产量23.86万吨，同比增长4.26%。

【“两强一增”行动亮点增多】　2022年，合肥市“两强一增”（即两强一增：科技强农、机械强农、促进农民增收）行动亮点增多，新建17个农业科技示范基地，推广主推技术101项，农业科技进步贡献率68%。“智能育种加速器”获批省级新型研发机构，种业销售额105亿元。推进2022年度高标准农田建设1.42万公顷，完成投资6.63亿元。建立省级育秧中心14个、烘干中心12个、综合农事服务中心10个，农业机械化率超85%。建设省级数字农业工厂10家、应用场景80家，农村产品网络销售额178亿元，同比增长39%。

实施农民增收行动，农村常住居民人均可支配收入28727元，同比增长7.0%。

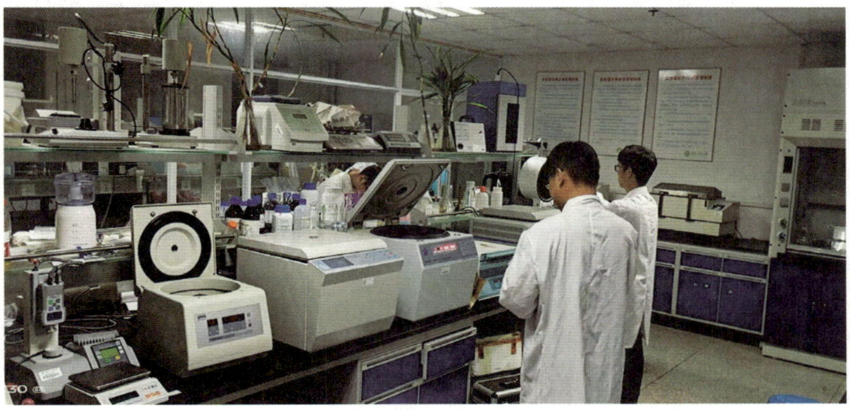

安徽省地方畜禽遗传资源保护与生物育种省级重点实验室

（市农业农村局/供）

【绿色生态发展】 2022年，合肥市创建省级现代农业产业园8个，肥东县入选第三批国家农业绿色发展先行区创建名单，肥西县入选国家农业现代化示范区创建名单。

主要农作物测土配方施肥技术覆盖率达92.5%，病虫害绿色防控覆盖率43.57%。畜禽粪污综合利用率达95%以上，规模及大型畜禽养殖场（小区）粪污处理设施装备配套率达100%，“两率”指标全省领先。

创建水产健康养殖国家级示范场103家，全市健康养殖示范面积比例94.5%。抓好巢湖流域农业面源污染防治，建立绿色种养循环示范区2万公顷，2015年以来化肥农药使用量实现“七连降”，质量兴农、绿色兴农成为合肥现代农业主旋律。

【全产业链发展】 2022年，合肥市强化项目要素保障，协调解决老乡鸡、洽洽等企业遇到的困难，加速农业行业、百亿企业的成长进程。127家农业企业获贷款贴息3930万元，同比增长385%。

推进名优农产品进超市、进高速、进地铁、进公交，合肥轨道“强农号”列车正式上线。全市规模以上农产品加工产值720亿元，同比增长1.9%。

乡村旅游发展提质升级，庐江县鲍店村被评为2022年“中国美丽休闲乡村”。全市休闲农业和乡村旅游营业收入84.2亿元，同比增长20.3%。

【农村改革】 2022年，合肥市实施“三变”改革（即资源变资产、资金变股金、农民变股东）的村居增至1288个，占总村数91%；50万元以上经济强村数573个，占比49.4%。

全市土地流转面积29.47万公顷，流转比例60%。规模经营主体蓬勃发展，家庭农场发展到2.9万家，农民合作社总数稳定在6000家。推进农村闲置宅基地盘活利用试点示范，盘活闲置宅基地517宗、闲置住宅397宗，吸纳社会资本4.34亿元，带动667户农民就业。

【人居环境整治】 2022年，合肥市加快农村人居环境由中心村向自然村覆盖延伸，启动30个美丽乡村中心村、683个美丽宜居村庄建设。加快人居环境向室内庭院延伸，对864个特殊困难群众实施人居环境关爱帮扶。持续提升农村环境“三大革命”（即农村垃圾、污水、厕所革命）水平，完成改厕7851户，农村常住农户无害卫生厕所普及率提高到95.5%；农村生活垃圾无害化处理率保持100%；巢湖流域一级保护区农村生活污水治理率提高到80%以上，全市农村生活污水治理率提高到37.8%。合肥市农村人居环境整治提升工作，获省政府督查激励。

（杨荣清）

2022年，肥东县梁园镇袁小庄田园综合体成为合肥近郊亲子游的热门选择
（陈超伍 / 摄）

种植业

【概况】 2022年，合肥市农作物总播种面积70.19万公顷，同比增长0.8%。粮食总产量294.23万吨，同比略增；蔬菜产量250.65万吨，同比增长3.7%；瓜果产量27.99万吨，同比增长3.4%；油料产量18.19万吨，同比增长9.5%。

【粮食安全责任】 2022年，合肥市坚持“稳定面积、主攻单产、规模经营、均衡增产”，探索省会城市稳粮增效新路子。全市粮食种植面积52.53万公顷，粮食产量294.23万吨，比上年增加0.1万吨。

出台激励政策。强化粮食安全党政同责，推动粮食“稳面积、稳产量”落到实处。将健全完善粮食收益保障纳入全市稳住经济一揽子政策措施，下达种粮补贴资金1.34亿元，提升种粮积极性。支持发展双季稻连片种植，全面落实产粮大县三大粮食作物完全成本保险和种植收入保险。推动涉农高质量发展政策落实，支持优质粮食绿色生产基地建设。

提升地力水平。着力固本强基，实施高标准农田建设。全市建成高标准农田25.27万公顷，占耕地比例54%。着力培植地力，实施耕地质量提升工程。推广测土配方施肥、缓释肥料、生物肥等新型肥料。全年实施测土配方施肥推广面积32.96万公顷次，测土配方施肥技术覆盖率93.0%。全市化肥利用率41.3%，同比提高0.3个百分点，化肥使用量同比下降3.2%。

推广技术应用。推进巢湖流域一级保护区绿色生产，实施绿肥+优质稻4600公顷、稻渔综合种养686.67公顷。推广生物防治、物理防治等绿色防控技术，实施病虫害专业化统防统治和绿色防控面积51.11万公顷次，化学农药使用量同比下降6.5%。夏季遭受近50年一遇特大干旱，全市广大干部群众迅速行动，协同联动各部门力量，坚持“五水共济”，打赢抗旱救灾硬仗，力保秋粮稳产丰收。

打造地标品牌。全市种植面积在50亩以上、300亩以上和500亩以上的种粮大户分别为10845户、2923户和1108户，规模种粮面积17.59万公顷，各类农业社会化服务组织突破3000家。推广粮食生产全程机械化技术，全市水稻标准化育秧工厂45座，主要农作物耕种收综合机械化水平85%，机插秧面积15.73万公顷，机插秧水平达59%。发挥粮食加工企业的龙头作用，建立“龙头企业+合作社+家庭农场（大户）+基地”利益联结机制，全市粮食订单面积突破20万公顷。

【蔬菜稳产保供】 2022年，合肥市全市蔬菜种植面积9.66万公顷，同比增长3.1%；蔬菜产量250.65万吨，增长3.7%。全市居民人均每天蔬菜供应量0.73千克，蔬菜稳定增长，供应充足。

支持设施蔬菜提档升级，引进现代化高效设施农业企业，提高既有设施蔬菜复种指数。全年设施蔬菜种植面积2.7万公顷，产量80万吨，超额完成省“两强一增”年度任务。通过连续多年对设施蔬菜的政策支持，设施蔬菜播种面积发展到总面积的30%。

推动食用菌产业集群发展，重点推进中国菌物谷建设，同步推进长丰造甲食用菌产业集群、肥东工厂化食用菌、蜀山食用菌小镇和巢湖柘皋食用菌等项目，打造全省食用菌产业先行区、样板区。全市食用菌产量5万吨，产值4.8亿元。

【农机化发展】 2022年，合肥市优化农机装备结构，机总动力达509.37万千瓦，主要农作物综合机械化率85%。

建设农事服务中心。建设省级农事服务中心项目36个，其中育秧中心14个，烘干中心12个，综合农事服务中心10个。围绕农业重点产业链，建立市级特色农事服务中心23个。

开展农机专业培训。全市农机培训2100人，每县（市）420人。其中100名理事长纳入市“百千万”工程培训，310名农机手纳入新型职业农民培训，750名农机手纳入市农机专业培训，其余纳入各地日常培训。

加强农机安全生产监管。巩固国家级“平安农机”示范市创建工作成效，开展农机“安全生产月”和“安全生产庐州行”活动。鼓励本地籍变型拖拉机提前报废淘汰，补助资金281.7万元，共注销1645台。

（杨荣清）

养殖业

【概况】 2022，合肥市以发展设施畜禽生产为重点，推进畜禽养殖业提档升级，畜禽产品总产量66.34万吨，同比增长4.28%；畜牧业产值130.76亿元，同比增长5.1%。水产苗种产业健康发展，虾稻产业持续发展，渔业资源保护得到加强，成功举办第21届中国·合肥龙虾节。渔业产值102.26亿元，同比增长5.9%。

【畜禽养殖】 2022年，合肥市畜禽产品总产量66.34万吨，同比增长4.28%，增幅为2012年以来最高。畜禽产量连续两年实现恢复性增长，总产量居全省第四位。肉类产量35.52万吨，其中猪肉13.7万吨，增长4.34%；禽蛋产量21.13万吨；生牛奶9.69万吨，增长9.72%。生猪出栏164.5万头，年末存栏85.2万头，生猪产能恢复态势明显。

提升设施畜牧业发展水平。发展规模化、集约化、机械化、智能化养殖，应用先进养殖设施设备和管理技术，推进养殖设施设备功能配套、工艺融合，加快构建高质高效畜禽设施养殖体系，发展生态健康养殖。新创建省级畜禽标准化养殖示范场4家，全市畜禽规模化养殖比重达92%。

畜禽种业发展进入快车道。合肥企业牵头培育的“皖临白山羊”获国家畜禽品种委员会审核通过，该品种是国内培育的第三个肉用白山羊品种，也是全省第一个大家畜新品种，是建设种业之都的标志性成果。巢湖麻鸭保种取得新进展，基础群、核心群饲养状况良好，获原种场生产经营资质。祖代鸡场建设实现零的突破。制定市级畜禽种质资源保护方案，细化三大地方品种保种实施方案。完成省级畜禽遗传资源保护单位“三场一库”评估。

提升畜牧兽医监管水平。推进畜禽污染治理，在全省率先制定市级《畜禽养殖场（户）粪污处理利用设施建设与管护技术指南》，加强畜禽粪污资源化利用“计划 + 台账”管理，指导养殖场户开展粪污资源化利用和就近还田，规模养殖场粪污综合利用率 96%，设施配套率 100%。开展动物诊疗机构行业秩序整治，出台规范性文件，做好“准入 + 监管”。落实重大动物疫病防控责任，全面完成春秋两季重大动物疫病强制免疫工作，未发生一起重大动物疫情。

【水产养殖】 2022 年，合肥市水产品总产量 23.86 万吨，同比增长 4.26%。渔业产值 102.26 亿元，同比增长 5.9%，渔业经济持续领跑全省。

推进水产绿色健康养殖。实施水产绿色健康养殖技术推广“五大行动”，巢湖流域一级保护区内 15 家水产养殖场尾水改造项目全部投入使用。池塘循环流水养殖、工厂化养殖等高效集约养殖模式迅速发展，建成工厂化养殖水体 1.8 万立方米，全市水产养殖单产水平得到提升。推进河蟹、小龙虾等传统优势养殖品种发展，引进澳洲小龙虾、龙纹斑等名优品种本土化养殖。

推进渔业全产业链发展。提升水产品加工水平，推进小龙虾产业集群项目，投入资金 5000 余万元用于扩大生产，全市龙虾加工能力提升 20%。“合肥龙虾”授权加工企业与拼多多开展战略合作，在拼多多平台开设线上“合肥龙虾一条街”，注册店铺 30 余家，销售状况良好。打造集旅游、观光、垂钓、文化体验为一体的休闲渔业示范基地。全市规模休闲渔业基地发展到 300 余家。

强化水产品质量安全监管。部、省级水产品监督抽查、风险检测合格率 100%，市级水产品快检合格率 100%。开展水产养殖用投入品规范使用专项执法行动，根据生产实际，对重点区域、重点对象，深入开展专项整治行动及“双随机”检查，未发现违规使用投入品等问题。

增强渔业资源养护水平。围绕巢湖及通湖河流、黄陂湖等重点水源保护地和渔业资源保护区，开展渔业增殖放流，投放各类净水鱼苗 423.5 万尾。加大对水生野生动物展演场所的执法监管力度，开展 48 次水生野生动物专项执法检查。加强国家重点保护水生野生动物标志管理宣传工作，督促持证单位申领标志。在合肥海洋世界建设水生野生动物保护救助中心，进一步提升水生野生动物保护救助能力。

继续打好打赢巢湖禁捕攻坚战。张贴宣传海报 544 份，悬挂横幅 600 余条，设立禁捕宣传牌 180 个、公示公告牌 142 个、展板 20 个，发放各类宣传材料 1.3 万份。通过新闻媒体平台以及各类新媒体发布禁渔宣传报道 76 次。以群众喜闻乐见、易于接受的方式让禁渔宣传发挥成效，营造“不想捕、不能捕、不敢捕”的良好氛围。全年未发生一起上级农业农村和公安部门通报的重大非法捕捞案件。

（刘文红）

农业产业化

【概况】 2022 年，合肥市围绕农业全产业链建设，加大绿色食品及现代种业“双招双引”（即招商引资、招才引智）力度，加快实施农业产业化“151”（即到 2025 年力争农业全产业链产值 100 亿元企业 3 家以上，50 亿元企业 5 家以上，10 亿元企业 15 家）和“166”（即培育千亿产业 1 个、百亿元产业集群 6 个、省级特色农产品优势区 6 个）行动，大力推进农产品加工业“五个一批”工程（即发展一批农产品加工强县（市、区）、建设一批农产品加工强园、打造一批农产品加工领军企业、引进一批知名大型农产品加工企业、培育一批有影响力的农产品品牌）。全市规上农产品加工产值 720 亿元，同比增长 1.9%。

【市场主体培育】 2022 年，合肥市市级以上产业化龙头企业达 670 家，其中国家级 10 家、省级 96 家，市级以上示范产业化联合体 123 家（其中省级 64 家），形成以市级为基础、省级为骨干、国家级为引领的三级农业产业化龙头企业梯度发展格局。农产品加工企业克服疫情影响，新增 50 亿元龙

2022 年，长丰县水湖镇连续三年上榜“全国乡村特色产业超十亿元镇”
（长丰县委史志室 / 供）

头企业 1 家，10 亿元龙头企业 10 家，全口径农产品加工产值 1720 亿元，同比增长 9%。长丰县入选全国农业全产业链典型县建设名单，肥东县桥头集镇入选全国农业产业强镇创建名单。

【优化发展环境】 2022 年，合肥市成立绿色食品与现代种业产业链专班，建立重点企业“一对一”联系服务机制。市委、市政府主要负责同志到企业现场调研，为企业把脉问诊、纾困解难。组建总规模 10亿元的全省首支乡村振兴基金，打造引领性、标杆性的农业产业项目，相继投资生鲜传奇、王仁和米线、白云春毫茶业等领军企业。推动政策强农，127 家农业产业化龙头企业获市贷款贴息 3930.5万元，同比增长 385%。全方位开展“双招双引”，全年新签约、开工、投产项目数 197 个，居全省第一位，签约总额 392.479 亿元，居全省第一方阵。

【打造产业地标】 2022 年，合肥市坚持以大项目推动农业产业化发展，聚焦粮食、蔬菜、现代种业等重点产业，开展精准招商，先后引进益海嘉里、中储粮、詹记总部等重点项目。实施合肥名优农产品“地标品牌”工程，组织 40 多家农业企业与百大合家福、生鲜传奇、轨道集团、公交集团、驿达高速等对接，推进名优农产品进超市、进高速、进地铁、进公交等多场景集中推介，设立合肥名优农产品专区、专柜 60 余个。合肥轨道“强农号”列车正式上线，名优农产品既“好卖”又“卖好”。

【三产融合发展】 2022 年，合肥市坚持把休闲农业及乡村旅游作为现代农业调结构促升级的重要内容，开展休闲农业和乡村旅游示范创建，完成创建 2 个中国美丽休闲乡村，3 个省级休闲农业和乡村旅游示范县，18 个省级休闲农业与乡村旅游示范点，65 个市级休闲农业示范点。蜀山区小岭南被评为 2022 年省级休闲农业和乡村旅游示范园区，庐江县罗河镇鲍店村被评为 2022 年中国美丽休闲乡村。全年休闲农业和乡村旅游总收入 84.2 亿元，同比增长 20.3%；接待游客 4461.82 万人次，同比增长 9.36%。

（黄　卫）

种业之都建设

【概况】 2022 年，合肥市依托地域资源优势，坚持创新引领，推进“五种并进”（即保种、护种、育种、引种、用种），奋力打造种业之都。全市种子销售收入 105 亿元，同比增长超 10%；杂交水稻种子出口额连续四年位居全国第一；种畜禽场数量、产值领跑全省，位居全省第一。

【目标定位】 2022 年，合肥市编制《合肥市现代种业发展“十四五”规划》，将合肥打造种业之都融入国家种业发展战略布局。制定《种业之都建设三年行动计划（2022—2024 年）》，明确合肥种业发展“立足全省、服务全国，面向世界”的定位和“当好全省排头兵，跻身全国前三强”的目标，构建“双谷引领（即合肥智慧农业谷、中国菌物谷）、二园集聚（即庐江县郭河种业产业园、长丰县吴山种业产业园）、两中心协同（即大蜀山种业创新中心、环巢湖种粮一体化示范服务中心）、N 基地支撑”的种业发展空间布局，绘好种业之都美好图景。

【要素保障】 2022 年，合肥市落实《关于加快推进现代种业发展打造种业之都的实施意见》，支持种业创新发展。设立种业专项政策资金，全年兑现推进现代种业发展奖补资金2439.21万元，惠及37家种子企业。以财政资金为主导，设立种业之都建设及科技强农发展基金5亿元，发挥财政资金引导撬动和杠杆放大作用，进一步提升合肥种业市场竞争力、原创力和直接融资能力。

【平台建设】 2022年，合肥市“智能育种加速器”项目获批“新型研发机构”，争取纳入合肥综合性国家科学中心项目。“种粮一体化”农业产业互联网平台获国家知识产权局授权的发明专利，将打造种子全产业链“合肥模式”。成立以韩斌院士等为代表人物的国家水稻商业化分子育种技术创新联盟。创建水稻省级技术创新中心，并争创玉米、小麦等省级技术创新中心。

【人才招引】 2022年，合肥市引进中国工程院李玉院士团队，合作共建中国菌物谷。成立国资控股的合肥菌谷生物科技有限责任公司，推进“安徽微生物种质资源综合鉴定与评价中心”建设。引进全国头部种业企业，争取杭州瑞丰生物科技有限公司（国家杰青、浙江大学教授沈志成团队）落户合肥，共同设立合肥生物育种创新平台。

【育种成果】 2022年，合肥市新增国家审定农作物品种118个，占全省80.3%；新增省级审定农作物品种133个，占全省63%；其中获植物新品种权品种121个，占全省61.1%。新通过国家审定的畜禽新品种－皖临白山羊，系安徽省首例。丰乐种业西甜瓜项目入选国家重要特色物种育种联合攻关任务；未来种业“玉米耐密抗锈病种质创新技术与新品种选育”项目入选2022年度安徽省“揭榜挂帅”专项；华安种业“抗病优质水稻新品种泰两优251的研发和产业化应用”项目获省重点研究与开发计划项目和省科技重大专项立项。

【种企发展】 2022年，合肥市持证种业企业增至241家，其中农作物种业企业138家、畜禽种业企业83家、水产苗种企业20家；入选国家优势阵型种业企业6家，其中农作物种业企业5家、水产苗种企业1家，居全省第一位；荃银高科、丰乐种业等入选2022年度中国种业信用明星企业。全市种业销售额首破100亿元，同比增长10%以上，其中5家国家农作物种业阵型企业全年种子销售额突破30亿元，同比增长21.9%；杂交水稻种子出口1万吨，出口额约2亿元，连续4年位居全国第一位。

（袁 媛）

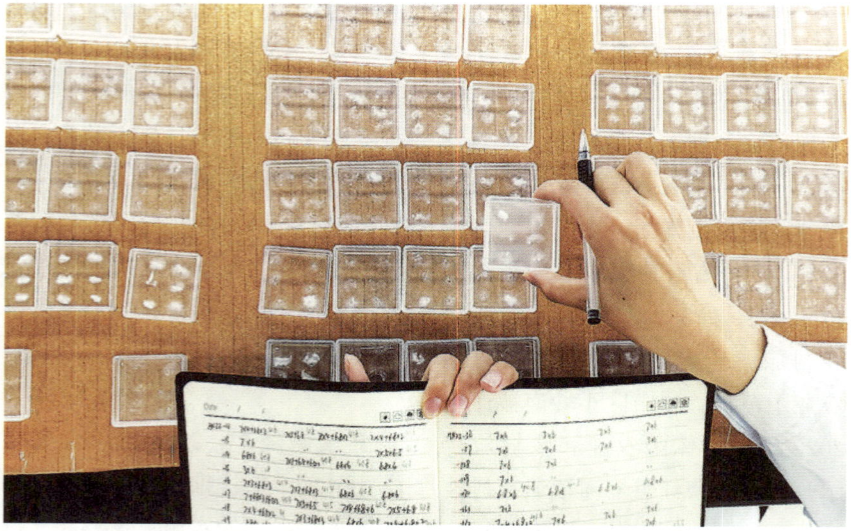

2022年，合肥市深入实施种业之都建设行动计划。图为荃银高科实验室，科研人员正在对大米进行米质分析 （苏 玲/摄）

水 务

【概况】 合肥市是全国重点防洪城市之一。截至2022年底，全市汇水面积50平方千米以上的河流82条，常年水面面积10平方千米以上自然湖泊4个，大中小型水库673座，万亩以上灌区61处，万亩以上圩口26个。江淮分水岭以南为长江流域，面积8824平方千米；以北为淮河流域，面积2606平方千米。长江流域主要有巢湖、黄陂湖、南淝河、店埠河、丰乐河、派河、滁河等河湖，其中巢湖流域面积为13544.7平方千米，水面面积780平方千米；淮河流域主要有瓦埠湖、高塘湖、东淝河、庄墓河、池河等河湖。

2022年，合肥市水务系统推进重点水利工程建设，抓好水旱灾害防御工作，做好水雨情监测预警，强化水利工程调度，提供水利技术支撑。坚持问题导向，加快补齐水利工程短板，立足“防抗并举”，做好水旱灾害防御，有效应对近50年一遇的特大干旱，全力以赴抗旱保供水，历史首次通过引江济淮菜巢线实施“引江济巢”，历史上第二次启动“江水西引”城市应急补水。

助力乡村振兴，持续巩固脱贫攻坚成果，坚持综合施策，推进河湖长制，河湖长制工作获得省政府激励，“派河行动”经验入选全国河湖长制工作典型案例。水政执法经验被水利部作为典型经验在全国推广，合肥市成功入选全国首批再生水利用配置试点城市。

突出规划引领，落实最严格水资源管理，提升行业监管能力，项目建设管理进一步规范，坚持依法治水、科学治水，夯实农业农村水利基础，加强水资源保护，全面推行和完善河长制工作，持续提升河湖工程建设和工程管理水平。农田水利骨干工程基本齐备，形成具有一定规模的蓄水、提水、引水、防洪、除涝、供水等水利基础设施工程网络。

【水利建设】 2022年初，市水务局拟定确保开工项目43个，均按时开工。国家172项重大水利项目之一的巢湖环湖防洪治理工程全面完成建设任务。滁河防洪治理工程新增项目、肥东县青龙河治理工程、小马厂河治理工程完工；杭埠河治理工程年底前主体工程完工；裕溪河治理工程推进审计各项工作。“三达标一美丽”水利项目实施。安徽省巢湖流域水生态修复与治理工程——十八联圩生态湿地蓄洪区于9月16日开工建设。

截至12月底，合肥市完成省级水利投资4.87亿元，目标任务完成率109.7%。该年度市、县立项水利项目筹措资金70.36亿元，其中落实地方政府专项债28.48亿元。当年完成投资59.15亿元。“巢湖流域防洪综合治理工程”可研报告编制完成并上报水利部待审，《巢湖流域防洪治理工程规划》报长江水利委员会待审。二十埠河引水（综合整治）工程可研完成编制。三十埠河中心沟排涝站工程、三十二联圩排涝站工程分别于6月、9月完成初步设计批复。4座小型水库除险加固工程、8座小型水库雨水情自动测报和大坝安全监测设施工程按期开工建设。龙河口引水、长江供水工程建设加快推进，其中龙河口引水工程年内计划完成投资6.4亿元，实际完成投资7.9亿元，工程量总体形象进度约60%；巢湖市长江供水工程年内计划完成投资8亿元，实际完成投资8.5亿元，工程总体形象进度约55%。合肥市“三达标一美丽”水利建设项目2022年实施16项圩口达标、36项灌区、17项中小型水库达标和4条美丽河流试点建设，当年完成投资20.12亿元。巢湖环湖防洪治理工程、肥东县民主坝闸除险加固工程、庐江县兆河防洪治理工程（黄泥河潘岗联圩、柴埠圩段）等66个项目通过竣工验收。

柏堰湖畔　（市水务局／供）

市水务局对拟创优项目进行全过程指导，指导县区优选项目，开展创优过程检查，跨县区学习借鉴。长丰县“三达标一美丽”水利建设工程庄墓灌区一、二站泵站改造2个项目获“禹王杯”奖。东大圩水系综合治理及湿地工程一新河水库调蓄扩容工程等7个项目获“庐州杯”奖。合肥市在2021—2022年度全省水利建设质量工作考核中，继续位于A级等次，获得“八连A”。

鼓励施工企业开展水利安全生产标准化达标工作，累计指导16家水利水电施工企业开展标准化评审创建和达标工作，通过水利安全生产标准化二级初审3家，1家企业通过水利安全生产标准化三级评审。推进水利工程达标创优，滁河干渠管理分局创建省水利厅“安全生产标准化二级单位”，西南补水中心十五里河河口闸站枢纽水闸工程高分通过标准化管理工程省级评价。

【防汛抗旱】 2022年汛期合肥市降雨量较常年同期偏少6成，合肥市遭受约50年一遇特大干旱。水务部门全力以赴抗旱保供水，历史上首次通过引江济淮菜巢线实施“引江济巢”，历史上第二次启动“江水西引”城市应急补水。

截至12月30日，从东南西北中五个方向，累计提引外水22.74亿立方米，调度内水12.62亿立方米，均创历史新高。自东通过驷马山引江工程提引江水3.09亿立方米，自南实施“引江济巢”引提江水9.75亿立方米，自西从大别山水库群引水9.16亿立方米，自北提引瓦埠湖水 0.89 亿立方米。自中沿巢地区提引巢湖水 6.46 亿立方米，调度河道、水库、塘坝等内部蓄水 6.16 亿立方米。将巢湖水位始终保持在 8.5 米左右，城乡供水和粮食生产安全得到保障，水上航运等未受影响。雨水情自动测报数据月平均畅通率不低于 97.96%。

【农村水利和水利扶贫】 2022 年，市水务局研究制定年度全市水利乡村振兴工作要点，明确五个方面 14 项重点工作。截至年底，16 个“三达标一美丽”市级 1.65 亿元水利扶贫资金项目全部完成并支付。落实小型水利工程财政管护资金 5307 万元，其中市级 2300 万元，县级配套 3007 万元，各地按要求制定年度管护实施方案，及时落实管护单位，定期开展项目管护，确保农村小型水利工程良性运行。

*持续提升农村供水保障水平。*督导加强饮水安全监测排查。以冬季、春节和高温干旱期间等为重点，每月开展农村供水工程运行状况和农村居民饮水安全情况监测排查，重点关注脱贫地区、供水薄弱地区、小型分散供水区域（含山泉水、井水）供水。督导各地落实应急措施，做好抗旱保供水工作。及时处置发现的问题，保持问题“动态清零”。截至年底，通过监测排查发现农村饮水安全反复问题 6 处，全部完成整改。

*推进完善农村供水工程建设。*全市实施农村供水保障工程 21 处，总投资 1.58 亿元，完工受益人口 34.6 万人。全市推进实施城乡供水一体化项目 19 处，完成投资 18.4 亿元，完工受益人口 75.7 万人。

*完善合肥市农村供水设施和网络建设。*持续强化农村供水工程管护。全市投入农饮工程维修养护资金 2331 万元，用于加强 63 处农村集中供水工程和小型供水工程管护，全部完工，覆盖服务人口约 350 万人。

*提高工程管护水平。*深化农村供水长效机制建设。建立市级农村饮水水质监测巡查制度，每月对农村饮水水质进行监测，巡查暗访供水保障情况。截至年底，巡查农村供水工程 66 频次，抽检水样 156 份，对 43 个投诉举报问题进行回访暗访，及时发现并解决供水问题 115 个。

*扩大水质检测覆盖面。*提高农村水质合格率和供水保证率。收到农村供水投诉举报 43 件，全部在第一时间响应并妥善处置。创新收费方式，合肥市农村供水水费收缴率达 95.85%。

*建设灌区续建配套和现代化改造工程。*截至 10 月底，纳入 2022 年度考核实施的淠史杭大型灌区续建配套与现代化改造项目完工，完成投资 20400 万元；2021—2022 年肥西县等 4 处中型灌区建设任务全部完成，累计完成投资 7944 万元，占投资计划的 100%。

*申报全市 2023—2025 年度 10 处中型灌区节水改造项目库。*加强灌区管理，完善全市中型灌区名录，核对灌区信息基本情况统计表，推进试点灌区开展标准化、规范化创建。推动农业水价综合改革水务部

2022 年 5 月，磨墩水库 （肥西县委史志室 / 供）

门职责落实，做好计量设施安装，建立工作台账。合理选择样本灌区，科学测算农田灌溉水有效利用系数。

【水土保持】 2022年，市水务局开展全市水土保持监督检查专项行动，对全市范围内306处在建生产建设项目做一次全覆盖大排查，有303处落实监测验收单位，302处缴纳水土保持补偿费。

创新监管方式，开展水土流失监督性监测工作，委托第三方技术服务单位，选取市园博园项目、合肥师范学院、宿松路（南二环—深圳路）快速化改造工程等3处代表性重点项目，开展水土保持监督性监测工作。通过综合利用卫星遥感、无人机、地面观测、现场调查等方法和手段，切实保障监督性监测成效，多维度提升水土保持监督管理能力。推动各地申报水土保持生态清洁小流域项目。巢湖市夏阁河生态清洁小流域建设成功申报国家级水土保持示范工程。

截至12月底，各县（市）建设任务均超额完成，总计投资5.9亿元，完成水土流失治理面积11.11平方千米，预防保护面积28.61平方千米，超额完成省厅年度目标任务，对治理任务11.11平方千米完成治理图斑矢量化并通过省厅核验。做好水土保持补偿费征收工作，对2019年以来市批的项目建立水土保持补偿费收缴台账，履行职责沟通协调和信息互联共享，所有项目均从线上开单缴费，流程简便规范。截至12月30日，市本级年度水土保持补偿费征收3275万元，水土保持补偿费应收尽收。年度全市水土保持补偿费减税降费总额达880万元。

【水资源管理】 2022年，市水务局落实水资源用途管控，分解下达年度水资源管控指标。推进淠史杭灌区和庐江县、肥西县中型灌区渠首在线计量安装工作，年底实现全市5万亩以上灌区渠首全覆盖。加强取用水监管，对全市24家企业和65家农饮水厂开展排查。开展取水口核查登记工作，全市合并调整后累计登记取水口370个，取水核查登记水量28.85亿立方米。推进节水载体创建，17家水利行业节水型单位通过验收命名，31个节水载体已报省级验收。

严格生态流量管控，推进派河、兆河、裕溪河、塘西河生态流量保障方案编制，开展52处地表水水量自动监测站建设。编制《合肥市再生水利用配置试点实施方案》，启动全国首批典型地区再生水利用配置试点城市建设工作。年初，根据省水利厅下达合肥市用水计划，将用水计划指标分行业、分类别下达到县区，并按照行业用水定额对全市330家自备水源用水户核定下达用水计划，印发《关于下达2022年度各县（市）区域取水计划的通知》和《关于下达2022年度合肥市自备水源户取水计划的通知》，严格执行超计划、超定额累进加价制度，倒逼用水方式转变，在全面完成市域、县域节水型社会达标建设任务的基础上，推进节水载体建设，巩固节水型社会建设，全年申报省级节水型企业16家，省级节水型高校10家。市水务局获评水利部办公厅《公共节约用水行为规范》主题宣传活动优秀组织单位。

实施水资源双控管理，执行水资源论证制度，完成塘西河等4条重要河湖的生态流量保障方案编制工作。2022年全市用水总量32.97亿立方米，其中工业用水总量4.37亿立方米，万元地区生产总值用水量较2020年下降11%，万元工业增加值用水量较2020年下降24%，在满足水资源刚性约束目标的基础上，保障合肥市抗旱期间的用水需求，支撑合肥市经济快速发展。全年实收水资源费3916.36万元，水资源费征收率100%。在2022年最严格水资源管理考核中，合肥市获安徽省2021年度实行最严格水资源管理制度考核优秀奖。

【河(湖)长制】 2022年1—12月，全市20个国考断面水质均值均达到年度考核要求，其中7个国考断面优于考核标准。合肥市制定《关于印发合肥市2022年全面推行和完善河湖长制工作要点的通知》，协调推动各项重点任务。提升河长办组织架构，由市领导担任市河长办主任；及时调整派河、塘西河、丰乐河、双桥河、十五里河市级河长，优化协商机制，增加民政、人社、司法、文旅为河长会议成员单位。

市水务局依托河湖长制工作平台，组织开展全市妨碍河道行洪突出问题排查整治，建立县级自查、市级复查的工作模式，复核完成水利部遥感监测疑似碍洪图斑清单466处，采取水系连通、拆除塘坝、补偿行洪断面等措施，一批围库造塘、阻碍河道行洪、侵占河湖岸线的违法行为得到解决，高质量完成整改任务，守住河湖安全底线。

组织开展“派河行动”，建立河长挂帅、专班进驻的指挥体系，全面聚焦问题根源，排查入河排口481个、小区536个、工厂1205家、学校88所、集市10个、不规范截流设施71座，发现“地下排口”87

个，市级累计交办问题615个，完成销号598个。谋划实施派河截导污、西部组团污水处理厂（二期）、区域雨污管网整治等水环境治理项目779个，总投资约62.68亿元。派河国考断面COD、氨氮、高锰酸盐、总磷等主要指标均稳定达到III类水标准，提前一年达到国考断面水质考核要求，奠定引江济淮通水的生态基础。

合肥市投入资金300余万元，聘请省内知名科研院所编制合肥市南淝河、派河、十五里河等15条市级河湖健康评价。市水务局贯彻落实《合肥市第2号总河长令》，持续推进省级幸福河湖创建工作，鼓励县级创建积极性，建立“定补+奖补”专项资金库，从洪水有效防御、供水安全可靠、水生态健康、水环境良好、水文化传承、社会共建共享、河流特色等7个方面，创建和睦湖、天鹅湖、石茨河等7条省级幸福河湖，打造更多人民群众满意的幸福河湖。《合肥市主城区河道蓝线控制规划》中市直管8座水库、3条输水渠道、1座闸站枢纽工程管理与保护范围划定方案获得市政府批复。完成102个水普外河湖管理范围划定上图工作。

【依法行政】 2022年，市水务局开展水务执法专项行动。开展在建项目非法取水专项检查，检查在建项目30处，封堵水井6口，追缴水资源费2669.4万元。开展饮用水水源保护区专项行动。联合市生态环境局开展为期14天的专项检查，对全市范围内的县级及以上饮用水水源地逐开展全覆盖式现场督查检查，对乡镇级及以下饮用水水源地采取抽查检查，发现问题521个。开展河湖水环境问题专项行动。开展派河流域河长制专项行动，累计发现河湖“四乱”等问题46起，实行清单化管理、调度和销号，推动派河流域河长制专项整治提质增效，为引江济淮工程通水提供保障。

全市各级水行政执法人员日常巡查河道长度累计29192.6千米，出动3657人次。严格依法查处水事违法案件。全年查处水事案件24件，罚款57万元，追缴水资源费3200.4万元。其中对合肥供水集团、半汤温泉、米乐尔羽绒企业、柏堰湾水库溢洪道下游施工便道等违法行为典型案例的查处，起到查处一例、警示教育一片的作用，执法效果明显。

（陈　伟　张顺志）

责任编辑：储茂仁

商贸服务业

综　述

【概况】 2022年，合肥市积极应对疫情冲击，以高质量消费品供给满足日益升级的国内市场需求，着力畅通国内大循环，优化消费供给，完善商贸流通体系，促进消费回补和潜力释放，消费对经济发展的基础性作用进一步增强，电子商务、会展产业、服务外包等商贸服务业蓬勃发展，现代商贸流通体系建设提档升级，消费市场提质增效。全社会消费品零售总额5021.6亿元，同比增长-1.8%，增速在全省排名第11位，较2021年上升2位；总量占全省23.3%，位居全国城市第15位、省会城市第8位、长三角第5位。新增114家品牌首店、旗舰店落户合肥并正式营业，新增539家限上单位，新增2家突破百亿商贸企业。

【消费市场建设】 2022年，市商务局打造品牌消费，推动宜家，银泰二期，盒马二店、三店、四店等高品质商业载体如期开业，鼓励现有商贸企业管理运营方强化招商及业态优化，引进欧风街、咖啡主题等一批消费场景，为合肥消费市场注入新鲜力量。推动“安徽老字号”企业持续扩容，新认定“安徽老字号”企业20家。开展消费补贴，成立市、县两级批零住餐工作专班，出台专项政策，举办促消活动，推动消费市场快速恢复。市、县两级累计发放汽车、家电、餐饮、百货等惠民消费券约2.2亿元，带动销售额超30亿元。发展便民消费，建立有效生活物资保障体系，累计发放暖心物资包超180万份。合肥市获批国家第二批城市一刻钟便民生活圈试点城市，5家企业入选年度餐饮企业百强，品牌连锁便利店累计超1300家；率先全省建立合肥家政服务平台，综合访问量超668万。

【商贸体系建设】 2022年，市商务局加快完善商贸体系，印发《合肥市“十四五”商贸流通业发展规划》，启动商业网点专项规划编制。淮河路步行街成功申创商务部首批“全国示范智慧商圈”，罍街、金大地东西街获评国家级夜间文化和旅游消费集聚区。新增4条安徽特色商业街、4条市级特色商业街。开展“越夜越合肥”等活动，活跃夜间消费氛围。举办“合肥市首届66购物节”“2022年度合肥市好网货大赛”等活动，实现网络零售额1249.7亿元，同比增长6.8%，占全省比重43.4%，开展电商直播59万场，同比增长24.2%。通过电商直播实现网络零售额169.6亿元，培育三只羊网络、黑码科技等有较大影响力的电商直播服务机构。推进全面深化服务贸易试点任务落实，提升服务贸易便利化水平，实现服务贸易加快发展。截至年底，92条服务贸易创新发展试点任务，

2022年11月17日，第五届世界声博会暨2022科大讯飞全球1024开发者节举办
（市商务局/供）

落地77个，任务落地率达83%。“中国声谷”获批国家级语言服务出口基地。牵头成立市会展（酒店）疫情防控专班，为全市3600家酒店运营提供强力支撑，累计督查50人以上聚集活动6000余场，保障世界制造业大会、世界集成电路大会、世界声博会、2022NIODay蔚来日等展会成功举办。举办各类展会及大型聚集性活动约200多场，接待约200万人。合肥市连续六年名列中国最具会展竞争力省会城市。

（王　雅）

电子商务

【概况】　2022年，合肥市实现网上零售额1249.7亿元，同比增长6.8%，其中，实物商品网上零售额1084.55亿元，同比增长16.2%。

【电商主体培育】　2022年，市商务局发挥政策资金激励作用，鼓励支持本土电子商务企业快速发展，利用市级资金260万元支持8家本土电商企业做大做强，合肥荣电、悦盟网络等30多家企业网上零售额超亿元。全市限上网络零售企业360家，比上年增加55家。推动电商专业园区建设，加强电商示范创建，截至年底，全市拥有合肥（蜀山）国际电子商务产业园、安徽青年电商产业园、中国（肥东）互联网生态产业园等3个国家电商示范基地，安徽白马电子商务产业园、创富工坊“互联网+园”等6个省级电商示范园区。

【电商促销活动】　2022年，市商务局指导电商企业参加“网上年货节”“双品网购节”等大型网络促销活动，举办首届“66购物节”“汇聚双十一合肥专场”等线上促消费活动；挖掘本土好货，推动优质产品上网促销，支持举办首届市级好网货大赛，遴选20款网络适销产品。截至年底，全市限上网络零售企业实现网上零售额470.12亿元，同比增长6.1%，占限上社会消费品零售额20.8%。

【直播业态发展】　2022年，市商务局举办市级电商直播大赛，吸引省内外优秀直播人才来肥发展，为更多本土企业发展直播提供人才。三只羊网络、合肥玖通等一批有影响力的直播服务机构迅速成长，为合肥企业提供优质直播服务。截至年底，全市带货主播已超过1400名，各类企业直播59万场，同比增长24.2%；吸引99亿人次观看，同比增长56.6%；通过电商直播方式销售商品2.1亿件，实现网上零售额169.6亿元。

（朱少东）

2022年8月18日，合肥市电子商务产业发展研讨会举办，会上发起成立中国（合肥）电商50人论坛　（市商务局/供）

会展业

【概况】　2022年，市商务局直面疫情逆势推进会展业，牵头成立会展（酒店）疫情防控专班，服务保障重点展会举办，为全市3600家酒店有序运营提供强力支撑。全年举办国家网络安全宣传周、世界制造业大会、集成电路大会、中国地理信息产业大会、全国“双创”活动周、中国（合肥）国际装备制造展、苗交会、声博会等重点展会，合肥会展竞争力持续增强。

【招展引会】　2022年，市商务局通过“云招商”，借助会展行业协会等平台，对上海跨国采购会展中心、上海新国际博览中心等场馆运营商展开地毯式营销。中国国际自行展览会、全国植保展等近30家品牌展会主办方意向来肥办展。

【会展合作】　2022年，市商务局接洽中国高等教育学会、中机国际、西麦克等展会主办方，与4家全国性会展主体实现合作。其中，政文会展与厦门凤凰会展成立合资公司，打造品牌展会；西麦克会展与合肥市达成合作洽谈；政文会展与央视网达成初步战略合作意向；广东鸿威国际会展公司加快入驻合肥。

【品牌展会】 2022年，世界制造业大会、全国双创周、全国网信大会、中国声博会暨1024开发者节、世界集成电路大会、全国苗交会、2022NIODay蔚来日等近20场国际性、全国性展会成功举办，近20万人参加。谋划中国·安徽种业创新大会、元宇宙生态大会等新展种、新展会。推进展会线上线下融合发展，安徽美达会展成立美达线上平台拓展业务领域。安徽国展农科会展举办植保、种子、数字农业领域精准线上对接展会。安徽车商会展线下办展由专业场馆向商业综合体、公园、体育馆等延伸。

（余洪滔）

服务外包

【概况】 2022年，合肥市推进服务外包示范城市建设，以科技和产业创新推动服务外包高质量发展，全市服务外包产业呈现量的快速增长和质的稳步提升。全市有服务外包企业758家，从业人员29.7万人；服务外包接包合同执行金额56.83亿美元，同比增长16.3%；其中，离岸执行金额13.68亿美元，同比增长22.1%。在2021年度中国服务外包示范城市综合评价中位居中西部和东北部地区第2位。

【服务外包业态】 2022年，全市呈现信息技术外包（ITO）、业务流程外包（BPO）和知识流程外包（KPO）均衡发展态势，分别占总执行额的30%、35%和35%。以技术服务、医药研发服务为代表的高技术含量、高附加值的知识流程外包（KPO）在离岸服务外包业务中占比达71%。

2022年，合肥市服务外包接包合同执行金额56.83亿美元，同比增长16.3%。图为省级服务外包示范园区——高新区创新产业园 （市商务局/供）

【服务外包业务】 2022年，全市服务外包执行金额超千万美元企业79家，累计通过CMM/CMMI（即软件能力成熟度模型）认证企业61家，ISO2000国际认证企业52家。科大讯飞等一批含科量较高的服务企业引领行业发展；科大国创提供以云平台为基础的IT整体解决方案与服务，成长为高可信软件研发及推广的创新者。

【服务外包市场】 2022年，全市承接97个国家和地区的离岸服务外包业务，其中，超千万美元的国家和地区15个，新加坡、中国香港、美国为前三的发包来源国（地区）。与“一带一路”沿线32个国家（地区）保持服务外包业务往来，承接服务外包执行额7.3亿美元，同比增长22.5%。与RCEP（即区域全面经济伙伴关系，由东盟十国发起，邀请中国、日本、韩国、澳大利亚、新西兰共同参加，通过削减关税及非关税壁垒，建立15国统一市场的自由贸易协定）中12个国家有服务外包业务往来，承接服务外包执行额6.1亿美元。

（费　莹）

粮油流通

【概况】 2022年，合肥市落实粮食安全党政同责，抓好重点环节，稳收购、增储备、保供应、强仓储、兴产业、严监管，粮安根基更加牢固。修订《合肥市市级储备粮油管理办法》，管粮管储机制日臻完善。市属粮食企业整合成立市粮食集团公司，各县（市）国有粮食企业“一县一企”改革基本完成。全市粮油加工产值406亿元，完成年度目标任务。全市（市县级）政府储备粮规模达27万吨、储备油6000吨，储备规模继续位列全省第一。

【粮食收购】 2022年，合肥市守住“种粮卖得出”底线，鼓励多元市场主体特别是地方国有粮食企

2022年12月9日，合肥市粮食集团正式挂牌成立　（市发改委/供）

业入市收购，成立市级夏粮收购工作专班，加强联动调度，全社会累计收购夏粮38.1万吨，同比增长22.5%。发挥政策托底作用，启动中晚籼稻最低收购价预案，价格走高后，市场化收购占比超98%，全社会累计收购秋粮70万吨，其中国有企业收购25万吨，种粮农民积极性得到保护。

【粮食储备】 2022年，合肥市（市县级）政府储备粮规模再创新高，远超省级下达的计划任务。建立市级社会责任储备5000吨，粮食应急调控能力得到增强。顺应粮食流通管理形势和粮食储备任务发展变化，完善《合肥市市级储备粮油管理办法》《合肥市市级储备粮油管理工作实施细则》等规章制度，首次对市级成品粮费用补贴标准进行调整，市储粮油管理更加规范。

【粮食产业】 2022年，合肥市推进优质粮食工程建设，全市获批项目15个，获得省级补助资金1317万元。制定政策促进粮食产业发展，累计兑付“两项工程”（即粮安工程和科技、人才兴粮工程）建设、“科技兴粮”和“节粮减损”奖补项目资金550万元。全市粮油加工产值406亿元，完成年度目标任务。组织“安徽好粮油”及“中国好粮油”遴选，2家企业的2个产品获评“安徽好粮油”产品，5家企业获评安徽省“放心粮油”示范企业，7家企业获评全国“放心粮油”示范企业。

（张　明　李祖祺）

供销合作

【概况】 合肥市供销合作社联合社（以下简称“市供销社”）属政府直属参公管理事业单位，是市政府领导下的全市供销合作社的联合组织。2022年，市供销社克服疫情不利影响，聚焦主责主业狠抓工作落实，为农服务能力和发展活力得到稳步提升。全年实现营业总收入94.77亿元，利润总额1.51亿元，所有者权益达25.45亿元，资产总额39.28亿元，上缴各种税费5122.64万元。

【综合改革】 2022年，市供销社深化社有企业综合改革，社有骨干企业合肥银山棉麻股份有限公司与中国科学技术大学等开展产学研合作，研发阻燃新材料项目。项目总投资10.14亿元（其中一期1.7亿元），分3期建成，达产可实现年产值14.87亿元、税收2.1亿元，将填补国内国际阻燃新材料领域空白。与中国外运股份有限公司合作共建中外运供销物流园，项目占地9.07公顷，建设面积8.2万平方米，总投资额5.45亿元，建成后预计首年产值3000万元。截至年底，项目基建工程完成60%，为2023年上半年建成投产打下基础。制定完善《合肥市供销社直属企业财务管理制度》《合肥市供销商业总公司全资及控股企业大额资金使用管理办法（试行）》《合肥市社有企业管理考核制度》等系列内控制度，规范社有企业管理。完善社有企业内审制度，2022年度社有资产出租率达83%，房租收缴率达93.63%。

【合作组织建设】 2022年，市供销社新建基层社2个，改造薄弱基层社7个，新获评国家级示范农民专业社2家。全系统建有基层社142个，农民专业合作社395个，基层社社员数达4.5万人，建立社员利益联结机制的基层社比例达69%。

【为农服务】 2022年，市供销社开展区域农业生产社会化服务，培育有农业生产资料供应经营主体90家，为区域农业生产提供统防统治、配方施肥、农机服务等农业生产社会化服务。建有农村日用品商贸服务网点85个，其中村级67个；建有田头冷库保鲜仓17个，助力农产品入城“最先一公里”保鲜问题。完成第15届安徽国际茶产业博览会的参展和服务保障工作，合肥市19家茶企参展，现场销售22.3万元，意向合同订单金额174万元。

【金融惠农】2022年，市供销社开展支农金融服务，联合合肥兴泰集团开展“惠农贷”项目第3轮合作，以“1+3+N”（即1家牵头企业恒汇供销公司、3家担保公司、N家银行金融机构）的模式向全市农业经营主体提供金融服务，累计发放贷款7005万元，惠及种植、养殖、加工和服务等各类农业经营主体110余户。

【再生资源回收行业管理】 2022年，市供销社落实《合肥市再生资源回收利用体系建设场站专项规划》，累计建成规范性回收站点445个，乡镇分拣中心96个。肥东县境内占地40.33公顷的合肥市再生资源产业园基本建成，入园企业24家，建成厂房约18万平方米。庐江静脉产业园有序建设中，报废汽车综合利用项目正常运行。

【农药废弃包装物回收处置】 2022年，市供销社牵头抓好全市农药包装废弃物和废旧农地膜回收处置工作。建立以“市场运作、财政奖补、属地管理、专业化处置”为主要模式的工作机制，完善县、乡、村三级回收网络体系，累计建设镇村回收网点958个，其中镇级全覆盖，村级网点覆盖率达70%。回收废弃农药瓶袋1.16亿个，不可利用废旧地膜756吨，促进农村有毒有害白色污染问题解决。

（刁永丽）

烟草专卖

【概况】 合肥市烟草专卖局、安徽省烟草公司合肥市公司（以下简称“市烟草专卖局”）2000年由原“合肥市烟草专卖局（厂、分公司）”实行工商分设，成立合肥市烟草专卖局、中国烟草总公司安徽省公司合肥分公司；2006年成为中国烟草总公司安徽省公司的全资子公司“安徽省烟草公司合肥市公司”。

市烟草专卖局实行“统一领导、垂直管理、专卖专营”的管理体制，接受安徽省烟草专卖局和合肥市委、市政府双重领导，以安徽省烟草专卖局领导为主，实行企业化运作，主要承担全市境内的卷烟批发销售和烟草市场专卖管理等职能，下辖9个直属单位，服务对象包括卷烟工业企业、全市3.57万卷烟零售商户和广大卷烟消费者。2022年，销售卷烟29.62万箱，税利39.39亿元。全年2项课题分获省公司优秀质量管理小组一等奖和优秀小改小革成果奖，3项QC（即质量控制）课题获安徽省质量管理协会二等奖，5个项目分获全省烟草系统科技进步奖。

【市场监管】 2022年，市烟草专卖局加强专卖稽查，设立合肥烟草市场监管服务热线中心等机构，侦办7起专车案件，实现历史性突破；全年办成国标网络案件10起，省标网络案件9起；办成部督案件2起、厅督案件1起，3起重大案件获国家局表彰奖励。成立电子烟管理工作办公室，增设电子烟物流业务部，落实电子烟监管，开展“守护成长”专项行动，办理向未成年人销售电子烟案件3起，与公安部门合作办理上头电子烟案件2起。织密寄递环节监管网络，实现全市物流站点检查全覆盖、全畅通。承建全国首家烟草专卖类主题展馆，12个所（站）通过省局标准化评价验收。

（张海林）

燃油销售

【概况】 中国石油天然气股份有限公司安徽合肥销售分公司（以下简称“中石油合肥分公司”）托管安徽合肥中油顺达利石油有限公司、巢湖中油金丝柳石油有限责任公司两家控股公司，有并表加

2022年12月28日，安徽烟草专卖管理主题展馆正式启用

（市烟草专卖局/供）

油站91座，其中在营运加油站83座。2022年，中石油合肥分公司实现销售总量近51万吨，市场占有率32%。配合政府打击非法经营成品油行为，处置非法油品约3.54万升。

中国石化销售股份有限公司安徽合肥石油分公司（以下简称“中石化合肥分公司”）成立于1951年，有管理部门10个，下辖5个县级公司及本部5个零售片区；拥有在营油库2座，库容总量12万方，在营加能站160座、便利店155座。2022年，公司资产总额20.8亿元，在岗职工1377人，其中中层管理人员40人，加能站员工1157人。全年实现经营总量同比增长1.53%，非油品销售额同比增长14.78%，获评安徽省“最佳服务示范窗口企业”称号。

【油品营销】 2022年，中石油合肥分公司坚持“量效并重、效益优先”发展理念，把营销创效作为“钱袋子”工程，保市场份额不降，销量稳中有升；坚持非油创效，抓店销扩业态添动能；坚持创新转型，尝试新媒体运营，搭建以“中国石油合肥加油吧”为统一账号名的抖音、快手、微信三大主流短视频矩阵；发挥劳模创新工作室作用，利用团队人才优势、技能优势、政策优势，自主设计企业IP形象“骆呦呦”，打造开发5大类20种文创产品。

中石化合肥分公司以提质增效为目标，主动拓展市场，细化汽油营销措施，落实“爱跑98号”会员日活动，带动高标号汽油热销；执行“一站一策”，优化柴油营销。整合线上线下资源，筹办“养车节”“酒水节”“黔货出山”等主题营销活动，打响品牌名号，增强客户黏性。建成全国首座“易捷养车一京车会”综合汽服店，优化自助洗车网络建设。与麦当劳、小易零售、振华快餐等企业合作，实现资源互换、平台共享。加快充换电网络布局，实现在营充电站16座，换电站2座，为18.7万辆车提供充换电服务。完成92座在营库站的排污许可执行报告，录入监测平台数据系统公开，接受监督；钻探106座外排废气污染井，取得合格报告，绿色基层创建站全部通过市公司级绿色基层验收。

（彭怡平　张绪东）

2022年，中国石化安徽合肥石油分公司推出加油“六步法”服务。图为11月23日，加能站员工在为客户加油时，提示回零　（张绪东/供）

盐　业

【概况】 2022年，合肥市盐业有限公司（以下简称“市盐业公司”）销售各类盐品57063.18吨，其中小包装盐品销售33771.89吨，中高端小包装食盐销售10995.48吨，低钠盐销售635.95吨。截至年底，食盐储备2200吨。科普课件《食盐安全与健康》获评第三届长三角地区科普课件大赛一等奖。

【市场管理】 2022年，市盐业公司持续落实创建合肥国家级食品安全国家示范城市要求，成立食安创城“五进”宣传团队暨健康减盐、推广低钠盐领导小组，开展食盐健康知识“五进”（进机关、进学校、进企业、进社区、进农村）宣传工作，进入9个社区、31家企业、3所学校、5个机关单位、3个村委会，开展线下宣传活动50场，参与活动2134人次，收集调查问卷785份，意见建议111条。开展线上直播宣传活动71场，35万人观看直播。开展餐饮检核207次，检核1992户，覆盖率达96%。结合“我为群众办实事”实践活动，开展5·15碘缺乏病知识宣传。应对严峻复杂疫情形势，紧跟市场行情，安排专车、专员，定向赴封控地域保供应、保民生，保障疫情期间食盐产品不停供、不断档。

（吕菊勤）

责任编辑：王晓燕

交通　邮政

综　述

【概况】　2022年，合肥市公路客货运周转量同比下降1.04%，水路货运周转量同比增长8.9%，港口吞吐量、集装箱吞吐量分别同比增长2.5%、5.28%，交通固定资产投资达167.8亿元，同比增长22.3%。

【交通规划】　2022年，合肥市完成交通“一张图”建设和“三区三线”划定，为至2035年前交通建设奠定基础。开展国家综合货运枢纽补链强链工作申报，成立合肥市、芜湖市国家综合货运枢纽补链强链领导小组、组建合肥—芜湖推进国家综合货运枢纽补链强链联合工作专班，编制完成《合肥都市圈国家综合货运枢纽补链强链三年实施方案》。围绕“提升合肥综合交通枢纽辐射能力”，开展交通强国建设试点工作，印发《合肥市人民政府关于贯彻<交通强国建设纲要>的实施意见》《合肥市交通强国试点工作方案》，为试点工作开展提供支撑保障。

【基础设施建设】　2022年，合肥市交通运输局（以下简称“市交通局”）实施“1155”大交通建设计划（即到“十四五”末力争建成在建铁路1000千米、高速公路1000千米、轨道交通500千米、城市快速路500千米），完成交通固定资产投资达167.8亿元、同比增长22.3%，再创新高。明巢高速合肥段入选交通运输部第一批平安百年品质示范工程创建示范项目。国省干线公路项目抽检总体合格率达94.6%，同比上升3.3个百分点。

*高速公路建设。*推进11个高速公路项目，明巢、德上、无岳、合六叶扩容等4个项目143千米高速公路建成通车，金寨路互通改扩建建成通车，2个高速互通开工建设，6个高速互通加快推进。合肥都市圈环线获批实施，北环线全面开建，西环线、南环线加速推进，“两环十三射多联”格局加速实现。

*国省干线建设。*完成投资44.58亿元，合六南通道、新合蚌路等9个项目106千米国省干线全面建成完工，汤池大道二期等3个项目17千米开工，合相路、合淮路等18个项目173千米国省干线加快建设。完成国省干线养护项目34个546千米，国省道路面总体养护质量处于全省前列。

*农村公路建设。*完成投资15.51亿元，实施农村公路提质改造工程185.8千米，养护工程928.6千米，危桥改造工程5座，农村公路通达深度和质量持续提升。开展示范创建工作，青山湖公路等5条农村公路获交通运输部“2022年度十大最美农村公路”提名，肥东县入选“四好农村路”全国示范县创建单位，长丰县入选安徽省“四好农村路”示范县公示

2022年12月20日，G4001合肥绕城高速金寨路收费站互通匝道放行通车
（张正朋／摄）

名单，8条125.43千米农村公路申报省级农村公路品质示范路，评定5个“四好农村路”市级示范乡镇。

水运项目建设。完成投资23.18亿元，江淮运河成功试通航，新增派河国际物流园港区一期、巢城港二期两座集装箱码头，开工建设佑顺码头、东航码头，完成散兵避风锚地维护、店埠河航道养护，新增高等级航道160千米，高等级航道达380千米，新增集装箱吞吐能力30万标箱，较2021年底增加50%，水运通道、港口枢纽功能进一步强化。兆西河高等级航道凤凰颈船闸工可报告和部分专题报告编制完成，同步开展郭公河线路入江方案研究论证。

【运输保障】 客运保障。2022年，受疫情影响，合肥市完成公路客运量1010万人次、旅客周转量14.35亿人千米，同比下降56.53%、48.45%。公交、轨道交通分别完成客运量2.66亿人次、2.88亿人次，同比下降23.40%、1.85%。新开通公交线路20条、优化调整72条，推进公交、轨道两网融合，186条公交线路实现与轨道交通短距离换乘，开通定制公交16条，其中特色旅游公交11条。轨道交通5号线全线投入运营，运营总里程达168.8千米，覆盖所有主城区。

货运保障。强化货运保障能力，推动多式联运示范工程申报创建，推进国际内陆港公司第四批国家级多式联运示范工程创建。推进网络货运平台建设，带动行业转型升级，促进货物运输“降本增效”。全市完成公路货运量2.85亿吨、货运周转量256.87亿吨千米；完成港口吞吐量4389.1万吨、集装箱吞吐量42.06万标箱。全市邮政行业寄递业务量完成16.16亿件，同比增长10.39%，其中，快递业务量完成13.28亿件，同比增长10.66%，两项指标增速均列长三角8个万亿城市第1位。

【行业治理与服务】 加强行业监管。2022年，市交通局建立交通运输新业态协同监管联席会议制度，“双随机、一公开”“互联网+监管”等监管新模式综合发力，监管事项实现全覆盖。聚焦重点领域、重点时段，开展非法营运、出租汽车、网约车等打非治违专项行动1.2万次，检查企业2200余家次、车辆14.2万辆次、船舶2.3万艘次，全力维护交通运输市场秩序。开展共享电单车专项整治，持续开展多部门联合执法巡查、扫码核验，严查超量投放等违规行为，全市共享单车存量严格控制在30万辆以内。

加强行业服务。合肥轨道秉承“五心”服务理念，为乘客提供优质服务，城市轨道交通服务质量评价结果优良。推进ETC智慧停车城市建设试点工作，市区19处停车场实现ETC智慧停车。全年受理12328交通运输服务监督电话13.45万件，办理12345转办事项1141件。

行业污染治理。开展行业污染防治攻坚行动，完成218艘船舶受电设施改造，船舶水污染物转运处置率达100%。加快绿色公交转型升级，公共交通新增及更新车辆全部使用新能源汽车，开展“两路一场”周边环境整治提升攻坚行动，排查整改问题158项。

超限治理。科技治超稳步推进，路面治超非现场执法卡点达到34处，非现场立案1105件，结案681件。源头单位监管不断加强，推动6家重点货源单位称重和监控数据接入省治超平台并联网运行。路面流动持续保持高压态势，全年开展8次治超专项行动，查处超限超载车辆6066辆次、源头单位12户、非法改装车辆130辆次，吊销从业资格证51本、车辆营运证73本、道路运输经营许可证10本，卸载货物8.86万吨。

【平安交通】 2022年，市交通局派出安全检查组2968个，检查单位3816个，排查一般隐患3694处，全部整改完毕。全年立案1503件，其中非法营运类案件363件，其他道路运政类案件826件，海事航运类案件309件，公路路政类案3件，工程质监类案件2件。收缴罚款871.355万元，其中非法营运类263.835万元，其他道路运政类490.47万元，海事航运类115万元，公路路政类1万元，工程质监类1.05万元。全年查处超限超载6066台（其中车货总重超75吨或超100%以上车辆229台），非法改装车辆130台，卸载8.86万吨，吊销73本车辆道路运输证和51本驾驶员从业资格证。

（王　聪　沈国章　田利玲）

公路建设与管理

【概况】 2022年，合肥市域高速公路通车总里程为574千米，新增通车里程92千米，较2021年增长19%，高速公路密度为5.0千米/百平方千米，有13个路段、36个出入口、11个服务区和9个枢

表 1

合肥市普通国省干线公路里程到达数明细表（截至 2022 年底）

序号	行政等级	路线编号	起点	终点	技术等级										路面类型						备注
					合计		一级		二级		三级		四级		合计		沥青砼		水泥		
					里程数	其中重复里程	里程数	其中重复里程	里程数	其中重复里程	里程数	其中重复里程	里程数	其中重复里程	里程数	其中重复里程	里程数	其中重复里程	里程数	其中重复里程	
总计					2156.121	265.174	1041.102	186.265	751.854	65.192	287.85	13.717	23.025		2103.831	265.174	2002.779	264.753	101.052	0.421	
1	国道	G206	1039.476	1148.248	108.772		108.772								108.772		108.772				
2		G312	446.49	596.796	150.306	8.355	58.323	8.355	91.983						150.306	8.355	150.306	8.355			
3		G329	715.483	819.446	103.963	29.432	25.367	1.361	78.596	28.071					103.963	29.432	103.963	29.432			
4		G330	855.337	948.996	93.659		93.659								93.659		93.659				
5		G346	440.639	550.382	109.743		108.981		0.762						109.743		109.743				
		合计			566.443	37.787	395.102	9.716	171.341	28.071					566.443	37.787	566.443	37.787	0		
1		S101	0	36.032	36.032		15.53				20.502				36.032		35.85		0.182		
2		S102	0	75.691	75.691		64.189		11.502						75.691		75.27		0.421		
3		S103	0	111.285	111.285	23.174	25.111	23.174	42.675		36.85		6.649		111.285	23.174	103.681	23.174	7.604		
4		S104	0	62.246	62.246	7.332	57.414	2.5	4.832	4.832					62.246	7.332	62.246	7.332			
5		S105	0	65.982	65.982	53.78	65.982	53.78							65.982	53.78	65.982	53.78			
6		S211	94.506	134.461	39.955				39.955						39.955		39.955				
7		S215	79.411	162.296	82.885				31.813		47.703		0.369		79.885		46.013		33.872		159.296-162.296，共 3 公里，为规划路段
8		S218	0	19.242	19.242		5.513		13.729						19.242		19.242				
9		S220	0	6.304	6.304								6.304		6.304				6.304		
10		S227	0	82.318	82.318	15.076	30.018	15.076	52.3						82.318	15.076	82.318	15.076			
11		S230	180.897	216.718	35.821	5.963	24.675	5.542	11.146	0.421					35.821	5.963	35.4	5.542	0.421	0.421	
			278.786	316.832	38.046	1.794	20.253	1.794	17.793						38.046	1.794	35.852	1.794	2.194		
12		S231	0	64.894	64.894	13.172	34.152	2.232	29.295	10.94			1.447		64.894	13.172	63.447	13.172	1.447		
13		S232	0	114.17	114.17	15.953	26.737	15.037	42.747	0.916	43.995		0.691		114.17	15.953	109.457	15.953	4.713		

续表

序号	行政等级	路线编号	起点	终点	技术等级										路面类型						备注
					合计		一级		二级		三级		四级		合计		沥青砼		水泥		
					里程数	其中重复里程	里程数	其中重复里程	里程数	其中重复里程	里程数	其中重复里程	里程数	其中重复里程	里程数	其中重复里程	里程数	其中重复里程	里程数	其中重复里程	
14		S233	27.121	65.621	38.5	10.429	3.79	3.79	31.429	6.639	3.281				38.5	10.429	38.5	10.429			
15		S236	10.402	63.321	52.919	2.05	2.05	2.05	17.113		33.756				52.919	2.05	41.343	2.05	11.576		
16		S241	0	19.048	19.048	1.217	2.727	1.217	8.031						10.758	1.217	10.758	1.217			0-8.29，共8.29公里为断头路
17		S321	189.89	192.758	2.868		2.868								2.868		2.868				
18		S322	96.227	129.473	33.246	0.561	0.561	0.561	32.685						33.246	0.561	33.246	0.561			
19		S323	0	44.526	44.526	6.388	8.447	6.388	33.836		2.243				44.526	6.388	44.526	6.388			
20		S324	49.025	149.706	100.681	6.072	9.867		37.685	5.914	7.567	0.158	4.562		59.681	6.072	47.71	6.072	11.971		102.742-143.742，共41公里，为规划路段
21		S326	46.829	96.306	49.477	4.031	12.403	1.834	31.145		5.929	2.197			49.477	4.031	48.333	4.031	1.144		
22		S327	0	64.648	64.648	2.69	27.408	2.69	6.089		31.151				64.648	2.69	57.358	2.69	7.29		
23		S328	59.181	72.96	13.779						13.779				13.779		13.779				
24		S329	0	33.64	33.64		33.64								33.64		33.64				
25		S330	144.378	199.034	54.656	19.115	1.667	1.667	13.472	6.086	39.517	11.362			54.656	19.115	42.743	19.115	11.913		
26		S436	0	23.641	23.641	8.096	22.145	8.096	1.496						23.641	8.096	23.641	8.096			
27		S440	0	26.866	26.866	2.263	2.263	2.263	24.603						26.866	2.263	26.866	2.263			
28		S449	0	4.412	4.412				1.409				3.003		4.412		4.412				
29		S450	0	12.419	12.419				12.419						12.419		12.419				
30		S451	24.025	46.99	22.965		20.924		0.464		1.577				22.965		22.965				
31		S601	0	156.516	156.516	28.231	125.666	26.858	30.85	1.373					156.516	28.231	156.516	28.231			
		合计			1589.678	227.387	646	176.549	580.513	37.121	287.85	13.717	23.025		1537.388	227.387	1436.336	226.966	101.052	0.421	52.29公里为规划路段

表 2

合肥市 2022 年底农村公路里程到达数明细表

县市区名称	行政等级	合计	技术等级					路面类型			
			一级	二级	三级	四级	等外	沥青砼	水泥	沥青碎石	未铺装
合肥市	总计	18715.103	60.845	909.667	2606.871	15137.720	0.000	4240.085	14245.814	0.000	0.000
	县道	2292.532	55.966	650.404	1288.880	297.282	0.000	1995.001	259.299	0.000	0.000
	乡道	4373.503	0.000	137.732	884.326	3350.129	0.000	1047.246	3283.504	0.000	0.000
	村道	12049.068	4.879	121.531	433.665	11490.309	0.000	1221.679	10703.011	0.000	0.000
肥东县	合计	3914.188	15.940	224.690	626.497	3047.061	0.000	992.889	2921.299	0.000	0.000
	县道	622.927	15.940	180.362	269.369	157.256	0.000	510.362	112.565	0.000	0.000
	乡道	968.892	0.000	20.163	213.650	735.079	0.000	206.442	762.450	0.000	0.000
	村道	2322.369	0.000	24.165	143.478	2154.726	0.000	276.085	2046.284	0.000	0.000
肥西县	合计	3087.076	0.000	59.351	481.038	2546.687	0.000	566.665	2482.943	0.000	0.000
	县道	344.715	0.000	25.365	283.217	36.133	0.000	257.933	86.782	0.000	0.000
	乡道	717.698	0.000	20.825	72.211	624.662	0.000	165.593	552.105	0.000	0.000
	村道	2024.663	0.000	13.161	125.610	1885.892	0.000	143.139	1844.056	0.000	0.000
长丰县	合计	3816.002	28.920	295.380	485.900	3005.802	0.000	870.166	2933.324	0.000	0.000
	县道	470.180	28.920	249.740	170.320	21.200	0.000	455.680	14.500	0.000	0.000
	乡道	1367.580	0.000	35.190	260.770	1071.620	0.000	272.306	1095.274	0.000	0.000
	村道	1978.242	0.000	10.450	54.810	1912.982	0.000	142.180	1823.550	0.000	0.000
庐江县	合计	4518.828	13.874	181.319	425.107	3898.528		868.305	3650.523	0.000	0.000
	县道	397.429	11.106	68.603	271.671	46.049	0.000	382.343	15.086	0.000	0.000
	乡道	629.361	0.000	56.535	98.059	474.767	0.000	159.837	469.524	0.000	0.000
	村道	3492.038	2.768	56.181	55.377	3377.712	0.000	326.125	3165.913	0.000	0.000
巢湖市	合计	2444.558	0.000	86.001	401.093	1957.464	0.000	520.450	1924.108	0.000	0.000
	县道	365.503	0.000	70.883	269.010	25.610	0.000	345.193	20.310	0.000	0.000
	乡道	512.298	0.000	2.800	116.991	392.507	0.000	123.008	389.290	0.000	0.000
	村道	1566.757	0.000	12.318	15.092	1539.347	0.000	52.249	1514.508	0.000	0.000
瑶海区（含新站区）	合计	0.000	0.000	0.000	0.000	0.000	0.000	0.000	0.000	0.000	0.000
	县道	0.000	0.000	0.000	0.000	0.000	0.000	0.000	0.000	0.000	0.000
	乡道	0.000	0.000	0.000	0.000	0.000	0.000	0.000	0.000	0.000	0.000
	村道	0.000	0.000	0.000	0.000	0.000	0.000	0.000	0.000	0.000	0.000

续表

县市区名称	行政等级	合计	技术等级					路面类型			
			一级	二级	三级	四级	等外	沥青砼	水泥	沥青碎石	未铺装
庐阳区	合计	155.383	2.111	9.380	37.921	105.971	0.000	0.000	0.000	0.000	0.000
	县道	38.232	0.000	1.905	25.293	11.034	0.000	0.000	0.000	0.000	0.000
	乡道	42.753	0.000	2.219	4.890	35.644	0.000	0.000	0.000	0.000	0.000
	村道	74.398	2.111	5.256	7.738	59.293	0.000	0.000	0.000	0.000	0.000
蜀山区	合计	348.542	0.000	14.046	66.545	267.951	0.000	183.565	164.977	0.000	0.000
	县道	14.046	0.000	14.046	0.000	0.000	0.000	3.990	10.056	0.000	0.000
	乡道	66.545	0.000	0.000	66.545	0.000	0.000	62.484	4.061	0.000	0.000
	村道	267.951	0.000	0.000	0.000	267.951	0.000	117.091	150.860	0.000	0.000
包河区	合计	116.410	0.000	0.000	0.000	116.410	0.000	71.700	44.710	0.000	0.000
	县道	0.000	0.000	0.000	0.000	0.000	0.000	0.000	0.000	0.000	0.000
	乡道	0.000	0.000	0.000	0.000	0.000	0.000	0.000	0.000	0.000	0.000
	村道	116.410	0.000	0.000	0.000	116.410	0.000	71.700	44.710	0.000	0.000
高新区	合计	0.000	0.000	0.000	0.000	0.000	0.000	0.000	0.000	0.000	0.000
	县道	0.000	0.000	0.000	0.000	0.000	0.000	0.000	0.000	0.000	0.000
	乡道	0.000	0.000	0.000	0.000	0.000	0.000	0.000	0.000	0.000	0.000
	村道	0.000	0.000	0.000	0.000	0.000	0.000	0.000	0.000	0.000	0.000
经开区	合计	255.680	0.000	39.500	64.260	151.920	0.000	166.710	88.970	0.000	0.000
	县道	39.500	0.000	39.500	0.000	0.000	0.000	39.500	0.000	0.000	0.000
	乡道	44.900	0.000	0.000	32.700	12.200	0.000	34.100	10.800	0.000	0.000
	村道	171.280	0.000	0.000	31.560	139.720	0.000	93.110	78.170	0.000	0.000
安巢经开区	合计	58.436	0.000	0.000	18.510	39.926	0.000	23.476	34.960	0.000	0.000
	县道	0.000	0.000	0.000	0.000	0.000	0.000	0.000	0.000	0.000	0.000
	乡道	23.476	0.000	0.000	18.510	3.650	0.000	23.476	0.000	0.000	0.000
	村道	34.960	0.000	0.000	0.000	36.276	0.000	0.000	34.960	0.000	0.000

纽。合肥市普通国省干线公路36条，总里程1838.66千米；其中国道5条，实际里程528.66千米，省道31条，实际里程1310.00千米。实施普通国省干线公路建设项目18个173千米，完成国省干线养护项目34个546千米，实施农村公路提质改造项目185.83千米、危桥改造5座，提升安全防护设施418.36千米。

【高速公路建设】　2022年，合肥市在建高速总里程383.94千米（含改扩建）。

续建工程。6个，分别是：G3W德州至上饶高速公路合肥－枞阳段（合肥境内42.4千米）、G42S上海至武汉高速公路无为－岳西段（合肥市境内61.5千米）、S09明光－巢湖高速公路合肥段（50.25千米）、滁州至合肥至周口高速合肥段（合肥市境内85.9千米）、G40合六叶高速公路合肥至大顾店段改扩建工程（合肥市域内38.44千米）、S30铜陵至商城高速公路无为塔桥－巢湖沐集段（合肥市境内7.6千米）。

新建工程。4个，分别是：S92滁合高速合肥支线（全长13.94千米）、S19淮桐高速（合肥市境内58.69千米）、G4222和县至襄阳高速公路肥西（丰乐）至舒城（千人桥）段（合肥市境内10.11千米）、S90芜合高速肥东支线（合肥市境内15.11千米）进行预制标施工。

开展前期工作项目。5个，分别是：S11巢黄高速合肥至无为段（合肥市境内长30.6千米）、S18宁合高速（合肥市境内长34.6千米）、G9912合肥都市圈环线南环段（合肥市境内42.48千米）、S30铜商高速公路巢湖（沐集）至肥西（三河）段（合肥市境内40.1千米）、S24杭合高速（滁合高速至含山界）（约57千米）。

【国省干线建设】　2022年，合肥市实施普通国省干线公路建设项目18个173千米，其中，续建项目13个115.73千米，分别是：G206吴山至滁河干渠、G329合相路（护城至大张段、小普至定远界段）、G329西大路（庙岗段、柘皋段）、G329柘皋至夏阁段、S101（原S260）新合蚌路（新站区段）、S329（原S366）合六南通道、S451（原S319）二军路兆河特大桥变更工程、引江济淮工程（安徽段）引江济巢段S319白湖大桥、姥山大桥、S316沐集大桥、乌曹路二期等；新开工项目2个5.812千米，分别是：G330合铜公路百大物流园段（合安高速至南环段），G312合六路快速化（南岗镇－侯店路）；完成交工验收一级公路项目（标段）5个51.6千米，分别是：S451（原S319）二军路（泉水至黄姑段）二标、G329合相路（塘林至双枣段）、S327金梅路江汽大道、肥东县S227岱河路至魏武段、S232郭河至汤池段。

【国省干线公路养护】　2022年，合肥市路面养护大中修工程项目16个233千米，实施公路安全精细化提升工程4个149千米，组织实施路面预防养护4个39千米，集中实施桥梁预防养护36座。组织实施世行贷款安徽公路养护创新示范项目子项目B—S601环巢湖公路道路养护市场化工程125.34千米。实施路面技术状况监测、评定里程1863千米（含一级路上下行），开展269座桥梁定期检查，一二类桥梁占比91%。

【农村公路建设与管护】　农村公路建设。2022年，市交通局持续深化“四好农村路”建设，实施农村公路提质改造项目185.83千米、危桥改造5座，提升安全防护设施418.36千米。全年新增三级及以上农村公路132.89千米、新增35个通双车道的建制村、新增36个通硬化路的较大自然村，农村公路路网结构得到优化。截至年底，全市12个县（市、区）、开发区所辖81个乡镇全部通达二级及二级以上公路，1146个建制村通双车道858个、占比74.87%，14335个较大自然村（20户以上）通硬化路14326个、占比99.94%，形成以县道为骨架、以乡道为支线、以村道为脉络，与高速公路、国省干线、城市道路等相衔接，基本适应经济和社会发展的农村公路网，为乡村振兴提供重要交通支撑。

农村公路管理。优化农村公路路长制及乡村道路专管员制度，截至年底，全市建立5个县级、81个乡级的农村公路路长制办公室，组建108个县级路长、301个乡级路长、1129个村级路长、542名乡村道路专管员的管理队伍，实现农村公路管理有规可依，有人管事，基本形成以县级人民政府为主体，交通、财政、发改、自规、公安、城管等协调配合的管理模式，农村公路管理中疑难问题处置效率得到提高。（放表格）

农村公路养护。实施农村公路修复性养护、预防性养护、专项养护等三类项目1781.1千米，总投资3.28亿元。开展2次农村公路日常养护绩效评价工作，全面落实在册农村公路17665千米的养护任务，农村公路路况水平稳步提升，优良路率达98.9%。全市养护工程及县道养护均推行市场化模式，农村公路在册里程列养率100%，优、良、中等率达100%，基本实现农村公路养护市场化、规范化、常态化。

科技成果应用。组织开展农村公路路面自动化检测7100千米，全面掌握农村公路技术状况，为后续制定年度修复性等养护年度计划制定提供真实、可靠的数据支撑，辅助交通决策。搭建“四好农村路”综合管理平台。以片区为单位划分管理网络，录入各级路长、专管员“所属片区、养护路段、养护职责”等信息，结合GIS实现对道路、片区和专管员的动态管理，依托平台信息传递，将乡村道路专管员日常巡查过程中发现的问题，通过任务的流转、派发及时处置病害，建立事前、事中、事后各个环节的电子档案。截至年底，基本实现从农村公路病害发现到处置完成的信息留存和闭环管理，建立农村公路日常养护智能化、常态化管理模式。

（宋博荃　梁子丰）

公路运输与管理

【概况】 2022年，合肥市完成公路客运量1010万人次、旅客周转量14.35亿人千米，同比分别下降56.53%、48.45%。公交、轨道交通分别完成客运量2.66亿人次、2.88亿人次，同比分别下降23.40%、1.85%。全市完成公路货运量2.85亿吨、货运周转量256.87亿吨千米。

【出租汽车管理】 2022年，合肥市市区有巡游出租汽车（以下简称“巡游车”）公司7家，巡游车9402台，其中公司化经营车辆2642台，个体经营车辆6760台；有网约车平台公司48家，车辆36201台，取得出租汽车（巡游车、网约车）从业资格驾驶员8万余人。全年全行业累计完成营运约1.35亿次，运输量约1.89亿人次。市交通局完善行业管理规范体系，完成《合肥市出租汽车管理办法》修订工作，统筹巡游车、网约车两种业态融合规范发展。探索研究新形势下管理服务方式，建立合肥市交通运输新业态协同监管联席会议制度，协同相关部门全年累计约谈企业44家次。拟定《合肥市个体巡游出租汽车单车服务考核办法》，探索建立以服务质量信誉考核为导向的优胜劣汰和市场退出机制。完成年度服务质量信誉考核工作，全市3家出租汽车企业取得AAAA级考核等级，占全省AAAA级企业四分之三。

【机动车维修（检测）管理】 2022年，合肥市区（不含四县一市）有维修企业1154家，其中一类110家、二类259家、三类785家，从业人员2万余人。备案22家一类维修企业，75家二类维修企业，三类业户721家。市交通局开展2021年度机动车维修企业质量信誉考核工作，对325家维修企业按生产条件、从业人员、安全生产等8项指标进行考核，引导企业依法经营、公平竞争、优质服务，推进维修行业诚信体系建设。推进建立机动车排放检验与维护（I/M）制度，根据《合肥市机动车排放检验与维护（IM）制度实施方案》，合肥市I/M制度于2022年9月1日正式实施。合肥市机动车环保检验管理系统、机动车尾气检测与治理（I/M）数字化应用平台与安徽省汽车维修电子健康档案系统实现系统对接、数据共享。机动车排放检验与维护（I/M）制度实行闭环管理。截至年底，全市设立54家M站。I/M制度2022年8月1日试运行以来，有5765台尾气检测不合格车辆车主通过“合肥通”APP进行预约治理，其中5619台完成尾气治理。

【驾驶员培训管理】 2022年，市交通局加强顶层设计、创新行业监管模式，紧密联系公安部门，推行培训学时大数据信息化管理，推进培训学时与考试联网信息对接，谋划学员培训费第三方资金托管，着力提升行业管理水平和培训服务质量。制定合肥市驾培行业质量信誉考核分类分级实施推进措施及合肥市“信用＋驾培训练场地、教练车辆、教练员”场景应用工作方案（试行）。全市（含四县一市）有驾校90家，教练车4747台，教学主（分）训练场地198处，训练场地总面积约257公顷，备案教练员1486人。年培训能力38万人，受疫情影响，全年实际培训学员约18万人次。全年组织34场次1437名客运从业人员资格考试，经考试合格1401人，合格率为97.49%；驾培机构组织299批次货运从业人员资格考核4174人，合格4026人，合格率为96.45%。

【行业监管】 2022年，市交通局开展11批次1731人次“两类人员”安全考核，合格908人，开展10批次1035人次危货从业人员资格考试。开展全市道路货运行业安全生产大排查大整改工作，对28家危险货物运输企业和179家车辆数50台以上普货运输企业进行重点检查，发现各类问题隐患201处，下发整改通知书87份，并督促企业全部完成整改。会同市市场监管局和执法支队完成68家道路运输企业检查，联合公安交警部门对4家被列入高风险重点运输企业进行约谈。全年检查市区驾校46家，对检查中发现的217起安全隐患及问题，现场整改5起，限期完成整改212起，取缔非法驾训场地3处。

（石　磊　周飞洋）

2022年7月21日，合肥港内来回穿梭的货车正忙碌地装载集装箱

（高　博/摄）

内河航运与管理

【概况】　2022年，合肥市完成港口货物吞吐量4389.1万吨，同比增长2.5%；完成集装箱吞吐量42.06万标箱，同比增长5.3%；完成水运固定资产投资23.18亿元（其中引江济淮航运工程完成投资21.78亿元），水运基础设施投资仍处历史高位。截至年底，全市航道总里程780千米，其中通航里程565千米，四级以上高等级航道里程380千米；规划港口岸线总长35.97千米，已利用岸线12.833千米。拥有码头泊位112个（其中千吨级泊位74个），年综合通过能力6090万吨、85万标箱；拥有港口经营企业30家，其中危险品企业5家。全市有水路运输及辅助业企业67家，其中水路运输企业58家，水路运输辅助企业9家。在册营运船舶数量1978艘，总运力386万净载重吨。

【港口航道建设】　2022年，合肥派河国际物流园港区（合肥外贸综合码头工程）项目一期工程通过竣工验收，合肥港巢城港区二期工程（首期项目）道路堆场、港机设备、安全环保设施等标段全部通过交工验收；安徽佑顺新材料有限公司年产120万吨合成气制乙二醇项目配套码头工程、合肥东航码头工程新开工建设。引江济淮一期工程于年底实现试通航通水；合裕线扩能改造工程裕溪一线船闸加快建设；巢湖湖区航道散兵避风锚地维护工程完工，并完成岸电设施改造；合裕线店埠河航道专项养护工程完工。

【内河航运】　2022年度，合肥市完成货运量10768万吨，同比增长13.72%；货物周转量4051626万吨，同比增长8.90%。受疫情影响，完成旅客运输量23万人，同比减少42.50%；旅客周转量139万人，同比减少46.12%。

【港口航道管理】　2022年，市交通局开展安全生产专项整治三年行动，对全市港口开展2次全面安全隐患排查。推进码头岸电设施改造工作，协调国网合肥电力公司，加快合肥熔安动码头岸电的建设改造。强化船舶污染物接收转运处置，港口应用长江经济带船舶水污染物联合监管与服务信息系统，实现污染物接收和监管闭环运行，有效衔接率达到100%。制定下发《合肥辖区通航航道管养巡查工作办法》，全年巡查456人次，累计巡查航道里程2200多千米，组织应急设标和清障6次，修复航标标体及灯器30多（个）次。

【船员船舶检验管理】　2022年，市交通局为船员提供证书“不见面”办理服务，启动船员证书“容缺受理”机制，指导船员培训机构开展远程直播、线上教学培训，全年组织内河船员考试17期642人次。严格船舶检验管理，完成船舶检验发证2075艘次，指派船检人员参加6期外出驻点检验工作，为营运船舶提供“远程视频检验”服务，克服时间紧、人员少、任务重、疫情影响等不利因素，在为期不足两个月的时间里，全面完成全市218艘船舶岸电改造的检验发证任务。截至年底，合肥港登记内河船舶2247艘，船舶总吨位192.41万吨，载重吨339.60万吨，注册船员13872人。

【水上交通安全】 2022年，市交通局以水上交通安全生产专项整治三年行动为主线，围绕“船舶、船员、企业、港口码头、通航环境”等关键要素，在港口经营秩序、航道环境、水运市场秩序、通航秩序、船舶防污染等方面，强化安全隐患排查治理和打非治违力度，集中开展“护航2022”行动，推进船舶载重线和货物装载专项检查活动。全年开展水上执法检查11676次，出动执法人员39278人次，检查船舶39388艘次，辖区船舶的安全技术状况稳步提升，水上交通安全形势总体平稳。

保障水上客渡运安全。自2022年9月19日起，集中开展水上涉客运输安全生产检查、保障涉客船舶航行安全“百日行动”等专项行动，加大恶劣天气和节假日、农忙、集会等高峰时段监督检查频率，发现13处隐患，均整改完毕。

水上交通应急处置工作。全年发布预警信息64例，应急救助电话57起，处置突发事件14起。其中，实施船舶应急救助17例，救助人员30人次，打捞交通艇1艘。通过部海事协同管理平台上报4起小事故，3起一般事故。

（吴　军　孙孔亮）

铁路建设与运营

【概况】 2022年，合肥铁路完成旅客发送2545.7万人、恢复至2019年52.7%；完成运输收入30.7亿元、恢复至2019年55.3%。合肥货运中心制定合肥中欧班列“一企一策”制定运输方案，更好服务“皖货皖运”，灵活实施“抓大”“聚小”营销策略。“抓大”即根据大型企业发运需求，为企业量身定制“专列”服务，提升运输效率。开通“江淮号”“奇瑞号”“美的号”“马钢号”等企业定制专列，为企业大批量货物出口提供有力支撑。“聚小”即开展中欧班列拼箱业务，将部分集装箱用于拼箱，采取“拼单”出口模式，满足中小客户零散货物出口需求，实现“小批量”货也能走中欧班列。全年，合肥中欧班列开行352列，同比增加40列。

【多式联运】 2022年，合肥货运中心增加海铁联运入图线条，优化合肥北站装卸车组织，日常加强北仑港、芦潮港、穿山港海铁联运班列运输组织盯控，做到每日开行100车，实施合肥北集装箱智能系统项目，实现海铁联运持续高位增长，多式联运发送5.6万TEU。

【合肥工务段运营】 2022年，合肥工务段淘汰资质不达标的5家工程企业，承揽六安新奥燃气下穿沪蓉宁西线等涉铁外委工程项目12个，累计金额17344.8万元。完成淮南线、合九线等客车径路轨枕立螺栓改锚61050万根，打磨高焊头4826处，完成沪蓉线大机清筛23.16千米、岔筛6组施工任务，开创首次有砟高铁线路、道岔清筛的先河。年度大机线捣183.14千米、打磨471.91千米、岔磨259组。运用四维及惯导测量模式为大机提供自动化作业方案，完成大机线捣894.58千米、岔捣193组、线磨577.26千米、岔磨62组，线路设备质量明显提升。

（江　深　徐　帅　戴茂征）

航空运输与管理

【概况】 2022年，合肥新桥国际机场完成旅客吞吐量571.3万人次，运输航班56487架次；旅客吞吐量在全国机场中排名33位，较2021年提升3个位次。全年完成货邮吞吐量7.6万吨，其中国际货邮吞吐量2.51万吨，同比增长34.5%。

【机场建设】 2022年，合肥机场改扩建项目T2航站楼、综合交通中心（GTC）、站坪工程全面开工，完成投资8.63亿元；飞行区项目完成土地预审，预可研报告通过军方审查和评估。贯彻绿色低碳发展理念，合肥机场T2航站楼绿色建筑设计方案通过中国绿色建筑三星最高标准审查。

【东航安徽分公司】 2022年，东航安徽分公司执管A320（空客320）飞机19架，在合肥、重庆、长春、北京大兴四地分别投放12架、3架、3架和1架运力，平均飞机在册日利用率3.74小时。载运率66.89%，客座率65.83%，安

2022 年 12 月 15 日，合肥至德国法兰克福洲际直达客运航线正式开通
（王　余 / 摄）

全飞行 2.59 万小时 /1.2 万架次。累计完成运输飞行时间 2.59 万小时，总周转量 1.59 亿吨千米，旅客运输量 118.87 万人次，货邮运输量 0.89 万吨。东航在合肥新桥国际机场航班旅客吞吐量 137.59 万人次，货邮吞吐量 0.93 万吨。

【航线】 2022 年，中国东航在安徽地区执飞航线 52 条（其中在合肥执飞 39 条，省内其他站点 13 条），均为国内航线（受疫情影响，地区国际航线暂停）。航线有：合肥－昆明、合肥－广州、合肥－成都天府、北京大兴－合肥－厦门、合肥－重庆、合肥－乌鲁木齐、合肥－兰州、合肥－西宁、合肥－西安、合肥－桂林、合肥－南宁、合肥－大连、合肥－厦门、合肥－银川、青岛－合肥－重庆、成都天府－合肥－烟台、长春－合肥－柳州、合肥－哈尔滨、合肥－青岛、青岛－合肥－遵义、合肥－汕头、合肥－太原、重庆－合肥－威海、和田－西安－合肥、合肥－湛江、合肥－北京大兴、合肥－呼和浩特、太原－合肥－舟山、合肥－浦东、沈阳－合肥－琼海、浦东－合肥－揭阳潮汕、鄂尔多斯－合肥－佛山、合肥－鄂尔多斯、榆林－西安－合肥、合肥－深圳、合肥－邯郸－鄂尔多斯、合肥－长春、太原－合肥－湛江、广州－合肥－哈尔滨、阜阳－佛山、浦东－阜阳－昆明、阜阳－浦东、阜阳－北京大兴、成都天府－宜昌－黄山、昆明－黄山－大连、重庆－黄山－温州、九华山－北京大兴、北京大兴－芜湖宣州－佛山、昆明－芜湖宣州－长春、芜湖宣州－西安、芜湖宣州－鄂尔多斯、浦东－安庆－长沙。

【安全生产】 2022 年，东航安徽分公司牢牢守住飞行、空防、航空地面、地面行车、食品消防、网络信息等各领域安全底线，未发生一般差错及以上事件，实现安全飞行 38 周年和 2022 安全年，分公司续写“飞行、维修系统继续保持 10 年以上无征候”记录。

【新桥科创示范区建设】 2022 年，新桥科创示范区建设项目 48 个，完成实物投资 24.5 亿元，持续优化交通路网建设，国际小镇骨干路网、新桥智能电动汽车产业园周边道路竣工投用。完成新桥科创示范区国土空间规划、合淮合作区一期“三区三线”划定工作，城镇建设用地规模拓展至 41 平方千米。修编高刘镇总体规划，形成“三园两镇一港”组团布局。推动成立市场化航空货运平台公司并正式运营，稳定运行“合肥－洛杉矶 / 芝加哥 / 伦敦 / 仁川”4 条国际货运航线，新开通“合肥－大阪 / 阿姆斯特丹 / 亨茨维尔”3 条国际货运航线，完成进港带货航班 174 班、货量 1362.68 吨。新开“合肥－法兰克福”国际客运航线。全年新桥机场完成货邮吞吐量 7.65 万吨，同比下降 18.3%，其中国际全货机吞吐量 2.5 万吨，逆势增长 33%。

（唐经纬　王　余　杨　雷）

城市公共交通

【概况】 2022 年，合肥市全面持续推进公交优先发展战略，不断加大政策和资金扶持力度，城市公共交通得到快速发展。市区有 3 家公交企业，分别为合肥公交集团有限公司、合肥高新公共交通运营有限公司、合肥经济技术开发区公共交通运营有限公司，截至年底，市区在运营车辆有 3869 台（折合 4908.5 标台），常规公交线路 294 条，公交运营线路总长度 4938.6 千米，运营线网总长度 2115.3 千米。市区全年公交运营里程达 1.963 亿千米，累计完成客运量 2.882 亿人次，日均客运量

78.95万人次。全市有公交停保场13个，面积达70.8万平方米；首末站129个，中途停靠站6278个（其中电子站牌615个），市区建成区公交站点500米半径覆盖率达到100%。

【公交线路拓展及线网优化】 2022年，合肥市新开通公交线路20条、优化调整72条，推进公交、轨道两网融合，186条公交线路实现与轨道交通短距离换乘，全年新开M301、M302等13条轨道接驳线，覆盖合肥新站高新技术产业开发区、合肥高新技术产业开发区、庐阳区、合肥政务文化新区等区域，社区“孤岛”交通难题有效缓解。发展高效、便捷、精准、集约的定制公交出行服务，开通定制公交16条，其中特色旅游公交11条，城市公交服务能力实现提升。

【基础设施建设】 2022年，合肥市大建设项目庐阳停保场易址复建工程和城建医院复健项目一期工程分别于8月、11月开工建设。推进充电站建设，全年完成第二批充电站工程剩余高新停保场充电桩、第四批充电站工程238个改造桩及一期新建桩小庙站、滨湖时代广场站等8座站点110台充电桩施工工作。开展首末站建设，全年建成宝湾国际站、葛大店临时站、龙湖景粼苑站、金隅大成郡等站点，新增站点面积近2万平方米。

【智慧公交建设】 2022年，合肥市推进数字公交建设。完成公交充电站改造项目弱电工程建设及平台接入，实现充电运营管理平台统一管理。推进智能化场站建设，完成新建停保场的智能化建设，提高技防体系化程度和效率。开展候车亭智能化项目验收，203块电子站牌、50套视频监控设备交付使用，并在市政务办公区西试点使用65寸LCD电子站牌和广告发布屏，全方位满足市民出行服务需求。推行合肥公交乘车码，于6月18日上线使用，支持银联、微信、支付宝授权扣费，电子支付占比达94.8%，市民出行更加便捷。

【轨道5号线北段初运营】 2022年12月26日，合肥市轨道交通5号线北段开通初期运营。轨道交通5号线北段起于望湖城西站，止于汲桥路站，线路长度16.6千米，设车站13座，与已投入运营的5号线南段实现贯通，串联起庐阳区、蜀山区、包河区、滨湖新区。截至年底，全市轨道交通全网运营线路5条，总运营里程168.83千米，总运营车站133座，线网换乘车站10座。

【轨道服务质量提升】 2022年，合肥轨道线网安全运送乘客2.66亿人次，日均客流量72.76万人次，线网日均进站量49.57万人次，线网日均客运周转量509.48万人次千米，单日最高客运量达到119.36万人次；列车运行图兑现率100%，列车正点率99.99%；服务质量稳步提升，百万乘客有效投诉率0.09次／百万人次，未发生一起15分钟以上晚点事件；车辆、供电等多项系统指标均处于全国中上游水平。全年线网运营车千米11465.9万车千米，高峰时段最小发车间隔238秒，运营总能耗44174.9万千瓦时。全年合肥轨道APP注册量543.1万人，同比增长13.5%。

【共享单车市场及监管】 2022年，合肥市贯彻《关于鼓励和规范互联网租赁自行车发展的实施意见》，开展运营企业服务质量考核，厘清政府部门和企业职能责任，形成齐抓共管新局面，为市民提供更加优质的出行服务。开展共享电单车专项整治，完成2021年度共享单车企业服务质量考核，续签服务质量管理合同。贯彻《合肥市非机动车安全管理条例》，依托“合肥市共享单车监测平台”，持续开展多部门联合执法巡查、扫码核验，整治超量投放等违规行为，回应群众意见建议，全市共享单车存量严格控制在30万辆以内。

（胡淑钦　范　鹏　李克武）

邮　政

【概况】 2022年，合肥市邮政行业寄递业务量完成16.16亿件，同比增长10.39%，其中，快递业务量完成13.28亿件，同比增长10.66%，两项指标增速均列长三角8个万亿城市第1位。邮政行业业务收入完成116.09亿元，同比增长6.58%，其中，快递业务收入完成92.02亿元，同比增长4.88%。全市邮政快递业发扬战邮精神，努力克服疫情多点频发和极端高温天气不利影响，全力保障服务供给，全行业保持高位高速增长的发展态势。

【保通保畅】 2022年，合肥市邮政管理局（以下简称“市邮政局”）强化政企联动、行业监管和属地管理联动，凝聚增强监管合力、保障合力。落实“四早”要求，全面建立行业从业人员动态数据库，建立核酸检测日比对通报机制，特殊防疫时期实行“日检查通报、隔日复查销号”制度，实现隐患闭环处理，筑牢行业防疫屏障。紧跟疫情防控形势和属地措施调整动向，沟通行业精准防控需求，快速协调增强防控支持和运行保障。邮政、快递企业纳入疫情防控“白名单”企业，疫情期间通行获得优先保障。

【畅通寄递渠道】 2022年，市邮政局宣传安全生产“十五条”硬措施涉企规定，打好安全生产专项整治三年行动收官战。推进处理场所规范化提升第二阶段工作，重点对传送带堵缝、人车分流“两项任务”整治情况进行“回头看”，全市70个省级、市级邮件快件处理场所全面完成“四五六”安全管理规范化提升任务。强化应急处突体系建设，督导在合肥主要寄递企业转运中心分别组织开展疫情防控突发事件应急演练，组织召开应急处置工作座谈会，组织重点企业应急工作交流。圆满完成北京冬奥会、全国“两会”、党的二十大等重大活动期间寄递渠道安保工作。联合公安、网信部门开展寄递信息安全专项治理，督促企业严格执行收寄验视、实名收寄和过机安检“三项制度”，提升企业寄递安全、生产安全、信息安全本质安全水平。建立邮政快递诉讼对接调解机制，选派市快递行业协会人员加入法院调解委员会，参与涉及邮政快递业诉讼调解。合肥市和平西路邮政支局获评第六批安徽省“扫黄打非”进基层示范点。

【优化行业发展】 2022年，合肥市首部邮政快递业政府规章《合肥市邮政快递管理办法》颁布实施，《合肥市邮政快递基础设施配置与建设管理规范》地方标准启动编制。邮政（快递）营业场所、智能信包箱（快件箱）被纳入社区公共服务设施建设。兑现合肥市推动经济高质量发展（支持快递业发展）政策，继续支持企业提升智能分拣水平、绿色生态发展、从业人员技能培训、“快递进村”工程。合肥市顺利通过第二轮“中国快递示范城市”复评，启动第三轮创建。

【邮政基础设施建设】 2022年，京东亚洲一号二期、顺丰合肥基地二期、中通仓储物流基地、韵达安徽分拣中心等项目建成投用，京东肥西智能供应链产业园等新项目签约。智慧快递发展加速，全市主要品牌省级分拨中心及9个县区转运中心全部实现自动化分拣。合肥邮区中心在全国首批试点数智化场院系统，实现入场自动抬杆、车辆自动排队、自动引导靠位。菜鸟驿站在全市13所高校投入22辆无人快递服务车，京东快递在包河区试点投运无人快递车开展站点至小区投递服务。顺丰速运配置高速安检设备，实现集中判图、远程监管、自动分拣等多场景应用。

【寄递服务】 2022年，市邮政局联合市邮政分公司启动2022年邮政普遍服务“提升年”行动，促进邮政普遍服务高质量发展。合肥与直辖市、省会城市间普服邮件全程时限提速0.15天。建设安徽省军分区邮政综合服务进军示范点，推进邮政服务进军营工作。建成162处交管、户政、税邮等“一站式”政务便民综合服务平台。法邮合作寄递服务中心建设实现市、区两级法院全覆盖。46个校园共享寄递服务中心建成投用，覆盖全市85.2%高校。快递企业深度融入汽车、家电等制造业企业生产全链条，疫情期间协助制造业企业解决交通受阻、货仓封控等问题，全市9个快递服务制造业项目申报纳入全国项目库。“快递出海”取得新成果，

2022年7月15日，消费者通过京东快递无人车取快递

（市邮政管理局／供）

安徽邮政公司9610美国商业专线首发成功，京东“合肥—伦敦”、顺丰“合肥—亨茨维尔”两条国际全货机航线开通运行。

【农村寄递物流体系建设】 2022年，合肥市政府办公室印发《加快农村寄递物流体系建设行动方案》，提出补齐农村寄递物流基础设施短板、支持农村寄递物流资源共建共享、深化农村寄递物流体系协同发展、规范农村寄递物流市场等四大行动任务。农村寄递物流体系建设列为市政府对县（市、区）、开发区2022年度目标管理绩效考核指标，县区建立农村寄递物流体系建设工作组织，支持保障政策力度持续加强。全市挂牌运营3处县级寄递公共配送中心，投用1个冷链寄递仓储，建成20个乡镇客货邮综合服务站，建成352个村级寄递物流综合服务标准化站点，开通公交运邮线路12条。

【关爱从业员工】 2022年，合肥市邮政行业非公党建持续强化，市新业态新就业群体暖“新”党建联盟成立，快递业加入党委领导、上下联动、条块结合的新业态新就业群体党建工作体系。行业党委和企业党组织发挥堡垒作用，参与基层治理、防疫救灾、爱心献血、社会帮扶等志愿服务，多名党员快递“小哥”被聘为“环境监督员”“网格观察员”。落实好快递员优先参加工伤保险政策，全市一线快递员伤害险参保率基本实现全覆盖。推进从业人员职业技能培训和行业人才职称评审工作。联合邮政快递业“暖蜂”政协委员工作室、各级工会、团委等开展五一、高温、旺季慰问快递员活动。安徽顺丰速运有限公司党支部被评为“2022年度市级‘双强六好’非公企业党组织”，全行业11人当选市、县党代会代表，2人当选市工会大会代表。全年行业内4集体、13人获国家、省、市级表彰。市邮政管理局“暖蜂行动”获第五批安徽省文明单位创建优秀品牌。

【绿色生态治理】 2022年，市邮政局开展邮件快件包装操作规范备案工作。快递包装物绿色转型列入《合肥市“十四五”循环经济发展规划》重点工程。完成国家邮政局“9917”工程部署，采购使用符合标准的包装材料比例达97.3%，规范包装操作比例94.2%，回收复用瓦楞纸箱数量682万个。顺丰在肥投用1万个自主研发的“π BOX”可循环使用包装箱。菜鸟驿站试点上线绿色回收扫码设备，加强回收宣传和激励反馈，引导用户积极参与绿色回收成效突出，双11期间，天猫监测发布绿色物流减碳排行榜中，合肥市列全国绿色物流减碳大市第五名。

【服务质量监管】 2022年，市邮政局强化与12345热线对接协调，提升转办衔接效率。印发规范邮政快递服务工作提示，督导企业提升服务质量。妥善应对疫情反复持续冲击，建立急件急办申诉处理四方联动机制，搭建监管部门、属地政府、12345热线和企业的沟通联系平台。及时发布服务消费提示和经营风险提示，通过主流媒体积极发声回应社会关切，与消费者形成良性互动，营造社会理解、包容、支持行业的良好氛围。全年处理12305、12345等各方面转办用户申诉13423件，用户对申诉处理工作满意度连续10个月为100%。

（孙晨晨）

责任编辑：王尚先

自然资源和规划

综　述

【概况】 2022年，合肥市自然资源和规划局（以下简称“市自规局”）完成国土“三调”（即第三次全国国土调查）、“三区三线”划定（即根据农业空间、生态空间、城镇空间三个区域，分别对应划定的耕地和永久基本农田保护红线、城镇开发边界、生态保护红线三条控制线）、国土空间规划编制、流失耕地找回等事关长远的大事要事；成功化解“难办证”“难安置”等群众急难愁盼问题；开创不动产登记“六减”“六办”（即全程网办、全城通办、一照联办、跨省通办、指尖秒办、无感智办，减事项、减费用、减环节、减时间、减次数、减材料），要素保障“一线服务法”等“一改两为”新举措；征地报批、规划许可等事项审批时限长、材料多等难点堵点问题得到解决。先后获得“合肥市高质量发展贡献奖先进集体、合肥市优化营商环境工作优秀单位、四送一服为企服务工作优秀单位、政务服务先进单位、省第十二届文明单位”等多项殊荣，特别是要素保障和“难安置”专项治理工作在全省深化“一改两为”大会上获得省委郑栅洁书记的点名表扬。扛稳耕地保护政治责任。以“田长制”为抓手，拟定“长牙齿硬措施二十条”，守牢47.01万公顷耕地和41.23万公顷永久基本农田保护红线。全年找回流失耕地0.86万公顷，通过土地整治新增耕地0.24万公顷。组织各地编制并落实好耕地“进出平衡”方案。坚持把信访工作当家业、把信访群众当家人、把群众来信当家书、把信访问题当家事，做好信访矛盾化解工作。全年受理信访事项1169件，办结1106件，办结率94.6%。办理信访复查复核事项164件，接待群众来访206批、477人次。局领导班子成员阳光接访、带案下访50余场次，召开信访调度会40余次。成功化解一批如黄河路污水泵站项目等重大群体信访事项，获得省委书记郑栅洁等领导的表扬，并在安徽省电视台、国家信访局《人民信访》进行报道刊登。

【要素保障】 2022年，市自规局抢抓“三区三线”成果启用期、空间规划过渡期、乡村规划编制期等难得的政策机遇，从规划上做好大科学装置集中区、比亚迪、新桥机场飞行区等项目的保障工作，支持通过承诺纳入国土空间规划的方式开展用地报批。落实“一出三进

2022年10月26日，市中级人民法院和市自然资源和规划局联合上线安徽省首个系统自动办理的“司法查控＋不动产登记平台　（市自规局／供）

四服务”，拓展延伸“星期六”要素保障会商机制，推动面对面了解问题，点对点解决问题。对重大项目用地实行“专班化”推进，实现从“应保尽保”向“应保快保”的提升，用地审批从“能批就批”向“能批快批”转换。全年获批成片开发方案 42 个、面积 0.46 万公顷；获批各类建设用地 627 个批次（宗），1657 个项目，面积 0.62 万公顷，同比增长 32.8%。全年使用增减挂钩指标 0.23 万公顷，执行处置存量用地计划 0.09 万公顷，争取国家统筹计划 0.11 万公顷。全年完成用地预审、成片开发方案、省级第六批示范物流园申报等规划审查约 750 个，合肥新桥机场 S1 号线、比亚迪新能源汽车园区、骆岗中央公园等重点项目落地得到保障。服务大建设，高效做好交通、市政设施及各类建设项目的审查审批工作。

【优化服务】 2022 年，市自规局围绕数据标准化、审核智能化、流程自动化、证书电子化的目标，打好“六办”组合拳，落实“六减”基本功，狠抓不动产登记队伍作风常态化建设，打造“合易登”党建品牌和服务品牌标杆。集成“政银合作”“网上办税”“水电气联动过户”等跨平台技术和数据优势，相继推出二手房交易“带押过户”、不动产抵押登记“跨省通办”，交房发证“同步办”、司法查控 + 不动产登记“自动办”等数十项利企便民改革举措，变“多窗多次办”为“一窗一次办”，变“面对面”服务为“端对端”服务，实现多跨场景“无感智办”、延伸服务“沉浸快办”，实现多元、多维、多样、多效综合服务。

当年，全市颁发不动产权证书证明 101.85 万本，日均办证量达 4000 本。受理登记业务 83.58 万件，其中，受理抵押登记业务 26.65 万件，涉及抵押金额 5074.07 亿元，同比增长 0.52%。在全省率先实现“带抵押过户”，二手房交易中卖方贷款尾款资金清偿过程的痛点难点得到解决，交易的时间、资金成本得到降低，为市场注入新的活力。在全省率先全面进入“交房即发证”，将“交房即发证”有关要求纳入土地供应公告和出让合同，明确约定全市经营性住宅用地竞得企业须全面实行“交房即发证”。商品房买卖合同中增加预告登记及“交房即发证”约束条款。房地产开发企业在交房前线上提交商品房转移登记申请和报税申请，购房人向政府监管的资金托管账户预交办证费用，从而实现交房当天即发证，实现了住权与产权同步，进一步保障税费资金安全。

（罗雅玲）

2022 年 11 月 29 日，市自然资源和规划局在地铁 3 号线南延线仙霞路—青年路站开展区间断面测量 （市自规局 / 供）

城乡规划

【概况】 2022 年，市自规局完成市级国土空间总体规划编制并履行相关报批程序，指导做好县乡国土空间规划编制工作。“三区三线”精准划定，其中，耕地保护目标为 47.01 万公顷，较原保护目标下降 8.63 万公顷；永久基本农田保护目标为 41.23 万公顷，较原保护目标下降 5.17 万公顷；生态保护红线面积为 1228.39 平方千米，较原批准版减少 81.27 平方千米；城镇开发边界面积为 1289.29 平方千米，较现状扩展 556.2 平方千米，额外预留 51.88 平方千米的未来拓展空间。全市耕地和生态保护压力经此次“三区三线”划定得到减轻，一批重点项目用地问题得到破解，城市发展格局空间实现优化拓展。推进“智慧合肥时空大数据平台”项目建设，基本完成时空大数据管理系统和时空大数据云平台的开发。

【土地节约集约利用】 2022年，合肥市节约集约用地工作得到自然资源部主要领导的肯定，完成年度城市建设用地节约集约利用评价、开发区土地集约利用评价、节约集约用地典型案例集编制。长丰县、肥东县成功创建全国节约集约用地示范县。巢湖市获得省政府督查土地计划指标奖励。全市单位GDP建设用地下降率8.32%，超额完成下降率5%的省要求指标。在全省98个工业主导型开发区集约用地排名中，肥西经济开发区居第2位、庐阳经济开发区居第5位、双凤经济开发区居第9位，在9个产城融合型开发区集约用地排名中，合肥新站高新技术产业开发区居第1位，肥东经济开发区居第2位。出台《合肥市批而未供、闲置和工业低效土地全域治理攻坚行动方案》《关于进一步规范产业用地出让管理的意见（试行）》《关于进一步加强涉工业用地案件司法协作意见的通知》等政策，助力全年清理批而未供土地604.07公顷、闲置土地596.4公顷，盘活工业低效土地308.87公顷，2022年新供应工业用地中，以盘活存量土地形式保障的占51.8%。

（罗雅玲）

自然资源监管

【概况】 2022年，市自规局聚焦卫片执法、自然资源督察、农村乱占耕地建房专项整治等重点任务，持续完善自然资源行政执法体制机制，严厉打击自然资源违法违规行为，牢牢守住耕地保护红线。强化“纪法衔接”“行刑衔接”。与市纪委监委、市委组织部联合印发《耕地保护监管执法与监督管理工作联络联动机制》，细化明确7大协作机制。与市公安局联合印发《关于建立合肥市打击自然资源领域违法犯罪行为联动执法工作机制的实施意见》并成立合肥市自然资源联动执法工作领导小组，严处违反土地管理规定行为。持续推动国家自然资源督察反馈问题整改工作。历年（2013-2020年）例行督察遗留问题整改销号率为81%，2021年耕地保护专项督察问题整改销号率为90.4%。2021、2022年度违法占用耕地面积（按政策扣减后）分别为1.37公顷、4.81公顷，违法用地“占耕比”分别为0.04%、0.09%。远低于省级约谈问责的标准。加大违法案件查处力度。全市通过各类专项行动共查处非法占地、破坏耕地等案件53宗，面积73.23公顷。退还土地1017.15平方米，没收构建筑物13.13万平方米，拆除构建筑物1870.71平方米，罚款898.93万元。通过直接查处和公开督办合肥经济技术开发区G40沪陕高速、肥东县南淝河河道路旁净化工程、肥西县官亭林海生态示范园等重大典型案件，以案示警、有效维护自然资源管理秩序。从严落实“早发现、早制止、严查处”工作要求。全市执法队伍对巡查、举报等渠道发现的违法违规线索，及时告知危害和法律后果、及时向基层政府及相关部门反馈、及时处置苗头性问题。全年全市开展各类动态巡查6000余次，及时制止土地违法行为150余起，恢复耕地属性320余公顷。

【土地整治】 2022年，全市完成通过市级验收土地整治项目667个，合计新增耕地2352.17公顷，占年度计划的117.61%。其中：增减挂钩通过市级验收项目76个，新增耕地1528.82公顷；占补平衡

2022年12月22日，市自然资源和规划局安巢分局深夜出动打击非法盗采

（市自规局/供）

2022 年 6 月 25 日，市自然资源和规划局开展土地日现场法治宣传活动
（市自规局 / 供）

报至省规划院审核项目 591 个，涉及新增耕地 823.34 公顷。推进“旱改水”工作。全年全市计划完成“旱改水”266.67 公顷，优化占补平衡储备库指标结构。全年全市实施完成并通过验收“旱改水”项目 37 个，新增水田面积 317.11 公顷，计划完成率达到 118.91%。市自规局初步完成“十四五”土地整治专项规划编制。全年从省级储备库内购得占补平衡指标 655.01 公顷，用于区域内重大基础设施建设用地项目占补平衡需要；外购宿松县、霍邱县、阜南县等地增减挂钩节余指标 345.36 公顷，弥补全市建设用地指标缺口。

【国土空间保护】 2022 年，市自规局推进自然资源调查监测工作。结合“三调”成果，开展资源国情宣传，提升群众知晓度。做好流失耕地找回的数据分析及举证上报工作，发挥调查工作的基础支撑作用。高质量完成 2021 年变更调查工作，准确反映土地利用现状。落实自然资源资产所有者职责。全年完成 9 个县（市、区）的自然资源资产清查价格体系建设工作，建立市级资产清查成果数据库。向市人大常委会报告全市国有自然资产管理情况，相关工作得到市人大常委会的肯定。强化生态环境保护修复。巢湖流域“山水工程”进展顺利。年度矿山修复治理计划全面完成，修复废弃矿山 33 个、在建与生产矿山 14 个。高标准推进全市绿色矿山创建工作，组织 13 座矿山参加省级绿色矿山遴选。中央环保督察反馈问题 43 号、省环保督察反馈问题 8 号等两个年度整改任务，均完成并通过验收。全面完成红四方地块土壤污染修复。马合钢和氯碱化工两个土壤污染修复项目完成出库 136.6 公顷，土壤修复率达到 51%。推进法治政府建设。严格执行规范性文件管理，推进《合肥市规划管理技术规定》的制定工作。完善重大行政执法决定法制审查制度。行政机关负责人出庭应诉率保持 100%。常态化推进扫黑除恶专项斗争，持续保持高压态势。

（罗雅玲）

土地储备

【概况】 2022 年，合肥市土地储备中心遵循“盈亏搭配合理、总体平衡有余”的工作理念，利用其政策支持和资金保障作用，推动旧城改造和城中村改造、城市更新，促进开发园区存量产业发展空间挖掘利用，推进省市重点项目进度，为保障土地要素的高质量供给，促进城市形象提升、城市功能完善，改善人民群众的生产生活环境。

【土地收储】 2022 年，市土地储备中心收储土地 734.97 公顷，超额完成年度目标任务。土地储备工作做到储备范围最大化、储备类型最大化（涵盖新增国有建设用地、存量国有建设用地，包括城中村改造和旧城改造项目用地，以及所有特殊类型的土地收购项目用地），加大存量国有建设用地的收储力度，优化存量资源配置。推动省公安厅所属安徽公安职业学院、省交通厅所属安徽交通职业技术学院、省林业局所属安徽林业职业技术学院等“以收购储备旧址支持新址建设”的重点项目收储。

【土地供应】 2022 年，市土地储备中心完成供应储备土地 796.37 公顷，供应总价 692.2 亿

2022 年 5 月 24 日，市土地储备中心主持召开《合肥市土地储备实施办法》立法后评估座谈会
（市土储中心／供）

元，其中出让供应储备土地 106 宗 561.41 公顷，成交总价 689.63 亿元。单独供应的保障性租赁住房用地 7 宗 21.33 公顷，成交总价 8.03 亿元；安置房用地 18 宗 150.03 公顷，成交价 66.01 亿元，科研用地 5 宗 25.23 公顷，成交价 4.52 亿元；医疗卫生用地 1 宗 1.62 公顷，成交价 0.31 亿元。划拨供应储备土地 37 宗 234。96 公顷，执行划拨总价款 2.57 亿元。其中：道路绿地 217.85 公顷；教育用地 14.67 公顷；医疗用地 0.99 公顷；社区服务设施用地 1.45 公顷。

【改造项目】 2022 年，市土地储备中心计划启动 5 个改造项目，实际启动 6 个项目。6 个改造项目土地总面积约 159.98 公顷，涉及 3778 户、8840 人，总拆迁建筑面积约 104.91 万平方米，安置房总建筑面积约 52.8 万平方米，测算改造总成本约 26.95 亿元。完成房屋拆迁 71.75 万平方米，开工安置房 3.71 万平方米，建成安置房 5 万平方米，上市经营性用地 21.78 公顷，成交总价 34.37 亿元，支付改造资金 16.33 亿元。

【制度建设】 2022 年，市土地储备中心完成《合肥市土地储备实施办法》立法后评估工作。与市司法局委托合肥学院开展立法后评估工作，于 11 月份完成立法后评估工作。《合肥市土地储备实施办法》修订被列入 2023 年立法计划。完善存量工业用地收购储备工作。联合市自然资源和规划局、市财政局共同出台《关于进一步加强存量工业用地收购储备工作的意见》，明确区政府和开发区管委会在存量工业用地收购中的初步成本确定权，支持各区政府和开发区统筹推进闲置和低效工业用地全域治理及“收储变收回”工作。

【重点项目】 2022 年，市土地储备中心在重点项目推进中，利用土地储备政策和资金的支持和保障作用，推动合肥市首个城市更新民生项目——包河区卫岗王卫片区城市更新项目的实施；推动做到社会效益、经济效益、生态效益协调统一的土地低效利用片区收储项目——庐阳大杨产业园片区收储项目的实施；推动省公安厅所属安徽公安职业学院、省交通厅所属安徽交通职业技术学院、省林业局所属安徽林业职业技术学院等“以收购储备旧址支持新址建设”的重点项目。推动东部新中心、运河新城、少荃湖片区等重点片区的收购储备工作。

【污染防治】 2022 年，市土地储备中心参与红四方、马（合）钢及原氯碱化工土壤修复各项工作并做好资金保障。

红四方污染场地土地总面积约 36.67 公顷，最高标准即按一类建设用地（居住）修复，工程总费用经测算为 0.93 亿元。修复污染土壤总方量约 13.02 万立方米（超修复方案计划总方量 2.02 万立方米），其中，氨氮污染土壤修复方量约 10.35 万立方米，重金属污染土壤修复方量约 1.49 万立方米，多环芳烃污染土壤修复方量约 1.18 万立方米，含氨氮／多环芳烃复合污染土壤方量 2450.85 立方米；地下水污染异位水处理方量约 38.82 万立方米。7 月，全面完成红四方地块土壤污染修复工程，该项目效果评估验收通过省生态环境厅、自然资源厅备案，并从建设用地土壤污染风险管控和修复名录中移出。

马（合）钢污染场地土地总面积约 224.67 公顷，按一类、二类建设用地标准修复，工程总费用经测算为 15.06 亿元，修复污染土壤总方量约 98.2 万立方米。预计

2022 年 8 月 27 日，市土地储备中心调研马（合）钢片区污染修复项目

（市土储中心 / 供）

2025 年移出建设用地土壤污染风险管控和修复名录。

氯碱化工污染场地土地总面积约 48.93 公顷，按最高标准即一类建设用地修复，工程总费用经测算为 10 亿元，修复污染土壤总方量约 90 万立方米。预计 2025 年移出建设用地土壤污染风险管控和修复名录。

截至年底，马（合）钢项目全面开展修复工程，占其面积 100%；氯碱化工修复占其面积 48%。全年两个项目完成出库 136.6 公顷［其中马（合）钢出库约 136.4 公顷，氯碱出库约 0.2 公顷］，修复率约 51%。2023 年将全面开展第二批次修复工程，计划完成出库 59.06 公顷［马（合）钢出库约 42.46 公顷，氯碱出库约 16.6 公顷］，修复率约 73%。市土地储备中心按工作进度累计支付资金 4.05 亿元（其中 2022 年支付资金 2.05 亿元），及时保障修复治理工作的顺利开展。

（王　华）

责任编辑：王尚先

城乡建设与管理

综　述

【概况】　2022年，合肥市聚焦大建设工作，着力提升城市交通承载力、城市更新驱动力、城市安全保障力、村镇建设创新力。大建设全年实施项目超1550个，完成投资1048.67亿元，为大建设有史以来新高。

【城市交通】　2022年，42千米畅通二环高架全线通车，郎溪路快速化改造全面完工，文忠路主线完成，金寨路、包公大道主线桥建成通车；桥头集路、宿松路快速化改造等加快推进。合肥市全年新增快速路里程40千米，超“十三五”时期总和。轨道交通5号线北段通车运营，全市轨道交通运营里程达171千米，实现市区轨道交通全覆盖。

【城市更新】　2022年，合肥市实施城市体检与城市更新，城市体检“合肥经验”获全国推广，《合肥市城市更新工作暂行办法》印发施行，卫岗王卫片区城市更新模式入围全国首批示范清单，老合钢等片区更新全面铺开；启动“老城减法1210行动”，完成淮河路步行街、拱辰街二期、明珠广场综合整治等项目改造。持续推进三大专项行动，打通断头路18条，新增停车泊位9万余个，建成充电桩约8000个，治理拥堵点15处。全年完成房屋征迁961.33万平方米，安置面积1365.53万平方米，同比增长超30%。

【村镇建设】　2022年，合肥市推进小城镇新型城镇化建设，将肥东县八斗镇、肥西县柿树岗乡、长丰县朱巷镇、庐江县白湖镇等6个乡镇列入首批小城镇建设示范乡镇，庐江县白湖镇、长丰县朱巷镇、肥西县柿树岗乡开工建设。加大农村住房安全保障力度，完成280户农村危房改造，排查农村房屋安全隐患51万余户，C、D级危房100%整治到位。

【市政和公用事业】　2022年，合肥市完成城市生命线项目三期燃气专项建设，实现全市重点区域137座桥梁、7316千米地下管网监测全覆盖，拓展消防、电梯、燃气、建筑等城市安全新应用场景。提升公用事业保障能力，四水厂迁建工程、新能热电联产项目一期B标、新桥智能电动汽车产业园供热站建成投产，全市供水能力达322.5万吨/日，天然气供气能力超900万方/日，供热能力超2215吨/小时。完成13座市政桥梁231个桥墩安全隐患消缺工程，整治病害窨井8900余座，迁改占道电杆25处。完成64个消防无水小区整治维修，改造73个小区二次供水设施；开展燃气安全专项整治，更新改造老旧燃气管网约374千米，取缔“黑气点”100处。

2022年9月7日，长丰县朱巷镇前黄村美丽乡村建设集中安置房建成（刘文昕/摄）

【城市排水】 2022年，合肥市南淝河干支流断面全面达到地表Ⅳ类标准，入巢湖污染总量大幅减少，县城黑臭水体整治超额完成任务。合肥市新建改建排水管网约450千米，建成钟油坊污水处理厂（10万吨/日），全市污水处理能力达到335万吨/日。建成投运污泥干化协同焚烧BOO项目（300吨/日），城区污泥处置能力达到1500吨/日，处置能力不足问题得到解决。

【城市防洪】 2022年，合肥市完成南淝河城区段堤防除险加固工程项目建设，满足百年一遇防洪标准要求。修编《合肥市城市防洪应急预案》《合肥市城市排水（雨水）防涝专项规划（2020-2035）》和合肥市暴雨强度公式。制定"一点一策"整治方案，通过新建或改造管网、新建排水泵站等形式，完成10处积涝隐患整治。组织实战化应急演练，加强领导带班应急值守。

（刘 欣）

2022年2月25日，合肥市轨道交通1号线三期铺轨工程首件验收在天水路站（张洼）举行，并顺利通过，标志着1号线三期工程正式进入铺轨阶段

（刘 勇/摄）

轨道交通

【概况】 2022年，合肥市轨道交通集团有限公司（以下简称"市轨道集团"）完成建设投资170.68亿元，开创历史新高；推进在建线路建设，5号线北段实现开通初期运营，1、2、3、4、5号线平稳运营；线网客运量超2.66亿人次。

【轨道建设】 2022年，市轨道集团5号线北段按期通车运营。在建线路工程建设加快推进，1号线三期车站主体和附属结构全部封顶，天水路停车场基本完成；2、3号线延长线车站主体全部封顶；4号线南延线完成2座地下车站和5座高架车站封顶；6号线一期完成4座车站封顶和3条单线盾构区间贯通；7号线一期完成13座车站封顶和16条单线盾构区间贯通；8号线一期完成11座车站封顶和12条单线盾构区间贯通；机场S1线2座车站开始主体结构施工，5座车站进行围护结构施工。

【轨道运营】 2022年，合肥轨道线网全年客运量2.66亿人次，日均客流量72.76万人次，线网日均进站量49.57万人次，线网日均客运周转量509.48万人次千米，单日最高客运量达到119.36万人次；列车运行图兑现率100%，列车正点率99.99%；百万乘客有效投诉率0.09次/百万人次，未发生一起15分钟以上晚点事件；车辆、供电等多项系统指标均处于全国中上游水平。线网运营车千米11465.9万车千米，高峰时段最小发车间隔238秒，运营总能耗44174.9万千瓦时。采用按里程计、递远递减的多级票价机制，全年实现运营票款收入41643.7万元。

截至年底，伴随着轨道交通5号线北段正式开通进入初期运营阶段，全市轨道交通全网运营线路5条，总运营里程171千米，总运营车站133座，线网换乘车站10座。轨道交通5号线北段起于望湖城西站，止于汲桥路站，线路长度16.6千米，设车站13座，5号线北段投入运营，与已投入运营的5号线南段实现贯通，5号线全线投入运营串联起庐阳区、蜀山区、包河区、滨湖新区等分区，中心城区与滨湖新区联系得到加强，初步形成全市轨道骨干网构建，覆盖合肥所有主城区。

【轨道TOD】 2022年，市轨道集团成功竞得东至路、深圳路、华南城、甘棠路等四个TOD项目用地。编制完成《合肥市轨道交通2、3、4号线延长线及6、7、8、9号线和S1线工程沿线土地综合利用专项规划》，梳理出20余宗沿线具备统一规划和开发条件的地块，其中近期具备与场站同步建设开发地块9宗，部分规划成果被纳入国土空间规划。

【轨道交通规划】 2022年，合肥市轨道交通线网规划修编方案及第四期建设规划方案编制取得重要进展，通过市政府专题会审议；编制完成L1线建设规划初步方案。三里庵站出入口及地下空间改造利用工程可研、初步设计，S1线项目环境影响评价报告、上跨高速设计方案，华南城车辆段盖板立项，北城车辆段建筑规划方案等均获批。

（李变变）

引江济淮

【概况】 2022年12月30日，引江济淮工程试通水通航暨二期工程开工仪式在合肥市肥西县引江济淮工程派河口水上服务区举行，标志着历经6年建设，长江与淮河实现历史性贯通。

引江济淮工程是中国172项节水供水重大水利工程之一，也是集供水、航运、生态于一身的民生工程。工程以城乡供水和发展江淮航运为主，结合农业灌溉补水、改善巢湖及淮河水生态环境、排涝等综合利用，是跨流域、跨省的重大战略性水资源配置工程。江淮运河通航后，北接沙颍河航道，南连芜申运河，在安徽境内形成“工”字形水运网，形成一条平行于京杭大运河的中国第二条南北水运大动脉。工程年均可向巢湖补水5亿立方米以上，有助于促进湖区水体流动和修复巢湖生态。2022年11月30日，国家发展和改革委员会批复引江济淮二期工程可行性研究报告，12月9日，安徽省水利厅向水利部转报初步设计报告，引江济淮二期总投资约204亿元。

引江济淮工程建设以来，多个单项工程规模宏大。江淮分水岭下切46.4米、口宽357米，是国内挖深最大、等级最高的人工内河航道；淠河总干渠渡槽是世界上单跨最大的通水通航钢结构渡槽，形成河上有河的“水上立交”壮观景象。作为工程建设主段落，至2022年底，引江济淮工程（合肥段）累计完成投资590.88亿元。引江济淮工程（合肥段）征地拆迁实现全面收尾，全市30个引江济淮安置点提速建设。安徽省首座、全国第二的公轨合建双层特大拱桥－引江济淮繁华大道桥实现通车。引江济淮（合肥段）市政桥梁亮化设计方案经市规委会审议通过，第一批五座桥梁灯饰亮化正式亮相，做到各具特色、别具新意，打造人民群众乐于打卡的网红桥群。

2022年12月30日，引江济淮主体工程正式试通水试通航　（王世保／摄）

【江淮运河百里画廊】 2022年，江淮运河百里画廊规划建设方案经市规委会主任办公会批准进入实施阶段。江淮运河百里画廊规划范围东南起派河口西北至肥西天河，全长52千米，占地72平方千米，将全力打造“江淮大地上最美运河风景线、国家运河文化旅游目的地、世界知名现代运河”，推动生产、生活、生态融合协调发展，构建具有合肥特色的“一湖一园一廊一城”城市新格局。当年，按照先点后线、串点成线、连线成面的步骤，确定以派河枢纽、蜀山枢纽、淠河总干渠渡槽、运河新城示范段四大骨干工程。

（张　亮）

重点工程建设管理

【概况】 2022年，合肥市重点工程建设管理局（以下简称“市重点局”）承担各类建设项目119项（完工48项，在建71项），总投资837亿元，总建筑面积474.20万平方米，总道路里程85.42千米。全年完成投资额约200.5亿元，较上年增长约30%，创历史新高。合肥工业大学智能制造技术研究院

（一期）研发中心项目、阜阳北路（东方大道－北外环高速）工程获“鲁班奖”；郎溪路（包河大道－裕溪路）、繁华大道集贤路互通立交二期工程、集贤路跨派河桥（方兴大道－派河大道）、市公共卫生管理中心项目、安徽合肥技师学院（三标段）项目获得“国家优质工程奖”；合肥特殊教育中心北校区建设项目获“国家优质工程奖”和“中国建筑工程装饰奖”；合肥滨湖国际会展中心二期项目获第十五届“中国钢结构金奖”和安徽省装配式建筑示范项目（钢结构）；郎溪路(包河大道－裕溪路)工程5标、合肥老年大学新校区（老干部活动分中心）、合肥市残疾人康复中心、合肥市第一人民医院门急诊及住院综合楼、合肥市工人文化宫建设工程、安徽合肥技师学院公共实训中心1#楼、合肥职业技术学院合肥校区施工四标段－信息技术系科楼等获“黄山杯”。

【市政路桥建设】 2022年，市重点局承担并完成重点市政路桥建设任务。郎溪路（裕溪路—明皇路）高架于5月实现桥上桥下“双贯通”，西二环快速化改造国庆节前夕主线桥放行，作为畅通二环的收官之作，西二环建设历时仅9个月，又一次见证“合肥速度”。畅通二环工程（西南环、郎溪路高架、北二环、西二环）实现全面通车。金寨路（龙川路—方兴大道）快速化改造于7月25日放行主线高架，历时286天，成为市区与合肥经济技术开发区、肥西县的快速连接通道。大众路（裕溪路—肥东界），涡阳路下穿淮南、合武绕行及合蚌铁路，采石路、龙岗路、广德路与淮南铁路交口顺利贯通。包公大道主线高架桥全线通车，合肥市东向“大动脉”更加通畅。G4001合肥绕城高速金寨路道口收费站12月20日放行通车，历时仅224天，比原定工期提前76天。桥头集路（包公大道—龙城路)快速化改造、巢湖南路（繁华大道—锦绣大道）、G312合六路、金寨路高架绑宽等项目加快推进。

【重大场馆建设】 2022年，市重点局承担并完成科技创新重点工程和重大场馆建设任务。滨湖国际会展中心二期竣工，与一期联合，成为合肥市乃至安徽省扩大开放合作的“超级会客厅”。中国科学技术大学高新园区一期交付使用，中科大办学空间实现拓展。安徽省科技馆项目土建、安装、幕墙、室外、电梯、供电、供水等工程完工。市科技馆新馆（自然博物馆）、协同创新平台—地空中心项目顺利完工，成为合肥科创展示及中科大地球和空间科学研究的硬件平台。安徽百戏城、中科院创新院二期、物质科学交叉前沿研究中心、协同创新平台—医算中心项目、滨湖国际会展中心一期提升改造、新合肥西站西广场及地下配套停车场等项目按序推进。

【公益性用房建设】 *加快校园建设，丰富教育硬件设施。*2022年，市第五中学改扩建、市第六中学新区、市第一中学校园品质提升工程及新建艺术礼堂、一六八中学室外提升工程于秋季开学前投入使用，教育配套设施得到完善。合肥幼儿师范高等专科学校梅冲湖校区、市八中运河新城校区、合肥理工学院、合肥职业技术学院“大学生创新创业中心”一期、合肥一六八大门改造与教学楼及行政楼维修工程、合肥市第四中学新建男生宿舍楼等项目按序推进。

*建好家门口的医院，守护百姓安全。*市三院新区、市中医院、市妇幼保健院和口腔医院滨湖分院进行装饰和安装施工。市属新站老年护理院、骨科和口腔专科医院、中国科学院临床研究医院、市中心血站新站、市精神病医院康复住院楼等进行地下结构、土方外运等施工。

*精心谋划建好服务惠民工程。*市青少年活动中心完工，进行专项验收，该项目定位为“全国领先、世界一流”的青少年活动阵地，将打造成全国乃至国际青少年活动的交流中心，成为安徽的标志性建筑和文化旅游景点。市妇女儿童活动中心完工，将进一步完善城市公共服务功能和服务体系。市中心图书馆、市为民服务用房、市美术馆、市智慧养老中心、市公安局业务技术用房二期、骆岗机场全向信标台抬升项目等项目全速推进。

【重点工程】 *畅通二环西二环快速化改造工程。*合肥市西二环（北二环－樊洼路）快速化改造工程，南起长江西路，北至清源路以北0.3千米，道路全长约5.1千米，主线高架桥长约3.6千米。主要建设内容包括：道路、桥梁、排水、照明、绿化、交通标志标线、信号监控及相关配套附属设施。作为畅通二环工程的收官之作，于2022年10月1日放行，提前5个月实现主线高架桥通车，再次展现合肥速度。放行后实现42.05千米二环全线无红绿灯，通行一圈仅需38分钟，中心城区的交通压力得到缓解，合肥市快速路网得到完善，实现城市南北向快速联动。西二环与新西站配套市政道路工程共同构建新西站快速集疏运系统，建成后能有效服务新西站的集散交通、实现周边区域交通快进快出。

郎溪路（裕溪路—明皇路）工程。郎溪路（裕溪路—明皇路）是一条贯穿南北的“新动脉”，也是连接多条主干路的快速路，该工程北起明皇路，南至裕溪路，全长4.7千米，红线宽度60米，主线桥宽0.025千米，为城市快速路。采取整体高架+局部地面快速路形式布局，由北向南依次为：新建明皇路下穿郎溪路桥（长0.35千米），明皇路至大成路段约0.4千米为地面快速路，自大成路往南起桥，连续上跨临泉路、长江东路、新安江路、长临路、乐水路及和平路，全线设5对匝道桥，最终与裕溪路互通连接。工程于2022年5月8日放行通车。建成后全程仅需5分钟。郎溪路作为构建合肥市“五高地一示范”的重要组成部分，通车后与北二环、南二环、西二环形成环状路网。与裕溪路、文忠路、包公大道等城市快速路相连接。

金寨路（龙川路—方兴大道）快速化改造工程。金寨路高架快速化改造工程为连接合肥市区与肥西县的城市快速路，北起龙川路，南至望水路，道路全长10.17千米，主线桥长约7.4千米，红线宽70米，主线采用高架形式，其中穿越高速及铁路段采用地面快速路，同步新建繁华大道、汤口路下穿隧道以及锦绣大道互通立交。主线高架桥于2022年7月25日放行通车，比原定工期提前2个月实现主线桥通车。其中，G4001互通改扩建工程金寨路收费站互通匝道桥采用双喇叭立交互通形式，抬升上跨金寨路匝道桥并进行拓宽，变双向单车道为单向双车道，实现高架与高速快速连通，工程于12月20日放行通车，提前76天通车。金寨路快速化改造工程高架桥通车后，将直接跨越繁华大道、芙蓉路、天海路、云谷路等顺接引江济淮运河桥，从市区到肥西沿金寨路高架仅需20分钟。

包公大道高架。包公大道位于合肥市东北片区，西起二十埠河，东至龙兴大道，全长约15.5千米，规划为城市快速路，规划红线宽55-60米，高架桥全长11.7千米，高架段布置双向六车道，于新海大道、桥头集路、龙兴大道交口设置互通立交，上下匝道6组；新海大道至大众路段规划建设双舱管廊，长度约3千米，其中店埠河斜拉桥，采用跨径152+84米独塔单索面非对称钢-混混合梁，主塔高度97.3米，塔柱立面为月牙形，下塔柱为圆形镂空结构，意为“包公故里，日月同辉”。包公大道是合肥市“五纵七横”快速路网重要一横，是肥东县区域内重要的贯穿道路，也是1331城市东进战略的重要支撑轴线，合肥市对外交通快速转换的纽带，12月8日零时包公大道（龙脊山路—团结大道段）高架道路放行通车，包公大道主线高架桥正式全线通车。通车后合肥主城区、肥东、新站区被连成一个有机整体，东西方向交通压力得到缓解。

2022年7月25日，金寨路（龙川路—方兴大道）快速化改造工程主线高架桥放行通车 （市重点局/供）

滨湖国际会展中心二期工程。合肥滨湖国际会展中心二期工程总占地面积约15.86公顷，总建筑面积约13万平方米，包括3号标准馆、4号标准馆、2号综合馆以及地下车库等配套设施。合肥滨湖国际会展中心二期项目是安徽省重点工程，工程于2022年6月建成并投入使用，建成后与一期双馆合璧，成为合肥集展览、会议、演出、公共服务于一身的大型综合性展馆，成为大美合肥对接世界的新窗口。

合肥科技馆新馆（自然博物馆）。合肥科技馆新馆（自然博物馆）位于石莲南路与彩虹路交口西侧，王咀湖公园范围内，总占地面积约4.66公顷，总建筑面积约5万平方米，其中地上四层，地下一层，是合肥科技馆老馆建筑面积的4倍多。工程于12月完成整体工程建设并进行布展施工。

合肥市第六中学新区。合肥市第六中学新校区项目位于蒙城北路与连水路交口，总占地面积17.33公顷，建筑面积约21.8万平方米，分为东区生活服务区和西区教学运动区两个区域，共17栋单体。合肥六中新校区建设注重教学场所的共享、体验和交流，定位为打造合肥市“未来学校”的全新范本。

（刘燕燕）

城市管理

【概况】 2022年，合肥市城市管理局（以下简称“市城管局”）推动路面净化。加大道路清扫保洁督查频次、考核力度，督促环卫企业加大设备投入、加强洗扫频次，提高作业质量。抽调机关人员和区局人员组成27个督查组，对全市125条一级道路298条路段全覆盖检查、二级道路进行抽查，根据扣分值按比例对企业进行处罚。推动街面序化。整治出店经营37.12万次、劝离流动摊点37.92万次。规范开放西瓜临时销售点924处。推动立面美化。开展楼顶广告（招牌）和架空缆线专项整治，拆除楼顶字1341处，处置架空线缆问题2.99余万件，排查整改户外广告（招牌）安全隐患3361处，消除安全隐患，还原城市天际线。推动城市管理精细化。市县一体化数字城管平台受理各类城市管理案件162.82万件，日均5219件，结案162.34万件，日均5203件，总结案率99.70%。

【违法建设治理】 2022年，合肥市拆除违法建设10.20万余处，面积约1418万平方米。其中，住宅小区64122处，占比62.87%；公共道路、公共场地10152处，占比9.95%；在建工地、厂区14712处，占比14.42%；其他13008处，占比12.75%。利用拆违腾退土地和空间，新复建公园绿地187处22.36万平方米，市民休闲健身场所36处2.89万平方米，临时停车场136处，新增车位6303个。

2022年7月18日，城管队员和志愿者在环城东路共享单车停放示范点整理车辆

（市城管局/供）

【生活垃圾分类】 2022年，合肥市建成垃圾分类定时定点集中投放点4816座，配备桶边值守督导员5263人，志愿者4452人。建立与“四分类”相适应的运输模式，配足专用收运车辆，厨余垃圾日均分出量达到700吨以上，日最高收集量达900多吨，生活垃圾回收利用率超过35%。垃圾分类投放、收集、运输、处理全链条基本建成。

【渣土运输管理】 2022年，合肥市205家渣土运输企业6700余辆渣土车辆，服务保障各区、开发区490处建设项目，外运工程渣土2230余万立方米，最大限度保障项目拿地即开工。市城管局严管重罚各类渣土运输违规行为，检查工地3722家次，检查渣土运输车辆29569余车次，警告、处罚渣土运输车辆284车次，确保渣土运输安全规范高效。

【停车管理】 2022年，市城管局开展市区停车设施普查。依据《合肥市便民停车行动方案》，组织开展市区停车设施普查，完成合肥市区现状停车设施普查工作，为科学规划、建设、管理停车场提供科学依据和数据支撑。完善智慧停车综合服务管理平台，导入872家停车场25.7万余个泊位数据，研发“合肥停车”APP，服务410万车主。推动共享停车。推动101家停车场对外共享停车，释放泊位1.9万余个，实现错时开放、弹性共享，初步缓解“停车难”。加大共享单车管理力度。加强监管考核力度，强化企业主体责任。推行“亚米级”电子围栏1586处。优化单车停放点位19381处，施划停车线34663米，彩色停车线6603米，规范设置指示牌62个。

（周梅子）

自来水供应

【概况】 2022年，合肥供水集团有限公司（以下简称“供水集团”）供水服务面积883平方千米，直径75毫米以上供水管网10784千米，全市日供水能力268.5万立方米，用户292万户。

供水集团党委“水清人亲”党

建工作法入选“全国企业党建创新优秀案例”，“城市供水系统安全运行保障关键技术与应用”项目获安徽省科技进步二等奖，供水集团获得第二届合肥市市长质量奖金奖，营业大厅获评“一星级全国青年文明号”，雷锋精神听漏队获评“安徽省青年安全生产示范岗”，集贤路道口志愿服务临时党支部作为合肥市国资委系统唯一一家党组织获评“合肥市先进党组织”。供水集团蝉联五届“省服务企业百强企业”，连续8年在数字化城市管理考核中获得企事业单位第一名，连续4年获评“全市公用企事业单位效能建设优秀单位”，营业大厅连续4年在全市窗口评议中获评“群众满意窗口”。张杨、叶玮玮、沈黎红、郭鑫、李智伟等一批先进典型获全国向上向善之爱岗敬业好青年、安徽省劳动模范、省五一劳动奖章及金牌职工等荣誉称号。

【工程建设】 2022年，供水集团完成重点工程项目投资13.2亿元。龙河口引水工程全速推进，全线21个作业面同步施工。新四水厂正式投产并网，采用臭氧+活性炭滤池深度处理工艺，安装运行气浮池除藻、污泥干化等先进设施设备，充分满足包河区及滨湖新区日益增长的供水需求。六水厂提升改造工程出水管勾点施工顺利完成，日产能将迈进90万立方米大关。五水厂污泥干化、西二环（樊洼路～北二环）供水管道迁改、高新供水服务中心等项目建设完成。众兴水厂、七水厂三期、五水厂三期、北城加压站等项目前期工作全面展开。全年推进在建市政管网工程577项，完成投资约5.5亿元；小区工程482项，完成投资约6亿元。大官塘水厂（合肥市八水厂）一期工程净水厂土建及安装施工项目荣获国家优质工程奖，摘得省建设工程“中建杯”和“黄山杯”，空港供水泵站工程获评合肥市政工程“庐州杯”。

【水质管控】 2022年，供水集团完善高于国家标准的企业水质标准，并在国家标准网上完成备案。完成“一厂一策”工艺改进方案。开发乙草胺等10项新检测方法，研发移动式监测车、便携式水质在线监测设备，优化调度系统水质数据统计分析等16项功能。全年出厂水、管网水合格率均为100%。其中，按照“水质分级评价标准”划分，出厂水一级水达标率99.36%，同比上升0.11个百分点；管网水一级水达标率79.29%，同比上升1.69个百分点。

2022年6月，合肥供水集团集贤路道口志愿服务临时党支部荣获“合肥市先进党组织”称号 （金 晶／摄）

【漏损控制】 2022年，供水集团建立管网漏损控制体系，产、供、销各环节联动管控。通过开展分区计量建设、推进信息平台整合等新技术，产销差率、漏损率逐年下降。围绕“大调度”定位，全年实施专项调度256次，生产运行安全稳定，管网输配精准高效。全年产销差率11.07%，同比下降1.26个百分点；漏损率8.43%，同比下降0.85个百分点，位居全国前列。

【服务效能】 2022年，供水集团优化营商环境，提升业务审批和服务效率。在省内首发《合肥市优化用水营商环境白皮书》，首推企业“无感接水”服务。落实疫情期间援企稳岗政策，惠及企业631家，涉及金额338万元。完成77个小区二次供水泵房和水表出户改造，惠及居民约2.3万户。出台《供水服务标准》，强化热线工单龙头管控，区域供水网格化服务更显高效便捷。全省营商环境综合评价“获得用水用气”指标斩获全省第一名。

【信息化建设】 2022年，供水集团创新运用先进网络安全技术，保障重大时间节点网络信息安全。成功入选合肥市第一批首席数据官试点单位，率先建成企业数据中心，实现数据全生命周期管理。开发完成新一代营收系统，支撑千万级人口城市使用要求。创新3D建模、智能加料、自动巡检等先进技术，运用于新四水厂和六水厂三期建设，打造高水平智能水厂。供水集团在合肥市网络信息安全攻防演习中获第一名。

【技术创新】 2022年，供水集团首创水体放射性核素自动浓缩装置，创新地表水复合锰污染高效去除新技术与工艺，构建城市级供水管网安全运行监测与供水运行三级优化调度平台。持续与高校、科研院所单位保持合作，在管网二次污染形成机制、制水生产中锰回收、城市供水管网智能调压阀技术研究与应用、节能错峰智慧供水等方面的研究取得突破进展。

（宗雪玮）

电力供应

【概况】 2022年，国网合肥供电公司（以下简称“合肥公司”），承担着全市约1.14万平方千米、500万户电力客户的供电任务。全社会用电量首破500亿千瓦时大关，达到500.9亿千瓦时，同比增长12.8%。日购网电量突破2亿千瓦时，最高达2.16亿千瓦时，同比增长24.3%。最大负荷1060万千瓦，同比增长21.2%。合肥公司保持“全国安康杯竞赛优胜单位”，首获省人民政府质量奖提名奖。

合肥电网处于安徽省网南北3条500千伏跨江输电通道的中通道核心位置，是连接东西通道的重要枢纽。截至年底，合肥公司境内5座500千伏变电站、总容量1300万千伏安，管理220千伏变电站42座，主变82台、容量1590万千伏安；110千伏变电站138座，主变280台、容量1446万千伏安；35千伏变电站91座，主变174台、容量172.86万千伏安。35千伏及以上输电线路8772.706千米，其中电缆742.67千米；10（20）千伏线路2.84万千米。以500千伏为主网架、220千伏南北双环网、110千伏辐射互联的合肥城区主网网架结构进不断完善。

【电力供应保障】 2022年，合肥公司坚持政企联动、专业协同，落实市委市政府电力保供工作部署，成功应对合肥市有史以来最大电力缺口，守住民生用电底线和拉闸限电红线，受到市委市政府主要领导批示肯定。完成国家双创周、网安周、世界制造业大会等重大活动保电66次。建立健全保供工作机制。编制合肥市电力迎峰度夏保障预案，明确政府部门、供电公司和发电企业三方责任，制定并落实33项电力保供任务。深挖源端保供潜力。在全省率先出台非统调电厂通报及约谈机制，组织非统调电厂顶峰、调峰70余次，顶峰时段平均出力27.4万千瓦，同比增长32.4%。做细负荷侧管理措施。联合市发改委成立市电力负荷管理中心，首次引入地区单位GDP能耗影响因素，分解最大可用负荷指标，制定188万千瓦有序用电方案，建成76万千瓦需求响应资源库。合肥虚拟电厂首次参与电力保供实战，累计压降充电站和商业楼宇负荷约10兆瓦。

【电网建设】 开展电网规划。2022年，合肥公司连续12年召开合肥市政府与电网企业规划建设对接会，政企合力闭环对接清单25项。策划服务合肥经济发展的中长期电力保障措施，为电网规划滚动修订提供依据，得到市政府领导认可。支撑保障合肥500千伏新站变、空港变纳入电力规划中期调整。完成长丰县下塘镇、庐江县合庐产业新城等重点发展区域专项规划。制定中心城区39座同源110千伏变电站整改方案。结合国土空间规划编制及“三区三线”划定，优化站址廊道布局。

推进工程建设。陕皖直流前期选址选线基本完成。协调保障特高压白江线、500千伏紫蓬变等项目

2022年，合肥电网迎峰度夏重点工程220千伏槽坊变电站投运

（李 岩/摄）

顺利送电。促成市自然资源和规划局印发110千伏变电站“入公建”实施细则，制定典型设计方案技术指引，解决城区变电站落地难问题。投产110千伏及以上变电站12座，新增变电容量2856兆伏安、线路333.7千米。按期完成迎峰度夏工程省级3项、市级11项。高质量完成引江济淮等27项重点工程配套杆迁。

补强配电网发展。推进国际先进城市配电网建设，滨湖高可靠性示范区供电可靠率达到“4个9”。形成配电网规划方案清单72项。联合政府部门发布居住区供配电设施地方标准。建成配电网不停电作业示范基地，全面推广中压发电车等装备应用，带电作业超万次，减少停电时户数95.6万。市区馈线自动化覆盖率达到100%。

【优质服务】 *优化电力营商环境*。2022年，合肥公司“获得电力”省评第一。为比亚迪、蔚来汽车等28个省级重点项目一企一策定制电力接入方案。促成合肥市、县域电力接入工程费用分担机制全面出台，实现客户电力接入工程“零投资”。严格执行“欠费不停供”，累计减免、缓交惠企资金3916万元。推动并联审批落地，涉电道路破复等行政审批压减至2个工作日。获评市为企服务优秀单位和群众满意窗口。

服务民生。推进自管小区供配电设施改造移交，58个“亮灯工程”项目签约实施。开辟充电设施报装“绿色通道”，落实专项资金427万元安装小区地下车库充电桩集中表箱。服务162幢既有住宅加装电梯。保障25个大型复建点安置房按期送电。指导257座客户地下配电站房完成防汛整改。完成7个区级政务窗口入驻，在市政务中心成立水电气热通信综合窗口，实现企业“一站式”业务办理。成立全省首个12345热线供电服务分中心。

助力乡村振兴。安排农网投资3.4亿元，新建配变396台、10千伏线路714千米，解决台区重过载、低电压问题168项。开展供电所建设提升三年行动，争创1个五星级、11个四星级供电所。打造环巢湖乡村振兴示范区，建成4个延伸供电服务电力驿站。指导76个零电量光伏扶贫电站完成消缺。

【服务“双碳”目标】 *服务能源转型*。2022年，合肥公司与市发展和改革委员会、市数据资源局共同推进能源大数据中心建设，提供多元化能源大数据服务，支撑合肥市能源转型和产业升级。实施重点产业链及重点企业能耗、绿色建筑用能监测，定期开展产业发展研判专题分析，全年累计发布数据分析报告10期。建立覆盖220万千瓦资源的虚拟电厂平台，聚合蔚来汽车、特来电等充电资源，国内首次开展“车-桩-网”能量双向调度互动，实现源网荷储协同互动发展新模式。建成滨湖科学城新型电力系统14项示范工程。

探索碳经济模式。与合肥高新技术产业开发区签署发展合作框架协议，合力引导新能源及高端制造企业参与新型电力系统建设，推动园区向绿色低碳转型发展。与中国科技大学、合肥工业大学、安徽中医药大学签订长期合作协议，共同推动绿色低碳校园建设。完成安徽电网首笔国际绿证交易，形成从新能源开发、绿电管理到撮合碳资产交易的完整链路。签约市政府办公大楼能源托管项目，建成全省首个“零碳”数字化供电所、合肥工业大学智慧图书馆等一批公共建筑绿色减碳样板。

“绿电”全额消纳。全市新能源装机达到303万千瓦，居全国省会城市前列。主动调整电网运行方式、建设配套电网工程，实现“绿电”全额消纳。政企合作打造光伏智能选址数字化应用，提供光伏电站选址建议，分布式光伏接入方案总装机规模40万千瓦、同比翻2番。

（史乐乐）

燃气供应

【概况】 2022年，合肥燃气集团有限公司落实市委、市政府关于深化国资国企改革的总体要求，通过非公开协议方式引入华润燃气投资（中国）有限公司对合肥燃气集团有限公司进行增资扩股。原合肥燃气注册资本51000万元，引进华润投资后增资扩股到100000万元。增资后，合肥城投持股51%，华润投资持股49%，合资公司名称变更为合肥合燃华润燃气有限公司（以下简称“燃气公司”）。根据资产评估报告，经合肥城投、华润投资协商一致，华润投资增资款总额暨新增注册资本为463386.26万元，由华润投资以货币方式全额认缴。

2022年，燃气公司作为全国仅有的两家城镇燃气企业之一，公司被中华全国总工会选中，成功入选全国十大产业、百家企业深化产业工人队伍建设改革专项行动企业名单。高压输配公司团支部在建团百年之际，被授予全国五四红旗团支部荣誉称号。公司领导班子自参加市委综合考核以来，连续五年获得“优秀”等次，成为唯一获此评价的市属公益公用类国有企业领导班子。维修班长宗洪博被授予全国五一劳动奖章，成为公司历史上第三位获此殊荣的劳模工匠；维修班长吴雄飞的先进事迹在五一国际劳动节之际登上中央电视台《焦点访谈》栏目播出；运管工韩景辉获得合肥市五一劳动奖章。

【经营情况】 2022年，燃气公司紧扣“提质扩量增效”的要求，营业收入达到44.63亿元，同比增长26.2%。其中，主营业务收入44.27亿元，同比增长27.85%；天然气销售收入38.34亿元，同比增长31.63%。全年发展居民用户10.36万户，发展非居民用户569户表，新建中压管网145.84千米。增值业务在政策监管压力越来越大的情况下，依然实现1.9亿元业务产值，在逆势中依然实现16.6%的增长。种子业务在无为、金寨等外埠市场实现跨越突破，全年销售运输天然气4298万方，收入1.67亿元，收入增量达1.4亿元。

【安全生产】 2022年，燃气公司未发生重大安全生产责任事故，各项安全管理指标控制良好，各项安全管理工作卓有成效，圆满完成年度目标。遗留的中压铸铁管完成85%的改造任务，仅剩余1000米，遗留的低压铸铁管完成90%的改造任务，仅剩余1100米，中压支管、小口径钢管、户外铝塑管、户内锈蚀立管等隐患管网的改造任务，均超额完成年度计划，并累计完成约40%的总任务量，管道穿越箱涵以及占压隐患的整改取得积极整治成效。对工商业用户完成全部两轮安检，对民用户安检344万次，利用燃气专项整治“百日行动”的契机对长期未能入户的民用户开展“敲门行动”，并对安检发现的隐患进行整改和告知。

2022年6月30日，合肥市首本优化用水用气营商环境白皮书发布

（余 洋/摄）

【供气保障】 2022年，受国际形势变动影响，天然气行业供需两侧的资源配置严重不匹配，出现“量减价涨”的形势。面对前所未有的新形势，燃气公司上下顶住巨大压力，圆满完成全年的保供任务。单日最高气量刷新历史极值。12月17日，公司的单日供气量达到614万立方米，超出2021年单日最高585万立方米供气量的历史纪录，单日供气量首次迈入“6”字关，标志着公司近年来的保供能力在持续稳步提升。全年供气量首次突破12亿方。继2021年供气量首次突破10亿立方米后，公司2022年供气量再次实现跨越提升，迈过11亿“节点”，直奔12亿“大关”，达到12.2亿立方米，同比增长12.61%。其中，管道气11.87亿立方米，同比增长12.22%；LNG气化3272万立方米，同比增长11.95%。供销差率管控在3.01%。

【重点工程】 2022年，燃气公司坚持倒排工期、正排工序，加快推进各项保供重点工程建设进度。庐江－巢湖高压管网完成18千米管网建设，累计建成95千米。合肥－巢湖高压管网正式开工建设，并建成9千米，剩余67千米。庐江－池州高压管网完成20千米管网建设，包括2.7千米长江穿越段的建设，累计建成40千米，剩余98千米。环城高压管网巢湖南路段随道路完成3千米管网建设，累计建成170千米。新站调压站在冬供前实现投产，合肥市东北片区的供气保障压力得到缓解。店埠输气站完成主体工程建设，并具备与国家管网滨海线联通条件。庐江龙桥LNG项目组建成立安徽合泰新能源发展有限公司，推动工程正式立项实施。

【营商环境】 2022年，在2021年度及2022年前三个季度的全省营商环境评价中，燃气公司代表合肥市参评的“获得用气”指标多次蝉联全省第一名。公司2022年在优化营商环境3.0、4.0版的基础上，创新推出5.0版行动方案，实现便企措施的再升级、介入时间的再提前、服务水平的再提升、公示公告的再明晰，发布《合肥市优化用水用气营商环境白皮书》，为下一步争创全国标杆创造有利条件。蓝焰热线受理用户来电81.11万户次，同比增长30.77%，受理12345热线2890件，同比增长53.97%，并获评“2021年度12345政府服务便民热线优秀成员单位”。公司配合政府部门，在疫情形势严峻期间给予“批零住餐旅”等各类市场主体气费“减、免、缓”的政策支持，为企业落户合肥提供优质的量价保障。

（钱　阳）

热电供应

【概况】 2022年，合肥热电集团有限公司（以下简称“合肥热电”）企业资产总额54.84亿元，有职工1455人，平均年龄35.98岁；年蒸汽供应量480.91万吨，年发电量5.21亿千瓦时；下辖6个热源厂，建有燃煤锅炉19台，锅炉容量1915吨/小时；各类发电机组14台套，装机容量174兆瓦；各类管网长度596.08千米；服务各类工商业用户437家，居民小区208个，居民用户12.5万户；供热面积达2580万平方米，其中地热能供能面积200万平方米，供热范围涵盖合肥市主城区和三大开发区。

当年，合肥热电获评“第一届全国城市供热行业职业技能竞赛决赛精神风尚奖”“2022年度能效‘领跑者’”，蝉联“2022年度效能建设考评优秀单位”“2022年群众满意窗口单位”。所属合肥热电集团设计研究院获评合肥市巾帼建功先进集体。10名员工被获评“安徽省劳动模范”“合肥工匠”“合肥市五一劳动奖章”“合肥市金牌职工”“合肥市家庭工作先进个人”“合肥市最美家庭”等，多名热电“工匠”参加全国、省、市劳动技能竞赛并取得奖项。

【供热市场开发】 2022年，合肥热电坚持问题导向，围绕“提质扩量增效”，锚定增收节支任务，坚持效益优先，大力开发市场，整合传统能源与新能源市场开发职能，开展地毯式摸排、网络化排查，深挖各工业园区、全市16条重点产业链、新城区市场潜能，建立潜在用户信息档案。改变长期以来执行单一固定价的模式，从新发展用户开始尝试建立并试行热价联动机制。拓展肥东循环经济园（含中盐红四方）、庐江高新区、肥西片区等重点区域供热市场。推进重点项目，拓宽地热能等新能源业务板块，加快推进新桥智能电动汽车产业园供热站项目、骆岗公园锦绣湖能源站项目、北城龙湖能源站项目等建设，接管滨湖科学城云谷片区供能，不断提高新能源占比。加快推进新能热电联产项目一期B标段工程，加强与肥东县、庐江县、淮南市寿县协调，加快启动循环园、庐江、新桥热电、寿县新桥片区热电联产项目、庐江高新区供热集中项目建设工作。推进供热管网基础设施提升改造工程，解决供热损耗大、跑冒滴漏现象严重的问题，助推老旧供热管网向“智慧热网”转变。助力城市低碳绿色环保发展，加大天然气供热、污泥处理处置、垃圾焚烧、固废处理等新业态研究论证，减少煤炭对能源供应的巨大影响，加快推进结构调整和转型升级。

【客户服务】 2022年，合肥热电完成2021-2022年冬供和2022年夏供工作，实现供热安全平稳。做好省、市“两会”及相关重要会议的用热保障工作。整合归并服务类机构职能，加强服务力量。完善服务标准化体系，推行用户A、B、C分级分类管理，建立用户个性化档案，强化分类施策、精准服务用户，建立健全客户回访工作机制，及时发现并主动解决用户问题，获评全市社会评窗口“群众满意窗口”第一名。梳理分析近三年的冬夏供用户报修工单情况，根据重点报修类别，剖析原因，坚持问题导向，制定并落实整改措施。以党员示范引领为先锋，成立热网“硬核”先锋队，分层分级，与各区所、科室共同配合开展各项工作，夯实冬供保障的基层壁垒，充分发挥城市公益公用类企业的责任担当。

【安全生产】 2022年，热电集团持续高压态势，牢固树立安全红线意识，强化安全底线思维，开展安全专项整治行动，成立安全专家委员会、技术专家委员会，组织外部专家对热电厂安全健康体检，系统查找安全生产管理和现场存在的问题469个，列出清单，限期整改。组织开展反“习惯性违章”百日专项行动，制定《反“习惯性违章”百日专项行动实施方案》，采取明察暗访、在线监控等多种方式累计查找“习惯性违章”行为174余起，降低发生安全事故的风险。紧盯基坑、临时用电、高空作业等关键环节、重点领域，加大监督检查频次，采取各单位自查，“四不两直”日常检查、领导带队检查、外部专家把脉问诊等方式，全年检查356次，查出一般隐患72项，全部整改完成。组织开展安全生产“公开课”“大家谈”“班组会”“第一责任人安全倡议书”以及“我是安全吹哨人”等倡议和隐患排查活动40余场，参与人数达578人，筑牢安全生产防线。

【节能环保】 2022年，合肥热电贯彻执行国家和地方环保法律、法规，强化污染治理设施运行维护管理，落实企业的环保主体责任，严格执行排污许可制度，根据排污许可证要求委托具有CMA认证资质的第三方检测机构定期对本单位的废气、废水、噪声及无组织排放进行监督性检测，下辖6家热源厂各项污染物监督性检测144次，检测报告全部合格，达标排放率100%。通过自查自纠、日常监督及专项检查等形式，加大监督力度，持续开展达标排放、节能减排、绿色施工、扬尘治理、碳排放等方面环保专项检查，查出环保问题52项，全部整改完毕。全年环境污染事件0起、环保有效投诉事件0起、环保行政处罚事件0起。根据锅炉废气执行超低排放要求，二氧化硫（SO2）减排量5650.43吨，氮氧化物（NOx）减排量4606.69吨、烟尘减排量164395吨。在市发改委、市经信局联合组织开展的合肥市2022年度能效“领跑者”遴选活动中热电集团以优于热电联产能效能耗限额及计算方法先进值能效标准，获评合肥市2022年度能效“领跑者”。

2022年9月，达标运行中的合肥热电集团有限公司安徽科恩滨湖核心区区域能源3号能源站 （盛豪伟／摄）

【工程建设】 2022年，合肥热电谋划重点项目17个，涵盖新能源综合利用项目、供热管网新建、改造项目、铁路专用线配套综合利用、污泥干化利用及燃气热电联产类项目等。截至年底，推进落地7个，分别为合肥北城龙湖能源站项目、合肥骆岗锦绣湖能源站项目、合肥经济技术开发区大众汽车集中供热项目、合肥热电供热管网一期工程、合肥热电集团12000吨／年生物炭生产线改造项目、东方热电储煤库扩建项目、铁路专用线东南部货场硬化工程，谋划项目落地率46.7%。

（陈　瑶）

责任编辑：王尚先

建筑业与房地产业

住房与房产管理

【概况】 2022年，市住房保障和房产管理局（以下简称“市房产局”）因城施策稳定房地产市场，稳妥实施房地产长效机制，不断完善房地产市场体系和住房保障体系，持续强化房地产行业监管，改进物业服务管理，加大老旧小区改造力度，推进既有住宅加装电梯，做好稳增长、惠民生、防风险各项工作。获评全市疫情防控先进单位、全市平安建设优秀单位、“四送一服”为企服务优秀等次、“社会评窗口”群众满意窗口、全市政务信息先进单位、全市政务公开、政府网站暨政务新媒体工作先进单位等。市房产局（滨湖房屋交易）办事大厅获评2019-2021年度政务服务先进窗口，市白蚁所获评全省住房和城乡建设系统先进集体，市政务服务管理局住房保障和房产管理窗口获评全省住房城乡建设系统文明服务窗口等。

【住房保障】 *棚户区改造*。2022年，全市新开工建设棚改安置房13799套，开工率100%，基本建成棚改安置房21223套，基本建成率155.48%。全年累计争取中央及省级财政棚户区改造补助资金1.45亿元，发行棚户区改造专项债券55.49亿元。市房产局持续推进棚改续建项目建设，全市列入国家2019年度及以前棚改计划的开工项目竣工率达98.76%，超额完成年度96%的目标任务。

公租房保障。调整市区公租房准入门槛，城镇户籍较低收入和中等偏下收入住房困难家庭人均可支配收入标准分别调整至2660元/月、3547元/月。市民政局、市房产局对城镇低收入家庭住房状况进行调查了解，将符合公租房保障条件的全部纳入住房保障范围，加快推行“互联网+住房保障”政务服务，完善公租房管理系统与民政收入认定系统的建设和数据共享。坚持实物配租和租赁补贴并举，全年发放公租房租赁补贴2701户，289户家庭顺利配租市级公租房。

保障性租赁住房。推动供应整体新建保租房用地7宗、约21.33公顷，引导联创电子、维信诺等科技型企业提高配套设施比例建设保租房，支持中铁四局、安徽电力等企事业单位自建保租房，全年累计筹集保租房2.3万套（间），全部发放项目认定书，超额完成年度目标任务。

房改工作。全年受理已购公房（集资建房）转移登记房屋18套，超标面积457.30平方米，上缴财政超标补款297.33万元。办理部分产权房改房家庭产权补差386户，收回公房款529.17万元。办理华建汽配城、汪塘南区等直管公房拆迁安置公私产权交叉，直管公

2022年，合肥市基本建成棚改安置房2.12万套。图为新站高新区鹤翔园一期
（市房产局/供）

房出售，完成65户补差工作。完成中科大、原安纺集团、原合钢公司等近30家单位近千户职工家庭集资建房办证审核。

【房地产市场】 2022年，合肥市房地产市场表现总体较好，房地产市场销售趋势性下降、商品住宅销售均价有所上升、商品住宅库存量较为合理。但存在市场信心仍然不足、二手房市场成交困难等问题。全市房地产开发投资1457.09亿元，同比下降0.6%，分别高于全国（-10%）、全省（-6.2%）9.4和5.6个百分点；全市商品房销售面积1459.18万平方米，同比下降20.5%，分别高于全国（-24.3%）、全省（-28.6%）3.8和8.1百分点。全市商品房施工面积达到8106.4万平方米，同比下降2.2%，其中新开工面积1533.6万平方米，同比下降16.0%；商品房竣工面积2333.59万平方米，同比增长23.0%。

市房产局着眼长效机制建设，优化房地产调控政策，涉及限购区域、社保缴纳、家庭住房套数认定、多孩家庭购房首付比例等方面。优化职住平衡，职住平衡房源比例由原不低于总房源的30%提高到50%。市房产、金融、税务、公积金等部门，贯彻落实国家政策，引导金融机构降低房贷利率，做好居民换购住房个人所得税优惠政策落地执行，提高住房公积金贷款额度。指导县、区出台房票安置政策，促进房地产市场良性循环。坚持房价地价联动，委托第三方评估机构，对市区集中上市地块开展周边房价评估，累计测算101宗地块限价。坚持房价备案会商，对61个项目的定价、970余套房源的调价会商研究。

【住房租赁】 *规范专项资金使用管理。*2022年，市房产局跟踪监管中央财政专项资金使用，委托第三方机构，全覆盖审计61个新建类奖补项目、7个改建类奖补项目、45个备案类项目。与市财政局密切配合，完成第五批、第六批中央财政支持住房租赁市场发展专项资金申请审核，累计向7个新建租赁住房项目、3个非改租项目、14家年度信用评价A级及以上住房租赁企业、58家规模化达标住房租赁企业拨付中央财政奖补资金12887.55万元。审核兑现市级住房租赁奖补资金，向符合条件的23家企业、1.39万人次累计兑现市级奖补资金1288万元。

*加强行业信用信息管理。*印发《合肥市房地产中介行业信用信息管理办法》，规范房地产中介机构及其从业人员行为，构建诚实守信的市场环境。开展住房租赁企业信用信息评定，对市辖区248家住房租赁企业开展2021年信用信息考评，加强住房租赁行业管理，规范住房租赁企业行为，提高住房租赁企业的诚信经营意识。

【房地产市场监管】 规范房地产市场秩序。2022年，市房产局调整公证摇号销售政策，将触发摇号比例由原来的大于（含等于）1.5降低至1.2，将购房登记人员名单和选房顺序摇号结果的公示时间统一调整为不少于24小时，压缩销售周期。强化公证摇号过程监督，持续做好摇号方案、登记规则审查，全年101个项目274批次申请公开摇号登记销售，其中珺璟府、时代星河等25个项目达到公证摇号比例。持续开展整治规范房地产市场秩序三年行动，按照属地负责原则，对辖区内涉房企业和网络平台分类梳理排查，实行部门联动、联合执法。

推进“保交楼”工作。推动项目复工复产，专题解决少数因工程

2022年，合肥市坚持“房住不炒”“租购并举”，住房租赁市场驶入更加规范化发展轨道。图为包河区房屋租赁有限责任公司旗下长租公寓品牌滨纺公寓
（市房产局/供）

款纠纷等原因导致项目停工或施工缓慢问题，并搭建沟通平台，阳光城檀悦花园、恒大中心等35个项目全面复工。分类处置风险项目，对严重资不抵债的烂尾项目，推动程序、实体双化解，依法导入司法程序，其中包河区万泓中心项目通过破产重整程序实现复工复建，融宁府、锦尚公馆、一尔悦城、云栖麓等项目通过政府托底、资产抵押、资产备案、股权并购、统筹关联项目资金和代工代建等方式，为项目归集建设资金，防范资产被查封，推动项目后续建设。

预售资金监管。加强商品房预售款收存管理，成立四个工作小组，在全市范围内开展突击检查，摸排在建在售房地产项目180个，约谈房地产开发企业12家，对发现未及时入账的2.45亿元监管资金全部整改进入监管账户。全年累计拨付重点监管资金约201亿元，拨付一般资金约743亿元，累计进款总额约1228亿。试点开展以银行保函等额替换新建商品房重点监管资金业务，释放重点资金23亿元。

【物业管理】 *推进物业管理立法*。2022年，市房产局组织开展物业立法调研，借鉴上海、杭州等先发城市经验，广泛征求各方意见建议，坚持问题和目标导向，从深化党建引领、推动重心下移、规范业主自治、实施综合执法、强化行业监管等方面，起草拟定《合肥市住宅小区物业管理条例（草案征求意见稿）》，在不断修改完善的基础上，履行立法程序。

统筹和美小区创建。持续推进和美小区三年行动，组织对2021年度创建情况进行验收，评定117个合肥市和美小区。推进“皖美红色物业”三年行动，全市8个小区获省委组织部、省住建厅命名首批“皖美红色物业”示范小区，数量居全省之首。牵头组织开展绿色社区创建活动，全市183个城市社区达到创建要求，完成既定的创建目标。

强化物业行业监管。印发《合肥市物业服务企业及项目负责人信用信息管理办法》，构建以信用评价为核心的监管制度，对物业企业实行分级分类、差别化监管。将物业服务企业整治提升列入市政府七项攻坚行动之一，推进物业服务企业整治提升专项行动，分阶段多举措整治和破解物业管理工作存在的难点、痛点、堵点问题。创新开展住宅小区项目经理接待日活动，与业主开展面对面服务，及时受理、解决业主诉求。

【城镇老旧小区改造】 2022年，合肥市改造城镇老旧小区项目175个、454.82万平方米、1608栋、50374户，开工率100%、竣工率96.57%，其中涉及民生工程项目95个，总建筑面积129.07万平方米、674栋、15275户。既有住宅加装电梯311部，其中建成使用56部、开工建设122部，通过方案审查待开工133部。合肥市的老旧小区改造入选省级督查激励城市，中央电视台《焦点访谈》、新闻频道及安徽新闻联播先后对合肥市城镇老旧小区改造情况进行报道。

【人才安居】 *人才公寓建设管理*。2022年，市房产局推进在建人才公寓建设，产权型公寓竣工3280套，1356套租赁型公寓进入收尾阶段，其余大部分实现结构封顶。租赁型项目中，量子人才公寓（391套）竣工移交中科院量子创新研究院，滨湖乐业公寓（808套）建成待租赁。在建项目中，合肥新站高新技术产业开发区毓德雅苑、庐阳区人才公寓项目全部实现结构封顶，云谷公寓结构施工近半。与市人才办合作，做好6个产权型人才公寓销售工作，拟定第二批人才公寓销售方案。

人才住房补贴发放。2022年，全市发放人才住房租赁补贴46443人、41491万元。其中新落户人才15695人、11406万元，涉企7252家；重点产业企业人才22516人、25533万元，涉企1197家；服务人才发展住房租赁补贴8232人、4552万元，涉企734家。人才购房补贴审核通过633人，其中A类4人、B类34人、C类72人、D类213人、E类（国内博士）310人；发放购房补贴604人、11803万元。

【行政审批与房屋交易】 *行政审批服务*。2022年，市房产局受理各类政务服务事项5045件，其中商品房预售许可1419件、白蚁防治协议2768件、房地产开发资质审批858件。审批商品房预售总面积1179.96万平方米，同比上升5.91%；其中住宅858.54万平方米，同比上升13.86%；商业36.44万平方米；办公97.43万平方米，其他187.54万平方米。

房屋交易管理。完成购房资格审核10.14户，其中新建商品房购房资格4.3万户、存量房5.84万户。受理楼盘发布1491幢，总建筑面积1301.10万平方米，总套数

16.10万套。受理房屋面积预测绘1804幢，总建筑面积1425.2万平方米；完成预测成果审核1802幢，总建筑面积1506.2万平方米。完成商品房合同备案审核152963套，总建筑面积1244.42万平方米，其中商品住宅面积969.95万平方米。完成存量房网签62537套，建筑面积572.09万平方米，其中存量住房54766套，面积523.54万平方米。

【房屋安全治理】 *危险住房解危处置*。2022年，市房产局完善解危处置政策体系，出台《合肥市住房危险性鉴定管理实施细则》《合肥市城区危险住房解危处置工作方案（2021—2025年）》《合肥市城区危险住房处置补助资金管理暂行办法》《合肥市城区危险住房翻建重建管理暂行规定》。推动危房解危处置，组织各区（开发区）全面摸底调查现有D级和疑似D级危房，建立并动态更新危险住房台账，全年解危处置D级危险住房2.4万平方米。

物业维修资金。加强资金归集，自2022年1月1日起调整市区首期维修资金缴存方式，由建设单位代缴代收。便捷资金使用，推行维修资金使用电子扫码表决，提高表决效率。全年市区归集物业维修资金11.88亿元、13.72万户；受理核准申报使用维修资金项目1253个，预算金额1.44亿元；受理审核申报决算项目821个，决算金额5738.08万元；拨付维修资金7288.82万元，同比增长115.59%，超出历年拨付资金总量的10.29%。

白蚁防治。参与全国白蚁防治中心、故宫博物院关于国家行业标准《古建筑白蚁防治技术规程》的编写及颁布。在4、5月份白蚁繁殖危害高峰期间，接到蚁情求助电话400余次，上门治理房屋白蚁346例，治理树上白蚁75例。接收房屋白蚁预防工程项目2574个、建筑面积2352.82万平方米，竣工项目2678个、建筑面积2485.79万平方米，安装传统地下型监控装置4000余套、智能型监控装置100余套。

（杨茂婷）

建筑业

【概况】 2022年，合肥市完成建筑业产值5613亿元，同比增长10.5%，贡献入库税收超120亿元；实现建筑业增加值1791.5亿元，占全市地区生产总值（GDP）的14.9%，建安投资增速达到7%。全年培育1家千亿“航母”建筑业企业，新增特级资质企业2家。帮扶492余家企业晋升二级资质，50余家企业晋升一级总承包资质。办理总承包资质632项、专业承包资质7186项、监理资质309项。

【建筑市场监管】 2022年，市房产局修订完善《合肥市建筑市场信用管理办法》《合肥市施工、监理企业信用评价标准》，对4000余家施工企业、600余家监理企业开展信用综合评价。建成建设领域“两库一码”管理平台，1455个在建项目、24.3万从业人员被纳入平台统一管理。开展5个专题安全整治等系列活动，事故起数和死亡人数同比实现双下降。累计施行政处罚78件，罚没款621万余元，轻微违法行为实施免罚近1000万元。统筹推进整治违法分包、转包、“挂证”等行业乱象，巩固扫黑除恶专项斗争成果。

【优化营商环境】 2022年，市房产局将工程建设项目全过程审批再压缩15个工作日，电子证照实现全覆盖，实行综合服务窗口周末“不打烊”。推进联合验收，加快消防验收、竣工备案等办理速度，搭建项企、银企等对接平台，制定年度建筑业超产激励政策，兑现建筑业奖补资金1600余万元。

【绿色科技推广】 2022年，市房产局推广工程总承包、全过程咨询、BIM技术应用，新建民用建筑全部执行绿色建筑标准，合肥市入选全国首批智能建造试点城市。推行装配式建筑“1+5”新型建造模式，新开工装配式建筑1418万平方米，占比37%；新开工装配式商品房项目面积562.49万平方米，同比增长532%。

（刘　欣）

住房公积金管理

【概况】 2022年，合肥市实缴住房公积金职工150.14万人，归集公积金231.7亿元，同比增长13.25%；提取住房公积金159.68亿元，同比增长7.62%。发放住房公积金贷款2.28万笔102.68亿元，主要用于解决刚需群体购房需求，其中首套房贷款占比85.78%，年龄40岁以下占比85.76%，中低收入占比96.66%，中小户型占比96.03%。全市实现增值收益7.57亿元。

市住房公积金管理中心（以下简称“合肥中心”）获全市效能建设考评优秀单位、全市政府网站暨政务新媒体工作先进单位、全市政务公开工作先进单位、市直机关平安单位、全市网络攻防演习竞赛优秀奖；业务服务处获评全省住房和城乡建设系统先进集体，花园街营业部获评全国住房公积金“跨省通办”表现突出服务窗口、全省住房城乡建设系统“学雷锋活动示范点”，滨湖营业部和巢湖分中心综合服务窗口获评全省住房城乡建设系统文明服务窗口，巢湖分中心业务大厅获评合肥市巾帼文明岗，巢湖分中心获评巢湖市青年文明号，庐江管理部获评庐江县青年文明号。

【优化服务】 为民办事，助企纾困。2022年6月10日，经市住房公积金管理委员会第二十一次会议审议通过，合肥中心出台《关于进一步完善住房公积金贷款政策的通知》和《关于落实住房公积金阶段性支持政策的通知》。为91家企业1.48万名职工缓缴公积金2222万元，支持合肥市公积金缴存企业应对疫情、共渡难关。首套首贷刚需群体贷款上限提高10万元，截至年底，办理首套首贷4709户，金额23.22亿元。实行注册企业“秒开户”，线上汇缴“秒办理”。单位公积金开户事项接入全市“一网通办”平台，正常缴存单位开通单位网厅业务率高达90%，线上汇缴核定实现“秒办理”。

提高政策惠普水平。落实人才引进战略。自2021年4月15日受理首笔高层次人才贷款至今，办理107户住房公积金贷款，金额9744万元，支持高层次人才在合肥市安居创业。支持租房、老旧小区改造提取公积金。当年租房提取17.58万笔、金额13.5亿元，同比分别增长21.58%、14.89%；为55户家庭办理加装电梯提取，金额271.5万元。推进新市民、青年人等群体建缴住房公积金，提高公积金制度惠及面。截至年底，累计118人开户，实际缴存102人，缴存金额61.89万元。

2022年3月3日，市公积金中心走进肥东县公安局开展住房公积金政策培训

（陶　杰／摄）

【数据赋能】 2022年，合肥中心致力于推进住房公积金与长三角区域一体化的深度融合，为广大缴存职工提供更优质的住房公积金服务。

推进信息化建设。除政策规定必须线下办理的贷款面签业务外，其他42项业务实现全程网办，包括省政务平台要求的31项以及合肥中心的其他11项公积金服务事项。其中22项业务无要件即时办、智慧办。当年线上业务办理量128.6万件，离柜率达73%。政务服务网事项的办理要件数量由111件减至54件，减少51%，承诺办理时间减少33%。线上提取业务全面支持使用社保卡，实现社保卡实时自动核验。实现住房公积金业务“一次不用跑”，业务办理的平均时间优于全国水平。

推进长三角一体化和“跨省通办”业务工作。在已实现的8项“跨省通办”业务的基础上，提前两个月上线住房公积金汇缴、补缴及提前部分偿还住房公积金贷款业务，提前一年完成2023年要求完成的本地缴存职工租房提取的“跨省通办”业务。合肥中心与长三角地区的各地市齐心协力，共同打造信息数据共享、业务标准统一、风险防范协同的“长三角住房公积金一体化”服务品牌。6月17日率先完成与长三角“一网通办”平台2022年对接任务事项，离退休提取业务通过长三角“一网通办”平

2022年，市公积金中心开展业务服务“岗位大练兵”。图为6月27日滨湖营业部工作人员在答题　（王天玉／摄）

台实现零材料、零跑动、实时办。截至年底，完成“跨省通办”业务总计1068笔，包括两地联办购房提取608笔，专窗受理各种业务426笔，开具异贷证明34笔。受理业务协查505笔。

拓展信息互查范围。上线数字签名、电子印章、短信订阅等服务。与合肥市大数据平台完成对接，实现房产、民政、社保等多部门数据共享。回应缴存职工关切的商业贷款提取材料多问题，与部分商业银行联网，公积金系统获取商贷实时数据，缴存职工不用再为开还贷证明来回奔波。新增中国银行、中国邮政储蓄银行、杭州银行、华夏银行商贷数据共享，与16家商业银行商贷数据共享，实现让“数据多跑路，职工少跑腿”。

（王玉滢）

责任编辑：王尚先

财政　税务

财 政

【概况】 2022年，合肥市财政局（以下简称“市财政局”）加强资金统筹，优化支出结构，深化绩效管理，在全省率先实现非税收入收缴全流程电子化管理，财政收支运行、预算绩效管理、政府采购营商环境、国库管理、公务员绩效管理等多项工作全省领先，股权投资、四方融资服务、产业政策直达快享等创新工作在全省作经验交流，全年获各类表彰近70项。

【财政收支】 2022年，合肥市财政收入总量实现进位，增幅居24个国内生产总值（GDP）破万亿城市之首。全市一般公共预算收入完成909.3亿元，同口径增长10.4%。收入总量居全国省会城市第9位、国内生产总值（GDP）破万亿城市第18位，均较上年前进1位。政府性基金收入突破千亿达1192.1亿元，增长43.2%。重点支出保持较高强度，全市一般公共预算支出完成1380.2亿元，增长12.8%，增幅高于全省2.4个百分点。其中：民生支出1166.1亿元，占一般公共预算支出比重为84.5%，高于全省1.3个百分点。科技支出占比17.8%，居全国前列；教育支出增长12.4%，居全省之首。全市获得增值税免抵调指标21亿元，较上年增加12亿元，拉动收入增幅1.4个百分点。

【厉行节约】 2022年，市财政局对照市委市政府厉行节约反对浪费8项举措及19项负面清单要求，严控一般性支出预算，加大委托业务费、课题规划经费等审核力度。制定《进一步压缩一般性支出更好惠企利民实施方案》，进一步提高“三公”经费、差旅费、会议费、培训费等压缩比例，市直部门一般性支出一律按不低于20%压减，培训费、差旅费、会议费实际分别压减31.2%、20.7%和36.4%，2022年收回预算1.8亿元。2023年市本级预算中，会议、培训、规划、课题及委托业务费均予严控，“三公”经费“只减不增”，保运转支出占比控制在5%以内。

【争取上级政策资金】 2022年，合肥市获得上级转移支付355.9亿元，较上年增加98.9亿元、同比增长38.5%，总量和增幅均为近年最高，占全省对下转移支付比重提升1.8个百分点。全市获批政府债券511.4亿元，其中新增专项债限额405.9亿元，同比增长18%，占全省25%，较上年增长4个百分点；专项债券资金使用同比加快20个百分点，重点用于轨道交通、公共卫生等160多个重大投资项目。2022年末全市政府债务率74%，处于安全合理区间。

【盘活存量资金】 2022年，市财政局全面撤并市直单位往来账户，逐月开展预算执行清理，政府采购和完工项目结余全部及时收回，当年统筹盘活254.3亿元，全部用于助企纾困、疫情防控等民生和重大项目新增需求。严格账户管理，及时撤销无须使用或管理要求变化的18个预算单位账户。市直各单位往来资金全部归并至同一账户核算，撤并移交代管账户24个。加大预算清理频次，督促加快项目执行，减少资金沉淀。严格控制追加，制定预算追加审核办法，严控新增财政支出。

【拓宽筹资融资渠道】 2022年，市财政局采取资本金补助方式支持高速公路融资，获首期银行贷款授信405亿元，当年提款28.6亿元。出台《合肥市支持市属公用事业建设与经营资金管理办法》，通过贷款贴息、资本金注入等方式，鼓励公交、热电等市属公用事业企业市场化融资14.8亿元。通过“债贷组合”筹资189.5亿元，保障9条轨道线同时建设。22个政府和社会资本合作（PPP）项目总投资额528亿元，其中财政投入19亿元，

2022 年 5 月 31 日，市财政局赴市兴泰控股考察调研企业融资平台建设

（市财政局 / 供）

放大约 28 倍。建立母基金决策管理机构，优化市属国有平台公司参与的全过程投资管理机制，政府母基金当年招引落户 22 只参股基金，计划投资规模 607.1 亿元，资金放大 6.5 倍；对接招引产业项目 61 个、总投资 620 亿元。合肥市位居“2022 最受投资机构欢迎的地市政府 LP-TOP15”第 1 名。2022 年资本到访量全国第四。实施“政信贷”大幅贴息贴费和风险补偿政策，对符合条件的企业年实际发生利息给予连续 2 年 50% 补贴，对担保机构给予 1% 的保费补贴，对银行和担保机构分别给予最高 80% 和 70% 的风险补偿，吸引在合肥 62 家银行及担保机构入驻，“政信贷”累计为 8111 户小微企业、“三农”主体和科技型中小企业提供贷款授信 286.8 亿元，平均贷款利率低至 4.3%。财政贴息 1.5 亿元，激励 6415 户企业获贷款 119.3 亿元，平均利率不超过 2.2%；补贴保费 1.1 亿元，支持 2993 户企业低费率担保融资 111 亿元。

【扶持产业发展】 2022 年，市财政局开发产业政策“一网通办”平台，将“政策条件库”与“市场主体画像库”智能匹配，压缩审批环节，对跨层级、跨部门联办的奖补政策，实行“一个部门受理、一套材料申报”，政策申报、审核、公示、兑付、归档等全程公开；电子审批流程，分批次推出 22 项产业政策“免申即享”清单，市本级产业政策投入 150.5 亿元，同比增长 22.8%，惠及企业超 3.1 万户次。“惠企直通车”获评全国电子政务典型案例。

【优化营商环境】 2022 年，市财政局创新建立政府采购需求预审机制，制定采购需求编制负面清单，率先推出采购合同数字化管理和资金支付全流程公开，中小企业预留份额比例超 70%，支付时间压减至 3 个工作日，较省定要求减少 4 个工作日。创新建立政府采购与“政信贷”互联互通机制，助力中小企业融资。在全国性政府采购评选中获创新制度奖、先进监管机构等荣誉，政府采购营商环境评议稳居全省 A 档。合肥市入选“政府采购支持绿色建材促进建筑品质提升”全国试点。

【支持疫情防控】 2022年，市财政局对接卫生健康部门，保障重症救治资源扩容资金需求，并开通政府采购绿色通道，支持重要药品储备及救护车等设备紧急采购。医疗卫生支出114.1亿元，同比增长40.7%，争取专项债券26.9亿元，提升公立医疗机构服务能力。疫情防控支出超40亿元，保障免费核酸检测资金需求，支持方舱医院、黄码医院等建设。平稳组织疫情期间会计资格考试工作，涉及考生8.7万人次。

【保障民生福祉】 2022 年，市财政局统筹整合各类水利、环保、矿山修护等生态环境建设资金 228 亿元，重点保障水、大气、土壤污染防治与生态修复，助推 284 个巢湖综合治理工程项目建设。推行“大专项 + 任务清单”，整合投入各类涉农资金约 170 亿元，总量居全省前列。强化就业资金与失业保险基金联动，统筹保障稳就业政策落实。创新建立湿地生态补偿机制，对环巢湖十大湿地范围内流转集体土地进行补偿，支持恢复修复湿地 0.43 万公顷，环湖十大湿地全部建成。健全社会救助及补贴标准自然增长机制，城区和县域低保标准分别提高至每人每月 863 元和 843 元，城乡居民医保财政补助标准提高至 610 元，困难群体保障达到长三角城市中上等水平。出台《合肥市托育机构市级财政补助资金管理暂行办法》，建立新增托位、收托运营、技能培训等财政支持政策，引导新增备案托位增长 67%。

【资金监管】 2022 年，市财政局开展全市财政资金安全管理大起底大排查，全覆盖式检查各级账户管理、预算执行、财政资金管理等情况。开展事前绩效评估，绩效监控在全省率先实现全程线上运行，覆盖2120个项目、1166.3亿元资金和97个部门整体支出。项目和部门整体支出实现绩效自评全覆盖，并与预算编制、政府目标考核有机衔接。建立重点事项保障机制，形成重大科技、重要产业、重点建设项目、公共服务、保运转等5类重点保障事项“清单－政策－资金”的明晰链条，推进财政资金跨部门统筹整合。健全财政支出标准体系，动态修订公共卫生、市政养护等领域52项专项资产配置标准。通过支出政策库对171项政策开展全过程动态监控，确保财政资金效益及时有效发挥，政策执行率达100%。分类梳理审计发现问题，将8方面24项行为列入财政财务管理负面清单，指导市直部门和县（市）区增强财经纪律刚性，加强财政资金管理。

（郑立亮）

税　务

【概况】　2022年，国家税务总局合肥市税务局（以下简称“市税务局”）持续开展效能提升专项行动，全年累计完成税费收入3050.33亿元，同比增长19.7%，占全省总量29.3%。其中，税收收入1195.87亿元，同比下降3.3%，扣除留抵退税因素还原后同比增长8.9%。组织社会保险费、非税收入和其他收入1854.47亿元，同比增长41.4%。在全省税务系统绩效考评中位列第二，在全市目标管理绩效考核中被评为优秀等次，“四送一服”工作获得全市第二名。全市税务系统有5个集体、44名个人获省部级表彰，10个集体、38名个人获地市级表彰。

【减税降费】　2022年，市税务局将保进度、防风险各项政策落实落细，办理新增减税降费及退税缓税缓费368亿元，惠及市场主体超100万户次。其中，退到纳税人账户的增值税留抵退税款达249.6亿元，占全省总量31.3%；新增减税降费68.9亿元；累计办理缓税缓费49.4亿元。

【依法治税】　2022年，市税务局优化税收执法制度，设置调解室和公职律师咨询中心，处理税费争议事项；选聘税收法治员，加强执法行为审核；制定欠税管理指引和强制拍卖规程，防范执法风险；成立行业管理专班，规范废旧物资回收等新业态企业管理服务；加强企业所得税后续管理和个人所得税事后抽查，修订股权转让个税管理工作指南，办理自然人股权转让业务5.93万笔，征收个税2.98亿元，同比增长23.65%。制定全市稽查工作规范，整顿税收秩序。全年立案1604件，查补税款20.61亿元，成功破获全省首起电子普票虚开团伙案。

【服务地方发展】　2022年，市税务局在中国（安徽）自由贸易试验区合肥片区试点推广软件企业增值税速退制，为335户企业办理退税1.65亿元。支持“芯屏汽合”“急终生智”地标产业发展，办理高新技术企业税收优惠减免23.68亿元，5234户企业享受研发费用加计扣除197.5亿元。优化出口退税服务，办理出口退（免）税206.81亿元，同比增长34.1%，占全省总量49.97%。助力社会信用体系建设，A级纳税人同比增长126.7%，为1.3万纳税人申请“税融通”贷款195亿元。参与亩均效益提升行动，精算数据指标，协助“双招双引”，为项目落地建言献策。配合做好房地产信访领域突出问题专项治理，协助推进“难安置”“保交楼”专项工作，配合完成治理项

2022年4月6日，瑶海区税务局工作人员到东莞银行普及基本税收知识，解答相关税务问题
（赵　翔／摄）

目383个，保障11.6万户居民切身利益。在全省率先建立“税收+”决策分析联动机制，撰写沪苏浙与合肥区域贸易税收比较分析等多篇报告，获市级以上领导肯定性批示21次。

【税收改革】 2022年，市税务局聚焦年度69项征管改革任务，推出21个创新项目，采取制发任务通知单、实地督查等形式，督导任务落实。加强税费同征同管，统一社会保险费征收模式，构建“基础网格+包保网格+专业团队”全覆盖机制。实施发票电子化改革，全电发票受票试点顺利推开。深化“放管服”改革，设立集中核税中心，在全省率先推行不动产登记办税“简化办理”；创新车购税集成办税服务模式；试运行房租费发票网上代开业务。探索征管新思路，推行征管质量监控由“事后纠正”向“事前预防”转变；试点大企业税收风险管理非强制性执法；做好省税务局风险管理系统试点工作，实现风险防控闭环递进管理。重点执法文书范本编制及政法税务联席会议制度等工作走在全省前列。

【纳税服务】 2022年，市税务局建立问题收集快速响应机制，通过“税务+协会+涉税机构”合作模式，征集办税诉求1000余个，梳理“新春访万企”等活动反映的涉税诉求253个，均第一时间回应解决。组建纳税服务学习专家团队，完善7×24小时智能电话咨询系统，实现“一号多线”和未接电话100%回拨。开展“便民办税春风行动”，6类25项135条便民举措落地见效。成立电子税务局辅导团队，试行“问办一体”服务，实现9个高频业务全程网上办，纳税申报、发票领用、会计制度备案等三项业务网办率达97%以上，进厅办税人数同比下降33%。设立“最多跑一次”办理中心、“疑难事项受理专岗”，将10项后台管理事项前移到大厅，实现涉税事项“一站式”服务。

（庄国庆）

责任编辑：王晓燕

金　融

综　述

【概况】 2022年，合肥市金融运行增速向好、结构向优、风险可控。全年实现金融业增加值1166.7亿元，同比增长8.7%，增速较上年同期增加2.7个百分点，占国内生产总值（GDP）比重9.7%，占全省比重40%。在2022年省政府督查（金融领域）激励地市、省政府目标管理绩效考核金融工作考核、营商环境“获得信贷”指标考核中，合肥市均居全省第一位。贷款增速居全国GDP超万亿元城市第1位、省会城市第1位。获批建设安徽省历史上首个国家科创金融改革试验区。

【信贷投放】 2022年，合肥市地方金融监督管理局（以下简称“市金融监管局”）建立全市重大项目资金保障机制和融资会商机制，推动各类重点项目贷款应贷尽贷、应贷早贷。截至年底，全市本外币存贷款余额4.90万亿元（含省本部，下同），同比增长14.19%，高于全省0.55个百分点。其中：本外币存款余额2.51万亿元，同比增长12.44%，高于全国1.64个百分点；本外币贷款余额2.40万亿元，同比增长16.08%，创6年来新高，分别高于全省、全国1.09个、5.68个百分点。新增存贷款6091.92亿元，同比多增1657.85亿元，增量创历年新高；新增贷款3344.17亿元，同比增加1200.96亿元。

【企业上市】 2022年，市金融监管局出台《推进企业上市五年倍增行动计划》，推动一批重点产业链条核心企业成功上市。全年新增上市（过会）企业14家；新增新三板挂牌企业7家，居全国第七位、省会城市第三位。国轩高科成功发行全球存托凭证（GDR）并在瑞士交易所首批上市，创中欧通规则落地以来最大发行规模纪录（46亿元）；中科美菱创北交所最快过会、上市两项纪录，合肥企业在资本市场的引领示范作用不断体现。截至年底，全市有境内外上市公司80家，其中境内上市公司75家，居全国城市第13位；科创板上市公司16家，居全国城市第7位。

【直接融资】 2022年，市金融监管局开展万家企业资本市场业务培训专项行动，引导合格主体运用股权和债权、公募和私募等多种渠道扩大直接融资规模，全年培训企业4435家。合肥高新股份有限公司发行总规模15.33亿元的高新创新产业园不动产投资信托基金（REITs）项目，为全省首单，创全国不动产投资信托基金（REITs）最高认购倍数记录；合肥海恒控股集团有限公司发行全省首单科技创新公司债，全市科创债

2022年7月7日，合肥市“五进”进商圈暨金融支持市场主体发展集中走访宣传活动举办
（市地方金融监管局／供）

发行规模累计105亿元，居全国第三位。截至年底，全市新增股权、债券融资（不含同业存单）合计1626.49亿元，同比增长10.57%，净增直接融资575.43亿元。出台《合肥市促进股权投资发展加快打造科创资本中心若干政策》，加快推动创新资本在合肥集聚。截至年底，全市在中国证券投资基金业协会备案的基金管理人142家，管理基金510只，管理基金规模1455亿元。

【金融创新】 2022年，市金融监管局谋划合肥市科创金融改革实施方案，成立工作领导小组，召开全市建设科创金融改革试验区工作座谈会，打造金融支持科技创新发展体系。做实做深自贸区金融创新，在全省率先出台合格境外有限合伙人境内股权投资试点实施细则。探索一份“信用报告”代替多张“合规证明”的企业上市服务新模式，企业上市合规证明申请办理时限由30天缩短到3天。创新建立“贷投批量联动”金融服务模式。截至年底，107家科创企业批量获得授信支持、授信额1.93亿元。推进党建引领信用村建设，开展采信评信用信工作，组织15家金融机构选派365名金融专干，深入348个选点建设村，全覆盖开展普惠金融服务。截至年底，信用主体用信余额25.16亿元，同比增长144.99%。

【普惠金融】 2022年，市金融监管局成立市、县两级助企便民融资服务专班，市、县两级走访各类市场主体74.09万家，解决融资问题4.2万个，组织政策直播、新闻发布会、政银企对接活动510场。截至年底，全市小微企业贷款增速29.81%，高于各项贷款平均增速13.73个百分点；普惠小微贷款年化平均利率5%以下，为同期新低；无还本续贷贷款累放金额269.82亿元，贷款余额234.48亿元，同比增长55.88%。扩大财政金融产品规模，“政信贷”产品累计放款224.32亿元、数据赋能金融产品“合肥智慧快贷”贷款余额24.97亿元；新型政银担年度发放302.14亿元，同比增长54.28%，增量和增速均居全省第一位。

【金融生态】 2022年，市金融监管局推进非法集资陈案化解三年攻坚，累计完成陈案结案60起，化解率31.7%；常态化开展风险排查和宣传教育，全年新发非法集资案件数为近5年新低。开展网贷风险专项整治，实现存量网贷平台归零。落实信访工作领导责任制，全年处理各类信访件328件，涉众金融专班主动约访群众81批430余人次，接访群众170批860余人次，化解潜在金融风险。严守地方金融组织监管红线，完成全市137家地方金融组织和51家投资类企业现场检查工作，分类制定处置意见，及时公告地方金融组织经营风险，督促属地落实各项监管举措。截至年底，全市银行金融机构不良贷款率0.75%，分别低于全省、全国银行业平均水平0.32、0.96个百分点。

（陈华碧）

货币信贷运行

【概况】 2022年，合肥市本外币各项存款余额2.31万亿元，同比增长12.09%；全年新增存款2490.96亿元，同比多增560.59亿元。本外币各项贷款余额2.36万亿元，同比增长15.96%；全年新增贷款3243.16亿元，同比多增1087.75亿元。

【存款】 2022年，合肥市人民币各项存款余额2.26万亿元，同比增长12.01%，较年初增加2426.52亿元，同比多增519.5亿元。分部门看，人民币住户存款余额7958.04亿元，同比增长24.46%；较年初增加1563.88亿元，同比多增759.14亿元。人民币非金融企业存款余额7568.02亿元，同比增长4.31%；较年初增加314.12亿元，同比少增328.4亿元。人民币财政性存款余额785.14亿元，同比增长23.27%；较年初增加148.2亿元，同比多增43.5亿元。人民币机关团体存款余额4737.77亿元，同比增长10.01%；较年初增加430.91亿元，同比多增198.77亿元。人民币非银行业金融机构存款余额1565.94亿元，较年初减少33.06亿元，同比少增154.15亿元。

【贷款】 2022年，合肥市人民币各项贷款余额2.32万亿元，同比增长16.4%；较年初增加3270.03亿元，同比多增1012.12亿元。分期限看，全市人民币中长期贷款余额1.70万亿元，同比增长16.01%；较年初增加2349.19亿元，同比多增609.77亿元。人民币短期贷款余额4348.21亿元，同比增长20.04%；较年初增加726.06亿元，同比多增459.24亿元。票据融资余额1176.91亿元，同比增长15.05%；较年初增加153.99亿元，同比少增31.44亿元。分部门看，全市人民币住户贷款余额8401.56亿元，同比增长9.25%；较年初增加711.67亿元，同比少增109.74亿元。其中，住户消费贷款6482.32亿元，同比增长4.42%；较年初增加274.1亿元，同比少增163.79亿元。企（事）业单位贷款余额1.48万亿元，同比增长20.93%；较年初增加2555.48亿元，同比多增1128.78亿元。

（中国人民银行合肥中心支行）

银行业和保险业

【概况】 中国银行保险监督管理委员会安徽监管局（以下简称“安徽银保监局”）作为中国银行保险监督管理委员会的派出机构，由原中国银行业监督管理委员会安徽监管局和原中国保险监督管理委员会安徽监管局合并成立，于2018年12月17日正式挂牌。安徽银保监局根据银保监会的授权和统一领导，依法依规独立对安徽辖内银行业、保险业实行统一监督管理，对有关银行业、保险业机构及其业务范围实行准入管理，审查高级管理人员任职资格；对有关银行业、保险业机构实行现场检查和非现场监管，开展风险与合规评估，保护金融消费者合法权益，依法查处违法违规行为；统计有关数据和信息，跟踪、监测、预测辖内银行业、保险业运行情况；指导地方金融监管部门相关业务工作开展。2022年，安徽银保监局下辖16个银保监分局。具体承担合肥市区银行业、保险业监管工作，授权巢湖银保监分局对合肥“四县一市”银行业和保险业实行统一监督管理。

【银行业】 2022年，合肥市银行业资产余额3.80万亿元，负债余额3.61万亿元。其中，各项存款余额2.20万亿元，比年初增加2493.1亿元，同比增长12.8%，存款余额占全省比重30.8%；各项贷款余额2.41万亿元，比年初增加3257.8亿元，同比增长15.6%，贷款余额占全省比重35.68%。

【保险业】 2022年，合肥市保险业累计实现原保险保费收入389.31亿元，同比下降2.12%，保费收入占全省比重27.45%；赔付支出144.63亿元，同比下降1.27%；累计提供风险保障69.15万亿元，同比增长25.19%。

【支持经济企稳恢复】 2022年，安徽银保监局支持地方经济企稳恢复，细化26条稳经济政策清单，支持中小微企业和困难行业纾困解难、恢复发展。出台深化中期流动资金贷款服务指导意见，以三年期中期流动贷款服务为抓手，推动中小企业融资由总量匹配向期限匹配、结构匹配延伸。开展中小微企业、新型农业经营主体、个体工商户专项融资对接，通过“五进”（即进园区、街道、社区、乡镇、商圈）活动，宣传推广延期还本付息、中期流动贷款等政策，加大首贷、续贷、信用贷投放力度。截至年底，合肥市小微企业贷款余额6706.77亿元，较年初增长29.81%，普惠型小微企业贷款利率5%，较年初下降0.23个百分点。小微企业信用贷款余额1218.31亿元，较年初增长53%。服务业领域等困难行业中小微企业贷款较年初增加698亿元，同比多增291亿元。巢湖银保监分局印发《进一步推动新市民金融服务工作通知》，从创业就业，产品创新、网点布局等方面落实新市民金融服务工作。

【服务科技创新】 2022年，安徽银保监局支持合肥市科创金融改革试验区建设，开展科技金融特色机构质量提升行动，合肥市有银行业科技金融特色机构20家、保险业科技金融特色机构3家。在合肥高新技术产业开发区、肥西县等推广“贷投批量联动”试点，推出初创期科创企业信用贷产品。联合省经信厅、科技厅开展“百行访万企”科技企业融资对接活动，科技型中小企业融资覆盖率50%以上。截至年底，合肥市科技企业贷款余额1817.77亿元，在全省占比50.58%。优化集成电路共保体安徽中心驻点工作机制，为长鑫存储技术有限公司、合肥晶合集成电路股份有限公司等132家链属集成电路企业提供风险保障超2900亿元。围绕合肥基础研究和关键核心技术攻关、合肥综合性国家科学中心重大项目落地、大科学装置区科研载体建设、重点产业链供应链发展和科创主体孵化培育等重点，创新优化科创产品和服务。如，国家开发银行推广研发贷款、基础研究专项贷款、制造业专项贷款等科技创新组合产品，提供定制化超长期限的中长期项目贷款；围绕合肥集成电路、新型显示、人工智能等国家战新产业集群、先进制造业集群等主导产业，加强全产业链供应链上下游企业融资批量对接，推动供应链信贷余额、户数“双增”，推动区域内产业协作、供应链协同和一体化建设。

【化解金融风险】 2022年，安徽银保监局协同安徽省政府开展地方金融风险处置攻坚行动，截至年底，合肥市银行业不良贷款余额180.58亿元，不良贷款率0.75%，低于全省平均水平0.31个百分点。

加大不良贷款处置力度，全市处置不良贷款105.47亿元。协同做好金融支持保交楼，房产开发贷款余额较年初增长18.81%，较年初增长265.64亿元。联合财政部门建立地方政府隐性债务风险信息共享合作机制，严控地方政府隐性债务风险。重点打击整治拒绝或拖延承保交强险、银邮代理保险业务领域财务数据不真实、“代理退保”、养老领域非法集资等市场乱象。组织财险服务质量提升年活动，开展“对接走访”“保险筑安”“保险护农”系列专项行动。深化人身险公司个人营销体制改革，稳定代理人队伍。

（安徽银保监局）

证券业

【概况】 中国证券监督管理委员会安徽监管局(以下简称“安徽证监局”)是中国证监会的派出机构，前身为安徽省证券管理办公室，成立于1995年。1998年，划归中国证监会垂直领导，改名为“中国证监会合肥证券监管特派员办事处”。2004年3月1日，正式更名为“中国证券监督管理委员会安徽监管局”。主要职责为：对安徽辖区有关市场主体实施日常监管；防范和处置辖区有关市场风险；对证券期货违法违规行为实施调查、作出行政处罚；依法依规整治非法证券期货活动；证券期货投资者教育和保护；法律、行政法规规定和中国证监会授权的其他职责。

2022年，合肥市有境内上市公司76家（含北交所2家）；注册地在合肥的证券公司2家、期货公司3家，证券营业部27个，期货营业部3个。

【服务资本市场】 2022年，安徽证监局推动多层次资本市场稳健运行发展。合肥市新增上市公司14家（含过会7家）。其中，新增科创板上市公司6家（含过会3家），总家数达16家；新增新三板挂牌企业7家，居全国第七位、省会城市第三位，中科美菱创北交所过会、发行2个全国最快纪录，翰博高新为全国首家“北转创”（即北交所企业转板至科创板、创业板）企业。合肥海恒控股集团有限公司成功发行全省首单科技创新公司债。私募基金1455亿元，占全省43%，合肥新汇成微电子股份有限公司、合肥晶合集成电路股份有限公司等4家集成电路企业科创板上市或过会，涵盖集成电路全产业链。公募不动产投资信托基金（REITs）发行刷新全国纪录，合肥高新技术产业开发区产业园项目创全国最高认购倍数，安徽交控不动产投资信托基金（REIT）创全国单体最大发行规模。国轩高科发行全球存托凭证（GDR）并在瑞士证券交易所首批上市，为中欧通规则落地以来发行规模最大的项目。

【优化营商环境】 2022年，安徽证监局把规范上市培育、提高上市公司质量、加强投资者保护、防范化解重大风险等资本市场重点工作纳入营商环境评价体系，助力合肥市在“万家民营企业评营商环境”中获得全国第10名。支持在中国（安徽）自由贸易试验区合肥片区开展私募基金“照前会商”和合格境外有限合伙人（QFLP）境内股权投资试点，推动安徽自贸区金融改革创新。

（安徽证监局）

责任编辑：王晓燕

经济监督与管理

年度计划执行

【概况】 2022年，合肥市面对国际环境挑战加剧，国内疫情多点散发，历史罕见高温干旱等多重超预期因素冲击，坚持稳中求进工作总基调，完整、准确、全面贯彻新发展理念，落实“疫情要防住、经济要稳住、发展要安全”要求，高效统筹疫情防控和经济社会发展，全市经济恢复，社会大局稳定安好，高质量发展迈出坚实步伐。

【计划执行情况】 2022年，合肥市统筹抓好防疫情稳发展“两条战线”，最大程度保护人民生命安全和身体健康，最大限度减少疫情对经济社会发展的影响，取得积极效果。

服务高水平科技自立自强，创新驱动效应凸显。坚持“四个面向”，依托国家实验室、综合性国家科学中心、科大硅谷等重大平台，巩固创新先发优势，跻身全球科技集群第55位、全球科研城市第16位，分别提升18位和4位。

做大做优做强实体经济，推动产业高质量协同发展。坚持把发展壮大战略性新兴产业作为主攻方向，实施农业“两强一增”、制造业“提质扩量增效”、服务业“锻长补短”等行动，“大力培育发展战新产业”连续第5年获国务院督查激励，排名全国先进制造业百强市第11位。

统筹城乡规划建设治理，城市功能品质全面提升。强化高起点规划、高质量建设、高水平治理，城市综合承载能力增强，大建设完成投资首次突破千亿，同比增长12.9%。

深化改革扩大开放，发展动力活力加速释放。以营商环境改革为牵引，抢抓长三角一体化发展、自贸试验区建设等重大机遇，深化改革开放迈出坚实步伐。

推进绿色低碳转型，美丽合肥

表1　　2022年国民经济和社会发展主要指标完成情况

指标	2022年计划		完成（预计）情况		指标属性
	总量	增速（%）	总量	增速（%）	
一、经济发展（15项）					
地区生产总值（亿元）	—	8左右	—	3.5	预期性
人均地区生产总值（元）	—	8左右	—	4	预期性
规模以上工业增加值（亿元）	—	9以上	—	6.3	预期性
战略性新兴产业产值（亿元）	—	11以上	—	14.3	预期性
服务业增加值（亿元）	—	8.5左右	—	2.4	预期性
全员劳动生产率（%）	8左右	—	预期性		
制造业增加值占GDP比重（%）	21	20.1	预期性		
常住人口城镇化率（%）	84.3	84.6	预期性		
固定资产投资（%）	—	9以上	—	9.1	预期性

续表

指标	2022年计划		完成（预计）情况		指标属性
	总量	增速（%）	总量	增速（%）	
其中工业投资（%）	—	10	—	25.8	预期性
进出口总额（亿美元）	—	高于全国	—	8.6	预期性
社会消费品零售总额（亿元）	—	9左右	—	-1.8	预期性
招商引资新签约重点项目协议投资额（%）	—	10	—	13	预期性
外商直接投资（亿美元）	38.6	—	11.5	—	预期性
一般公共预算收入（亿元）	—	8	—	10.4	预期性
二、创新驱动（5项）					
研发经费投入增长（%）	—	10以上	—	11.6	预期性
战略性新兴产业产值占规模以上工业产值比重（%）	56左右	56	预期性		
每万人口高价值发明专利拥有量（件）	12	15	预期性		
数字经济核心产业增加值占GDP比重（%）	—	—	预期性		
净增国家级高新技术企业数（个）	1200	1834	预期性		
三、民生福祉（7项）					
居民人均可支配收入（%）	高于GDP	高于GDP	预期性		
城镇调查失业率（%）	3.2	—	预期性		
劳动年龄人口平均受教育年限（年）	高于全省平均	高于全省平均	约束性		
每千常住人口拥有执业（助理）医师数（个）	3.3	3.25	预期性		
基本养老保险参保人数（万人）	745	745	预期性		
每千人口拥有0-3岁婴幼儿托位数（个）	2	3.29	预期性		
人均预期寿命（岁）	80.02	80.02	预期性		
四、绿色生态（6项）					
单位GDP能源消耗降低（%）	完成省定目标	—	约束性		
单位GDP二氧化碳排放降低（%）	完成省定目标	完成省定目标	约束性		
空气质量优良天数比例（%）	完成省定目标	85	约束性		
地表水质量达到或好于III类水体比例（%）	完成省定目标	85	约束性		
森林覆盖率（%）	28.48	—	约束性		
建成区绿化覆盖率（%）	46	46	约束性		
五、安全保障（2项）					
粮食综合生产能力（万吨）	300左右	295	约束性		
能源综合生产能力（万吨标准煤）	完成省定目标	完成省定目标	约束性		

建设取得明显成效。树立“两山”理念，推进“双碳”目标，以巢湖流域山水林田湖草沙一体化保护治理为统揽，协同推进降碳、减污、扩绿、增长。

*办好民生实事，人民群众获得感、幸福感安全感提升。*贯彻以人民为中心的发展思想，聚力解决群众急难愁盼问题，提升人民生活品质，民生支出超1100亿元，占一般公共预算支出比重达84%。

（程坤鹏）

市场监管

【概况】 2022年，合肥市市场监督管理局（以下简称“市市场监管局”）聚焦主责主业，在创优营商环境中保主体、添活力，在净化市场秩序中严监管、促规范，在保障民生权益中优服务、提质量。

*改革利企添活力。*拓展“一业一证一码”改革，“证照并销”“歇业备案”改革实施全域覆盖；“一网通办”平台新增“证照联办”功能，实现“变更登记”网上办；创新服务事项，将医保登记、供水供气纳入集成办理；深化政银合作，延伸“家门口”服务，新增“电子注册登记代办点”11处；增设12345热线涉企服务专员，群众满意率100%；对接羚羊工业互联网平台，为新登记的企业提供应用、专家、服务商、资本市场等优质服务。全市当年新登记市场主体29.2万户，市场主体实有总量突破150万户。

监管护企促规范。“双随机、一公开”监管实现全域化、常态化、精细化，有282家执法部门、61万户市场主体、14630名执法人员被纳入“一单两库”并实施动态管理；市、县两级市场监管部门完成随机抽查任务1180批次，抽查企业8972户次，开展部门联合抽查883批、4709户次；强化信用约束、信用修复，累计列入经营异常名录企业72893户次，实施信用修复19428户次；制定印发的“食品经营告知承诺书”，入选安徽省2021年度优秀信用承诺书示范案例；全面推行智慧化、信用化、网格化监管，在全市域划分监管网格，配置监管人员，推动监管方式改革和监管能力提升；按照“守信、警示、失信、严重失信”四个等级，对全市61万户企业实施差异化信用监管，有效配置检查资源，提升监管效能；严格年报管理，在全省率先制定《未按规定年报行政处罚裁量基准暂行规定》，提高年报自觉性，增强年报权威性。

*科技助企增效益。*聚焦战略性新兴产业，培育高价值核心专利，合肥通用机械研究院、中国科学院合肥物质科学研究院斩获中国专利金奖。全市年度发明专利授权量首破1万件，万人发明专利拥有量达57.1件，居全国省会城市第五位；组织实施45项专利导航示范项目，合肥高新技术产业开发区、市知识产权保护中心被确定为首批国家级专利导航服务基地；开展质押融资“入园惠企”“知惠行”等活动，助企融资26亿元；常态化发行知识产权证券化产品，融资1.3亿元的第二单，成为长三角区域“专精特新”首单产品；设置6000万元产业运营基金，管控风险，落实保障；全国首家“地标展示推广中心”运营良好，入选国家知识产权强国建设首批典型案例；出台合肥市《推进知识产权强市建设行动方案》，打造全链条生态体系；建立知识产权技术调查官制度，增强专利侵权纠纷处理的权威性、专业性；精心遴选10起商标，入选第一批长三角G60科创走廊重点商标保护名录；建强用好合肥市知识产权保护中心，2022年运营首年即实现接收专利预审申请2658件，获批授权突破1000件，年度预审合格量、授权量高于杭州、上海浦东等地的业绩；开展知识产权保护专项行动和“蓝天”专项整治，查处知识产权侵权纠纷案件751起，罚没款550万元。合肥市当年成功获批“国家知识产权强市建设示范城市”。

【质量强市建设】 2022年，市市场监管局树立“高质量、大品牌”理念，推动形成“质量强市、标准引领、品牌带动、科技创新”的发展态势。

*选树过硬品牌。*建立完善“一企一策”品牌选树机制，安徽省交通控股、中科院合肥物质院斩获第六届省政府质量奖，安徽皖维高新、周谷堆大兴国际物流园获提名奖；组织“皖美品牌”申报工作。截至年底，全市76家企业和组织获评为安徽省“皖美品牌”示范企业，获评总数位居全省第一；组织开展第二届市长质量奖审评，全市被评为质量金奖、质量银奖的分别有6家企业、10家企业。

*厚植发展土壤。*发布《合肥市2021年标准化发展状况白皮书》，制定印发《关于推进标准化发展的实施意见》，当年新增国际标准3项、国家标准89项、行业标准4项、地方标准122项；主导制定标准、开展试点示范、建设技术组织等方面政策奖补，全年奖补项目261项、奖补资金3417万元；发布《城市轨道交通建设工程验收管理规范》等35项市级地方标准，市儿童福

利院获批成为“国家级儿童福利标准化试点”单位；完成市级强检计量项目建设目标，社会公用计量标准总数保持全省第一，市计量文化和量子计量科普创新基地获批成为全国首批创新基地。该局承担筹建的安徽省生物医药产业计量测试中心通过省市场监管局中期评估验收；按照序时进度，全面完成国家检验检测高技术服务业集聚区（合肥园区）创建目标任务，入驻相关机构400余家，完成营收110亿元；组织开展认证从业机构监督检查和小微企业质量管理体系认证提升行动。

完善服务体系。推动构建质量基础设施“一站式”服务体系，为中小微企业提供全链条、全方位、全过程综合服务，截至年底，全市投入建设经费6077万元，建成“一站式”服务站点16处，为全市各类市场主体减免费用3000余万元，节约支出7400余万元，带动就业3700余人；聚焦产业链质量提升，在品牌赋能、技术服务、管理提升、标准提档等方面，为企业提供定向精准质量帮扶，全年开展质量专题培训210场次，受训人员达20万人次；担当社会责任，助企纾困解难，在民生领域强制检定和校验计量器具18.9万台件，为各类市场主体减免检定、检测等费用2300万元；提升公共服务质量，合肥市在2021年度监测中，满意度位列全国第四，其中公共就业、养老服务领域得分均居全国第一。

【监管执法】 2022年，市市场监管局聚焦民生领域、重点行业，以专项整治为抓手、以案件查办为核心，监管执法专业权威、精准高效。

开展专项检查。上下联动、政企联手，组织2022年“元旦春节”“五一端午”“中秋国庆”专项打假，有8起案件获评省市场监管局民生领域“铁拳”行动典型案例，社会反响好，震慑作用大；采取日常清查与重点检查相结合、警示教育与立案查处相结合等方式，常态化、长效化开展“长江禁渔”专项行动，办结案件60起，该局获评长江禁渔执法监管先进集体；牵头组织、整治非法经营成品油专项行动，扣押车辆96台、没收油品126吨，市公安机关立案查处75起；组织开展低速电动车、电动三、四轮车专项整治，加强政策宣传、建立督查机制、落实联合执法，收到预期成效；针对不同领域和敏感节点，分别实施专项监测和定向监测，累计监测各类网站、网店13万次；创新网络监管与服务模式，合肥市获批全省唯一国家网络市场监管与服务示范区。

2022年8月，市市场监管局开展商品过度包装、“天价”月饼和蟹卡蟹券等问题集中整治行动 （市市场监管局／供）

规范竞争执法。实施质量提升行动，创新评估工作机制，强化竞争政策宣传，全年审查增量政策措施363件，其中政府政策措施205件，累计清理存量政策措施1221件，公平竞争审查工作作为国务院首设的督查激励项目，合肥市获评全国唯一；保持打击传销的高压态势，调整领导小组、落实线索核查、实施精准打击，全年取缔窝点139处、立案查处28起；稳价格、保民生、促发展，组织供电、教育、粮食等民生领域价格检查，立案查处18起，实施经济制裁502万元；实施广告监测，强化导向监管，查处虚假违法广告案件406起，罚没款449万元；参与全国性的统一销假行动，24个大类187个品种，货值400万元的假冒伪劣商品被公开销毁。

查处大要案件。突出案件查处的价值取向和社会效应，市执法支队查处全省首例违规使用“2022年第19届亚运会特殊标志案”和恶意申请北京冬奥会吉祥物“冰墩墩、雪容融”注册商标案；聚焦民生领域和热点问题，实施“铁拳”专项行动、“天价月饼”“蟹卡蟹券”集中整治，查办一批较有影响的典型案件，合肥高新技术产业开发区市场监管局查办的合肥清流臻品公司非法买卖军服案入选国家市场监管总局“守护戎装”专项行动典型案例；加强执法联动与行刑衔接，合肥新站高新技术产业开发区市场监管局会同市公安机关，成功破获国家公安部、最高检、国家药监局联合挂牌督办的“1.27”特大妨害药品管理案，依法采取刑事强制措施29人。全系统当年办理综合执法案件8136起，罚没款5539万元，移送公安53起，案件数、罚没款两项指标均位居全省第一。

2022年1月15-20日，市市场监管部门开展保障省“两会”食品安全检查
（市市场监管局/供）

【食品安全监管】 2022年，市市场监管局在生产环节落实飞行检查实效性，增强专项整治针对性，提升园区创建示范性，有13家生产企业获评“食安安徽”品牌，有2家企业获评市长质量奖；在流通环节抓好点上的“专柜专区”建设、面上的“自我承诺”活动，开展“守查保”专项行动，全面提升食品安全综合治理能力。加强进口冷链食品监管，落实闭环管控，累计报备进口冷链食品5.1万余吨，查处各类违法案件72起，罚没款135万元；在餐饮环节以守护校园食品安全为着力点，实施远程智慧监管、落实量化分级评定。以政府令形式出台《合肥市网络餐饮外卖配送管理办法》，设置罚则为全国首创；创新网络餐饮监管方式，全市1.2万余家入网单位投入使用“食安封签”，该经验做法在全省工作会上作专题交流发言；创新抽检工作新机制，在全省率先制定《食品安全抽检分离工作指南》，提升抽检工作均衡覆盖水平、核查处置能力。全年完成食品抽检33075批次，合格率97.52%；开展国家食品安全示范城市创建工作，落实落细属地管理责任和企业主体责任，全市9.5万户食品生产经营主体，按照A、B、C、D四个等级，分别对应落实市县乡村四级领导包保机制；开展全方位、立体式的“创城”宣传，“国创”工作通过省级初评。

【药品安全监管】 2022年，市市场监管局采取全面清查与全域排查相结合、责令整改与立案查处相结合等举措，相继开展药品安全“春风”行动、疫苗储存运输专项检查、新冠病毒检测试剂监督检查、医疗器械备案清理规范、医疗美容与彩色隐形眼镜专项检查、儿童化妆品安全隐患排查治理等系列专项执法，全年查处药械化案件408起，罚没款306万元。肥东县市场监管局查办的“合肥赫摩拉实木挂钟有限公司商标侵权医疗器械案，被国家市场监管总局挂牌督办；发挥全市零售药店“哨点”预警作用，从严督导落实防控责任，全年检查零售药店9094家次，责令整改830家、立案查处157起。

【特种设备安全监管】 2022年，市市场监管局实施特种设备安全隐患大起底、大排查、大整改“百日行动”，开展特种设备超期未检、电梯安全质量提升行动，以及公用管道、锅炉、压力容器、气瓶、起重机械、大型游乐设施、叉车等9次专项整治行动，排查特种设备88730台，下达安全监察指令书1187份，立案查处166起；打造智慧监管，在全省率先推行电梯无纸化维保、“保险+服务”新模式；在全市56家气瓶充装单位建立质量安全追溯系统，用150余万只气瓶落实信息条码；强化应急救援联动机制，开展各类救援演练43次；产品质量监管以“风险隐患”为导向，以“专项抽检”为手段、以“精准高效”为目的，全年完成抽检2065批次，合格率94.4%。

（刘　畅）

价格管理

【概况】 2022年，合肥市发展和改革委员会（以下简称“市发改委”）聚焦涉企收费，清理规范行业收费，出台《合肥市清理规范城镇供水供电供气行业收费促进行业高质量发展实施办法》，取消供水供电供气环节不合理收费，实行用户建筑区划红线外水电气接入工程“零收费”，梳理建立水电气行业收费项目清单，进行“3+6”清单化管理（即政府定价 3 项、市场调节价 6 项）并实施动态调整。牵头开展“交通物流、水电气暖、地方财经、金融、行业协会商会及中介机构”五大领域涉企违规收费专项整治行动。

*推进清费减负，助企纾困。*落实保产业链供应链稳定政策，降低市场主体水电气用能成本。办理公益性项目、旧城改造项目大配套费减免。实行惠民菜篮子门店和商业综合体优惠电价政策。落实非电网直接供电价格政策，降低终端用户用电成本。降低部分特种设备检验检测收费，减半收取餐饮住宿企业检验检测收费，降低水土保持补偿费，缓缴企业、个体工商户第四季度污水处理费、生活垃圾处理费、城市道路占用、挖掘修复费等 8 项行政事业性收费，并免收滞纳金。减按 50% 小规模纳税人、小微企业和个体工商户征收教育附加费和地方教育费附加，减征中小微企业地方水利建设基金。

*发挥价格杠杆，推进商品价格改革。*启动天然气上下游价格联动机制，疏导价费矛盾，保障全市用气安全稳定供应，探索推进非居民天然气价格机制改革。推进农业水价综合改革。超额完成省级下达年度改革任务，完成庐江县改革市级核验，全市总体改革进度位于全省前列。完成山海关路等四条地下综合管廊入廊费和日常维护费标准的审核，助力“海绵城市”建设。完成西部组团等三座污水处理厂污水处理服务价格调整，减少政府支出，提高财政资金使用效率。

【价格服务】 *出台助企惠民政策。*2022 年，市发改委调整医疗废物处置收费标准，缓解疫情以来企业经营成本大幅上涨带来的压力，促进行业平稳发展。降低公证服务、司法鉴定、国有产权交易和驾驶员考试收费标准，减轻企业负担。对身边好人、道德模范、荣誉市民、军人“三属”、消防救援队伍等实施免费乘坐公共交通、免费游览景区等优待政策，营造良好社会氛围。

*回应关切化解矛盾。*全年累计受理办结涉及物业、房产、停车、出租车、景区收费等转办件 457 件。依法处置少数房企“质价不符”和物业“乱收费”等问题，联合开展“党建引领和美小区”创建工作，引导物业服务行业健康发展，推动出租车“两权合一”改革，化解出租车、网约车运价矛盾。

【收费管理】 *编制《合肥市市级涉企收费清单（2022 年）》。*2022 年，市发改委贯彻落实国家和省市各项减负清单，连续第 8 年调整涉企收费清单，将市级涉企收费项目由 99 项收费减少至 40 项，减幅达 49.5%。

*规范民办学校教育收费管理。*贯彻《安徽省非营利性民办学校收费管理暂行办法》，将收费调整周期提高至 3 年以上，实行备案管理和收费公示，保持收费的稳定性，保障家长知情权。联合市场监管部门开展民办中职学校和中小学教育收费专项检查。

*强化幼儿园及托育收费管理。*修订出台《关于进一步做好全市幼儿园延时服务收费有关事项的通知》，解决“按时接送难、假期看管难”问题。会同市教育局研究制定全市疫情期间幼儿园保教费退费政策，保障幼儿家长合理权益。服务“安心托幼行动”，结合托育服务成本调查和收费政策调研情况，印发《关于我市托育服务收费管理工作的通知》。

【价格监测】 *做好疫情防控保供稳价工作。*2022 年，市发改委牵头落实市生活物资保障组工作，细化各成员单位工作职责，制定市发展改革委疫情防控工作预案。落实政府重要民生商品储备制度，加强疫情期间生活物资储备调度，启动政府储备猪肉投放工作。启动价格监测应急日报机制，开展市场专项巡查，及时掌握疫情期间全市重要民生商品价格动态，每日向市政府报送重要民生商品价格信息动态。应急临时启动疫情期间“惠民菜篮子工程”43 天，销售惠民菜 2626 万斤，让利额超 2117 万元，单次活动让利首次突破 2000 万元。

*开展重要民生商品监测分析。*执行国家、省市各级价格监测报告制度，高质量完成国家、省监测部门交付的各项监测任务，无漏报、迟报、错报现象，在国家、省价格监测质量季度考核中成绩优秀。每月形成重要民生商品价格监测分析，发现价格异动情况，及时预警并提请相关部门采取有效应对举措。每月对全市 CPI 运行情况进行分析，提出针对性建议报市政府，获市政府主要领导批示肯定。强化部门联动，会同商务、市场监管等部门多次在重要节假日及疫情期间联合开展市场巡查、召开联席座谈会议，强化信息沟通、协同联动，确保市场供应充足、价格稳定。

发挥“惠民菜篮子工程”保供

稳价作用。分别在元旦、春节、五一、端午及中秋、国庆期间有序组织开展“惠民菜篮子工程”，城区超190家门店每天推出20个规定品种“惠民菜”以及5个品种“一元蔬菜”向市场供应，发挥“惠民菜篮子”门店稳价惠民作用，有效保障蔬菜、粮油等民生物资稳定供应。全年累计启动“惠民菜篮子工程”117天，较上年增加26天，销售惠民菜6692万斤，让利5240万元。中央电视台、《人民日报》、安徽新闻联播对此多次进行专题报道，社会反映总体较好。

*加大价格联动补贴力度，保障低收入群体。*会同市财政局、市民政局等五部门联合印发《进一步完善合肥市社会救助和保障标准与物价上涨挂钩联动机制的通知》，将孤儿、事实无人抚养儿童、艾滋病感染儿童纳入补贴对象。根据中央要求，印发《关于阶段性调整价格补贴联动机制加大对困难群众物价补贴力度的通知》，建立相应机制。将领取失业补助金人员和低保边缘人口两类群体纳入价格补贴联动机制保障范围，阶段性增加保障群众超3.5万人。全年累计发放价格临时补贴7460万元，逾29万困难群众受益。

（周宏胜　陈红亮　王理义）

审　计

【概况】 2022年，合肥市审计局依法全面履行审计监督职责，推动审计事业高质量发展。市本级全年完成审计项目84个，查出主要问题金额12.56亿元，移送处理事项20件。审计促进整改落实有关问题资金21.16亿元，促进拨付到位资金1199万元，推动被审计单位制定整改措施787项，建立、健全规章制度128项，问责125人次。

该局获2021年度市委综合考核“优秀”等次、市管领导班子综合考核优秀等次、效能建设优秀单位、市直机关平安单位、全市“四送一服”为企服务工作优秀单位、市政务公开先进单位、市直机关党建考核“好”等。当年度有1个项目被评为全国审计机关优秀审计项目，有4个项目被评为全省审计机关优秀审计项目。

【审计监督体系构建】 2022年，市审计局把党对审计工作的集中统一领导贯穿到审计工作的全过程和各环节，聚焦新时代党和国家赋予审计的职责定位和使命任务，健全完善和巩固审计领域制度机制，制定出台《进一步贯彻落实“三个区分开来”要求建立审计容错免责机制实施办法（试行）》《中共合肥市委审计委员会办公室审计工作重大事项督查督办办法》《合肥市领导干部离任经济责任事项交接实施办法》等7项制度文件，确保各项工作有章可循、规范高效、顺畅运行。坚持把研究工作贯穿审计实施全过程，向市委审计委员会呈报审计专报、报告15篇，分别被市委、市政府主要负责同志批示15次、7次。

【政策跟踪审计】 2022年，市审计局围绕推动“六稳”“六保”、财政金融支持、减税降费精准直达等重大政策措施落实情况实施审计，加大对助企纾困以及推进碳达峰、碳中和相关政策、项目、资金审计力度，推动各项重大决策部署落地见效。组织开展转移支付资金管理使用情况、行政事业单位会计信息质量、加快发展保障性租赁住房等政策措施落实跟踪审计，并向市委审计委员会呈报《关于审计发现部分县区（开发区）财政奖补政策制定和资金兑现问题情况的报告》，受到市委、市政府领导批示肯定。制定《合肥市审计局关于服务保障创建一流营商环境工作举措》，采取“专题式”+“融合式”相结合的方式，组织9个县（市）区同步开展助企纾困情况专项审计，助推优化全市营商环境。

2022年7月6日，合肥市召开经济责任审计工作联席会议第一次全体会议

（市审计局／供）

【公共资金审计】 2022年，市审计局以财政同级审为核心，以公共资金为审计对象，以保障财政资金合规安全高效使用为主线，实现“三个转变”，坚持公共资金运用到哪里，审计监督就跟进到哪里。组织开展市本级、开发区、部门预算执行情况等14个财政审计项目，在2021年度市级预算执行和其他财政收支审计中查出146个问题，促进相关单位制定各类制度、方案24件，问责11名人员。开展转移支付资金、促进市场主体提质扩量增效、中小企业高质量发展等政策落实情况审计。开展科创平台、公共服务等政府投资重大建设项目全过程跟踪审计。出台《关于进一步加强审计监督促进厉行节约过紧日子的意见》，推动全市各级党政机关及企事业单位将“过紧日子”的思想落到实处。

【民生工程审计】 2022年，市审计局围绕落实合肥市31项民生实事任务，制定《关于进一步加强民生工程审计监督的意见》《合肥市审计机关2022-2024年资源环境审计工作三年计划》等5项制度，把“为民服务办实事”体现在实施审计项目中。加大对重点民生资金和项目的审计力度，抓住关键、找准重点，从细处入手，向实处着力，着力发现、揭示发生在群众身边的“微腐败”，坚决揭露和纠正各种损害人民利益行为，保障各项惠民利民政策落地落实。推进一批交通、能源、环保等重大民生项目及时开工、加快进度。

【资源环境审计】 2022年，市审计局制定出台《合肥市领导干部自然资源资产离任审计操作规程（试行）》《领导干部自然资源资产离任（任中）审计文书模板》《合肥市审计机关2022-2024年资源环境审计工作计划》等制度，优化审计监督机制。成立资源环保审计专题攻关组，聚集林业、环保、计算机、工程等专业人才和骨干力量，靶向发力，攻坚克难；依托市政务信息资源共享门户网有效整合水文、河湖、大气等监测数据，打通监管部门职能壁垒，提升资源环境信息在职能单位之间的共享水平；利用无人机RTK系统与全球定位GPS等新型技术，使用地理信息大数据和航拍高清影像，结合项目相关资料进行对比分析和计量，实现对自然资源资产变化情况的精准审计。

【经济责任审计】 2022年，市审计局聚焦“关键少数”，关注公共权力运行，强化领导干部经济责任和自然资源资产离任（任中）审计，将领导干部带头贯彻落实中央、省、市重大决策部署情况作为审计重点，制定印发《合肥市本级2022年部门（单位）领导干部经济责任审计工作方案》，全市安排领导干部经济责任审计29项、自然资源资产审计5项；指导有关部门对内管干部开展内管干部经济责任审计；监督指导各县（市、区）对村居主要负责人开展经济责任审计，促进领导干部树立正确政绩观。

【审计问题整改】 2022年，市审计局落实《关于建立健全审计查出问题整改长效机制的意见》，以市政府名义组织召开全市审计整改工作推进会，通报近年来审计查出问题及整改情况，压紧压实被审计单位整改主体责任和主管部门监督管理责任，清单化、闭环式推进审计整改工作。完善整改内部机制，制定《审计整改工作管理暂行办法（试行）》，明确了审计整改的工作方式、工作流程、认定标准和整改成效评价标准，推动审计整改工作程序化、标准化、规范化。完成678个问题的整改工作，对外公告审计查出问题整改结果10篇。

【审计监督贯通协作】 2022年，市审计局凝聚监督合力，先后与市纪检监察、检察、公安、统计、信访等部门联合印发《关于规范巡察与审计工作协调机制的意见》《合肥市审计局合肥市统计局关于建立协作配合工作机制的意见》《关于建立检察公益诉讼与审计监督协作配合工作机制的意见》《合肥市审计局合肥市人民政府信访局关于建立协作配合工作机制的意见》等文件，在线索移送、联合行动、信息共享、成果运用、疑难问题定性、重大案件会商等方面，形成常态化制度化的沟通协调机制，促进审计监督与各类监督贯通融合。

【内部审计指导】 2022年，市审计局制定《合肥市2022年度内部审计工作要点》，印发《合肥市2022年内部审计项目计划》，以检查核查为抓手，聚焦审计项目质量提升，关注是否按照国家审计和内部审计相关规定开展工作，帮助内审单位出台相关内审制度10余项。组织开展2022年内部审计理论研讨、4个项目研究型审计实践案例展示，对市直单位、市属开发区、市属企业20家单位103个审计项目960个内部审计发现问题的整改情况以及38家单位2019-2021年内管干部经济责任审计工作情况及项目质量开展专项检查。《合肥百大集团：研究型审计在国有企业经济责任审计中的探索与实践》被中国内部审计协会表彰为全国“内部审计探索研究型审计典型实践案例”。市内部审计协会获省内部审计协会全省2022年内部审计实践案例、内部审计理论研讨活动组织奖。

（叶玖玲）

统 计

2022年6月26日，市统计局举办“强化统计监督 提高数据质量”专题培训班

（市统计局／供）

【概况】 2022年，合肥市统计局围绕稳住宏观经济大盘，重点做实统计改革、抓实统计服务、建实统计法治、压实数据质量、夯实基层基础，为推进中国式现代化合肥实践提供坚实统计保障。完成工业、投资、服务业等各专业年、定报统计工作，做好第五次全国经济普查国家试点和前期筹备工作，开展油菜籽播种情况、生育意愿、产业链发展现状等专项调查。连续18年获评市政府目标管理绩效优秀单位；在省统计局各专业评价中，优良等次16个，居全省首位；“五经普”国家试点、服务业个体户试点调查等工作获省统计局表扬认可。先后获评“合肥市直机关平安单位”“市政府营商环境考核优秀单位”“市政府信用建设考核优秀单位”“市直机关党建业务考核优秀单位”“市政务公开、政府网站暨政务新媒体工作先进单位”“市直机关效能建设优秀单位”等。

【改革创新】 2022年，市统计局扎实做好“五经普”国家试点，首创全员核酸检测点位进行试点宣传，探索“街镇＋第三方”新型组织模式、“地毯式＋大数据”单位清查模式、“人工＋智能AI”查疑补漏方式，向国家统计局提出合理化建议10余条，多项创新做法被国家统计局采用，得到省统计局致信感谢，并在全省统计工作会上作经验交流。完成多个国家级统计改革专项试点任务，为全国碳排放统计核算、服务业个体户、投入产出电子台账等工作贡献合肥智慧。建立健全共建区增加值核算制度，实现常规、行政区划、管辖区域等多口径县区增加值核算，满足多项国家级考核需要。开展数字经济核算工作，在省内率先制定《合肥市数字经济核心产业核算方法（试行）》，撰写多篇数字经济相关分析报告。探索利用ERP系统改进统计数据生产方式，实现统计原始记录智能抓取、统计台账自动加工、统计报表一键生成。推进政府购买服务，包河区、经开区等七个县（市、区）陆续引入第三方机构，辅助开展统计台账、数据核查、名录维护、升规纳统等方面工作，缓解基层力量不足问题。

【统计法治】 2022年，市统计局将依法治统工作纳入政府年度目标管理绩效考核体系，对统计造假、弄虚作假实行“一票否决”。利用“9.20统计开放日”“12.8统计法颁布纪念日”等进行统计法治宣传；推进统计法律法规进党校课堂，市县两级均将统计法律法规纳入党校主体班和青干班必修课；联合市委组织部举办“强化统计监督提高数据质量”专题培训班，参训200余人。查处权力干预、数据寻租、执法不严、入退库等“四个必查”中的统计违纪违法行为，制定《合肥市统计单位（项目）入库退库专项检查方案》，完成3779个入库、2374个退库单位（项目）自查工作。加大统计违法案件查处和曝光力度，严格实施双随机执法检查，全年执法检查企业450余家，依法查处违法企业7家，罚款2.5万元，协助省统计局对5家涉外调查企业开展普法和执法。印发《2022年社会信用体系建设工作方案》，完成4家统计严重失信企业信用修复。创新建立统计监督与审计监督协同配合工作机制，与审计局联合印发《关于建立协作配合工作机制的意见》，并与市纪委监委建立案件移送工作机制。

【第五次全国经济普查】 2022年，市统计局开展“五经普”单位清查国家级专项试点及前期各项筹备工作。合肥市作为省内唯一试点市，在蜀山、包河两区全流程全环节开展试点任务，先后完成清查底册编制、普查（小）区划分与建筑物独立标绘、“地毯式”清查等，并在县区开展补充调查和查疑补漏以及审核改错、行业智能赋码等后续工作。

【基层基础建设】 2022年，市统计局落实《安徽省人民政府办公厅关于加强统计基层基础建设的实施意见》，重点实施基层统计能力和统计基础质量两大提升工程。推动县区配齐配强乡镇街道首席统计员，全市157个乡镇、街道专兼职统计人员达680人，省级以上开发（园）区统计机构均调整到位，农村统计网络逐步完善。落实新入库单位“四个一”辅导服务机制，全年上门辅导企业2300余家。推进基层基础资料档案化检查，并将结果运用到数据评估。

【统计服务】 2022年，市统计局连续三年开展“统计服务千企”行动，深入企业（项目）一线，宣讲统计法律法规，开展现场培训和辅导服务，帮助企业解决生产经营中存在的困难和问题，全年服务企业（项目）2500余家，协调解决各类实际问题117个。开展“互联网+政务”服务，优化“皖事通办”“7×24小时政务服务地图”，无条件共享数据资源近百万条。编印《统计年鉴》《统计资料提要本》《统计月报》《横向经济运行动态》《工业综合月报》《统计快报》《统计专报》等统计产品十余种；发布《合肥市2021年国民经济和社会发展统计公报》；编印《喜迎二十大数说合肥这十年》和市十七届人大二次会议《参阅材料》。通过新闻发布会、《合肥日报》、合肥市人民政府发布微信公众号等及时发布、解读各类统计数据信息。

【调研分析】 2022年，市统计局撰写各类统计资料、调研报告、送阅材料、课题研究等近120篇，获省、市领导批示24篇，其中《从“七人普”数据看合肥受教育人口十年变化》《2022年合肥市生育意愿与生育行为调查报告》分别被《统计科学与实践》《安徽省情省力》全文刊载，《服务业擎起半壁江山 新兴产业蓬勃发展》获市直机关工委“合肥这十年”主题征文活动三等奖，《新理念引领新跨越新实践谱写新篇章》《合肥市其他营利性服务业发展现状及下一步工作建议》《合肥市高技术制造业发展研究》《提高人口素质培育人才红利》等4篇入选市社科界第十二届学术年会论文集。全年编报各类经济信息400余条，市“两办”采用130余条，《合肥日报》《中安在线》《安徽商报》等媒体刊载30余条。

【考核评价】 2022年，市统计局印发《2022年部门统计工作目标管理绩效考核细则》，对34个市直单位统计工作进行考评，提升部门统计工作规范化、制度化、科学化水平。参与全市各类考核方案的制定和完善，协助市委督查考核办开展季度经济运行考核和年度目标管理绩效考核现场评审。

【信息化建设】 2022年，市统计局落实网络安全、数据安全主体责任，及时进行安全测试和漏洞处理，参与全市网络安全攻防演练。开展各类信息系统账户口令专项核查，落实用户实名制管理。完善软硬件基础设施，“统计信息管理系统软件升级”项目建成投入使用，“网络安全及统计信息交流发布系统建设”“经济监测统计综合数据库系统”项目加快推进。组织全市统计系统计算机业务技能大赛和网络安全、数据安全培训，提高全员安全意识和防护能力。

（张世界　任凤娟）

民生调查

【概况】 2022年，国家统计局合肥调查队（以下简称“合肥调查队”）依法履行国家调查队职责，严格执行国家统计调查制度，重点做好居民收入、劳动就业、消费价格和工业品价格、房地产价格、采购经理、新设立小微企业跟踪和服务零售结构、粮食和畜牧业生产等民生调查，并受地方党委和政府及相关部门委托开展各类专项调查，及时准确反映经济、社会和民生发展状况。

【城乡一体化住户调查】 2022年，合肥调查队在城乡一体化住户调查中，主要以日记账和问卷方式收集城乡居民家庭人口、就业、社会保障、住房、耐用消费品、收入、支出等生活状况方面的调查资料，在1390户记账户中，电子记账户为1139户，占比达81.9%。加强“党建+住户”融合发展，向全市党员记账户发放《倡议书》，打造“红色调查员”队伍。制定《2022年合肥市住户调查工作要点》，完善台帐制度，全面加强记账数据审核，提高数据质量。开展新一轮住户调查大样本轮换工作，严格按照大样

2022 年 9 月 16 日，住户调查工作总结和表彰会议在蜀山区召开
（国家统计局合肥调查队 / 供）

本轮换工作方案要求，召开专题会议，成立样本轮换领导小组，制定《合肥市住户调查大样本轮换工作方案》，高质量完成大样本轮换 1700 户抽样调查户清查摸底、开户记账等工作。发放统计法律法规手册等宣传资料，制作记账户和调查员两版宣传视频，在线上线下进行多形式、全方位传播。做好统计监测服务，科学汇总评估调查指标，提升统计分析、研究和服务水平。推进行政记录数据在住户调查工作中的应用，及时做好县（市）区居民人均可支配收入的发布和解读。

【流通和消费价格调查】 2022 年，合肥调查队在全市区范围内，由采价人员通过手持数据采集器，按照“定人、定点、定时”的原则，在农贸市场、超市、大型商场、服务网点等 360 个价格调查点，对 1397 个消费、零售及基本生活费用规格品开展实际成交价格采集工作。开展 CPI 价格采集与后台审核工作，从规格品选取、价格采集、后台数据审核和指数汇总分析四环节保障 CPI 调查数据质量，针对规格品缺失或失去代表性的情况，及时开展规格品的替换与估算工作。结合日常数据审核记录情况，开展采价督查，全面核查所有网点规格品的代表性和价格真实性。及时就《CPI 采价操作 100 问》《封控情况下流通消费价格调查操作办法》以及日常采价技巧、后台数据审核技巧、月度报表数据审核与编报说明撰写分析等方面开展针对性的讲解培训。定期接受合肥电视台财经频道月度采访，并利用合肥调查微信公众号发布解读全市 CPI 调查数据，发挥好统计服务地方经济发展的“晴雨表”作用。

【工业生产者价格调查】 2022 年，合肥调查队采用联网直报形式对全市 332 家企业的 395 个出厂、461 个购进规格品价格进行月度监测，客观反映全市工业生产者出厂价格和购进价格变动趋势及幅度。开展企业培训，采用“分层学习培训 + 线上直播全覆盖培训 + 线下重点区域”培训方式，做到样本企业培训全覆盖。严格数据审核，针对新基期新增企业开展专项凭证核查，在常规月报表审核的基础上，分月开展专项凭证审核，做到凭证审核全覆盖，重点对环比超界、质量调整、长期价格不变、重要行业规格品进行数据质量查询。规范台账管理，统一印制《工业生产者价格统计调查企业台账》，下发到所有调查企业，要求及时更新、规范保存。建立企业数据质量台账，根据报表审核和数据检查结果分类管理企业。全年实地走访 34 家企业，核查企业原始资料及台账，了解生产经营情况，听取企业对所属行业市场及产品价格变动因素的分析。

【房地产价格调查】 2022 年，合肥调查队利用市房地产管理部门的网签数据按月收集整理市区新建住宅和二手住宅销售价格、面积、金额等相关基础资料，为国家统计局计算房地产价格指数提供基础资料。每月通过调查问卷的形式对报告月新批预售楼盘、成交面积或成交金额排名前 15 位的楼盘以及 15 个以上有代表性的房地产经纪机构进行调查。通过实地走访调研，获取房地产企业对价格及市场走势预判、相关政策出台前后房市变化等活情况。全年向企业发放 37 份《统计法律事务告知书》，现场宣讲统计法律法规。开展网签备案数据现场核验工作，现场核验 69 条网签备案数据，其中新建网签数据 30 条，二手网签数据 39 条。因地制宜开展培训，对 37 家企业及经纪机构开展现场培训；对 27 家企业及经纪机构开展集中培训。实时观测房市变化，更新《土拍汇总台账》等台账记录，及时了解住宅用地楼面地价、开盘价格、占地面积等信息，为研判房地产价格走势提供依据。

【采购经理调查】 2022 年，合肥调查队开展以全市 294 家制造业企业为样本的制造业采购经理调查的催报、审核、月度指数的编制、专报撰写工作，以及99家非制造业采购经理样本企业的调查工作，完成国家统计局及国家统计局安徽调查总队布置的采购经理调查任务。及时开展PMI进度分析，发挥制造业经济风向标和指示器的作用，对指数变化及合肥重点产业变化情况进行重点解读，全年以专报形式报送月度分析及调查信息38篇，为地方党政领导进行经济管理决策和企业生产经营提供参考依据。开展企业大走访活动，全年通过月度访谈、专题调研、数据质量检查等不同形式先后对67家企业开展走访调研，了解企业生产经营情况、面临的困难和企业的诉求，形成各类调研报告20余篇。动态维护调查样本，根据合肥产业发展变化特征，优化17家企业样本，补充新能源、显示器等行业样本，有效提高样本企业代表性。

【小微企业和个体户跟踪调查】 2022年，合肥调查队开展小微企业和个体户跟踪调查，调查样本合计623家。截至年底，样本存续情况为：经营单位93家，停业单位114家，筹建单位3家，关闭单位288家，破产单位1家，搬迁单位61家，被兼并2家，失联单位61家。坚持多管齐下，利用互联网大数据平台和街道社区等基层机构实现对企业的连续跟踪，采集验证及审核数据后，上传国家统计局联网直报平台。

【农作物面积、产量调查】 2022年，合肥调查队开展全市区域内农业的粮食（小麦、水稻、玉米、大豆）及棉花的种植面积、产量调查，以及其他常规调查。对产粮大县（庐江县、肥西县、肥东县、长丰县和巢湖市）开展抽样调查，对非产粮大县（各市辖区、开发区）进行全面调查。调查方式包括对全市300个样方地块进行的无人机影像、PDA调查和以村为单位起报的纸质报表调查和联网直报。高质量完成农产品对地调查样本轮换工作，部署、联系、组织下辖各县（市）区队、局专业人员参加国家统计局安徽调查总队农作物对地抽样调查样本轮换线上培训会，并在《市委农村工作领导小组专题会议暨“两强一增”调度会》上，向各县市区政府、相关单位讲解、宣传样本轮换工作。

【畜牧业调查】 2022年，合肥调查队对全市区域内所有的畜禽养殖场（户）进行以村为单位的全面调查，包括全部的猪牛羊禽大型养殖场（户）和所抽中的猪牛羊禽中小型养殖调查场（户），调查主要畜禽（猪、牛、羊、禽）品种和非主要畜禽品种（马、驴、骡、骆驼、家兔、蚕等）的存栏、出栏、产品产量情况。

【劳动力调查】 2022年，合肥调查队开展劳动力调查工作，调查样本覆盖13个县（市、区）的74个乡镇，计123个点1968户。市队统筹部署全市范围内劳动力调查工作，各县（市、区）统计调查机构负责具体实施辖区内的调查任务。每月在规定时间内，调查员手持电子终端（PDA）现场入户调查，并按时上传数据至国家统计局直报平台。以提高劳动力调查工作数据质量为目标，聚焦方法制度、数据采集、规范流程，从修订完善制度、依法依规调查、创新培训模式、形式多样宣传、抓两访严审评、做好后勤保障六方面入手，在样本核实、入户调查、陪访督查、审核查询、电话核查各环节做到全过程、全方位、全覆盖，确保获得的合肥市劳动力调查数据真实、及时、准确、完整。

【农民工市民化进程动态监测】 2022年，合肥调查队进行农民工市民化调查与住户调查同步开展样本轮换工作，使用统一的抽样框，采用分层、多阶段随机抽样方法抽取样本，数据采集主要采用调查员手持电子终端入户面访方式，定期收集农民工在输入地的就业生活相关信息，全面及时反映农民工就业创业、劳动保障权益落实、城镇基本公共社会服务均等化、城镇落户以及社会融合等情况，为科学制定农民工政策、加强和改善农民工服务工作提供可靠依据。全年在10个县、区开展农民工市民化进程监测调查，涉及44个调查小区，问卷调查440户。调查员在访问调查结束后，通过手持电子终端直接将原始调查数据上传国家统计局数据处理平台。

【专项调查】 2022年，合肥调查队组织开展10项专项调查，分别为市城市管理测评调查（月度开展）、市公交乘客满意度调查（季度开展）、市文明城市创建重点工作月测评、市文明城市创建重点工作（四县一市、安巢经开区）月测评、未成年人思想道德建设工作专项测评、市“菜篮子”工程满意度民意调查、市食品药品安全满意度民意调查、第六届合肥文明村镇测评、长丰县“民企评营商环境”调查和市2022年效能建设测评。

【资政服务】 2022年，合肥调查队高度重视统计调查资政服务，围绕“米袋子”“菜篮子”“钱袋子”，加大相关调查数据和监测指标的综合研判。围绕民生重点开展调研，主动承接安徽调查总队和市委、市政府各类约稿任务，聚焦粮食安全、劳动就业、市场物价、企业经营、疫情影响等重点领域加强分析研究。全年撰写上报各类调研报告170余篇，调查信息250余篇，获市委、市政府两办采用70余篇，政务信息采用量居中央驻肥单位第1名，连续第五年被评为全市政务信息工作先进单位。挖掘数据，加大统计科研力度。参加统计建模比赛、课题研究等，相关研究成果先后获第八届全国统计建模比赛三等奖、第一届长三角统计论坛征文一等奖、安徽调查队系统首届统计建模比赛二等奖、合肥市高质量调研成果二等奖等。充实载体，传播调查讯息，每季度编印《合肥民生调查》手册，呈市主要领导和市直有关部门参阅。在地方政府部门的《合肥年鉴》《政府工作报告》《文化及相关产业统计概览》编写过程中，提供合肥调查素材，讲述合肥调查故事。

（赵紫伟）

国有资产监督与管理

【概况】 合肥市人民政府国有资产监督管理委员会（以下简称“市国资委”）成立于2007年7月，为合肥市政府直属特设机构，受市政府委托代表其履行国有企业出资人职责，专司国有资产监管，负责国有企业党的建设，对经市政府授权的国有企业的国有资产实施监督管理。截至2022年底，市国资委系统在岗职工5.3万余名，所属重点监管企业22户，其中投资运营类8户，分别为合肥市建设投资控股（集团）有限公司、合肥市产业投资控股（集团）有限公司、合肥兴泰金融控股（集团）有限公司、合肥市滨湖新区建设投资有限公司、合肥文旅博览集团有限公司、合肥市引江济淮投资有限公司、合肥工投工业科技发展有限公司、合肥交通投资控股有限公司；充分竞争类7户，分别为合肥百货大楼集团股份有限公司、合肥丰乐种业股份有限公司、合肥城建发展股份有限公司、安徽国风新材料股份有限公司、合肥科技农村商业银行、合肥城改投资建设集团有限公司、安徽省合肥汽车客运有限公司；公益公用类7户，分别为合肥合燃华润燃气有限公司、合肥供水集团有限公司、合肥热电集团有限公司、合肥公交集团有限公司、合肥市轨道交通集团有限公司、安徽公共资源交易集团有限公司、合肥市大数据资产运营有限公司。

【经济运行】 2022年7月30日，合肥市政府办公室印发《市属国有企业提质扩量增效行动方案》。市属企业抢抓机遇，各项经济发展指标保持稳定增长。市国资委当年监管企业实现营业收入595.55亿元，较上年同期增加127.08亿元，增长27.4%；实现利润总额85.5亿元，扣除非经常性损益后同比增长11.8%；累计上交税费59.26亿元，同比增长26.5%；实现利税同比增长17.3%。截至年底，市国资委监管企业拥有资产总额10014.7亿元（首次实现破万亿元）、净资产3334.6亿元，同比分别增长12.6%、4.8%；市国资委监管企业综合资产负债率为66.7%，同比上升2.5个百分点；剔除科技银行，综合资产负债率为63.2%。

【产业发展】 2022年，市国资委推动市属企业完成项目投资812.7亿元，超计划投资7.9个百分点。牵头投资维信诺AMOLED模组生产线项目、联创电子、金固车轮、上海超硅、中创新航等战略性新兴产业项目，战略性新兴产业项目完成投资377.9亿元。重大战新项目进展顺利，长鑫一期产能达9.55万片/月；晶合集成月产能达12万片，跃升全球第九大、国内第三大半导体代工企业，科创板IPO成功获批。中国声谷获批国家特色服务出口基地（语言服务）“国字号”。中科离子公司240MeV加速器超导磁体研制成功。产业、创业、天使投资基金当年所投企业新增恒烁半导体、新汇成等12家企业首发过会，其中合肥6家。

【布局优化】 2022年，市国资委推动布局优化工作。合肥科技农村商业银行完成重庆信托持有的全部股权受让；华润燃气投资（中国）有限公司采用非公开协议方式，以463，386.275万元的价格，增资扩股合肥燃气集团有限公司，合肥燃气更名为合肥合燃华润燃气有限公司；通航控股整体并入省通航集团。布局新兴业态，组建市人才集团、科创集团、金融创新研究院公司；组建安徽网络经济监管服务公司助力全市网络货运经济发展；参与组建羚羊工业互联网股份有限公司、科大硅谷服务平台（安徽）有限公司，推动“双招双引”和科技成果转化。

【国企改革】 2022年，市国资委推动国企改革，完成71项主体任务。董事会应建尽建、全面落实董事会职权、董事会向经理层授权、全员公开招聘等完成比例均达

2022年5月17日，市人才集团揭牌 （周海滢/摄）

100%。建立外部董事人才库，重点监管企业专职、兼职外部董事配备到位，实现外部董事占多数。全面完成各级企业经理层任期制和契约化管理签约工作，扩大职业经理人试点范围，在兴泰科技等5户子企业完成选聘工作。实施三项制度改革，推动企业干部“能上能下”、收入“能增能减”、员工“能进能出”。竞争上岗人数占新提拔管理人员比例达90.1%，末等调整和不胜任退出占全体管理人员比例达4.95%，均高于全国地方平均水平。全员绩效考核100%全覆盖，以岗定责、以岗定薪，工资分配向一线、关键岗位和科技人才倾斜。市属企业普通职工平均工资增幅8.09%，高于中层1.11个百分点。负责人薪酬最高和最低相差1.46倍。择优选择16个岗位开展“揭榜挂帅”试点工作。建投集团、产投集团开展国有资本投资公司试点工作。

【履行社会责任】 2022年，市国资委累计选派3200余名国企干部职工奔赴防控一线，累计为3300户承租国有企业经营性用房的中小微企业、个体工商户减免租金计2.3亿元，为919户批零住餐旅游企业补贴水气费用405.6万元。保障民生需求，推动公交、轨道稳定运营，燃气、热电、供水正常运转，周谷堆、合家福等市民“菜篮子”平稳供应。构建采、送、检一体的国有核酸检测体系，形成日检20万管能力。加大稳岗就业力度，市属企业公开招聘1224人次，提供见习岗位500个。助力乡村振兴，百大集团在全市84家合家福门店设立农副名特优产品陈列专区（专柜），公交、轨道广泛开展特优产品宣传，助推合肥“地标”产品走出去、品牌走上去；市国资系统开展消费帮扶耗资390余万元。坚持金融服务实体经济，兴泰控股、科技银行全年为地方实体经济发展提供融资支持超1300亿元。

【国资安全】 2022年，市国资委构建“党建+信访”工作机制，办理上级各类信访来件222件，办理省信访局重点交办9件、国家信访局督办5件，化解历史积案5件，上访批次和人次同比分别下降29.8%、34.3%，加强社会领域重大风险防范排查化解工作，加大防电诈和反邪教宣传，做好农民工工资支付工作，国资系统信访工作整体保持良好态势。开展安全教育培训800余次，安全宣传工作1000余次，安全隐患排查600余次，整改隐患1300余处，未发生安全生产责任事故。

（钟龙飞）

公共资源交易监督和管理

【概况】 2022年，安徽合肥公共资源交易平台成交金额4740亿元，同比增长10.04%，交易规模位居长三角重点城市前列。其中，合肥市（含县（市、区）、开发区）累计完成项目标段11794个，成交金额2982.22亿元，同比增长15.17%。

合肥市公共资源交易监督管理局（以下简称“市公管局”）当年先后获评全国公共资源交易中心年度先进单位（省级）、全国公共资源交易综合竞争力十佳机构、安徽省公共资源交易领域创新发展优质服务模范单位等；其创立的“评委打分监测预警系统”获2022年度全国公共资源交易科技成果大赛三等奖。

【“评定监”监管模式】 2022年，市公管局相继制定评定分离监督工作操作指引、定标阶段监督工作任务清单、定标成员库管理办法、项目操作手册等5项配套制度。开展标前招标文件会审、标中部门联动函询、标后履约监督检查，实现对“评定分离”项目全覆盖、全过程的监管，强化“评、定、监”独创监管模式，推进“区评市定”。截至年底，累计完成评定分离项目标段数112个，成交金额420.55亿元，实现项目“零投诉”。其相关做法被省委改革办《安徽改革情况》刊载并向中央改革办推介。

【评委打分监测系统】 2022年，市公管局加强评标专家动态管理，聚焦重点环节，实施预警记录、综合分析评委评标行为。靶向建立六项指标进行量化考核，从纵向、横向、给定满分值三个维度量化进行分析，在全国首创“631”模型评委打分监测预警评价系统，有效管控评标环节风险，构建公平公正交易环境。该系统上线以来，在线监测项目1440余个，取得招标人和专家的一致好评，吸引安庆、上海等省内外多地监管部门来合肥调研学习。相关做法在省委经济工作会议上获时任省委领导同志点名表扬。

【信用评价国家标准编制】 2022年，市公管局发挥国家级标准化服务平台示范效应，参加国家发改委开展的首批全流程电子化交易规范中《网络远程投标与在线开标》技术标准编制工作；获批为《公共资源交易主体信用评价实施指南》国家标准试点应用单位。参与编写《公共资源拍卖中心运营服务规范》和《公共资源交易主体信用评价实施指南》国家标准、《商品源数据采编规范》及《商品源数据规范》团体标准。其中《公共资源交易主体信用评价实施指南》国家标准于8月1日起正式实施。

【优化营商环境】 2022年，市公管局提前发布招标计划，公开政府采购意向13376条，公示100余家代理机构服务质量信息。贯彻“一改两为五做到”精神，开辟“营商环境专栏”，进行座谈访企10余场，倾听200余家企业心声，剖析解决交易服务“痛难点”，增强市场主体满意度。建立交易合同公开、备案闭环管理机制，助推近千个逾期交易合同尽快签订、公开。

减负降本，激发活力。鼓励项目单位清单编制阶段优先推荐优秀中小企业品牌；对标中小企业资质、业绩编制招标文件；给予小微企业产品投标10%-20%价格折扣，给诚信企业免缴项目估算总投资5000万元及以下房建市政项目投标保证金，为8000余家次投标企业累计免缴投标保证金36.51亿元。实行主材调差机制，使招标人与中标人风险共担。搭建电子保函平台，有3113个项目、4219家企业在线申请开立电子保函22254笔，担保金额61.09亿元。

聚焦效率，数字交易。实行开标不见面、投标不进厅、评标无纸化，依法必招项目全流程电子化率达100%，疫情期间项目“不停摆”。与省投资项目审批监管平台及省政府采购监管系统完成对接，实现项目受理“一键登记”。开创移动交易，在“皖事通”开设“合肥公共资源”专区，使上百万条交易信息可“一站查询”。上线“一网通办”服务专栏，有51个交易事项实现线上办理。强化“四电”应用，有45533名专家通过电子签名签署14625份电子评标报告，在线发放16790份通知书，云签15588份电子合同并公开，生成14695份电子交易见证书，调取100余种电子证照及照面信息。“长江链•标证通”助力合肥、长沙、南昌、武汉四市超30万市场主体城市群范围内无障碍投标。

【优化交易模式】 完善制度，实行政策引领。2022年，市公管局拟定20项举措压实招标人主体责任；与市城建局、市资规局联合印发重点规划及设计类项目招标指导性意见；开展农村产权流转交易市场发展状况专项调研，修订《合肥市农村产权交易管理办法》；出台《合肥市公共资源交易市场主体信用分级分类监督管理办法(试行)》，搭建市场主体信用信息库。

2022年11月，市公管局上线“一网通办”服务专栏，51个交易事项线上办理
（市公管局/供）

全面深化区域合作。与长三角城市签订高质量发展合作意向书，同 11个省区62家交易机构签署跨区域合作战略协议，促进交易资源共享共用。参与长三角一体化发展会议，根据省发展改革委安排，开展交易信息上链、CA互认等工作。全市各级交易平台实现远程异地评标，试点远程异地多点评标，促进长三角城市群、长江中游城市群、合肥都市圈进行更高水平合作。累计开展远程异地项目1160个，其中与长三角区域城市开展190个。

支持科创成果转化。构建科技成果转化服务机制，完成183个“三新”备案项目应用场景摸底调查，促成交易落地。与市科技局和市经信局互联互通，多措并举增加“三新”“三首”产品参与投标便利度。与市重点局等招标人对接，引导招标人主动选用科创产品。受理技术产权项目386个，挂牌金额1.34亿元；成交技术产权项目166个，成交金额16.36亿元。

【提高监管质效】 实行智慧监管，提升质效。2022年，市公管局在全省率先上线智慧见证系统，制定117项见证服务清单，市场主体违规行为由峰值34.3%降至10%以内。智慧交易系统发现问题逾7万个，减少专家错评漏评现象。自8月1日起，有228个项目采用动态合理价格法并要求项目经理线上陈述，避免“投标经理”乱象，降低围串标等不法行为风险。

高效执法，严肃处理。运用“工业互联网思维”，建立投诉联合受理机制，开通案件办理“快速通道”，成立重大案件攻坚小组，多数投诉案件可在5个工作日内办结。修订不良行为管理办法，印发打击串通投标工作方案，开展“双随机”专项检查，核查850多份投标文件。办结各类案件320件，涉案项目金额约282亿元；对查实存在违法违规相对人记不良行为记录257次，处理违规评标专家62人，对3家企业作出4次行政处罚决定，罚款金额计153.85万元，向招标人和代理机构发放执法建议书、工作建议函49份。

加强联动，净化市场。联合公安机关建立围串标大数据分析模型，围绕“报团亲密度”等23个关键指标，精准挖掘60个项目串通投标问题线索并移送公安机关。与市城乡建设局和市安全生产委员会办公室联合开展施工安全事故联合惩戒行动，有66家施工安全事故企业、36名相关人员被录入不良行为信息库，限制其在一定期限内承接项目资格。对133个政府投资重点项目开展履约情况监督检查，其中与市城建局、市财政局、市纪委联合检查73个重点民生项目标后履约情况，有效护航“招标采购最后一公里”。

（胡晋君）

责任编辑：田 文

应急管理

综　述

【概况】　2022年，合肥市应急管理局（以下简称“市应急局”）全面落实“疫情要防住、经济要稳住、发展要安全”要求，深化安全专项行动，突出重点行业领域监管，精准施策，防范化解重大安全风险；重点夯实应急管理基础，统筹推进隔离点建设，急用先建，抓好防疫应急保障工作，实现全市安全生产形势的稳定和应急管理水平的提升。全年发生各类生产安全事故204起，同比下降37.6%，降幅超出全省8.1个百分点；死亡197人，同比下降41%，降幅超出全省8.2个百分点。其中：道路运输事故80起，死亡80人，同比分别下降52.1%、53.8%；建筑事故77起，死亡74人，同比分别下降23.8%、28.2%；工贸事故16起，死亡16人，同比均下降5.9%；矿山事故2起，死亡2人，同比均下降33.3%；工商贸其他事故28起，死亡24人，同比分别下降20%、29.4%；铁路事故1起，死亡1人，同比均下降66.7%，实现全行业领域“双下降”。全市当年未发生较大及以上安全生产事故，属近二十年来首次发生较大事故为零的年份。全市自然灾害受灾人口16.01万人，农作物受灾3.75万公顷，水产养殖受灾1950公顷，直接经济损失2.9亿元，未发生因灾致人伤亡事件。

2022年9月23日，合肥市安委会第四次全体（视频）会议召开

（市应急局／供）

【安全生产事故查处】　2022年，市应急局对建筑施工领域实行“四个一律”措施，坚持“一案双查”，通过事故调查倒逼企业主体责任落实，推动属地政府和行业主管部门落实安全监管职责。修订《合肥市生产安全事故调查处理挂牌督办和备案办法》，优化完善挂牌督办程序和内容；制定《合肥市安全生产季度黄牌警示暂行办法》，实施黄牌警示制度，促进安全生产责任的全面落实。全市完成事故调查137起，其中对县区查处的一般事故挂牌督办74起，市本级调查15起，罚款4129.3万元；对166家单位、263名责任人进行责任追究，追究刑事责任28人，给予政务处理54人。

【宣传教育】　2022年，市应急局制定“五进”两年攻坚行动任务清单，推动攻坚行动落地见效。制作3部安全生产主题微动漫视频，在地铁1、2、5号线车载TV以及电梯、社区、公共场所、街头等电子显示屏等进行滚动播放。在全市52条重点意见线路260辆公交车上，以LED灯箱形式设计宣传标语，打造首座市级安全文化主题公园及2个市级社区“安全角”，全市建成安全文化主题公园（广场）49个、文化长廊86个、科普馆29个、警示教育基地24个、社区及住宅小区“安全角”206个，面向社会公众开展应急安全知识普及宣传和安全科普体验。

开展线上线下系列防灾减灾宣传活动。5月12日，围绕“减轻灾害风险，守护美好家园”主题，通过合肥广播电视台《阳光成长》栏目组推出面向全市青少年朋友的防灾减灾访谈节目；依托“合肥应急”微信公众号，开展“512防灾减灾有奖竞答”活动；在天珑广场进行“5•12防灾减灾日”宣传；投放“5•12全国防灾减灾日”公益宣传片。活动期间，全市开展防灾减灾知识宣传活动260余场、防灾减灾演练50余场，有1.5万名群众参与。

该局当年获评“全国应急管理新闻宣传暨学报用报工作先进单位”“全省应急管理新闻舆论阵地建设暨学报用报先进单位”。

（吕　杰）

安全生产监管

【概况】　2022年，市应急局推进应急管理综合行政执法改革。在原安全生产监察支队的基础上挂牌成立市应急管理综合行政执法支队，增加事业编制10名，编外用人员额8名。制定《合肥市应急管理局2022年度安全生产监督检查计划》《关于推进安全生产分类分级执法的实施意见》，划分市县两级执法事权，明确市级执法检查对象461家，提升执法效能。创新开展柔性执法，制定印发《合肥市安全生产轻微违法行为不予行政处罚清单》，对首次发现、情节轻微、没有造成后果、能立即整改的14类违规违法行为不予行政处罚。全市应急管理部门当年排查安全隐患各类场所1200余家次，发现各类安全隐患1300余处，现场整改1100余处；开展执法检查2138次，实施行政处罚294次，监督罚款715.54万元；贯彻安全生产行政执法与刑事司法衔接规定，向公安机关移送7起案件，并联合市检察院制定印发《加强安全生产行政执法与检察监督协作配合实施办法》。

【安全责任落实】　2022年，合肥市安全生产委员（以下简称“市安委会”）会制定党政领导安全生产职责和年度重点工作清单，压实属地领导责任。印发市安委会成员单位安全生产工作任务分工，出台《合肥市安全生产季度黄牌警示暂行办法》，全面压实部门监管责任。规范企业安全标准化建设，全市有1327家工矿商贸企业、318家小微企业实现达标，突出压实企业主体责任。

【直管行业安全监管】　2022年，市应急局推动全市直管行业安全监管工作。在非煤矿山领域，落实地下矿山和尾矿库包保责任制，开展矿山建设项目“三同时”、停产矿山、安全培训等专项检查，检查企业37家次，发现问题隐患203个；组织对4座地下矿山、1座“头顶库”开展专家技术会诊服务；完成2座尾矿库闭库销号整治工作。在危险化学品领域，紧抓重大风险管控，对55处重大危险源落实包保责任制，开展2轮重大危险源企业消地联合检查，排查整改隐患235条；全市有16家重大危险源危化企业完成双重预防机制数字化建设；落实“一园一策”提升方案，有4家在运行化工园区的企业经省级复核实现达标（C级）。在工贸领域，对10家涉及有限空间作业的企业提供专家技术服务，对47家粉尘涉爆企业开展“百日清零”行动，为48家金属冶炼企业和30家新兴产业等重点企业开展安全风险评估；在3947家重点工贸企业推进“互联网+监管”；出台“八个一律”措施，加大工贸领域事故问责力度。

【安全监管举措创新】　2022年，市应急局探索建立包联督导、每周调度、集中座谈、警示教育、检讨说明、提级调查、停标惩戒等项制度，市安委会成立12个包联督导组，坚持每周常态化督导检查；市本级11次召开视频调度会，推进重点工作落实；全市集中座谈1.95万家企业，召开警示教育会30余次，有关属地政府作出检讨说明17次，对3个县级政府、2个市直部门进行约谈，对37家建设单位暂停在肥投标资格，有效遏制了安全事故多发势头。

【安全培训和考试】　2022年，市应急局开展安全培训“走过场”专项整治工作，对全市50家培训机构、5个考试点进行全覆盖检查，关停8家不符合安全生产培训基础条件机构的培训平台账号，停止其开展安全生产培训业务；对2家企业未履行主要负责人安全生产管理职责、14家企业未持证上岗的生产经营单位进行处罚并在网站公示曝光，处罚金30.2万元。依托考试收费政策，率先在全省推进安全培训物理形式的“教考分离”制度，建立考点主任负责制度，制定考务人员管理办法，落实巡考员和监考员制度，完善全市实操考评员队伍。全市当年参加安全生产考试人数11.3万人次，其中理论考试8.6万人次，实操考核2.7万人次，平均通过率为50.05%，累计发现各类考试违纪行为73起，对其一律取消考试成绩。

【安全专项整治】 2022年，合肥市深化安全生产专项整治“三年行动”，先后部署安全生产“集中整治六十天”专项行动、隐患大起底大排查大整改“百日行动”、生产安全事故防范专项行动，高密度、全方位、多层次开展督查检查，全市累计检查各类生产经营单位17.27万家，排查整治隐患20.18万项，受理安全生产举报6849件。

【安全举报查处和奖励】 2022年，合肥市按照“三管三必须”原则，发挥市安委办综合协调作用，建立由应急管理部门统一受理、其他各部门对口核查的协作机制，坚持“完善办法，健全机制；广泛宣传，夯实基础；有报必查，查必有果；据实回复，闭环管理”的做法，受理省应急厅转办安全生产举报事项6849件，办结6849件；其中，非煤矿山5起、危险化学品31起、烟花爆竹23起、工贸1889起、消防1859起、建筑施工2469起、城镇燃气281起、道路交通138起、特种设备154起，核查属实4962件。全年发放市本级安全生产举报奖励48人次，奖励金额3.35万元。

（吕　杰）

防汛抗旱

【概况】 2022年，合肥市平均降雨总量716毫米，较常年平均偏少2.5成。降雨空间分布不均，其中庐江县、肥西县、肥东县较常年偏少3-4成，合肥市区、巢湖市偏少2成，长丰县偏少1成。6月23日入梅，7月11日出梅，梅雨量91毫米，较常年梅雨量（247毫米）偏少6成。汛期（5-9月）出现极端的高温干旱少雨天气，全市平均降雨量254毫米，较常年同期（662毫米）偏少6成，为历史同期第二少（仅次于1966年252毫米）。全市水库、塘坝蓄水量较常年同期明显偏少，蓄水总计约5亿立方米，占兴利库容35%，尤其是小型水库蓄水严重不足，多数接近死库容，部分小水库和塘坝干涸。全市在田作物近36.7万公顷，受灾面积3.8万公顷，绝收面积2600公顷，受灾16万人，因旱需救助1817人，直接经济损失2.36亿元。因旱饮用水受影响507人，均通过运送自来水予以保障。10月上旬不间断有效降雨后，全市农业旱情基本解除，但城乡供水依然面临严峻形势。

【防汛准备】 2022年，合肥市全面落实防汛抗旱责任制，及时调整市防汛抗旱指挥部和市政府防汛责任分工，确定全市各大中小型水库、蓄滞洪区防汛行政责任人，并督促各县（市）区建立分级包保责任制。庐江县37处山洪灾害风险点涉及4镇10村539户1596人，全市49处地质灾害隐患点涉及群众120户402人，均确定监测和预警责任人。排查安全隐患48处（水利工程31处、交通隐患6处、旅游景点1处、城市积涝点10处），下发整改通知5份，清捞雨水井15万余座/次，清疏排水管渠5000余千米，检修城市应急设备、泵站机电设备3500余台次，并在环巢湖流域梳理11处度汛风险较大部位（肥东县3处、肥西县2处、庐江县3处、巢湖市3处），均在汛前预置抢险兵力和应急物资。组织各部门和县区学习《郑州“7.20”特大暴雨灾害调查报告》，对照修编防汛抗旱应急预案及预案操作手册和防汛工作手册，制定防汛抗旱指挥部及其办公室工作规则、合肥市防汛抗旱指挥部会商研判工作细则。做好防汛抗洪抢险应急保障工作，准备全市储备各类防汛抗旱物资1.25亿元，各县（市、区）协议代储社会号料及抢险机械设备。组建市级专业应急救援队伍2支（市水上应急救援队、蓝天救援队），与中国安能一局合肥分公司签订战略合作协议，建立应急抢险合作机制；市水务局组建防汛专家库50人，城市防洪应急队伍319支2.3万人；县区组建施工企业队伍41支1554人，乡镇级应急队伍143支7707人。6月19日，以合肥城区遭遇“7.20”特大暴雨灾害、巢湖流域发生特大洪涝灾害为演练背景，以问题为导向，采取“1个主会场桌面推演+13个实战演练现场”模式开展全市防汛应急演练，参演人员逾1500人，动用各类车辆、机械170多辆（台）。全市累计组织培训69场次3100余人次，演练60场次5100人次。

【指挥调度】 2022年，合肥市于8月11日上午9时启动合肥市抗旱Ⅳ级应急响应后，成立由应急、水务、农业三部门组成的工作组，分赴各县（市）督查抗旱救灾工作，实地查看提水灌溉和农业旱情，全力保障抗旱保秋收。

市防办自7月15日开始，动态统计全市农业旱情、群众饮水影响及各地抗旱行动情况，并于8月3日、17日两次印发防旱抗旱工作的通知，安排部署抗旱工作，督促各地落实抗旱工作措施和加强旱情灾情信息报送等。市防办统筹气象、水文、水务、农业等部门，加强天气预报、墒情监测，及时发布9次强对流和干旱预警信息，要求各地各单位对照落实防范措施。

【应急保障】 2022年，合肥市有2104处抗旱泵站、1.39万余台套机动抗旱设备灌溉提水，抗旱浇灌用电9976万度、用油805.8吨，疏浚清障抗旱渠道2200千米，打井24口，开展人工增雨作业118点次，计投入资金约2.5亿元。因旱饮用水受影响507人，均运送自来水予以保障。

从东南西北中5个方向，全市累计提引外水22.55亿立方米，调度内水12.62亿立方米，均创历史新高。自东通过驷马山引江工程提引江水2.86亿立方米；自南实施“引江济巢”，引提江水9.75亿立方米；自西从大别山水库群引水9.05亿立方米；自北提引瓦埠湖水0.89亿立方米；自中沿巢地区提引巢湖水6.46亿立方米；调度河道、水库、塘坝等内部蓄水6.16亿立方米，保障全市城乡居民生活用水和农业灌溉用水需求。

（吕　杰）

防灾减灾救灾

【概况】 2022-2023年度，合肥市下拨冬春救助资金850万元，救助50444人次。所有救灾款物发放均确保公开、公平、公正，按照“户报、村评、乡审、县批”程序，必须有“两委”（即村党支部委员会和村民委员会）研究记录、发放清册和公示记录。

【救灾物资储备】 2022年，合肥市减灾委员会办公室印发《2022年度合肥市救灾应急物资协议储备计划》，明确当年救灾物资协议储备品类、数量，要求有物资储备职能的责任单位及时续签合同，保证合同在有效期内无缝衔接。联合八部门对2022年协议代储物资开展检查，涉及各类药品医疗器械、矿泉水、方便面、米面油、生猪、食盐等价值1亿元救灾物资，各单位储备物资均符合储备要求。监督全市救灾物资及省级代储物资管理单位做好救灾物资日常管理工作，做好随时组织灾后物资调拨准备，全市储备棉被23069床、空调被77741床、折叠床10478张、帐篷900顶、草席500床。

【综合减灾示范社区创建】 2022年，市应急局印发《关于做好2022年综合减灾示范社区创建工作的通知》，严格创建标准。通过前期业务培训、中期督导、收集困难建议、协调沟通，后期县级自查、交叉互查、市级综合评分、省级抽查、评估等举措，成功创建省级综合减灾示范社区12个。

【森林防火】 2022年，合肥市组织应急、林园部门以及森林防火重点乡镇、重点单位100余人参加森林防灭火业务培训，理顺全市指挥体系，提升技战术水平和应急处置能力。紧盯高温期间森林防火，科学分析研判形势，发布橙色预警2次，制作工作提示函2次，做好森林防灭火各项应急准备。模拟蜀山森林公园突发火情，开展全市森林火灾应急处置桌面推演，提升市、县两级跨区域调度和联动处置能力。强化森林防灭火督查检查，在春节、清明、党的二十大等重要重点时期开展督查检查，及时通报存在问题，累计派出督导组733个，开展巡查1.1万人次，设立检查点2266个。开展森林火灾隐患排查和查处违规行为专项行动，派出检查组590个，出动人员5242人次，发现整改隐患79处，建立台账77个。此外。制作《预防森林火灾守护绿色家园》公益宣传片，开展森林防火线上有奖知识竞赛，提高全民的森林防火意识和法治观念。

（吕　杰）

2022年11月25日，合肥森林火灾应急处置桌面推演现场 （市应急局/供）

应急救援

【概况】 2022年，合肥市有1支综合性消防救援队、33支政府专业应急救援队、35支企业救援队、11支社会应急救援队，涵盖火灾、地震、地质、水上、危险化学品、矿山、燃气、供水、供电等领域。市财政当年投入社会应急力量引导、扶持资金59.6万元。市应急局组织全市中型以上规模企业（单位）进行应急救援潜力调查，对82家企业产品类型、产能情况进行摸底，建立应急器材保障明细。6月30日，在肥东县众兴服务区附近开展“高速公路+危险化学品+新冠疫情”复杂情境下的灾害事故演练，首次临时封闭高速公路开展实战实景演练，开创合肥市在实时通行高速上开展演练的先河。

【隔离点建设储备】 2022年，市应急局牵头开展隔离点建设储备工作专班工作。征用并改造金孔雀度假酒店为全市入境人员集中隔离点；用时10天，改造完成占地3.1万平方米、可容纳2080张床位的方舱医院（一期）工程，累计建设（改造）方舱医院12063个床位；市级逾1000人的大型健康驿站天门湖健康驿站工程提前3个月完工，累计建设（改造）500间以上健康驿站8138间。万人20间、万人40间隔离房间有序梯次启用，万人60间、万人100间隔离房间完成摸底储备。开展隔离点建设管理督查15次。

【应急救援处置】 2022年，市应急局参与协调相关部门成功处置“2.14”包河区淝河佳苑小区燃气泄漏事故、“4.22”绕城高速5车追尾事故、“5.13”肥西县堰湾污水连接线项目工地土方坍塌事故、“5.25”蜀山区山湖云筑工地墙体倒塌事故、“6.14”老周谷堆旧货市场火灾事故、“6.29”撮镇店埠河两名少年溺水事故、“7.24”合肥新站高新技术产业开发区飞建物流仓储火灾事故、“7.31”肥东县梁园镇一废弃民房2人死亡火灾事故、“10.3”肥东县石塘镇浮槎社区山火事故、“10.3”庐江县白山镇白石山山火事故、“12.17”沪陕高速合肥市交警管理辖区2死3伤交通事故等。牵头组织水电气热、通信、医疗、消防等部门做好市第十七届人大一次会议、中央电视台《对话》栏目录制、2022年中高考、2022国家网络安全宣传周、2022双创活动周、2022世界制造业大会、2022第十五届安徽国际茶产业博览会、2022安徽秸秆暨畜禽养殖废弃物综合利用产业博览会、2022量子产业大会、2022中国合肥苗木花卉交易大会、第五届世界声博会暨2022科大讯飞全球1024开发者节等大型活动应急保障工作32次。保障全市疫情防控工作会商会143场；保障市领导主持各类会议178场。参与“雨前行动—2022”合肥市突发疫情应急处置实战演练，以及“安澜行动”合肥市大规模防汛应急演练。畅通预警信息发布渠道，建立健全网站、微信微博公众号、广播电视、公交地铁出租车等移动终端、户外大屏等预警信息发布渠道，提升预警信息覆盖面。

（吕　杰）

2022年6月28日，合肥市开展绕城高速危化事故综合应急演练

（市应急局／供）

消防救援

【概况】 合肥市消防救援支队（以下简称“市消防救援支队”）编制为副总队级单位，属一类支队。2022年，实有干部259人、消防员498人，有政府专职消防员967人；下辖1个特勤大队（支队级）、13个县（市、区）消防救援大队、

1个重型机械工程救援大队，投入执勤51个消防救援站。当年受理各类报警11530起，其中，火灾扑救4578起，抢险救援1645起，社会救助5307起；出动警力117134人次，出动车辆16917台次，抢救被困人员403人，疏散被困人员371人，抢救财产价值2781.2万元。成功处置“2.14”包河区淝河佳苑爆炸事故、“4.13”肥东县福创塑化公司厂房火灾、“9.23”合肥新站高新技术产业开发区合肥正邦家具公司火灾等重大消防事件。当年有1个集体、1名个人分别被评为全国119先进集体和个人，受表彰率占全省25%。

【消防指挥调度】 2022年，市消防救援支队落实“一短三快”（即接警调度环节做到接处警时间短、集结响应环节做到集结出动快、途中行驶环节做到力量到场快、到场初战环节做到战斗展开快）初战机制，优化“塔台式”调度指挥模式，夯实“四级指挥平台”（即救援站接警出动、大队值班员遂行火场、大队主官片区指挥、全勤指挥部全程调度）建设；深化警情研判分析系统（火情热力图）布置，采集录入全市3544家重点单位基础数据，完善公安、气象、水利、自然资源、医疗、供水、供电、供气、电信运营商等相关联勤单位战时应急救援联动响应、信息共享机制，全方位提升精准研判、快速反应、科学指挥的实战能力；完成智能接处警系统，实时录入更新火灾隐患数据、典型案例资料、社会资源数据、消防水源道路图、单位平面图等执勤备战基础数据资料；创新建设无人机推流图传系统，图传视角实现全覆盖，投入专项经费为队伍各级配备各类无人机41架，建成空中侦察队，实现到达灾害现场后第一时间利用无人机进行视频推流、制作全景图和二维正射影像图，用以辅助灭火救援指挥和决策。

【消防法治建设】 2022年，市消防救援支队将消防立法需求摆在突出位置，助推《合肥市消防条例（修订）》《合肥市火灾事故调查处理规定（试行）》等规章制度颁布实施，印发《合肥市“十四五”消防救援事业发展规划》，全面厘清各级监管责任、压实发展责任；联合市检察院出台《关于建立消防行政执法与检察公益诉讼协作机制的意见》，建立“检消协作”机制。在《合肥市住宅小区物业管理条例》中，明确住宅小区消防安全管理和消防设施维修等事宜。

【综合救援力量建设】 2022年，市消防救援支队推进落实全员练、分级考、季度赛练兵机制，优化冬训考核、运动会暨消防救援技能竞赛、实战化比武竞赛三大比武考核项目，分批开展“四级指挥员”（即该支队党委委员、处室负责人、下属各消防救援大队主官、消防救援站干部）培训，全年累计考核5268人次，月均考核439人次，获评全国执勤训练工作先进支队，连续第二年蝉联全省消防运动会团体第一名，首位率、获奖率分别达60%、75%。先后开展基地化轮训以及沟渠、危化罐车、高空、地下有限空间、激流救援等5个专业领域轮训，覆盖全部执勤队站，轮训451人次；开展绳索、潜水、无人机飞手、游泳救生员、激流舟艇驾驶、特种设备等7类专业技术培训，培训指战员1046人次，有187人次取得国家、行业认证证照；先后组织2360次支（大）队级进行拉动演练或在重点单位、城中村与经营性自建房连片地区等不放心场所进行熟悉演练。

推进重型地震救援专业队建设，下辖管理、搜索、营救、医疗、战勤等五个模块，编配指战员101人，配备生命探测、破拆起重、顶撑支护、警戒洗消等各类救援器材1350件；开展地震暨建筑坍塌灾害应急救援拉动演练1次，检验队伍应对大震巨灾的准备情况；举

2022年7月4日，合肥市消防救援支队在包河区消防救援大队望湖消防救援站开展绳索救援技术培训

（刘　伟／摄）

办建筑坍塌救援技术培训班，开拓性构建长7米、高2米、重1.6吨的钢架多功能支撑练习场地，融入A字、V字坍塌双模型，有60名业务骨干参加培训。

推进重型化工编队建设，编配消防救援人员125人，配备器材536件，依托中盐红四方等合肥重点化工生产企业建立专业培训轮训基地，与省特种设备检测院签署战略合作协议，挂牌“危化罐车”和“特种设备”2个实训基地专业轮训205人，有94人取得相关证书。

推进抗洪抢险专业队建设，下辖管理、医疗、搜救、战勤五个模块，编配消防救援人员101人，配备救援车辆30辆、救援器材1500余件、配备冲锋舟4艘、橡皮艇8艘、船外机15台、摩托艇2艘、水下机器人3台、水下声呐1台；有42人参加总队、支队水域救援技术培训并取得相关资质证书，有2人参加国家消防救援局水域救援技术培训并取得相关资质，开展支队级水域救援拉动2次；6月13日至7月1日，举办两期激流救援技术暨水域救援安全管控培训班，全体学员均通过标准化专业考核并取得激流救援二、三级证照。

推进绳索救援专业队建设，编配43名消防救援人员，配备电动上升器、复杂地形组合救援支架、游动止坠器、全包裹式担架等器材装备253件，参加省消防救援总队山岳（高空）救援技术培训班；举办支队级绳索救援技术中级培训班，分2批次组织43名队员先后开展高空救援行动安全管控、绳索管理及锚系统架设、个人绳上作业、伤员担架固定、担架悬吊陪伴、T形横渡系统、外立面绳索救援技术以及单人救援技术等培训和训练，全员通过考核并取得专业资格认证。

【战勤保障力量建设】 2022年，市消防救援支队出台《合肥市综合性消防救援装备发展规划（2021-2025年）》，编制《合肥市城市消防专项规划（2020-2035）》；投资约2.5亿元，推动7座消防站新建（改建）项目立项；投资约5500万元，完成3座消防站建设；研究论证9座消防站规划设计，优化设计方案，完善功能布局。截至年底，全市建成特勤站8座、标准站37座、小型站11座，每站保护面积下降至9.43平方千米，10分钟接警到场率提升到72.4%，30分钟内火灾处置完成率达84.3%，“特勤站+标准站+小型站”三位一体救援力量格局得到完善。

【日常消防监管】 2022年，市消防救援支队发挥考核“指挥棒”、消安委平台枢纽、消防救援机构推手作用，综合运用会商通报、警示约谈、挂牌督办、媒体曝光、追责问责等手段，构建各级统抓共管的消防共治格局。先后联合教育、城乡建设、卫健、商务、文旅、应急等部门开展行业消防大检查，督促中高等院校、校外培训机构、医院、防疫隔离点、文博单位、易燃易爆企业自查自改火灾隐患；联合各级公安、市场监督、民政、房产等部门部署开展密室逃脱、剧本杀、餐饮场所醇基燃料、养老机构、物业管理区域消防安全排查整治，系统提升城市抵御火灾能力。与公安机关建立定期例会、联动检查和事故调查等协作机制，编印各类场所消防隐患检查一本通，全市派出所消防检查单位数、发现隐患数同比分别增长231.6%和168.2%。探索“镇街消防工作站”基层治理模式，在全市5个县、区建立22个消防工作站，打造“大数据+网格化+铁脚板”的基层火灾防控机制。推动解决18处重大火灾隐患、21处不放心场所等历史遗留问题。市政府当年在省政府消防工作考核中获第一名，市消防救援支队在全省消防产品监督管理业务比武竞赛中获一等奖。

【重大任务安保】 2022年，市消防救援支队完成北京冬奥会、冬残奥会、党的二十大等38次安保任务，特别是在党的二十大消防安保决战期间，全市1756名消防救援人员连续39天全员在岗在位，在89个重点场所、重点部位设置流动或固定执勤点，在21个拥堵路段设置前置执勤点，有49.7%的基层消防救援人员走向街头一线，实现全市无有影响火灾、无亡人火灾的目标。

【消防安全专项整治】 2022年，市消防救援支队部署开展消防安全大检查、“防保迎”集中攻坚行动、燃气安全百日攻坚、经营性自建房重大火灾风险综合治理、仓储物流场所隐患治理、高层建筑专项整治、新业态和新领域消防安全专项治理等13个专项行动，组建消防安全大检查、居民自建房治理、消防无水小区攻坚、举报投诉核查处理4个专班。全年检查单位42139家次，临时查封613处，行政处罚1473个单位和个人，责令三停（即停产停业、停止施工、停止使用）149家，罚款1772.88万元。开展仓储物流场所隐患治理，“地毯式”排查3069家、临时查封84家，此类火灾同比下降22.1%。推进经营性自建房重大火灾风险综合治理，排查1.56万处，清理违规入住975

人，拆除涉消问题房屋81户，临时查封37处，自建房火灾同比下降19%。深化高层建筑专项整治，牵头组织城乡建设、房管、电力等部门对全市1274个超高层建筑、高层公共建筑、老旧高层商住混合体、老旧高层小区开展检查，建立问题隐患、制度措施清单，开展高层建筑消防设施调查测试，强化建筑消防设施实战应用。部署开展醇基燃料、私人影院、密室逃脱、大跨度洁净厂房等13次新业态新领域调研与专项治理，出台《密室逃脱类场所火灾风险指南及检查指引》等指导意见，提升新兴业态场所消防安全标准。

【消防无水小区整治】 2022年，市消防救援支队提请市政府将“消防无水小区”整治纳入2022年度为民办实事项目，各级政府投入3.1亿元，清单化推进320个“无水小区”维修改造，年内完成通水64个，其余256个小区均启动维修。提请市政府常务会在《合肥市住宅小区物业管理条例》中，明确住宅小区消防安全管理和消防设施维修等事宜；并首次以法律的形式明确，经消防确认的小区消防设施损坏，可以直接动用维修基金。

【优化服务】 2022年，市消防救援支队贯彻“一改两为五做到”（即改进工作作风，为民办实事、为企优环境，做到对标对表、做到有求必应、做到真心真情、做到求真抓实、做到知敬畏守底线）部署要求，深化“让人民满意、建忠诚队伍”实践活动，出台《法律文书遗失补办暂行办法》《从轻、减轻行政处罚管理办法》等制度性文件，推出行政许可容缺受理等26项便民利企服务措施；进驻全市14个行政服务中心，推进“五办”（即随时办、随地办、网上办、上门办、邮寄办）服务444项；制定便民助企强化消防安全服务保障15项措施及任务分解清单，主动上门为16家民宿提供验收服务，为安徽老乡鸡餐饮股份有限公司等企业打通业务办理绿色通道8例，为宜家商场等企业提供消防安全服务235次；常态化开展行政服务对象、举报投诉、接处警处置情况、第三方评议“四项调查”，人民群众对举报投诉处置与接处警满意率分别达98%、99.7%。

【消防宣传】 2022年，市消防救援支队打造合肥首个消防主题公园，对接合肥新站高新技术产业开发区综合保税区8家单位联合成立企业消防应急联盟，建立“合小蓝”红领巾消防宣传志愿队和示范点，联合市教育局组织5万师生共同参与暑期专项行动，以共享单车为平台合作对象开展“流动宣传”，特别是在重大安保、重要节日、重点时段加强消防宣传选题策划，使教育内容实、规格高、形式活。

（藕 荣）

责任编辑：田 文

科 技

综 述

【概况】 2022年，合肥市着力下好创新先手棋，坚持“四个面向”，依托国家实验室、综合性国家科学中心、科大硅谷等重大平台，持续巩固创新优势，全市科技创新工作不断取得新进展、实现新突破。科创策源力更加强劲。量子信息未来产业科技园列入国家试点培育，深空探测实验室揭牌运行，认知智能、高端压缩机及系统技术全国重点实验室获批建设，国际先进技术应用推进中心全国首挂。科技成果加速转化。建立全链条闭环的科技成果转化体系，首创组建科技成果转化专班，对接捕捉高校院所等可转化科技成果1129项，成立知识产权入股企业220家。发明专利授权量首破万件，技术合同交易总额首破千亿。科创实力显著提升。全年净增国家高新技术企业1834户，总数达6412户。培育国家科技型中小企业8236家、增长近七成。新增科创板上市及过会企业6家，累计上市16家，居全国第6位。跻身全球科技集群第55位、全球科研城市第16位，分别较上年提升18位和4位。

【全国大众创业万众创新活动周】 2022年9月15日至21日，全国大众创业万众创新活动周（以下简称“双创活动周”）启动仪式在合肥国家级高新技术产业开发区内“合创巢”双创园区举行，本届活动周以“创新增动能，创业促就业”为主题，采用线上线下相结合的方式，主会场设在安徽省合肥市，在全国各省、自治区、直辖市及计划单列市、新疆生产建设兵团同步开展。启动仪式于9月15日在合创巢双创园区举办，国家发展和改革委员会、人力资源社会保障部、工业和信息化部、教育部、中国科协等国家推进大众创业万众创新活动周部际联席会议成员单位相关领导，全国25个省、自治区、直辖市及计划单列市政府参会嘉宾以及创新创业代表等齐聚合肥。

9月15日，由中国科技部、安徽省人民政府主办，科技部火炬中心、安徽省科技厅、合肥市人民政府共同承办的“‘众创－孵化－加速’科技创新创业体系化发展论坛”在安徽省合肥市中国科学技术大学先进技术研究院举行。科技部火炬中心主任贾敬敦以视频形式出席论坛并讲话，中共合肥市委常委袁飞，安徽省科技厅党组成员、副厅长、外国专家局局长夏辑出席论坛并致辞。来自有关省市科技管理部门、创业孵化机构代表等100多人参加论坛。论坛邀请国家高新区、创业孵化机构、银行、投资机构、创业企业代表、创业导师等嘉宾，围绕优化创新创业环境，支撑高新区高质量发展，加强科技创新创业

2022年9月15日，全国大众创业万众创新活动周举行，主会场设在合肥市
（周郑芳／摄）

体系化、专业化建设，金融赋能科技企业加速成长，构建“众创—孵化—加速”全链条孵化服务体系等主题进行交流和分享。论坛期间，科技部火炬中心发布《中国创业孵化发展报告2022》，开展“科技双创成果微展”及“火炬创业导师合肥行”等系列活动。

双创周活动期间，近400名来自全国的创新创业代表，带来160多个优质双创项目来到合肥主会场进行集中主题展示。新业态拓展就业空间、新技术助力自立自强、新生态激发主体活力、新动能提升发展韧性、新模式促进共同富裕5个主题展区，全面系统地展示全国创新创业的典型案例和取得的最新成果。本次活动周以实物展品、虚拟现实、线上直播等大众喜闻乐见的形式，开展2022年合肥市全球云聘会、“科大硅谷”科技人才项目融资路演、长三角G60科创走廊青年创新发展主题活动、“量子计算+”创新创业大会等双创活动，为全国创新创业者奉献一场双创盛宴。

（周郑芳）

重大科研成果

【概况】 2022年，合肥市发明专利年度授权12734件，同比增长30.73%，有效发明专利总量达到54069件，占全省37.37%，同比增长26.97%，全市完成发明专利授权、新增有效发明专利拥有量“双破万”。全市完成技术合同登记吸纳输出总数为23203项，吸纳输出总额为1083.42亿元，同比增长25%，占全省20.5%，其中，技术合同吸纳数为8274项，吸纳额为435.98亿元，在全国省会城市排名第八位；技术合同输出数为14929项，输出额为647.44亿元，在全国省会城市排名第七位，交易总额稳居全省第一位。

【世界前沿领先技术成果】 2022年4月，中国科学技术大学曾杰课题组与电子科技大学材料与能源学院的夏川课题组、中国科学院深圳先进技术研究院合成生物学研究所于涛课题组合作，实现将二氧化碳人工合成葡萄糖和脂肪酸。该技术将电催化和生物合成相结合，首先将二氧化碳高效还原合成高浓度乙酸，进一步利用微生物可以合成葡萄糖和脂肪酸。该成果以封面文章形式，于北京时间4月28日发表于国际期刊《自然·催化》上。这项突破为人工和半人工合成“粮食”提供新技术，为进一步发展基于电力驱动的新型农业与生物制造业提供新范例。

8月，中国科学院合肥物质科学研究院强磁场团队经过几年不懈努力，终于取得重大技术突破。产生的45.22万高斯的稳态强磁场，成为我国科学实验极端条件建设乃至世界强磁场技术发展的重要里程碑，刷新同类型磁体保持近23年的世界纪录，成为目前全球范围内可支持科学研究的最高稳态磁场。

10月，中国科学技术大学潘建伟院士团队与其合作单位，通过发展大功率低噪声光梳、高灵敏度高精度线性采样、高稳定高效率光传输等技术，首次在国际上实现百公里级的自由空间高精度时间频率传递实验，时间传递稳定度达到飞秒量级，频率传递万秒稳定度优于4E-19(E-19量级，相当于时钟约一千亿年的误差不超过一秒)。这项实验结果有效验证星地链路高精度光频标比对的可行性，向建立广域光频标网络迈出重要一步。北京时间10月5日，这一研究成果发表在国际权威学术期刊《自然》杂志上。

12月，中国科学技术大学潘建伟、赵博等，利用相干合成方法在国际上首次制备高相空间密度的超冷三原子分子系综。在该研究中，科研人员在基态双原子分子和原子Feshbach共振附近利用磁缔合技术从简并的钠钾分子-钾原子混合气中制备超冷三原子分子系综，向基于超冷分子的超冷量子化学和量子模拟研究迈出重要一步。北京时间12月2日，这一研究成果发表在国际权威学术期刊《科学》杂志上。

【科技成果转化】 2022年，市委科创委印发《合肥市高质量新型研发机构分类支持管理细则》《合肥市可转化科技成果评价办法（试行）》《合肥市自然科学基金管理办法》《合肥市新技术新产品新模式认定及推广实施方案（试行）》等相关政策。建立全链条闭环的科技成果转化体系，首创组建科技成果转化专班，对接捕捉高校院所等可转化科技成果1129项，成立知识产权入股企业220家。

（周郑芳）

创新平台

【概况】 合肥市创新资源丰富，创新平台类型多样。2022年，坐落在合肥市的国家级实验室实现扩容，大科学装置群形成梯次发展新格局，新的协同创新平台持续涌现，围绕产业链部署创新链，创新中心梯队培育取得新进展。

【国家级实验室】 2022年，合肥市新增认知智能全国重点实验室、高端压缩机及系统技术全国重点实验室。截至2022年底，合肥拥有12个国家级实验室，分别为1个国家实验室、1个国家研究中心、1个国家级实验室、2个全国重点实验室、5个国家重点实验室、2个国家级“一带一路”联合实验室。

【大科学装置】 2022年，合肥市规划建设未来大科学城，累计投入近150亿元保障综合性国家科学中心建设项目近50个，先进光源可研获批，聚变堆主机园区交付启用，形成已有、在建和预研10余个大科学装置的梯次发展格局。全超导托卡马克、同步辐射光源、稳态强磁场运行成效显著，稳态强磁场混合磁体强度刷新世界纪录；聚变堆主机园区工程交付使用，未来网络合肥分中心正式开通，紧凑型聚变能实验装置启动建设，雷电防护设施具备正式开工条件，高精度地基授时系统初步设计获批，合肥先进光源可研报告获国家发展改革委批复，空地一体量子精密测量装置可研报告上报国家发展改革委。

【协同创新平台】 2022年，合肥市印发《合肥市高质量新型研发机构分类支持管理细则》。能源、大健康、人工智能、数据空间研究院建成运行，新增环境研究院、中国农科院合肥食品科学与创新研究院、安徽理工大学高等研究院（合肥）等6家新研机构。截至年底，全市有35家新研机构。围绕重点产业关键共性技术完成组建研发平台314个，其中国家级平台13个，省级平台61个，院士、博士后工作站17个。

【创新中心梯队培育】 2022年，合肥市围绕产业链部署创新链，着力打通“原始创新－技术创新－产业创新”关键环节。推进省级“一室一中心（安徽省实验室、安徽省技术创新中心）”建设。建成13家安徽省实验室、10家安徽省技术创新中心，涵盖人工智能、装备制造、新能源、新材料、节能环保等重点领域。面向国内外产业技术创新制高点，突出前沿引领技术、现代工程技术、颠覆性技术创新，推动科技成果转移转化及应用示范，建设22家市级技术创新中心。

（周郑芳）

2022年1月24日，云谷创新园和安徽科技大市场科技成果转化基地揭牌

（周郑芳／摄）

G60科创走廊建设

【概况】 2022年，合肥市主动作为，以“创新政策、资源共享、园区建设、成果转化”为具体抓手，推进G60科创走廊建设。制定印发《合肥市推动长三角G60科创走廊建设工作方案》，持续推进“G60科创云平台”推广工作，邀请2000余家企事业单位注册使用“长三角G60科创云”平台并反馈用户体验，不断优化科创云平台功能。探索企业开办审批服务一体化、跨省异地领照一体化、长三角“一网通办”“全覆盖”等改革路径。以“互联网＋政务服务”业务深度融合为重点，全力打造“跨城通办”新模式。

【联盟园区及科研平台建设】 2022年，合肥市G60科创走廊物联网产业合作示范园区落地项目总投资额15亿元，与中国科技大学长三角科技战略前沿研究中心合作共建长三角科技战略研究院；生物医药产业合作示范园区成功签约项目10个，其中30亿以上2个；环境产业合作示范园成立细分产业专委会与实验室，常态化举办院士峰会等高端会议。庐阳大数据产业园获批G60科创走廊工业互联网标杆园区，长临河科创小镇获批G60科创走廊科技成果转移转化基地，蜀山经济开发区、庐阳区双创果园获批产融结合示范园区。

【科技金融】 2022年，合肥市出资1亿元共建科技部长三角G60科创走廊科技成果转化子基金。11月，经国务院同意，八部门联合印发《上海市、南京市、杭州市、合肥市、嘉兴市建设科创金融改革试验区总体方案》。发挥上海证券交易所资本市场服务安徽基地、长三角资本市场服务基地合肥分中心、G60科创走廊资本市场服务基地的辐射带动作用，引导培育合肥市企业上市挂牌。截至2022年底，全市有A股上市公司75家，其中科创板上市公司16家，居全国城市第6位、省会城市第2位。

【科技交流合作】 2022年，合肥市与长三角G60科创走廊九城市共同签订《长三角G60科创走廊九城市人才服务工作交流合作框架协议》，发布高层次紧缺人才需求近1.5万个，征集各地博士后校企（地）合作项目13个。全年组织125家国有企事业单位和重点民营企业参加沪苏浙地区校园招聘会，提供招聘岗位6500个。依托国家技术转移人才培养基地（安徽），联合上海、苏州等地共同开展技术经理人课程体系研发，举办“2022年长三角技术经纪人（初级）培训班”，共同培养100余名长三角技术转移人才。引进上海绿承、江苏禾易、佰腾等长三角知名科技服务机构入驻安徽科技大市场。组织企业参加第五届进口博览会、长三角G60科创走廊创业人才企业产品路演推介、长三角G60科创走廊重点产业联合推介、第四届G60科技成果拍卖会、“365日”科技成果供需对接等系列活动。

（周郑芳）

高新技术产业

【概况】 2022年，合肥市打造科创企业森林，健全培育梯队，构建国家高企培育、认定、培训、核查和统计、监测一条龙的服务体系，动员企业参与科技型中小企业入库评价，通过线上线下方式辅导培训企业。优化为企服务保障，开展科技型企业辅导培训103场、参训企业5000余户次，做到“贴身服务”“应评尽评”。提升企业自主创新能力。培育国家科技型中小企业8236家、增长近七成。全年两批认定国家高新技术企业2754户，同比增长27.7%。全年净增国家高新技术企业1834户，总数达到6412户，同比增长40.1%，是2019年国家高企数的2.5倍，超额完成“国家高企三年倍增”任务，国家高企数居全国省会城市第8位。

【发展贡献】 2022年，合肥市国家高新技术企业对全市经济高质量发展贡献显著。全年国家高新技术企业以占全市纳税法人企业1.4%的企业数，贡献全市24%的营业收入、28%的利润总额、17%的实际上缴税费总额；全市上市企业70%是国家高新技术企业，科创板上市企业均为国家高新技术企业。全年，高新技术产业增加值占规模以上工业的64.7%，较上年同期提升1.5个百分点，增加值同比增长8.5%，对规模以上工业增长的贡献率达84.9%。

（周郑芳）

合肥滨湖科学城

【概况】 合肥滨湖科学城位于合肥主城区南部和西部，面积491平方千米，覆盖合肥高新技术产业开发区、合肥经济技术开发区2个国家级开发区以及肥东县、肥西县和庐阳区、蜀山区、包河区部分区域。合肥滨湖科学城管理委员会为省政府派出机构，委托合肥市管理，与中共合肥滨湖科学城工作委员会实行合署办公、一套机构，为副厅级单位。主要负责市级层面推动建立国家实验室、综合性国家科学中心和科学城整体规划、一体建设、统筹管理体制机制，负责科学城建设、国家级合肥滨湖新区创建筹备和服务保障合肥国家实验室等工作。

中共合肥滨湖科学城工作委员会、合肥滨湖科学城管理委员会设置10个正处级内设机构，核定行政编制60名，设党工委书记兼管委会主任1名（由合肥市有关领导兼任），党工委副书记兼管委会副主任1名（副厅级），管委会常务副主任1名（副厅级），副主任5名（正处级）；内设机构正处级领导职数10名，副处级领导职数20名。下属安徽创新馆服务管理中心、合肥市滨湖新区建设投资有限公司2个单位。

2018年10月9日，合肥滨湖科学城管委会正式挂牌成立。2019年5月22日，合肥滨湖科学城临时党委第1次会议召开，合肥滨湖科学城管委会进入实质性运转阶段。2022年10月，省委批复同意设立滨湖科学城党工委；12月，省委编委会印发滨湖科学城“三定”规定，对科学城职能职责进行系统性重构。

在“三定”规定尚未落地、体制机制尚未健全的情况下，科学城管委会以实现国家实验室、科学中心和科学城整体规划、一体建设、统筹管理为目标，以构建大职能、大平台、大公司、小管委“三大一小”体制机制为支撑，推进省市决策部署的贯彻落实，不断开创科学城建设新局面。

“十四五”期间，管委会将聚焦“城、园、场、镇、谷、区”（“城”即合肥未来大科学城、“园”即骆岗中央公园、“场”即安徽科技大市场、“镇”即金融集镇、“谷”即科大硅谷、“区”即科技成果转移转化示范区），勇当省市建设科技创新攻坚力量体系的“主力军”，履行落实省市重大决策部署、重大科创和产业布局、重大项目建设和运营的职责使命，努力建设世界一流滨湖科学城。

【合肥未来大科学城】 2022年，合肥市明确，合肥未来大科学城位于滨湖科学城北部，依托合肥科学岛和在建的聚变堆主机关键系统综合研究设施，选址在庐阳区三十岗乡中部和长丰县岗集镇南部区域，北靠金吴路，南邻董铺水库，东至雷俞路，西达谭岗路，规划总面积约19.2平方千米，研究范围面积约80平方千米。

合肥未来大科学城坚持“科技、安全、生态、国际化”理念，按照“大片区、小组团”原则，致力布局建设一批重大科技基础设施，形成多学科交叉前沿研究设施集群，建设学术交流、专家公寓、教育医疗等国际化配套设施，完善科学研究、创新创业、城市服务等功能，充分体现“科里科气”，努力实现科研“圣地”、农田耕地、旅游胜地相得益彰，全力打造世界一流的合肥未来大科学城。

科学布局建设。不断优化未来大科学城总体规划方案，规划布局全超导托卡马克实验装置、稳态强磁场实验装置、聚变堆主机关键系统综合研究设施、雷电防护试验研究重大试验设施、合肥先进光源、强光磁集成实验设施、紧凑型聚变能实验堆BEST装置、超级陶粲关键技术攻关项目等8个大科学装置设施和深空科学城，启动海绵城市、水系等专项规划编制工作。

配套服务设施。开展科学家小镇（南园）概念性规划设计，布局国际社区、医院、中小学、商业、文体等设施以及合肥综合性国家科学中心总部园区。

建设路网项目。加快建设魏武路、古城路、谭岗路、纬一路等4条道路，总长约8.7千米，加快构成“三横四纵”的路网体系。

谋划运营管理。成立市委主要领导担任组长的未来大科学城建设和管理工作领导小组，完善顶格推进机制。成立工作专班，超前谋划未来大科学城体制机制方案。市委科创委会议明确，科学城管委会负责统筹未来大科学城规划、建设、运营、管理等工作，科学城管委会平台公司市滨投公司承接未来大科学城科技成果转化、产业培育、投融资及运营管理等职能。提档升级合肥大科学装置集中区建设有限公司，承担合肥综合性国家科学中心投融资、综合开发、成果转化、运营管理等功能。

聚焦成果转化。与中科院合肥物质科学研究院合力共建重大科技基础设施衍生技术成果“三就地”示范基地，搭建“1+5+N”创新平台体系（“1”即双方共建合肥综合性国家科学中心科创和产业促进平台，“5”即平台下属5中心：概念验证、检验检测、孵化转化、应用推广、上市企业培育中心，“N”即未来双方合作设立的更多创新平台和创新联合体），探索前沿科技研发与大科学装置衍生技术成果转化的“沿途下蛋”机制。建立合肥综合性国家科学中心重大项目联系服务机制，对合肥国家实验室、能源研究院、人工智能研究院等20个重大项目，开展项目建设、人才招引、成果转化、科创生态等方面体系化、专业化精准服务。

【骆岗公园】 骆岗公园是省市集中力量、集聚资源、集成推进的重大项目，规划范围为原骆岗机场及周边区域，包含包河大道以西，锦绣大道以北，合安高速以东，绕城高速以南，总规划面积12.7平方千米。2022年，科学城管委会贯彻落实省委“1333”要求，即，坚持“1个面向”，面向现代化；注重“3个突出”，突出生态、突出科技、突出人文；贯穿“三绿要求”，连通活水“绿系”、构建生态“绿心”、打造活动“绿地”；实现“三大目标”，打造“安徽之窗、省会之心、城市之肺”。

完善规划体系。把握科学性、独特性、平衡性，算好经济、社会、生态“三本账”，进一步修改完善有关片区规划设计方案、融资方案，形成科创CBD城市设计深化、实施导则和地下空间专项规划成果，加快建设“具有世界影响力的城市公园”。

加快重点工程建设。公园在建、拟建项目总计24项，按照“1（路网）+4（园博园、锦绣湖公园、科

2022 年 10 月，骆岗公园信标台改造现场 （滨湖科学城管委会 / 供）

创 CBD、生态体验区四大板块）”格局分类有序推进。其中，在建项目 17 项，总投资约 114 亿元，2022 年完成投资约 59.8 亿元。园博园“四大展区、一大展馆”各项建设有序推进，园博小镇按照“规划设计、功能业态、商业运营”三位一体加快规划建设。

开发建设科创 CBD。科创 CBD 规划面积 1.68 平方千米，建筑面积约 470 万平方米。华为安徽区域总部项目完成落位，SKP 和神州数码信创总部等项目扎实推进。

【安徽创新馆】 2022 年，安徽创新馆坚持以“政产学研用金”科技成果转化体系建设为核心，努力打造技术开发、转化交易、项目孵化、展示推广四位一体的创新创业平台，推动科技成果就地交易、就地转化、就地应用。

建设科技要素市场体系。省科技厅出台《关于加快安徽科技大市场建设的实施意见》，提出一揽子支持政策，加快科技大市场建设布局和融入长三角科创一体化进程。建成运行安徽科技大市场线上平台并与沪苏浙技术市场互通互联。新建六安市、巢湖市、庐阳区、芜湖市 4 个分市场。完成技术合同登记额 200 余亿元，促成项目交易额 330 余亿元，培养持证技术经纪人 600 余人。

打造要素资源枢纽平台。获批安徽省国际技术转移中心，深入推进“四进三就地”活动，与国内外近 140 家高校院所和领军企业对接合作，挖掘技术需求 500 多个，汇聚成果转化项目 400 多个。做好市科技成果转化专班一组工作。作为市科技成果转化专班一组牵头单位，带领专班收集科技成果 255 项，累计推动成立公司 65 家次。举办科技成果转化活动 100 余场。承担中国安徽科交会秘书处和市场化运营主体任务，在线征集项目 3105 个。

提升优化综合功能。举办首届安徽省科技成果应用场景大赛，征展成果近 1900 件、其中新增 102 件，展示推广功能得到提升。牵头组建合肥协同半导体产业研究院，牵头完成智能防疫机器人应急研发项目，会同知名上市公司筹建微纳传感产业技术研究院，技术开发功能获得补强。组织专利竞价会，组建安徽省创新药物概念验证中心，探索“技术验证 + 产业论证 + 专业评价”验证服务模式，成果转化交易功能实现优化。

推进科技成果产业化。探索“前店后坊”模式，合作建设首个成果产业化基地“云谷创新园”，引进北京思特奇等 20 多家优质科技企业入驻。打造“技术领军企业训练营”，引进聚誓科技等 31 个优质项目团队入驻孵化，累计引进孵化企业 50 多家。获批安徽省科技创新企业上市加速孵化中心，引进国内外优秀科技成果转化项目及团队。

推进体制机制创新。完善“事业法人 + 企业法人”双主体运营模式，引进上市企业高管担任安徽科技大市场公司总经理，试行分市场项目经理制。承担并圆满完成国家新一轮“全创改”任务，推动安徽省将技术经纪专业纳入职称评定范畴。《依托安徽创新馆建强用好科技大市场》成功入选“中国改革 2022 年度地方全面深化改革典型案例”。

【市滨投公司】 合肥市滨湖新区建设投资有限公司由市国资委出资组建，公司注册资本 32 亿元，是滨湖科学城的唯一投资建设平台。主要负责合肥滨湖科学城（合肥滨湖新区）内基础设施和公益性项目建设、管理，产业园区投资、建设和运营，骆岗中央公园、合肥未来大科学城规划建设等。自合肥滨湖科学城实质性运转以来，合肥市滨湖新区建设投资有限公司对标上海张江集团等，加快转型升级，打造产业发展的加速器、开发建设的助推器、金融服务的催化器和国资管理的稳增器。2022 年，围绕构建“小管委 + 大公司”的体制架构，出台

《加快市滨投公司创新转型升级的若干举措》。落实国企改革三年行动计划，实施滨投公司组织架构、选人用人、薪酬分配三项制度改革，进一步完善所属大科学装置建设公司、科创投公司、城市空间运营管理公司治理结构。创新融资方式，成功发行4亿元非标专项债，注册20亿元公司债券，推动国开行完成合肥综合性国家科学中心（一期）项目14亿元贷款授信审批和1.45亿元股权投资。打造科创基金体系，科创投公司在证监会备案，取得金融牌照，合肥综合性国家科学中心科技成果转化种子基金成功注册，推动参股华颖科技成果转化等2支专项基金和凯泰生物医药等6支子基金设立。完善产业布局，优化产业结构，推进华为安徽区域总部等项目落户骆岗公园科创CBD，不断集聚科创产业资源。

（汪　丽）

地　震

【概况】　2022年，合肥市推进“十四五”防震减灾规划项目实施，提升地震监测预警能力。市财政投入360万元在合肥市地震监测中心启动基础设施改造项目，提升台站标准化水平。通过改造台站机房、水电、管网、路面和绿化等，更换升级中心测震和地球物理观测系统，建成全国首个3D打印具有地震科普宣传主题造型的观测井房，进一步优化台站观测环境，强化监测预警效能，提升公共服务能力。

11月24日，市政府召开防震减灾工作领导小组会议，传达2022年全国、全省地震局长会议精神，通报安徽及合肥地区震情形势，总结回顾2022年以来全市防震减灾工作开展情况，督查推动2022年度全市防震减灾重点工作和目标任务落实。

合肥市地震局被安徽省地震局评为“2022年度全省市级防震减灾工作综合考核优秀单位”，肥西县应急管理局被评为“2022年度全省县级防震减灾工作综合考核优秀单位”，长丰县应急管理局、瑶海区应急管理局、庐阳区应急管理局被评为“2022年度全省县级防震减灾工作综合考核良好单位”，肥东县应急管理局被评为“全省地震系统先进集体”，长丰县应急管理局单谈天被评为“全省地震系统先进工作者”。

表1　　2022年合肥市M ≥ 2.0级地震目录

序号	时间	纬度（° N）	经度（° E）	震级（M）	震源深度（km）	地点
1	2022-05-17	31.76	117.86	2.6	9	安徽巢湖
2	2022-12-01	31.35	117.44	2.1	9	安徽庐江
3	2022-12-01	31.36	117.45	3.0	8	安徽庐江

【地震监测会商和震情应对】　2022年1月1日至2022年12月31日，合肥市发生M≧2.0级以上地震3次，其中2.0-2.9级地震2次，3.0级以上地震1次，最大为12月1日庐江县M3.0级地震。

市地震局落实震情跟踪应对及省市联动工作责任书的目标任务，市县地震部门按照《2022年度合肥市震情监视跟踪和应急准备工作方案》，积极稳妥应对震情，取得预期效果。全年密切关注地震活动情况，切实做好“两会”、中高考、党的二十大等特殊时段的震情分析研判和地震安全服务保障工作。全年进行49次地震周会商、12次地震月会商，并开展年中和年度地震趋势会商，提升全市地震台网数据观测质量，做好震情跟踪和信息服务。

5月17日和12月1日，巢湖市、庐江县分别发生2.6级和3.0级地震。地震发生后，市地震局迅速将震情信息专报市委、市政府和省地震局，并通报市应急管理局、市委网信办及巢湖市和庐江县政府。省、市地震部门联合开展震情趋势会商研判，快速作出地震后续趋势研判，及时在网站、微信发布震情信息，做好舆情应对，维护社会稳定。省属合肥中心站和市地震局联合派出地震现场工作队第一时间赶赴震中，架设流动测震设备，开展余震监测，强化震情跟踪；深入调查核实，了解震损灾情，提出应对建议；加强市县台站震情监测和宏观观测异常核实，并做好地震应急值守。经核实，两次地震均无人员伤亡和房屋等建筑物震损灾情，群众生活正常、社会秩序稳定。

【依法行政和行政审批】　2022年，市地震局推进工程建设领域审批制度改革，落实“一改两为”要求，优化营商环境，提高“互联网+政务服务”质量，依法核定抗震设防要求，重点加强学校、医院、大型商场等人员密集场所建设工程的抗震设防监管，严把建设工程竣工验收关。

市地震局窗口全年办理各类审

批项目215件，其中："新建、改建、扩建建设工程抗震设防要求核定"27项；"新建、改建、扩建建设工程抗震设防要求竣工验收"180项；"建设工程地震安全性评价项目备案"8项。组织指导各行业主管部门和各县（市、区）、开发区相关责任单位共同完成2022年度全市房屋设施抗震设防信息采集任务。

【地震灾害风险普查】 2022年，市地震局按照省、市第一次自然灾害风险普查工作计划，配合技术服务单位收集普查所需基础资料，开展全国1：100万地震灾害风险评估与区划建筑物抽样详查，推进实施全市地震灾害风险普查工作，完成全市及各县（市、区）1：25万地震构造图的编制和交付。

【农村民居建设抗震设防指导服务】 2022年，合肥市把"加强农村民居和乡村公共设施抗震设防指导和管理，提供抗震技术服务"纳入《合肥市2022年度防震减灾工作目标考核细则》对各县（市、区）防震减灾目标考核，指导各县（市、区）开展农村民居和乡村公共设施抗震设防指导和管理工作。

11月17日，市地震局联合市城乡建设局在肥西县举办合肥市农村地震安全工程建设暨第七期农村建筑工匠业务培训班，来自肥西县各乡镇的农村建筑工匠代表和乡镇农居建设管理人员参加培训。

【完善地震应急体系】 2022年，市地震局印发《2022年度合肥市震情监视跟踪和应急准备工作方案》和《党的二十大合肥地震安全保障服务实施方案》，做好党的二十大和"两会"、中高考等特殊时段的地震安保工作。先后举办全市地震现场工作队应急培训演练、全市防震减灾"三网一员"暨地震应急响应培训班，重新修订《合肥市地震局地震应急预案》，保障地震系统应急准备和突发地震事件的应急处置工作，确保地震"防"与"救"工作的有效衔接，不断提升防范应对地震灾害风险能力。

【防震减灾科普宣传】 2022年5月，在第14个全国"防灾减灾日"暨全市第七个"防震减灾宣传演练月"期间，市地震局联合市教育局、市应急管理局共同部署各地、各相关部门广泛开展一系列防震减灾科普宣传演练活动，提高公众防震减灾意识和能力。以《科普知识"震"在说》为主题，开展一期防震减灾工作网络直播。推出合肥市防震减灾科普云平台，获得2万多位网友关注。开展"云参观防震减灾科普教育馆"主题宣传活动，48.9万网友在线参观，克服疫情影响，合肥市防震减灾科普教育场馆的科普效益得到发挥。开展防震减灾科普"七进"活动，组织科普志愿者现场为群众提供科普咨询服务。指导全市校园普遍开展一次校园防震风险隐患排查整治。会同市教育局组织全市1200余所学校广泛开展一次防震减灾科普宣传和地震应急避险演练。市地震局、市文化和旅游局联合开展向城市阅读空间赠送防震减灾科普图书活动。联合省武警总队开展送防震减灾科普图书进军营活动。通过创新形式、常态化的防震减灾科普宣传演练活动，不断提升我市公众防震减灾意识和能力。

5月21日至28日，科技部、中央宣传部、中国科协共同主办2022年全国科技活动周。因合肥市地震局在2022年全国科技活动周的活动中表现优异，获得全国科技活动周组委会表彰。

【防震减灾示范创建】 2022年，市地震局联合市教育局、市应急管理局、市科协等部门，指导各县（市、区）、开发区开展防震减灾科普示范学校、防震减灾科普教育基地创建工作，新创建7所安徽省防震减灾科普示范学校、8所合肥市防震减灾科普示范学校、2个合肥市防震减灾科普教育基地。加强对已建

2022年5月12日，市地震局在长临河镇施口社区举办防震减灾科普"进农村""进社区"活动
（吴杰宏/摄）

成防震减灾示范点的日常管理和指导，发挥各类示范单位的带动作用，推动基层防震减灾工作更好落实，提高我市防震减灾社会动员水平。

（许 树）

气 象

【概况】 2022年，合肥市创成“中国气候宜居城市”，成为全国首个获此殊荣的省会城市。入选全国大城市气象保障服务试点、全国高质量气象现代化先行试点。汛期递进式预报服务案例被评为2022年中国气象局优秀汛期气象服务案例。《聚焦“城湖岭”特色助力打造生态高地构建市级生态气象服务模板》获全省气象部门创新项目优秀等次。庐江阳家墩景区入选“安徽避暑旅游休闲目的地”。

【气象现代化建设】 2022年，合肥市政府出台贯彻落实《气象高质量发展纲要（2022-2035年）》实施方案，明确到2025和2035年气象高质量发展目标。合肥市气象防灾减灾“补短板”自动气象站网工程、气象防灾减灾综合系统项目、巢湖综合治理能力提升工程等“十四五”气象事业规划重点项目通过立项审批。合肥市气象监测预警与科学研究中心完成优质结构验收，开始装饰装修。合肥现代农业气象试验基地数字园区建设进一步深化。完成5套负氧离子监测站建设。庐江站获得中国气象局第三批百年气象站（五十年）认定。

【防灾减灾】 2022年，合肥市减灾救灾委员会印发应对极端天气停课安排和停工停业工作机制指导意见、应对重大气象灾害部门应急联动和社会响应机制暂行规定，以及重大灾害性天气应急响应工作制度。与市防汛抗旱指挥部办公室、防洪指挥办公室联合制定城市内涝致灾阈值等指标。完成合肥市区和四县一市自然灾害综合风险普查。实现应急广播发布系统与突发事件预警信息发布系统全面对接，红色预警手机短信全网发布机制进一步深化。推进气象信息员、灾害信息员、社区网格员“三员合一”建设。与应急、自然资源、生态环境、农业农村等部门合作更紧密，地质灾害、空气质量、健康指数、森林防火等服务产品更丰富。

【气象服务】 2022年，市气象局做好梅雨期强对流、极端高温干旱天气等天气过程气象服务，汛期启动重大气象灾害应急响应5次，发布预警信号124次，其中高温红色预警发布18次，制作公众、决策、气候类服务材料302期。与农业农村部门联合开展分区域、分作物、分时段、分灾种的精细化气象灾害监测预警服务，联合发布农业气象灾害风险预警11次，直通式气象服务惠及3万余个新型农业经营主体，持续为江淮片区提供农业气象服务指导，开展地面人工增雨抗旱保墒作业146点次。建成合肥包含五大类20小类的生态环境气象数据库，常态化开展巢湖蓝藻预报服务。探索开展中欧班列气象服务，为物流企业提供沿线主要城市未来20天气温、降水以及货运商品气象适宜度指数等预报产品。开展高速公路、国省干道和主城区道路气象监测预警服务。“气象监测”纳入城市生命线三期城市排水、城市高架桥梁工程建设。完成合肥太阳能资源评估。

【科普宣传】 2022年，市气象局在3.23世界气象日、5月全国科技周、5.12防灾减灾日等重要时间节点，举办形式多样、内容丰富的气象科普线上线下宣传活动。长丰县建成全国气象科普教育基地，合肥农业气象试验站建成省级科普教育基地，巢湖市气象局被认定为安徽省科普示范单位，1部科普作品获第十一届全国气象科普作品竞赛三等奖。

2022年3月28日，市气象局工作人员在合肥农业气象试验站开展农业气象观测试验

（高 博/摄）

【主要气候事件】 2022年，合肥市年平均气温较常年异常偏高，为有完整气象记录以来最高。四季气温均偏高，其中春、夏季分别偏高1.4℃和2.2℃，为历史最高。年降水量较常年偏少2成，其中夏季为历史第四少，出现严重伏秋连旱。2022年空梅，汛期降水量为历史最少。综合考虑全年气候要素、极端气候事件及其灾害影响，属于“较差”的气候年景。

*年平均气温偏高，为历史最暖年份。*合肥市年平均气温17.3℃，较常年偏高0.9℃，为历史最高。其中肥东（偏高1.4℃）、庐江（偏高1.2℃）和长丰（偏高0.9℃）均为该站历史最高。

*年初雨雪频繁，雨雪日数居第二。*年初合肥市持续阴雨（雪）寡照天气。1月21日—2月18日全市平均雨雪日数17天，为历史同期第二多，平均日照时数为历史同期最少。1月下旬至2月下旬期间，全市出现6次明显雨雪过程，平均雨雪量91毫米，较常年偏多3成。其中2月6—9日降雪最为明显，全市平均雨雪量20毫米，最大积雪深度庐江16厘米。与近10年来全市典型雨雪过程相比，综合强度不及2018年，但超过2016年。

*春季较早出现区域性暴雨，3月降水量最多。*3月17日合肥市出现区域性强降水，最大庐江县砖桥87毫米。肥西县和庐江县出现2022年度首场暴雨，较常年提早14天。21日市区和肥东县出现暴雨，其中市区（61.7毫米）单日降水量破3月本站纪录。3月全市平均降水量185毫米，较常年异常偏多1.3倍，为历史最多。

*全市经历最热夏季，高温日数最多。*夏季合肥市出现大范围持续高温天气，综合强度为有历史最强。平均气温异常偏高2.2℃，为历史同期最高。高温日数41天，为历史同期最多。最长连续高温日数超过21天，与1967年并列第一。全市最高气温40.4℃，其中巢湖40.1℃（8月16日），刷新该站历史高温纪录；市区40.1℃（8月14日）为该站历史第五。

*汛期降水最少，为第九个空梅年。*合肥市汛期（5—9月）降水量仅256毫米，较常年偏少6成，为历史最少。各县（市）汛期降水量均偏少，其中肥西、市区、肥东和庐江偏少6—7成，为历史最少。2022年为气象记录历史上第九个空梅年。

*遭遇严重伏秋连旱。*7月下旬至11月末，合肥市遭遇严重伏秋连旱，平均中旱以上日数达76天（7月21日—11月28日），为历史第二多。7月下旬起，合肥市气象干旱发生发展，至10月4日达最重，合肥各县（市）均达特旱；10月4—9日出现较强降水，气象干旱显著缓解；其后无明显降水，气象干旱再次发生发展，11月11日合肥市出现中度以上气象干旱，合肥以南重旱；11月中下旬多降水，29日全市气象干旱解除。

*国庆假期气温断崖式下降，呈现“冰火两重天”。*10月1—3日合肥市出现大范围晴热高温天气，逐日最高气温均超过35℃，其中3日大部分地区超过39℃，最高合肥39.9℃，最高气温刷新10月高温纪录。3日夜里起受强冷空气影响，全市出现剧烈降温，48小时和72小时最高气温和平均气温降幅均为历史最大。

（吴大慧　柏　颖）

责任编辑：贾南田

教　育

综　述

【概况】　2022年，合肥市有高等学校58所，在校生895976人（其中全日制在校生738765人，非全日制157211），教职工45294人，专任教师33565人。中等及中等以下各级各类普通学校2269所，其中：中等职业学校49所，普通高中100所，初中217所，小学470所，幼儿园1563所，在校生1510643人，教职工127458人，专任教师98733人。

2022年，全市财政用于教育支出236.3亿元，同比增长12.42%。全市建成中小学、幼儿园105所，新增学位7.7万个；市属学校24个市级政府投资公益性项目顺利实施，一中瑶海校区、六中菱湖校区、五中和平校区改扩建项目等如期建成，理工学院（筹）、八中运河新城校区、一中淝河校区等重大教育项目相继开工。

【疫情防控】　2022年，面对点多面广的新冠疫情，合肥市教育系统始终紧绷疫情防控这根弦，压实“四方责任”，按照“四早”要求，成立工作专班，召开4次校园疫情防控专班工作会商会，下发工作提示229次，编写“以事说防”31次，组成14个督查组深入各级各类学校及在合肥高校明察暗访，实地督查2103次所学校，视频巡查4120所学校，下发通报122次，指导督促各地各校落实校园疫情防控要求，动态优化调整校园疫情防控措施，从严从紧抓好校园疫情防控工作，严防校内发生聚集性疫情。设立校园疫情防控投诉平台，强力整治层层打折、层层加码等问题，常态化开展疫情防控专项督导工作，尽最大努力防止校园发生聚集性疫情，确保广大师生安全健康。上半年全市教育系统不惜一切努力，严防60天、辛苦60天、奉献60天，保障学生如常学习、正常考试、力争超常发挥。下半年举全市之力如期举行自学考试、教师资格考试、成人高考、研究生考试等4场考试。全市没有因疫情而停考。

【教师队伍建设】　2022年，市教育局开展师德师风师能建设年活动。开展师德传统教育、师德榜样教育、师德警示教育，加强思想政治教育，选树宣传师德先进典型，评选表扬30名首届“庐州好校（园）长”、10名首届“十佳”班主任、20名第五届“庐州最美教师”、20名“合肥市师德楷模”、98名“合肥市师德先进个人”及49家“合肥市师德建设先进集体”。开展师德师风专项治理督查，加大违规行为查处力度，严肃查处违反师德师风教师，首次集中查询全市中小学教职员工违法犯罪记录。

教师队伍建设。完成2022年

2022年9月23日，合肥市与新西兰北帕默斯顿市举行教育交流视频研讨会
（市教育局/供）

中小学新任教师公开招聘，补充教师5471人。实施“银龄”讲课计划，聘请“银龄”讲课教师105人。开展校长、教师交流轮岗，全市交流轮岗校长151人、教师2577人，校长教师实际交流人数占符合交流条件人数的13.96%，其中，校长及校级以上骨干教师、教坛新星、学科带头人、名师和特级教师等交流1031人，占交流总人数的33.79%。

教育人才培养。组织135个教育名师工作室运作，发挥名师引领作用。开展中小学教师教学业务练兵暨“教坛新星”遴选工作，遴选第四届市级“教坛新星”984人、推荐省级“教坛新星”119人。认定第五批市级学科带头人、骨干教师4771人。遴选省、市深化新时代教育评价改革专家库人选44人。

教师培训工作。组织实施“国培计划”项目21个、省级培训项目22个、市级培训项目41个，11万名教师参加市级以上各类培训。实施全市中小学教师信息技术应用能力提升2.0工程，8万余名教师参加等级测评。合肥市作为教育部第二批人工智能助推教师队伍建设示范区试点工作顺利实施。

2022年3月15日，合肥市幸福路小学的同学们正在参加中医药文化主题活动（市教育局/供）

【德智体美劳“五大行动”】 2022年，合肥市出台《合肥市全面推进德智体美劳“五大行动”实施方案》，顺利入选全国儿童青少年近视防控改革试验区，被省政府评定为全省首批德智体美劳“五大行动”实验区。

德育铸魂行动。市教育局推进“一校一案”落实《中小学德育工作指南》，参与合肥市儿童友好城市建设，争创儿童友好型学校100所。印发《关于进一步深化家校共育工作的通知》，加强未成年人思想道德建设，组织中小学生开展线上“清明祭英烈”“向国旗敬礼”等主题活动。举办全市第七届班主任基本功大赛、全市第十二届中学生辩论赛。紧扣寒暑假、“学雷锋月”、节假日等积极开展志愿服务活动，大力推广十八岁成人礼教育活动。

智育提质行动。持续推进课程改革，建立义务教育课程改革示范校。合肥市高质量完成471节课2022年安徽省义务教育线上教学资源录制；在全省基础教育精品课比赛中选送166节课，其中131节课被评为精品课，获奖率82%；在全省基础教育教学成果奖评选中推荐44项成果，其中41项获奖，获奖率93.2%。

体教融合行动。印发《合肥市关于深化体教融合促进青少年健康发展的实施意见》，创建47所省级以上体育特色学校。开展阳光体育活动，举行17项市级赛事活动，近1.5万名学生参与。合肥市中小学生在省十五运会上获得金牌243枚、银牌149枚、铜牌148枚，包揽2022年全省高中足球传统项目学校、校园足球特色学校比赛前三名。合肥市满天星U15女足获第一届中国青少年足球联赛第十名，U17男足挺进全国总决赛。

美育熏陶行动。开展合肥市第十三届中小学校园文化艺术节活动、“戏曲进校园”活动，6所学校被评为“教育部第三批中华优秀传统文化传承校”，10所学校被评为“省首批中华优秀传统文化传承校”，20所学校被认定为“市第二批戏曲传承基地”。市教育局支持合肥二中与安徽艺术学院合作加强艺术教育。12项艺术展演、2件艺术作品、1个艺术实践工作坊获全国第七届中小学生艺术展演活动一等奖。获全省第七届中小学生艺术展演活动一等奖63项、二等奖50项、三等奖54项。市教育局分别获全国优秀组织奖、全省优秀组织奖。

劳动促进行动。市政府出台《合肥市全面加强新时代学校劳动教育的实施方案》，制定《合肥市中小学劳动教育清单》，首次在中小学开设劳动教育课程，劳动教育活动普遍开展，劳动实践活动蔚然成风。

2家基地被遴选为长三角劳动教育实践基地，5家基地被评为省级劳动教育实践基地立项（培育）建设单位，遴选10家市级劳动教育实践基地立项（培育）建设单位。

【落实“双减”政策】2022年，市教育局继续落实“双减”（即减轻义务教育阶段学生作业负担和校外培训负担），并作为全市教育工作的“一号工程”深入推进，构建健康良好的教育生态。

*发挥学校主阵地作用。*强化义务教育学校学生减负工作，出台“初中减负15条”，采取监测点学校和随机学校相结合的方式，紧扣作业管理、考试管理、课程管理等开展常态化检查，印发10期“减负”通报。提高课后服务水平，在做好“全覆盖、广参与”的基础上，更加注重“上水平、强保障”。完善课后服务平台建设与升级。选取100个新时代文明实践站（所）开展暑期托管服务。

*整治校培机构。*组织参与多次非学科类机构审批调度会，牵头做好非学科类校外培训机构收费摸排，督促非学科类行业主管部门规范各类培训机构服务合同签订，聘任市级校外培训机构特约监督员46名，聘任“校外培训材料审核专家库”市级专家66名，整合人大代表、政协委员、责任区督学、学区协管员、社区网格员、社会监督员、第三方公益机构志愿者力量开展监督监管，层层传导压力，跟踪督办非正常关停校外培训机构。接受教育部“监管护苗”调研组、预收费监管调研组，省政协、市人大等围绕校培机构治理的调研，均获好评。

*违规校外机构严肃重处。*持续开展学科类机构“回头看”“隐形变异”机构排查、“监管护苗”、资金监管、培训材料等专项执法活动。市、县两级多部门联动，全年检查校外培训、托管等机构4480个、查处违规办学机构454个、关停取缔无证开展学科类培训机构285个、清除违规校外培训广告9040条、配合公安部门约谈机构3个、依法行政拘留5人。

【教育数字化】　2022年，市教育局编制合肥市互联网+教育发展实施方案，做好全国基础教育数字化战略行动推进会各项筹备工作，遴选9所观摩校展示合肥教育数字化建设与应用成效。完成合肥市教育数据应用一期等10个信息化项目竣工验收，累计完成支付8151万元。建成45间人工智能创新教育实验室，在全国中小学信息技术创新与实践大赛（NOC）中，合肥市193支队伍报名参加人工智能项目，获全国一等奖23个，二、三等奖39个。推进校园一卡通系统与社保卡对接工作，全面完成省中小学智慧学校建设应用评估验收工作。依托合肥教育云平台搭建市级教师信息素养提升实践活动活动专区，合肥市报送作品90%获省级奖项。开展合肥市“我与教育信息化”数字故事评比、中小学教师信息技术应用能力提升工程2.0考核、人工智能助推教师队伍建设（校长）专题研修等系列活动。开展省、市教育信息技术研究课题申报，经过评审，省级立项39项（全省共135项），市级立项86项。组织开展2022年合肥市学生信息素养提升实践活动、青少年信息学科普日活动。组织学生参加“互联网+”大学生创新创业大赛萌芽赛道比赛。

【教育宣传】　2022年，市教育局在国家级主要媒体刊发合肥教育发展经验148篇，合肥市“双减”“安心托幼”“老有所学”、职业教育、劳动教育、教育数字化等多个专题被《人民日报》、新华社、《教育部简报》《中国教育报》《中国青年报》等重点推介。中央教育工作领导小组秘书组《教育工作情况》刊载《合肥包河区中小学书记校长“回归”一线教学》，《中国教育报》头版头条报道合肥市职教发展与城市建设同向同行，均在全国产生较大影响。数据驱动合肥市基础教育高质量发展的做法、合肥市普通高中“双新”建设实践分别入选教育部“教育这十年”、全国“新时代十年基础教育改革”典型案例，均引发社会广泛关注。通过《合肥日报》《合肥晚报》、合肥电视台《庐师风尚》、市教育局网站、市教育局官方公众号等平台重点展示教育发展成就，营造教育发展的良好环境。

【教育改革】　2022年，市教育局出台《合肥市深化新时代教育评价改革工作举措》。3个教育评价项目入选省级首批教育评价改革试点，阶段性评估均被确定为“较好”及以上等次。征集56个教育评价改革案例，其中3个被评为省级优秀案例，8个被评为市级优秀案例。落实国家和省第三方监测发现违规事项查处整改工作，通报3起反面典型案例。委托第三方机构定期开展网络信息监测，建立发现、通报、查处、整改机制。不断完善小学生发展绿色指标评价、普通高中教育教学质量评价，延展小学生发展绿色指标评价维度。

*招生考试完成。*实行“网上报名”“公民同招”。完善义务教育

学区划分规则，降低随迁子女入学门槛，入学居住证年限由“满一年”调整为“满半年”。规范中小学招生行为，停止省示范高中共建实验班招生，规范普通高中国际班和艺术特长班管理，严禁普通高中“人籍分离”。实施中高考及普通高中学业水平考试“就近考”。在中考报名人数大幅增加的情况下，市区实现普通高中录取率、省市示范高中录取率、一中六中八中联招录取率等“三个不降低”。如期组织自学考试、教师资格考试笔试、成人高考、研究生入学考试等4场国家教育考试，涉及考生30余万人。

【教育民生】 2022年，市教育局统筹落实四项民生工程，分别是学前教育促进工程、义务教育经费保障机制、高中阶段家庭经济困难学生资助、中小学及中职教师培训。全市发放高中阶段学生资助金3.5亿元，资助学生28.5万人次。其中：普通高中资助金1.2亿元，资助学生13.1万人次；中职学校资助金2.3亿元，资助学生15.4万人次。发放学前阶段资助资金0.18亿元，资助幼儿1.7万人次。发放义务教育阶段家庭经济困难学生资助资金0.22亿元，资助学生6.4万人次；发放高校新生入学资助补贴（滋蕙计划）资金214.8万元，资助学生3381人次。

【教育督导】 2022年，市教育局落实《合肥市深化新时代教育督导体制机制改革的实施方案》，市政府督导委员会聘任196名第三届市政府督学并召开第三届市政府教育督导委员会全体会议。印发《合肥市2022年教育督导工作要点及任务清单》《合肥市人民政府教育督导委员会成员单位工作职责》《合肥市人民政府教育督导委员会工作议事规则》。牵头完成省政府教育督导委员会对市政府履行教育职责评价自评工作，开展2021年度县（市）区党政领导干部履行教育职责市级复核工作，瑶海、庐阳、蜀山、包河获得省级优秀等次。持续推进瑶海、庐阳、蜀山、包河义务教育优质均衡和学前教育普及普惠创建工作，启动合肥高新技术产业开发区、合肥经济技术开发区、合肥新站高新技术产业开发区等3个开发区学前教育普及普惠创建工作。完成市属学校责任督学换届工作，组织中小学幼儿园责任督学“一月一主题”挂牌督导活动。做好9个县区的国家义务教育质量监测、结果分析和运用工作。开展“双减”等系列专项督导工作，推动责任督学发挥更大作用。

【“党建+信访”】 2022年，市教育局制定《市教育局“党建+信访”工作制度》，专门设置“市教育局信访中心”，市教育局主要领导带头阅批来信1380件（包括省信访信息化综合平台来信456件和其他各类渠道来信924件），落实局领导干部接访制度，安排局领导班子成员轮流排班接访。召开3次信访工作专题会议，定期研判和部署教育信访工作。全年通过省信访信息化综合平台收到信访件466件，办理464件，受理率100%，满意率达到97%以上；接收群众来信来电诉求，办理市长热线转办件1.5万件，办结率100%，接听群众电话咨询约2.4万次。

【基层减负】 2022年，市教育局出台《关于进一步改进机关作风的若干举措》《市教育局2022年为民办实事重点任务》。制定《2022年市教育局公文计划表》，加强局机关发文和会议管理，统筹全市教育系统基层减负工作，着力整治文山会海，改变督查检查考核过多过频问题。制定《合肥市“进校园”活动清单》，严控“主题教育进校园”等活动，切实减轻基层学校师生负担。

【依法治教】 2022年，市教育局出台《合肥市教育系统“八五”普法规划》，推进青少年宪法学习宣传教育，组织开展全市中小学生“学宪法讲宪法”活动，组织参加“宪法卫士”2022年行动，学生参与率71.52%，居全省第三位。完成规范性文件定期清理，3件废止，5件宣布失效，33件继续有效。推进“双随机、一公开”监管工作，制定并公布2022年度随机抽查事项清单、抽查工作年度计划。开展2022年全市教育行政执法案卷集中评查，并通报评查结果。做好第二批法治政府示范创建有关工作，调整、充实中小学法治副校长，全年全市中小学聘用法治副校长855人，法治副校长服务范围做到中小学全覆盖，来源做到公检法司全覆盖。命名2个市级青少年法治教育基地、1个法治资源教室。

【营商环境】 2022年，市教育局加强市教育局窗口效能建设，执行“首问负责制”，推动“网上办”“邮寄办”“不见面审批”的落实，保证各类事项及时办结。贯彻落实“开展为民办实事活动”“我是办事人体验活动”“效能建设实施年活动”“社会评窗口”等活动方案，倾听办事群众心声。办理事项168件，其他行政审批21件。推进“互联网+政务服务”建设，有效实现线上线下融合。政务服务事项31项，其中97%做到“不见面审批（服务）”，即办事群众可于线上直接提出申请，局相关业务部门线上受理、办结后，将审批结果通过EMS快递送达，真正实现让群众不跑腿即可随时掌握办件进度的目标。对7项行政审批事项进行新一轮梳理，优化审批流程、精简申报材料、缩短审批时间。审批环节从5个缩短至3个，承诺审批时限平均减少27%，申请材料减少44%，平均办理时限压缩为1.89天，低于市直单位2.1天的平均值。组织完成7x24小时不打烊“随时办”“智慧办”服务事项清单和综合受理服务清单的编制。

【校园安全】 2022年，市教育局坚持底线思维、强化红线意识，成立校园安全专班，始终把做好校园安全稳定工作摆在教育发展的突出位置。举办357场“防性侵教育进校园”活动、805场“防溺水宣讲进校园”活动，组织开展防范治理学生欺凌和暴力专项行动。压实防溺水四方责任，对县（市、区）开展3轮防溺水工作实地督查，每周对县（市、区）防溺水督导检查工作开展情况进行通报。定期排查化解涉教社会稳定重大风险，维护全市教育系统安全稳定。

（石红星）

学前教育

【概况】 2022年，合肥市有幼儿园1563所，在园幼儿361241人，教职工49870人，专任教师24917人，幼师比为14.5:1。学前教育毛入园率为100.6%，公办率为56.2%，普惠率为91.8%。

【安心托幼行动】 2022年，全市新开公办幼儿园61所，新增公办学位2.1万个，园所数和学位数完成率远超省定目标，分别达169%和354%。全市226所幼儿园开设托班，招收幼儿2360人，开设园所占比达14.5%（超额完成本年度要求5%的幼儿园开设托班的任务）。全市幼儿园延时服务实现全覆盖，所有幼儿园均具备延时服务的能力。全市1132所幼儿园开展延时服务，服务幼儿42231人。

【学前教育促进工程】 2022年，市教育局印发《合肥市“十四五”学前教育提升行动计划》，分年度分县(市、区)规划布局公办幼儿园，制定“‘十四五’学前教育项目建设电子地图”。加大财政投入，市本级财政专项资金由2021年的3.1亿元提高到2022年的3.757亿元，专项用于新建改扩建公办幼儿园按班级奖补、普惠性幼儿园按生均奖补、质量提升及贫困家庭幼儿资助等项目。

【无证园治理】 2022年，市教育局以市政府教育督导委员会名义对无证园未清零的县（市、区）下达《重大事项督办单》，坚持按周调度工作进展，全市155所无证园治理任务全部完成，自2019年开始全市治理429所无证园且无反弹。

【体制机制改革】 2022年，市教育局推进135所公建民营幼儿园转型改革，为理顺合肥市公办幼儿园体制机制，促成相关县（市、区）采取利用区域国有企业组建幼教集团等方式推进相关幼儿园回归公办性质。

【提高保教质量】 2022年，市教育局推进幼儿园与小学科学衔接，建立幼儿园、小学深度合作机制。组织专家编写《幼小衔接入学准备教育指导读本》。开展全市幼儿园优秀自制玩教具评比和自制玩教具能手评选，遴选30件作品上报参加省级评比，11件作品获得全省一等奖，5名教师获得省级自制玩教具能手。开展年度幼儿园等级认定评估，新增20

2022年4月11日，合肥市长江东大街幼儿园开展户外体能大循环活动

（市教育局/供）

所市特一类、一类幼儿园。推进"安吉游戏"试点工作。承办安徽省教研江淮行活动，展示"安吉游戏"合肥经验。

（石红星）

义务教育

【概况】 2022年，合肥市有小学470所，在校生638097人，教职工32678人，专任教师36488人，生师比为17.49:1。初中217所（其中初级中学148所、九年一贯制69所），在校生268762人，教职工22742人，专任教师21769人，生师比为12.35:1。全市小学、初中适龄人口毛入学率分别为110%、109.98%，九年义务教育巩固率为109.97%。

【义务教育一体化发展】 *加强农村教师队伍建设。*2022年，市教育局落实城乡统一的中小学教职工编制标准，对规模较小的农村小学、教学点，按照师生比与班师比相结合的办法核算教职工编制，对按照师生比核算班均编制少于1名、教学点编制少于2名的，予以补齐。落实中小学教师基本工资定期调标、绩效工资、乡村教师生活补助和乡镇工作补贴等政策。把乡村教师住房纳入当地住房保障范围，解决部分乡村教师居住困难问题，营造尊师重教的氛围。

*加大农村教育经费投入。*市级财政完善教育事业投入机制，加大资金统筹协调力度。在农村地区不足100人的规模较小学校按100人核定公用经费政策的基础上，增加"对满100人不足200人的学校按200人核定公用经费"政策，乡镇寄宿制学校按寄宿生年生均200元标准提至不低于300元，用于支持乡村学校设施设备购置，改善农村学校办学条件。

*促进城乡教育一体化。*推进集团化办学和城乡结对工作。构建三级一体化机制，推进城区优质教育集团、县城学校与乡镇中心校结对合作。城区54个优质教育集团182所学校，约占城区公办义务教育学校的70%。通过创建新优质学校，打造老百姓家门口的好学校，创建新优质学校224所，超过义务教育学校总数30%。

【民办义务教育规范发展】 2022年，市教育局坚持民办学校与公办学校具有同等法律地位，加强分类指导，落实政府责任，强化民办义务教育规范管理，营造良好教育生态。核减民办义务学校招生计划1.3万个；投入7000余万元购买学位2.28万个；停止4所民办义务教育学校办学，停止10所民办义务教育学校招生，全市民办义务教育在校生占比降至4.42%，顺利完成省定目标任务。61所民办义务学校通过章程修订，党的组织和党的工作实现100%全覆盖；规范7所民办义务学校名称；规范招生行为，通过市级招生录取平台实现公民同招；完成4所"公参民"学校治理，3所转为公办义务教育学校，1所完成"六独立"，继续举办民办教育。完成民办义务教育学校年检，开展分类登记、章程备案、探索民办学校资金监管等工作；完成民办学校奖补资金发放工作。牵头对9所学校开展党建工作、常规管理等5方面执法检查，督促县市区全覆盖检查。

【初中减负】 2022年，市教育局出台"初中减负15条"，采取监测点学校和随机学校相结合的方式，紧扣作业管理、考试管理、课程管理等开展常态化随机评估，全年印发10期"减负"通报。建立中小学"进校园"活动审批制度，减轻义务教育学校教师和学生的负担。

【招生改革】 2022年，市教育局规范招生办学行为，开展招生入学工作，利用网上报名系统做好公民办学校同招。完善义务教育学区划分规则，随迁子女入学居住证年限由"满一年"缩短至"满半年"，降低随迁子女入学门槛。停止省示范高中共建实验班招生，规范普通高中国际班和艺术特长班管理。

（石红星）

普通高中教育

【概况】 2022年，合肥市有普通高中100所，招生61601人，在校生171998人，其中：公办55所122319人、民办45所49679人；市区41所，招生29390人，在校生80499人，校均1963人；四县一市59所，招生32211人，在校生91499人，校均1551人。教职工21629人，专任教师13133人，其中：市区教职工9263人、专任教师5917人，四县一市教职工12366人、专任教师7216人。生师比为13.1:1。高中阶段毛入学率为122.69%。

【"双新"示范区建设】 2022年，市教育局以普通高中新课程新教材实施国家级示范区建设为契机，引

2022 年 5 月 9 日，合肥六中瑶海分校学生开展趣味游戏　（市教育局／供）

导普通高中根据学校发展实际和教育形势谋划三年发展规划，通过完善课程建设、加强课程管理、实施课堂改革、改革考试评价等，完善五育并举的培养体系、管理体系和评价体系，促进普通高中学生全面有个性发展。

【普通高中“倍增计划”】　2022 年，合肥市新建、改扩建合肥一中瑶海校区、合肥六中菱湖校区、合肥五中和平校区等。规划建设合肥一中淝河校区、合肥八中运河新城校区和合肥六中新桥校区。先后印发《关于进一步规范和提升中小学集团化办学工作的通知》《合肥市“十四五”县域普通高中发展提升行动计划》，引导优质普通高中教育资源向县城和乡镇辐射，整体提升全市普通高中办学水平。首次实施在合肥高校、市属省示范高中帮扶县中托管工程，覆盖县中 20 所。全面消除高中大班额，推进普通高中选课走班实施，充分尊重学生的自主选课权，满足学生个性化需求。

【育人方式改革】　2022 年，市教育局加强招生改革。在《初中学业水平考试和高中阶段学校招生工作实施方案》中设置省示范高中自主招生和普通高中特色班，先后举办强基实验班，杨振宁班、国防教育班和海航班等特色班级。合肥二中与安徽艺术学院联合办学打造艺术特色学校，合肥三中与安徽体校协作建立“国家级手球传统学校”，合肥四中与安徽书协等合作打造“为爱而生、向美而行”美育实验学校，合肥十中经教育部和海军招飞办批准作为安徽省海军青少年航空学校建设单位组建海航班。引导学校形成办学特色，满足学生多样化选择，实现普通高中特色多样化发展。

【特色课程建设】　2022 年，市教育局在开足开齐国家必修课程、选择性必修课程基础上，要求各普通高中积极构建丰富、多样的校本课程，把理想信念教育、社会主义核心价值观教育、中华优秀传统文化教育、心理健康教育等内容细化并渗透到各级学科课程中，构建拓深、拓宽有梯度、有特色、有品质的育人主渠道。各普通高中注重活动序列化设计，突出活动内容主题化、活动方式多样化、活动过程趣味化、活动成果品牌化，提升活动育人质量。如：合肥一中“体育嘉年华”、合肥二中“艺术文化节”、合肥四中“毕业季”系列活动建设、合肥八中“成人礼”系列活动建设、合肥十中阅读文化节等。

（石红星）

职业教育与成人教育

【概况】　2022 年，合肥市有中等职业学校 49 所，在校生 111176 人，教职工 6401 人，专任教师 5678 人。生师比 19.58:1；双师型教师 2056 人。

【产教融合试点】　2022 年，市教育局助力城市发展，筹备组建合肥市产业与职业教育联盟。遴选认定第三、四批市级产教融合型培育企业。开展横向课题征集工作。组织实施第八届合肥职业院校专业课教师暑期到企业实践活动。4 月，制定《合肥职业教育服务 16 条重点产业链高质量发展实施方案》，促进职业教育供给与经济社会发展高度匹配，“一产一链、一地一群、一企一校”的职业教育与 16 个新兴产业融合发展生态全面形成。8 月 4 日，《中国教育报》头版头条刊发专题报道《大城崛起的职教“密码”》，同时配发该报评论员文章《职教发展与城市建设同向同行》。

【毕业生就业】　2022 年，市教育局引导职业院校学生树立科学的职业观、就业观和创业观，多渠道搭建学生就业平台。当年高职院校毕业生 11.2 万人，毕业去向落实率 91.72%，留合肥市就业占比 50.43%；中职学生在合肥市就业 5981 人，升学 20893 人，毕业生留合肥率（含升学人数）86.5%。

【教学科研评奖竞赛】 2022 年，市教育局遴选推荐 26 个项目参加全省教学成果奖评审，获特等奖 7 个、一等奖 9 个、二等奖 4 个。组织开展中职学校市级教师教学能力比赛，23 个团队晋级省赛决赛，6 个团队晋级国赛，获国赛一等奖 2 项。组织参加 2022 年全国中职学校学生技能大赛，获一等奖 3 个。

【老有所学行动】 2022 年，市教育局出台《合肥市老有所学行动方案》，推动县（市、区）开展老有所学行动。当年全市“老有所学”行动新增学习人数 5.47 万人，完成省下达任务量的 121.9%；参与学习教育活动的老年人总量达 26.45 万人，完成省下达任务量的 104%。组织开展市级社区教育示范街道和示范乡镇成人文化技术学校申报、评选、验收等工作。开展合肥市第六届“能者为师—寻找社区好教师”活动。

（石红星）

高等教育

【概况】 2022 年，合肥市有高等院校 58 所。其中：公办 41 所、民办 17 所（含 2 所民办独立学院）；本科院校 19 所（大学 7 所、学院 10 所、独立学院 2 所），高职高专院校 35 所（高等职业学院 33 所，高等专科学校 2 所），成人高校 4 所。在校生 895976 人，教职工 45294 人，专任教师 33565 人。在校研究生 78165 人（培养研究生院校 9 所，其中：在校博士研究生 14095 人，在校硕士研究生 64070 人）；在校普通本专科 660600 人（含独立学院和成人高校普通本专科生）；成人本专科生 157211 人（其中：4 所成人高校成人本专科生 19587 人，普通高校成人本专科生 137624 人）。全市 54 所全日制高校教职工 44877 人，专任教师 33342 人；4 所非全日制成人高校教职工 417 人，专任教师 223 人。

【扩容升级】 2022 年，安徽汽车职业技术学院完成移交，落实办学经费、项目建设相关保障。安徽大学江淮学院办学条件得到改善，合肥理工学院筹备组成立，新校区全面开工建设。市教育局支持合肥学院创建合肥大学，保持现行生均拨款标准，成功申报高峰培育学科，推进中德教育合作示范基地建设。支持合肥职业技术学院办学条件完善，创建职教本科。完成合肥开放大学更名。

【安全稳定】 2022 年，市教育局建立“三套工作机制”，即在合肥高校疫情防控、风险防范化解、毕业生就业工作省、市（校）工作联动机制，加强省教育厅和市直相关部门信息共享、共判、共同应对处置涉高校疫情、舆情等风险事件，共同维护在肥高校安全稳定。及时传达省市疫情防控工作要求，指导高校科学精准调整防疫措施，统筹做好涉疫信息摸排推送、开学工作方案审核、外地大学生返回合肥、高校师生离返校、重大考试保障、高校疫情突发风险事件处置等涉疫相关工作。开展高校章程修订审核、教材教辅排查、党建工作督查、意识形态工作、防范宗教向校园渗透、“4•15”主题教育、网络安全宣传周活动、暑期“三下乡”社会实践活动。

【思政工作】 2022 年，市教育局制定《防范化解市属高校师生思想政治领域重大风险专项工作会商制度、信息联络员制度》。开展迎接、学习、宣传党的二十大专项行动，全力做好党的二十大重要保障期安全稳定工作，深入学习宣传贯彻党的二十大精神。按照师生比不低于 1：350 的要求，完成市属高校专职思政课教师配备。在全市成

2022 年 10 月 18 日，合肥职业技术学院产业学院揭牌 （林杉杉 / 摄）

立 3 个安徽省首批大中小学思政课一体化教学改革创新联合体，依托合肥市“大中小学思政课一体化备课联盟”“大中小学思政课一体化区域联盟”，推进大中小学思政课一体化理论研究与实践探索。

（石红星）

高等院校选介

中国科学技术大学　　（中国科学技术大学 / 供）

【中国科学技术大学】　中国科学技术大学（以下简称“中国科大”）1958 年 9 月创建于北京，1970 年迁至安徽合肥，是中国科学院所属的一所以前沿科学和高新技术为主、兼有医学和特色文科的综合性全国重点大学。

2022 年，中国科大有 33 个学院（学部），含 8 个科教融合学院；设有苏州高等研究院、上海研究院、北京研究院、先进技术研究院、国际金融研究院、附属第一医院（安徽省立医院）、科技商学院。有 32 个一级学科博士学位授权点，8 个一级学科硕士学位授权点，16 个专业学位授权点（含 6 个专业类别博士学位授权点）。有数学、物理学、力学、天文学、生物科学、化学共 6 个国家理科基础科学研究和教学人才培养基地和 1 个国家生命科学与技术人才培养基地。建有国家同步辐射实验室、合肥微尺度物质科学国家研究中心、火灾科学国家重点实验室、核探测与核电子学国家重点实验室（联合）、类脑智能技术及应用国家工程实验室、语音及语言信息处理国家工程研究中心（联合）、热安全技术国家地方联合工程研究中心、大尺度火灾国际联合研究中心、量子信息与量子科技前沿协同创新中心、国家高性能计算中心（合肥）、安徽蒙城地球物理国家野外科学观测研究站等 11 个国家级科研机构。学校有各级各类科研机构 133 个，其中国家级科研机构 15 个、省部级科研机构 80 个。

人才培养。深化“三全育人”综合改革，坚持潜心立德树人根本任务，全面加强学生思想政治教育。加强马克思主义学院建设，发挥思政课主渠道作用，将党的创新理论最新成果、习近平新时代中国特色社会主义思想的生动实践贯穿融入教学。加快课程思政建设，通过“一院一课”示范带动，推动课程思政与思政课程协同育人。不断深化拔尖创新人才培养，聚焦培养基础学科和关键领域急需人才，未来技术学院建设取得实质性进展；创办量子信息科技英才班，持续办好 19 个科技英才班；力学、计算机科学、天文学入选第二批拔尖计划 2.0 基地，着力培养未来科技创新领军人才。推进国家级一流本科专业建设，大气科学、测控技术与仪器、电子科学与技术 3 个本科专业获批第三批国家级一流专业建设点，学校累计获批 29 个国家级一流本科专业建设点。以“金课”（课程）、“金牌”（导师）、“金奖”（项目）、“金字”（品牌）统筹全校创新创业教育，通过设立“创新创业开放实验室”、校企结合“创新实验室”，举办“首届全球科大人创新创业大赛”，培养创新创业人才。改革学生评价，强化学生社团育人功能，促进“第二课堂”与“第一课堂”相衔接，推动学生德智体美劳全面发展。深入实施研究生教育“德创”领军人才培养计划，深化集成电路、网络空间安全、关键软件、核科学与技术高层次紧缺人才专项以及工程硕博士人才培养模式改革，2022 年 7 月获批临床医学博士专业学位授权点以及集成电路科学与工程、人工智能两个一级交叉学科博士学位授权点。持续加强所系结合人才培养，推进科教融合学院建设，与中国科学院上海光机所、大连化物所等开展深入合作。

2022 年学校招收本科生 1958 人、博士生 2716 人、硕士生 6797 人。全年累计授予博士学位 1704 人，科学硕士学位 956 人，专业硕士学位 2209 人，学士学位 1854 人。

2022届毕业生平均年终就业率为94.1%，其中，本科生为91.9%，硕士为94.8%，博士为95.7%。

学科建设。立足国家重大需求，瞄准科技前沿和关键领域，进一步强化基础性学科建设，加大新兴交叉学科建设力度，促进学科交叉融合，构建“基础学科率先一流，新工科、新医学跨越式发展，特色文科稳步提升”的学科体系建设。制定一流学科培优行动实施方案，发挥学科优势带动尖端领域群体性突破。围绕“双碳”、人工智能、量子科技、深地深空等一流学科重点领域方向，设置“双一流”学科重点项目，积极服务国家战略需求和区域经济社会发展。

师资队伍。充分利用各类人才政策，举办第五届“墨子•云论坛”活动，不断健全柔性引智机制。名誉、客座（兼职）教授33人；新增高层次人才（不重复统计）95人，有各类高层次人才（不重复统计）628人，占固定教职人数的41.6%。45岁及以下青年人才占高层次人才总数67.4%。深入实施“学术领军人才培养计划”“青年创新促进会”“仲英青年学者”等支持计划，探索青年人才体系建设，支持青年人才挑大梁、当主角。2022年，学校在岗聘期制科研队伍规模达1346人。聘期制科研队伍成为学校科研产出的生力军和后备人才资源库。

科技创新、重大原创性科技成果。全力支持合肥国家实验室建设，积极参与合肥综合性国家科学中心建设，扎实推进全国重点实验室重组，作为依托单位建设合肥微尺度交叉科学研究中心、火灾安全重点实验室、精准智能化学重点实验室、认知智能全国重点实验室、深空探测全国重点实验室，作为共建单位建设空天飞行高温气动重点实验室、岩石圈演化与环境演变重点实验室、处理器芯片全国重点实验室、可控核聚变物理前沿重点实验室、化学反应动力学重点实验室。与国家航天局、安徽省人民政府共建深空探测实验室（天都实验室），与紫金山天文台共建“墨子”大视场巡天望远镜顺利安装，与合肥国家实验室联合研制的世界首颗量子微纳卫星“济南一号”顺利发射，服务航天强国国家战略。加快推动合肥先进光源、量子空天一体精密测量装置、未来网络试验设施等重大科研基础设施平台，以及中国科学院临床研究医院、碳中和研究院等建设。主持或参与完成的探月探火、深海深地探测、量子信息等领域重大创新成果，获得党的二十大报告“点赞”。主导建设的合肥同步辐射光源、“墨子号”量子科学实验卫星、“祖冲之二号”和“九章二号”量子计算原型机、中国手工纸文库等亮相“奋进新时代”主题成就展。“实数量子力学检验实验”“超冷三原子分子的量子相干合成”“二氧化碳人工合成葡萄糖和脂肪酸”“蛋白质设计研究成果”等成果分别入选国际物理学十大进展、重大突破以及国内十大科技新闻，有多项成果获得省部级科学技术奖励，作为第一完成单位获2021年安徽省科学技术一等奖8项，创历史新高。2022年学校获批国家社会科学基金8项，其中重大项目1项，创历史最高水平。获批战略高技术类重大项目4项，牵头承担B类先导科技专项4项、C类先导科技专项2项，遥居中国科学院首位。以第一署名单位在国际顶尖综合学术期刊Nature、Science、Cell上发表论文12篇，在2022年度自然指数排名中，学校保持中国高校第2位、全球高校第5位。

服务区域经济社会发展。高质量推动上海研究院、苏州高等研究院、先进技术研究院、国际金融研究院等建设，充分发挥学校科技引领、智力支撑和资源聚合作用，主动融入长三角区域一体化发展。探索“赋予科研人员职务科技成果所有权或长期使用权”改革的“中国科大模式”，设立“鲲鹏计划”，与铜陵、池州、马鞍山、阜阳、蚌埠5个地市签署合作协议，支持科研团队的职务科技成果转化项目在省内优先转化。以中国科大、合肥市高新区为共同主体的量子信息未来产业科技园入选全国首批建设试点培育单位。积极参与“科大硅谷”建设，成立中国科大科技商学院，培养“懂科技、懂产业、懂资本、懂市场、懂管理”的复合型科技产业组织人才，形成“立足合肥、覆盖安徽、辐射全国”的科技成果转移转化体系，服务支撑安徽省“三地一区”建设，推动区域经济社会高质量发展。

国际交流。坚持开放办学，强化人才培养、师资引进、课程建设、国际宣传、科研国际合作“五位一体”的“大外事”格局，对内提升管理效能和服务水平，对外积极争取国际合作资源，加快国际学院建设，提升学校国际化水平。设立USTCFellowship，全面支撑学校各项国际合作与交流，提升学校国际合作交流水平。进一步完善国际学生招生、管理、培养、服务工作，不断推动国际学院实体化建设。持续办好“未来科学家交流计划”，首次对接“长三角研究型大学联盟”共享暑期学校项目，大力储备优质生源。

（王　玮）

【合肥工业大学】 合肥工业大学是教育部直属全国重点大学，教育部、工信部和安徽省政府共建高校，国防科工局与教育部共建高校。学校创建于1945年，1960年被中共中央批准为全国重点大学。2005年成为国家“211工程”重点建设高校，2009年成为国家“985工程”优势学科创新平台建设高校，2017年进入国家“双一流”建设高校行列。2022年，学校有4个校区，21个学院，101个本科专业，博士授权一级学科19个、博士专业学位授权点3个，硕士授权一级学科39个、硕士专业学位授权类别21个。现有本科生32573人，有全日制硕士研究生9982人，非全日制硕士研究生3101人，博士研究生1993人，留学生127人。有专任教师2371人，具有高级职称的占教师总数69.89%。

本科生教育教学。深化“立德树人、能力导向、创新创业”三位一体教育教学集成体系和“第二课堂成绩单”制度建设，制定2023版本科专业人才培养方案。获批8项教育部产学合作协同育人项目，1个案例入选“校企合作双百计划”典型案例，7项成果获安徽省教学成果特等奖，2个教研室获批教育部首批虚拟教研室建设试点。深化大数据中心、机器人中心和工大学子创客空间实践基地建设。获首批国家级创新创业学院，创新创业教育始终位居全国第一方阵。全年立项大学生创新创业项目国家级116项、省级399项、校级931项。在各类创新创业竞赛中获省部级以上奖励2064项，其中国际级奖69项、国家级奖575项、省部级奖1420项。首次斩获中国国际“互联网+”大学生创新创业大赛金奖，2件作品在“挑战杯”大学生创业计划竞赛中获全国铜奖。2022年本科招生8425人，毕业生毕业去向落实率96.32%。学校优秀毕业生作为安徽省唯一代表入选教育部第五届《闪亮的日子—青春该有的模样》基层就业人物事迹。

学科建设与研究生培养。全面完成首轮“双一流”建设任务，科学制定第二轮“双一流”建设方案。编制“双一流”建设项目申报书，经教育部评审，全部建设项目绩效目标审核结果均为“优”。学校8个学科进入ESI全球排名前百分之一，其中工程科学学科进入ESI全球排名前千分之一。完成34个学位授权点合格评估和专业学位水平评估工作。成立首届研究生教育督导委员会，修订2022版研究生培养方案，推进研究生教学体系改革走深走实。严格研究生培养过程管理，持续推进学位论文质量提升工程。落实导师责任制和专业学位研究生双导师制。首次选聘710名企事业单位专家担任专业学位硕士研究生行业导师。推进“产教融合、科教融合、学科融合”协同育人，学校“以工为主、理工结合、文理渗透、融合交叉”的学科布局持续巩固和提升。2022年录取全日制硕士研究生3396人、非全日制硕士研究生758人，录取博士研究生437人。

科学研究与成果转移转化。2022年，获批国家自然科学基金项目175项（重大项目课题1项，重点项目1项，联合基金项目5项）、国家社科基金项目8项、教育部人文社科项目7项。获批国家重点研发计划46项，其中牵头主持项目4项、牵头课题17项。获批教育部工程研究中心1个。以学校为第一单位发表高水平论文2425篇。获批授权专利1346项（其中发明专利1205项、国际专利13项），专利转移转化率持续提升。获批安徽省科技重大专项项目41项、安徽省重点研究与开发计划项目29项、安徽省支持新能源汽车产业创新发展和推广应用政策项目2项、装备重大基础研究项目1项。43项成果获2021年度安徽省科学技术奖（一等奖4项），获重大科技成就奖1项，实现历史性突破。在2022年安徽省9个“揭榜挂帅”项目中，学校牵头揭榜项目4项，位居全省第一。创新“科创+产业”

合肥工业大学屯溪路校区主教学楼 （合肥工业大学/供）

发展模式，获批安徽省新型产业共性技术研究中心。获批首批安徽省哲学社会科学重点实验室3个，居全省首位。获批安徽省自然科学基金项目89项，其中杰青项目9项。积极推进“工大智谷”建设，稳步推进现代产业学院和交叉科学研究院建设。“企业出题、政府立题、高校解题、市场阅卷”的政产学研用“合工大模式”升级拓展至省内11个市县区域。加大与政府、企业、高校共建科技创新合作平台，破解“卡脖子”技术难题。智能院累计培育科技型企业138家，其中国家高新技术企业27家。

人才与师资队伍建设。始终把师德师风作为评价教师队伍建设的第一标准，健全师德师风建设长效机制，严格落实“师德一票否决制”。实施“大先生”培育工程，构建激励人才争做师德表率的文化环境。成功入选第二批全国高校黄大年式教师团队。完善“短周期”教学为主、“长周期”科研为主的考核制度，建立以创新价值、能力、贡献为导向的评价体系。全面实施人才强校战略，坚持“育引并重”，持续优化人才培育体系。实施战略科学家培育工程，支持具有战略科学家能力和潜质的校内人才聘任至“斛兵学者”系列岗位。设立校院两级“讲席教授”岗位。实施高层次人才培育工程，支持各学院组建高层次人才“育才梯队”。举办第二届国际青年学者论坛，持续面向全球引才。年度自主培育国家级青年人才9人、引进国家级青年人才1人、柔性引进中国工程院院士1人。1人当选俄罗斯工程院外籍院士。1人获第十七届中国青年科技奖，2人入选第七届中国科协青年人才托举工程，2人被评选为“安徽省工程勘察设计大师”。

对外合作与交流。积极推进与白俄罗斯国立技术大学、英国伯明翰大学、美国克拉克大学等国外高水平大学开展校际合作、学生联合培养和国际合作办学，签订校、院际交流合作协议10份。获批教育部2022年港澳台学生国情教育项目1项、2022年度王宽诚教育基金会资助项目1项、科技部外国专家项目（个人类）6项、科技部“外国专家重点支撑计划”项目1项、安徽省外国专家项目2项，获批科技部2022年度中日青少年科技交流计划基层对口项目。有序推进白俄罗斯国立技术大学2+2本科生联合培养项目。积极稳妥做好留学生教育管理工作。推动对口支援北方民族大学、新疆农业大学、兰州工业学院、河池学院走深走实。学校首次选派的3位银龄教师入选2022最美教师，1人代表学校参加教育部、中宣部《闪亮的名字——2022最美教师发布仪式》并现场接受表彰。

（姚　娴）

【安徽大学】安徽大学是世界“双一流”和国家“211工程”建设首批入列高校，是安徽省人民政府与教育部、与国家国防科技工业局共建高校，是安徽省属重点综合性大学。1928年4月，学校创建于时为省会的安庆市，开启安徽现代高等教育之先河。1958年9月16日，毛泽东主席亲笔题写“安徽大学”校名。近百年来，累计培养38万余名优秀毕业生，是安徽省内毕业生人数最多、分布最广、影响最大的高校，被誉为省属高校的“排头兵、领头雁”。

师资队伍。2022年，有教职工3120余人，其中专任教师2208人，副高以上专业技术职务者1140人；实质聘用院士4名，全职引育“国家杰青”“万人领军”等国家级领军人才34人次；教育部新世纪优秀人才、安徽省“海外高层次人才”“学术和技术带头人”等地方领军人才365人次。2022年，全职引进海内外优秀博士、博士后248名。引育“优青”等国家级人才6名，49名教师和1个团队入选省级重点人才工程项目，获批省级引才引智基地1个。2人入选2022全球高被引科学家，17人入选全球前2%顶尖科学家榜单，11人入选“全球学者学术影响力排行榜”。

人才培养。在校生规模41000余人，其中本科生28200余人、博硕士研究生12700余人。拥有本硕博完整的人才培养层次体系，32个学院，87个在招本科专业（其中49个为国家级一流本科专业建设点，总数并列全国地方高校赛道第2位），34个学术学位硕士授权一级学科和24个硕士专业学位授权类别，18个博士学位授权一级学科和1个博士专业学位授权类别；建有14门国家级一流课程、2个国家级和26个省级大学生校外实践教育基地，4个国家级和9个省级实验教学（实训）示范中心、5个省级虚拟仿真实验教学中心；承建全国首个省级高校网络思想政治工作中心，入选国家智能社会治理实验基地（特色教育基地）。2022年，获批国家级虚拟教研室1个，入选国家智慧教育平台试点单位。四业联动人才培养改革案例被列为全国示范案例，获教育部推广。获批全省首批次研究生联合培养基地13个。9项教学成果获推国家级教学成果奖。学生在各类竞赛中获国际奖项65项、国家级奖项99项，其中数学建模竞赛一等奖4项，

安徽大学磬苑校区　（安徽大学／供）

居全国并列第二。学校入选国家级创新创业学院、中国高校产教融合50强和国家首批“共创行动+”伙伴高校。

平台建设。建有17个国家和部级科研平台、38个省级科研平台。作为唯一地方高校，牵头申建“强光磁集成实验设施”大科学装置，先期启动“强光磁试验装置”建设；“信息材料与智能感知”安徽省实验室获推省部共建国家重点实验室。设有教育部首批人文社科重点研究基地徽学研究中心、国家语言文字推广基地，入选全国首批“古文字与中华文明传承发展工程”协同攻关创新平台。创新发展研究院连续入选“高校智库百强”。安大科技园获批国家大学科技园（省属高校唯一）。2022年，集成电路研究设施环境改造和条件建设加快推进，获省“三重一创”建设专项补助资金6218万元。集成电路先进材料与技术产教研融合研究院，入列合肥综合性国家科学中心，升级为国家级平台。获批教育部工程研究中心1个，省国际联合研究中心和工程研究中心4个。获批省首批次哲学社会科学重点实验室2个。

科学研究。设有1个“世界一流建设学科”，2个国家级重点学科、25个省级重点学科，13个博士后科研流动站。材料科学、化学、工程学、计算机科学、数学、环境／生态学等6个学科进入ESI排名前1%（4个学科进入前5‰）。研发光电感测专用装备，在国家重大安全任务中发挥不可替代作用。研发世界首套“新型煤与瓦斯突出高灵敏宽频响全光纤微震监测仪”，拥有核心技术完全自主知识产权；开发水性聚氨酯绿色生产工艺，在国际上首次实现水性合成革大规模清洁生产，每年减少有毒溶剂排放40万吨；协助应流集团攻克大型单晶叶片制造“雀斑”问题，推动国产化替代。2022年，获批国家社科基金项目37项，其中重大项目2项（位居全国并列第12位）；获批国家自然科学基金项目136项，立项数同比增长23%，超全国平均资助率10个百分点。军工科研项目量质齐升，百万级以上项目增长5倍。学校科研到账总经费3.84亿元。以第一完成单位获省社科奖43项，其中一等奖8项，位居全省首位。学校自然指数排名位居全国第50名，软科中国大学文科实力排名位居第59位。

对外交流。学校是国家公布的华文教育基地和接收政府奖学金留学生的高校之一，与美、英、德、日等国家和地区的152所高校和科研机构建立交流合作关系。与美国纽约州立大学石溪分校共建安徽省首个本科层次中外合作办学机构“安徽大学纽约石溪学院”，由杨振宁院士担任名誉院长并亲题院名。与智利圣托马斯大学、乌克兰哈尔科夫大学、阿塞拜疆巴库大学、白俄罗斯布列斯特国立大学合作建立4所孔子学院，其中智利圣托马斯大学孔子学院先后获“全球先进孔子学院”“示范孔子学院”称号。与俄罗斯、法国等国家合作高校共建9个“中国中心”。2022年，成立中法工程师学院，获批国家外专项目7项、省“外专百人计划”3项，柔性引进白俄罗斯院士等外国专家22名，入选“安徽省国际科技合作征程”典型案例1个。全年招收553名留学生，同比增长12.6%，其中学历生占比达75.6%。学校获得港澳台硕士、博士研究生招生资格，获批国家留学基金委“创新型人才国际合作培养项目”实施单位。

（沈　岚）

【安徽农业大学】　安徽农业大学坐落于安徽省会合肥，是一所办学历史悠久、以农林生命学科为优势和特色的省政府与农业农村部、国家林业和草原局合作共建高校，是全国首批建设“新农村发展研究院”的十所高校之一，是“中西部高校基础能力建设工程”项目高校，是

安徽农业大学图书馆 （安徽农业大学 / 供）

安徽省“地方特色高水平”大学建设高校。

学校源于1928年成立的省立安徽大学，1935年成立农学院，1953年独立办学，1995年更名为安徽农业大学。下设19个学院（部）。2022年，有全日制普通在校生27012人（含国际生149名），其中硕士、博士研究生6351人。在职教职工2106人，其中教授、副教授等高级专业技术职务878人，博士生、硕士生导师915人；现有双聘院士4人、国家级人才34人、省级人才163人。

学校始终坚持服务“三农”的办学方向，致力于科教兴农、科教兴皖事业，走出一条享誉全国的育人兴校、富民强农、校地协同的“大别山道路”，为推动现代农业发展和地方经济社会建设作出贡献。特别是近年来，学校提出并实施“现代青年农场主培养计划”，探索形成“一站一盟一中心”的校县共建机制、“四体融合”的新型农业科技推广服务模式和“学校扶产业、产业聚企业、企业联大户、大户带贫户”的产业扶贫模式，得到党和国家领导人、有关部委及安徽省委省政府的肯定。

人才培养。2022年，学校落实人才培养中心地位，加强“双基”建设，撤销、停招、整合11个专业，获批7个国家级、6个省级一流专业建设点，9门课程上线国家高等教育智慧教育平台。严格执行教授为本科生上课制度，为98名青年教师配备导师，获全国高校教师教学创新大赛二等、三等奖各1项，省赛一等、二等奖6项。加强教材建设管理，推荐职业教育国家规划教材1部、农业农村部规划教材37部、国家林草局规划教材4部，校级数字教材立项34部。学生创新创业成效显著，获“挑战杯”全国特等奖1项、二等奖2项；“互联网+”国赛2金1银6铜，1人获中国青少年科创奖。62名毕业生光荣入伍，毕业生去向落实率91.6%，考研录取率32.6%。获省运会11金6银5铜和体育道德风尚奖。生源质量稳步提升，省内理科投档分连续3年进位。研究生一志愿报考6176人，同比增长58.6%。大力实施新时代人才强校战略，召开人才工作暨教授大会，制定《支持国家级人才梯队建设若干举措》等办法，常态化开展“贤聊下午茶”活动，为人才提供“一站式”服务。选拔首批16名国家级人才后备梯队进行跟踪培养，遴选“攀登计划”9名，安排205名教职工培训进修，17人国内外高访。引进专任教师113名，其中高层次人才33名，双聘院士4名，引培国家级人才10名。招聘管理岗20名、专职辅导员50名、其他专业技术人员12名。新增正高级职称51人、副高89人。

学科建设。学校有ESI前1%学科4个、国家重点（培育）学科1个、省部级重点学科19个，入选安徽省世界一流学科和国内一流学科奖补资金项目各1个，入选安徽省高校高峰学科建设项目4个。有5个一级学科博士后科研流动站、8个一级学科博士学位授权点、18个一级学科硕士学位授权点、1个二级学科硕士学位授权点、11个硕士学位授权类别。有73个本科专业，其中33个专业入选国家、省级一流本科专业建设“双万计划”，5个国家级特色专业、2个国家级专业综合改革试点专业。现有2个国家级教学团队，2门国家级精品课程、1门国家级公开视频课程、1门国家级精品资源共享课、3门国家级一流课程。有1个全国高校实践育人创新创业基地、1个国家级校外实践教育基地、1个国家级实验教学示范中心、3个国家级农科教合作人才培养基地、2项国家级卓越农林人才教育培养计划改革试点项目、4个国家级新农科研究与改革实践项目、2个国家新文科研究与改革实践项目、国家级规划教材1部。学校制定支持高峰学科建设若干政策，第五轮学科评估稳中有升。环境 / 生态学、化学进入ESI前1%，工程学、生物与生物化学 ESI 百分位提升至 84.8%、75.2%。新增作物学等 3 个省应用型高峰培育学科和 1 个省新兴交叉高峰培育学科，园艺学等 4 个省高峰学科年度考核均在“好”“较好”等次，争取学科经费 8260 万元，较上一年增长 30.6%。

平台建设。学校有 1 个国家重点实验室、1 个国家地方联合工程实验室、1 个国际合作联合实验室、1 个国际科技合作基地、1 个教育部、科技部“高等学校学科创新引智计划”基地、1 个安徽省实验室、61 个省部级科研平台、2 个省级“2011 协同创新中心”、1 个省级重点智库、1 个省高校智库、1 个省科技创新智库、1 个省级产业共性技术研究院，1 个教育部创新团队、10 个省“115”产业创新团队，7 个省级高校科研平台创新团队，7 名国家现代农业产业技术体系岗位科学家、8 名安徽省现代农业产业技术体系首席科学家。“十三五”以来，主持国家重点研发计划项目 4 项、课题 29 项，国家基金 367 项；主持获国家科技进步二等奖 2 项、省部级科技奖 60 项、省社科奖 9 项，审定省级以上动植物新品种 165 个，授权发明专利 951 项；转化科技成果 237 项，合同金额 5242.9 万元。2022 年成果转化合同金额突破 2142 万元，面向省内输出技术合同金额 2.5 亿元。围绕国家战略和现代农业发展需求，牵头组建大健康研究院食品安全与营养健康联合研究中心，启动安徽生物育种技术研究院建设，全力推动全国重点实验室重组。主持国家重点研发计划项目 1 项，国家基金 77 项，到账科研经费 3.1 亿元。新增省部级平台 9 个，授权国家、国际发明专利 322 项，发表高水平论文 231 篇。主持获省部级奖励 15 项，其中一等奖 2 项。自主选育动植物新品种 21 个，新增国审品种 4 个，研制 34 台（套）新型农机装备。创长江下游水稻亩产 1148.2 公斤新纪录。建立服务“两强一增”项目库，55 项研究任务快速有效落实。获批 34 个省级科技特派团、14 个乡村振兴协同技术服务中心，16 个科技小院获教育部等三部委立项建设。推广“四新”成果 388 项，服务新型经营主体 435 家，开展技术培训 2 万余人次。输出技术合同金额 2.72 亿元。以转让许可方式转化科技成果 52 项，合同金额 2142 万元，同比增长 2.5 倍。15 篇资政报告等获省领导批示。推进产业帮扶，获省委帮扶工作考核“好”等次。连续四次入选教育部精准帮扶典型案例。

工程建设。朝阳楼、畜禽基因库工程楼、学生宿舍 AB 楼、研究生综合楼 B 楼相继投入使用，“双一流”创新提升工程、校园道路白加黑顺利启动。推进净化硬化美化绿化亮化工程，5100 余名师生参与校园环境革命。推进平安校园和智慧校园建设，新装校园周界和重要路口监控 383 个，新建虚拟服务器 166 台，完成 16 项信息化项目建设，让数据多跑路、师生少跑腿。实现无线网全覆盖，既提速又降费。加强试验站基地建设，对杨树林土地进行集中改造。

对外交流。学校大力实施国际化办学战略，先后与 30 多个国家和地区的高校、科研院所建立稳定的合作关系。获批“接受中国政府奖学金来华留学生院校”，提升来华留学生培养管理质量，通过“来华留学质量认证”。努力搭建国际合作平台，获批“南南合作”项目外语培训定点单位、国家示范型国际科技合作基地及中国科协“安徽海智农业基地”。获教育部批准与加拿大湖首大学合作举办林学专业本科教育项目。与美国科罗拉多州立大学联合牵头成立“中美大学农业推广联盟”，搭建两国高校乃至两国政府农业科研领域的重要合作平台。

（邱　艳）

【安徽医科大学】　安徽医科大学是安徽省办学历史最早的高等学校之一，是安徽省第一所高等医科院校，是安徽省属重点大学，是教育部、国家卫健委和安徽省共建高校，是安徽省第一批地方特色高水平大学和第一批综合改革试点学校。学校前身是 1926 年始创于上海的东南医科大学，1949 年响应中共中央华东局“面向农村，走向内地”的号召，内迁安徽怀远。1952 年定址合肥，改名安徽医学院。1985 年更名安徽医科大学。学校 2019 年获批我省“三全育人”综合改革试点高校和全省党建工作示范高校。

师资力量。2022 年，校本部在职教职工 1627 人，专任教师（含辅导员）939 人，校本部专任教师队伍中具有博士、硕士学位的教师占 96.37%，其中正高职称 167 人，副高职称 226 人。学校成功引进孙倍成、董忠军两个“国家杰青”人才团队，首次引进国际级运动健将、世界武术冠军王雪来校任教，全职引进博士及以上高层次人才 179 人，入站博士后 101 人。王华、许尹两位教授分别入选“国家杰青”“海外优青”，实现我省省属高校零的突破，李俊、孟晓明两位教授分别入选“万人计划教学名师”“长江学者青年学者”，11 名教师入选省级人才项目。1 名教

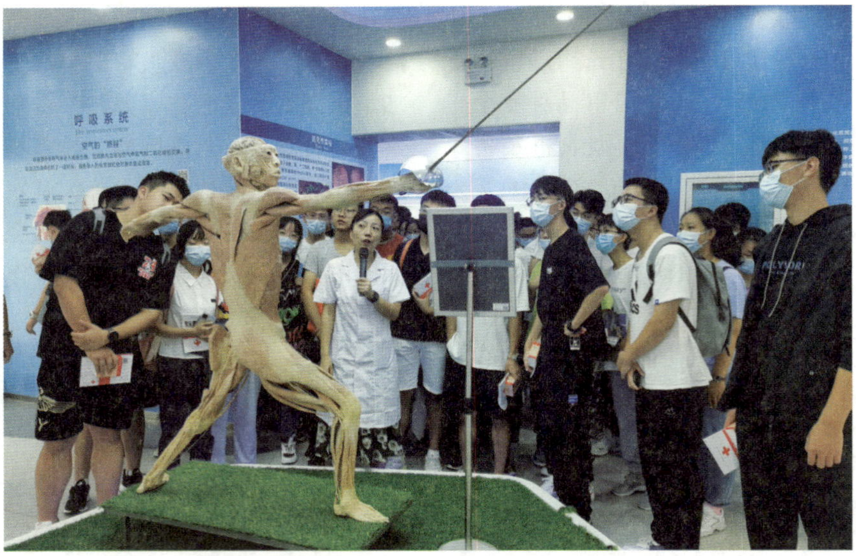

2022 年 4 月，安徽医科大学人体结构与功能医学科普教育基地被认定为全国科普教育基地 （安徽医科大学／供）

师荣获全国高校教师教学创新大赛正高组一等奖。

院系设置与学科建设。学校获首批教育部“全国高校黄大年式教学团队”1 个，拥有国家级、省级人才项目称号 381 人，10 余人获得全国、全省模范教师、优秀教师称号。设有临床医学（“5+3”一体化）等 43 个本科专业。拥有临床医学、药学、基础医学、公共卫生与预防医学 4 个博士学位授权一级学科，45 个博士学位授权二级学科；有 14 个硕士学位授权一级学科，77 个硕士学位授权二级学科；拥有 1 个博士专业学位类别，8 个硕士专业学位类别。建有药学、临床医学、公共卫生与预防医学、基础医学 4 个博士后科研流动站。拥有 1 个国家级重点学科，14 个省级重点学科，10 个国家级临床重点专科，55 个安徽省临床重点专科。临床医学、药理与毒理学、公共卫生与预防医学、药学、生物学等 5 个学科获安徽省属公办普通本科高校一流学科奖补资金项目。药学、公共卫生与预防医学、临床医学、基础医学、生物学等 5 个学科获批安徽省高等学校高峰学科。临床医学、分子生物学与遗传学、药理学与毒理学、生物与生物化学、免疫学、神经科学与行为学、环境科学与生态学、社会科学总论共 8 个 ESI 全球排名前 1% 学科。2022 年，学校获批教育部首批“高水平公共卫生学院”，新增大数据管理与运用、卫生监督和法医学 3 个本科专业，应用心理学专业入选国家级一流本科专业建设点，7 个专业获批安徽省一流本科专业建设点。“心理与脑科学”获批省新兴交叉高峰培育学科，“生物医学工程”“护理学”获批省应用型高峰培育学科。

人才培养。学校全日制在校生 2.45 万人，继续教育学生 1.57 万人。学校有 4 个国家级高校特色专业建设点，12 个国家级一流本科专业建设点，2 个国家级专业综合改革试点，3 个国家级卓越医生教育培养计划项目，1 个国家级教学团队，8 门国家级一流课程，2 门国家级精品资源共享课，2 个国家级实验教学示范中心，1 个国家级虚拟仿真实验教学中心，1 个国家级临床教学培训示范中心，1 个人体结构与功能全国科普教育基地，68 个国家级住院医师规范化培训基地，9 个国家级专科医师规范化培训基地，7 个教育部产学合作协同育人项目，3 个国家级示范性虚拟仿真实验教学项目。1 门课程入选教育部来华留学英语授课品牌课程。获得国家级教学成果二等奖 1 项。口腔医学、临床医学、临床药学、护理学等 4 个专业通过教育部专业认证。2022 年，在校生获省级以上赛事奖励 900 多项。本科生考研录取率达到 48.6%；毕业生去向落实率达到 94.2%。获评全省“毕业生就业工作成效突出激励高校”。

科学研究。2022 年，学校立项国家自然科学基金 118 项，连续 3 年稳定在百项以上；获安徽省科学技术奖 25 项，连续 7 年获得省自然科学一等奖；获批科技部科技创新 2030-“脑科学与类脑研究”重大项目，获得资助 4500 万元，再创历史新高；1732 篇论文入选中国卓越科技论文，其中在国际三大顶级期刊 CNS 发表高水平学术成果 4 篇，位列全国高校前列；全年研发项目总投入 6.34 亿元，同比增长 32.1%；获得发明专利 67 项，同比增长 67.5%；科技成果转化金额 474.7 万元，同比增长 113%，学校原始创新和科技成果转化能力持续增强。2022 年派出 12 名教职医护员工出国境，执行援南苏丹医疗队任务、交流访学、参加国际会议任务。1 月，与巴基斯坦伊斯兰堡医学院和牙科学院建立合作关系，成立“中巴跨文化教育交流中心”。6 月，与印度尼西亚乌达雅纳大学举办太极拳国际文化交流会。选派临床医生及临床教师赴西班牙穆尔西亚大学参加欧盟 ERASMUS+2022/2023 年度交流项目。选派优秀学生参加德国海德堡大学曼海姆医学院转化医学（TMR）专业硕士学位项目。组织学生参加RCEP中国东盟跨文化项目。组织本校专家参加RCEP区域医疗与公共卫生合作国际讲堂。

附属医院。2022年，学校各附属医院开放床位数突破3万张、医护人员总量3万余人、年门诊量2100万人次、年住院病人109万人次，“江淮名医”100余人。学校各附属医院派出673名医护人员驰援上海、重庆和省内各地，1456名师生志愿者支援属地核酸检测。持续做好校内疫情防控，配置790张隔离病床，发放25000多份防疫暖心物资，开展核酸检测176万人次。一附院获批国家心血管病区域医疗中心建设项目。二附院“呼吸与危重症医学科”获批国家临床重点专科建设项目。一附院北区、安徽省公共卫生临床中心正式挂牌运行。附属巢湖医院牵头组建安徽第九批援南苏丹医疗队并圆满完成援外任务。附属口腔医院牵头开展安徽省“健康口腔行动”。附属阜阳医院“三甲”创建进入迎检冲刺阶段。

（张幸媛）

【安徽中医药大学】 安徽中医药大学创建于1959年，其前身为1952年创立的安徽省中医进修班（学校）。1959年，安徽省政府正式批准成立安徽中医学院。1970年，安徽中医学院并入安徽医学院。1975年，国家教育部批准恢复安徽中医学院。2000年，安徽省医药学校并入安徽中医学院。2011年，省政府批准在安徽中医学院的基础上组建成立安徽省中医药科学院。2013年，学校更名为安徽中医药大学，是一所以中医药学科专业为特色的省属重点大学，是国家中医临床研究基地、国家中药现代化科技产业（安徽）基地、国家中医药国际合作基地、国家药品临床研究基地，为安徽省“地方特色高水平大学”建设高校。2022年，学校在校生有19518人，其中博士生、硕士生3291人。

院系设置和学科建设。学校设有17个二级学院（部）（含3所直属附属医院）、7所非直属附属医院，有3个一级学科博士学位授权点，1个博士专业学位授权点，6个一级学科硕士学位授权点、26个二级学科硕士学位授权点、4个硕士专业学位授权点。有安徽省高峰学科2个，安徽省高峰培育学科4个，国家中医药管理局高水平中医药重点学科6个，国家中医药管理局重点学科17个，安徽省重点学科13个，其中A类重点学科1个，B类重点学科12个。学校附属医院现有3个国家区域中医（专科）诊疗中心，9个国家临床重点专科，22个国家中医药管理局重点专科、34个安徽省中医药重点专科。新增国家中医区域医疗中心1个，国家中医药传承创新中心项目1个，国家中医药管理局中医优势专科4个，省级中医优势专科4个。

教师队伍。学校有教职工4754人（含直属附院），其中副高以上职称人员961人。学校引进国医大师王琦院士担任名誉校长，有国家杰青1人，国医大师3人，全国中医药高等学校教学名师2人，全国名中医4人，岐黄学者1人，青年岐黄学者3人，省特支计划领军人才10人，享受国务院特殊津贴27人、省政府特殊津贴12人；安徽省学术与技术带头人23人，省学术和技术带头人后备人选11人，省杰青项目获得者5人，省优青项目获得者4人，青年皖江学者3人，国家名老中医学术经验项目指导老师56人。博士生导师142人，硕士生导师782人。建有“中医学”“中药学”两个一级学科博士后科研流动站。

人才培养。学校有28个本科专业，6个国家级一流专业建设点，10个省级一流专业建设点，8门国家级一流本科课程，有2个国家级教学团队，29个省级教学团队，2个国家级实验教学示范中心，1个

2022年11月24日，合肥综合性国家科学中心大健康研究院新安医学与中医药现代化研究所在安徽中医药大学揭牌 （安徽中医药大学／供）

国家级中医临床教学培训示范中心，1个国家级专业综合改革试点项目，2个国家级卓越医生（中医）教育培养计划。获国家级、省级质量工程项目700余项，国家级教学成果一等奖1项、二等奖3项，省级教学成果特等奖6项、一等奖21项。

科学研究。2022年度新增省部共建安徽道地中药材品质提升协同创新中心、数据科学与中医药创新发展安徽省哲学社会科学重点实验室、安徽省现代中药产业共性技术研究中心、旌德灵芝安徽省乡村振兴协同技术服务中心。全年获批项目520余项，立项经费6677.9万元，其中国家自然科学基金获批立项资助30项（区域联合基金1项，面上项目11项，青年基金项目18项），获批立项数和立项经费均取得历史性突破。全年获省部级以上科学技术（人文社科）奖12项，其中安徽省社会科学奖一等奖1项、安徽省科技进步奖一等奖1项。2022年申请专利65项，授权37项，其中转化专利2项。与省内外企事业单位开展合作67项，合同经费达1402.9万元。发表SCI论文191篇。

社会服务。学校与黄山、亳州、六安等17个市县人民政府及国内知名中医药企业建有50余个产学研合作基地。建立安徽省中药材科技产业战略联盟，获"全国科技特派员工作先进集体""中医药科技管理工作先进集体""推动中医药学术发展特别贡献奖"等。第一临床医学院选派高水平专家队伍赴西藏、新疆、上海、宿州、池州等十余地支援，选派1600人次护理人员紧急应对市内79次大规模核酸检测工作。签订医联体成员单位77家，落实亳州市中医院省区域医疗中心建设任务。第一附属医院笔架山分院获国家卫生健康委"优质服务基层行"和蜀山区"疫情防控先进单位"表彰。"庐江徐氏妇科"入选第六批省级非物质文化遗产项目。上海中医药大学附属曙光医院安徽医院依托安徽中医药大学第一附属医院合作共建国家中医区域医疗中心。第一临床医学院与长丰县人民政府合作共建安徽中医药大学第一附属医院北区。第二临床医学院新院区暨中医药传承创新项目如期封顶，医院派出5名专家组成首批中医援柬埔寨安徽医疗队，奔赴当地开展常规医疗援助，执行抗疫医疗任务。

对外交流。学校与美国、澳大利亚等26多个国家和地区的50个医疗和教育机构建立了友好合作关系。当年与马来西亚国立大学签署合作备忘录；承办世界中医药学会联合会经皮给药专业委员会第八届学术会议；承办中国（黄山）新安医学发展大会；开展对59名留学生教学工作；与韩国中部大学、澳大利亚西悉尼大学开展国际线上师生学术交流活动；开展安徽中医药大学雅典中医药中心远程公益问诊活动。

（王陈红）

【合肥学院】 合肥学院是一所在"改革中诞生、开放中成长、创新中发展"的省市共建、以市为主的全日制、公办本科院校。其前身是创办于1980年的合肥联合大学，建校伊始提出"适当收费、不包分配、按社会需求设置专业、后勤社会化"的办学模式，学校被誉为中国高等教育改革的"小岗村"。1985年，安徽省人民政府和德国下萨克森州政府签署了按照"德国应用科学大学办学模式，共建一所示范性应用型本科院校"的协议，合肥学院（原合肥联合大学）成为德方在中国重点援建的两所示范性应用型高校之一。2002年3月，经教育部批准，原合肥联合大学和合肥教育学院、合肥师范学校合并组建合肥学院。2018年，学校全面进入省内一本招生，2019年，更名"合肥大学"正式列入教育部"十三五"高等学校设置规划，2020年12月，学校大学更名材料经省委省政府上报教育部。

学校坐落在合肥市经济技术开发区，2022年，为一个校区办学，面积99.72公顷，建筑面积68.9万平方米。全日制在校生达16000人，本科专业76个，涵盖7大学科门类，其中国家级特色专业5个，国家级"卓越工程师教育培养计划"专业4个，国家本科专业综合改革试点专业1个。获批国家级一流本科专业建设点10个、省级一流本科专业建设点19个、一级学科硕士学位授权点2个、专业硕士学位授权点11个。现有专任教师近1050人，其中博士占比34.5%、高级职称占比44.5%、"双能型"占比60.8%。外籍教师中5位获得中国政府"友谊奖"、11位获得安徽省政府"黄山友谊奖"、4位出席李克强总理主持的外国专家新春座谈会。

学校始终秉承"厚德、博学、善思、致用"校训，坚持"地方性、应用型、国际化"办学定位，2014年和2018年连续两届获得国家级教学成果奖一等奖，2018年和2019年连续两次获得国家科技进步二等奖。教育部《中国新建本科院校质量报告》将合肥学院经验总结为"安徽现象、合肥模式"，在全国推广，先后有500余批次高校来校调研，被誉为"全国应用型高校第一方阵的排头兵”。2015年10月30日，时任国务院总理李克强和德国总理默克尔共同考察合肥学院，并宣布在合肥学院建立中德教育合作示范基地及基金。2021年4月23日，时任国务院副总理孙春兰考察合肥学院，对学校发展予以充分肯定。

2022年，学校“三业一体”人才培养模式改革案例获批省委深改委首批重点培育改革案例，学校领导班子在省委综合考核中连续第7年被评为“优秀”等次。教育部副部长翁铁慧到校指导并给予充分肯定，《人民日报》《中国教育报》等主流媒体对我校作专题推介报道。

人才培养。《合肥学院专业、就业、产业“三业一体”人才培养模式改革》获批省委深改委重点培育改革案例（第一批），中共安徽省委教育工委和安徽省教育厅专门印发学习推广方案向全省重点推广。学校获批7项省级本科教学成果奖，其中特等奖3项，一等奖1项，二等奖3项。3项特等奖被推荐申报2022年度高等教育（本科）国家级教学成果奖，获推荐数量在省内同类院校位居前列。

招生、就业工作。本科面向23个省市自治区分批次录取4303人，规模扩大600人。文科、理科分别高出省内本科第一批次控制线10分、13分。研究生招生414人，在校全日制研究生1031人（不含留学生），实现超千人的历史性突破。打造立体化就业市场，开展大中型双选会43场、宣讲会557场，有6598家企业来校招聘，“访企拓岗促就业专项行动”走访科大讯飞等重点产业链企业133家。学生成功入选西部计划志愿者13人、入伍43人，学校在2022年安徽省普通高校征兵工作绩效考评中获“优秀”等级。毕业生就业率稳居全省本科高校前列，学校获全省2022届高校毕业生就业工作成效突出奖励高校，位列省属高校首位。

“三全育人”试点建设。获批2022年安徽省“三全育人”试点省建设暨高校思想政治工作能力提升计划立项项目4个，获评安徽省优秀易班共建高校、优秀易班共建案例等荣誉4项，获评安徽省思想政治工作研究会优秀成果三等奖。《安徽教育》第44期以《合肥学院探索“三个一”模式，推进学生社区育人平台建设》为题作专题推介，省教育厅追加一站式学生社区试点高校专项经费30万。学校成功获批首批国家级创新创业教育实践基地建设单位、教育部思政司“一站式”学生社区综合管理模式建设试点单位。

学科建设。教育厅首批立项“环境科学与工程”“计算机科学与技术”高峰培育学科建设点2个。制定实施《合肥学院学科建设暂行办法（2022-2025年）》等文件，开展校级学科建设，遴选校级重点培育学科（学科团队）5个、校级学科带头人3人、校级优秀青年学术骨干3人。获省级研究生教育教学成果奖一等奖1项，三等奖1项。获批安徽省新时代育人质量工程拟立项项目（研究生教育）49个。研究生参与科技竞赛获省级以上奖励15项，申请专利70余项。4个专业获批国家级一流本科专业，3个专业获批省级一流本科专业，总数累计达到29个。自动化专业、数学与应用数学专业（师范类）顺利通过国家专业认证。

师资队伍。坚持人才引培育并重，推进“年薪制”和绩效分配改革，持续做好高层次人才引进工作，全年引进高层次人才15人，赴企业挂职5人，获批省级人才称号3人、高校优秀拔尖人才培育项目17人。26名教师成功认定合肥市高层次人才。持续巩固师德师风建设成果，1人获“中国政府友谊奖”，1人获安徽省“黄山友谊奖”，1人获评安徽省“金牌职工”。

2022年6月10日，合肥学院与德国高校国际合作联合会线上云签署友好合作协议　（合肥学院／供）

服务地方发展。完成《合肥学院科研业绩登记及绩点计算暂行办法》《合肥学院纵向科研项目经费

“包干制”使用管理办法（试行）》）等文件修订。全年获批立项纵向科研项目 160 项，签订横向项目 297 项，授权各类专利 170 项，其中发明专利 111 项。申报省级科技奖 19 项、省社科奖 12 项。连续第 7 年进入安徽省发明专利百强榜。巩固脱贫成果，助力乡村振兴，连续第 5 年在省直定点帮扶考核中获得“好”等次。

国际交流合作。成功举办第十五届中德应用型高等教育研讨会暨第二届长三角双元制教育国际合作研讨会，有来自 132 所高校与企业的 1039 名中德代表参会。与德国高校国际合作联合会（由德国与瑞士的 34 所应用科学大学组建）签订协议，成为国内除同济大学之外第二个与之合作的高校，对德合作取得新突破。加大国际化应用型人才培养力度，第三届“大陆班”、第一届“轨道班”均高质量毕业、就业，首批“大众先导中心工程师项目”11 人全部入职安徽大众集团。大众学院成功入选安徽省首批现代产业学院并入驻中德教育合作示范基地公共平台。成功获批“法国施耐德电气绿色低碳产教融合项目”建设单位。

校园配套保障。学校 1.69 亿设计创意产业和建筑与交通工程实验实训平台项目和 1.68 亿智能制造产教融合实训基地项目基本完工，大学生游泳馆、大学生活动中心即将投入使用，“银校合作”项目全部完成，水电管网改造工程、电梯更换、外墙修缮、绿化工程逐年推进。图书馆馆藏纸质图书达 145.51 万册，电子图书达 156.72 万册。校园设施得到明显改善，服务保障能力不断提升。

（张伟颀）

【合肥职业技术学院】 合肥职业技术学院（原巢湖职业技术学院）是经省政府批准、教育部备案的具有高等学历教育招生资格的公办全日制普通高等职业院校。成立于 2002 年，由原安徽省巢湖卫生学校、安徽省巢湖农业学校（安徽省土地管理学校）、安徽省巢湖财政学校三所省重点中专学校合并升格而成，是我省成立较早的高职院校之一。2012 年 4 月，因安徽省行政区划调整更名为合肥职业技术学院，是合肥市唯一市属综合性高职院校。学校被列入安徽省“十四五”高等学校设置规划（专科层次职业学校升格本科层次职业学校）。

学校是国家创新发展行动计划优质专科高等职业院校、安徽省首批地方技能型高水平大学建设单位、安徽省首届文明校园。2022 年，学校总占地面积 81.35 公顷，建筑面积 56.26 万平方米，固定资产 32 亿元。拥有纸质图书 120 余万册，电子图书 1000 余万册，纸质中外文期刊 390 余种，电子期刊 15000 余种。有校内实验实训室 255 个，校外实习实训基地 174 个。形成包括新站汇心湖校区、巢湖鼓山校区和金寨路双创园在内的“一校两区一园”办学格局。截至年底，有全日制在校生近 16000 人，非全日制学历教育在校生 5000 余人。

2022 年，学校首次入选全国高职院校资源建设优势学校 60 强并名列 2022 校友会中国高职院校Ⅱ类排名全国第 21 名，跻身中国一流高职院校。学校产教融合案例入选教育部 2021 年产教融合校企合作典型案例，入选首批全国高职院校“产教融合 100 强”名单。学校成功入选世界职业技术教育发展联盟首批成员单位。2022 年度，学校连续第三年被评为全省高校毕业生就业工作成效突出单位。

师资队伍。学校成立人才聘任、教学指导等五个专门委员会，不断完善“党委领导、校长负责、教授治学、民主管理”的现代大学制度体系。有教职工 736 人，其中专任教师 660 人，教授（正高）58 人，副高以上职称教师 214 人，“双师型”教师 313 人。校外教师、行业导师共 305 人；教师在 2022 年安徽省高等职业院校教学能力大赛中获一等奖 1 项，二等奖 1 项、三等奖 5 项。

2022 年 10 月 18 日，合肥职业技术学院建校 20 周年大会举行

（林杉杉／摄）

人才培养。学校以三年制高等职业教育为主，同时开展国家开放大学教育。现有医学院、汽车工程学院、轨道交通学院、机电工程学院、生物工程学院、信息工程与传媒学院、经贸旅游学院、建筑工程学院、基础教育学院、马克思主义学院、继续教育学院等11个二级学院47个招生专业。专业设置围绕“产业—专业—就业”主线，紧扣合肥市“芯屏汽合、集终生智”产业布局，形成涵盖机电、信息、医药卫生、经贸旅游、轨道交通、生物、建筑、汽车等专业门类，专业布局与地方产业高度吻合。2022年高考计划完成率99.90%。与合肥师范学院、安徽工业大学联合培养专升本学生共748人。学生在2022年全国职业院校技能大赛中获得二等奖1个、三等奖3个。获得安徽省职业院校技能大赛一等奖11个，二等奖27个，三等奖30个。在第八届中国国际“互联网+”大学生创新创业大赛中获得国赛铜奖3项，省赛金奖6项、银奖14项、铜奖38项。毕业生年均就业率在96%以上，合肥区域就业率达到60%。

教研科研。2022年，全年组织申报8个类别312项课题。其中，省级质量工程项目61项（含省教育厅委托项目2项），安徽省职业与成人教育学会教育教学研究规划课题13项（含重点项目4项），省高校科研项目36项（含重大项目3项）。校级科研项目130项、质量工程项目72项。公开发表学术论文150余篇，其中三类以上30余篇，授权专利54项。获安徽省教学成果特等奖1项、一等奖2项、二等奖3项。

产教融合。2022年，蔚来汽车产业学院、安徽中显机器人产业学院等7个产业学院揭牌，学校第二所附属医院“合肥职业技术学院附属安徽省庐江县人民医院”签约揭牌。全年新签（续签）校企合作企业53家，新增校外实习基地6个。与各类企事业单位签订横向课题协议8份、科技成果转化合同6项。完成各类非学历教育培训、社会化考试89个班（批）次、38988人次。全年开展“1+X”证书制度职业技能培训与评价1078人次。学校所属电大更名为合肥市第二开放大学，成立合肥职业技术学院老年大学巢湖监狱分校。

对外交流。现有中外合作办学项目3个，在校生61人。中外合作交流项目《教育部－瑞士GF智能制造创新实践基地培育建设单位》和《中德先进职业教育合作项目首批试点院校》在教育部立项。受省教育厅委托成功承办第二届长三角“双元制”教育国际合作研讨会。

（王文迪）

【合肥幼儿师范高等专科学校】 合肥幼儿师范高等专科学校始建于1980年，前身为合肥幼儿师范学校，2011年获教育部批准升格为合肥幼儿师范高等专科学校。学林路校区占地28.47公顷；在建的梅冲湖新校区占地29.67公顷，计划2023年9月投入使用。2022年，有全日制在校生6660人。学校入选首批国家级职业教育教师教学创新团队立项建设单位，获得国家级教学成果二等奖，获批“国家语言文字推广基地”，获安徽省“高职发展标杆校”、安徽省“‘三全育人’综合改革试点校”以及安徽省“国际交流合作基地”。2022年，学校成功申报安徽省文明校园，获批“安徽省华文教育基地”，获得2022年度全省高校就业工作表彰，获“合肥市疫情防控先进集体”。9月7日，省委书记郑栅洁、省长王清宪共同到学校考察并慰问教师，对学校发展和人才培养工作给予高度评价。

师资队伍。有教职工415人，其中高级职称107人（正高级26人），硕士及以上学位教师314人（博士24人），专任教师357人。拥有18个省级教学团队，全国优秀教师1人，省教学名师16名，省教坛新秀11人。2022年引进高

合肥幼儿师范高等专科学校　（吴　平／摄）

层次人才7人（教授4名，副教授1名，博士2名），编制内招考教师34名。3人获得省级人才项目资助，1人获评安徽省“最美辅导员”。

人才培养。学校开设19个专业，其中学前教育、特殊教育、美术教育3个专业为国家级骨干专业，早期教育、艺术教育等4个专业为省级特色专业。与安徽师范大学合作开展专升本人才培养，有学前教育、美术学、英语3个专升本专业。2022年获省级以上职业院校技能大赛奖项189个，获全省高等学校师范生技能大赛一等奖4项，在第十三届安徽省百所高校百万大学生科普创意创新大赛中，获唯一1个特等奖。学校承办安徽省第四届中华经典诵写讲大赛，获省级一等奖17项、二等奖11项，学校获优秀组织单位奖。

科学研究。全年开展“鹤琴讲坛”13场；获批国家语委“十四五”科研规划项目，牵头制定《安徽省幼儿园教师培训标准（试行）》，《合肥市幼儿园设施设备基本要求》等4项标准。全年立项省级质量工程项目35项，高校思政创新项目4项。获得省级教学成果奖5项，其中特等奖1项，一等奖3项，获得专利2项，财政专项支持经费到账183万元。

社会服务。经合肥市人民政府批准，“合肥幼教集团”更名为“合肥幼儿师范教育中心”，管理公办幼儿园35所，辐射合肥市6区3县。幼教中心积极响应《安心托幼行动方案》，其中10所幼儿园开设托育服务，35所幼儿园均开展延时服务。继续教育工作亮点频出，全年培训学员2.25万人，培训收入1138.72万元，3个案例入选“国培计划”省级典型工作案例。新疆班持续做好线上、线下教育教学工作，充分挖掘课程和教学活动中蕴含的思政元素，新疆班的语言教学工作《助力南疆儿童学好普通话》在《中国教育》报报道。学校成功加入全球中文学习联盟，语言文字推广基地工作被教育部遴选为典型案例在全国推广宣传。

对外交流。创新完成国务院侨办“2022年线上中华文化大乐园（北美园）”项目，受到省委统战部、省侨办和加拿大等北美国家300多名学生和家长的称赞。获批“安徽省华文教育基地”，为做好国际交流、语言文字推广和海外统战工作搭建了新平台。成功举办“2022年海峡两岸学前教育研讨会暨首届学前教育庐州论坛”等3个高质量对台交流活动。获评2021年度合肥全市对台交流联络工作先进单位。

（孔德洁）

责任编辑：崔建军

文化 旅游 传媒

文化事业

【概况】 2022年，合肥市中心图书馆等重点文旅工程建设有序推进，城乡公共文化一体发展取得新进展；文艺精品创作取得新突破，曲艺小品《社区故事》获第十二届中国曲艺牡丹奖节目奖，相声《让子弹飞》获第十二届中国曲艺牡丹奖文学奖提名。加强历史文化保护和城市紫线管理，合肥历史文化名城的城市形象和特色得到提升。克服疫情冲击，文化和旅游市场环境得到新改善，庐江县百花村获评全国乡村旅游重点村。蜀山区金大地东西街、包河区罍街入选国家级夜间文化和旅游消费集聚区。合肥市参展商品获中国旅游商品大赛2枚金奖1枚银奖和1枚铜奖，金奖数居全国第一位。市文化和旅游局（以下简称“市文旅局”）广播电视统计工作获国家广播电视总局通报表扬。市文化市场综合执法支队获评2020-2021全国文化市场综合执法重大案件办案单位，被司法部表彰为全国行政执法先进单位。

【文旅公共服务】 2022年，市文旅局推动重点文旅工程建设，市中心图书馆建设项目基本完工。市博物馆、骆岗音乐厅、滨湖图书馆项目稳步推进。出台《城市阅读空间管理服务运营提升三年行动计划》，全年接待读者1071.3万人次，外借图书208.3万册次，举办各类活动16123场，其中，线上活动3170场。制定《关于进一步推动乡镇（街道）综合文化站转型升级试点工作的实施方案》，通过管办分离、点单配送、四库支撑、上下联动，提高乡镇（街道）综合文化站发展活力和服务质量。发布合肥市首批基本公共服务（文化服务保障）领域地方标准。肥西县“提升软实力打造新平台”、庐阳区“高标准打造城市阅读空间高质量提升公共文化服务”、包河区“‘资源共享点单配送’推动城乡公共文化一体发展”入选全省公共文化服务高质量发展典型案例。市应急广播体系建设完成，肥西县在全国广播电视公共服务工作暨县级标准化试点建设推进会上作经验交流。

【文艺精品创作】 2022年，市文旅局围绕“喜迎党的二十大”，创作现代庐剧《农运特派员》《不屈的目光》、传统庐剧《吴王杨行密》。全市8个作品获安徽群星奖，2个作品入围全国群星奖提名。现代庐剧《农运特派员》入选“喜迎二十大 奋进新征程”安徽省优秀新创剧目展演名单。庐剧小戏《苍天不语》、《一张假钱》入选安徽省文旅厅2022年度戏剧创作孵化计划。

2022年8月20日，《宣酒10·五子大讲堂》首讲由郦波老师在安徽名人馆开讲
（丁媛媛／摄）

2022 年 8 月 1 日，《百万雄师过大江——渡江战役史料展》在上海历史博物馆展出（市文旅局／供）

【文化遗产保护】 2022 年，市文旅局推进合肥市城市紫线（文物保护单位）规划修编，开展全市文物安全执法检查，赴高新技术产业开发区、包河区、蜀山经济技术开发区等开展 6 次抢救性发掘，完成瑶海荷塘家园项目用地内古墓、骆岗街道石桥社居委明代古井迁移工作。全市 2 处遗址获评“2020-2021 年安徽十大考古新发现”“优秀考古工地”。开展非遗文化体验空间展、非遗小课堂、非遗体验周等活动，完成“合肥市非遗保护中心数字化传播能力提升建设”二期工程，丰富“AR 庐州非遗”APP 非遗数字化内容库，2 家单位入选省级非遗工坊名单。

【文旅活动】 2022 年，市文旅局举办第十二届中国曲艺牡丹奖“相声、小品、三书”比赛（合肥赛区），受到中国曲协高度评价。协助市纪委策划第七届“包公杯”反腐倡廉优秀曲艺作品展演晚会。筹备“双文广场”(即文化文明广场)红色经典歌曲交响音乐会、现代京剧样板戏经典唱段交响音乐会。举办新春游乐汇“过年留合肥、免费游合肥”活动。开展“以热爱·致艺术”城市演艺新空间系列活动。推出肥东生态文创、肥西赏花悦木、长丰休闲采摘、庐江乡村民宿、巢湖湖光山色等品牌精品旅游线路，长丰草莓文化旅游节、庐江汤池温泉养生节、肥东荷花文化旅游节等活动丰富多彩。开展“安徽人游安徽”“皖美好味道·百县名小吃”宣传推介，制作美食画册，组织抖音短视频、旅游文创产品设计大赛，赴沈阳、长春、哈尔滨、成都、武汉等城市开展文旅推介。文创集市成为全国双创活动周合肥主会场一大亮点。庐江县入选第二批“长三角高铁旅游小城”。

（李娅娅）

文化产业和文旅市场管理

【概况】 2022 年，合肥市大力开展“双招双引”，全市创意文化产业链签约项目 104 个，金额 337.3 亿元，开工项目 106 个、金额 369 亿元，投产项目 77 个、金额 583.9 亿元。开展全域旅游创建行动，4 个乡村旅游点入选文旅部“乡村四时好风光”乡村旅游精品线路。疫情条件下，实现国内旅游人数 8176.55 万人次、国内旅游收入 1005.97 亿元。

【文化产业】 2022 年，市文旅局落实国家、省纾困政策，制定“援企稳岗 9 条”“助企发展 8 条”实施细则，加快产业政策兑现，全年累计兑付政策资金 1490.4 万元。开展第四批合肥市文化产业示范基地和创意文化产业链企业认定，建立文旅行业金融服务白名单。制定建设区域性文创产业中心实施方案，实施文旅项目会战年行动，5 个项目入选省数字创意和文旅产业“双十佳项目”（即十佳谋划项目和十佳落地项目）获奖名单。谋划文旅产业“一圈两廊百点”工程实施方案，推进第二批工业旅游、科技旅游示范基地、首批体育旅游基地、中医药健康旅游示范基地创建。推动帐篷露营地建设，破解民宿办证难题，落实乡村旅游“421”行动（即“4 个 100”，打造 100 个精品主题村、100 个特色美食村、100 条旅游风景道、100 家“后备箱”工程基地；“2 个 1000”，培育 1000 家精品民宿，培养 1000 名经营管理人才；“1 个 10000”，打造 10000 个乡村旅游“双微”提升点），培育评选 111 个文旅网红打卡点。创建省级避暑休闲旅游目的地 1 个、省级特色美食村 4 个、省级文明旅游示范单位 11 个、丙级民宿 1 个。5 个项目入选全省夜间文旅消费“四个十佳”品牌。

全年全市文化经济呈现向好恢复态势，新业态显现活力，文化

表 1

2022 合肥市 A 级旅游景区名录

序号	肥区	景区名称	所在地址	等级
1	肥西县	肥西三河古镇	合肥市肥西三河镇	5A
2	高新区	合肥野生动物园	合肥市环山南路 2 号	4A
3	包河区	合肥包公园	合肥市芜湖路 72 号	4A
4	经开区	安徽徽园	经济技术开发区繁华大道 276 号	4A
5	庐阳区	安徽博物院	合肥市安庆路 268 号	4A
6	长丰县	元一双凤湖国际旅游度假区	合肥市长丰县双凤开发区双凤湖畔	4A
7	肥西县	合肥紫蓬山国家森林公园	合肥市肥西紫蓬山管委会	4A
8	庐阳区	合肥三国遗址公园	合肥市庐阳区三十岗公园路 1 号	4A
9	肥东县	安徽岱山湖旅游度假区	合肥市肥东县古城镇岱山湖	4A
10	庐阳区	合肥李鸿章故居陈列馆	合肥市淮河路步行街 208 号	4A
11	庐阳区	庐阳区三十岗乡生态农业旅游区	合肥市环湖北路 181 号	4A
12	庐江县	金孔雀温泉度假村	庐江县冶父山镇汤池镇外经大道	4A
13	包河区	大圩生态旅游景区	包河区大圩镇	4A
14	肥东县	渡江战役总前委旧址纪念馆	肥东撮镇镇瑶岗村	4A
15	蜀山区	合肥植物园	合肥市蜀山区	4A
16	长丰县	中国（合肥）非物质文化遗产园	长丰县岗集镇北部卧龙山	4A
17	巢湖市	紫微洞景区	合肥市巢湖紫微洞旅游区	4A
18	肥西县	肥西老母鸡家园 （肥西县吉祥农业山庄景区）	肥西县上派镇阴山林场	4A
19	庐江县	冶父山森林公园	合肥市庐江县冶父山镇	4A
20	安巢经开区	中国半汤郁金香高地景区	巢湖经开区	4A
21	包河区	合肥滨湖国家森林公园	安徽省合肥市环湖北路	4A
22	巢湖市	巢湖姥山岛景区	合肥市巢湖中庙街道办事处	4A
23	肥西县	官亭林海	肥西县官亭镇 312 国道旁	4A
24	肥东县	长临古街景区	肥东县长临河镇	4A
25	肥西县	铭传故里景区	肥西县铭传乡启明社区	4A
26	包河区	合肥融创乐园	合肥市包河区庐州大道 788 号	4A
27	包河区	渡江战役纪念馆（安徽名人馆）	合肥市包河区滨湖新区云谷路 299 号、303 号	4A
28	肥西县	祥源花世界景区	肥西县上派镇	4A
29	长丰县	伊利集团合肥工业园	合肥市双凤经济开发区工业大道 169 号	3A
30	肥西县	肥西县小井庄	合肥市肥西县山南镇小井庄	3A
31	高新区	大蜀山文化陵园	大蜀山山西	3A
32	巢湖市	银屏山景区	合肥巢湖散兵镇银屏山旅游区	3A
33	蜀山区	1912 街区	黄山路与怀宁路交口	3A
34	庐阳区	合肥市淮河路步行街	合肥市庐阳区淮河路 36 号	3A
35	庐江县	周瑜文化园	军二东路	3A
36	庐江县	中国稻米博物馆	庐江县台创园施湾村广巢路口	3A
37	肥西县	金三合农业科技示范观光园	肥西县山南镇莲花森林公园旁	3A
38	巢湖市	李克农故居	合肥市巢湖烔炀镇中李村	3A
39	巢湖市	巢湖市博物馆	巢湖市健康东路与裕溪路交汇处	3A
40	巢湖市	东庵森林公园	巢湖市巢庐路	3A
41	庐江县	庐江虎洞生态旅游区	庐江县柯坦镇虎洞村	3A
42	庐江县	果树老街	庐江县汤池镇果树村	3A

续表

序号	肥区	景区名称	所在地址	等级
43	肥东县	牌坊民族特色村寨	肥东县牌坊乡	3A
44	巢湖市	洪家疃古村落	合肥市巢湖黄麓镇	3A
45	包河区	罍街	合肥市宁国路与水阳江路交口	3A
46	蜀山区	刘园．古徽州文化园	沁园路与湖光路交口	3A
47	庐江县	庐江名人馆	庐江县城东新区	3A
48	庐江县	天鸣花海景区	庐江县汤池镇新军二路边	3A
49	长丰县	合肥杜集鸟岛景区	长丰县杜集镇	3A
50	巢湖市	冯玉祥旧居	合肥市巢湖夏阁镇	3A
51	长丰县	荣事达“双创”基地景区	合肥市双凤开发区荣事达第六工业园	3A
52	庐江县	三冲巢湖源	汤池镇三冲村	3A
53	庐江县	庐江阳家墩景区	庐江县罗河镇鲍店村	3A
54	肥东县	肥东县博物馆	合肥市肥东县得心路与深秀路交叉口东北 150 米	3A
55	瑶海区	长江 180 艺术街区	合肥市长江路 180 号	3A
56	包河区	牛角大圩生态示范园	合肥市包河区烟墩街道牛角大圩	3A
57	经开区	合肥海洋世界	合肥市经济技术开发区繁华大道 321 号	3A
58	肥东县	肥东四顶山景区	合肥市肥东县长临河镇四顶社区	3A
59	巢湖市	巢湖尖山湖逸趣园景区	合肥市巢湖市庙岗镇	3A
60	庐江县	庐江独山景区	合肥市庐江县白湖镇六岗村	3A
61	长丰县	合肥北乡双河景区	合肥市长丰县造甲乡双河社区	3A
62	长丰县	合肥桃花源景区	合肥市长丰县陶楼镇新丰社区	3A
63	肥西县	小团山香草农庄	合肥市肥西县铭传小团山	2A
64	肥西县	肥西三岗乡村旅游区	合肥市肥西县上派镇三岗村	2A
65	肥西县	肥西堰湾山庄	合肥市肥西县紫蓬镇堰湾山庄	2A

产业展现发展韧性，实现营业收入 1263.12 亿元。规模以上文化企业实现营业利润 69.81 亿元，同比增长 22.2%，总量和增速均创年度历史新高。规上文化新业态 12 个行业小类实现营业收入 353.03 亿元，同比增长 2.5%。全市新增规上文化企业 15 家，实现营业收入 18.23 亿元，同比增长 518.8%。全市规上文化企业营业收入超亿元的有 141 家。

【文旅市场监管】 2022 年，市文旅局落实落细疫情防控措施，开展全覆盖巡查检查，筑牢文旅行业疫情防控“防火墙”。开展网吧市场专项整治行动、打击整治文旅领域养老诈骗专项行动、“扫黄打非”专项行动，加强艺术类非学科校外培训机构、剧本娱乐场所管理。制定露营管理办法，安全生产平稳可控。遴选执法骨干参加省文化市场综合执法岗位练兵技能竞赛，获团体全能一等奖、团体专业考试第一名、团体单项、个人全能和个人单项等众多奖项。

（李娅娅）

广播电视

【概况】 2022 年，合肥市广播电视台（文广集团）（以下简称“合肥广电”）全媒体开设《喜迎二十大强国复兴有我》《喜迎二十大走合肥看变化》《合肥这十年》《聚焦二十大》《二十大精神在合肥》《二十大精神大家谈》；上线“合意”APP，全媒体栏目《说合肥》，获得长三角广播电视媒体融合优秀案例评选“成长项目”奖，初步形成“台网微端屏”全媒体传播格局；全台在各头部平台初具规模账号近 40 个，全网粉丝量达 6000 万。

【新闻宣传】 2022 年，合肥广电启动《合肥新闻联播》头条工程，开设《在习近平新时代中国特色社会主义思想指引下——新时代新作

表 2　　2022 年合肥市广播电视台作品获奖情况汇总

序号	参评项目	作品名称	所获奖项	主创人员
1	虚拟主持人系统	第二届广播电视和网络视听人工智能应用创新大赛虚拟数字人技术应用	国家广电总局二等奖	刘晓曦、葛骏浩、郭伟、黄振华、赵年、刘川、王睿、何有伦、王勇、张振龙
2	栏目	1026 新闻新周刊	安徽省广播新闻名专栏、安徽新闻名专栏	纪大伟、王婷、编辑：洪卫
3	新闻编排	晚间播报特别节目《合肥，破万亿！》	安徽省电视新闻奖一等奖、安徽新闻奖一等奖	张菁、朱江、编辑：陈斌
4	系列（连续、组合）报道	合肥之“ZHI”	安徽省广播新闻奖一等奖、安徽新闻奖一等奖	汪屹君、王自明、唐玉玲、刘畅编辑：吴松、陆军、方铮
5	消息	国内首座“七站融合”智慧能源服务示范项目在合肥投入运行	安徽省广播新闻奖一等奖、安徽新闻奖二等奖	王峥峥、吴蔚群、编辑：洪卫
6	社教专题	大鼓书中说党史	安徽省广播新闻奖二等奖、安徽新闻奖二等奖	刘安东、吴蔚群、王琦、编辑：洪卫、许杰
7	消息	一封回信两颗红心代代相承	安徽省电视新闻奖一等奖	付晓燕、潘瑞、汤伟、林昆、编辑：李黎
8	社教专题	复兴路上——创新之都浪潮涌	安徽省电视新闻奖二等奖、安徽新闻奖二等奖	陈斌、吴节正、孙乃健、编辑：杨文静、朱江、魏铮铮
9	文学节目	诗话巢湖	安徽省广播文艺一等奖	王晓东、李剑、吴松
10	音乐节目	智造合肥	安徽省电视文艺一等奖	华菁菁、孙一蕾、刘旭东、张晨
11	综艺节目	“绿都之春”庆祝中国共产党成立 100 周年交响音乐会	安徽省电视文艺一等奖	李军、阮艺、朱杰、王安平、黄爱红、冯敢、管婷婷、曹君骅、市奖：杨志强、马文博
12		向东看，新瑶海 1、向东看，新瑶海 2、早安合肥	安徽省广播电视最佳播音员主持人	金山
13		”焕城记——城市更新进行时（合肥篇）长三角新春七日谈——轨道上的长三角（合肥篇） 政协之声：中欧班列——合肥走向世界的“钢铁骆驼””	安徽省广播电视最佳播音员主持人	王晓东
14	媒体融合	合肥，“桥”见未来	安徽新闻奖媒体融合二等奖	许杰、吴蔚群、纪大伟、裴梦洁、王琦、编辑：张寅、洪卫
15	新媒体		安徽省广播电视行业技术能手一等奖	张振龙
16	录制技术 短片	《遇见合肥》招商形象宣传片	安徽省电视节目技术质量奖录制技术奖一等奖	徐永峰、方睿、欧阳杰、黄薇
17	科技创新优秀论文	论文《利用人工智能语音技术打造 AI 虚拟主播系统》	中国电影电视技术学会城市电视台技术分会一等奖	黄振华、尹丽丽、刘晓曦
18	播出技术	合肥市广播电视台	安徽省金鹿奖播出技术二等奖	樊勇兵、王磊、顾建欣、洪宇峰、夏为民、曾令虎
19	系列报道	我在合肥过年	安徽省广播新闻奖三等奖、安徽新闻奖三等奖	陶诗意、刘安东、王峥峥、编辑：冯伟
20	消息	“办不成窗口”办成事	安徽省广播新闻奖三等奖、安徽新闻奖三等奖	张涛、栾世桂、编辑：杜卓星、胡晶晶

续表

序号	参评项目	作品名称	所获奖项	主创人员
21	消息	合肥首例长三角跨省户口迁移“落地”	安徽省广播新闻奖二等奖、安徽新闻奖三等奖	王婷、陶诗意、编辑：洪卫
22	社教专题	千年包公非遗华章	安徽省广播新闻奖二等奖、安徽新闻奖三等奖	吴松、王晓东、李剑、滕康虹、编辑：吴松
23	消息	新闻特写：当天空暗下来我就是你的光	安徽省电视新闻奖二等奖、安徽新闻奖三等奖	胡庭琪、韦超、编辑：吴小舰、徐玮
24	新闻专题	抗“疫”阻击战人民城市的硬核力量	安徽省电视新闻奖二等奖、安徽新闻奖三等奖	余敏、马少文、车慧静、杨肖磊、张昱璇、俞秀锋、编辑：陈娟娟
25	纪录片	见证渡江岁月	安徽省电视新闻奖二等奖、安徽新闻奖三等奖	杨礼平、魏维、何明、孔解元、江炜、陶广全、编辑：杨礼平
26	纪录片	遍地桂花分外香	安徽省电视新闻奖二等奖	吴旭东、汤涛、钟鸣、吴凯强、编辑：张菁、许存存
27	广播剧	青山多妩媚	安徽省广播文艺二等奖	吴松、陆军、张晔、吴莹莹、李兴、徐燕、李剑、刘畅
28	广播少儿节目	童话亮晶晶——童心一家亲	安徽省广播文艺二等奖	张赫龙、王宁、沈小洁
29	音乐节目	合肥的路名——穿越时空之美承载文化记忆	安徽省广播文艺二等奖	李璇、仰洋、权伟
30	综艺节目	第六届“大湖飞歌”合肥青年歌手大赛总决赛暨颁奖典礼	安徽省电视文艺二等奖	朱杰、阮艺、李军、王安平、黄爱红、冯敢、王健、李佳、市奖：马文博、黄玉翔
31		晚间播报红色记忆合肥英烈－张璋：香烟盒上的遗言说合肥—让城市“住”进公园	安徽省广播电视优秀播音员主持人	卢静
32		潮爸辣妈—孩子的社会情感能力有多重要？童话亮晶晶—小飞象老夫子与小学究—阳春面	安徽省广播电视优秀播音员主持人	王宁
33	消息	自带光芒的“超级舞王”	安徽省电视新闻奖二等奖	朱江、吴节正、编辑：聂大地
34	媒体融合	太可爱了！这群平均年龄68岁的老科学家送你一朵小红花	安徽新闻奖媒体融合三等奖	韦超、王翰林、杨志明、钟文、编辑：吴小舰、王中、龚正
35	媒体融合	赶考的路一路守护	安徽新闻奖媒体融合三等奖	吴松、张晔、张小雪、编辑：陆军、吴莹莹
36		技术能手	安徽省广播电视行业技术能手（调频和电视广播）二等奖	赵亮
37	录制技术	大鼓书中说党史	安徽省金鹿奖二等奖	刘安东、王琦、程雨菡
38	录制技术	2021艺术党课·致敬中国精神	安徽省金鹿奖二等奖	倪讴、洪卫、管景智
39	录制技术	HBC劳动节公益宣传《致敬每一个你》	安徽省金鹿奖二等奖	汪雨晨、倪讴、赵骞
40	录制技术	公益广告——一位乡村教师的诗意人生	安徽省金鹿奖二等奖	胡倩、余婧、仰亮
41	录制技术	合肥新闻联播（2022.6.8）	安徽省金帆奖二等奖	边冠峰、张运成、张振龙、管景智

续表

序号	参评项目	作品名称	所获奖项	主创人员
42	录制技术 新闻	合肥新闻联播	安徽省电视节目技术质量奖录制技术奖二等奖	钟文、陶庭俊、孔令明、王云
43	录制技术 专题	见证—渡江岁月 第二集：突破天堑	安徽省电视节目技术质量奖录制技术奖二等奖	钟文、陶庭俊、石磊、王小超
44	录制技术 片头	高新区三十周年宣传片片头	安徽省电视节目技术质量奖录制技术奖二等奖	朱元勋、王小超、张扬、张曦
45		技术能手	安徽省广播电视技术能手（电视中心专业）二等奖	陶庭俊
46		技术能手	安徽省广播电视技术能手（网络安全专业）二等奖	徐涛
47		技术能手	安徽省广播电视技术能手（广播中心专业）二等奖	王磊
48		技术能手	安徽省广播电视技术能手（广播中心专业）二等奖	曾令虎
49		2021 年 6 月 1 日 1026 大家帮 2021 年 9 月 1 日 1026 大家帮	安徽省广播电视优秀播音员主持人	梅琳
50	消息	合肥首例小区“电梯加装遇阻案”判决	安徽省广播新闻奖三等奖	汪屹君、编辑：吴松、陆军
51	社教专题	燃尽芳华献山川：“时代楷模”邱军	安徽省广播新闻奖三等奖	陈瑞华、编辑：吴蔚群
52	社教专题	三面锦旗写青春	安徽省广播新闻奖三等奖	梅琳、冯伟、编辑：洪卫
53	评论	牢记嘱托的实践变化是最扎实的“答卷”——写在习近平总书记考察安徽一周年之际	安徽省电视新闻奖三等奖	吴小舰、韦超、编辑：杨盼盼、徐玮
54	社教专题	岳飞与安徽	安徽省电视新闻奖三等奖	汤权福、罗杰、詹绍唤、张晨、刘云、钱尧、编辑：汤权福
55	综艺节目	2021 艺术党课——致敬中国精神	安徽省广播文艺三等奖	倪讴、胡倩、洪卫、范娟
56	广告	写给爸爸的信	安徽省电视文艺三等奖	华菁菁、龚正
57		东方硅谷合肥高新——高新零距离绿都之春·庆祝中国共产党成立 100 周年交响音乐会东方硅谷合肥高新——青年创业故事汇	安徽省广播电视优秀播音员主持人提名	管婷婷
58	消息	一天四万步“跑单王”春节不打烊	安徽省电视新闻奖三等奖	陆玉娥（小路）、朱海峰、编辑：王培春
59	录制技术	青山多妩媚	安徽省金鹿奖三等奖	吴松、管景智
60	录制技术	收集春天	安徽省金帆奖三等奖	刘川、范传棕、郭伟、王小超
61		技术能手	安徽省广播电视行业技术能手三等奖	侯树明
62	录制技术 综合文体	绿都之春—庆祝中国共产党成立 100 周年交响音乐会	安徽省电视节目技术质量奖录制技术奖三等奖	石磊、陶林、钟文、陶庭俊、崇忠元、陈磊、丁正杰、吴可然
63	录制技术 综合文体	大湖飞歌—2020 合肥青年歌手大赛总决赛暨颁奖典礼	安徽省电视节目技术质量奖录制技术奖三等奖	石磊、陶林、钟文、胡志远、陶庭俊、徐永峰、朱元勋、王小超

为新篇章》等专题专栏，报道习近平总书记重要讲话、重要活动和合肥市的生动实践；做好理论宣讲节目《理响合肥》，推出《习近平讲故事》等特色专栏，让理论宣讲更加生动。围绕党的二十大精神宣传，做到会前有预热、会中掀热潮、会后抓贯彻。把学习宣传贯彻党的二十大精神和宣传市委市政府中心工作相结合，推出《创新之都担当“更大作为”实现“更大进展”》等重头稿件，完成暖民心行动、“芯屏汽合急终生智”等主题宣传，报道合肥十年来的辉煌成就。探索重大主题的大众表达，策划《合肥这十年》时，推出《十年十人》《老外看合肥》等系列报道，让硬核新闻变得喜闻乐见。其中，《老外看合肥》3 次上榜微博热搜，累计阅读播放量突破 300 万 +。坚持全媒传播，综合运用文字、图片、H5、短视频等各类形式开展宣传，推出《一图读懂》等系列融媒产品，取得很好传播效果。加大对中央电视台、安徽电视台发稿力度，提升合肥知名度、美誉度。电视在中央电视台发稿 60 条，其中《新闻联播》发稿 19 篇，在《安徽新闻联播》发稿 460 条；广播在中央广播电台发稿 78 篇，在安徽广播电台发稿 310 篇。拓展对长三角地区发稿渠道，新闻综合广播联手上海、杭州、南京新闻广播打造融媒体平台《话说长三角》，围绕同一主题同步宣传、异地采访、同步直播。

【助力疫情防控】 2022 年，合肥广电全力以赴做好疫情防控宣传引导，全台投入 600 余人的采编力量，各平台相关内容发稿超万篇，全网点击 3 亿 +。全媒体播发市疫情防控工作视频会商会消息，合肥发布微信等头部新媒体账号将 130 多次会商会内容整理成集，引导广大市民了解、认同、支持市委市政府防疫政策。常态化开设《慎终如始做好常态化疫情防控》《科技防控》《抗疫先锋行》等抗疫专栏，报道合肥科学精准防疫举措，讲述抗疫前线感人故事，传播防疫知识澄清不实传闻，营造齐心抗疫的良好精神风貌。坚持移动优先，制作系列推文、原创海报、短视频等作品，多平台全媒体传播。疫情防控宣传期间，点击百万 + 的作品有 20 多篇，10 万 + 作品上百篇。与新华社合作的《合肥：全力保障重点物资运输有序畅通》等多篇作品点击量都在百万左右。组建支援服务队支援一线防疫，全年有 1000 多员工累计参加防疫志愿服务 3 万多天，防疫队员发挥新闻特长，撰写抗“疫”日记，拍摄短视频作品，营造群防群控氛围，被“合肥机关党建”公众号采纳发表 76 篇，合肥市广播电视台支援防疫工作做法入选“合肥机关党建”《党旗高高飘扬在疫情防控一线》栏目。

【媒体融合】 2022 年，合肥广电把媒体融合发展作为“二次创业”，继续实施“瘦身强体”战略，年初停办《合肥广播电视报》，整合驻巢湖的频道频率，组建巢湖事业部，推动主力军进入主战场。推进僵尸公司处置工作，关停 8 家，清理 5 家，围绕主业探索多元经营，支持优质企业做大做强。继续完善全媒传播体系，以“合意”APP 为抓手，整合官网官微部、合肥发布等部门，组建新媒体部，统筹运营“合意 APP”以及台级官方全媒体账号。依托互联网平台，打造新媒体矩阵，交通广播旗下新媒体矩阵粉丝 1000 万 +，抖音号粉丝 700 万 +，位居省会城市交通广播全国第 1。继续培壮融媒体工作室，集中资源支持“合肥政前方”“说合肥”“徽常派”“言规政传”等重点工作室发展，鼓励工作室走内容生产专业化、垂直化道路，打造融媒精品，“飞阅新合肥”工作室以航拍为主要表现形式，推出 60 多个聚焦合肥发展的原创短视频，多个作品被央视新闻、人民日报客户端转发。继续发力融媒直播，完成“雨前行动”“安澜行动”“云洽

2022 年 12 月，合肥市广播电视台“飞阅工作室”深入合肥防疫一线，采制“飞阅新合肥”短视频

（合肥广电 / 供）

谈”“云签约”“中秋诗会”等大型融媒直播和技术保障工作。其中，“2022 年合肥中秋诗会”借力台属传播矩阵和“央媒云”等平台，全网传播量突破 1000 万。深挖媒体价值，探索内容变现、流量变现、渠道变现、技术变现，生活频道推出“广电生活 +”项目打造地产销售线上直播新形态；交通广播策划承接多个融媒项目，新媒体创收 60 余万元；合肥广视建设合肥幸福路消费帮扶公共服务平台，打造线上线下一体化智慧零售平台，以此为基础开展直播带货，该平台被评为安徽省十佳典型消费帮扶案例。规范新媒体账号管理，对各类新媒体账号做梳理备案，关闭缺乏影响力的账号，加强个人账号管理，就安徽见解文化传媒以合肥市广播电视台名义注册抖音账号，责令修改注销 21 个新媒体账户，消除风险隐患，全年未出现重大意识形态安全事故。

【有线电视】 2022 年，合肥广电紧扣党的二十大安全播出主线，落实合肥有线宽带有限公司全面检查接收系统、复用加扰系统、调制系统、互联互备系统、互动点播系统、供电系统，投资 1000 余万元建设电力专线，投入约 100 万元用于信息安全网络建设、运行维护等，提高保障安全传输能力。坚持电视主业，发展宽带业务，开拓集客业务，落地 5G 业务，以多样化服务提高用户黏着度，年内有线电视新开户 4000 户，其中高清基本机顶盒新开户 3500 多户；有线宽带新增用户 1700 户，在网用户达 1.5 万户。与中国广电安徽公司开展合作，提前准备各种业务要素，于年底启动广电 5G 放号业务。

（黄　亮）

报　纸

【概况】 2022 年，合肥日报传媒集团(合肥日报社)(以下简称“集团”）扎实做好党的新闻舆论工作，推进媒体深度融合发展，让正能量产生大流量、好声音成为最强音。全年生产原创新闻产品 22.7 万件，同比增长 16%。其中，“10 万 +”微信产品 199 件，同比增长 158%；视频产品 9.5 万件，同比增长 13%；“100 万 +”视频 3.6 万件，单条最高流量 1.8 亿。

【媒体改革】 2022 年 1 月，集团完成调整组建工作，突出党报龙头地位，《合肥日报》采编运营部门由 3 个充实为 7 个，集团行政管理部门由 10 个减至 5 个；推动遴选高层次人才入编工作，吸引两名外流业务骨干“回流”，担任重要部门负责人，其中 1 人当年入选“江淮文化名家”培育工程青年人才项目。一体化运营《合肥晚报》《江淮晨报》和合肥在线，200 多名采编运营人员全面转向移动端、新媒体。出台采编人员、非采编人员、中层干部薪酬制度，支持长期职业发展，为产品创优、精品生产、工作室孵化等量身定制考核办法。重点培育 23 个融媒体工作室，孵化出“皖中评”“图个明白”“巢湖观澜”等一批有较强影响力的名栏目。在合肥市 2022 年度媒体融合发展扶持专项资金事后奖补的 22 个融媒体工作室中，合肥日报传媒集团有 16 个融媒体工作室入选。市委改革办 2022 年第 22 期《改革工作简报》，以《合肥日报传媒集团“五个创新”建立全媒体传播体系》为题，对集团系统推进组织、内容、渠道、技术、运营等方面改革创新予以肯定。

【媒体改版】 2022 年 1 月，集团启动新一轮媒体改版，《合肥日报》《合肥晚报》《江淮晨报》创新实施报纸头版工程、微信头条工程、党报话语工程、融媒精品工程，推动策、采、编、发流程革新，采前会、编前会、策划会一体运作，跨部门组建特稿中心，策划推出《合

2022 年 11 月 9 日，“合肥通”客户端正式上线　（报业集团 / 供）

肥十年》《合肥年中经济观察》等一批重磅深度作品，《7万人的考试，一座城的答卷》全网阅读量超16万。《合肥日报》全年获得省委宣传部《新闻阅评》表扬11次，其中第16期《新闻阅评》以《从合肥日报改版看融媒体时代党报的探索与革新》为题，专题表扬《合肥日报》全媒体改版成效。

【主题宣传策划】 2022年，集团做好党的二十大精神宣传，各媒体开设"沿着总书记的足迹牢记嘱托的实践""合肥这10年•答卷""合肥这10年•实践""合肥这10年•一瞬""暖民心在行动""二十大精神在基层火热发展看一线"等40多个专题专栏，发稿4000余篇次，其中，报纸端超过400个整版，1600篇次，短视频、海报、文图等新媒体产品2400多件，全平台总阅读量超1.1亿次。围绕习近平总书记两次考察安徽、北京冬奥会、共青团"建团100周年"、全市"两会"、疫情防控等重大主题，各媒体推出系列专题专栏20余个，生产一大批新媒体爆款产品，《我为合肥添一笔》《合肥街头，他们说了这些热词》等报道广受好评。在新媒体平台开设"难中求成抓发展"专栏，展现全市经济社会发展成就，刊发系列稿件500余篇，全网阅读量800万+。统筹做好合肥经济发展与疫情防控主题宣传，刊发疫情防控原创稿件超过2万余条，全网总阅读量50亿+，《合肥晚报》原创作品《这一夜，合肥经历了什么》，微信推出当日点击突破60万+，点赞近7000个，留言近1400条，全网阅读量超百万。

【新媒体品牌打造】 2022年，集团着力打造区域影响力新媒体平台和品牌，扩大传播地域、人群、内容覆盖面，全网触达用户超过4000万。打造头部账号，《合肥晚报》《江淮晨报》2个微信公众号粉丝量全年分别增粉63万、22万，先后突破百万量级，截至年底，粉丝量分别达115万和102万，位列省内媒体微信公众号第二、三位，在全国纸媒微信公众号影响力榜单中，《合肥晚报》长期位列前40位；《合肥晚报》抖音号粉丝达907万，综合实力居安徽媒体第一位，多次位列全国媒体榜单前5。《合肥日报》微信公众号全年粉丝增长25万、总量达56万，传播力显著提升。1月份，集团代运营合肥市人民政府发布微信公众号，全年增粉48万，粉丝达79万，多次位列全省政务微信号第一名。建设新型平台，"合肥通"融媒体平台于11月9日正式上线，截至年底，累计下载量超417万，月活跃用户超20万。

【媒体运营方式探索】 2022年，集团面对传统报纸广告收入持续下滑局面，探索"新闻+政务服务商务"运营模式，全年媒体广告收入7400万元，其中新媒体广告收入3200万元，占同期媒体广告收入的43%，同比增长35%。集团所属文创公司运营"合肥报业数字文化创业园"，全年累计入园17家文创企业，实现当年运营当年赢利。发行物流分公司深耕美团外卖业务，解决就业1300余人，全年营业收入9400余万元。印务分公司进行印刷业务技术改造，承印全国刊物70余个，年产值1800余万元，相关技术创新被评为合肥市职工创新成果。

（李　健）

责任编辑：王晓燕

卫生健康

综 述

【概况】 2022年，合肥市卫生健康系统抓好常态化疫情防控，推进“健康合肥”建设，深化医药卫生体制改革，提升健康产业发展水平，卫生健康和计划生育工作取得成效。全市人均期望寿命提高至80.3岁，市民健康素养水平达31.8%，均高于全国全省平均水平。出生54261人，出生率6.8‰。孕产妇死亡率为零，婴儿死亡率2.2‰。“互联网＋医疗”服务快速发展，全市申领电子健康卡510.5万张，使用人次9487万次，结算金额达23.8亿元。

深化医疗改革。制定推广三明医改经验监测评价指标体系，以定量指标为准绳加快推动医疗改革。重点打造特色优势专科，市第二人民医院、市妇幼保健院被省卫健委列入高水平医院实施项目。推进紧密型城市医联体建设，提升紧密型县域医共体运营效果。全市80%社区中心启动或完成医联体创建。

实施“三名”工程。印发《合肥市卫生健康“名医名科名院”工程实施方案》，推动“三名”工程落实落地。市级投入资金3783万元用于重点专科建设，成功申报省级重点专科6个，完成市级第6周期重点（培育）专科建设63个。支持市属医院与长三角地区高水平医院开展交流合作，市妇幼保健院与上海儿童医学中心联合建设“上海儿童医学中心儿童罕见病研究中心合肥分中心”，填补合肥市在儿童罕见病研究方面的空白；市骨科医院与上海大学合作挂牌成立“上海大学转化医学研究院合肥分院”，开展创伤、骨病及转换医学项目合作。市领军人才引进计划入选者1人，省江淮名医、省级学科带头人共27人，市级政府津贴享受者、市级学科带头人、市级名医工作室领衔人共162人。

提升基层医疗能力。投入842万元改善基层卫生服务水平，389家基层医疗机构完成标准化建设，乡村医生岗位培训2371人，执业（助理）医师进修390人，基层全科医生转岗培训126人，招录199人参加乡村医生委培项目。

加强职业健康保护。全市3家企业获评国家健康企业建设优秀案例，6家企业参评省级健康企业。组织职业健康保护“三进”（即进企业、进学校、进机构）活动，开展第20个《职业病防治法》宣传周活动。推动市职业病防治院监测实验室建设，提升整体科研水平。

开展医疗行业监管。开展医疗美容专项整治，加强中央电视台“3·15”晚会曝光的安徽美希淑颜医疗美容微整形培训等项目整治，对基层和民营医疗机构实行监

2022年5月24日，省委常委、常务副省长刘惠深入合肥市第二人民医院调研紧密型城市医联体运行、医保支付方式改革工作 （李 欢／摄）

督检查全覆盖，查处整顿医疗卫生机构260家，其中，立案行政处罚11家，停业整顿9家。加强医疗机构及医务人员不良执业行为管理，记分总数5217、占全省30.8%。落实安徽省"互联网+监管"系统监管行为采集工作，录入检查、处罚信息9216条，监管事项覆盖率100%。

实施食药安全监测。建成10个县域医共体中心药房，覆盖率100%。加快创建国家食品安全示范城市，56家企业通过食品安全企业标准备案。全市164家监测点上报病例信息6809例，单位报告率94.8%，调查食源性疾病疑似事件48起。

开展爱国卫生运动。开展第34个爱国卫生月和第13个爱国卫生法制宣传周活动。合肥市获评安徽省卫生城市，印发《合肥市创建国家卫生城市三年行动计划（2022—2024年）》，启动国家卫生城市创建。

发展生命健康产业。推进生命健康产业发展暨"双招双引"工作。截至年底，全市生物医药产业签约、开工和已投产项目180个，项目总投资875.28亿元，位居全省前列。生物医药企业实现营收666.7亿元，同比增长2%。

【人口均衡发展】 2022年，合肥市卫生健康委员会(以下简称"市卫健委")印发《合肥市"一老一小"整体解决方案》(该方案被国家发改委推荐为示范方案)，开展老年人门诊就医便民服务民生工程，8家二级及以上综合医院设置老年医学科。市第二人民医院老年护理院项目投入使用，半汤康养中心、新站老年护理院开工在建。贯彻落实三孩政策，优化生育政策，促进人口长期均衡发展。获推荐参评全国婴幼儿照护服务示范城市，开展安心托幼行动，新增托位数1.4万个，累计提供托位3.1万个，千人口托位数3.3个。发放收托运营补助799.9万元，认定市托育服务示范单位9家。推进婚前产前医学检查，全市婚检率93.9%，产前筛查率74.4%，新生儿遗传代谢病筛查率98.8%。促进公共卫生服务均等化，孕产妇和儿童健康管理率92%以上，农村妇女宫颈癌筛查8.5万人、乳腺癌筛查7.8万人，6万名儿童实施"先心病"筛查，1.5万名新生儿完成眼底免费筛查。

（刘　睿）

疾病防控

【概况】 2022年，市卫健委结合疫情防控，全面推进传染性疾病防控工作。全年预防接种国家免疫规划疫苗约185.44万剂次，国家免疫规划疫苗接种率以乡为单位实现90%的目标。举办全市预防接种技能竞赛，提升全市预防接种服务能力和水平。压实属地和重点行业主管部门、大型企事业单位的主体责任，60岁以上人群疫苗接种覆盖率85.22%。

加强结核病防治，开展病原学阳性患者及高危人群耐多药肺结核筛查1169人，发现耐多药肺结核患者71人，纳入规范治疗63人，病原学阳性患者及高危人群耐多药肺结核筛查病人数同比下降10.3%，耐药患者纳入治疗率同比上升21.3%；完成糖尿病患者随访70.14万人次，发现有肺结核可疑症状1531人，检出肺结核患者16人；启动实施7家结核病定点医院结核潜伏感染者预防性治疗试点工作；加快推广智能化管理工具在结核病患者随访管理服务中的使用，使用电子药盒、微信等智能化工具985人次；规范处置188起学校结核病散发疫情，完成1.33万名密切接触者筛查、检查，规范筛查率99.1%。

加强艾滋病防控，全年完成149.2万人次HIV抗体筛查，新增332例病例接受艾滋病抗病毒治疗；支持社会组织在男男性行为

2022年7月1日，淮河路步行街爱心献血屋启动　（市卫健委/供）

人群中开展艾滋病检测，全年检测6418人，其中包含1336名青年学生高危人群；启动艾滋病暴露前预防项目，全年动员106人接受暴露前预防性服药。

启动消除丙肝公共卫生危害行动，成立全市消除行动工作领导小组，建立16人专家组，指定丙肝抗病毒治疗定点医院14家，开展丙型肝炎哨点监测，全年完成1.36万人次监测任务。

做好血吸虫病防治工作，全市血防流行县（市）均建立疫情监测网络，早发现、早报告、早处置，全年未发现血吸虫病病例。

规范开展消除疟疾各项工作，全市连续11年未出现本土原发疟疾病例。

在9个县（市、区）抽样开展儿童及孕妇碘缺乏病监测工作，全市以县（市、区）为单位持续保持碘缺乏病消除状态。

【慢性病综合防控】 2022年，肥东县、长丰县两个慢性病综合防控示范区通过省级复审。城乡癌症早诊早治工作持续推进，项目实施9年来，惠及约17.2万居民，有将近8.85万人次进行临床筛查，5个癌种（即肺癌、乳腺癌、上消化道癌症、大肠癌、肝癌）筛出阳性病例9877人。

【精神卫生防治】 2022年，市卫健委举办全市严重精神障碍管理治疗工作春季随访要点线上培训，339人参训；出台《合肥市精神分裂症患者应用第二代长效针剂门诊治疗工作方案（试行）》，探索完善严重精神障碍服务管理长效机制。贯彻落实《未成年人保护法》等，成立未成年人心理服务专家团队，举办疫情下心理危机干预培训班，全市心理危机干预队伍与心理援助热线服务队伍人员680多人参训；开展全市社会心理服务工作人员轮训，600余名基层社会心理服务工作人员参训；开展全市居民心理健康素养调查工作，完成线上培训和家庭户抽样5400户，入户调查3701人，合格问卷3593份；选派专家765人次为新冠肺炎确诊（疑似）患者及家属、医务工作者等重点人群提供心理干预、疏导服务。

【环境卫生】 2022年，市卫健委采取措施预防和控制环境污染相关疾病，城乡饮用水卫生监测达标率98%以上，受到全省通报表彰；肥东县、肥西县和长丰县农村环境卫生监测完成率100%；空气污染对人群健康影响监测项目完成率100%；环境健康风险评估试点工作完成率100%；创新开展合肥市120余户次室内空气健康危害因素监测项目；参加国家环境所环境健康宣传，动漫宣传作品《关注气候变化预防高温中暑》获评国家环境所视频类作品二等奖。

【学校卫生】 2022年，市卫健委持续开展学生近视等常见病和健康影响因素监测工作，调查17所中小学、幼儿园，调查学生4860人，总体近视率52.96%，较上年下降1.64个百分点，实现“全省儿童青少年总体近视率在2018年的基础上每年降低1个百分点以上”的目标，根据监测结果，采取科学性、针对性干预措施，保障和促进儿童青少年视力健康。

（刘　睿）

抗击新冠疫情

【概况】 2022年，“新十条”措施发布前，合肥市委、市政府主要负责同志亲自坐镇、靠前指挥，疫情处置始终坚持“动态清零”总方针不动摇，坚持提级提速、快封快解、以变应变、精准高效处置多起突发带入性疫情，牢牢守住不发生规模性疫情的底线。“新十条”措施发布后，全市上下坚决贯彻落

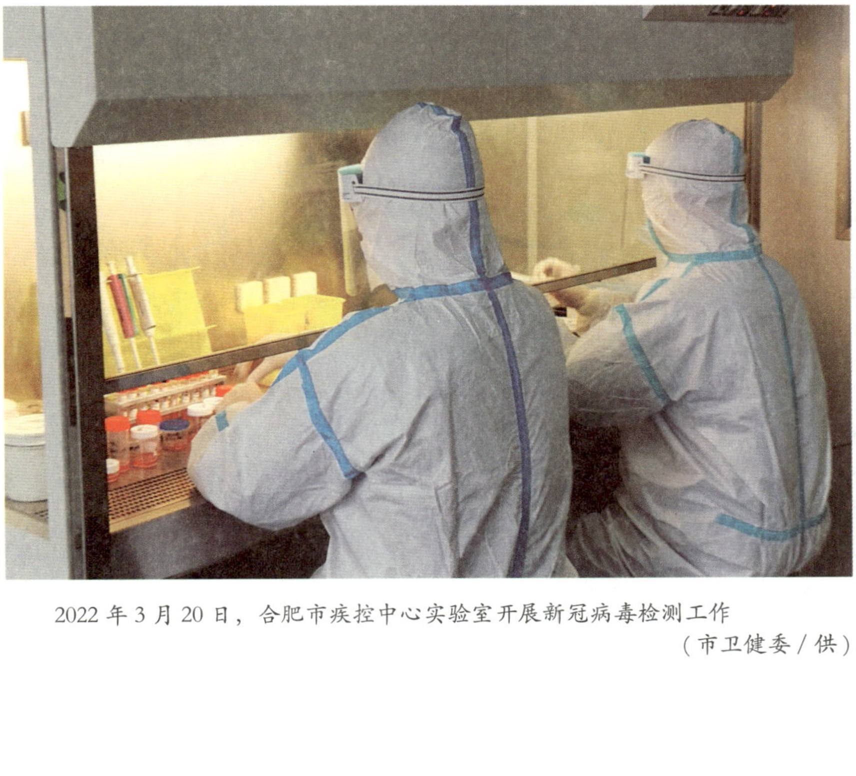

2022年3月20日，合肥市疾控中心实验室开展新冠病毒检测工作

（市卫健委/供）

实习近平总书记关于新阶段疫情防控重要讲话和重要指示批示精神，紧紧围绕“保健康、防重症”目标，迅速优化组织指挥体系，调整优化工作专班，迅速建立医药物资联动保供、统一调拨机制，强化医疗资源扩容和统筹调度，确保应收尽收、应治尽治。按照“留在家里、稳在基层、县级收治、省市支撑”的原则，做好分级分类诊疗，做实做细重点人群健康管理，全力以赴“保健康、防重症”。在较短时间实现新冠感染疫情由防到治的平稳转段，人民群众身体健康和生命安全得到保障。

【常态化能力建设】 2022年，合肥市组建集采样、转运、检测于一体的国有全资核酸检测机构。组建市、县两级1820人的“三公（工）联动”流调溯源专班，24小时合署办公。投入2.6亿元改造定点救治医院，完成4000张床位的亚定点医院建设，提前做好6000张床位改造工作，确保有需要时可在24小时内投入使用。紧急增购120急救车辆，总量增至401辆，保障患者及时转运收治。

【医疗救治点储备】 2022年，合肥市规范设置发热门诊269家、诊室2442间，单日最多可接诊21万人次，最大限度满足群众就近就诊需求。救治床位实行全市全院“一张床”，二级以上医疗机构122家，总床位数5万张，重症床位数2200余张。协调1000多辆社会临时车辆参与轻症患者转运，缩小急救半径，做到“就急就近就专科”派车。

【医疗救治人员力量储备】 2022年，合肥市在岗在位医护人员6.8万人，紧急情况下，可动员近三年退休的医护人员及社会上具有资质的医护志愿者2.2万人。全市二级以上医院遴选797名医师参加ICU储备省级培训，442人参加市重症质控中心培训，尽全力满足极端情况下的重症救治需要。

（刘　睿）

中医药事业

【概况】 2022年，市卫健委牵头编制《合肥市“十四五”中医药发展规划》《合肥市促进中医药振兴发展行动计划（2023—2025年）》，统筹推进合肥市“十四五”中医药发展。

*加大中医药人才培养。*举办2期合肥市非中医类别医师学习中医培训班，259名非中医类别执业（助理）医师参加培训；开展中医护理适宜技术培训，21名基层医疗卫生机构学员参训；组织确有专长人员考核，27人通过确有专长考核；举办中医类别全科医生转岗培训班，33名医师参训；遴选3名中医护理人员参加省中医护理骨干人才培训。

*传播中医药文化。*制作“弘扬中医药文化”系列4集短视频，以黄帝内经·素问·四季调神大论为主题，宣传中医养生保健知识，在全市基层医疗卫生机构高频次播放。开展中医药文化进校园活动，在全市44所小学安装中医药文化宣传板，发放7500套《九种体质中医调养》宣传画。开展“一法一条例”（即《中华人民共和国中医药法》《安徽省中医药条例》）宣传和中医药文化宣传周活动，举办中医药知识讲座、中医义诊，引导群众知中医、信中医、用中医。

【中医药“三名”工程】 2022年，合肥市财政投入114万元用于支持市属医院及县级中医院开展12项中医药研究项目和9个优势专科（专病）建设，成功申报省级特色专科2个，入选省名中医3人，省基层名中医7人，在建全国基层名老中医药专家传承工作室1个、省级基层名中医工作室1个，中医学术流派传承工作室1个。

（刘　睿）

互联网＋医疗健康

【概况】 2022年，合肥市列入政府投资公益性信息化项目计划26个，总投资约4.9亿元。其中竣工项目2个，续建项目6个、新开工项目3个，新开工备选项目17个。完善全员人口数据库、电子病历数据库和电子健康档案数据库。合肥市传染病防控智慧化预警多点触发系统和合肥市第一人民医院信息化平台完成竣工验收；合肥市医疗电子票据管理平台项目投入使用，推进合肥市第一人民医院新综合楼信息化项目建设；合肥市第四人民医院信息化建设项目、市口腔医院信息系统升级改造项目、120调度指挥系统搬迁及信息化提升项目完成招标，合肥市生活饮用水水质在线监测信息化项目完成初步设计批复，合肥市居民电子健康码（二期）建设项目、合肥市第八人民医院信息化硬件集成及三级等保建设项目等待立项。

【传染病防控智慧化预警系统】 2022年，合肥市传染病防控智慧化预警多点触发系统覆盖全市所有基层医疗卫生机构及市区县疾控部门，18家等级医院、2500余所学校、4100余家药店、市医保购药及第三方实验室等，建立基于症候群的智慧化多点多渠道全病种传染病监测预警体系，实现业务流程规范化、智能化，并畅通其他机构（交通、海关、民政、市场监督、司法、邮政、文旅等）上报渠道，综合研判分析多个哨点监测数据，成功发出多起学生群体易发传染病预警信号。疫情期间，全市基层医疗卫生机构周监测病例数15万余份，等级医院周监测病历数32万余份，学校日打卡150余万人次，药店登记率约75%，日均购药记录5万余条。新增报卡数1.4万例，数据多源监测2300余万次，建立疾病档案1061万个，传染病症候群预警信号累计监测病例总数1638万例，传染病预警信号累计1.1万起。

【医学影像互联互通】 2022年，合肥市174家医疗机构完成与智联网医院系统对接（符合条件的二级及以上公立医院全部实现与省平台联通），17家三级公立医院和148家基层公立医疗卫生机构完成影像数据调阅工作，基层公立医疗机构影像上传率97%。

（刘　睿）

医疗机构

【概况】 2022年，全市有医疗卫生机构（含村卫生室）3703个，其中医院222个、基层医疗卫生机构3356个、专业公共卫生机构56个、其他卫生机构70个。基层医疗卫生机构中，卫生院97个，社区卫生服务中心（站）182个，村卫生室1130个；专业公共卫生机构中，疾病预防控制中心13个，专科疾病防治院（所、站）10个，妇幼保健院（所、站）12个，卫生监督所（中心）11个。年末卫生技术人员8.70万人，其中执业（助理）医师3.27万人、注册护士4.29万人。医疗卫生机构床位7.09万张，其中医院6.32万张、基层医疗卫生机构0.72万张。全年医疗卫生机构诊疗6644.14万人次。

【中国科学技术大学附属第一医院】 中国科学技术大学附属第一医院是一所集医疗、教学、科研、预防、保健、康复、急救于一体的省级三级甲等综合性医院。医院总占地面积（含规划面积）约52.33公顷，总建成面积90.6万平方米，总在建面积（不含规划建筑面积）65万平方米。2022年，开放床位5750张，设有47个临床医技学科。拥有国家临床重点专科建设项目9个，省临床重点专科25个。在2021年度全国三级公立医院绩效考核排名第21位，等级A+；连续5年进入“复旦版中国医院排行榜”全国百强。在2022年自然指数（NatureIndex）年度榜单中，位列全球医疗机构第45位，中国医疗机构第7位。有25个学科进入全国学科榜单TOP100，9个学科进入TOP50，9个学科位列安徽省首位。

【安徽医科大学第一附属医院】 安徽医科大学第一附属医院是集医疗、教学、科研、预防、康复、急救于一体的大型综合性教学医院，是国家卫生应急医疗移动救治中心和安徽省紧急医疗救治基地。开放床位4990张，2022年，完成门诊量580万人次，出院病人22.5万人次，标准手术台次9.76万，在2021年度全国三级公立医院绩效考核排名第49名，连续四年取得A＋等级，连续三年进入全国前50；连续12年入围“复旦版中国医院排行榜”全国百强。拥有卫健委重点实验室数1个，省部重点实验室数10个，国家药物临床试验机构16个，国家卫健委专科、住院医师培训基地共42个，获批10个国家临床医学研究分中心和5个安徽省临床医学研究中心，《肝损伤炎症与修复》项目入选国家自然科学基金杰出青年基金。

【安徽中医药大学第一附属医院】 安徽中医药大学第一附属医院是安徽省规模最大、功能最全的综合性、公立性“三级甲等”中医医院，承担着全省中医药医疗、教学、科研、预防、保健、康复等任务。为首批国家中医临床研究基地、国家中医药传承创新工程重点中医院建设单位、国家中医疫病防治及紧急医学救援基地建设项目单位、国家区域医疗中心依托单位、国家中医药传承创新中心建设单位。2022年，连续2年在国家公立中医医院绩效考核获得“A+”等级。开放床位2100张，职工2116人，其中，国医大师2人、全国名中医5人，国家中医药领军人才支持计划—岐黄学者1人，青年岐黄学者2人。拥有国家区域中医（专科）诊疗中心3个，国家临床重点专科6个，国家中医药管理局重点学科9个，国家中医药管理局重点专科、专病12个。

【合肥市第一人民医院】 合肥市第一人民医院是一所集医疗、教学、科研、保健、预防、康复、急救、健康检查、临终关怀于一体的三级甲等综合性医院。医院占地面积24公顷，医疗建筑面积40万平方米，开放床位3893张，职工3531人。拥有2个综合院区，本部院区和滨湖院区，参与筹建新桥国际医院。2022年，医院拥有高级职称604人，硕士生导师115人，博士50名，博导4人，获批安徽省“115”产业创新团队（即安徽省人才工作领导小组为加强重点产业创新型人才队伍建设，提高自主创新能力，集中开展“861”行动计划重点产业项目的科技攻关、新产品研发和科技成果转化工作，培养高层次创新型人才而设立的产业创新团队）2个，安徽省学术和技术带头人及后备人选2人，拥有安徽省江淮名医5人，安徽省卫生健康杰出人才2人，骨干人才15人。拥有国家临床重点专科1个（护理学），累计获批省级重点学科建设系列21批次，获批市级重点学科建设系列54批次。

【合肥市第二人民医院】 合肥市第二人民医院是合肥市东部规模最大的集医疗、科研、教学、预防、保健、急救、医养等于一体的综合性三级甲等医院，是安徽医科大学附属合肥医院。2022年，医院总占地面积约13.33公顷，含2个院区，下辖2个社区卫生服务中心及瑶海区11家紧密型城市医联体单位，开放床位2584张，职工2583人，其中高级职称400人、江淮名医2人、安徽好医生1人、安徽省最美医生1人、安徽省卫生健康杰出人才3人、安徽省卫生骨干人才10人、安徽省第十五批“115”产业创新团队（即安徽省人才工作领导小组为加强重点产业创新型人才队伍建设，提高自主创新能力，集中开展“861”行动计划重点产业项目的科技攻关、新产品研发和科技成果转化工作，培养高层次创新型人才而设立的产业创新团队）1个。拥有临床学科30个，医技学科11个，安徽省“十四五”医学重点专科3个。

（刘 睿）

责任编辑：王晓燕

体　育

综　述

【概况】 2022年，合肥市体育局统筹推进群众体育、竞技体育、体育产业等全面发展。加强体质测试指导服务和社会体育指导员队伍建设，全民健身志愿服务水平得到提升。完成合肥市科学健身指导中心建设，配合完成安徽省公民体质监测和全民健身现状调查，在全市13个县（市、区）、开发区开展24场国民体质测试“五进”活动，完成全市13000余份测试样本数据采集工作。通过体育组织、社会健身场所、全民健身志愿服务等社会力量和体育行政部门组织的各级各类体育项目培训，累计完成15.35万人次的各类体育项目培训任务。组织和发动各县（市、区）、开发区及市级单项体育协会成立社会体育指导员志愿服务队50余支，深入基层一线开展志愿服务。全年累计培训二级社会体育指导员733人，指导各县（市、区）、开发区培训三级社会体育指导员2589人。

首次成立合肥市体育行业联合党支部。2022年5月24日，合肥市体育协会胜利广场第一、第二联合党支部正式成立。此次成立的联合党支部覆盖合肥市射箭运动协会、合肥市龙舟运动协会、合肥市极限运动协会、合肥市太极拳研究会、合肥市电子竞技协会、合肥市铁人三项运动协会、合肥市轮滑运动协会等7个协会。

2022年8月7日，合肥市全民健身运动会开幕

（市体育局／供）

【快乐健身行动】 2022年，市体育局把“暖民心”行动摆在突出位置，结合实际，制订合肥市快乐健身行动方案。市、县（市、区）及开发区两级共同发力，全年投入资金3.94亿元，超额完成年度各项目标，其中，居住小区健身设施维修改造提升和配建年度任务435个，实际完成493个，完成进度113%；行政村健身设施维修改造提升任务178处，实际完成300处，完成进度169%；全年体育项目培训人次任务目标15.35万人次，实际完成18.96万人次，完成进度121%；全年参加赛事活动人数任务目标76.77万人次，实际完成86.69万人次。全市健身步道、骑行道完成231千米，绿道完成127千米，超额完成年度目标。市本级高标准完成100个全民健身苑、6个笼式多功能健身场、10个三人制篮球场、20个社区体育俱乐部和10个百姓智慧健身驿站（房）建设；持续推进县（市、区）、乡镇（社区）“五个一”（即体育馆、体育场、中小型全民健身活动中心、游泳池（馆）和体育公园）、“三个一”（即小型室内健身中心、全民健身广场和多功能运动场（笼式多功能足球场））的建设。

（石　峰）

群众体育

【概况】 2022年，市体育局围绕着力保障和改善体育民生，以构建完善覆盖城乡全民健身公共服务体系为核心，把发展群众体育事业作为促进社会和谐稳定、统筹城乡均衡发展的重要内容，扎实推进各项工作落实，取得显著成绩。全市累计完成居住小区健身设施改造提升和配建435处，行政村健身设施维修改造和提升289处，建成体育公园6个。举办线上、线下体育赛事活动1330场次，近百万人次参与活动。加强科学健身指导服务，合肥市每千人拥有社会体育指导员2.9名。

【全民健身运动会】 2022年，合肥市全民健身运动会采用线上线下2种办赛模式，设有36个大项（线上赛8项、线下赛28项）、224个小项。本次运动会在项目设置上推陈出新，有鼓励青少年走进户外、健身运动的田径趣味4项，以赛带练，探索体教融合新方向；有时尚潮流的轮滑、啦啦操，吸引更多年轻血液参赛，扩大赛事覆盖人群；有由冰雪项目扩充的滑冰、滑雪、冰壶3项，延续后冬奥会合肥“冰雪运动热”；有新兴水上运动项目——桨板，为市民群众带来奇妙的运动体验。运动会历时237天的激烈角逐，有4.3万人次参赛。

【15分钟健身圈建设】 2022年，合肥市整合各类资源推进场地设施建设，全年投入资金14.54亿元（含社会资本），建成各级各类健身场地1036个，超额完成年度建设537个建设任务，任务完成率193%，其中，体育公园38处，全民健身中心47处，社会足球场46片，健身步道54处，健身路径454套，多功能球类场地193处，其他类型的健身设施200多处。在全省16个地市综合考评中，合肥市得分97分，排名第一。

【全民健身活动】 2022年，合肥市以“全民参与、全民运动、全民健康、全民幸福”主题，广泛开展全民健身活动。全国全民健身线上运动会（合肥赛区）活动，设置本草纲目毽子操挑战赛、合肥十峰打卡挑战赛和线上马拉松三大特色项目，累计参赛人数达到11万人次，受到广大合肥健身爱好者的好评。开展2022年网球公开赛、《国家体育锻炼标准》达标赛、第六届“春芽杯”青少年篮球赛、第八届传统武术比赛、2022年中国合肥射箭邀请赛等小型多样、人群聚集较少的各类体育赛事活动，满足广大群众健身的基本需求。开展乡村全民健身活动，在全市1160个行政村和农村社区举办各类全民健身活动1469次，参赛人次为12万人次，实现全民健身活动农村全覆盖。

2022年7月28日，合肥市全民健身运动会跆拳道比赛开赛（市体育局／供）

【第五届残疾人运动会】 2022年9月16日，合肥市第五届残疾人运动会在合肥市全民健身中心闭幕。本届运动会设田径、游泳、乒乓球、举重、射击、羽毛球、飞镖、象棋、围棋、盲人门球、聋人篮球、盲人柔道12个大项216个小项，有来自各县（市、区）、开发区和市教育局、市民政局组成的14支代表团283名运动员，28名领队，62名随队工作人员参加运动会。经历两个阶段的激烈角逐，产生奖牌208枚。肥东县、肥西县、长丰县、庐江县、巢湖市、瑶海区、庐阳区、蜀山区、包河区、合肥高新技术产业开发区、合肥经济技术开发区、合肥新站高新技术产业开发区、市教育局、市民政局 14 个代表团获体育道德风尚奖。运动会展示“平等、参与、共享、融合”的现代文明社会残疾人观，弘扬顽强拼搏，奋勇争先的残疾人体育精神，自强自立、乐观向上的精神风貌得到彰显。

【科学健身指导中心投入使用】 2022 年 3 月 4 日，合肥市科学健身指导中心在合肥体育中心正式揭牌并投入运营。市科学健身指导中心是在原合肥市国民体质监测中心的基础上进行迁址、改造、升级，通过优化服务环境，增添器材设备，增加专业人才，拓展服务功能，实现集国民体质检测、科学健身指导、运动功能评估和运动康复理疗于一体。该中心探索体医融合发展的新道路，先后与安徽医科大学第一、第二附属医院，合肥市第一人民医院，合肥市第二人民医院，安徽省第二人民医院，武警安徽总队医院，安徽省体育科学研究所，合肥经济技术开发区普仁外科医院以及合肥产投励源康复医疗中心 9 家机构的 27 名专家教授签订合作协议，借助专业团队的人才资源和优势，发挥科学健身指导在健康促进、慢病预防等方面的积极作用。中心正式投入运营后，向广大市民免费提供国民体质检测、健身知识讲解及运动健身指导等服务，结合各级各类全民健身活动，定期开展“体医融合”健康大讲堂活动，引导广大群众科学健身。

（石　峰）

2022 年 9 月 24 日，合肥市全民健身运动会气排球比赛在合肥市体育馆举行

（市体育局 / 供）

竞技体育

【概况】 2022 年，合肥市坚持以培养、输送高水平体育后备人才为目标，全面做好安徽省第十五届运动会等重大赛事的备战参赛工作，探索创新业余训练体制机制，鼓励社会力量兴办体育，推进反兴奋剂斗争，加强反兴奋剂宣传教育，提升竞技运动训练水平和竞技成绩。深化体教融合，落实“双减”政策，提升青少年健康水平。

【参赛安徽省第十五届运动会】 2022 年，安徽省第十五届运动会在滁州市举行，合肥市派出由 1600 名运动员、教练员组成的体育代表团参赛，经过顽强拼搏，合肥市代表团在青少年部比赛项目中获得金牌 243 枚、银牌 149 枚、铜牌 148 枚、总分 9371.5 分，在群众体育部比赛项目中获得金牌 25 枚、银牌 18 枚、铜牌 8 枚，打破男子甲组 100 米蛙泳、男子丙组 50 米步枪三种姿势个人、男子丙组 4×400 米三个项目的全省青少年纪录，囊括金牌总数、奖牌总数、团体总分、竞技体育贡献、青少年人才输送、综合成绩六项第一，合肥市代表团获得“体育道德风尚奖”，实现运动成绩和精神文明双丰收，合肥体育全面发展、领跑全省的实力水平得到展现。

【“三大球”资助奖励政策】 2022 年 8 月 5 日，《合肥市“三大球”资助奖励实施办法（暂行）》（以下简称“《实施办法》”）出台，成为安徽省首个“三大球”（即足球、篮球和排球）专项资助奖励办法，旨在充分调动社会力量的积极性，让“三大球”项目在合肥逐步提质扩面，筑牢“三大球”发展根基，提升“三大球”竞技实力，形成在全国有影响力、有竞争力的“三大球”职业俱乐部，使“三大球”成为合肥体育强市建设的标志引领。

《实施办法》明确按项目类别、影响力、联赛等级和投入等对赛事资助和奖励标准进行分类，主要分为全国最高级别职业联赛、甲级类职业联赛、乙级类职业联赛、准入类联赛和“体总杯”三大球城市联赛，资助金额不超过俱乐部上赛季实际投入的50%，奖励范围为各类联赛的前八名。其中，足球项目，每赛季资助金额最高为2000万元，奖励最高为1000万元；篮球项目，每赛季资助金额最高为1000万元，奖励最高为500万元；排球项目，每赛季资助金额最高为600万元，奖励最高为300万元。参加“体总杯”三大球城市联赛的，每支参赛队给予每赛季最高150万元的资助，奖励最高为300万元。

【体育类校外培训机构管理】 2022年6月14日，《合肥市体育类校外培训机构管理实施细则》正式出台，该细则明确体育类校外培训机构设立应具备的要件条件，对举办者、机构名称、开办资金、场地设施、机构章程、党组织建设、决策机构、监督机构、行政负责人、法定代表人、从业人员等提出明确要求。细则的出台，标志着合肥市体育类校外培训机构正式迈入“准入”时代。

【运动员管理】 2022年度，合肥市累计注册运动员9372人，根据《运动员技术等级办法》，审批国家二级运动员524人次。合肥市组队参赛安徽省青少年锦标赛，获得297项第一。

【反兴奋剂教育培训】 2022年6月16日，合肥市体育局组织开展反兴奋剂教育培训。培训会上，安徽省反兴奋剂中心主要负责人结合工作实际，从兴奋剂的危害、兴奋剂违规处理，以及对于食品、药品、营养品、饮品、化妆品使用的注意事项等，进行讲解。培训会重申全市对于赛风赛纪和反兴奋剂问题的“零容忍”态度，要求全体人员要从讲政治、顾大局的高度，深刻认识反兴奋剂工作的重要性，遵守反兴奋剂法律法规，绝不触碰红线，真正拿干净的金牌、风格的金牌和道德的金牌。

（石　峰）

体育产业

【概况】 2022年，合肥市推进体育消费试点市建设，用“借转补”“事后奖补”等方式支持社会力量建设体育场馆、举办赛事活动，安全有序完成2022年市民健身补贴消费券发放，带动体育消费。体育彩票销量实现增长，体育事业发展获得支撑。

【全国体育消费试点市建设】 2022年是全国体育消费试点市建设的完成之年，合肥市继续采取措施推进试点工作。举办2022年合肥智慧体育创新创业大赛，收到来自全国各地的报名参赛项目230个。从体育强省经费中拿出专项资金支持体育夜市发展，结合世界杯观赛在罍街举办4场体育夜市活动。根据疫情情况，制定阶段性助企纾困政策，对体育企业减免房租，对规上体育企业防疫物资采购予以补贴，能由社会力量举办的赛事活动全部实行政府购买服务，并提高首付比例至70%。组织开展体育产业政策资金申报工作，兑现事后奖补项目19个、1526.37万元。安全有序完成市民健身补贴消费券发放，全年参与活动商户215

2022年5月24日，合肥市首个体育行业协会联合党支部成立（市体育局/供）

家，发放健身补贴消费券 85.69 万张，超过 42.89 万人次参与领券，核销笔数 22.19 万张，核销消费券金额 729.79 万元，实现订单转化 1321.57 万元。

【城乡居民体育消费调查】　2022 年 5 月，市体育局委托第三方组织开展 2021 年度合肥市城乡居民体育消费调查，回收有效问卷 4022 份。经统计分析，于 7 月底形成《2021 年度合肥市城乡居民体育消费调查报告》。调查显示，2021 年度合肥市城乡居民体育消费总规模为 239.56 亿元，人均体育消费为 2531.00 元，比 2020 年（2275.56 元）增长 255.45 元，同比增长 11.2%，占全市人均消费支出的 9.0%，占人均可支配收入的 5.5%，处于全国中间水平。合肥市城乡居民体育消费总体呈现出“以体育用品消费为主，健身休闲消费为辅”的特征。其中，体育用品的人均消费为 1498.79 元，占比为 59.2%；健身休闲的人均消费为 428.21 元，占比为 16.9%；体育培训和教育的人均消费为133.84元，占比为 5.3%，体育旅游、体育观赛及其他与体育相关的人均体育消费为 470.36 元，占比为 18.6%。

【体育彩票销售】　2022 年，合肥市体育彩票累计销售 32.26 亿元，创历史新高，同比增长 35.09%，募集体彩公益金 7.45 亿元，其中，乐透型销售 62788.72 万元，同比增长 8.96%；竞猜型销售 235198.35 万元，同比增长 48.28%；即开型销售 24627 万元，同比增长 45.47%。在销售渠道方面，2022 年底，全市在售实体门店1604家，其中，传统门店1229家，便利渠道364家，商业综合体11家。

（石　峰）

第五届全国智力运动会筹备

【概况】　2022 年是第五届全国智力运动会（简称“五智会”）筹备工作的关键之年，合肥市成立由市政府主要领导任主任，市政府分管领导任执行主任，相关省市部门、合肥市城区、开发区等 40 余家单位组成的五智会合肥市承办委员会，明确承委会各成员单位的工作职责，制定“分区办赛、属地负责”的办赛机制，市政府分管领导多次进行工作调度，推动筹备工作。组织开展五智会会徽、吉祥物、口号、会歌等标识体系征集活动，并于五智会倒计时 300 天时正式向社会发布。加强五智会宣传，开通五智会官方微信公众号、官方抖音号等平台账号。开展教练员、裁判员、竞赛工作人员等专业人才培养，通过进校园、进社区、进企业等活动不断扩大智力运动项目的影响。

【运动会标识体系征集】　第五届全国智力运动会标识体系于 2022 年 7 月 20 日面向全社会公开征集，历时一个月，收到来自全国 23 个省份、41 个地市，3751 人的 4316 幅作品。经过专家评审团的多轮评选，最终确定第五届全国智力运动会的会徽、吉祥物、口号和会歌，并于五智会倒计时 300 天正式向社会发布。

会徽：会徽的设计灵感来自于脑波，智力运动会相对于其他肢体运动是一种脑部的运动。会徽中间的红色代表参赛选手脑部的高燃活动，蓝色代表选手外部表情和肢体的冷静。会徽的十层线条代表选手的缜密思维和追求完美的策略，五边形的“五”代表第五届智力运会。会徽还像一组山体等高线，中间的“合”字是山顶，寓意东风，象征选手们智力比拼，竞争中国最强大脑。“合”字除契合合肥元素外，

第五届全国智力运动会会徽　　（市体育局／供）

还能看到外轮廓似圆润的人形，诙谐呼应“两个胖胖”的合肥别称，具有城市品牌专属性，拉近与市民的亲近感。

吉祥物：吉祥物取名“智多星”，以大脑为原型，将“五智会”设立的六大项目以抽象的色块融入其中，象征着五智会项目多样。“智多星”主形象的科技感，代表着智力运动会发展到今天，不仅是一场人文盛会，更是一场科技盛会。腿部加入的蓝色浪花纹样，表现时代创新和发展，彰显合肥大湖名城、创新高地的名片，同时也契合合肥恰似中流击水的劲头，乘风破浪、奋勇前进。“智多星”的名字源于优秀的中国历史文化，寓意足智多谋，是智慧、智力的象征。

口号：智汇合肥弈彩绽放。

会歌：会歌入选作品《弈彩》，词作者王广鲁，曲作者罗龙。由对棋牌类竞技游戏的描述开始，融入对人生的思索和感悟，最后升华至中华文明在世界的这局大棋上始终自强不息，勇于开拓未来的精神。会歌充分体现时代特征和第五届全国智力运动会的体育精神，并融入安徽合肥地域文化特色，整体大气磅礴，富有活力。

【五智会工作会商会】 2022年9月20日，第五届全国智力运动会工作会商会在合肥市政务中心举行。国家体育总局棋牌管理中心党委书记、主任朱国平，安徽省体育局党组成员、副局长秦旭，合肥市体育局党组书记贾伟，以及安徽省体育局、国家体育总局棋牌管理中心相关项目部、“五智会”承委会相关成员单位、各赛区相关负责人等参加会议。会议明确五智会的举办时间为2023年10月25日至11月4日，听取承办会工作情况和五智会会徽、吉祥物、口号和会歌征集情况汇报。

（石　峰）

责任编辑：赵永军

乡村振兴

综 述

【概况】 2022年，合肥市面对疫情旱情挑战，聚焦“守底线、抓发展、促振兴”，坚持把防止规模性返贫作为底线任务，把促进脱贫群众增收作为根本措施，把促进农村地区发展作为主攻方向，用发展的办法巩固拓展脱贫攻坚成果，推动巩固脱贫成果上台阶、乡村振兴见实效。全市脱贫人口人均纯收入17115元，增速16.5%，在全省领先，肥西县、肥东县、长丰县增速居全省前三位；112个脱贫村全部建成经济强村，村均收入104.5万元，是全省此项指标唯一突破百万元的地级市。

【防止返贫】 2022年，合肥市未发生一起返贫致贫现象。市乡村振兴局对全市1246个村居、115.4万户农户进行全覆盖大排查，新识别监测户1027户、3049人。对全市脱贫人口及监测对象安排帮扶联系人28081人，落实帮扶措施60.48万条，户均7.5条。精准落实政策举措，持续巩固提升“两不愁三保障”和饮水安全成果，脱贫户、监测对象家庭学生控辍保学率、医疗保障率、住房和饮水安全保障率均达100%。发放原建档立卡家庭学生各类资助4.65万人次、5608.4万元。落实脱贫人口大病专项救治“应治尽治”和慢性病家庭医生签约服务“应签尽签”精准帮扶举措，累计救治34种大病患者1.6万人，签约服务重点慢性病患者3.46万人。落实分类代缴政策，资助21.29万农村特困人员、低保对象、监测对象参加城乡居民医保，实现困难群众基本医保全覆盖。全市低收入人口认定19.63万人，累计发放兜底保障资金12.86亿元。建立社会救助及补贴标准自然增长机制，县域低保标准达到月人均843元，位居全省第一。

【脱贫群众增收】 2022年，合肥市聚焦产业就业，力促脱贫群众持续增收。

特色产业带动增收。全市衔接资金投入产业项目10.76亿元，占比56.52%。实施特色种养业“四带一自”提升工程，新型农业经营主体带动脱贫户10837户，开展自种自养脱贫户12031户，带动农民户均发展特色产业1.12个。

稳岗就业促进增收。形成企业吸纳、有组织劳务输出、产业项目促进、就业帮扶车间吸纳、返乡创

2022年7月23日，庐江县白湖镇举办“独山·蕻野纪露营大会”活动，吸引众多游客前来 （左学长/摄）

2022 年 7 月 16 日，肥西第五届荷花文化旅游节暨乡村振兴推广会开幕，图为荷香集市（肥西县委史志室 / 供）

业带动、灵活就业、公益岗位安置的多渠道务工就业体系。脱贫人口、监测对象实现就业 83676 人，较 2021 年底增长 4.72%。

*光伏帮扶推动增收。*新建村集体光伏电站 905KW。村级光伏电站发电收益 1081.81 万元，工资性支出占收益比达到 79.08%。

*金融帮扶驱动增收。*规范推广“一自三合”模式，新发放小额信贷 10177 户 3.66 亿元，发放金额较 2021 年总量增长 31.04%，户贷余额占比 17.06%。

*乡村旅游联动增收。*全年乡村旅游接待人数 1815.28 万人次，乡村旅游综合收入 206.74 亿元，旅游收入较 2021 年同期增长 7309 万元。

*消费帮扶拉动增收。*全市通过政府采购脱贫地区农副产品网络销售平台完成采购 2196.70 万元，超额完成任务。合肥市农副产品采购工作连续 2 年获中国政府采购报评定的“政采支持乡村产业振兴组织落实奖”。

【资金项目管理】 2022 年，合肥市乡村产业发展项目入库 800 个，预算投资资金 38.9 亿元。批复项目 458 个，全部完工。完善涉农资金统筹整合长效机制，保持资金投入稳中有增，安排各级财政衔接资金 19.04 亿元，其中市级资金较 2021 年增加 1006.4 万元。制定出台《合肥市乡村产业发展项目衔接资金管理暂行办法》《合肥市农村人居环境整治项目衔接资金管理暂行办法》，规范衔接资金管理，确保资金安全、合理、有效使用。

（黄成鹏）

社会帮扶

【概况】 2022 年，合肥市推进省市级领导联系帮扶、定点帮扶、县域结对帮扶、社会帮扶和消费帮扶“五大帮扶”工作，巩固拓展脱贫攻坚成果，推动乡村全面振兴，促进共同富裕。

【领导联系帮扶】 2022 年，合肥市印发《关于省、市级领导联系和市直单位定点帮扶乡村振兴有关镇、村的通知》，健全省、市级领导联系乡村振兴工作机制，明确工作任务，做到镇、村、脱贫户或监测户同步联系、同步指导、同步帮扶。全年，市领导累计走访 78 次，走访脱贫户或监测户数 107 户。

【定点帮扶】 2022 年，合肥市 81 家市直单位参与定点帮扶工作，倡导各定点帮扶单位继续在政策资金、项目安排、技能培训等方面给予选派村大力支持。省、市、县三级各定点帮扶单位赴定点帮扶村调研 1803 人次，举办各类培训班 148 场次，培训各类人员 7453 人次，直接投入资金 6865.12 万元，实施项目 306 个，帮助引进各类资金 2.24 亿元，帮助引进项目 198 个，直接购买帮扶村农产品 2018.30 万元，帮助销售当地农产品金额达 1402.38 万元。合肥百大集团入选 2022 年中国上市公司乡村振兴优秀实践案例，成为唯一一家上榜的安徽省零售企业。

【驻村帮扶】 2022年，合肥市组建第八批驻村工作队，130支队伍、390人驻村帮扶，创新选派116名退出领导岗位干部到村任职，实现帮扶村由出列村向富裕村、示范村拓展。

【县域结对帮扶】 2022 年，合肥市有帮扶任务的 8 个县（市、区）持续加强与被帮扶地区在产业发展、劳务对接、人才交流等方面合作，结合双方资源优势，共同推进县域结对帮扶工作迈上新台阶。累计投入专项帮扶资金1.75亿元，较2021年增长688.22万元，其中县级帮扶资金1.43亿元，帮扶力度逐年递增；实施帮扶项目67个，其中产业类42个占比63%；帮助被帮扶县群众就业3518人；选派55名干部、52名技术人才到被帮扶县（区）挂职交流；有159个县直部门、36个乡镇、38个村（社区）与被帮扶县进行结对；举办社会帮扶活动147场次；开展消费帮扶1.86亿元。

【社会帮扶】 2022年，合肥市推进“万企兴万村”“百社进百村”行动，广泛凝聚社会帮扶合力。发挥合肥高校和科研院所人才和技术优势，通过公开遴选，组建由安徽农科院、合肥工业大学和安徽农业大学遴选的10个“科技帮扶乡村振兴”专家团队，结对帮扶175个村，帮助帮扶各村理清发展思路，制定发展方案，开展技术服务，提供人才培训和智力支持。

【消费帮扶】 2022年，合肥市聚焦解决农产品“卖难”，持续开展预算单位政府采购、高校食堂面向采购、“幸福路·爱心消费帮扶”等专项活动，全市通过政府采购脱贫地区农副产品网络销售平台完成采购额1608.41万元，完成年度预留份额任务128.42%。“幸福路——爱心消费帮扶”公益项目成功入选安徽省广播电视和网络视听消费帮扶“十佳”案例。

（朱婷婷）

重点工程

【概况】 2022年，合肥市坚持用发展的办法解决脱贫群众增收问题，认真落实“两强一增”“双招双引”行动，聚焦产业和就业帮扶两个关键，加强金融输血造血支持，千方百计克服疫情灾情影响，持续增加脱贫群众收入，推动脱贫村经济发展，脱贫群众与其他农民的收入差距不断缩小。

2022年9月5日，庐江县汤池等7个镇与26家企业进行“民宿+总部经济”集中签约 （孙志恒/摄）

【产业发展提升行动】 2022年，合肥市衔接资金投入产业项目10.76亿元，占比56.52%。实施特色种养业“四带一自”提升工程，累计建成318个农业特色产业园区，带动农民户均发展特色产业1.12个。累计投入资金3.14亿元，实施92个乡镇工业厂房建设项目。新型农业经营主体带动脱贫户9254户，开展自种自养脱贫户9670户。建成县级电子商务公共服务中心和县级电商物流配送中心各5个，完成112个原贫困村电商服务网点改造提升，建成村级综合服务中心60个。投资3155万元，在重点乡镇建设6家区域性农事综合服务中心。

【脱贫人口稳定就业提升行动】 2022年，合肥市脱贫人口、监测对象实现就业83676人，较2021年底增长4.72%。开发乡村公益性岗位7995个，安置脱贫劳动力（含监测对象）7992人。16个就业帮扶车间和200家扶贫龙头企业吸纳1347名脱贫劳动力（含监测对象）务工就业。当年雨露计划全市毕业生人数1088人，其中已就业691人。

【持续加强金融帮扶】 2022年，合肥市做好过渡期脱贫人口小额信贷，规范推广“一自三合”模式，坚持精准投放脱贫人口小额信贷、精准用于脱贫户及边缘易致贫户发展生产和开展经营，全面摸排新增贷款需求，确保做到“应贷尽贷”。全市新发放脱贫人口（含监测对象）小额信贷10177户3.66

2022年10月6日，庐江县汤池镇邱圩乡村运营项目签约　（夏　利／摄）

亿元；落实财政贴息资金1678.86万元；保持全市无贷款逾期纪录。

推进全域“防贫保”综合保险试点工作，将针对脱贫户和监测对象开展“3+N”一体式综合保险试点从原五县（市），推广至九县（市、区），全年83377户195250人参保，参保率99.82%，市本级拨付财政保费补贴资金280万元。

【扶持壮大村集体经济】 2022年，合肥市把发展乡村产业作为巩固拓展脱贫成果、全面推进乡村振兴的根本之策，确保村级集体经济持续提升。112个脱贫村全部建成经济强村，村均集体经济收入达104.5万元，同比增长27.47%；村集体收入最高的村为长丰县义井镇红桥村602万元，脱贫村已打造成乡村振兴的新样板和领头羊。

（李　斌　张义飞）

责任编辑：储茂仁

社会民生

劳动就业

【概况】 2022年，合肥市就业形势稳中有进，全市新增就业参保43.58万人，同比增长6.5%。城镇新增就业13.9万人，完成省政府下达目标任务的106.92%，占全省20.14%。失业人员再就业4.5万人，就业困难人员再就业8506人，城镇调查失业率保持在省控范围内。全市城镇常住居民人均可支配收入5.62万元，同比增长5.6%。

【就业政策优化】 2022年，合肥市人力资源和社会保障局（以下简称“市人社局”）开展春节稳岗留工行动，出台“稳企增效9条”“援企稳岗13条”等政策，稳定市场主体就业用工招录规模，保障各类群体就业。全年减征14万户企业失业保险费6.62亿元；缓缴社保费5.28亿元；免报直发9.26万户中小微企业等参保单位失业保险稳岗返还5.26亿元，受理发放1597户大型企业等参保单位失业保险稳岗返还3.07亿元；发放春节留合肥红包1567万元，一次性稳定就业补贴资金2.12亿元；通过“降”“缓”“返”“补”累计稳定就业岗位近300万个。创新推出“稳岗贷”，加强就业政策与金融政策协同联动，鼓励企业稳岗增岗，审批发放842笔27.83亿元，稳定岗位3.43万人。

【开发就业岗位】 2022年，市人社局通过项目建设新增重点岗位、国有企业事业单位挖掘潜力岗位、基层一线开发公益性岗位、见习实习补充工作岗位等多种方式，开发优质就业岗位。引导重点产业链企业和重大建设项目企业为高校毕业生提供就业岗位10万个以上，引导国有企事业单位招录向高校毕业生倾斜，扩大政策性岗位和基层就业岗位招录规模，招录“三支一扶”、社区“小管家”、大学生科技特派员等项目人员1万人以上。

【企业用工服务】 2022年，市人社局构建“三级三方服务千企”工作机制，即省、市、县（区）三级人社部门、人力资源服务机构、培训机构凝聚合力，为全省上千家重点企业解决用工难题，组织172名人社服务专员、169家人力资源机构、78家培训机构对全市227家重点企业进行包保，为重点企业提供“点对点”用工、社保、劳动关系调解等服务，动态更新企业清单和用工信息，帮助重点企业解决用工20.6万人次。成立专班工作小组服务合肥比亚迪汽车有限公司招工2.4万人以上。开展用工余缺调剂，帮助企业搭建共享用工信息

2022年5月，市人社局开展职业指导进高校活动 （范家生/摄）

对接平台，为格力电器（合肥）有限公司、合肥美的集团有限公司等17家单位解决700人临时用工缺口。

【高校毕业生就业】 2022年，市人社局开展“四进一促”（即进校园、进企业、进园区、进社区，促进就业）进校园活动，组织40场政策专家和职业指导大师校园宣讲，帮助毕业生提高求职技巧，服务高校毕业生1万人次以上。建立高校毕业生就业岗位归集机制，收集用人单位招聘需求，精准匹配推送。组织重点企业在合肥、武汉、南京等地高校开展招聘。全市线上线下开展招聘4446场（线下1994场，线上2502场），服务企业9.28万家次，达成就业意向19.08万人次。对离校未就业毕业生进行“一次就业指导、三次就业岗位推荐、一次技能培训”，建立一对一帮扶台账，通过就业见习、职业培训等促进毕业生尽早尽好就业，全市1.37万名未就业毕业生帮扶率达100%。开发10526个就业见习岗位和4207个短期见习岗位，组织4623名毕业生参加就业见习、433名毕业生参加短期见习。

【就业兜牢帮扶】 2022年，市人社局推广“三公里”就业圈平台（即以城市社区、乡镇企业聚集区三公里范围内的劳动者、个体户、企业及工业园区为重点服务对象，以微信小程序为核心，通过线上线下联动服务，帮助劳动者实现“家门口”就近就业）应用，推进“三公里”充分就业社区建设，平台实现城市社区全覆盖；平台吸引企业注册6.17万家、用户注册62.3万人，4.36万人通过平台实现家门口就业。将疫情防控与用工就业紧密结合，在隔离点上向返乡人员及大学生宣传就业创业政策，推荐就业岗位，帮助1000余名返乡人员和高校毕业生实现就业。开展“政府免费为您找工作”活动，组建国有人力资源公司，开设12345便民服务热线就业专席，服务企业用工和居民求职。完善就业困难人员和失业人员实名制帮扶，畅通失业登记渠道，健全就业援助体系，实现就业困难人员再就业8506人、失业人员再就业45073人。开展暖民心就业促进行动，开发13214个公益性岗位和4498个临时性专项岗位托底安置困难人员就业，4640人参加公益性岗位、1876人参加临时性专岗。

2022年11月17日，首届创业安徽大赛暨市级（合肥市）选拔赛启动（范家生/摄）

【创业型城市建设】 2022年，市人社局推进创业型城市建设，全市建成8个省级青年创业园、13个省级农民工返乡创业示范园、71个创业孵化基地，带动就业11.2万人。通过融资支持、组织培训等方式，提高创业者创业动力和能力。全市发放重点群体创业贷和稳岗贷26.5亿元，扶持5529名创业者成功创业，吸纳就业3.6万人。组织2.2万人参加创业培训。举办合肥市第13届“挑战杯”创新创业大赛，参加第4届“赢在江淮”全省创业大赛，2个项目分获组内第一名和第三名；承办首届创业安徽大赛选拔赛启动仪式，选拔4个项目参加首届创业安徽大赛，有3个项目分获大赛金奖、银奖和铜奖，市人社局获优秀组织奖。

（李　彦）

人　事

【概况】 2022年，市人社局统筹谋划人事考试工作与疫情防控任务落实，开展事业单位公开招聘、县以下事业单位管理岗位职员等级晋升工作，落实事业单位人事管理政策，各项考试安全有序，事业单位干部队伍管理不断完善。

【事业单位公开招聘】 2022年，市人社局审核聘用市属中学公开招聘157人，同意接收87名公费师范生。合肥职业技术学院公开招聘29人，合肥幼儿师范高等专科学校公开招聘34人。开展定向招聘西藏籍高校毕业生工作。审核批复合肥学院等单位绿色通道人才引进方案。其中，合肥学院引进高层次人才12人、合肥职业技术学院引进高层次人才9人。合肥日报传媒集团、合肥幼专、合肥一中瑶海校区同步开展高层次人才引进和遴选工作。创新开展市疾控中心急需紧缺人才引进工作，公开招聘面试首次使用修正系数法，招聘急需紧缺人才63名。

【事业单位人事管理】 2022年，市人社局建立与组织、机构编制等部门定期沟通协调机制，统筹推进县以下事业单位管理岗位职员等级晋升等工作。多次召开工作推进会，指导县（市、区）晋升职员等级1468人。出台《合肥市专业技术三级岗位管理实施办法》《合肥市事业单位公开招聘（人才引进）负面清单》。联合合肥警备区做好军属事业身份认定工作。开展2021年度市直事业单位工作人员和机关工勤人员考核工作。依法依规做好市直事业单位工作人员纪律处分备案工作。完成合肥经济技术开发区中小学教师入编工作和一六八中学东校区“公参民”（即公办学校举办或者参与举办民办义务教育学校）转公办学校人员划转工作。结合《合肥市高层次人才分类认定办法》等文件规定，落实以增加知识价值为导向的收入分配政策，科学合理核定高层次人才薪酬水平。加大对市属高校院所绩效工资倾斜力度，落实合肥学院、合肥离子医学中心等高校院所、新型事业单位分配自主权。落实科研人员职务科技成果转化现金奖励政策。

【人事考试】 2022年，市人社局统筹谋划人事考试工作与疫情防控任务，实现各类人事考试零差错、零事故，社会公信力和影响力得到提升。全年组织实施人事考试66项，考生人数29.73万人、考试科次65.46万科。其中考录公务员等政策性考试6项、考生5.03万人、9.43万科次，二级建造师、经济专业等资格考试30项、考生19.52万人、48.77万科次，委托考试30项，考生5.18万人、7.26万科次。考试规模最大的是二级建造师考试，考生5.95万人、13.21万科。

（李　彦）

人　才

【概况】 2022年，合肥市推荐入选享受国务院特殊津贴131人、全国杰出专业技术人才6人、百千万人才工程国家级人选7人、安徽省政府特殊津贴专家207人、安徽省突出贡献人才奖4人、安徽省学术技术带头人及后备人选171人，设立留学回国人员创业园4家。

【人才服务】 2022年，市人社局落实人才政策，投入专项资金超1亿元，对320家企业的4206名高层次人才发放岗位补贴，对18家集成电路企业引进168名高层次人才予以奖补，对9家重点产业企业柔性引进16名研发人员给予补助。推进重点人才项目，推荐阳光电源公司曹仁贤等3名同志申报第四届安徽省“突出贡献人才奖”；推荐186名高层次人才申报省科研活动经费资助；推荐2家单位申报省留学回国人员创业园，拨付高新技术产业开发区（高创公司）留创园200万元一次性补助；25人入选省学术技术带头人及后备人选；兑现市留创计划项目资金340万元，配套支持2个入选省留创计划项目20万元。建设博士后科研工作站，全市新获批设立博士后科研工作站27家，其中新获批设立国

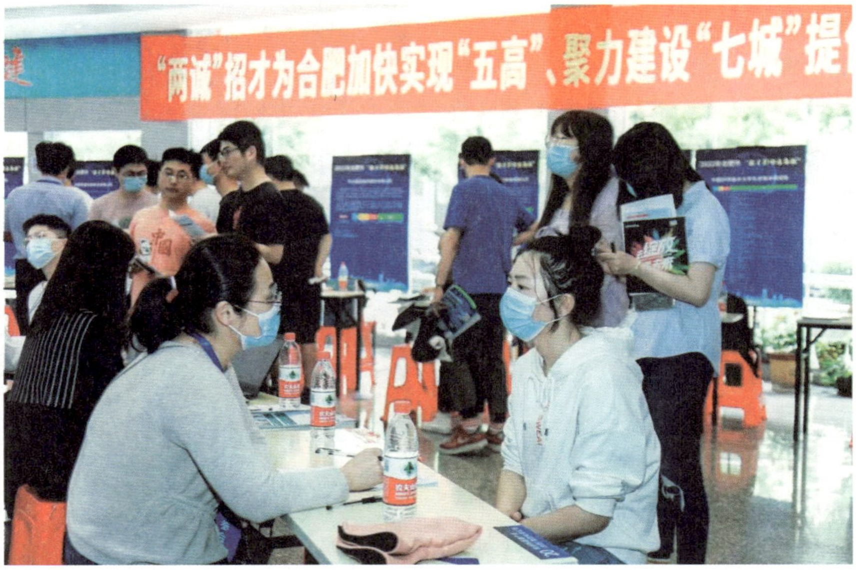

2022年6月，合肥市启动“招才引智进高校”活动　（范家生/摄）

家级博士后科研工作站14家，占全省新设站的66.7%，累计设立博士后科研工作站达175家，其中国家级站64家。全年新招收博士后322人，在站培养博士后数量达746人，占全省在站（工作站）博士后总数的56.6%，创历史新高。

【专业技术人员管理】 2022年，市人社局开展专业技术人员继续教育，发布培训课程计划，完成35家专业技术人员继续教育基地考核评估工作，全年开展专业技术人员继续教育学时认定5000余人次。推进职称制度改革，实现职称网上申报、审核、评审和证书查验打印等全流程“一键办结”。全年线上受理审核专业技术职称申报1.01万人，向省有关职称评委会委托推荐评审2043人，开展自主评审8821人，主要包括申报中小学教师评审3787人，工程技术人员4020人，卫生系列人员743人等。探索职称评审“线上答辩”新模式，适应常态化疫情防控新要求，为1726名工程系列人员职称申报完成线上面试。开展企业自主评审试点，授权合肥轨道交通集团有限公司组建交通工程中级职称评审委员会，监督、指导其开展本年度1044人的职称评审工作。推进专业技术职称异地互认，全年办理职称异地调入确认423人。组织实施专业技术资格考试11项，覆盖考生10.34万人。

【人力资源市场建设】 *促进人力资源服务机构发展。*2022年，合肥市12家人力资源服务业机构登上省服务业百强企业榜；全省人力资源服务十强骨干企业均为合肥企业；合肥市14家企业入选全省20家人力资源服务骨干企业，占70%。市人社局人力资源处获人社部办公厅和国家市场监管总局联合表彰，获评人力资源市场清理整顿先进单位。全市人力资源机构1088家，较上年增加192家，同比增长21.43%。服务用人单位25.17万家次，提供各类用工135.84万人次，其中应届高校毕业生10.83万人次，高级人才寻访7142人次。153家规模以上人力资源服务机构营收299.3亿元，同比增长26%。

*完善人力资源服务体系。*市人社局持续整治“临工劳务市场”，累计核检筛查54.46万人次。推进两园多区集聚建设，中国合肥人力资源产业园入园机构135家；支持蜀山人力资源产业园建设省级产业园，入园机构21家。出台《合肥市人力资源机构发展水平星级评价办法》，注重综合实力和单项特色评价，突出引领行业发展和规范市场秩序，该项促进人力资源市场建设的创新举措在全省乃至全国属首创。

*规范人力资源服务市场秩序。*强化人力资源市场日常监管，开展在线文档实时登记，及时掌握全市机构许可、变更等情况；开展经营年报公示，对未参与的67家机构在市人社局网站进行公开。联合市市场监管局、市公安局开展为期2个月的市场专项治理行动。拟定《劳务派遣人员参与社区疫情防控工作规范》，加强劳务派遣机构参与社区疫情防控的指导和管理。

【技工教育】 *技工院校管理。*2022年，市人社局根据技工院校承载能力，首次核定招生计划，对超计划招生给予相应处理。印发《关于开展合肥市技工院校评估工作的通知》，成立技工院校安全专项督查组，守好校园疫情防控阵地，完善学校风险防范和突发事件应急处置机制，强化涉校信访投诉处理，受理涉校各类信访投诉839件，均在规定时间予以妥善处理。

*省定民生工程建设。*新技工系统培养项目2022年全年目标任务1.95万人，合肥市完成3.20万人，完成率164%，全省完成8.13万人，合肥市对全省招生贡献度39%，招

2022年9月30日，合肥职业技术学院蔚来汽车产业学院教学车辆交付使用仪式举办

（林杉杉／摄）

生人数位列全省第一位。

校企合作建设。坚持援企稳岗，支持重点企业发展，为重点企业召开专项校企对接会。2022年秋季学期，11所技工院校与合肥比亚迪汽车有限公司校企合作协议，安排学生到企实习1008人，开设企业冠名班、订单班35个、学生1361人。

新徽菜·名徽厨暖民心行动。完成徽菜师傅技能培训任务，开展100个班次，覆盖3481名学员。新增三河小炒等十个徽菜师傅培训项目。举办合肥市第一届新徽菜•名徽厨专项职业技能竞赛暨省级选拔赛，组织省赛前的集训。在“合肥文化旅游发布”抖音号设立“寻味合肥”合集，建立“寻味合肥暖民心行动”微信视频号，组织制作发布美食宣传小视频50个，在地铁、公交等平台播出。

职业技能培训。开展补贴性职业技能培训14万人次。为疫情期间保持正常经营、不裁员或少裁员的批发零售住宿餐饮旅游企业和个体工商户，组织职工稳岗技能培训，覆盖475家企业、4.55万人。

【人才评审评价】 2022年，合肥市认定各类高层次人才6678人，其中A类3人，B类79人，C类258人，D类1195人，E类5149人，累计认定1.49万名各类高层次人才，其中15条市重点产业链669家企业认定1.23万人。完成高层次人才信息数据更新6207人次。召开4次高层次人才分类认定联席会议，开展省级博士后工作站新设站推荐评审组织实施工作，对61个评审对象，298名认定对象开展评审评价。

【高技能人才队伍建设】 2022年，合肥市新增技能人才15.1万人，完成年度目标任务的212.68%，高技能人才5.72万人，完成年度目标任务的272.38%。推行“新八级工”（即在初级工、中级工、高级工、技师和高级技师之下补设学徒工，之上增设特级技师和首席技师）制度，评聘特级技师20人、首席技师4人。通过开展技能竞赛、支持企业开展职工技能培训、人才自主评价等，推进高技能人才培养。

（李　彦）

劳动用工与劳动监察

【概况】 2022年，市人社局推进基层调解组织规范化建设，开展劳动关系风险防控，完善根治欠薪长效工作机制，保障农民工工资支付，全年没有发生因欠薪引发的重大群体性事件和极端事件。市人社局连续5年接受国家和省级保障农民工工资支付考核获评A级评价；被合肥市青少年维权岗活动组委会命名为市级“青少年维权岗”；选送案卷在全省劳动保障监察执法案卷评查活动中被选为优秀案卷。

【基层调解规范化建设】 2022年，市人社局开展打造劳动关系协调员、劳动关系社会组织和劳动人事争议调解员、调解组织“四个金牌”活动，带动提高协调员、调解员专业技能，推进基层调解组织规范化建设。推荐认定省金牌劳动关系协调员20名，调解组织4家、社会组织1家。在全省率先出台《合肥市劳动争议调解工作规范》，简化调解仲裁衔接流程，完善服务效能。

【劳动关系风险防控】 2022年，市人社局落实《合肥市劳动关系风险监测预警实施办法》，成立“劳动关系维稳专班”“疫情防控劳动关系维稳专班”，实行日报告和零报告制度。印发《关于进一步规范企业裁员行为稳定劳动关系的通知》，通过协调劳动关系三方部门联动，掌握用人单位裁减人员情况。制作《合肥市企业规模裁员合规工作指引》《合肥市新办企业劳动用工服务手册》二维码牌，完善用工管理服务。

【新业态从业人员劳动权益保障】 2022年，市人社局开展千户企业培育行动，将快递、物流等新业态企业纳入培育范围，点对点开展劳动关系诊断服务，指导企业在劳动合同管理、书面协议签订等方面规范用工。在新业态企业推广建立基层调解组织，指导企业稳步开展调解工作，为新业态从业人员提供多元化解纠纷渠道。印发进一步维护新就业形态劳动者劳动权益保障的通知，划分行业主管部门职责，落实任务清单。召开合肥市维护新就业形态劳动者劳动保障权益座谈会，滴滴出行、顺丰速运等10家平台企业参会，加强新业态用工争议处理力度。

【根治欠薪长效机制建设】 2022年，市人社局起草《合肥市人民政府关于建立根治欠薪长效工作机制的实施意见》，推进工资支付标准化，推动农民工清欠工作治理能力和治理水平现代化建设。建立“两法衔接”（即行政执法与刑事司法衔接）联席会议制度、联络员制度、欠薪隐患摸排化解“月调度”制度、讨薪类诉求办理工作制度，把建设领域欠薪隐患摸排抓在日常，形成投诉案件办理闭环。

【农民工工资支付】 2022年，市人社局开展百日攻坚专项行动及“回头看”、保障农民工工资支付工作执法月、以政府投资工程为重点根治欠薪夏季专项行动、集中整治拖欠农民工工资问题专项行动等根治欠薪专项行动，对肥西县、肥东县、长丰县开展政府投资工程专项督查，提请工作专班专项调度重难点欠薪案件。全市各级劳动保障监察机构协调处理案件5855起，立案案件725起，为1.06万名劳动者追讨工资1.28亿元，其中，涉及建设领域农民工4711人，追讨金额9046.03万元。办理舆情案件175起，以涉嫌拒不支付劳动报酬罪移交公安机关立案45起，对36人采取强制措施。

【劳动用工领域信用体系建设】 2022年，市人社局公示3批次6起劳动保障监察重大违法案件，公示2批次拖欠农民工工资失信联合惩戒对象名单4家。开展劳动保障书面审查和守法诚信等级评价工作，在智慧劳动监察信息系统审查1.12万家用人单位劳动用工情况，对8831家单位进行守法诚信等级评价，其中A级7811家，B级1019家，C级1家。认定市级劳动保障诚信示范单位34家，推荐省级劳动保障诚信示范单位17家。

【人力资源市场秩序清理整顿】 2022年，市人社局开展常态化人力资源市场清理整顿活动，整治人力资源服务机构各类违法乱纪行为，打击和取缔各类“黑职介”“黑派遣”。出动执法人员270人次，检查人力资源服务机构及用人单位165户，现场取缔未经许可和登记擅自从事职业中介活动的组织或者个人12起，下达法律文书57份，对3家人力资源公司实施行政处罚。

（李　彦）

社会保障

【概况】 2022年，市人社局加大社保费征缴力度，全市社会保险参保人数总量继续增加；完善社保关系转移流程，推进社会保险经办服务便利化，优化居民服务“一卡通”，初步建成“统筹城乡、渠道多元、服务便捷、安全高效”的社保卡服务体系。足额发放企业养老保险、失业保险，推进《工伤预防视频宣传片》在合肥市公交移动电视终端全覆盖投放。市12333电话咨询服务中心获评“合肥市五一巾帼标兵岗”。

【社会保障提标扩面】 2022年，市人社局扩大社会保险覆盖面，加大社保费征缴力度，企业在职职工养老保险、失业保险、工伤保险参保人数分别为370.67万人、231.5万人、248.12万人，分别完成目标任务的121.63%、103.46%、108.35%。全市机关事业养老保险在职人员参保13.29万人。城乡居民基本养老保险当年缴费154.49万人，完成目标任务的105.3%。加强对新业态人员的社会保障，推动实现城镇职工基本养老保险由制度全覆盖到实际人群全覆盖，省内户籍灵活就业人员在合肥市实现参保范围全覆盖、转移接续无障碍、待遇领取无差别，提升灵活就业人员的幸福感、安全感。完成调整退休人员基本养老金工作，养老金实现18连涨。全市41.85万企业退休人员参加养老金调整，调整后月人均养老金水平2835.95元，月人均增长126.7元。

【助企纾困】 2022年，市人社局助力企业渡过疫情难关，在省人社厅确定合肥市9.44万户缓缴企业“白名单”后，合肥市增加“营业收入”作为认定困难企业的指标，将1.36万户困难企业纳入市级缓缴企业“白名单”，全年受理缓缴申请1298户，缓缴金额5.28亿元。其中，养老保险缓缴金额4.79亿元，工伤保险缓缴金额2964.1万元，失业保险缓缴金额1969.21万元。

【服务便利化】 2022年，市人社局强化经办服务标准化建设，根据合肥市地方标准清单，制定《企业社会保险登记规范》，统一规范业务流程。完善社保关系转移流程，成立转移小组，将转移件按照区域划分至个人经办，责任到人，提升转移经办效率。对群众反映较多的转移流程不清楚、转移进度不知晓等问题，专题报告省人社厅，在5个环节每个节点触发短信告知，全年转移经办量达12.77万笔。将就业登记、用工合同备案、职工参保登记（社会保险）三项高频业务经办权限下放到各区、街道、社区，打造城区步行15分钟服务圈，推进服务“就近办”。

【12333人社热线服务便民】 2022年，市12333电话咨询服务中心实行7×24小时全天候人工服务，开展就业创业、社会保险、人事人才、劳动关系等政策解答和业务受理工作。全年来电总量187.58万个，提供外呼服务4.63万个，综合接通率95%，办理网上咨询来信2.19万件。服务范围、话务总量、团队规模、解答率、满意率等均位居全省前列。

【个人养老金试点】 2022年11月25日，全国36个个人养老金先行城市（地区）名单公布，合肥市为安徽省唯一的个人养老金制度先行城市。截至年底，全市开设个人养老金开户45.34万户，资金账户开户44.81万户。

【居民服务“一卡通”】 2022年，市人社局持续提升社保卡发行与管理能力。截至年底，全市持卡人数753.03万人，其中，换发三代卡322.33万张，电子社保卡签发人数（含省直）538.23万人。开通即时制卡服务银行网点842个，实现5分钟即可现场制好卡。在老城区开放7×8小时的社保卡自助服务大厅。拓展“一卡通”在政务服务、民政、公安、公积金、教育等各领域应用。

【企业职工养老保险】 2022年，市人社局按时足额发放各项企业养老保险待遇。截至年底，市本级有企业退休人员30.63万人，同比增长5.51%；市本级办理退休审核2.1万人，同比增长41.92%；全年发放养老待遇107.39亿元，同比增长8.53%；发放统筹外待遇4.42亿元，同比增长24.16%。全市有企业退休人员44.26万人，同比增长5.54%，全年发放147.68亿元，同比增长8.47%。

强化企业退休职工社会化管理，市本级完成认证人数及各街道社区接收企业退休人员档案数量较往年均有较大提高。截至年底，市本级完成退休人员及遗属认证31.35万人，同比增长19%，完成率99%，办理退休人员死亡丧抚业务4921人，发放丧抚待遇2.45亿元。全市有42.1万企业退休人员纳入社区管理，同比增长6.75%；全市各街道社区接收企业退休人员人事档案40.83万份，同比增长19.43%，开展企业退休人员走访慰问31.43万人次，同比增长8.35%。

【机关事业单位养老保险】 2022年，合肥市参保单位2547家，参保人数20.12万人。其中，退休人员6.83万人，人均缴费基数6016.53元、人均养老金5176元，每月全市退休金及时发放到位。市本级参保单位438家，参保人数4.90万人，其中，退休人员1.85万人，人均缴费基数7806.70元。市人社局严密开展机关事业单位在编人员企业工作期间养老保险补缴工作，累计完成8000余人次补缴申请核定工作，完成相关补缴账目。组织对机关事业单位养老保险制度改革（2014年10月1日）后办理调动、辞职或被辞退手续而离开机关事业单位的参保人员进行职业年金补记，截至年底，办理职业年金补记118人，补记金额1418.22万元。

【失业保险发放】 2022年，市人社局按时足额发放各项失业保险待遇，全市有7.03万人领取失业保险金，同比增长3.11%；支付失业保险金6.22亿元，同比增长28.41%；代缴基本医疗保险费1.27亿元；支付生育补助金93.47万元，丧葬抚恤补助179.55万元；向6.60万符合疫情期间失业补助金领取条件的失业人员发放失业补助金1.11亿元；向7.28万名失业人员发放价格临时补贴1354.72万元。为678名特困失业人员发放元旦、春节期间一次性生活补助81.36万元。调整失业保险金标准，自2022年1月起，失业保险金标准由原每人每月1395元调整到每人每月1485元，每月增加90元。对4.36万名失业人员发放求职补贴4361.7万元；对40家招收领金人员的企业发放就业补贴35.76万元；对165名失业人员创业发放创业补贴412.67万元；对失业人员创业6个月以上的11家企业发放创业成功补贴5.5万元。

【工伤保险发放】 2022年，合肥市工伤保险参保人数248.1万人，同比增长14.12%，工伤保险基金总收入8.7亿元，待遇支出8.8亿元，受理办结各项待遇2.65万人次。完成公务员、参公管理人员参加工伤保险工作，全年工伤认定业务办理1.31万件，其中：认定1.30万件，不予认定145件；受理工伤认定时限延长申请材料242件，审批通过241件，不通过1件。组织劳动能力鉴定85场9611人次，在全省率先开展远程视频劳动能力鉴定，上门鉴定22人次，作出鉴定结论9537件，其中因工劳动能力鉴定结论8503件，因工确认项目结论756件，非因工丧失劳动能力鉴定结论278件。推进工伤预防工作，率先在全省完成安徽省工伤预防五年行动计划的首个工伤预防宣传项目评估验收工作。

（李 彦）

劳动争议仲裁

【概况】 2022年，市劳动争议仲裁院推行“全程调解＋速裁”工作机制，源头预防化解争议。全年受理劳动人事争议案件18401件，结案18142件，结案率98.6%，其中调解结案12880件，调解率71%，超过国家人社部标准（全年劳动人事争议仲裁结案率达92%以上，调解成功率达60%以上）。

【仲裁服务】 2022年，市劳动争议仲裁院推行速立速裁，实行立案登记制，对符合管辖范围和仲裁申请形式的材料即收即办。开辟绿色通道，维护三期女职工（即孕期、产期和哺乳期的女职工）等特殊群体的劳动权益，严格把控审理期限，制定《案件受理处理超期责任追究办法（试行）》，处理仲裁案件。设立调解中心，抽调办案人员充实调解力量，加大案前调解力度。联合市法律援助中心成立派驻工作站，引入职业律师为办事群众提供便捷法律援助服务，从源头和前端化解劳动人事争议矛盾，推动“大调解”工作形成合力。

【普法宣传教育】 2022年，市劳动争议仲裁院落实“谁执法谁普法”，将普法宣传教育贯穿办案全过程。开展以案释法，依托《新安晚报》《劳动和社会保障法规政策专刊》等平台，连载刊登涉及合同解除、提成绩效等多种类型的典型案例。开展“为企纾困助力发展”活动，走进科大讯飞等52家用人单位送法送政策送服务。开通劳动用工维权法律服务热线，专职仲裁员接听来电，提供常态化咨询解答。打造“仲意庐州”劳动法规云课堂，采用线上课堂的方式解读劳动法律法规政策及典型案例，指导在合肥企事业单位合法用工、规范管理，首期于2022年12月17日开播，吸引100余家企业近300人在线听讲。

（李 彦）

2022年8月，蜀山区三里庵街道开展城乡居民医疗保险政策宣传和征缴工作

（市医保局／供）

医疗保障

【概况】 2022年，合肥市医疗保障局（以下简称“市医保局）完善医保政策，在全省率先实施职工基本医疗保险门诊共济保障改革，将全省困难群体保障工作试点范围由长丰县扩展到全市；推进疾病诊断相关分组（DRG）付费国家试点工作，95家试点医疗机构次均个人负担下降20%以上，国家医保局两次疾病诊断相关分组（DRG）交叉调研评估均获优秀等次；加强医保基金运行管理和绩效评价，获评国家医保局2022年中央财政转移支付资金绩效评价“优秀”等次，为全省唯一，获评全省社会保险基金预决算绩效评价一等奖；加强医保信息化建设，全省首家基于国家医保新标准的线上医保结算率先落地合肥，编码全场景应用校验结果位列全省前列；提升医保经办服务能力，在全省率先实现经办服务“同城通办”，获得省医保局充分肯定。

【城镇职工医保】 截至2022年末，合肥市职工参保280.91万人，全年享受待遇265.57万人次，职工医保政策范围内住院费用基金实际支付比例达82.69%；全市城镇职工医保基金（含个人账户）总收入122.87亿元，支出86.94亿元，当期结余35.93亿元，历史滚存结余249.57亿元。

【城乡居民医保】 2022年，合肥市城乡居民基本医疗保险实际参保553.38万人，全年享受待遇204.37万人次，居民医保政策范围内住院费用基金实际支付比例达72.32%；居民医保基金收入52.39亿元，支出56.73亿元，当期结余-4.34亿元，历史滚存结余14.62亿元。

【生育保险】 2022年，合肥市生育保险基金支出12.45亿元，同比增长15.42%；住院联网结算6.24万人次，门诊联网结算13.91万人次；异地手工核算报销0.71万人次。

【医疗救助】 2022年，合肥市医疗救助基金收入5.42亿元，支出4.33亿元，享受城乡医疗救助待遇100.3万人次，其中：直接救助78.8万人次，资助困难群众参保21.5万人。

【疾病应急救助】 2022年，合肥市19人次获得疾病应急救治，支付疾病应急救助资金96.38万元。

【支付方式改革】 2022年，合肥市优化调整疾病诊断相关分组（DRG）付费方案，将全市95家定点医疗机构住院费用纳入DRG实际付费，次均医疗费用、次均个人负担费用同比下降6.6%、20.3%。出台《合肥市基本医疗保险精神疾病住院按床日付费实施方案》，制定基层医疗机构适宜日间病床收治住院付费办法，规范诊疗行为。

【药品供应保障】 2022年，市医保局落地实施国家组织六个批次260种药品和冠脉支架集采，省组织60种临床常用药品谈判、四类高值耗材和临床检验试剂等集采工作，年度节约药品费用支出6.3亿元。对全市公立医疗机构使用量较大的静脉留置针等5类普通医用耗材首次开展集中带量采购，平均降幅52.32%，最高降幅90.02%，每年节约采购资金约3407.5万元。

【医保信息化】 2022年，市医保局实施医保业务“一网通办”省级试点，实现个人账户共济、异地就医备案、医疗服务评价等37项功能网上办理，全年办理参保缴费357.2万件、生育保险4.1万件、门诊慢性病申请11万件、异地就医备案2.1万件、个人账户共济24.58万件、信息变更5.9万件。医保电子凭证激活人数561万人，结算使用率超50%，全省首家基于国家医保新标准的线上医保结算率先在合肥市落地。

【医保监督稽查】 2022年，市医保局开展医保经办机构与定点医药机构自查自纠、基因检测相关问题线索核查、DRG病案交叉检查等专项检查，完成4688家定点医药机构现场全覆盖检查任务，处理定点医药机构1650家，解除违规定点医疗机构协议8家，暂停医保服务协议21家，移送司法机关1起，行政处罚7起，追回医保基金1.39亿元。

（陶晓春）

民政事务管理

【概况】 2022年，合肥市民政局（以下简称“市民政局”）加强养老服务体系建设，推进新时代社会救助工作，落实未成年人和弱势群体关爱保护。合肥市养老领域公共服务质量监测满意度位居全国第1，市民政局获评2021年全国社会救助先进集体，市慈善总会获评全国优秀社会组织，合肥市连续8年位列全省民政工作综合评估优秀市。

2022年7月27日，困难群众为蜀山区琥珀街道送来救助服务感谢锦旗

（市民政局／供）

【社会救助】 2022年，市民政局完善低收入人口数据库，建立低收入人口监测预警机制，建成“合肥市低收入人口动态监测信息平台”，实现“政策找人”和“主动救助”。落实社会救助及补贴标准自然增长机制，提高6项社会救助标准，低保标准居全省第一位、中部省会城市第二位、长三角城市群第十位。全年低收入人口认定19.71万人，累计发放低保、特困兜底保障资金17.7亿元。在全省率先建立社会救助与司法救助衔接机制，实现住房救助政策覆盖全部低收入人口，家庭经济状况年核对量达92万余人次。深化“资金+实物+服务”救助模式，实施服务救助项目150个，撬动社会资本327.5万元，服务救助25.4万人次。针对独居老人、残疾人、孤儿等八类特殊群体开展“敲门行动”，针对流浪乞讨人员开展“全进站、零流浪”和“近邻行动”，疫情期间全市弱势群体关爱保护不落一人，民政服务对象无一人因疫情影响致病身故。建立健全政府救助与慈善救助衔接机制，全市成立县级、街道级社会救助专项基金30余个，社区公益理事会80余个，筹集社会资金1372万元，救助困难群众7万余人次。

【养老服务】 2022年，市民政局加强养老设施建设，打造13个城市街道级居家社区养老服务综合体，新建农村养老服务站99个，改造提升县（区）级特困人员供养服务设施10个，建成家庭养老床位4128张，适老化改造2936户。提升养老服务质量，政府购买居家养老服务402万人次，养老助餐暖民心行动建成老年食堂、老年助餐点860个，超额完成省定任务，服务370余万人次。发放高龄津贴2.77亿元，惠及23万余名老年人。全市百岁老人655人，23.7万名老年人享受高龄津贴，发放资金3.37亿元。

【未成年人保护】 2022年，市民政局优化调整市未保委组成单位，组建市未成年人关爱帮扶组，凝聚多部门合力，构建家庭保护、学校保护、社会保护、网络保护、政府保护、司法保护“六位一体”的新时代未成年人保护工作格局。落实孤儿基本生活保障标准自然增长机制，全市有2354人享受孤儿基本生活保障，保障标准全省第一。落实农村留守儿童和困境儿童关爱帮扶机制和强制报告机制，全市有留守儿童4001人、困境儿童28077人，走访排查4万人次，开展各类关爱服务1200余次。开展省级乡镇（街道）未成年人保护工作站地方标准编制工作，建成未成年人保护工作站61个。肥东县、肥西县成功申报全国未成年人保护示范县。

【社会事务管理】 2022年，市民政局加强婚姻家庭辅导服务，全年办理结婚登记50361对，离婚预约登记31349对，实际办理16807对，降幅达47%。全市现存婚姻登记档案全部实现电子化。包河区顺利通过国家婚俗改革试验中期评估，合肥高新技术产业开发区开展“涉外婚姻登记”试点。推进城乡公益性公墓建设，全市建成城市公益性公墓11座，农村公益性公墓104座，公益性公墓乡镇规划覆盖率达100%。全市减免殡葬惠民资金4479.5万元，惠及4.7万余户。落实残疾人两项补贴动态调整机制，补贴标准位居长三角城市前列。合肥经济技术开发区、合肥高新技术产业开发区康复辅具器具特色产业园集聚关联企业160多家。

【地名管理】 2022年，市民政局修订出台《合肥市地名管理办法》，完善道路、建筑物命名等多个配套文件，打造地名管理“1+N”（即《合肥市地名管理办法》+《合肥市建筑物名称管理暂行规定》《合肥市道路交通设施名称管理暂行规定》《合肥市门牌编制管理办法》《合肥市轨道交通站名名称管理办法》等法规）政策落实体系，建立合肥“科里科气”地名库，彰显合肥城市精神内涵和气质。开展《地名管理条例》宣传，完成国家地名信息数据库更新完善工作。宣传和推介全国网红路——延乔路。肥西县完成两个乡改镇工作。肥东县、肥西县被确定为第二批人口较大县城关镇设置街道试点单位。

【基层社会治理】 2022年，市民政局推进社区综合服务设施建设，打造40个小区居民活动中心和4个示范性国际化社区。推进智慧社区项目建设，建成4个试点智慧社区、4个智慧小区、50个平安小区，完成融合平台在全市560个城市社区推广工作。推进城市社区规模优化调整，新增城市社区28个。完成城镇人口每万人配备13.5名社区工作者指标。打造基层三级协商体系，每个乡镇（街道）形成不少于1个协商特色品牌。稳妥推进社会组织领域四大专项行动（即社会团体分支（代表）机构专项整治、社会服务机构非营利监管、整治行业协会商会乱收费行动、社会组织领域重大风险防范化解）。落实为企优环境，全市减免、降低会费标准的协会商会45家，减免会费665.96万元。筹建生物医学、光伏、科技中介等一批新兴行业商协会，引导商协会助力“双招双引”。全市登记认定慈善组织12家，其中新登记慈善组织2家。累计完成16单慈善信托备案，信托财产金额达5366.8万元。通过“中华慈善日”活动，募集善款7000多万元。打造四级社工站体系，建成社会服务平台（社工站）278家，其中乡镇（街道）级51家，村（社区）级227家。全市持证社工7764人，占全省35.7%。全市注册志愿者人数超167万，占常住人口17.6%。

（王志成）

民生工程

【概况】 2022年，市发改委（民生办）贯彻落实省委省政府关于民生工作的重要决策部署，投入各级财政资金126亿元，扎实推动10项暖民心行动和18项民生实事实施，全面完成省定目标任务，用心用情用力解决群众急难愁盼。

表1　　2022年合肥市10项暖民心行动简表

序号	项目名称	序号	项目名称
1	就业促进行动	6	快乐健身行动
2	新徽菜名徽厨行动	7	便民停车行动
3	老年助餐服务行动	8	放心家政行动
4	健康口腔行动	9	文明菜市行动
5	安心托幼行动	10	老有所学行动

表2　　2022年合肥市18项民生实事简表

序号	项目名称	序号	项目名称
1	“四好农村路”建设	10	困难职工帮扶
2	棚户区和老旧小区改造	11	中小学课后服务
3	养老服务和智慧养老	12	“15分钟健身圈”建设
4	幼儿托育和学前教育促进	13	“15分钟阅读圈”建设
5	就业促进工程	14	“惠民菜篮子”运营
6	城乡适龄妇女“两癌”免费筛查	15	老年助餐服务
7	困难群众救助	16	老年人门诊就医便民服务
8	重特大疾病医疗保险和救助工程	17	食品安全“你点我检”
9	困难残疾人康复	18	城乡困难群体法律援助

【实施措施】 健全民生工程推进机制。2022年，合肥市出台《关于印发〈合肥市就业促进行动方案〉等“暖民心行动方案”的通知》《合肥市人民政府关于2022年创新民生工程建设模式办好省定民生实事的通知》，逐项明确目标任务、工作措施、保障机制和责任分工。成立市暖民心行动领导小组，建立分级分层调度机制，市发改委会同8家市直牵头单位成立9个督查组，落实分组包保，推动暖民心行动加快实施见效。

落实民生工程事项。实施就业促进行动，聚焦重点企业用工需求，组织企业参加全球云聘会、进高校等活动，与职业院校签署战略协议，着力解决重点企业“招工难”，保障用工需求。实施老年助餐服务行动，根据社区服务中心周边群众居住特点、生活习惯等，在市场化运作中灵活选择运营模式，形成社会餐饮企业+养老助餐、养老机构+养老助餐等7种助餐服务模式。实施安心托幼行动，幼儿园延时服务实现全覆盖，印发《关于合肥市托育服务收费管理工作的通知》，规范托育收费管理，有效缓解“入园难”“入托难”。实施快乐健身行动，探索城市复合空间利用，巧妙利用高架桥下闲置空间，盘活城市空闲用地，缓解群众“健身去哪儿”等问题。实施便民停车行动，推进党政机关及国有企事业单位停车场对外开放，全市25万多个泊位接入合肥智慧停车综合管理服务平台，实现车位查询、路径导航、共享预约等高效便捷的“一站式”停车服务。实施放心家政行动，印发《合肥市家政服务证管理制度》，建立持证上岗制度，推进“一人一证（码）”，促进家政行业规范化发展。

开展民生工程宣传。制订《合肥市暖民心行动集中宣传月活动方案》《合肥市暖民心行动主题宣传方案》，设计10项暖民心行动宣传海报，通过海报标语、短信微信、集中报道、有奖随手拍、网上答题等多种形式进行政策解读和宣传推介。

【实施成效】 解决群众急难愁盼。2022年，合肥市实现城镇新增就业13.9万人，占全省20.14%，服务重点企业用工20.6万人次。开展徽菜师傅技能培训100个班次，培训3481人。建成老年食堂（助餐点）860个，为老年人提供助餐服务370多万人次。为7.9万名儿童实施局部涂氟，为5.3万名儿童实施第一恒磨牙窝沟封闭。全市新开公办幼儿园61所，新增公办学位2.1万个。新增托位1.44万个。完成793处居住小区和行政村健身设施维修改造提升和配建，开展各类体育培训18.96万人次。市区新增机动车停车泊位9万余个，其中公共停车泊位2.74万个。新增8家员工制家政服务企业，培训家政服务人员9.2万人次，推进持证上岗，促进家政行业规范化发展。完成73个菜市整治改造，解决环境脏乱难题。新增老年学校学员5.47万人，丰富老人晚年生活。

补齐民生短板。2022年，合肥市完成农村公路提质改造工程185.8千米，农村公路养护工程893.9千米。改造城镇老旧小区90个，惠及43.37万人，基本建成棚改安置房2.31万套。23.7万名老年人享受高龄津贴，9.8万人享受低收入养老服务补贴。发放困难残疾人生活补贴资金1.91亿元，保障6.95万人，发放重度残疾人护理补贴资金3.12亿元，保障10.31万人。完成适龄妇女宫颈癌筛查4.53万人，乳腺癌筛查1.8万人。救助建档在册困难职工家庭1547户。完成140个城市阅读空间建设。完成“你点我检”专项抽检2400批次。审批办理困难群体法律援助案件1.24万件。

（秦新忠　吴青林）

居民生活

【概况】 2022年，合肥市统筹疫情防控和经济社会发展，出台一揽子惠民政策举措，稳定民生基本盘。调查数据显示，2022年合肥居民消费价格平稳，住宅销售价格小幅波动，居民可支配收入增速超过GDP增速。

【居民消费价格】 2022年，合肥市居民消费价格总体平稳，累计上涨2.4%，涨幅较上年同期扩大0.7个百分点，低于2022年市政府工作报告预期目标0.6个百分点，高于全国、全省平均水平0.4个百分点。与全国36个大中城市对比，累计涨幅位列第7位；与全省纳入汇总的14个地市对比，累计涨幅位居第3位。从八大类消费品和服务价格变动趋势看，呈现全面上涨态势，其中食品烟酒、交通通信为影响居民消费价格指数（CPI）上涨的主要类别。具体来看，食品烟酒价格累计上涨3.6%，影响居民消费价格指数（CPI）上涨约1.01个百分点，影响程度达42.4%；交通通信价格累计上涨4.8%，影响居民消费价格指数（CPI）上涨约0.69个百分点，影响程度达28.8%。

【商品住宅销售价格】 2022年，合肥市新建商品住宅环比累计增长1.6%，呈现小幅波动态势，各月涨跌互现，涨跌幅在-0.7%至0.7%之间；全年价格同比平均上涨0.7%，涨幅较上年下降4.8个百分点。从分月看，除4-6月，其他月份均为上涨趋势。二手住宅价格走势呈现震荡下行趋势，全年环比累计下跌0.3%，涨跌幅在-0.8%至0.7%之间；全年价格同比平均下降1.2个百分点，较上年下降6.4个百分点。从分月看，1-2月同比上涨，但涨幅逐步收窄，从3月开始，持续保持下降态势。

【居民收入】 2022年，合肥市居民人均可支配收入48820元，同比增长6.1%。收入总量分别高于全国、全省11937元和16075元，位居全省第2位；收入增速分别高于全国、全省1.1和0.1个百分点，比国内生产总值（GDP）增速快2.6个百分点，位居全省第8位。分城乡看，城镇居民人均可支配收入56177元，同比增长5.6%。收入总量分别高于全国、全省6894元和11044元，位居全省第2位；收入增速分别高于全国、全省1.7个和0.7个百分点，位居全省第4位。农村居民人均可支配收入28727元，同比增长7.0%，收入总量分别高于全国、全省8594元和9152元，位居全省第3位；收入增速分别高于全国、全省0.7个和0.5个百分点，位居全省第7位，较上年同期前进两个位次。城乡居民收入比由上年的 1.98 缩小为 1.96。

（赵紫伟）

消费者权益保护

【概况】 2022 年，合肥市市场监督管理局（以下简称“市市场监管局”）推动消费维权工作，为群众解诉求、促和谐。实现 12345、12315 双号并行，全年受理各类咨询、投诉、举报 47.5 万余起，初查率、办结率、核查率均达 99.9% 以上，高于全国、全省平均水平；建立生产与流通同一、线上与线下同步的“厂商一体化”无理由退货机制，培育线下无理由退货单位 2115 家；创新制定《“为企服务”专席工作制度》，建立“为企服务”政策知识库，组建“政策专员”专家服务库；先后组织 30 余名政策专员实地接听 12345“为企服务专席”，及时解决人民群众急难愁盼问题；在房地产、校外培训机构、建筑装饰、汽车 4S 店等重点领域，开展合同格式条款专项整治，维护人民群众合法权益。

【优化为企服务】 2022 年，市市场监管局把握市场规律和执法要求，动态调整“六项清单”，为企业发展提供“硬核”支持。全年在准入环节实施容缺审批 2373 件，在行政处罚环节作出免罚 280 起、从轻或减轻处罚 1131 起、减免罚金 2115 万元，在信用修复环节撤下处罚信息 310 条、移出异常名录和严重失信企业名单 19428 户次，惠及市场主体 1.75 万户；完善融资体系，助企纾困解难，推动企业“知产”变“资产”，全年办理知识产权质押融资 247 件，融资金额 31.8 亿元；落实知识产权奖补政策，为 2257 家创新市场主体兑现奖补资金 8065 万元。

【放心满意消费创建】 2022 年，市市场监管局深化以“亮品牌、提品质、守信用”为主题的放心满意消费创建工作，创新研发“放心消费在合肥”微信小程序，提升创建效率，全年以此程序新增参创单位 700 余家；延伸创建领域，推动放心消费创建进街区、进乡村，上报创建省级示范街区 12 家、示范乡村 20 个；在全市 170 家企业引进“在线消费纠纷解决机制（ODR）”，将五进职能、服务站标准和创建示范企业高效融合；招募组建 200 余人的电梯安全志愿服务队，为全市 1 万余台电梯购买安全综合服务险；推动城区菜市场常态化建设、长效化管理工作，及时制定新建菜市场的布点规划，落实获评菜市场的政策奖补，市、区两级先后累计对 55 家菜市场兑现奖补 3955 万元；制定颁布全省首部《城区菜市场建设与管理规范》地方标准，菜市场提档升级“有标可依”；推进智慧化监管，探索城区菜市场监管与服务平台建设。

（刘　畅）

2022 年 6 月 10 日，长丰县吴山镇老年食堂内老年人乐享早餐

（市民政局 / 供）

养老事业

【概况】 2022 年，合肥市有 65 岁以上老年常住人口 116.23 万人。市卫生健康委员会全面推进老年人口健康管理工作，建立健康档案 114.79 万人，健康档案建档率 71.65%；以家庭医生签约服务为抓手，着力提升老年人健康管理服务能力，年度内签约老年人 114.79 万人，签约率达 71.65%。

【医养结合】 截至 2022 年底，全市建成兼具养老和医疗功能的老年护理院 22 家（含滨湖医院老年科），开设长期医疗护理床位 3597 张；14 家二级及以上综合医院设置老年医学科；开展省级优质医养结合创建工作，创建 1 家示范县区，3 家示范机构，9 家示范基层卫生服务中心。

（刘　睿）

关心下一代工作

【概况】 2022 年，合肥市关心下一代工作委员会（以下简称“市关工委”）基层组织发展到3402个，比上年增加 106 个，3 个县（区）关工委获评全国青少年普法教育先进集体，2 名“五老”获评全国青少年普法教育先进工作者，7 名“五老”获评全国青少年普法教育优秀辅导员，3 个单位和 6 名“五老”分别荣获全省关心下一代工作“十佳”先进集体和“十佳五老”。

【铸魂育人】 2022 年，市关工委采取线上线下相结合的方式，组织开展“喜迎二十大，传承红基因”少儿书画大赛（展）、“学习二十大·永远跟党走——传承红色基因，阅读伴随我成长”主题教育演讲比赛等活动。组织以市关工委“新时代‘五老’报告团”为代表的“五老”骨干，走进学校、走进教育基地、走进社区，开展青少年思想道德教育、法治教育、科技教育、家庭教育、心理健康及中华优秀传统文化教育，全年开展报告活动 40 余场次，2 万余名青少年参与活动。重视青少年科普实践性教育，承办第四届“科技点亮未来——青少年科普教育走进包河”活动。

2022 年 3 月 4 日，市关工委“新时代‘五老’报告团“成员宋祥生在蚌埠路第二小学开展“弘扬革命传统 传承红色基因”宣讲活动　　（陈　枫／摄）

【护航成长】 2022 年，市关工委助力优化青少年成长社会环境，组织“五老”参与法治宣讲、网吧义务监督、社区矫正等工作，全年“五老”参与网吧义务监督约 899 人次，参与禁毒宣传约 1031 人次，参与社区矫正约 652 人次。开展“五老弘扬好家教好家风”教育活动，组织“五老”参办家长学校，参与基层“家庭教育课堂”“全职妈妈讲座”等平台建设。

【关爱帮扶】 2022 年，市关工委开展“助学圆梦”“冬日送暖”等帮扶活动，启用帮扶款项 38 万元，帮扶 180 名贫困青少年，发动“五老”对青少年开展心理疏导、思想关心和情感关怀，组织“新时代‘五老’报告团”开展近 10 场次青少年心理健康辅导报告。推进“大手拉小手”老少结对活动，组织 3116 名“五老”结对帮扶 3937 名留守流动儿童或困境青少年。

（张俊峰）

责任编辑：王晓燕

经济开发区

合肥高新技术产业开发区

【概况】 合肥高新技术产业开发区（以下简称“合肥高新区”）是1991年经国务院批准的首批国家级高新区之一，是合肥综合性国家科学中心的核心区、合肥滨湖科学城创新引领区、国家自主创新示范区、首批国家双创示范基地和中国（安徽）自由贸易试验区合肥片区核心区，是创新型国家建设的战略支点和合肥建设“大湖名城创新高地”的主要载体。2022年，该区辖区面积179平方千米，常住人口27万人。

2022年，合肥高新区完成区域生产总值1313.9亿元，实现规模以上工业增加值482亿元，完成战略性新兴产业产值1548.1亿元，同比分别增长4.3%、7.3%、29.2%；完成全社会固定资产投资329亿元，其中工业投资115亿元，同比分别增长0.5%、5.1%；实现建筑业产值681亿元，完成进出口总额65.4亿美元，实现一般公共预算收入53.7亿元，实现城镇常住居民人均可支配收入52841元，同比分别增长5%、11.3%、14.6%、6.3%。该区当年实现的规上工业增加值增速、战新产业产值增速、高新技术产业增加值增速、规上工业增加值、一般公共预算收入、建筑业产值、全社会消费品零售额、规上服务业营收均位居全市开发区第一位。

该区当年获批成为首批“国家网络安全教育技术产业融合发展试验区”，并被命名为首批“国家安全应急产业示范基地（综合类）”。在全国169家国家级高新区综合排名中位居第七名，连续第九年综合排名居前十强之列，“高新发布”综合影响力居国家高新区第六位。

【园区建设】 2022年，合肥高新区安排市政道路项目建设65项。其中铭传路（高压走廊—天龙关路）、菖蒲路（大龙山路—孔雀台路）、城西桥周边支路等道路21条12.87千米建成通车，快速推进其余44条道路建设；完成王咀湖北侧110千伏及35千伏架空线路入地改造工程建设；完成220千伏集贤路变选址、控规调整等，使其具备开工条件；新建供水管道19.8千米，燃气中压管道12.5千米。

【对外开放】 2022年，合肥高新区实施自贸区、自创区“双自联动”改革，制定并发布安徽自贸区首个区块层面的制度性政策“双自十条”，实行全国首创环评与排污许可“两证合一”改革，在全省首创综合政策平台“高新智策”、信用报告代替上市合规性审查、首创低效用地全域治理等15个创新案例被纳入省级层面复制推广。建设全省首个国际化社区、RCEP企业创新服务中心，发行全省首单公募REITs产品。全面融入长三角一体化，推进讯飞人工智能研产基地等10个国家长三角规划“十四五”重大项目，推进长三角双创券通用通兑。优化营商环境，全国首创政务服务“一窗通办”智慧解决方案，“一改两为”常态访企解难，解决企业问题近1000个。

【招商引资】 2022年，合肥高新区新签约市重点项目265个，协议投资总额796.2亿元，分别超市下发目标任务的76.67%和44.76%，占全市比重分别为约20%和13.54%，完成签约项目数量位居全市第一位。在项目体量上，有10亿元以上项目21个，其中50亿元以上项目2个，实现近年来招商引资50亿元项目零的突破。在项目质量上，近90%项目为省十大新兴产业项目，有省外项目98个，占比37%；有境外世界500强项目1个、中国500强项目4个、独角兽企业项目3个，有上市公司项目20个。

【产业发展】 2022年，合肥高新区市场主体总量增长，新登记市场主体突破2万户，同比增长9.3%，较上年提高3个百分点，其中新增企业1.79万户，同比增长18.5%，市场主体纳税总额占全市比重为22.8%。企业规模壮大，全年新增百亿元产值企业4家，其中工业企业3家、建筑业企业1家，新增实现工业产值百亿元企业占全市一半；新增规模以上企业130家，总数超1100家，位列全市开发区第一位；新增上市企业3家，总数达38家，占全市40%。多层次、多梯度培育创新主体，创新主体阵容壮大，新增国家专精特新“小巨人”企业29家、高新技术企业545家，总数分别为49家、2548家，分别占全市34%、40%；入库国家科技型中小企业2718家，完成目标的151%；拥有高成长企业1054家，其中独角兽企业3家、潜在独角兽企业14家，分别位居全国高新区第7位和第6位。

在主导产业中，光伏新能源产业实现产值940.1亿元，成为该开发区规模最大产业。硅片、电池片、组件等光伏产品价格上涨，带动全区光伏产业产值增速达82%，高于上年57.5个百分点，拉动规上工业总产值增长近19个百分点。家电及配套产业实现产值423.1亿元，电子信息产业实现产值354.2亿元，汽车及配套产业实现产值307亿元，生物医药产业实现产值156.1亿元，装备制造产业实现产值139.6亿元。

在战新产业中，实现战略性新兴产业产值1548.1亿元，占规上工业总产值比重超60%，增速为29.2%，拉动规上工业产值增长约15.7个百分点。高端装备制造业实现产值63.8亿元，节能环保产业实现产值106亿元，生物产业实现产值114.8亿元，数字创意产业实现产值1.2亿元，新材料产业实现产值41.6亿元，新能源汽车产业实现产值145.7亿元，新能源产业实现产值777.7亿元，新一代信息技术产业实现产值296.9亿元。

编制《中国声谷转型升级合肥高新区三年行动方案（2023—2025年）》，完成声谷大数据支撑平台建设，推动中国声谷发展再上新台阶。“中国声谷”入驻企业超1400家，其中区内入驻企业1288家，获批“中国声谷”专项政策项目448个。依托软件名园创建和软件产业园挂牌建设，推进高新区软件产业发展，合肥软件园总部落户该开发区。

2022年2月28日，空天信息与数字地球创新峰会在合肥高新技术产业开发区举行
（高新区管委会/供）

【科技创新】 2022年，合肥高新区成功获批成为全国首批量子信息未来产业科技园建设试点培育点。量子产业规模扩大，引入启科量子、机数量子、亦为量子等量子核心企业，企业数量达41家。“创九条”政策全面对外发布，设立未来产业成果转化基金及支持科技成果转化项目政策获科技部成果司肯定。“科大硅谷”启动建设，“一核一园一镇”90%面积位于该开发区。启动全国高校院所“淘金计划”和承接科大赋权试点项目，落地该开发区C9高校项目16个、科大赋权项目19个。发布合肥高新区智能网联汽车产业发展报告和元宇宙发展规划，提前布局新兴产业。

加强高新技术企业培育“一把手”工程建设，全年认定高新技术企业935家，全面完成三年行动计划既定目标。开展“卡脖子”技术、关键核心技术、前沿颠覆性技术等技术攻关，遴选深科技企业236家。制定发布以增强企业创新能力为牵引培育“双五”“双十”企业培育方案。

开展创新积分贷全线上业务打通工作，建立从企业申请、审批、放贷等全线上流程，真正实现让企业“少跑马路、多走网路”。创新“科学岛贷”，将科技成果转化阶段与创始人的人才类型有机结合，按照以人定贷、以项目定额相结合方式，并赋予签订认股选择权，打通“科学岛企业”科技成果转化的“最后一公里”。金融超市服务再升级。发布包含瞪羚贷、雏鹰贷等35款政策性与市场化金融产品，完成放贷金融47亿元。

国际先进技术应用推进中心作为科大硅谷首个国家级平台布局该开发区。合肥高新区定期组织召开国家战略科技力量座谈会，安排专人定点对接服务中国科学院量子创新研究院、深空探测实验室、江淮前沿技术协同创新中心等高能级创新平台，梳理科技成果转化项目97个，落地企业40余家。制定并发布以增强企业创新能力为牵引培育“双五”“双十”企业培育方案，发布《新经济发展规划》《源头技术掘金计划》，以新赛道为引领，打造合肥高新区新经济发展2.0升级版，面向全国高校院所启动源头技术的挖掘遴选和跟踪转化工作。

【生态环境保护】 2022年，合肥高新区细颗粒物（$PM_{2.5}$）、可吸入颗粒物（PM_{10}）日均值浓度分别为33μg/m3、60μg/m3，较上年分别下降5.7%和3.1%；优良天数306天。4个水质考核断面、苦驴河和岳小河水质达到地表III类；斑鸠堰河水质连续4个月达到地表三类水（全年均值V类水）；梳头河受肥西上游来水影响，水质均值为地表III类，4条河流在12月底通过市级验收。

全年完成环评审批项目177个，核发、变更、延续排污许可证86家次，指导企业完成排污登记148次，对286个重大项目选址情况、54次街坊控规、204个建设项目规划建筑方案出具环保意见。配合市生态环境局开展环评单位和环评工程师诚信档案专项整治行动。其中，6位工程师被执行黄牌，12位工程师被执行红牌，7家编制单位被执行黄牌、7家编制单位被执行红牌。全区被纳入双随机监管对象811家单位，开展双随机现场检查161家单位。完成309家危废产生单位申报登记、337家管理计划及89家一般工业固体废物登记审核工作。推进挥发性有机物污染防治攻坚重点专项整治，专项检查和巡查辖区47家企业及南岗、柏堰等区域。完成废活性炭更换处置342吨。受理信访2675件，通过便携式VOCs检测仪（PID）、无人机、VOCs移动走航监测车等科技手段，辅助环境监察执法及异味溯源。

率先发布工业园区层面推进碳达峰碳中和的实施方案，以及促进绿色低碳发展的若干政策，制定开发区节能降耗三年行动计划和建立企业节能减碳指标评价体系，成立碳达峰碳中和暨绿色低碳发展高端智库，成立合肥高新区碳中和行动联盟。

【全国大众创业万众创新活动周】 2022年9月15—21日，2022年全国大众创业万众创新活动周在合肥高新区合创巢双创园区举办。国务院总理李克强在北京以视频方式出席开幕仪式。该届活动周以“创新增动能，创业促就业”为主题，通过主会场活动、部委活动、地方活动、海外活动、线上活动等近1000场，全面回顾并展示近年来深入实施创新驱动发展战略、纵深推进大众创业万众创新取得的新进展、新成就和新突破，把创新创业更好地转化为经济发展新动能。活动周期间集中展示高精尖“黑科技”、新奇文创精品、助力民生的创新应用；举办系列科创和产业峰会密集，如大科学装置成果转化暨新兴产业峰会、首届“量子计算+”创新创业大会、中国空天信息技术与应用创新论坛、中国声谷产业发展高峰论坛等，集中展现合肥“科里科气”的城市气质。

【社会事业】 2022年，合肥高新区发放低保、特困、临时救助等8类社会救助资金1900万余元；发放孤儿补助金40.28万元；发放救助资金6.4万元；发放残疾人两项补贴金642.97万元；发放低保、特困、高龄老人补贴金579万元，建成助餐机构26个，城市社区覆盖率达100%，月发放助餐补贴59万元。推进第二批省级智慧社区建设试点，搭建15大类社区治理数据资源库；建立区、社区服务中心、村（社区）、网格四级特殊人群监测和发现体系，完善工作台账，摸排及联系辖区内脆弱人群并进行包保联系，重点关注孤寡老人、慢性病患者、孕妇等“八大类”脆弱人群；建立未成年关爱专班，排查出留守儿童5人、困境儿童141名，辖区内78名义务教育适龄残疾儿童全部入学。

全区有各类幼儿园45所，在园幼儿14379人，公办园幼儿占比41.73%、公办园和普惠园占比85.02%，形成“公办—普惠—民办”的学前教育格局。拥有义务教育阶段学生逾2.3万人；开设特教班1个，建设资源教室4个，随班就读学生61人，送教上门学生13人，投入资金40余万元。开设老年学校5所，打造远程学习活动中心5个，形成区、中心、街道三级社区教育组织管理运行系统。全年续建、新建教育项目4个，交付完工2个，总投资2亿元。

全区有医疗卫生机构93家，初步建成以安徽医科大学第一附属医院高新院区为龙头，以合肥高新心血管病医院为特色，以社区卫生服务中心为基础的三级诊疗体系。全年投入基本公共卫生服务资金2170万元，人均经费80.4元；全区居民健康建档26.7万人；高血压、2型糖尿病管理人数分别为5547人和16516人；家庭医生签约11.89万人，完成率达110%。开展免费婚前医学检查服务1161人、免费产前筛查2872人，任务完成率分别为116.10%和114.88%，均超额完成考核任务。

全区围绕“4+X”功能定位，做好8家城市阅读空间管理运营工作。推进村级综合文化服务中心提升建设工作，全区38个行政村（社区）按照“八个有”标准全部建成综合性文化服务中心，完成率达100%，提前完成全年全覆盖任务；推进“送戏进万村”和农村电影放映工作，完成送戏18场，完成率达128.57%，农村电影放映173场，完成率达102.98%，均超前超额完成全年任务；完成应急广播体系建设任务，包括光缆布设、设备终端布放及区级、街镇、村居三级平台建设工作，实现项目验收，年底进行调试使用。

推进体育中心项目建设工作，该项目占地7.57公顷，投资额9.37亿元，纳入当年市级公益性项目库。建成6个全民健身苑、7个社区体育俱乐部、1个社区智慧健身驿站以及多条健身步道。承办2022年合肥市全民健身运动会羽毛球项目、2022年合肥市羽毛球联赛、中国羽毛球协会全民健身积分赛、2022年全国东西南北中羽毛球大赛合肥大区赛等赛事活动；组队参加2022年合肥市全民健身运动会、合肥市乒乓球联赛、合肥市中老年看球赛等赛事活动；组建市羽毛球队，在省第十五届运动会青少年羽毛球比赛中，斩获金牌5枚、银牌2枚、铜牌4枚，打破合肥羽毛球队在历届省运会获得的最好纪录。

成立区属公共事务公司，在全市率先进行试点回迁小区物业管理改革，推进成立社居委进小区“服务工作站”，群众反映事项日办结率、满意度大幅提升。专项治理“四小四大”突出问题，排查廉政风险点231个，制定防控措施468条，立案21件，运用“四种形态”处理91人次。妥善化解矛盾隐患，赴省、到市上访下降30%，实现“零进京”上访目标。

（徐　媛）

合肥经济技术开发区

【概况】 合肥经济技术开发区（以下简称“合肥经开区”）成立于1993年4月，是全国首批行政管理体制和机构改革试点开发区，2000年晋升为国家级，2022年，综合发展水平位列全国国家级经开区第6位，稳居长三角第一方阵；拥有合肥经开区综保区（居全国第11位）、航空港（进境指定口岸）、空港保税物流中心（B型）、跨境电子商务综合试验区、合肥派河国际综合物流园五大开放平台，是中国（安徽）自由贸易试验区合肥片区核心区，开始迈向“长三角高质量发展示范区”。

合肥经开区辖区面积268.97平方千米（南区建成区83.12平方千米，北区新桥科创示范区185.85平方千米），常住人口56万人（“七人普”数据）。全区设1个街道（高刘）、5个社区（海恒、锦绣、莲花、芙蓉、临湖，纳入街道序列），与肥西县合作建立新港工业园。“大学城”聚集大学专科院校24所。

合肥经开区是世界级集成电路和新能源汽车制造基地，形成“3+6”产业体系（即集成电路、新能源汽车、生物医药三大战新产业+智能家电、高端装备制造、汽车及零部件、智能终端、快速消费品、公共安全六大主导产业），战略性新兴产业跃升创新前沿，齐聚长鑫存储、大众安徽、蔚来汽车、江淮汽车、联宝电子、海尔工业园、合肥综合性国家科学中心大健康研究院等重点产业链项目340余个，全区汇集世界500强投资企业81家、上市企业12家，拥有产业工人逾25万人，国内每4台冰箱、每4辆叉车、全球每8台笔记本电脑就有1台产自合肥经开区。

2022年12月12日，蔚来第30万台量产车下线　（经开区管委会/供）

近年来，合肥经开区相继获“国家新型工业化示范基地”“国家制造业和现代服务业融合发展试点园区”“国家低碳工业园区”“国家外贸转型升级基地”“国家进口贸易创新示范区”“国家级双创示范基地”“国家生态文明建设示范区（生态工业园区）”“国家外经贸提质增效示范区”等国家级称号。

【经济发展】 2022年，合肥经开区实现地区生产总值（GDP）、高新技术产业增加值、第三产业（服务业）增加值、战新产业产值、固定资产投资同比分别增长4.4%、4.1%、5.5%、6.6%、24.9%。新能源汽车产业实现产值首破500亿元，集成电路产业实现产值128.2亿，生物医药产业实现产值13.3亿，同比分别增长56.5%、8.1%、3.4%。全区有工业企业325户，其中年产值千亿元企业1家（联宝（合肥）电子科技有限公司）、年产值百亿元企业（江淮汽车、蔚来汽车、海尔电冰箱）3家。

【对外开放】 2022年，合肥经开区实现进出口额204.9亿美元，同比增长14.2%，占全省、全市的比重分别达18.1%、37.7%。其中出口额117.7亿美元，进口额87.2亿美元，同比分别增长12.4%、16.6%；实现进出口额超千万美元企业60家。截至年底，中国（安徽）自由贸易试验区合肥片区经开区块注册企业14897家；其中，新设立企业2602家，新增内资企业注册资本216.96亿元。合肥经开区块自贸区合肥片区当年外商直接投资金额5.3亿美元，实现进出口额144.23亿美元。

合肥经开区块当年纳入全省复制推广制度创新成果9项，复制推广全国278项创新成果中的213项，省级特别清单在区块实施204项，各部门能够做到“办事可以受理、咨询及时回应”。深化航空项目战略合作，推动成立市场化航空货运平台公司并正式运营。空港B保全年实现进出口额1.51亿美元，同比增长13%。健全功能性口岸体系，机场改扩建工程全面开工建设，肉类监管场地建成并报请海关正式验收。合肥派河物流园生产服务型国家物流枢纽发展联盟成立，通过搭建公共信息平台，实现联盟内各成员资源共享、业务协同、多元合作。全国首创跨境电商网购保税零售进口“退货商品＋区块链辅助管理”新模式在海关总署完成备案，全省首批APEC商务旅行卡服务直通车在合肥经开区块实现授牌，合肥港洋山港“联动接卸”监管模式正式落地。

【招商引资】 2022年，合肥经开区新签约重点项目127个，协议投资额1051.34亿元，其中工业项目59个，总投资931.77亿元；服务业项目68个，总投资119.57亿元。外商直接投资完成6.69亿美元，占全市的55%，排名全市第一位。新建省外亿元项目45个，在建项目到位资金172亿元。新开工、运营大项目12个。招商引资工作获合肥市优秀等次。

【科技创新】 截至2022年底，合肥经开区有国家级高新技术企业740户，国家科技型中小企业1020户。形成21个科技园区，16个众创空间，19个科技企业孵化器（省级及以上21家，国家级11家），面积约400万平方米，吸引集聚2000家高潜力科技创新企业，全年实现产值超千亿元。全区企业设立各类研发机构363家，其中国家级研发机构20家，省级研发机构139家。设立新型研发机构7家。全年完成技术合同额达190.9亿元，科技成果登记579项，落地高校院所成果转化企业25家。

【规划建设】 2022年，合肥经开区大建设完成实物投资52.92亿元，其中北区29.89亿，占全区56.5%；产业类投资完成31.1亿元，占全年完成投资58.8%；全年完成投资较上年下浮35.7%。完成宿松路、金寨路快速化改造高架部分施工并通车放行；推进轨道7号线和轨道S1号线建设；建成新桥智能电动汽车产业园一期“三纵三横”路网，合六叶高速新增四个下穿通道，振兴街改造完工。新建、续建水环境项目7个，完工项目5个，完成投资2亿元，完成56个小区雨污分流改造任务，消除积涝点4个，王建沟上游、中游生态修复两个项目纳入中央山水工程范围，争取中央资金2.2亿元。

新桥科创示范区完成固定资产投资313.3亿元，同比增长24.4%，占全区总量62.3%，其中工业投资264.0亿元，同比增长32.8%，占全区总量85.7%；实现规模以上工业产值127.8亿元，同比增长65.1%。建设项目49个，完成实物投资30亿元。重点产业发展迅猛，集成电路二期厂房建成投运，落户配套项目20个，投产15个；新桥智能电动汽车产业园一期四大厂房及检测中心、发运中心建成投入使用，蔚来合作伙伴园区天汽模、新泉、西上海、梦达驰等项目全面开工建设。城市建设日益完善，建成机场东路等12条道路20.8千米，建成总投资308.4亿元、总建筑面积约72万平方米新桥智能电动汽车产业园（一期）项目，新桥国际医院一期工程基本完工，秉承海绵城市理念的宝教寺湖生态修复项目基本建成。

【社会事业】 2022年，合肥经开区实现城镇居民可支配收入52816元，增速6.0%，高于全市4个百分点，增速列四个开发区第二位。新开办公办幼儿园5所，改扩建幼儿园2所，新增幼儿学位3060个。成立海恒教育管理公司，实施国有企业举办公办园模式，完成14所公建民营幼儿园转型。全区公办率达57.8%，普惠率达88.9%。高刘社区卫生中心成功创建“社区医院”，并获全市65家基层医疗卫生机构综合考核第一名；临湖、海恒、莲花、芙蓉4个社区卫生服务中心二类事业单位完成转设。安徽医科大学第二附属医院国际医疗部开诊运行，首批外籍人员体验服务。建成9家城市阅读空间、6家街道级综合文化服务站、58家村居级综合文化服务中心，形成“15分钟阅读圈”。徽园提升改造，欧风街重新开放。结合开发区世界级先进制造业集聚、大工业立区等特点，制定产业发展政策，引导和支持科技游、工业游及研学游发展。全年保障42个项目，累计拆除房屋538户、20.3万平方米，长鑫二期、蔚来汽车产业园等一批重大工业项目建设，以及机场二期、引江济淮、轨道7号线、S1号线等一批市政项目的土地使用得到保障。

【合肥经济技术开发区综合保税区】 合肥经济技术开发区综合保税区前身为合肥出口加工区，2010年7月5日经国务院批准设立，2012年8月21日正式封关运行。2019年4月23日，国务院正式批复同意合肥出口加工区整合优化为合肥经济技术开发区综合保税区（以下简称“合肥经开综保区”），2020年6月19日，合肥经开综保区通过海关总署等8部委验收审核，区域规划面积1.40平方千米。

历经十年发展，合肥经开综保区建设成为安徽省、合肥市发展外向型经济的桥头堡和主阵地、安徽自贸试验区合肥片区的核心区，在海关总署最新发布的2021年度综合保税区发展绩效评估中，合肥经开综保区在全国137家海关特殊监管区域中排名上升至第11位（A类），在中西部55家中排名第4位（A类），作为“双A类”综保区领跑全省海关特殊监管区域。

截至2022年底，合肥经开综保区累计落户企业46家，形成以联宝（合肥）电子科技有限公司为代表的电子信息产业，以合肥显耀显示科技有限公司为代表的集成电路产业，以保税维修、跨境电商、保税物流、商品展示为代表的新兴产业。

2022年，合肥经开综保区实现规模以上工业产值1248.1亿元，实现进出口总额126.1亿美元，同比分别增长1.6%、22.7%，分别占省、市、区进出口总额比重的11.1%、23.2%、60%，占全省综保区进出口比重升至62%；实现跨境电商进出口贸易12.6亿元，其中跨境电商公共服务平台累计实现网购保税进口单量433万单，在线清关货值3亿元。

（陈明星）

合肥新站高新技术产业开发区

【概况】 2022年，合肥新站高新技术产业开发区（以下简称“合肥新站高新区”）实现地区生产总值435.5亿元，同比增长0.3%；完成一般公共预算收入23.0亿元，实现规模以上工业增加值178.1亿元，实现社会消费品零售总额

2022年，新站高新区上市（过会）企业6家，新上市企业数位居全市第一，图为上市企业井松智能生产一线 （新站高新区管委会/供）

130.1 亿元；完成进出口总额 62.8 亿美元，总量居全市第三；实现规模以上服务业企业营收 40.4 亿元，同比增长 13.3%；完成招商引资新签约项目 180 个，协议投资额 825 亿元，同比增长 34.15%；城镇居民人均可支配收入完成 49661 元，同比增长 6%，增速并列全市第二。

合肥新站高新区当年在全省开发区综合考核评价中排名第 4 位。

【产业发展】 2022 年，合肥新站高新区战略性新兴产业实现产值占全区规上工业总产值比重达 86.1%，较上年提升 2 个百分点。完成重点项目投资 410 亿元，新开工项目 48 个。在疫情期间赴韩国开展精准招商，签署 6 项投资合作协议，总投资额约 20 亿元。井松智能、劲旅环境、汇成股份、翰博高新 4 家企业实现成功上市，新增上市企业数位居全市第一。该园区合肥综合保税区首次跻身全国综保区第一方阵，在全国 137 家综保区发展绩效评估中位列第 20 位，较上年排名提升 23 个位次，综合评估结果由 B 类跃升至 A 类。该园区新型显示产业基地连续第 7 年在全省重大新兴产业基地年度考评中获评 A 档并获效益单项冠军。

【创新发展】 2022 年，合肥新站高新区净增国家高新技术企业 77 家，国家高新技术企业总数达 245 家，在安徽省 2021 年度高新区创新驱动发展综合评价中综合排名第 2 位。通过孵化载体提高质量，长百科技孵化器成功备案为国家级科技企业孵化器，新增省级科技企业孵化器 2 家、省级众创空间 1 家，清科智谷、科大智谷等一批孵化器正式运营。平台建设见成效，破解北航科学城项目难题，校地双方就建设高水平新型研发机构达成一致，引进苏东林院士电磁安全研究院等项目落户新站。元琛科技通过国家企业技术中心认定，全区国家级平台达 8 家。

【城市建设】 2022 年，合肥新站高新区完成少荃湖城市副中心六片区和八片区成片开发方案编制、面积约 731 公顷，完成城镇开发边界“三上”方案划定及“空间一张图”编制，新增建设用地规模 22.27 平方千米。全年新建、续建市政道路 61 条，总里程约 76.5 千米，市政道路建设总里程为历年之最；完成淮合花园 A 区等 7 个老旧小区改造，拆除违法建设 3402 处，拆除面积 85.62 万平方米，在全市四大开发区中居第一位。

【生态环境】 2022 年，合肥新站高新区细颗粒物（$PM_{2.5}$）、可吸入颗粒物（PM_{10}）平均浓度分别为 31 微克每立方米和 63 微克每立方米，同比分别下降 3% 和 11.3%，空气优良天数比例为 87.1%，空气质量综合指数位居全市国控站点前列。全年完成 99 个入河排污口排查及整治，河道水质实现全要素达标。完成约 13.53 公顷人工造林、约 333.3 公顷森林抚育、4 公顷林地复绿，提升改造生态公园、学林公园、新海公园，提高城市公共空间品质品位，打造“席地而坐”城市客厅。

【疫情防控】 2022 年，合肥新站高新区完成 93 轮区域核酸检测，累计检测 4899 万人次。累计流调处置阳性病例 48 人，密切接触者 6884 人，次密切接触者 8261 人，处置涉疫阳性物品 10 余起，涉及阳性物品直接接触者 29 人。筹建隔离点 12 个，隔离管控密接、次密接及中高风险返回合肥等人员 21194 人次。累计核查中、高风险地区来合肥人员信息 463772 条。累计接种新冠疫苗 17.9 万剂次，其中加强针 14.7 万剂次。

【回迁安置】 2022 年，合肥新站高新区累计完成征迁项目 77 个，征迁面积 8.5 万平方米；新建、续建安置房项目 16 个、3.5 万套，总建筑面积 540.4 万平方米；建成交付安置房项目 8 个、1.5 万套，完成回迁安置 1.42 万套、安置面积 125 万平方米。

【社会事业】 2022 年，合肥新站高新区意识形态领域平稳安定。干部人事激励机制改革做法获市委主要领导批示肯定，先后推荐 3 名正科级干部担任副县级领导职务、3 名副县级干部进入市管领导班子，调配干部 58 人。建立员工“能上能下”机制，109 名表现突出员工实现晋级，37 名表现不佳员工被降级。新增 2 个市级民主法治示范村（社区），法治建设在市级考核中位列县市区、开发区第一，获评“2022 年全市司法行政系统工作表现突出集体”。在教育保障方面，新建、续建幼儿园 14 所，新增幼儿托位数 1080 个，新建、改扩建中小学 4 所，完成 2 所“公参民”学校改制，集团化办学覆盖率提升至 83.3%。在劳动和生活保障方面，在全省率先成立“新就业形态劳动者维权保障中心”，在全市设立首个“劳动争议诉裁调工作室”，获评“全国劳动关系和谐示范园区”；组织实施“10 项暖民心行动”，累计支付暖民心行动资金 1.47 亿元；资助 2031 名低保户参保，发放救助资金 1358.9 万元；建成 43

个老年食堂、助餐点。开展安全生产大检查，排查隐患7708项，整改率93.8%，生产安全事故起数、死亡人数同比分别下降61.9%、75%，未发生较大及以上生产安全事故。在维稳工作方面，二十大期间实现上访“零进京”，完成重大时期维稳任务；全年进京上访批次、人次同比均下降80%左右；积案化解成效明显，化解信访积案60件，其中34件为“钉子案”“骨头案”，相关经验总结作为合肥市唯一入选全省第一批积案化解经验文章汇编；可防性案件、涉赌警情均连续第五年下降，有效遏制电信网络诈骗行为；综治视联网建设延伸到社居委一级，涌现出香江社居“党员义务巡逻队”等一批基层特色治理品牌。围绕产业、建设等重点，保持在《人民日报》《新华每日电讯》、中央电视台等国家大媒高频亮相，“两微一抖”综合实力跻身全市十强之列；建立联动联处机制，及时并妥善处置垃圾中转站等较大负面舆情。

（黄文茂）

安徽巢湖经济开发区

【概况】 2022年，安徽巢湖经济开发区（以下简称“安巢开发区”）紧紧围绕“主导产业培育、‘腾笼换鸟’产业升级、精兵简政干部赋能、国资运营体制改革、历史遗留问题攻坚清零、园区环境品质提升、重大片区建设提速提质、体制机制全面优化提升”等八个重点领域开展专项行动，主导产业发展的集聚效应凸显，转型升级取得明显成效。全区实现地区生产总值（GDP）59.7亿元，完成规模以上工业总产值77亿元，实现规模以上工业增加值17.1亿元，同比分别增长6.6%、13.9%、7.2%；完成固定资产投资66.9亿元，其中工业投资28.2亿元，同比分别增长21.5%、41.2%，完成技改投资14.1亿元，同比增长96.9%；实现财政收入8.59亿元，完成一般公共预算收入6.2亿元，同比分别增长1.51%、12.95%。

【招商引资】 2022年，安巢开发区抓住招商引资这条“生命线”，找准自身定位，主导产业在集聚发展中壮大。坚持“跳出招商看招商”，全面了解产业新格局、新技术、新模式，形成全面的基础判断，以打破常规的思考，指引招商引资工作；依托合肥市“芯屏汽合”“急终生智”等主导产业，结合自身实际，明确新能源、新材料、新健康、新文旅“四新”产业作为未来产业发展的主导方向。锚定长三角、珠三角重点区域，创新领导带头、企业帮助、专业机构协助、资本运作、干部外驻等招商渠道，招商引资工作质效全面提升。全年新签约项目65个，协议引资额310.8亿元，同比分别增长75.68%、179.9%；成功签约引进融捷锂电池材料项目，实现招商百亿元重大项目零突破。初步形成以皖维偏光片、弘徽气凝胶、融捷金属、方正新能源、华熙生物等优质企业为代表的四新主导产业集聚发展的状态。

【优化营商环境】 2022年，安巢开发区推深做实为企服务和惠企政策，努力做优营商环境这个“软实力”，力求服务贴心，企业在转型升级中焕发活力。整合项目建设、企业服务、政策纾困、帮办代办等职能，在全市率先成立“为企服务中心”；搭建智慧安巢线上平台，通过线上线下相结合的方式，做实“最多跑一次”“拿地即开工”等便企惠企服务；常态化开展为企服务日活动，通过委领导包联、百员联百企、“四送一服”等精准帮扶活动，初步形成快速反应、协调联动、高效有力的“企业吹哨、部门报到”帮扶工作机制。全年征集企业反馈问题268项，解决258项，办结率96%。修订《安徽巢湖经开区推动经济高质量发展若干政策》，出台《扶持高层

2022年9月26日，合肥综合性国家科学中心大基因中心

（安巢经开区管委会/供）

次人才创新创业实施办法》《抗疫稳发展若干政策》等系列惠企政策，全年兑现省、市级奖补资金1.01 亿元，以及区级高质量发展政策资金2881.07 万元，抗疫稳发展政策奖补资金 588.32 万元，办理退税费 3319 户次 1.9 亿元，减免租金 421 万元。全年累计帮助企业获“税融通”贷款20600 万元，“科技创新贷”6200 万元，兑现区内 23 家企业贷款贴息216.9 万元；兑现人才奖励和补贴资金 559.7 万元，助企招工 3000 余人；新增国家级专精特新小巨人 1 家、省专精特新冠军企业 2 家、省级专精特新企业 5 家、四上企业 40 家、国家高新技术企业26 家。

【项目建设】 2022年，安巢开发区加强项目调度和要素保障，抓住重大项目这个“压舱石”，立足投资质量，发展速度和质量在优存扩增中显著提升。围绕项目建设和要素保障，坚持常态化调度、专业化服务，明确项目重点项目建设时间表、甘特图，实现重点项目挂图作战，可视化管理。全年列入市重点项目库项目 168 个，在建项目 72 个，新开工项目 44 个，纳统项目44 个，有10 项主要经济指标增幅保持两位数增长，有11 项主要经济指标增幅高于全市平均水平，有6项指标增幅位居四大开发区第一。从投资强度、能耗标准、环境标准、亩均税收等多项“硬约束”指标入手，开展“亩均效益评价”和“腾笼换鸟”工作，构建A、B、C、D 四档亩均效益评价体系，获批全市首笔“亩均英雄贷”资金4.6 亿元，累计清退盘活企业12家、协议清退盘活闲置及低效利用土地约67.8公顷、消化批而未供土地约80.33公顷。

【城市建设】 2022年，安巢开发区完善城市内涵和基础配套，重点围绕城市建设，坚持品质先行，通过贯通主干道、打通断头路、实施景观提升、打造街头游园、建设公交站点、完善交通标识、高标准推进暖民心行动等举措，全面实施城市建设品质提升第二批“九项工程”，提档升级半汤湖、廊桥、七星池等城市公园，建成开放沐香园、生态文化公园等街头游园；开工建设道路10条，建成投用8条；完成雨污改造及道路提升长度约64.8千米；鼓山商业街、半汤农贸市场、岠嶂农贸市场、半汤商业街南区投入使用；优化调整和新开通公交线路3条，新增公交站点22个、运营里程 15.1千米；全年完成大建设投资 35.74亿元，园区整体环境品质和城市功能配套全面提升。

【平台建设】 2022年，安巢开发区按照“做精管委会、做强平台公司”的理念，探索实施“管委会+公司”管理模式，整合组建以产业发展、工程建设和文化旅游三大板块的综合性国有集团公司，建立以市场为导向的国有企业绩效考核体系，改变原先国有公司多而不强、各自为战、偏于行政化的状况，提升国有公司的运营活力和抗风险能力，激发园区内生动力和发展活力。发挥国有平台公司在开发建设、投资服务、城市运营等方面的市场作用，将土地、房屋、资产、基金等最优质资源，运用市场化机制配置到国有平台公司，做大做强做优国有资本，推动资源盘活、资产优化、资本运作、资金流动效益最大化。

【疫情防控】 2022年，安巢开发区坚持人民至上、生命至上的理念，严格落实国务院联防联控机制和省市各项工作部署，建立“平急结合、提级指挥、扁平化运行”的疫情防控应急指挥体系，调整优化疫情防控领导机制和防控措施，坚持日排查、日报告、周调度、周会商，掌握疫情防控工作主动权。精准科学推进全民防控，制定《安徽巢湖经开区新冠疫情应急处置预案》，开展全员核酸检测88轮528万人次、“落地检”92万人次，摸排重点地区来（返）人员2.7万余人，核查大数据信息近3.3万条。加强重点人群健康服务及基层诊疗服务工作，面向街道、村社区调拨退烧药品6970盒，采取送苗上门服务、接送接种等便民服务，累计接种疫苗15.4万针剂，60岁以上老年人疫苗接种率位居巢湖市前列，岠嶂社区获市委组织部关于疫情防控先进集体通报表扬。

【社会事业】 2022年，安巢开发区空气质量综合指数居全市前列，空气优良率达94.9%以上。信访总体形势平稳可控，全年无进京赴省上访事件发生。智慧平安小区建成使用率100%，居全市第一位；群众黑恶势力感知度、违法犯罪程度群众测评结果居全市优秀方阵，群众安全感、满意度居全市前列。成立为民服务中心，收集为民服务事项215件，办结率91.63%；开展“无案无访无讼”小区创建工作，社会大局和谐稳定。食品安全形势稳中向好，未发生重大食品安全事故。安全生产监管强势逆袭，自4月份起，全区未发生安全生产亡人事故。优化教育布局，通过建设花山小学、华府幼儿园、半汤实验中学，补齐教育硬件短板，实现多年来园区居民在“家门口”好上学、上好学的愿望。房屋安置有序推进，交付岠嶂山三期、汤卞山庄三期、西山雅居二期等安置小区，完成岠嶂、汤卞山、力寺村等14个地块2087套房屋并集中安置。村级集体经济壮大，9个村（社区）年收入70万元以上2个，30万元以上4个；汤山村获评2022年“合肥十佳净美乡村”，汤卞山村、力寺村、战前村等获评第六届合肥市文明村镇。

（吴　颖）

2022年5月20日，复旦科技园项目集中开业投产暨软件产业园挂牌仪式举行

（邢　瑞／摄）

阜阳合肥现代产业园区

【概况】 2022年，阜阳合肥现代产业园区（以下简称“阜合园区”）实现经营（销售）收入175亿元，同比增长34%；固定资产投资、工业投资、规模以上工业总产值同比分别增长9%、68%、59%。工业投资、规上工业增加值增速均居阜阳市第一位，新增规上工业企业、国家高新技术企业分别为21家、7家，新签约亿元以上项目30个，开工项目24个，投产项目9个；新增工业厂房面积20万平方米（计容面积50万平方米）。

该园区按照建设品质化要求，完善配套建设项目，基本建成长达1100米的阜阳罍街。

【产业发展】 2022年，阜合园区聚焦三大产业发展，招引“专精特新”。紧盯龙头企业，夯实产业链条，汽车装备制造、电子元器件、新能源新材料三大产业形成竞相发展的新态势。按照抓大制造业项目和产业发展高端化的要求，延伸高端装备制造和汽车产业，总投资10亿元的江汽8万台重卡产能迁建项目开工迁建，总投资10亿元的天津亚星世纪开始总体迁入，总投资10亿元的广西柳州年产30万根车桥项目签约。电子信息及元器件产业异军突起，新招引16家终端显示产品项目入驻，有13家投产；总投资30亿元的深圳佳思特项目签约。推进新能源产业发展，总投资10亿元的金风科技项目投产，总投资12亿元的华能新能源项目签约。

【科技赋能】 2022年，阜合园区聚焦创新“强磁场”，加强科技带动作用。按照抓“小而美”的专精特新企业要求，以复旦科技园创新基地为平台，加快“小而美”项目集聚，构建并创新“强磁场”，集聚各类企业近40家，500余人，聚集创业专家27人，教授9人，常驻博士及博士后13人。坚持产学研相结合的招商模式，累计签约科创项目53个，总投资15.43亿元；其中，安徽米乐信息科技公司获国家工业互联网平台企业大数据凭条服务供应商、国家高新技术企业认定，安徽云翼半导体设备公司的研发团队通过省A类人才团队考核。

【融合发展】 2022年，阜合园区聚焦全面学习“合肥模式”，用好“科创＋产业＋资本”。推进“科创＋产业＋资本”融合发展，印发《深化“管委会＋公司”改革的实施意见》，做到工资能升能降、干部能上能下、员工能进能出。经省经信厅遴选，该园区和包河经开区作为全省首批工业互联网“平台＋园区＋金融”试点园区。按照建立负面清单要求，推进低效土地的再盘活再利用工作，采取产能扩大、法拍收储、合作招商、腾笼换鸟等举措，累计清理低效闲置土地约47公顷。按照争当“两示范”要求，优化营商环境建立园区企业服务中心，便利企业，与6家银行合作开展“园区贷”，总计给予各类贷款2.46亿元。

（吴　奇）

责任编辑：田　文

县（市）区概览

肥东县

【概况】 肥东县位于合肥市东部。2022年，全县辖12个镇、6个乡，有肥东经济开发区（合肥上海产业园）、合肥循环经济示范园。年末全县户籍人口108.6万人，比上年增加0.1万人，其中城镇户籍人口35.6万人，增加1.5万人。常住人口90.2万人，增加0.9万人；常住人口城镇化率72.40%，提高0.58个百分点。全年出生人口0.77万人，出生率6.86‰；自然增长率2.37‰。位居“全国综合实力百强县市”“中国最具投资潜力中小城市百强县市”第67位、第41位，较上年分别前进1位和2位；入选“四好农村路”全国示范县创建名单；获评“全省乡村振兴示范县创建单位”，位列“2021赛迪全国乡村振兴百强县”第38位；上榜全国“农产品数字化百强县”；连续四年获评省级农村电商示范县。

【政治建设】 坚持把党的政治建设摆在首位。2022年，肥东县深入贯彻新时代党的建设总要求，把政治建设摆在首位，坚决做到县委有部署，政府见行动，支持和保证人大及其常委会依法行使职权，支持人民政协发挥专门协商机构作用。抓好统战各领域工作，完成工会、妇联、残联、工商联换届，获得“全省双拥模范县”“全国实施妇女儿童发展纲要先进集体”“全国五好县级工商联”称号，《肥东年鉴》获全国县区级综合年鉴类一等奖。纵深推进“一改两为五做到”，建立重点企业联系机制、为企服务包保机制，畅通诉求表达渠道，解决涉企问题604个、办结率100%；开展“新春访万企”“优环境、稳经济”现场办公活动，48个涉企事项全部办结。贯彻落实《信访工作条例》，办理群众信访件3962件、办结率100%。自觉接受人大法律监督、工作监督和政协民主监督，办理各级人大代表议案2件、建议128件，政协委员提案326件，办复率100%、满意率99.8%。积极回应12345热线群众诉求，回访满意率99%以上。注重加强重点领域和关键环节审计监督，持续推进审计监督全覆盖。面向全省公开招考200名后备干部，674名社区工作者、小管家，平均每个农村社区9人，每个城市社区32人。实施村党群服务中心提升行动，新建、改扩建46个村级组织活动场所。建立县委提级考核村党组织基层党建、人居环境等6项重点工作机制，建立多网合一的网格党小组2516个。出台《创城考评办法》《秸秆禁烧责任追究办法》《污水处理厂问题整改责任追究办法》，倒逼层层落实责任。

践行以人民为中心的发展思

2022年1月8日，安徽晶科能源一期8GW高效电池片项目产线全线贯通投产
（肥东县委史志室／供）

想。面对奥密克戎的冲击，严格落实“五早要求”，着力构建“五检体系”，依法压实“四方责任”，在全市各县区的开卷大考中赢得高分答卷。县四大班子主动作为、靠前指挥，各级机关企事业单位干部下沉一线、冲锋在前，1.3万多名道口场站交通、公安、志愿者寒来暑往、日夜坚守，2万多名隔离点、采样点、接种点、封控点的党员干部、社区工作者、医护人员披星戴月、风餐露宿，流调专班、追阳专班、转运专班、学校专班、热线专班、执法专班的2000多名同志枕戈待旦、夜以继日。面对突破1967年历史极值的连续高温天气，以及50年一遇的特大干旱，全县开展人工增雨作业31次、增加降水260.8毫米。撮八灌区、驷马山灌区马力全开，引江引巢引淠补水3.3亿立方米，6座中型水库、222座小一型、小二型水库蓄水保水。组织开展“百名水利干部到田间”行动，全力保饮用、保灌溉、保民生。作为三年创城的关键一年，18个乡镇、3个园区、8个国有企业、74家县直单位、249个村（社区）的党员干部，下沉到296个居民小区、299个测评点位上。

【经济发展】 2022年，肥东县生产总值（GDP）859.4亿元，按不变价格计算，比上年增长3.1%。其中，第一产业增加值86.5亿元，增长3.8%；第二产业增加值294.5亿元，增长6.9%；第三产业增加值478.4亿元，增长0.9%。三次产业结构为10.1∶34.3∶55.6。按常住人口计算，人均GDP为95754元（折合14236美元），比上年增加4482元。

新企业新产业新模式较快成长。全年新登记各类市场主体14842户，增长8.5%。规模以上工业中，高新技术产业实现增加值55.5亿元，增长29.5%，占规模以上工业增加值比重为49.2%；战略性新兴产业实现产值254.3亿元，增长156.6%，占规模以上工业总产值比重为40.1%。限额以上批发零售企业中，网络零售市场规模不断扩大，全县21户开展网络零售业务的限额以上批发零售企业纳入统计，比上年增加3户，全年网上零售额29.6亿元，增长61.0%，占限上零售额的比重30.2%，比上年提高9.4个百分点。全年固定资产投资比上年增长3.1%。全年计划总投资5000万元及以上施工项目293个，比上年增加1个。其中，本年新入库5000万元以上项目106个，同比减少11个。房地产开发投资134.2亿元，比上年增长5.5%。社会消费品零售总额317.3亿元，比上年增长1.6%。进出口总额70159万美元，比上年增长10.8%。新签约亿元以上产业项目73个，协议总投资412.4亿元，其中20亿元以上项目4个。新建省外亿元以上项目54个，总投资260.7亿元。新成立5家外商投资企业，外商直接投资22591万美元，增长1355.6%。税收收入44.8亿元，同比增长7.3%。

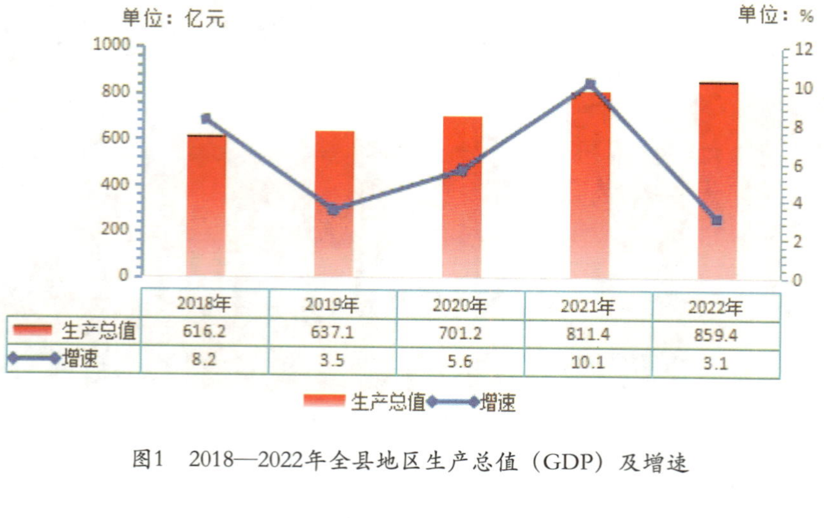

图1 2018—2022年全县地区生产总值（GDP）及增速

乡村振兴走深走实。全年农作物总播种面积16.31万公顷，比上年增长0.9%。粮食总产量63.79万吨，同比增长2.1%。年末农业机械总动力80.52万千瓦，比上年增长0.5%。全年农林牧渔业总产值132.9亿元，按可比价格计算，比上年增长4.1%。新建高标准农田0.52万公顷，驷马山灌区、撮八灌区10座泵站完成更新改造，赵竹圩排涝站等灾后重建项目全面开工，完成中小河流治理23.9千米。新增玻璃连栋温控大棚22.5万平方米、农产品仓储冷链设施12处，稻渔综合种养面积1.23万公顷。引进春禾智慧农业产业园、宝湾生鲜冷链等农业项目34个，总投资超70亿元。创建省级长三角绿色农产品生产加工供应示范基地2个、市级12个，温氏楼层式养猪项目正式投产，皖临白山羊新品种通过国家审定。“肥东碧根果”入选全国名特优新农产品，“好婆婆”腊味、“荣建”杭椒成功申报认定“皖美农品”，牌坊乡上榜全国“一村一品”示范村镇。严格落实“四个不摘”要求，因户因人制定帮扶措施50758条，开发公益性岗位603个，帮助一万余名脱贫劳动力实现返岗就业。新培育农业经营主体480家，带动一产就地就业6438人。“三变改革”实现全覆盖，50万元以上经济强村211个，占比超95%。

工业建筑业高质量发展。全县规模以上工业企业271户，比上年增加17户。其中，产值超亿元企业93户、增加13户。规模以上工业增加值比上年增长18.7%。建筑业增加值135.9亿元，按不变价格计算，比上年增长0.7%。房屋建筑施工面积1667.5万平方米，比上年增长2.2%。

现代服务业激活新动能。全年规模以上服务业企业实现营业收入134.3亿元，增长23.2%，其中规模以上其他营利性服务业营业收入增长33.3%。旅客运输量1952.4万人，下降18.5%；货物运输量1764.5万吨，下降15.1%。港口货物吞吐量2447万吨，增长3.8%。邮政业务总量1.6亿元。电信业务总量9.9亿元，比上年增长12.1%。可统计旅游接待人数650万人次，比上年下降5.8%，旅游综合收入35亿元，增长15%。全县星级以上农家乐点17家，A级及以上旅游景点（区）6家。服务外包系统录入2.27亿美元、增长25.6%，总量居合肥五县市首位。成功获批“全省县域商业体系建设试点县”，吾悦广场获评国家级“绿色商场”。全域发展乡村旅游，环湖民宿群、近郊亲子游成为合肥市民首选好去处。四顶山景区成功创建国家AAA景区，揽月观塘民宿获评“国家丙级旅游民宿”，桥头集镇竹塘社区获评“安徽省乡村旅游特色美食村”，合肥野生动物园新址落户店埠镇泉山。

产业体系增量增效。全年新签约重点产业项目80个，协议投资额450亿元。海森生物成功交割武田制药5款明星产品中国大陆专有权。光伏新能源产业建链延链成效显著，晶科能源实现“当年投产、当年产值过百亿”，协鑫光伏计算在肥东产值超60亿元，国轩高科总产能超80亿元，明冠新材、清电光伏等产业链项目签约落户。中国二十冶成为首家在肥东设立区域总部的建筑业央企，全县一级总承包资质建筑业企业28家，建筑业总产值380亿元，位居全省县域前列。海源机械、方源机电、艾普拉斯、神雕起重、超清科技5家企业入选国家级专精特新“小巨人”企业。成功引进凤麟核研发团队，实现肥东县新型研发机构零的突破。实施高新技术企业培育行动，新认定国家高新技术企业62家、总数216家，入库科技型中小企业307家。新增省级大数据企业7家、市级8家。推动传统企业技术改造，投入技改资金58亿元、创近五年之最，中盐红四方成为全县首个年营收超百亿元企业。久易农业、中盐肥业即将成为首批本土上市企业。

【文化事业】 2022年，肥东县拥有文化馆1个，公共图书馆1个（分馆20个），博物馆6个（含民营博物馆），乡镇综合文化站20个。全国重点文物保护单位2处，省级重点文物保护单位8处，市级重点文物保护单位15处。国家级非物质文化遗产项目1项，省级非物质文化遗产项目3项，市级非物质文化遗产项目14项。有县级档案馆1个，馆藏档案资料74.2万卷（件、册），库馆总建筑面积6463平方米。王子城革命烈士纪念碑入选安徽省第二批革命文物名录。

【社会民生】 2022年，肥东县一般公共预算收入60.1亿元，同比增长7.7%，其中税收收入44.8亿元，同比增长7.3%。一般公共预算支出110.5亿元，同比增长21.4%，其中与民生相关的重点支出94.2亿元，增长22.3%，占一般公共预算支出的85.3%，较上年提高0.6个百分点。从重点支出项目中看，社会保障和就业支出20.7亿元，增长38.4%，农林水支出16.4亿元，增长5.9%，教育支出16.1亿元，同比增长2.3%。投入19.29亿元，实施17项省定民生实事项目。推进“十大暖民心行动”，30项指标全部领先或与市进度持平。

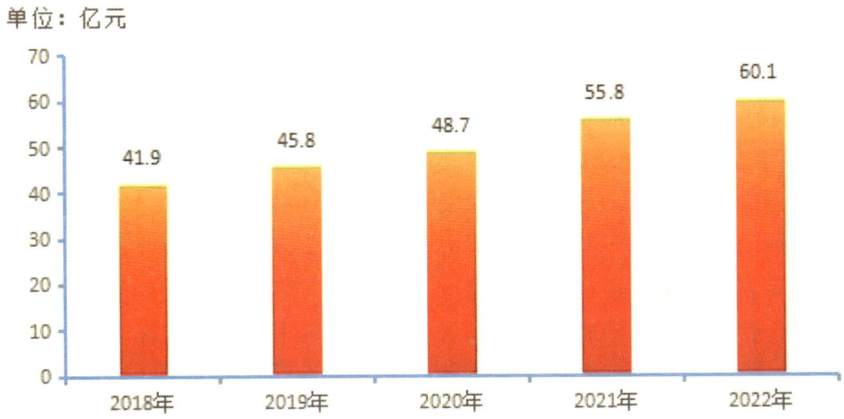

图2 2018—2022年全县一般公共预算收入

富民增收成效显著。全县常住居民人均可支配收入38088元，比上年增长6.6%。按常住地分，全年城镇常住居民人均可支配收入47630元，增长5.7%；全年农村常住居民人均可支配收入30197元，增长7.1%。全年城镇新增就业人数1.66万人，失业人员再就业5994人，新增农民工就业1.18万人。

社会保障臻于完善。全县参加城镇职工养老、失业、工伤保险人数分别为9.7万人、7.9万人和13.4万人，全年失业基金累计支出7340.7万元。全县城乡居民养老保险缴费人数30.04万人，领取待遇人数17.71万人。城乡居民基本医疗保险参保人数83.13万人，参保率99.05%。年末975人享受城市居民最低生活保障，24068人享受农村居民最低生活保障，农村五保供养6762人。全年医疗救助98140人次，资助参加基本医疗保险34249人次。

基本公共服务均等化水平提升。全县各类中等职业教育学校5所，其中普通中专5所。普通高中12所，普通初中17所，小学49所，幼儿园154所。中等职业教育在校生18750人，普通高中在校生26655人，普通初中在校生31270人，小学在校生50907人，幼儿园在园幼儿24030人，特殊教育学校在校生190人。普通初中毛入学率99.25%，小学毛入学率83.69%，学前教育毛入园率97.2%。建成交付4所幼儿园，改（扩）建撮镇中学、东城实验小学，合肥一中肥东分校、合肥四十八中肥东分校投入使用，新增学位8900个。全县义务教育经费保障机制改革惠及学生8.2万人，其中城市5.9万人、农村2.3万人。年末全县有医疗卫生机构（含村卫生室）432个，其中医院12个、基层医疗卫生机构411个、专业公共卫生机构6个，其他卫生机构3个。年末卫生技术人员3907人，其中执业（助理）医师1608人，注册护士1781人。医疗卫生机构床位0.4万张，其中医院床位0.26万张，基层医疗卫生机构床位0.14万张。全年医疗卫生机构诊疗360.1万人次。县公共卫生管理中心建成投用，县人民医院公共卫生综合楼、县中医医院医技综合楼主体完工，县域医疗急救体系“五大中心”建设完成，石塘、梁园卫生院“优质服务基层行”活动获国家表彰。年末拥有各类收养性社会福利机构19个（1个县社会福利院，18个乡镇敬老院），床位3460张（其中县社会福利院80张），收养各类人员1362人（其中福利院22人）。城镇建立各种社区服务中心（站）269个，其中乡镇级社区服务中心20个。

城乡面貌实现改观。包公大道高架全线通车，白龙通航机场具备运营条件。明巢高速正式通车，G329合相路全线通车，改（扩）建县道75.7千米、提质改造农村公路105.176千米。投资150亿元实施337个大建设项目，依托项目一体化管理云平台实时监测调度，项目完工率90%，创近五年之最。地铁2号线东延线11座车站全部封顶，6号线肥东段全面开工。合滁高速加快建设，肥东段高速公路总里程128千米。大众路（裕溪路—肥东界）、四顶山路循环园段放行通车，祥和路改造、东方大道（桥头集路—团结大道）主干道如期完工，繁华大道改造、火龙山路破土动工。完成排头、马桥等片区征迁124.83万平方米，连续7年突破百万征迁量。新龙家园等208.88万平方米、1.5万套安置房建成交付，总量超过去3年总和，6年以上难安置问题得到历史性解决。金融大厦封顶，大剧院正式商演，工人文化宫、县委党校新校区加快推进。电力基础设施建设取得成效，220KV岱河变、110KV新市政变建成投运，110KV双创变快速推进。提升供水供气能力，加快偏远地区加压泵站建设，扩大管网覆盖范围。建成老年助餐服务场所99个，服务15万人次，安心托幼、便民停车等受到群众广泛好评。发布文明创建“十八条”，“拆篷戴盔”“杆线整治”“街巷改造”等多项工作走在全市前列。实施创建全国文明城市“十大提标”行动，完成老旧小区改造41个，提升背街小巷7个，创建精品道路2条，打通“断头路”6条。新（改）建街角公园、口袋游园6个。16个乡镇、51个村（社区）获评“合肥市第六届文明村镇”。

【生态文明建设】 2022年，肥东县完成中央、省市各级交办的各类突出环境问题整改34件。年末全县有2个空气自动监测站，分别是省控点肥东计划生育指导站，省控点肥东万众技校。99个较大自然村人居环境显著改善，8个省级美丽乡村中心村全面建成，农村无害化卫厕普及率97%，获评“全省农村厕所提升和长效管护机制建设示范县”。新增测土配方施肥采样点2229个，回收农药瓶（袋）4568万个、地膜30吨，入选国家农业绿色发展先行区创建名单。

生态环保重点领域取得突破。全县细颗粒物（$PM_{2.5}$）、可吸入颗粒物（PM_{10}）平均浓度实现“双下降”。PM_{10}年均浓度为58微克/立方米，比上年下降17%；$PM_{2.5}$年均浓度为34微克/立方米，比上年下降2.2%。全年空气质量优良天数为300天，优良率为82.1%。城市黑臭水体全面消除，巢湖流域五条市考以上断面全面达标，4个饮用水水源地水质稳定在Ⅲ类以上。农村生活垃圾治理有效，获评“安徽省村庄清洁行动成绩突出先进县”。管湾国家湿地公园通过验收，十八联圩生态湿地蓄洪区作为国家150项重大水利工程之一正式开工。

绿色发展落地见效。全县27件中央、省生态环保督察反馈问题全部整改销号，历史性解决四方磷复肥磷石膏消纳和现代牧业环保问题。加大扬尘管控治理，实时监控57处建筑工地，取缔18家砂石加工销售点，整治4家码头和17家搅拌站。开展挥发性有机物专项整治，114家企业完成活性炭第一轮更换。通过卫星遥感监测、大气走航车等手段强化非现场执法，市级火点同比下降65%。精准施策治理水域环境。县乡村三级河长扛实责任，完成巡河2.8万人次。滁河流域225个水环境问题全面整改，二十埠河水质持续改善，店埠河水质稳定达标。开展乡镇驻地污水处理厂及配套管网问题整治，排查管网231千米，整改问题点位2047个。开展30家重点单位土壤隐患排查及地下水监测，完成5个疑似污染地块初步调查，对全县140家企业开展危险废物专项整治，实现土壤环境质量可控。龙泉山生活垃圾填埋场垂直防渗工程全部建成。山水工程稳步推进，十八联圩湿地修复二期、三期工程正式完工并发挥效用，三期项目净化水质首次达到Ⅱ类。

（丁梦云）

肥西县

【概况】 肥西县因位于合肥之西而得名。1948年12月底，析合肥县地置肥西县，肥西县地处安徽中部、合肥西南、巢湖之滨，素有“淮军故里、花木之乡、工业新都、巢湖明珠”之美誉。东连合肥市区，隔巢湖与巢湖市相望；西与六安市接壤；南与舒城县、庐江县为邻；北抵寿县。县境西宽东窄，总面积1695.41平方千米。2022年，全县辖上派镇、三河镇、花岗镇、官亭镇、紫蓬镇、山南镇、桃花镇、丰乐镇，严店镇、高店镇、铭传乡、柿树岗乡等12个乡镇，肥西经济开发区、紫蓬山旅游开发区、柏堰科技园、新港工业园等4个园区，辖村（农村社区）238个，城市社区55个，总计293个基层自治组织，总户籍人口98.9万人，县人民政府驻上派镇。肥西县先后获评全国文明县城、全国科技进步先进县、国家园林县城、全国绿化模范县、国家知识产权强县工程示范县、国家卫生县城、“四好农村路”全国示范县、全国村庄清洁行动先进县等。

2022年，肥西县围绕“继续当好全省排头兵，争做长三角县域优等生”的奋斗目标，拉高标杆，奋勇争先。主要经济指标保持正增长，多项经济指标位居五县市前列。地区生产总值1068.4亿元，同比增长4.1%；固定资产投资增长12%，工业投资增长11%，社会消费品零售总额增长5%，一般公共预算收入增长8.2%，进出口总额增长27%。经济总量稳居全省县域首位，综合实力稳居全国50强，百强县排名由上年的第46位晋升至第44位，全国知名度和影响力持续提升。

【政治建设】 深入学习贯彻党的二十大精神。2022年，肥西县多形式、多载体开展党的二十大精神宣讲，制定贯彻落实党的二十大精神《决定》，教育引导党员干部衷心拥护“两个确立”、忠诚践行“两个维护”。牢牢把握意识形态领域主导权，新媒体矩阵影响力持续扩大，美誉度有效提升。

作风效能显著提升。创新节点工作法，全县700多个重大项目、重点事项全部纳入节点工作平台，定责任、定时限、定销号标准，强化“线上＋线下”双线调度和超期节点红黄牌约谈，节点完成率达94%。建立经济运行、派河治理、园区升级、文明创建等重点工作考核问责机制，实现用制度管人管事。

干部队伍持续优化。完善干部一线考察档案，丰富评价维度，实现干部“精准画像”。选拔干部坚持人事档案、一线考察档案一起看，全年根据节点成效调整干部95人，真正做到以实绩论英雄。出台提升干部状态八条举措，实施干部能力“重塑工程”，建立“赛马”“召回”机制，累计召回、调整不胜任工作的县管干部29人。持续推进县直单位中层干部轮岗交流，中层干部平均年龄下降9岁。

纪检监察有力有效。持续整治重点领域腐败问题，受理信访举报471件次，处置问题线索503件，立案221件，党纪政务处分203人。推广运用小微权力“监督一点通”

平台，深入整治“四小四大”问题，推动全面从严治党向基层一线延伸。

【经济建设】 三大战略性新兴产业加速集聚。2022年，肥西县新签约新能源汽车全链条、高端智能制造、产学研一体化大健康三大战略性新兴产业项目32个、总投资超500亿元，其中派能科技、金力隔膜、长鑫测试、阳光电源、亿帆医药、悠跑科技等50亿元以上项目6个，一汽富晟、和鼎机电、华霆动力、常熟汽饰、华晟新能源等10亿元以上项目17个，尤其是总投资102亿元的新能源整车项目具备签约条件，实现百亿项目零的突破。

现代服务业锻长补短。宝马4S店、比亚迪展示店等纷纷落户，富茂、飞龙等大型商务酒店加快建设。引进市级以上首店5家，新增限上商贸企业29家、规模以上服务业企业18家。新培育省级大数据企业16家，居全省县域首位。引进国内头部民宿品牌打造环紫蓬山十大主题民宿集群，聚星粮驿1953成功入选安徽省“双十佳”落地项目。全省首家民宿学校“紫蓬山民宿学校”正式开班。三河古镇景区获评安徽省首批文明旅游示范单位。

科创动能加速释放。中科院G60智慧健康研究院、科大先研院技术转化中心、复旦大学长三角精准医疗中心等科创平台先后落户。新增国家高新技术企业172家、总数超500家。新增国家级专精特新“小巨人”企业8家，新培育省级科技孵化器3家、总数达8家，新增发明专利360余件，均居五县市首位。引进培育县级高层次人才102名、创业人才团队12个，新增高校毕业生超1万人。成功举办肥西县首届科技成果转化交易会，全年转化科技成果279项。

营商环境持续优化。完善产业高质量发展政策“黄金100条”，财政扶持资金规模翻番、总额超10亿元。全面推行局长服务员、全程领代办等制度，出台营商环境再提升五条措施，常态化开展政企面对面活动，接访、走访企业158家，依托节点平台实现企业诉求清单化闭环式办理，录入平台问题148个，解决118个，问题解决率超80%。推进开发区“管委会+公司”改革，深度优化团队，强化绩效激励，肥西经济开发区重返省级开发区考核第一方阵。做大做强四大国企平台，资产总额首次突破500亿，全省县域领先。

【城乡建设】 城市建设加速推进。2022年，肥西县总面积65平方千米的三大新片区57个基建项目全面启动，总投资超150亿元，25条主干路网建成通车，县档案馆、科技馆、工人文化宫主体完工，安医大新区加快建设，市民活动中心、紫云湖、群英湖等市政公园启动建设，新城区框架基本成型。突出规划引领，“三区三线”划定取得重要成果，新增建设用地21平方千米，城镇开发面积达145平方千米，总量、增量均为五县市第一。

加大老城更新力度。投资超20亿元，实施全国县域规模最大的地下管网整治工程，完成134个问题排口、2.4万个雨污混接点整改，派河水质稳定达标，成功确保江淮大运河试水通航。坚持“留改拆”并举，269个老旧小区改造全面完工，超12万居民直接受益，主城区11个片区征迁基本完成，面积超140万平方米。江淮运河景观带启动建设，延乔路、青年路等精品街区改造全面完工，口袋公园、停车场等公共服务配套加快建设，城市风貌品质有效提升。

文明创建深入开展。创城体制机制持续优化，“建管治”组合拳持续发力，新一轮文明城市创建顺利通过省检。“大城管”格局持续完善，强化小区以外城管部门统管职责和小区内部属地兜底责任。建立“大事进节点平台，小事进吹哨系统”的问题督办机制，用世生活

2022年4月，位于肥西县上派镇境内的地铁三号线南延线建设现场

（王月敏／摄）

2022 年 11 月 19 日，中国 · 合肥苗木花卉交易大会开幕。图为肥西展馆
（肥西县委史志室 / 供）

城、西南车城等老大难问题得到彻底整治，全年受理吹哨事件超 2 万起，办结率超 95%，吹哨机制取得实效。健全物业管理机制，建立物业企业季度测评、末位淘汰制度，清退不合格物业 6 家。深化“智慧肥西”建设，不断丰富网上小区、居民随手拍等功能应用，入选合肥市智慧城市十佳案例。

乡村振兴战略深入实施。全市唯一入选国家农业现代化示范区。大力推进“两强一增”行动，新建、改造提升高标准农田近 0.4 万公顷，农业科技进步贡献率达 69%，农作物综合机械化率达 90%，农村居民人均收入保持全市领先，脱贫户人均收入增长 22%，居全省第一。签约蜀王、新光文旅等现代农业项目 35 个，总投资超 60 亿元。全国唯一的国家级苗木花卉交易信息中心落户肥西，第 20 届苗交会成功举办，线上平台全年撮合交易超 200 亿元。建成省级美丽乡村 8 个，整治较大自然村 100 个，和美乡村的基础持续巩固。村集体经济收入总额超 2 亿元，在全省率先实现 50 万元以上强村全覆盖。

【社会民生】 民生投入持续增加。2022 年，肥西县全年民生支出 87 亿元，占一般公共预算支出 85.2%。深入推进 10 项暖民心行动，28 项任务指标全市率先完成。全年打包招标安置点超 800 万平方米，建成交付安置点 13 个，建筑面积近 300 万平方米，安置点在建、建成面积均为历年之最。完成“难办证”1.08 万套。

社会保障坚实有力。落实就业优先政策，新增城镇就业 1.9 万人，发放创业担保贷款 1.59 亿元，动态消除零就业家庭。发放城乡低保、特困人员救助资金 2.86 亿元。农村居民收入增速继续跑赢城镇居民，城乡居民收入倍差持续缩小。

公共服务不断优化。成立肥西学前教育发展集团，建成小学幼儿园 9 所，新增学位超 5000 个，新增托位近 2000 个，智慧学校实现城乡全覆盖。全省首个国家儿童区域医疗中心开诊试运行，推进县医院、中医院等项目，上派、花岗等 5 个乡镇卫生院加快建设。建成居家养老服务站 14 个，新增特殊困难老年人居家适老化改造 791 户，花岗大黄村成功创建国家级示范性老年人友好型社区。

社会治理不断加强。优化调整城市社区 4 个，严店、高店成功撤乡设镇。成功入选省新型城镇化建设试点县城。深化社会治安防控体系建设，推动雪亮延伸工程建设，累计建成智慧平安小区 244 个，获评平安安徽建设示范县。做实“党建 + 信访”工作机制，进京、到省访下降超 60%，实现党和国家重要会议期间“零进京”。严格落实安全生产责任制，全年生产安全事故起数、亡人数实现双下降，社会大局保持和谐稳定。

【项目建设】 2022 年，肥西县坚持红黄牌月度约谈、要素保障每周调度制度，保障重大项目快引快落，40 个工业大项目顺利开工，18 个项目竣工投产，5 个项目实现当年签约当年投产。树牢“最好项目匹配最优资源”的导向，全面推进“亩均论英雄”改革，全年清理盘活低效工业用地近 266.67 公顷，供应产业用地近 466.67 公顷，启动总面积超 110 万平方米标准化厂房建设，确保优质项目即来即用。组建百亿规模的政府母基金，合作设立战略性新兴产业子基金 14 支，省级碳中和基金、生命健康母基金成功落户，形成总规模超 300 亿元的基金丛林。推动企业对接多层次资本市场，科拜尔、磐石顺利挂牌新三板、恒信动力北交所上市具备过审条件，永锋科技进入辅导备案。

【生态治理】 2022 年，肥西县推进环保突出问题整改，年度整改任务实现 100% 销号。严格落实巢湖一级保护区“肥药双减”任务，全面推进农业面源污染防治。全力开展裸土覆盖、扬尘治理等大气污染防治专项行动，细颗粒物（$PM_{2.5}$）年均浓度实现“九连降”。严厉打击环境违法行为，查处违法案件85起，关停“散乱污”企业49家。在全市率先获评国家级生态文明建设示范区。

（王子翔）

长丰县

【概况】 长丰县地处安徽省中部、合肥市北部，东与滁州市定远县接壤，北与淮南市大通区、田家庵区交接，西与淮南市谢家集区、寿县和肥西县毗邻。1964年10月31日建县，是全省第一个市辖县，县名取“长治久安，人寿年丰”之意。地理坐标东经116°52′～117°26′，北纬31°55′～32°37′，总面积1841平方千米，地势起伏较大，总体南高北低。2022年，全县辖水湖镇、双墩镇、岗集镇、下塘镇、吴山镇、杨庙镇、朱巷镇、庄墓镇、陶楼镇、杜集镇、义井镇、左店镇、罗塘乡和造甲乡14个乡镇和双凤经济开发区。

2022年，长丰县实现地区生产总值（GDP）823.83亿元，按不变价格计算，同比增长3.7%。固定资产投资同比增长46.1%；工业投资增长115.3%；技改投资增长36.8%。分产业看，第一产业增长4.9%，第二产业增长115.3%，第三产业增长8.5%。分行业看，制造业投资增长123.8%；交通运输、仓储和邮政业投资增长94%；电力、热力、燃气及水生产和供应业投资增长28.4%。按年末户籍人口计算，人均GDP101119元（折合15034美元），同比增加7197元。

表1 2022年长丰县县人口及构成

指标	年末数（万人）	比重（%）
年末常住人口	80.00	
年末户籍人口	81.47	
其中：城镇	26.44	32.4
农村	55.03	67.6
其中：男性	42.24	51.8
女性	39.23	48.2
其中：0-17岁	16.11	19.8
18-59岁	50.19	61.6
60周岁及以上	15.17	18.6

表2 2022年长丰县主要农业产品产量及其增长速度

产品名称	单位	绝对数	比上年增长%
粮　食	万吨	65.55	0.6
#小　麦	万吨	16.83	1.0
水　稻	万吨	44.81	-0.9
油　料	万吨	2.41	21.8
#油菜籽	万吨	1.83	21.7
蔬　菜	万吨	35.68	2.4
肉　类	万吨	9.49	3.4
禽　蛋	万吨	4.90	4.8
水产品	万吨	4.54	4.3

【党的建设】 2022年，长丰县坚持不懈用习近平新时代中国特色社会主义思想凝心铸魂，自觉做到组织学习第一时间、谋划工作第一步骤、落实任务第一要求、督查考核第一内容。坚持“实干开路、实绩说话”，选派27名优秀年轻干部到招商、信访、纪检等岗位一线锻炼，从急难险重岗位提拔重用干部42人、交流调整干部72人，32名退出职务干部到村居发挥余热。建立完善“党员、党代表、人大代表、政协委员”四个联系群众制度，实现3.3万名党员、1820名党代表、1469名人大代表、256名政协委员联系村居、网格全覆盖，党建引领乡村治理全市试点。持续深化“531”专项机制，推动解决问题338个，对10家单位开展“政治生态研判”，整改“四小四大”问题181件、问责查处86人，风清气正清朗纯正的“两清”生态持续向好。支持人大政协发挥职能，人大代表、政协委员全情投入“为民为企”服务建设，协助解决急事难事1131件。

牢牢把握意识形态领域工作主动权，巩固全县民族团结、宗教和谐的良好局面。

【生态建设】 2022年，长丰县压实河湖长制工作责任，饮用水水源地、水环境考核断面水质稳定达标。强化重点行业、企业土壤风险排查，完成畜禽养殖污染防治规划。城乡面貌持续改善。投入2.3亿元，实施村庄宜居宜业行动，打造“留改拆”试点34个。常态化开展农村污水综合治理，生活垃圾无害化处理率100%。日产30万吨的龙门寺中心水厂试运营。

高标准建成5个省级美丽乡村，完成110个较大自然村整治。深入推进“林长制”，新增造林282.4公顷，成功创建省级森林城镇2个、省级森林村庄15个。新增城区绿化面积4.2万平方米，绿化覆盖率39.4%。建成区绿地率达35%。

推进能源改革。试点方案经省政府常务会研究通过，组建皖丰长能公司，整县推进屋顶光伏全国首批试点，全国首辆氢能重卡成功下线，综合能源港、燃气调峰电站稳步推进，重卡换电项目正式投用，氢能、风能、地热能利用实现零的突破。

常态化推进全年全域禁烧，可吸入颗粒物（PM_{10}）、细颗粒物（$PM_{2.5}$）年均浓度分别为55微克/立方米、35微克/立方米；二氧化硫、二氧化氮年均浓度分别为8微克/立方米、22.5微克/立方米；一氧化碳日均浓度0.85毫克/立方米，臭氧日最大8小时平均浓度值166微克/立方米。全年全县城区空气质量优良以上天数为282天，优良率为77.3%。

【乡村振兴】 2022年，长丰县以“两强一增”为抓手，全面激活老师、老板、老乡“三老”动能，紧抓耕地和种子两个要害，找回耕地500公顷，江淮园艺、国豪种业入列全国种业阵型企业。通过市场化、规模化经营，完成“小田变大田”改造0.31万公顷，“全程机械化+农事服务中心”先后得到省委、市委主要领导批示肯定，农业生产“大托管”示范入选全省首批、全市唯一。夏粮总产单产均创历史新高，草莓品牌、产值实现“双百亿”，草莓全产业链入选全国典型，元兴牧场建成投产。完成“多规合一”实用性村庄规划177个，34个村庄“留改拆”先行先试。深化国家数字乡村试点县建设，新增数字农业应用场景14个，建成省级数字农业工厂3个，光伏扶贫、数字乡村经验全省交流。全域推广“红桥、金丰、大路”三种经验，244个村居全面建成集体经济强村，平均收入86万元，收入最高村达920万元。

【民生福祉】 2022年，长丰县民生支出超109亿元，占一般公共预算支出比重85.9%。投入13.7亿元，实施10项暖民心行动。建成社区食堂81个、便民停车位8508个、菜市场13个，群众生活更加便利。开展零就业家庭清零行动，城镇新增就业1.7万人，完成任务280%；城镇失业人员再就业6739人，完成率336%。加大困难群体关爱保障力度，救助6.8万人次，下发资金1.4亿元。推进城乡居民和城镇职工参保，参保率五县（市）第一名。社会事业全面发展，长丰一中新校区正式迎新，新建中小学幼儿园10所、新增学位7600个。做实教育“双减”，开展无证园治理、规范民办义务教育、中职学校办学达标工作。上海六院安徽医院开诊运行，获批国家创伤区域医疗中心，省中医院具备入驻北城条件。县医院扩建、中医院南区、公共卫生综合服务中心工程主体封顶，朱巷等4所卫生院基本完工，下塘卫生院投入使用。全民健康信息平台代表安徽通过国家验收。长丰烈士陵园正式落成，省双拥模范县实现“五连冠”。投入6866万元，建成44处市级民生工程体育设施。庐剧现代戏《农运特派员》入选全省优秀舞台艺术作品、全市唯一。立足“心有梦·就长丰”，放大“休

2022年7月，长丰县朱巷镇三里坝光伏发电项目现场

（长丰县委史志室/供）

闲采摘到长丰”品牌效应，获评全国文旅融合创新典范县，造甲双河、杨庙马郢等4个景点入选全国乡村旅游精品路线。社会治理安全有效。县信访局、司法局获评全国先进集体，办理化解各类信访3312件，开展矛盾纠纷排查5628次、调处矛盾纠纷3886件；全面做好党的二十大信访安全维稳保障工作，实现“零进京、零赴省”。建立“数字城管+网格制”工作体系，全年办结6.1万件。累计建成智慧平安小区165个，实现封闭式物管小区全覆盖。高标准建成应急广播体系。推进生活垃圾分类及资源化利用。开展安全生产专项治理行动，排查整改隐患1.4万条。全国科普示范县、省级文明城市通过验收。

【改革开放】 2022年，长丰县坚持深入推进改革创新，最大限度激发市场活力和社会创造力。优化营商环境。持续推进“一网一门一次”改革，县本级在用事项进驻率100%，1473个事项实现“全程网办”。优化政务服务流程，“点线位”保障重点项目经验全国推广。持续优化为企服务，第三方评估满意度全市第一名。“金牌店小二”服务获全省通报表扬。重点改革开创新局面。推深国企改革，加强国有资本经营监管力度，做大做强县属国有企业。优化招投标评标办法，经验做法获全市推广。创新公共资源交易改革，首创全省“全过程”管理新模式，探索开展联合体招标，再获全国公共资源交易综合竞争力百强。法治建设取得新成效。在全省率先建立法律事务“掌上办”“指尖办”，公共法律服务更加便捷。深入开展“减证便民”事项清理，落实“一次性告知”制度，33项司法行政服务事项实现网上受理。深化政务公开，全年主动公开信息2.9万条。

【城乡建设】 2022年，长丰县坚持“五大片区”协调发展。完善基础设施。实施大建设项目354个，完成投资221亿元，再创新高。金梅路、江汽大道建成通车，双凤互通主体完工，S311乌曹路（二期）上跨顺利合龙。累计开通公交线路103条，总长度2256千米。新、改建农村道路76条、196.8千米，22.8千米城市主次干道建成通车，成功创建省“四好农村路”示范县。依法拆违65.9万平方米，居五县（市）第一位。完成征迁150万平方米，在建安置房360万平方米，6个安置点具备交付条件，1.3万名群众喜迁新居。完成57万平方米自建房安全隐患整治。三城建设再谱新篇。县城焕新颜。完成长丰路改造，长合路立面、步行街、站前广场高标准提升，长丰宾馆开业。红莓谷主体竣工，环城公园、绿廊公园扮靓颜值，吴山路、长寿路口袋公园点缀街角。北城再提品。对外发布高铁片区规划。双凤路下穿、濠河路下穿建成通车，路网连通更加优化。完成大科学装置、S1线项目区30.8万平方米征迁，重大项目保障有力。北城片区污水管网及智慧平台投入使用。中央公园绚集、金大地庐州天地、上上座酒店建成运营。新城汇活力。下塘新能源汽车城规划发布。夏塘里商业综合体主体封顶，金店雅苑商业街、人才公寓稳步实施。新能源配套停车场、工业园污水处理厂投入运营。乡村振兴全面铺开。牢牢守住粮食安全底线，全年粮食种植面积11.85万公顷，总产量66.5万吨，实现双提升。全面落实动态监测帮扶机制，光伏扶贫经验全省交流。统筹推进“小田变大田”，新建高标准农田0.3万公顷。推广“大托管”模式，服务面积1.01万公顷。科学应对旱情，累计提引水2.5亿吨。获评全省水利建设激励县。扶持壮大村级集体经济，实现50万元以上经济强村全覆盖。

（陈　旭）

庐江县

【概况】 庐江县位于北纬30°57′～31°33′，东经117°01′～117°34′，地处皖中，周边与巢湖市、无为市、枞阳县、桐城市、舒城县、肥西县毗连。

截至2022年底，庐江县境有高速公路2条78千米，国道2条122.27千米，省道7条315.22千米，县道448.1千米，乡道628.44千米。全县高速、国省道、县道占总里程19.04%，公路网密度达2.16千米/平方公里，居合肥市先进行列。徽州大道南延至庐江和引江济淮工程完工，水路运输通巢湖达长江。

全县土地总面积234374.94公顷，其中农用地180874.7公顷（耕地面积107131.46公顷）；建设用地37723.31公顷；未利用地15776.93公顷。林地面积50895.2公顷，森林面积47828.76公顷，当年造林面积362.9公顷（其中：退耕造林面积76.2公顷），活立木总蓄积量498.4万立方米，森林覆盖率20.37%。林木绿化率35.86%。城市园林新增绿化面积

2022 年 12 月 26 日，长三角医养结合区域中心项目开工　（卢　锐／摄）

61.75 万平方米，建成区绿化面积 1371.89 万平方米，公园绿地 272.57 万平方米，人均公园绿地面积 13.64 平方米。

围绕“农旅富民、大美庐江”战略，全力打造“三山一湖，三寨一海”等旅游景区，完成安凹民宿二期、万山镇 8 户闲置民宿改造、云里安凹与南山云起登山步道连接线工程、龙桥镇金盆山梅花生态产业园综合体（游客服务中心）、袁家山一期、吴长庆故居修缮、伍乔文化园等 7 个项目建设。开工建设柯坦大汉塘、虎凹欢乐茶谷、虎洞社区有庐·山居民宿、台创园花开台创精品民宿、2020 巢湖抗洪保卫战陈列馆、金山竹影主题民宿、城东体育中心、十里长冲代庄民宿等 10 个项目。完成黄陂湖精品民宿、国家储备林基地建设、牛王寨景区、岱鳌山民宿、龙桥镇金盆山梅花生态产业园综合体二期等项目前期工程准备。云里安凹民宿获评全国首批甲级旅游民宿，庐江名人馆、周瑜文化园、吴武壮公祠、庐江县地质博物馆成为合肥市第六届爱国主义教育基地。

【经济发展】 2022 年，庐江县地区生产总值（GDP）601.5 亿元，按不变价格计算，同比增长 7.8%，高于全市 4.3 个百分点，增速位居全市四县一市第一位。其中，第一产业增加值 66.3 亿元，增长 3.7%；第二产业增加值 233.6 亿元，增长 19.1%；第三产业增加值 301.5 亿元，增长 1.6%。

一般公共预算总收入 43.2 亿元，同比增长 5.3%。其中，地方一般公共预算收入 26.2 亿元，同比增长 10.7%，增幅位居全市四县一市第 1 位；税收收入占比达 82.2%，县级排名居全省第 1 位。在财政管理工作考核中，县级排名居全省第 4 位。全县财政一般公共预算支出 81.07 亿元，同比增长 8.2%。

全县规模以上工业增加值、固定资产投资、社会消费品零售总额分别为：93.2、283.7 和 220.2 亿元，同比分别增长 31.8%、4.2% 和 0.3%。高技术制造业实现产值 231.4 亿元，同比增长 132.4%，占规上工业总产值比重同比提高 21.1 个百分点；38 户战略性新兴企业实现产值 221.7 亿元，同比增长 120.2%，高于合肥市（14.3%）105.9 个百分点。76 户高新技术企业实现增加值 40.6 亿元，同比增长 120.9%，高于全市（8.5%）112.4 个百分点。

新登记各类市场主体 12453 户，同比增长 11.4%，年末实有市场主体数 8.36 万户，同比增长 11.2%。

【农业农村】 2022 年，庐江县粮食种植面积 13.19 万公顷、总产 75.98 万吨，同比分别增长 0.17% 和 2.2%。生猪饲养量 21.6 万头、出栏 13.8 万头，能繁母猪 7300 头，同比增长 20.6%、26.8% 和 10.5%；家禽饲养量 1880.56 万只，同比增长 12.3%；肉蛋总产 6.68 万吨，增长 22.7%。全县蔬菜播种面积 1.93 万公顷、总产 47.9 万吨。庐北韭菜、沿湖（河）莲藕等特色品种面积稳步增长。水产养殖结构继续优化，新增稻渔综合种养面积 0.2 万公顷，全县水产品总产 4.6 万吨，较上年增长 5%。

全县农业农村 246 名技术人员建立各类示范片（点）120 个、联系服务主体（企业）600 个。培育家庭农场 3049 家、农民合作社 1203 家。223 名科技特派员驻村服务，建立科技特派员工作站 14 个。探索“粮食标准地”建设，启动“小田变大田”改革，建设 0.36 万公顷高标准农田。全县有机转换认证农产品 280 个，庐江杨柳荸荠、庐江白云春毫茶叶和黄陂湖大闸蟹 3 个品种获得全国名特优新农产品证书。

机械强农再上台阶。在同大马河建设 1 个万亩水稻高标准全程机械化示范基地，布局建设水稻育秧中心 2 个、烘干中心 3 个、全程农事服务中心 3 个，扩大机械化服务覆盖面积 1.33 万公顷以上。引进秸秆燃烧热风炉及机械配件项目落户，全县培育秸秆产业化利用企业20家，完成秸秆产业化利用量3.5万吨。全力组织农村劳力就地就业，全年农村居民可支配收入增长7.4%以上。

实施巢湖农业面源污染治理5年行动计划，推进化肥农药减量增效。全县建立千亩水稻化肥减量和病虫害绿色防控与农药减量示范区18个、小麦病虫害绿色防控农药减量万亩示范区1个。全县化肥使用量（折纯量）较上年下降5.9%，农药使用量较上年下降3.1%。持续开展畜禽养殖场资源化利用项目建设，完成50个养殖场治理，落实退捕渔民安置保障政策。

有序建设美丽乡村中心村，龙桥赵屯、汤池江冲等续建的9个2021年度省级中心村全部建成通过县市级验收，2022年新建的10个省级中心村全部进场施工，289个美丽宜居村庄整治竣工，乡村环境持续转好变美，高标准通过省市验收，美丽乡村市级验收位居前列。成功创建国家、省级乡村治理示范村，涌现出乡村治理典范和省乡村治理样本点。盘活利用乡村闲置的宅基地、民房及其他资源，发展“民宿+”等乡村产业，带动村集体和农民增收。罗河镇鲍店村获评“中国美丽休闲乡村示范村”，汤池镇百花村获评“市生态振兴示范村”，汤池镇获批全省“乡村振兴示范镇”，万山镇长冲村等7个村获批全省“乡村振兴示范村”。

【乡村振兴】 2022年，庐江县聚焦“守底线、抓发展、促振兴”，设立巩固拓展脱贫攻坚成果和乡村振兴专项小组，镇设乡村振兴办，村有乡村振兴专干，落实脱贫攻坚帮扶责任，实施县域结对帮扶和社会帮扶，巩固脱贫成果。继续实行社会帮扶“一米阳光助残”“薪火相传助学”“邻里守望”工程，开展“万企兴万村”行动和“雨露计划”精准帮扶。

整合县镇村医疗卫生资源，提升基层医疗保障水平，所有脱贫人口和监测对象均参加基本医疗保险，义务教育无一人辍学。发放小额贷款，强化光伏电站运维管理，抓好产业帮扶，推进消费帮扶。实施电商助农，举办电商助农“直播带货”大赛。

实施“农旅富民”战略，建精品民宿，发展乡村旅游。畅通脱贫人口就业渠道，开发公益岗位就业帮扶，完善低收入人口动态监测和常态化帮扶机制。实施危房改造，推进城乡供水一体化，开展乡村建设。修订完善特色产业发展奖补办法，建农业特色产业园。大力开展农村人居环境整治，新建省级中心村，完善乡村治理。开展移风易俗，修订完善村规民约，开展农村平安建设，优化基层社会治理网格，创建乡村治理示范村。当年庐江县有脱贫人口31557户78051人，监测对象319户1047人，其中未消除风险168户559人，脱贫人口人均年收入达1.57万元，比上年增长15.3%。

【生态环境治理】 2022年，庐江县坚持生态优先，持续加强建筑和道路施工扬尘、裸土治理，推进秸秆禁烧工作，以铁腕精神治理污染，绿色发展全面推进，县域空气质量持续向好。一期投资近4000多万元的白石天河流域管控项目正式开工，庐江县环境指挥调度中心建设加快推进，引进大气溯源、遥感监测、环境监管等第三方服务，利用无人机、大气走航等先进设备开展环境执法。当年完成14家土壤重点监管企业有毒有害物质检测，完成12个行政村农村生活污水治理、9个建制村环境整治、1个农村黑臭水体整治及6个乡镇政府驻地污水处理厂提质增效，加快推进矿山修复，庐江县矾矿生态修复项目入选全国“2022绿水青山就是金山银山实践典型案例”。细颗粒物（$PM_{2.5}$）、可吸入颗粒物（PM_{10}）平均浓度同比分别下降8.3%、5%；优良天数比例为85.5%，空气质量综合指数在合肥市排名第二。加强白石天河流域管控监测，全县7个

2022年7月23日，合肥都市圈露营大会在白湖镇独山蕻野纪轻奢营地开幕（吴金权/摄）

国考断面、9个省考断面水质均值全部达到国家、省考核要求，水环境质量总体稳定。

【民生保障】 2022年，庐江县城镇新增就业人数1.57万人，失业人员实现再就业2650人，就业困难人员就业人数647人。居民人均可支配收入34224元，同比增长6.4%，其中农村居民人均可支配收入26764元，增长6.9%。

全县受理各类举报投诉案件95件，其中协调处理案件34件，对36起欠薪案件进行立案查处，对涉嫌拒不支付劳动报酬罪移送公安机关18件，公安机关立案侦查17件，为3200多名农民工协调、追讨欠薪金额1.35亿元。受理补缴社保立案14件，查处使用童工案件2件，广大劳动者和未成年人的合法权益得到保护。庐江县政府在2017年至2021年度合肥市保障农民工工资支付考核工作中，连续5年被评为A级。

创业担保贷款发放15032万元，惠及创业者773人，带动就业3316人。发放失业保险费返还1627户，金额1292.46万元，惠及职工3.53万人。为1562名失业人员发放失业金1339.2万元，发放求职补贴94.3万元，代缴医疗保险费201.9万元。

全县有公办养老服务中心25所，床位数3266张，入住特困供养老人1077人，其中失能半失能老人392人。对25家农村敬老院发放运行维护奖补资金160.038万元，支付项目资金2950万余元对敬老院升级改造，将所有敬老院信息录入全国养老系统。

全县城乡居民养老保险参续保54.95万人，其中16--59岁适龄人口缴费35.21万人，收取个人缴费2.3亿元，人均缴费水平由上年的622元增至726.39元，60周岁以上发放19.74万人，发放养老金5.14亿元，养老金发放率100%。全县参加被征地农民养老保险5.35万人，被征地农民基础养老金待遇增长到2021年7月每人每月340元，被征地农民应有权益得到保障。参加职工养老保险5.68万人（其中机关事业单位参保1.41万人），失业保险参保3.92万人，工伤保险参保4.25万人，职工医疗保险参保及享受待遇人数8.19万人（其中在职5.05万人）。全县社会保障卡持卡数92.02万张，其中第三代社保卡换发43.68万张，占总持卡数的47.46%。

城乡居民医保参保人数为943000人，常住人口参保率为100%。城镇职工参保人数为81928人，城乡医疗救助享受待遇371259人次（含两年代缴80558人），支出9871.64万元。精准落实医保扶助政策，实施全民参保，做到应保尽保，做好困难群众医保跟踪监测。

（高天信　刘家宝）

巢湖市

【概况】 巢湖市位于安徽省中部、江淮丘陵南部，地处东经117°25′-117°58′和北纬31°16′-32°。东与含山县交界，西北与肥东县接壤，南与无为县毗邻，西南隔兆河与庐江县相对，东北隔滁河与全椒县相望。巢湖市历史悠久，文字记载的历史有3000余年。古称南巢、居巢，秦时设居巢县，唐设巢县，1984年设立县级巢湖市，1999年撤市设居巢区，属地级巢湖市，2011年8月，重新设立县级巢湖市，新设的巢湖市由安徽省直辖，合肥市代管。巢湖市是全国唯一以湖命名的城市，面积2046.14平方千米，其中区域内巢湖水域面积463.78平方千米。全市辖12个镇、5个街道，179个村、社区。截至2022年底，巢湖市常住人口73.0万人。

巢湖区位优越，交通便捷，是皖江开发开放的中心地带、省会合肥新兴中心城市的重要组成部分。商合杭高铁、京福高铁、宁西铁路、淮南铁路复线等穿境而过；合宁、合巢芜、北沿江高速等20多条公路干线贯通全境；巢湖港是安徽省第一大内河港口，通航能力为3000吨，经裕溪河可通江达海。

巢湖姥山岛、银屏山、紫微洞均为国家AAAA级景区，半汤温泉度假区跻身国家级旅游度假区，入选首批创建“国家全域旅游示范区”城市。巢湖生态优美，宜居宜业。巢湖市森林覆盖率17.48%（含水域），城市建成区绿化覆盖率41.7%，是全国文明城市、国家园林城市、全国宜居生态示范城市、中国人居环境示范城市、全国绿色发展百强县（市）、全国农村生活污水全面治理示范县（市）、全国农村生活垃圾分类处理和资源化利用示范县（市）、全省美丽乡村建设先进县（市）。

巢湖资源富集，素有“鱼米之乡”美誉。银鱼、白米虾、大闸蟹誉为“巢湖三珍”，富有23种矿产资源，石灰石、白云岩储量居安徽第一位。境内有安徽组织干部学院、安徽建筑大学城建学院、合肥师范学院、巢湖学院、合肥职业技术学院等多所高校，是全国拥有高校最多的县级市。构建成合巢产业新城、半岛生态科学城、居巢经济开发区“两城一区”的园区格局，是全国最大的水泥建材生产基地、全国最大的渔网生产基地、全国十大钢构生产基地之一、全国著名的温泉之乡和全国养老产业最具投资价值城市，入选首批“国家创新型县（市）”建设名单，获评全国科技创新百强县（市）。

2022年，完成地区生产总值548.3（GDP）亿元、同比增长4.0%；一般公共预算收入26.2亿元、增长2.6%；规模以上工业增加值增长17.6%；社会消费品零售总额增长2.8%。土地节约集约利用、重大决策部署督查落实获省政府激励表彰。跻身国家首批创新型县(市)，蝉联投资潜力、科技创新、绿色发展全国百强县（市）。

2022年3月29日，巢湖月亮湾湿地春色怡人 （巢湖市委史志室／供）

【优化营商环境】 2022年，巢湖市实施保主体、增主体、强主体行动，为企优环境综合评价位居合肥市前列。开展“新春访万企、助力解难题”“优环境、稳经济”“四送一服”活动，跟进解决企业难题1100余个。开展助企便民金融服务，为58423户小微企业解决融资316.36亿元，其中股权融资6.04亿元，贷款310.32亿元。探索“政府+市场+企业”招工模式，帮助企业招工2万余人。惠企政策提升精度，累计减税降费11.08亿元、兑现稳企惠企扶持资金1.2亿元，惠及市场主体957家。“信易贷”平台入驻企业9028家，授信40.8亿元。发放创业担保贷款2.2亿元，扶持创业729人，带动就业2366人。开展多层次资本市场业务培训，辅导菲力克斯等重点上市后备企业，推动昆仑新材料等4家企业完成股份制改造，新增安徽省股权托管交易中心挂牌企业55家。“放管服”改革纵深推进，74项高频服务事项“跨省通办”，企业开办“零费用、日办结”，新增市场主体10160户。工业建设项目审批时限压减至30个工作日内。成立国有招标代理公司，公共资源交易实现全流程电子化。获批中央预算内投资1.29亿元，发行专项债16.08亿元。供应工业用地34宗149.87公顷，其中“标准地”17宗103.31公顷。

【工业立市战略】 2022年，巢湖市全力推动“工业立市”倍增行动，工业对年度GDP增长贡献率82.4%。工业经济提质扩量。新签约亿元以上项目25个，总投资87.1亿元，其中5亿元以上项目9个，上市公司直投项目6个；新开工云海镁模板、金鸿电缆等项目16个；新竣工德瑞格、龙泉管业等项目17个。新增规模以上工业企业30家，创历史最好水平。产值超10亿元企业9家，晶润光电、皖维高新产值分别突破60亿元、40亿元，规模以上工业总产值增长21.4%。实施技改项目64个，技改投资增长21.0%。创新赋能提速加力。高新技术企业新增27家、科技型中小企业入库178家，高新技术产业增加值增长64.2%。战略性新兴产业企业新增8家，战新产业产值增长50.4%。云海镁业、皖维皕盛、菲力克斯获批国家级专精特新“小巨人”企业，实现零的突破。新增省级企业技术中心1家、合肥市级以上数字化车间6家。安徽科技大市场巢湖市场开市运营。专利授权1440件，发明专利授权136件，万人发明专利拥有量10.11件、增长30.62%。园区平台提级增效。居巢经济开发区在2021年度全省经济开发区综合考核位列第62位，排名较上年度提升61位。绿色食品特色产业集群入选省县域特色产业集群（基地）。与合肥产投、金通资本等开展战略合作，新组建产业基金3支，基金规模5亿元。居巢经开区调区、合肥巢湖化工园区扩区稳步推进。启动合肥智能家电产业新城规划建设。

【城乡一体化建设】 2022年，巢湖市坚持生产、生活、生态融合，强功能、增活力、提品质，宜居宜业宜游城市形象日益彰显。国土空间总体规划形成初步成果，“三区三线”科学划定。岳武高速、铜商高速、G329等工程加快推进，明巢高速建成通车，东外环、下汤路等12条市政道路全线贯通。完成房屋征收13.06万平方米。竣工交付安置房11651套145万平方米，“难安置”完成率居合肥市首位。基本建成棚户区改造项目2981套，完成82个老旧小区雨污分流改造。城市绿化提升30万平方米。常态长效巩固文明城市创建成果，拆除违建4.39万平方米，“数字城管”派单问题全面整治，新时代文明实践引领城市新风尚。服务业增加值286.2亿元、增长3.3%。培育规模以上服务业企业6家，总数85家。限上批零住餐企业新增10家，限上零售额增长3.1%。完成商品房销售25.4万平方米。全年接待游客710万人次。新增外贸企业12家、跨境电商企业1家，实现外贸进出口6亿美元。坚决打好蓝天、碧水、净土保卫战，可吸入颗粒物（PM_{10}）平均浓度下降5.4%，空气质量综合指数保持合肥市前列。核查入湖（河）排口644个，完成大排水户整治46个，地表水考核断面平均水质全部达标，下汤水库创成省级幸福河湖，巢湖未发生规模蓝藻水华；废弃矿山生态修复0.07万公顷。抱书河生态清洁小流域污水综合整治（二期）等9个项目开工，双桥河区域初期雨水调蓄等5个项目完工。造林绿化160公顷，生态湿地保护管理实现常态化。清洁电力能源并网507.6兆瓦，单位GDP能耗下降6.2%。系统推进突出生态环境问题整改销号，长江经济带警示片工矿点位整改作为正面典型案例上报生态环境部。

【乡村振兴战略】 2022年，巢湖市实施乡村振兴战略，推进“两强一增”行动，科技特派员行政村全覆盖，主要农作物综合机械化率87.5%，农村常住居民人均可支配收入增长7.0%。落实粮食安全责任制，找回耕地591.96公顷，建成高标准农田0.17万公顷，粮食种植面积和产量“双增长”，“菜篮子”市长负责制考核获合肥市优秀等次。环湖南岸现代农业产业园获评省级现代农业产业园，富煌水产被评为国家水产种业阵型企业，牧原公司入选国家级生猪产能调控基地，巢湖小龙虾列入全国名特优新农产品。农业产业化龙头企业达105家，农产品加工业产值66.7亿元、增长3.4%。和美乡村再添亮色。瀛村民宿一期、大岭民宿村对外开放，尖山湖逸趣园获评AAA景区。建成省级美丽乡村3个，整治提升较大自然村141个，改厕1658座。创建省级森林城镇1个、森林村庄5个。完成农村道路养护126千米。滁河防洪治理工程和庙集、武山、沐集灌区项目完工。天然气实现“镇镇通”，在全省率先实现燃气供应城乡一体化。投入3.18亿元实施财政衔接资金项目129个，制定落实帮扶措施10.2万条，脱贫攻坚成果得到有效巩固拓展，未出现返贫和新致贫人口。新增农村土地流转适度规模经营0.27万公顷。快递网点实现建制村全覆盖，农产品网销额增长51.4%。党建引领信用村建设覆盖村36个，授信3025户5.4亿元。农村产权交易额3346万元，“三变”改革村达165个。50万元以上集体经济强村占比98%。

【民生工程】 2022年，巢湖市民生支出占一般公共预算支出比重83.5%。坚持“办实事”暖民心。实施10项暖民心行动，新增幼儿托位810个，建成老年食堂（助餐点）82个，老年学校实现村级全覆盖。新增文明菜市13个、“15分钟健身圈”38个、城区停车位734个。城镇新增就业2.15万人，城镇常住居民人均可支配收入增长5.8%。发放各类救助金1.86亿元，惠及困难群体2.39万人。落实领导干部接访下访、包案化解机制，初信初访化解率95%，化解3年以上信访积案27件，中央信联办交办97件积案全部报结化解。坚持“补短板”顺民意。新增公办幼儿园4所，二中新校区、三中半汤校区投入使用。“双减”政策有效落实，幼儿园延时服务、中小学课后服务扩面提质。规范民办义务教育发展，政府购买民办义务教育学位3969个。合肥八院入列三级综合医院，骨科医院门诊楼顺利封顶，市中医院开工建设。居民电子健康档案建档率95.8%。文昌阁主体完工，图书馆、博物馆新馆对外开放，“电影下乡”“送戏进万村”文化惠民工程圆满完成。城乡供水一体化、长江供水工程扎实推进，三水厂二期开工建设。坚持“善治理”保民安。有效应对罕见夏秋连旱灾情，科学调度保障生产生活用水，把损失降到最低程度。开展安全生产专项整治行动，事故起数、死亡人数分别下降54.8%、54.5%。食品药品安全形势稳定向好。全国农村社区治理实验区通过验收，柘皋镇汪桥村入选“全国民主法治示范村”。常态化推进扫黑除恶专项斗争，有效警情持续下降，电信网络诈骗发案率下降16.6%，市公安局获评“全国优秀公安局”。

（昂朝桂）

瑶海区

【概况】 瑶海区位于合肥市主城区东部，东、北与肥东县、长丰县接壤，西、南滨临板桥河、南淝河，面积62.8平方千米，辖1个镇、1个开发区、11个街道，66个社区，常住人口86.2万人。2022年，瑶海区全面落实“疫情要防住、经济要稳住、发展要安全”的要求，紧扣产业转型突破、城市更新攻坚、环境质量提升三项中心工作，相继出台“稳增长、促发展、双示范”和“抗疫情、稳主体、保就业”等政策措施，统筹发展和安全，全年实现地区生产总值741亿元，同比增长3.5%；一般公共预算收入19.69亿元，增长5.7%；固定资产投资增长5.9%；规模以上现价工业增加值12.98亿元，增长2.2%；社会消费品零售总额46.43亿元；城镇居民人均可支配收入58044元，增长5.6%。获评全国首批“央馆人工智能课程”规模化应用试点区、全省建筑业10强区、安徽省卫生区、安徽省教育强区等荣誉，老工业基地调整改造和产业转型升级、棚户区改造、商事制度改革三项工作成效明显获全省激励表彰。

【产业发展】 2022年，瑶海区签约落地招商引资项目70个，总投资160亿元。中国网谷全年净增企业256家，实现产值50.5亿元，同比增长130%。蓝色光标、华体科技、讯众科技等一批企业入园，园区产业生态实现优化。中交二航局合肥公司、中电建安徽勘测设计公司等企业入驻，建筑业产业链整体升级。美团安徽、长峡电能等18家区域总部签约落地，“总部经济”集聚效应加速形成。创立首支产业投资基金——穗禾科创基金，铁基飞步、铁基同芯基金实现运作，首次参与市投促基金。银山棉麻成为区首家省级“专精特新”冠军企业。安徽联家、元顿柔性屏等重点项目进展顺利。

全年净增市场主体1.8万家，实现“个转企”2100家、“小升规”227家。在库“五上”企业达1212家，同比增长16.6%。新增国家级高新技术企业46家、省级大数据企业9家、省股交中心挂牌企业22家。国家科技型中小企业评价入库190家，年度目标完成率超200%。百大周谷堆大兴农产品物流园获第六届“安徽省人民政府质量奖提名奖”，合肥供水集团、安徽远创人力分获第二届市长质量奖金奖、银奖，均实现“零”的突破。

优化龙岗片区产业用地布局，油坊、大店、大彭3个成片开发方案获批。深化“亩均论英雄”改革，实现规模以上工业企业亩均效益评价全覆盖。85.13公顷经营性用地上市。抓住国家稳经济一揽子政策机遇，争取中央预算内投资、省级服务业发展引导资金等近4000万元。推出“科创政银担”业务，助力企业“无反担保抵押”融资。长三角数字科技示范园三期开工建设。成立中国网谷科创企业联合会，搭建“科创+项目+融资”招引服务新平台，转化落地中科院物理所工业仿真平台等项目。

优化国有资本布局，完成国企改革三年行动任务。成立学前教育公司，全面提升学前教育水平。基金招商实现突破，创亿达新材料等8个投资项目立项。20家商会协会入驻商会大厦。完成“数字瑶海”一期建设。创新开展“非接触式”办税，设立周末轮岗制度以及为企服务窗口、“办不成事”反映窗口、全程代办窗口“一制度三窗口”，提升涉企服务质量和效率。推进知识产权创造、运用和保护，有效发明专利同比增长15%。开展科技型企业“双需”对接会，就地转化科技成果200余项。

【合肥东部新中心建设】 2022年，瑶海区推进合肥东部新中心瑶海片区建设，东部新中心被定位为合肥新一轮城市规划“一核四心”中心体系结构的重要片区。全年完成各类投资104亿元，路网、公服、安置、生态等各类项目快速推进，郎溪路高架联通南北，广德路、上海路、龙岗路建成通车；合肥一中瑶海校区建成并迎来首批新生入学，实现“大干400天，喜迎新同学”目标；市青少年活动中心落成；互联宝地·徽园即将开园运营，合肥梦幻冰雪项目签约落地。全年完成征迁安置5151户、49.53万平方米，土地出让面积约31.53公顷，完成污染土壤修复并移出污染名录136.6公顷，有序推进续建项目27个，开工建设新建项目23个，顺利竣工项目26个。老合钢区域危险住（公）房解危处置项目完成各类搬迁超2500户、17.6万平方米。

【城市更新】 2022年，瑶海区坚持新区建设优先，徽商2号门·幸福街里开街迎客。出台《瑶海区安置房“拆、建、安、管”工作机制》，建成瑶海区房屋征迁安置软件平台，实现征迁安置系统化、数字化和透明化。连续第四年实现“四个百万”目标，实施朱岗、王小郢等45个征迁项目，完成征迁105万平方米；拆除违建1.3万处105万平方米，拆违面积全市第一；新建彭大郢、华源等复建点9个138万平方米，建成开元府、凤华家园等复建点12个140万平方米；治理“难安置”项目64个145万平方米。加快电机厂、铜三纺四等重点片区改造。开展物业行业专项整治行动，3个小区获评首批“皖美红色物业”示范小区。排查自建房屋安全隐患5000余栋252万平方米，落实分级管控。

2022年9月，合肥一中瑶海校区迎来首届学生　（瑶海区档案馆／供）

编制瑶海区国土空间分区规划，完成“三区三线”划定，3个单元控规和4个街坊控规获批。新建主干道路17千米、支路网22千米，推进6号线一期等4个轨道交通项目，郎溪路快速化改造、畅通二环北环放行通车，采石路、广德路涉铁道口提前贯通。建成社区配套用房7100平方米，推进龙岗第二社区卫生中心、方庙综合为老服务中心建设。完成钢北小区、南苑新村等35个老旧小区提升改造，4万名群众住进新居。

全面启动龚大塘片区建设，“六路四校两点一中心”（即凤台路、青龙路、白龙路、畅通二环北环、新蚌埠路、淮南路，三十八中嘉山校区、少儿艺校双龙分校、板桥里幼儿园、嘉山路幼儿园，龚大塘一期、二期复建点项目，嘉山路街道党群服务中心）等18个项目加速并进。中国服装原创设计基地一期进展顺利，火车站片区综合改造提升三期工程启动建设。长淮新村等6条小街巷竣工交付，完成琅琊山路等4条精品道路提升、临泉路与铜陵路交口等8处交通拥堵点治理、胡岗路和半塔北路照明改造，推进蓝天公寓片区、恒通片区等5处积涝点专项整治。发行城市更新重点项目专项债10.43亿元，发行规模创历史新高。实施居民小区二次供水改造、供电自管小区移交、危房处置、消防无水小区改造、住宅小区物业企业整治、大市场整治、闲置低效及擅自改变用途工业用地整治等七项城市治理攻坚战，完成27个消防无水小区整改和14个小区二次供水改造，解危D级危险住房44栋8万平方米，处置批而未供、闲置土地41.8公顷，梳理工业低效用地169宗。

【优化营商环境】 2022年，瑶海区狠抓环境提升质效，落实《瑶海区优化营商环境行动方案（2022版）》，17项指标全部完成。企业设立登记实现0.5个工作日办结，年度纳税时间压缩至80个小时内。建立企业诉求闭环管理机制，常态化开展“访企解难”现场办公，走访服务企业2700余次，解决问题1400余个。举办“2+N”招聘会210场，发布岗位6万个。兑现惠企政策资金6139万元，增值税留抵退税11.7亿元，减税缓税1.66亿元，减免中小微企业房租近4900万元。助企授信19亿元，助企融资28亿元，帮扶企业2200余家。深度融入长三角一体化发展，承办世界制造业大会纺织服装产业发展论坛和全国双创周长三角创意经济论坛。

【生态环境建设】 2022年，瑶海区推进美丽瑶海建设，坚持山水林田湖草沙一体化保护和系统治理。中央和省生态环保督察交办信访件全部销号，突出生态环境问题整改工作全市排名靠前。实施“双碳”行动，建成光伏电站20个，并网规模7.6兆瓦。推行绿色建造，装配式建筑开工面积94万平方米，增幅全市第一。开展秸秆焚烧、工地扬尘等大气污染专项整治，细颗粒物（$PM_{2.5}$）浓度实现“五连降”，全年空气质量优良天数308天，优良率86.8%。落实河长制“五项机制”，5处省、市考核断面水质提升至Ⅳ类及以上标准，完成雨污分流改造138处，获生态补偿金625万元。963个垃圾分类集中投放点建成，430条道路保洁提标提档。马（合）钢首批136.6公顷污染地块治理出库，新建提升绿化面积 50 万平方米。建成东篱园等“口袋公园”7 处，打造归园等特色游园 4 处。退耕还林更新改造方案获批。

【综合治理】 2022 年，瑶海区高效统筹发展和安全，建成智慧平安小区 619 个，实现成建制小区全覆盖。建立完善社会治安防控联席机制，电诈警情、四类可防性案件同比下降 20%、41.6%。建设 2 个“一站式”诉讼服务中心，打造网上诉讼“便民超市”。区检察院获全国检察机关“文明接待室”称号，公安瑶海分局被评为“安徽省先进集体”，刑警二队获“全国优秀公安基层单位”称号，3 个司法所获评省级示范司法所。常态化抓好食品药品、特种设备安全监管，完成天龙美食城、红旗建材市场等重点消防隐患场所整改。全年未发生较大及以上安全生产事故，实现“双下降”。完成第一次全国自然灾害综合风险普查任务。

【社会民生】 2022 年，瑶海区聚焦群众期盼需求，投入 30 亿元保障和改善民生，占一般公共预算支出 86.8%。坚持就业优先，发放就业创业补贴 6200 万元，新增城镇就业 1.2 万人，零就业家庭实现动态清零。新增家庭养老床位 920 张、智慧养老终端 1000 个、助餐点 49 个，在全市率先实现社区养老助餐服务全覆盖。挂牌 80 所老年学校（大学），近 2.5 万老年人参与老年教育活动。新增口腔门诊部 8 家、牙椅 41 台，健康口腔行动任务完成率 169.4%。打造群众身边免费“健身房”，建成 6 个省级快乐健身样板示范点。推动家政行业发展，徽大姐家政建成长淮街道社会组织孵化园。发放城乡低保、临时救助等资金 6000 余万元，惠及困难群众 12.7 万人次。两病患者建档 7.1 万人，“一站式”医疗救助 1.2 万人次。创成省级优质医养结合示范机构 1 家、示范中心 2 家，市二院老年护理院成为全省首家公立医养结合机构。做好退役军人服务保障，260 余名退役士兵实现就业。粮食应急供应保障体系基本建成。完成 11 家不达标菜市的综合整治和管理提升，板桥菜市场、襄河家园菜市场投入使用。巩固拓展脱贫攻坚成果同乡村振兴有效衔接，落实精准帮扶措施 135 条。

新增停车泊位 1 万余个，翻番完成目标任务。新改扩建中小学幼儿园 13 所。十一中、大通路小学等 6 所学校入选全国“科创筑梦、助力双减”试点单位，中小学课后服务入选省“双减”典型案例。关停提升无证园 36 所，实现清零目标，幼儿园延时服务实现全覆盖。新增提升托幼机构 49 个、托位近 2300 个，安心托幼入选省“暖民心”行动经典案例。裕溪路学校 U15 女子足球队代表合肥市夺得省运会冠军，实现 16 年来“零”的突破。安徽大市场获评全省“扫黄打非”进基层示范点，瑶海图书城、拾光书屋分别获评“安徽省最美公共文化空间”“安徽省十佳阅读推广空间”。红石榴民族文化交流中心获评“全国互嵌式发展示范中心”。新时代文明实践志愿服务联盟在和平路街道柏景轩小区揭牌，三里街街道凤阳一村社区成功申报“全国最美志愿服务社区”。

严格落实第九版防控方案和“二十条”要求，不折不扣执行“新十条”。强化科技防疫，率先在合肥火车站安装智能化“行程卡核验哨兵”，在百大周谷堆应用货车轨迹追踪小程序，零星散发疫情得到快速处置。启用 26 个集中隔离点，做好近 4 万人集中隔离服务保障，有效阻击疫情扩散传播。做好管控区域群众生活就医保障，满足特殊人群就医需求 2000 余人次，发放“暖心物资包”86 万余份，完成教师资格考试、成人高考等保障任务。全面筑牢免疫屏障，疫苗接种率达 96.12%。

【老工业区搬迁改造】 瑶海区是全国城区老工业区搬迁改造首批试点。2022 年，瑶海区坚持以新发展理念为引领，支持传统产业改造、推进产业转型升级，老工业基地调整改造成效明显连续第三年获省政府表彰激励。年内，抓住政策机遇，争取政府专项债 10.65 亿元、中央预算内资金支持 2350 万元，帮助企业申报省级服务业引导资金 3878 万元，9 家企业获制造业中长期贷款、设备更新贴息贷款授信资格。围绕“产业立区”，依托“中国网谷”战略品牌，推进产业承载平台和营商环境建设，建成“数字瑶海”数据共享交换平台。统筹谋划城市有机更新，推进恒通机械厂、原徽商集团物资一库、五洲商城等老工厂、老仓库、老商城等城市更新项目。注重城市品质提升，坚持“拆、建、安、管”四位一体，推进电机厂、铜三纺四、铜南小高炉、站塘城中村 GF 地块、元岗城中村等重点项目实施。加速低碳转型，编制《合肥东部新中心瑶海片区工业污染地块风险管控与治理修复五年实施计划》。落实河道水质常态化监测，5 处考核断面全部达标。

（肖　利）

庐阳区

2022 年 12 月 3 日，庐阳区“一线为民”理论宣讲团走进大科学装置集中区，宣讲党的二十大精神

（庐阳区档案馆／供）

【概况】 庐阳区位于合肥市主城区及西北部。辖三十岗乡、大杨镇和三孝口、逍遥津、四里河、杏花村、杏林、海棠、亳州路、双岗、林店 9 个街道。设有庐阳经济开发区，临庐产业园 2 个开发园区。辖区面积 138.82 平方千米，户籍人口 54.54 万人。

2022 年，庐阳区连续获评综合实力、投资潜力、科技创新等 5 个“全国百强区”，投资潜力上升至全国第 19 位，综合实力上升至全国第 84 位。完成地区生产总值 1259.18 亿元，同比增长 1%；社会消费品零售总额 844.48 亿元，同比减少 5.8%；一般公共预算收入 29.3 亿元，规模以上工业增加值增长 2.1%；全社会固定资产投资同比减少 29.9%；城镇居民可支配收入 64178 元，同比增长 5.7%。

【产业发展】 2022 年，庐阳区完成第一产业 2.04 亿元，同比增长 32.2%；第二产业 205.76 亿元，同比减少 8.8%；第三产业 1051.98 亿元，同比增长 3%。金融广场一期招商完成、二期主体竣工，“董铺湖风投创投街区”揭牌运营，安徽文化和创意投资基金、挑战者大消费创投基金等优质项目落户。淮河路步行街改造提升全面完成，获评首批全国示范智慧商圈。家居休闲购物中心——宜家正式营业，全省最高端的国际一线品牌集聚地——银泰中心二期开业，全区大型商业综合体达 18 家，占全市四分之一以上。中国十七冶、中建七局等 4 家建筑业区域总部签约落户，建筑业产值增长 11%。中安华力大厦投入使用，中铁四局一公司总部大楼开工建设，全区一级以上资质建筑企业达 10 家。新开工中环环保、詹记食品等 42 个重点工程。新签约海螺水泥安徽区域总部、比亚迪腾势区域运营总部等 57 个招商引资项目，实际到位资金 128.2 亿元。新改造中财大厦、天都大厦、泰格大厦等楼宇，引入金融、法务等业态进驻。新兴产业持续壮大，安徽芯片设计“第一股”恒烁半导体成功登陆科创板，国家级专精特新“小巨人”企业新增 4 家，国家高新技术企业新增 100 家、增长 67%，高新技术产业增加值增速连续 15 个月居四城区第一位。

【营商环境】 2022 年，庐阳区精准开展招商引资，编制细分领域招商图谱，推深做实产业链招商机制。坚持高频调度、顶格推进，定期开展“访企解难”活动，提级研究企业诉求，清单化、闭环式推动问题解决，形成常态化、长效化制度成果，全力以赴“为企优环境”。各级干部走访包保企业和联系项目 3700 余次，解决省“为企服务平台”交办问题 2500 余件。推行政务服务“一制度三窗口”改革，“全程代办”惠及企业 300 余家。深化“证照分离”改革，开展“证照并销”试点，推进涉企事项办理“能合则合、能减尽减”。政府采购“不见面”交易成为常态，中小企业获得订单占比达七成。

【对外合作】 2022 年，庐阳区深度融入“一带一路”建设，服务庐州海关驻区办公，保障合肥国际陆港一期、中外运供销物流园竣工交付。中欧班列入选国家级多式联运示范工程创建名单。深度参与 C9 联盟“十大行动”，牵头组织老字号新活力专项行动，主办长三角老字号创新发展云端论坛。新签约古城保护、青年发展等重点合作项目，持续推进基础设施互联互通、公共服务共建共享。联合发布《长三角商务楼宇一体化评价体系》，共同签署《鼓楼“双碳”宣言》。持续深化南北合作共建，临庐产业园建设取得新进展，57 个对口帮扶临泉县项目稳步推进。实施更加积极开放、更具吸引力的人才政策，谋划成立区级人才服务公司，深化与沪苏浙等地人才交流合作，用心做好住房、医疗等保障服务，激发各类人才创新创业活力。

【城市建设】 2022年，庐阳区坚持城市更新做“减法”，建管品质做“加法”，推动城市内涵式、集约型、可持续发展。完成拱辰市井文化街区、中市国潮嗨街改造，实现流量、口碑“双在线”。区文化馆、三国合肥历史文化馆陆续开放，“庐州面塑”等3个项目入选省级非遗，“走读老城”活动持续升温。庐阳市民中心获得中国建设工程“鲁班奖”，杏花书院获评全省最美公共文化空间。淮河路步行街、逍遥津公园等区域试点“席地而坐”管理，精雕细琢打造“城市客厅”。涡阳路、故黄路等14条道路建成通车，五河路、清源路等4条断头路顺利打通。杏花公园地下空间、原市警备区地块2处大型公共停车场建成开放，全区新增停车泊位超2000个，市民出行更加顺畅快捷。稳步提升人居环境，完成33个老旧小区改造、99部既有住宅加装电梯，完成16个小区消防改造、10个小区二次供水改造，惠及群众2.7万户。出台住宅小区物业管理整治提升十条措施，创建18个市级“和美小区”。组建国资物业管理服务平台，提升171个安置小区、老旧小区物业管理水平。加快片区综合整治，完成征迁39万平方米。建成交付美丽景湾B地块等安置房3300余套，完成回迁2800余户，新办安置房产证4100余本。

【生态环保】 2022年，庐阳区做好中央及省环保督察反馈问题、长江经济带警示片披露问题整改，销号环境问题119个。开展水源地环境治理工程，推广二级保护区绿色种植制度，严格河长制督查考核，推进天河路污水管网整治，“三河两库”水质稳定达标。推进大气污染防治，细颗粒物（$PM_{2.5}$）、可吸入颗粒物（PM_{10}）均值浓度持续下降，空气质量优良天数比率创有监测数据以来最高水平。打好碧水保卫战，四里河水体综合整治工程如期竣工，天河路排口溯源整治全面启动，主要河流水质稳定达标。守护“两大水缸”，饮用水水源地监测断面保持Ⅲ类以上水质，达标率为100%。推进净土保卫战，加快铝厂等地块治理。打造生态园林城区，森林质量精准提升工程启动区项目全面竣工，高标准抚育森林173.33公顷，庐州公园二期（西区）、铁线公园等6个公园绿地建成开放，新增城镇绿化面积81万平方米。

【社会民生】 2022年，庐阳区财政民生支出31.71亿元，占一般公共预算支出的89.79%。充分用好社区“三公里”就业服务平台，新增就业2.45万人，同比增长11%。开展徽菜师傅技能培训227人，摘得全市首届“新徽菜•名徽厨”竞赛一等奖。建成全市首家公办独立托育服务机构，增办23所幼儿园延伸托班，新增幼儿托位1178个。推进名校倍增工程，合肥市第四十五中学长丰路校区、合肥市南门小学森林城校区（南区）等6所校园投入使用，新增学位6240个，“两大两小”难题得到缓解。改造4个菜市场硬件设施，提高8个菜市场管理标准，定期开展全区25个菜市场卫生清扫保洁，营造文明菜市环境。建成老年助餐设施72个，新增为老服务场地8000平方米、家庭养老床位925张。建成68所社区老年学校，打造“15分钟学习圈”。发挥12345市长热线“民情听诊器”作用，接听办理各类咨询、投诉13万件。扩大“庐大姐”“庐小志”“庐州街坊”等社区治理品牌影响力。全年发放医疗救助金、困难救助金5400余万元，基本医疗保险参保率达99%。发展卫生健康事业，社区医院建成数量全市第一，高标准建成区全民健身体育中心。开展人员聚集场所安全保障、突发火灾应急处置实战演练，全年未发生较大及以上事故。强化交通违法行为整治，严厉打击养老诈骗、电信诈骗、干扰企业正常经营等违法犯罪行为，实现社会治安持续向好。

（周　琳）

蜀山区

【概况】 2022年，蜀山区地区生产总值同比增长4.5%；一般公共预算收入35亿元，新增各类市场主体超4万户，居四城区第一；新增各类市场主体超4万户，居四城区第一。项目投资逆势而上。发行专项债项目11个，到位资金17.80亿元，区本级实施大建设项目158项，投资完成56.50亿元，均居四城区第一。新建续建中科院临床研究医院、蓝盾研发中心等重点项目170个。在市政府目标管理考核中蝉联四城区第一，并以全省第一、全国第14位入选2022年赛迪百强区。科创载体建设、科技成果转化、科技企业培育等方面取得

蜀山区四季花海　　（蜀山区档案馆／供）

突破性成效，以全省第一、全国第27位入围赛迪创新百强区榜单，入选最受投资机构欢迎的区县政府有限合伙人（LP）第11位，从“科教大区”迈向“科创强区”。

【产业发展】　2022年，蜀山区“中国环境谷”入驻企业超240家，产值超350亿元，蜀山经济开发区先进环保产业园入选省首批特色产业园。与科大国创合作共建安徽智能软件园，培育扶持的科大九韶破解工业软件内核“卡脖子”难题。中建三局、中国五冶等4家产值超10亿元企业签约入驻，建筑业总产值增速16%，四城区第一。出台“人力资源服务业10条”“新能源车6条”等政策，精准助推重点产业发展。南岗科技园、寿蜀产业园等产业发展平台得到壮大。在全市率先出台招商引荐人奖励办法，构建全区大招商格局，完善项目签约落地全链条、全流程、全周期服务。围绕主导产业开展精准招商，新签约三峡集团、文轩热能、渣打银行等一批行业龙头，新落地麦德盈华、康湃医疗、南京存优等10多个隐形独角兽科创项目，全年签约重点项目70个，协议投资额171亿元，均居四城区首位。招商引资工作获得全市考核“六连冠”。营商环境持续创优。加强“互联网+政务服务”标准化规范化便利化建设，即办件占比增至93.60%。开展“新春访万企助力解难题”“优环境稳经济”现场集中办公等活动，省、市、区三级领导顶格接待企业443家，成功办理企业诉求789个，在市优化营商环境考核中获评优秀。全年减税降费31亿元，切实帮助企业纾困解难。再次作为全省唯一城区获评“中央财政支持普惠金融发展示范区”。

【科技创新】　2022年，蜀山区探索“科创+城市更新”新思路，破解老城区科创载体建设难题，购置合力大厦B座打造科创综合体，改造运营科里科气科创驿站—科大站、科学岛站，全面启动环境经济产业园等41万平方米科创载体建设。实施科技创新“栽树工程”，推进合肥大数据与人工智能研究院、合肥智能无人系统研究院建设，新增市级新型研发机构2个、国家级众创空间1个、省市级科技孵化器和众创空间4个，总量四城区第一。中国科学院合肥物质科学研究院、合肥通用机械研究院获中国专利金奖，填补专利金奖空白。成果转化实现新突破。科创集团发行5亿元双创基金债，成功获批私募基金管理人资质。设立“科大硅谷人才贷”“科创专利贷”等科技金融产品，为成果转化提供资金支持。成立区科技成果转化和科技招商专班，就地转化科技成果424件，评价入库科技型中小企业830户，总数四城区第一。新增国家高新技术企业210户、国家级专精特新“小巨人”企业3家。举办“科里科气链蜀山”系列活动50余场，科创驿站接待参观考察100余批次，成为全国首批科普示范区。在省科技厅组织的全省创新指数评选中，蜀山区进步速度位居第二、综合指数位居第一。

【城乡建设】　2022年，蜀山区加快推进“三区”建设。运河新城北分溪路等20条道路完工，八中运河新城校区、卓海智能等项目落地开工；天鹅湖商务区821小区完成征迁，市为民服务中心、美术馆、图书馆等公益类项目加快建设；高铁新城新西站工程快速推进，清溪路高架、新西站安置点等项目开工建设；蜀山经济开发区柘鑫总部基地、工投慧谷产业园等项目陆续建成。稳步实施城市更新。坚持规划引领，完成“三区三线”划定和国土空间规划初步成果。西二环快速化改造、轨道交通S1号线等项目77.20万平方米完成征迁，和芳园、望潜华庭、鸿学府等7个安置房69.40万平方米建成分配。改造孙大郢等老旧小区15个，完成飞虹、南七里菜市场整治提升，天鹅湖公厕等8个公厕“颜值”“功能”双焕新受到中央媒体点赞。土地上市成交12宗、66.80公顷，成交金额44.10亿元。全面推进乡村振兴。扛起粮食安全政治责任，有效应对高温旱情，完成粮食种植5800公顷。落实“两强一增”行动，新增100万元以上集体经济强村2个，50万元以上8个。全面实施“五清一改”，新畅通48.50千米乡村旅游道路和106千米农村道路。推动产业振兴，老乡鸡热烹饪车间项目竣工投产，加快建设百麓·合肥菌旅小镇。充分发挥“小岭南”“大麦季”等品牌效应，以点带面推动西郊林海、将军岭横竖街建设，加快实现由示范区“盆景”向西郊公园“风景”转变。在全省乡村振兴考核中获“好”的等次。全力抓好生态环保。精准整治大排水户，加快雨污分流和箱涵改造工程，地表水考核断面达标率75%。推进大气环境整治，加大秸秆禁烧力度，集中治理扬尘污染，细颗粒物（$PM_{2.5}$）、可吸入颗粒物（PM_{10}）年均值四城区保持最优。市民广场、北匡河公园提质升级，南门库公园以及6处口袋公园建成对外开放，庐州公园（蜀山区段）一期全面开工，新增提升绿化面积103万平方米。生活垃圾分类有序推进，944座生活垃圾分类投放站点建成投入使用，小区厨余垃圾日收运量达130吨，同比提升180%。

【社会民生】 2022年，蜀山区完成省定10项暖民心行动任务和区级10项人大代表票决民生实事项目，解决群众最关心最直接最现实的问题。城镇常住居民人均可支配收入达6.55万元，同比增长6%。三公里就业圈实现全覆盖，新增参保5万人，就业平台注册企业超万家，数量全市第一；加强弱势群体帮扶保障，累计发放稳岗就业补贴、低保失业补助、创业担保贷款等超亿元，居民养老保险人均缴费水平提升12.40%，发展社会福利事业获省通报表扬。建设16所中小学、幼儿园，新增中小学学位5150个、公办园学位2070个，公开引进优秀应届高校毕业生50名、招聘教师270名。落实“双减”政策，开展“1+X+1”课后服务，完成46所无证幼儿园治理。提升基层卫生服务质量，新改扩建3所社区卫生服务中心、卫生院。完成2处阅读空间建设，新建56个全民健身工程，新增“徽帮裁缝”等5项省级非遗。社会大局保持稳定。推行“党建+信访”机制，化解存量信访件116件。推进法治蜀山、平安蜀山建设，常态化推进扫黑除恶专项斗争，开展“筑安”行动和社会治安突出问题集中整治，实现群众安全感、满意度双提升。780名“社区小管家”“红色小管家”上岗履职，基层治理力量与水平持续提升。全面排查整治自建房安全隐患，深入梳理管控88个安全生产风险点，设立区长质量奖，推行食品安全责任制，全区安全形势稳定向好。

【深化改革】 2022年，蜀山区建立深化改革闭环工作推进体系，46项政府改革事项初显成效。成立区国土空间规划委员会、区公共资源交易监督管理委员会，规范项目用地、规划、招标等工作。“环境科技跨区域产业链集成创新机制”成为全市唯一入选“长三角自贸试验区十大创新案例”。出台《蜀山区亩均效益实施意见》，完成43户规模以上工业企业“亩均效益”综合评价。加快推进目标管理综合考核改革，更好发挥考核“指挥棒”作用。完善行政监督体系。自觉接受人大、政协及社会各方监督，高质量办理人大代表议案、建议72件，政协委员提案65件，代表委员满意和基本满意率100%。公开发布政府信息1.80万条，办理12345热线38.40万件，满意率达98.60%。强化行政责任担当。中央和省环保督察转办信访件、“三大一强”突出生态环境问题全部整改销号。董铺水库水源保护区生态环境整治取得历史性突破，拆除违章建筑超1.90万平方米。博澳丽苑等房地产领域矛盾化解、“难安置”“难办证”等问题解决取得重大突破，涉“双学区”划分等群众关切问题稳妥处置到位。

（周　芬）

包河区

【概况】 包河区地处合肥市主城东南，是全国唯一濒临“五湖四海”之一——巢湖的省会城区，下辖9街、2个镇、1个省级经济开发区和2个街道级大社区，区域面积340平方千米（其中巢湖水面70平方千米）。2022年地区生产总值1657亿元，同比增长1.6%；规模以上工业增加值增长11.1%；一般公共预算收入64亿元；社会消费品零售总额983亿元、增长2.8%；城镇常住居民人均可支配收入6.62万元，增长5.5%。综合实力跻身全国百强区第38位。

【党的建设】 2022年，包河区把迎接党的二十大召开和学习宣传贯彻党的二十大精神作为全年的工作主线，精心组织“喜迎二十大 奋进向未来”主题宣传，深入开展“强国复兴有我”群众性主题宣传教育活动，各级宣讲团开展线上线下宣讲400余场。召开区委常委会、中心组学习会、宣讲报告会专题学习大会精神，制定《区委关于深入贯彻落实党的二十大精神加快建设中国式现代化先行城区的决定》，对照党的二十大作出的重大决策部署，一项一项谋划落实举措。常态化开展党史学习教育，扎实推进意识形态领域“三查三稳”行动，成功承办全省首期“皖若春风”思政论坛，“圆梦”百姓宣讲团获评全国基层理论宣讲先进集体。县级党校分类建设经验被中央党校示范推广。创新开展“全域提升善治包河”行动，党建引领基层治理持续深化，有关做法获中组部肯定。非公经济和社会组织党建“双创两提升”工作成效明显，新业态新就业群体党建“暖新”工程深入实施，产业链党建成为全国基层党建创新典型案例。3000余名机关党员干部职工下沉基层参与急难险重任务、彰显担当作为。方彪同志获得“全国绿化劳动模范”称号。李俊同志获评全省优秀共产党员、中国好人。张丽琍同志获得全国五一劳动奖章。

【产业发展】 2022年，包河区坚定推进转型升级，抢变量、扩增量、优存量，发展引擎更加强劲。三次产业结构优化为0.3:26.4:73.3，三产（服务业）增加值1214.1亿元、增幅1.1%。细化产业图谱，实施链式招商、“三上”招商，ACG国际文创科技城、苇渡科技等一批重大项目签约落地，省金控集团、徽商银行总部等重量级金融机构成功落户。国家高新技术企业申报数量创历年新高。包河经济开发区盘活低效用地66.67余公顷，亩均效益改革成效显现。滨湖卓越城已建在建产业平台超过100万平方米。新能源汽车战新基地获省考核A档优秀。获批全省首批文化和科技融合示范基地，成为全市首批国家知识产权强县建设示范区。连续3年获全省发展数字经济成效明显地区表彰。“免申即享”政策落地见效，减税降费政策全面落实，兑现助企纾困资金近8亿元，办理留抵退税22.5亿元，发放“民营小微企业助力贷”近3亿元。省人工智能母基金落户包河，区高质量发展基金、科创基金先后设立，滨湖国控集团成为全省首个AA+主体信用等级区属国企。连续11年全省发展民营经济考核优秀。

2022年8月，合肥一中淝河校区正式开工建设 （叶玉庭/摄）

【城市建管】 2022年，包河区突出“三生融合”理念，深化“四大空间”战略，城市承载力、宜居度持续增强。完成征迁100余万平方米，居城区之首。依法拆违230万平方米，为过去15年之最。滨湖新区建设衔接有序，品质持续提升。卫岗王卫城市更新项目正式启动，“大罍街”建设提速。庐州大道下穿隧道等市政道路建成通车，高铁南站全年到发旅客突破3100万人次。推进园博园建设，骆岗中央公园风姿初显。“15分钟阅读圈”持续扩面，包河凤凰剧院正式运营，区文化馆、图书馆获评“全省最美公共文化空间”。实施“一圈两廊百点”工程，圩美·磨滩成为“网红打卡点”，罍街获评首批国家级旅游休闲街区。全国学雷锋志愿服务“四个100”先进典型群体不断壮大，共青团青年志愿服务项目获国赛金奖，全国婚俗改革实验区建设通过中期评估。

【生态环境】 2022年，包河区推进降碳减污，严格落实碳达峰总体方案和分领域方案，单位GDP能耗达市控目标；组建“1+5”工作专班，开展许小河、塘西河、十五里河等五大流域雨污分流整治，中央和省环保督察反馈问题整改完成率98%以上。致力打造巢湖“最好名片”，圩西河源头生态清洁、南淝河下游综合整治等15个环巢湖项目加快推进，市级以上考核断面水质全部达标，塘西河被水利部淮委授予“幸福河湖”称号，巢湖包河段创出“全年无蓝藻暴发、四十年来水质最好”两个历史性纪录。土壤、危废、核与辐射污染监管有效，“三全”禁烧、“五气”共治持续深化，细颗粒物（$PM_{2.5}$）、可吸入颗粒物（PM_{10}）浓度实现“双下降”，空气质量优良率达84.6%。锦绣湖公园、南淝河码头公园基本建成，新建公园游园10个、成为全市首个“百园城区”；新增和提升绿化面积150万平方米，完成植树造林和森林抚育584公顷，人均公园绿地面积达14.7平方米，绿化覆盖率达45.8%，公园城区建设高质量推进，城湖共生绿色引领示范区展现风采。

【民生工程】 2022年，包河区深入实施“10项暖民心行动”，民生支出占一般公共预算支出90%以上。开展就业促进行动300余场（次），开发各类岗位2.7万个，新增城镇就业2.6万人，城镇居民人均可支配收入达6.62万元。多层次保障制度基本形成，企业退休人员养老金“18连增”。“两强一增”工作扎实推进，经济强村预计达到20个，共同富裕取得新进展。新建扩建中小学、幼儿园19所，新增学位1.7万个，中小学书记校长参与一线教学做法，受到省委、市委主要领导批示肯定、全市推广，思政课、无证园治理经验形成示范，获评全国义务教育优质均衡先行创建区。致力打造“健康包河”，新增3所社区卫生服务中心，全省首家区级公卫健康促进中心基本建成，省立医院、省妇幼保健院南区及市三院、市中医院、市口腔医院新院区等重点项目加快推进，获评国家慢病防控示范区、全国基层中医药先进单位、安徽省卫生城区。建成9家街镇级居家养老服务中心、93个老年助餐点，新增托育机构34家、托位数1657个，“一老一小”服务稳步提升。建成安置房240万平方米，3万余名群众喜迁新居。老旧小区改造体量位居城区之首。

【社会治理】 2022年，包河区认真落实“党建+信访”机制，组建征迁安置、房地产领域等8个工作专班，领导干部下访接访群众1551批次、阅批群众来信4423件，进京访、赴省访人次分别下降92.3%和69.0%，创造连续276天无进京访记录，圆满完成党的二十大维稳安保任务。扫黑除恶常态化机制化开展，区域社会治理现代化创建工作取得实效，政法机关“四员一律”进网格、打击整治养老诈骗专项行动等工作扎实推进，电信网络诈骗警情和立案量实现“双下降”，全省示范司法所、最美基层民警等荣誉花落包河。智慧平安小区建设全面完成，“大共治”模式入选中央党校党政信息化最佳实践案例。安全生产专项整治三年行动顺利收官，消防安全、生产安全、食品药品安全形势总体平稳，法治包河、平安包河建设成果持续巩固，社会大局和谐稳定。

【疫情防控】 2022年，包河区坚持扁平化调度、精准化防控，成立15个工作专班，召开上百次会商会，守牢全市人流量最大的“一站三口”，建成全市首家健康驿站和国有核酸检测公司，累计隔离管控11万余人，完成核酸检测超1.5亿人次，精准高效处置“4.24”“9.28”等突发疫情，迅速有力地控制住疫情发展。注重提高医疗保障能力，做好分级分类诊疗，加强疫苗接种和药物储备，全力推动“少感染、晚感染、防重症、防挤兑”，最大限度减少疫情对经济社会发展的影响。3万多名党员干部、医务人员、公安干警、社区工作者、志愿者披星戴月、坚守一线、勇毅奋战，以必胜的信念和超常的艰辛，最大程度地保护人民群众生命安全和身体健康。

（孙　昊）

责任编辑：赵永军

人 物

全国“人民满意的公务员”

樊邵斌 安徽省长丰县下塘镇党委书记

（朱璐璐）

全国“人民满意的公务员集体”

安徽省合肥市国有资产监督管理委员会

（朱璐璐）

中国好人

叶先华 女，1965年11月生；刘光翠，女，1966年1月生。这一对妯娌，是安徽省合肥市蜀山区小庙镇饭棚村工农村民组村民，于2022年第一季度当选孝老爱亲类“中国好人”。

叶先华和刘光翠的公公走得早，婆婆一直独自居住，她的生活主要由两个儿媳妇照料。2006年，婆婆因病生活完全不能自理，而老人的两个儿子常年在外打工，快餐店上班的叶先华和电子厂上班的刘光翠得知消息后，相继辞去工作，全身心照料婆婆。叶先华和刘光翠15年如一日，携手悉心照料身患重病、卧床不起、生活不能自理的婆婆，不仅成为子女学习的榜样，也为乡亲们树起了孝老爱亲的道德标杆，用实际行动体现了中华民族孝老爱亲的传统美德。

李 俊 男，1973年7月生，中共党员，原安徽省合肥市王大郢社区党委书记、王大郢社居委主任，于2022年第二季度当选敬业奉献类“中国好人”。

兵营交给了他“坚毅”，基层传给了他“使命”，群众赋予了他“责任”，李俊始终将这份朴素深沉的爱扎根在社区，用心用情为群众服务着，以实际行动践行着一个基层党员干部的使命！2021年12月14日，48岁的社区书记李俊听取汇报工作时突然晕倒在地。八天后，他的家人签署了器官捐献志愿书，这曾是李俊“举双手赞成的决定”“生命燃烧到了尽头，也要以另一种方式去照亮别人的明天”。曾获战士个人一等奖，立三等功，获首届“百名文明市民”“维护社会稳定工作先进个人”、望湖街道“优秀共产党员”等称号。

（徐冠军）

安徽好人

马毛姐 女，1935年9月生，中共党员，安徽省无为市马家坝村人，于2022年第一季度当选助人为乐类“安徽好人”。

1949年4月，年仅14岁的马毛姐参加了著名的渡江战役。她冒着敌人的枪林弹雨，运送解放大军渡江，负伤后仍然坚持战斗。被评为“渡江英雄”和“支前模范”，伟大领袖毛主席签字表扬。1999年，出席全省离休干部先进个人电视表彰大会，省委组织部和省老干部局授予她离休干部先进个人证书。2021年，马毛姐出席庆祝中国共产党成立100周年“七一勋章”颁授仪式，荣获国家“七一勋章”。致敬词中这样写道：“马毛姐，一等渡江功臣，在渡江战役中，手臂中弹，依然咬牙坚持，6次横渡长江，运送3批解放军成功登岸，是闻名全国的渡江英雄，一生淡泊名利，默默为党工作”。这段文字，是对这位渡江英雄平凡而伟大人生的高度评价，也是对一名优秀共产党员矢志践行初心使命、永葆为民情怀的精准注解。

姚文英 女，1950年2月生，合肥市瑶海区胜利路街道合铁家园小区居民，于2022年第一季度当选孝老爱亲类“安徽好人”。

二十余载不离不弃、无怨无悔照顾年迈多病的母亲和因突发脑梗而导致聋哑瘫痪的老伴，年复一年用最纯朴的爱撑起了这个温暖的家；年过古稀的她用行动兑现了与丈夫的山盟海誓；用孝心见证了母女情深 让兄弟姐妹感动、敬佩。“她是一位责任心重、非常好的老伴，也是一个很热心的好邻居”！合铁家园的邻居提起她都赞不绝口。

李 俊 男，1973年7月生，中共党员，原合肥市包河区同安街道王大郢社区党委书记、王大郢社居委主任，于2022年第二季度当选敬业奉献类“安徽好人”。详见中国好人榜。

周宏伟 男，1973年11月生，中共党员，生前系长丰县朱巷镇党委副书记，于2022年第二季度当选敬业奉献类“安徽好人”。

在“战疫”和“维稳”工作期间，因积劳成疾，突发心肌梗塞，于2022年3月23日倒在了工作岗位上，年仅49岁。合肥市委追授周宏伟同志“合肥市优秀共产党员”称号，市总工会追授周宏伟同志为“合肥市五一劳动奖章”，中共长丰县委号召广大干群向周宏伟同志学习。

高冬梅 女，1980年12月生，中国致公党党员，合肥市第一人民医院检验科副主任技师，于2022年第二季度当选敬业奉献类“安徽好人”。

2020年，高冬梅带领医院分子诊断实验室通过“临床基因扩增检验实验室新冠病毒核酸检测”资格审查，她所研发的新型冠状病毒IgG/IgM试剂盒入选了安徽省科技厅创新成果展。为了平衡医疗和科研难以平衡的难题，她利用业余时间，先后主持国家自然科学基金、省基金和合肥市卫健委科技计划各1项，以第一作者发表SCI论文7篇、中华级论文3篇，3次获“中华医学会安徽省检验学年会”优秀论文奖。2022年新冠疫情再次暴发之际，她带领合肥队先后驰援天津、安庆、上海，以专业的技术和负责的态度认真对待每一份标本，以实际行动诠释了共克时艰、守望相助的责任与担当。

彭 霞 女，1977年9月生，合肥市庐阳区个体经营户，于2022年第三季度当选助人为乐类“安徽好人”。

彭霞是一位肢体残疾人，身高只有1.1米，但她没有被生活的困难打倒，始终积极向上，乐观生活。经济并不宽裕的她靠着卖气球的钱，省吃俭用资助了30名困难学生。她还学习了残疾人手工艺编织等技艺，手把手教残疾人编织技能，帮助他们就业创业。目前，她是多家公益组织的核心骨干成员，先后参加爱心义卖、爱心演出数十场，走访慰问困难孤寡老人、残疾人近百人次。8年来，彭霞组织和参与的志愿服务活动近百场次，参与募捐善款和物资达数十万元，个人捐款5万多元，志愿服务1000余人次，志愿服务时长达1000小时。2020年7月被评为“合肥好人”。

王永飞 男，1992年8月生，中共党员，东部战区空军航空兵某旅机械技师，于2022年第三季度当选见义勇为类“安徽好人”。

2022年7月1日，回乡探亲的王永飞发现交叉路口发生两车相撞交通事故，双方驾驶员受伤严重，他立即加入对伤员的救助，因现场情况紧急且无救援设备，只能徒手扳拉车门，将受伤的驾驶员救出。救援过程中，王永飞的右手被划伤严重，等伤者被送上120急救车后，才自行前往医院处理，因右手小拇指处撕裂伤严重，伤口缝合多达13针。他扳车门救人的事迹被人民日报、新华网、央视新闻等媒体报道，广受网友点赞。曾被部队授予“学习优秀先进个人”“优秀士兵”“优秀士官”“四有优秀士兵”“三级工匠”等荣誉。

江 军 男，1969年2月生，中共党员，生前系巢湖市城管局党组书记、局长，于2022年第三季度当选敬业奉献类“安徽好人”。

2022年9月7日，因积劳成疾，突发脑溢血倒在办公桌前，经抢救无效于9月14日因公殉职，年仅53岁。工作30年，江军从乡镇办事员干起，先后在乡镇街道、市直单位等多个岗位历练，常年奋战在基层一线。在征地拆迁、信访调解、防汛抗洪、疫情防控等急难险重工作中，他始终冲锋在前、勇挑重担，直到生命的最后一刻，仍然坚守在工作岗位上。曾获得安徽省防汛救灾先进个人、合肥市疫情防控工作先进个人、合肥市政府信访工作先进个人等荣誉。

（徐冠军）

劳动模范

2022年全国五一劳动奖状

阳光新能源开发股份有限公司

（谷康霞）

2022年全国五一劳动奖章

吴万江　合肥三河四子饮食文化有限公司研发主管，初级工

宗洪博　合肥燃气集团有限公司维修班长，高级工

董永东　科大国创软件股份有限公司党委书记、董事长、总经理，高级工程师

张丽琍　（女）安徽燕之坊食品有限公司总工程师，高级工程师

（谷康霞）

2022年全国工人先锋号

合肥乐凯科技产业有限公司高性能膜材料研究所

（谷康霞）

2022年安徽省劳动模范

王业姐　（女）合肥市业姐果蔬种植专业合作社技术员

王冬梅　（女）安徽中烟工业有限责任公司合肥卷烟厂党委书记、厂长

王　刚　合肥海尔电冰箱有限公司行政经理

元运竹　肥东县翠竹家庭农场技术员

石　明　中国电信股份有限公司合肥分公司 DICT 研发中心经理

吉　祥　安徽锐能科技有限公司首席信息官

朱一明　长鑫存储技术有限公司董事长兼首席执行官

刘牛妞　（女）安徽国科检测科技有限公司食品事业部副部长

刘文姐　（女）合肥市包河区骆岗街道包河苑社区党委书记、居民委员会主任

刘正勇　合肥欣奕华智能机器股份有限公司泛半导体装备研制技术带头人

刘　艳（女）合肥大蜀山文化陵园有限公司讲解员

刘海生　中科美菱低温科技股份有限公司普冷总装班副班长

刘　颖（女）国网安徽省电力有限公司肥西县供电公司工业园供电所党支部书记、副所长

许成满　安徽马钢罗河矿业有限责任公司设备动力组组长

许起来　合肥金晋业实业有限公司职工

孙　健　合肥周谷堆农产品批发市场股份有限公司保卫部副部长

李　芳（女）合肥佳安建材有限公司半成品车间码坯组组长

李宏炼　安徽东风机电科技股份有限公司高级技师

李　缜　合肥国轩高科动力能源有限公司董事长

杨鹏超　中建四局第六建设有限公司项目技术工程师

吴晓亮　合肥丰乐种业股份有限公司水稻研究院副院长

何少锋　合肥芯碁微电子装备股份有限公司技术总工程师

汪昱叡　肥东深燃天然气有限公司客服员

张　文　安徽天鹅湖大酒店有限公司中餐厨师长

张　东　合肥波林新材料股份有限公司粉末事业部副总监兼技术部部长

张　杨　合肥供水集团有限公司听漏队队长

张　兵　巢湖市公共交通有限公司驾驶员

陈文辉　合肥长源液压股份有限公司第一研究所所长

陈亚强　中国能源建设集团安徽电力建设第一工程有限公司热工试验室班长

陈建新　安徽芯瑞达科技股份有限公司总工程师

金劲松　国网安徽省电力有限公司庐江县供电公司冶山中心供电所所长

周　雷　科大国盾量子技术股份有限公司项目总监

赵启华　肥西县金牛蚕桑农民专业合作社技术辅导员

赵　琼　合肥晶合集成电路股份有限公司主任工程师

赵献祥　巢湖市柘皋镇龙毅胜家庭农场负责人

胡盼盼　（女）肥东县胡盼盼家庭农场负责人

柏　鹏　联宝（合肥）电子科技有限公司党委书记、首席执行官

宣　腾　肥西县上派镇三岗村党委书记

贺明伍　安徽鲜来鲜得生态农

业有限公司总经理

夏伟清　安徽省蔬语生态农业有限公司董事长

夏俊生　合肥荣电实业股份有限公司总裁

盛　松　合肥晟裕生态农业有限公司职工

崔兴文　长丰太空莲龙虾养殖专业合作社理事长

韩东成　安徽省东超科技有限公司董事长

程　璐　（女）合肥鑫晟光电科技有限公司工程师

鲍　瑾　（女）合肥热电集团有限公司营销公司副主管

蔡明虎　合肥华升泵阀股份有限公司高级工程师

（谷康霞）

2022年安徽省先进工作者

王小群　（女）庐江县万山镇党委书记

刘力生　巢湖市人力资源和社会保障局城乡居民养老保险管理中心办公室主任

江　涛　合肥市五十中学东校党委书记、校长

严华兰　（女）合肥市第三中学教研组组长

李诚民　肥西县公安局刑事侦查（禁毒）大队大队长

李　超　合肥市公安局交通警察支队庐阳大队三级警长

杨会谦　合肥经济技术开发区社会发展局副局长

吴君仓　合肥市第二人民医院副院长

汪琪玲　（女）合肥市包河区烟墩社区卫生服务中心主任

张成元　安徽省肥东县人民医院全科医学科主任

陈立利　（女）合肥市第三十八中学党委书记、校长

查跃进　合肥市人民政府信访局来访接待室主任

钟荐华　合肥市卫生健康委员会办公室主任

姚　舜　合肥市火车站地区综合管理办公室党组书记、主任

徐大林　安徽省庐江县人民医院副院长

徐德银　合肥市市政工程管理处应急抢险大队副大队长

梁利民　合肥市第一人民医院感染科主任

梁　胤　长丰县交通运输局道路运输管理服务中心主任

韩　洋　合肥市经济和信息化局经济运行处处长

喻巧月（女）合肥市长江路第三小学海棠花园校区副校长

鲍　飞　合肥高新技术产业开发区社会事业局公卫中心主任

（谷康霞）

三八红旗手

2022年安徽省三八红旗手标兵

张　欣　中国科学院合肥物质科学研究院强磁场科学中心副主任

（朱从蓉）

2022年安徽省三八红旗手

汪　霞　合肥市瑶海区卫健委党委委员（挂任）、瑶海区大兴镇中心卫生院院长

任　红　合肥市蜀山区妇联党组书记、主席

陈　聪　安徽鼎容机电设备工程有限公司董事长

项　平　安徽省兴泰融资担保集团有限公司党委委员、副总经理

孙　虹　合肥市庐江县石头镇党委书记

钱　莉　合肥市经开分局莲花派出所一级警长

杨　静　合肥经济技术开发区经济发展局党组书记、局长

丁琳静　合肥市长丰县生态环境分局第一党支部书记、马郢计划志愿者服务中心志愿者

仇传慧　安徽省仇传慧技能大师工作室首席技师

张淑萍　合肥佳讯科技有限公司董事长

张梓晗　合肥微晶材料科技有限公司总经理

吕中华　安徽艺术学院教授，教师工作部部长、人事处处长

潘爱红　合肥市第一人民医院副院长

张　岚　合肥市第八中学英语教师

（朱从蓉）

巾帼建功标兵

2022年全国巾帼建功标兵

方　玲　合肥江航飞机装备股份有限公司 主任设计师

梁　燕　安徽元琛环保科技股份有限公司总经理

赵九梅　合肥巽风湖生态农业有限责任公司总经理

（朱从蓉）

2022年安徽省巾帼建功标兵

吴　静　安徽沃弗永磁科技有限公司总经理

王　芳　安徽省高新技术产业投资有限公司副总经理、安徽中安创谷科技园有限公司董事长

李　彧　合肥市中级人民法院未审庭四级高级员额法官

胡　越　合肥市民政局养老服务处处长

陈　晗　合肥市公安局新站分局磨店所四级警长

（朱从蓉）

最美家庭

2022年全国最美家庭

陶文驹　蜀山区五里墩派出所退休人员

王凤菊　合肥市巢湖市苏湾镇大坝村砂石岗自然村村民

刘翠莲　合肥市庐江县龙桥镇安定村山岗村民组村民

（朱从蓉）

2022年安徽省最美家庭

周　洁　庐阳区委统战部副部长、庐阳区侨联常务副主席

刘　海　巢湖市物资汽车出租有限公司总经理

董瑞宜　庐阳区税务局第一税务分局局长

杨　晨　合肥职业技术学院机电工程学院学管办主任

李　保　太平洋产险安徽分公司职工

夏　力　合肥公交集团第二巴士公司驾驶员

黄建华　安徽广大美科新材料有限公司食堂主管

汪洋庐　江县文化志愿服务中心理事长

方　文　市公安局视频侦查支队六大队副大队长

（朱从蓉）

五好家庭

2022年第十三届全国五好家庭

王开库　安徽送变电工程有限公司三级职员、特高压项目经理

徐晓丹　合肥城改集团房地产经营公司党委委员、纪委书记

魏金华　客来福家居股份有限公司总裁

（朱从蓉）

2022年安徽省五好家庭

程伟涵　合肥市包河区祁门路望湖城金桂苑12-1501

王学虎　合肥市肥东县长临河镇茶山社区党委书记

周泽文　合肥市肥西县柿树岗乡廖渡村村民

陈玲玉　合肥供水集团第四水厂生产科副科长

贾成庆　合肥市蜀山区小庙镇马岗村村民

张　兵　合肥市瑶海区方桥小学副校长

张　璐　合肥市瑶海区城东街道办事处党群工作部副主任孟庆香　合肥市长丰县吴山镇涂郢社区河面组村民

黄晶晶　合肥市女子看守所三级警长

倪国民　合肥市长丰县朱巷镇朱巷社区街后组村民

（朱从蓉）

优秀退役军人

孙　雯　女，1991年1月生，2013年9月入伍，2022年9月退役，中共党员，合肥新站高新区人，籍贯安徽临泉。服役期间表现优秀、功绩卓著，荣立一等功一次、二等功一次、三等功一次、中央军委政治工作部表彰一次、嘉奖一次、优秀士兵一次。

邹传军　男，1990年8月生，2009年12月入伍，2022年4月退役，中共党员，合肥高新区人，籍贯安徽怀远。服役期间在灭火救援中功绩卓著，荣立二等功一次、三等功三次。

赵克盼　男，1989年12月生，2009年12月入伍，2022年4月退役，中共党员，合肥高新区人，籍贯安徽寿县。服役期间援助柬埔寨王家军陆军学院建设，荣获柬埔寨“友谊勋章”。

许立海　男，1970年2月生，1995年7月入伍，2022年8月移交安置至合肥市军休一所，中共党员，合肥市包河区人，籍贯安徽枞阳。服役期间工作表现突出，荣获

首次载人航天飞行金质“贡献章”。

蒋信福 男，1969年6月生，2001年6月入伍，2022年9月移交安置至合肥市军休一所，中共党员，合肥市蜀山区人，籍贯安徽霍山。服役期间在教学成果方面功绩显著，于2016年荣获全国拥政爱民模范。

汤大荣 男，1963年4月生，1980年9月入伍，2022年9月移交安置至合肥市军休一所，中共党员，合肥市蜀山区人，籍贯安徽合肥。1985年参加老山地区对越防御战时荣立三等功。

阚 佺 男，1971年2月生，1990年3月入伍，2022年7月移交安置至合肥市军休二所，中共党员，合肥市庐阳区人，籍贯安徽霍邱。服役期间荣立二等功一次。

曹宗权 男，1971年10月生，1990年3月入伍，2022年8月移交安置至合肥市军休二所，中共党员，合肥市瑶海区人，籍贯安徽霍邱。服役期间被中央军委后勤保障部表彰为“建功基层好军医”。

陈恩祥 男，1971年7月生，1991年12月入伍，2022年6月移交安置至合肥市军休三所，中共党员，合肥市蜀山区人，籍贯安徽霍邱。服役期间荣立二等功一次，并荣获中国人民解放军士官优秀人才一等奖。

汪礼苗 男，1963年11月生，1981年11月入伍，2022年10月移交安置至合肥市军休三所，中共党员，合肥市蜀山区人，籍贯安徽潜山。服役期间被公安部批准享受优秀专业技术人才一等奖励津贴，荣立三等功一次。

周 兵 男，1965年9月生，1981年10月入伍，2022年9月移交安置至合肥市军休四所，中共党员，合肥市蜀山区人，籍贯安徽霍邱。服役期间在科研方面功绩卓著，荣立二等功一次。

苏蔚蔚 女，1965年12月生，1984年8月入伍，2022年7月移交安置至合肥市军休五所，中共党员，合肥市蜀山区人，籍贯广西灵山。服役期间在基地文艺演出编导工作中表现卓著，荣立二等功一次。

（曹玲娟）

责任编辑：徐仙春

附　录

合肥市2023年政府工作报告

——2022年12月30日在合肥市第十七届人民代表大会第二次会议上

市　长　罗云峰

各位代表：

现在，我代表市人民政府，向大会报告工作，请予审议，并请政协委员和其他列席人员提出意见。

一、2022 年工作回顾

2022 年是党和国家历史上极为重要的一年，也是合肥发展史上极不寻常、极不平凡的一年。全市上下喜迎党的二十大胜利召开，衷心拥护“两个确立”，忠诚践行“两个维护”，坚持以习近平新时代中国特色社会主义思想为指导，全面学习贯彻党的二十大精神，深入贯彻落实习近平总书记考察安徽重要讲话指示，在省委、省政府和市委的坚强领导下，完整、准确、全面贯彻新发展理念，高效统筹疫情防控和经济社会发展，奋力在现代化美好安徽建设中打头阵、挑重担、当主力、作贡献，经济社会发展取得新成效，实现了本届政府工作良好开局。

一年来，经济高质量发展取得明显实质性进展。预计，地区生产总值增长 3.6% 左右，经济总量再跨千亿台阶、突破 1.2 万亿。一般公共预算收入增长 10.4% 左右，规模以上工业增加值增长6.7%左右，固定资产投资增长 9% 左右，社会消费品零售总额增速实现负转正，进出口总额增长 8% 左右，居民人均可支配收入增长 6.3% 左右，多项指标增速居全国万亿城市前列。市属国有资产首次突破万亿、利税增长 20%。市场主体总量突破 150 万户、新增近 30 万户。单位 GDP 能耗效益全省第一、全国前列。培育发展战新产业、商事制度改革等 5 项工作获国务院督查激励、居省会城市第三。

一年来，“五大名城”建设系统集成、协同推进、精彩纷呈。

——科创名城建设赢得新优势。国家实验室入轨运行，量子信息未来产业科技园入列首批国家试点。深空探测实验室揭牌运行，认知智能全国重点实验室获批建设，国家重大科技基础设施建成、在建和获批数量均居全国前列。稳态强磁场刷新世界纪录，入选年度十大科技新闻。国际先进技术应用推进中心全国首批首挂，江淮前沿技术协同创新中心正式运营。链接全球高端创新要素的科大硅谷实体运行，全新模式培养“五懂型”人才的中国科大科技商学院挂牌成立。入选国家知识产权强市建设示范城市，年度发明专利授权量首破万件，技术合同交易额首超千亿。合肥跃居 2022 全球“科技集群”第五十五位、较上年提升 18 位，全球“科研城市”第十六位、前进4位。

——产业名城建设实现新突破。“芯屏汽合”“急终生智”集聚发展，入选全国首批产业链供应链生态体系建设试点城市，排名全国先进制造业百强市第十一位。战新产业对工业增长贡献率 84%，规上工业总产值突破万亿，工业投资增速、新增规上企业数创十年新高。产业主体蓬勃成长，净增国家高新技术企业 1834 家、总量实现两年翻番；新增国家“专精特新”小巨人 78 家、总量实现一年翻番；新增百亿工业企业有望达到 8 户、创历年之最；新增上市（过会）企业 14 家、科创板 6 家，总量分别居全国第十三位、第六位。国家级互联网骨干直联点落地建设，数字经济居全国第十二位、前进2位。

——生态名城建设取得新进展。环湖十大湿地全面建成，荣膺“国际湿地城市”。巢湖富营养指数降幅超过近五年之和，连续两年消除蓝藻异味，“山水工程”绩效考评全国第一。$PM_{2.5}$平均浓度为近十年来最低，空气质量优良率创十年来新高。入选全国首批智能建造试点城市，获批建设国家“无废城市”。城市体检“合肥经验”、片区更新“合肥做法”全国推广。

——活力之城建设呈现新气象。获批建设国家科创金融改革试验区，设立全国首个场景创新促进中心，组建政府母基金，科创、产业基金总规模超3000亿元，创历史新高。“网上政务服务”连续四年位居全国前列，“万家民企评营商环境”首次进入全国十强。公铁海多式联运入选国家示范工程，服务贸易创新发展试点实践案例全国推广。全国“双创”活动周合肥主会场精彩纷呈，国家网络安全宣传周汇聚众智，世界制造业大会、集成电路大会蜚声中外，世界声博会让全球聆听合肥声音。

——幸福之城建设迈出新步伐。城市大建设投资首超千亿，42公里二环高架全线贯通，城市生命线“合肥模式”全国推广。六成行政村成为经济强村、占比提高14个百分点，112个脱贫村村均经营性收入过百万。普通高中“双新”示范区建设成为全国典型。创伤、儿童两个国家区域医疗中心开诊，心血管、中医两个国家区域医疗中心获批。十项暖民心行动资金投入量、任务完成数全省领先，社区“三公里”就业圈成为全国经验，养老服务质量监测满意度全国第一，入选“2022中国最具幸福感城市”。

一年来，主要做了以下工作：

（一）坚持精准高效，疫情防控保持平稳有序。我们毫不动摇贯彻“三个坚定不移”，坚持第九版、落实二十条、执行新十条，最大程度保护人民群众生命安全和身体健康，最大限度减少疫情对经济社会发展的影响。我们因时因势优化防控措施，143次高效会商“兵棋推演”，58次通告提示提醒，200余条举措精准施策，创新构建“五检”预警体系，实行负面清单管理，以快制快迅速扑灭多起突发疫情，实现由防到治的平稳转换。我们高效统筹疫情防控和经济社会发展，超前出台系列援企纾困政策，兑现资金超550亿元、惠及市场主体超100万户次。“一企一策”精准服务，确保产业链供应链安全稳定，确保物流货运畅通无阻。我们始终坚持人民至上、温暖防疫，从“来的都是客人、返的都是家人”，到“婚宴应办尽办、考试应考尽考、会展能办都办”；从管人不关店、车辆免费停，到免费提供“热饭包”“蔬菜包”“健康包”；从“两无两避免、两个不查验”，到“三个一批、两个延伸”，有力保障群众正常生活、城市有序运转。面对疫情，30多万防疫人员战高温、顶寒风，日夜坚守；近7万医护人员舍小家、为大家，“疫”路守护；近万名机关干部、国企员工闻令而动，下沉社区、值守道口；千万合肥市民守望相助、共克时艰，汇聚成抗击疫情的磅礴力量，构筑起护佑生命的铜墙铁壁。在此，我代表市人民政府，向所有参与疫情防控的一线人员、医生护士、干部群众，致以崇高的敬意！

（二）坚持自立自强，创新引擎释放强劲动能。综合性国家科学中心提速建设，能源、大健康、人工智能、数据空间研究院建成运行，环境研究院挂牌成立，先进光源可研获批，聚变堆主机关键系统设施园区交付使用。全国规模最大的量子保密通信城域网开通运营，首颗量子微纳卫星成功升空。“人造太阳”实现亿度千秒等离子体运行，星地时间频率实现百公里高精度传递，均创世界纪录。科技成果转化成效显著，国家科技成果转移转化示范区加快建设，人工智能与大数据研究院、单原子材料研究院组建挂牌，35家协同创新平台孵化科技型企业超千家。新增国家级孵化器和众创空间14家、居省会城市第六，培育国家科技型中小企业超8200家、增长近七成。“四链融合”深度推进，科技投入占财政支出17%，居全国城市前列。合肥成为全国天使基金、种子基金风险容忍度最高城市之一。优化完善人才政策，举办首个科技创新日，成立科创（人才）集团，引进高层次人才团队127个，新增高技能人才5.5万人，新招引大学生首超30万人。科技创新的“关键变量”、人才资源的持续集聚，正加速转变为合肥高质量发展的“最大增量”。

（三）坚持集群集聚，产业发展加快转型升级。战新产业加速崛起，“一链一策”延链补链强链，空天信息、虚拟现实、氢能等新兴产业加速布局，重点产业链扩容至16条，重点企业数量实现翻番。光伏、新能源汽车产值首次突破千亿，集成电路产量增长35%。创新“产业链合伙人”招商，率先组团赴韩精准招商，全年“双招双引”产业链项目近千个、协议引资额超5000亿元。中创新航等8个百亿项目开工建设，大众安徽等5个百亿项目建成投产，比亚迪一期10个月整车下线，实现当年投产当年过百亿。数字赋能纵深推进，合肥高新区跻身首批国家网络安全技术产业融合示范区，淮河路商圈入选全国首批示范智慧商圈，讯飞图聆工业云成为全省首个国家级“双跨”平台，七成规上工业企业完成数字赋能诊断，美的洗衣机入选全球灯塔工厂。现代服务业快速发展，科技服务业增长26%、租赁和商务服务业增长18%，均创近年来新高。本外币贷款余额增速居万亿城市前列，“信易贷”授信总额超1100亿元，为5万户小微企业纾困解难。合肥国际陆港一期建成，新开通国际货运航线3条，中欧班列开行768列、净增百列。快递业务量突破11亿件、增幅居万亿城市第三。电商零售额首超千亿，成功入选全国一刻钟便民生活圈试点城市，罍街、金大地商业街获评国家夜间文化和旅游消费集聚区。产业能级持续跃升，现代产业体系加速构建，正成为合肥高质量发展的强大支撑。

*（四）坚持系统治理，生态环境质量明显改善。*巢湖生态持续向好，优化整合巢湖大统管机制，系统实施“五大工程”“四源同治”，开工建设十八联圩生态湿地蓄洪区，环巢湖鸟类种群创有数据以来最高纪录。污染防治成效显著，$PM_{2.5}$浓度实现“九连降”，基本消除重污染天气，空气质量连续两年保持国家二级标准。20个国考断面全部达标、水质优良率85%。马合钢等污染地块40%面积完成修复。中央及省督察交办问题办结率超90%，罗河铁矿等4个矿山入选全国绿色矿山。园林绿化扩量提品，高品质推进骆岗公园建设，新增公园游园52个、城市绿道77公里，植树造林2.3万亩，抚育森林11万亩。成功举办第20届苗交会，全国唯一的国家级苗木花卉信息交易中心落户合肥。绿色转型加快推进，有序开展“双碳”工作，入选国家首批换电模式应用试点城市，新增省级以上绿色工厂13家，绿色建筑竣工面积2300万平方米、创历史新高，肥西县、合肥经开区成为国家级生态文明建设示范区，长丰县获批全省首个能源综合改革创新试点县。绿色发展理念更加坚定，优质生态产品更加丰富，“天更蓝、山更绿、水更清”正成为人人可及、天天有感的最普惠民生。

*（五）坚持攻坚克难，改革开放激发生机活力。*改革向更深层次推进，实施具体改革措施106项，形成制度性成果60多项。国企改革三年行动全面完成，科农行完成股权受让，合肥燃气战略重组引入华润燃气。“亩均论英雄”、招投标“评定分离”全面实施，首创二手住房互换改革，新建幼儿园配建“三件套”广受市民欢迎。“一业一证一码”改革全面推开，惠企政策“一网通办”，“免申即享”范围扩大。再造“12345”服务流程，建立为民为企政务服务“总客服”，每天受理群众诉求2万多件，政府透明度居全国第五。开放向更高水平迈进，主动融入长三角一体化发展，共建G60科创走廊科技成果转化基金，组建数字长三角联盟，产业合作园区落地项目投资超500亿元。完成合肥都市圈范围调整和规划编制，启动建设首个市际毗邻园区（合淮共建区）。自贸试验区合肥片区形成54项省级制度创新成果，12项全国首创，3项入选长三角自贸试验区制度创新案例。一年来，我们向改革要动力，以开放汇资源，合肥发展的天地更加广阔。

*（六）坚持宜居宜业，城市功能品质稳步提升。*更加注重规划引领，国土空间总体规划编制完成，“三区三线”划定取得重要成果，108个城市控规、91个村庄规划如期完成，江淮运河百里画廊取得阶段性规划成果。更加注重城市品质提升，骆岗公园、东部新中心、运河新城、新桥科创示范区、未来科学城“五大片区”建设提速提品。市委党校新校区开工建设，市青少年活动中心等14个公共服务项目交付使用。启动“老城减法1210行动”，城市记忆馆即将开放，淮河路步行街完成改造。全面推行住宅供地竞拍高品质，引入绿色低碳、节能环保、海绵韧性理念，整体提升建筑质量、景观风貌。更加注重城市功能完善，合新高铁、巢马城际加快建设，建成、在建铁路947公里，高铁网络正由“米字型”向“时钟型”拓展。首条市级投资的明巢高速建成通车，建成、在建高速公路815公里。引江济淮合肥段通水试航，助力合肥通江达海。连接肥西的金寨路、南延庐江的宿松路、通向肥东的包公大道等快速路提前通车，建成、在建快速路267公里。轨道5号线北段开通，运营总里程171公里。打通半截路，治理拥堵点，畅通微循环，市民出行更便捷。更加注重城市治理精细化，“七项攻坚战”扎实推进，整治大市场10处，消防无水小区通水64个，改造供电自建自管小区48个、二次供水小区73个，解危D级危房2.4万平方米，建成和美小区117个。改造提升老旧小区175个，既有住宅加装电梯293部。攻坚“安置难”，9.5万“回迁户”搬进新居，逾期5年以上未安置项目基本清零。建成充电设施8500个，新增停车泊位9万个。智慧城管平台覆盖全域，3万名城市志愿者踊跃参与，190万件市民反映问题得到

及时解决。我们坚持人民城市人民建、人民城市为人民，共建共治共享正成为城市建设新风尚。

（七）坚持强农富农，乡村振兴迈出坚实步伐。粮食安全保障有力，严守耕地和永久基本农田保护红线，推进2.3万亩“小田变大田”，新增2.8万亩耕地，建成21万亩高标准农田。超前应对历史罕见高温干旱，粮食产量295万吨，蔬菜产量250万吨，生猪出栏168万头，牢牢守护好市民“米袋子”“菜篮子”“肉案子”。“两强一增”行动深入推进，新增首席专家工作室50个、农事服务中心59个，智慧农业谷成功研发国内首个测土机器人，菌物谷菌物发生器技术全国领先。农业科技进步贡献率68%，主要农作物综合机械化率85%，农村居民人均可支配收入增长6.5%左右。种业之都加速形成，新增国家种业阵型企业6家，建成国家农作物种质资源库2个，118个农作物通过国家品种审定、占全省80%以上，水稻良种出口连续四年全国第一，种子销售额首破百亿。美丽乡村展现新貌，农村人居环境整治成为全省示范，建成省级美丽乡村33个、美丽宜居自然村722个，创建省级文明乡镇18个、文明村25个，农村自来水普及率98.5%，村级综合服务中心覆盖面99%。脱贫成果持续巩固，健全防止返贫监测帮扶机制，创新选派71名退出领导岗位干部到村任职。脱贫人口人均纯收入增长16.5%、全省领先。巩固脱贫成果、衔接乡村振兴两项工作连续4年获全省表彰。和美乡村与现代都市交相辉映、相得益彰，书写着共同富裕的时代答卷。

（八）坚持民生为本，人民生活福祉不断增强。聚焦群众急难愁盼，全年民生支出超1100亿元，占一般公共预算支出84%。稳岗就业成效显著，新增城镇就业13.5万人，解决重点企业用工需求近20万人次，保持零就业家庭动态清零，“根治欠薪”工作成为全国先进。优质教育供给扩大，建成幼儿园、中小学105所，新增学位7.7万个，幼儿园公办率、普惠率分别达56%、92%。优质教育集团城区覆盖面达七成，“新优质学校”创建覆盖面超30%，义务教育课后服务、幼儿园延时服务实现全覆盖。合肥理工学院开工建设，合肥学院“三业一体”人才培养模式全省推广。健康合肥扎实推进，深入实施“名医名科名院”工程，培育江淮名医、学科带头人近200名，建设省市重点专科69个，开工建设中科院临床研究医院、公共卫生临床医疗中心、市儿童医院新区，80%社区卫生服务中心建成紧密型医联体。国家卫生城市、国家食品安全示范城市创建稳步推进。社会保障提标扩面，创新实施职工医保门诊共济保障、经办服务“同城通办”，建立社会救助及补贴标准自然增长机制。高度关切“一老一小”需求，建成家庭养老床位4100张、新增托位1.4万个。全省率先实行“交房即办证”，开发区试点商品房销售“职住平衡”，筹集保障性租赁住房2.3万套，建成棚改安置房2.1万套。文体事业取得进展，安徽美术馆建成开放，市中心图书馆基本建成，市博物馆开工建设，第十二届中国曲艺牡丹奖合肥赛区活动成功举办。长丰双河等4个景点入选全国乡村旅游精品线路，庐江百花村入选全国乡村旅游重点村。培育111个乡村网红打卡点，环湖沿线布设76处便民公共服务设施，市民近湖亲湖更加舒适。第十五届省运会囊括金牌总数等六项第一，取得历史最好成绩。改造配建700多个便民健身设施，“15分钟健身圈”实现全覆盖。社会治理持续提升，市域社会治理现代化试点扎实推进，封闭小区全部建成智慧平安小区。安全生产事故数、亡人数连续7年“双下降”。常态化开展领导“大接访”，接访群众4000多批次，阅批群众来信3万件次，化解涉众金融、房地产、征地拆迁等难题5200多件。提高统计数据质量，强化预警监测，政府“用数”能力持续提升。实施全民科学素质提升行动，科普工作全国先进。获批全国高质量气象现代化先行试点，入选中国气候宜居城市。完成国防动员体制改革，双拥优抚、退役军人工作成效显著。民族宗教、防震减灾、审计、档案、保密等工作水平实现新提升，工会、共青团、妇女儿童、红十字会、老年人、残疾人和关心下一代等各项工作取得新进步。

一年来，我们坚持党建引领，把党的全面领导贯穿政府工作各领域、全过程，严格依法行政，推进“府院联动”“府检联动”，法治政府建设连续13年全省第一，今年成功创建全国法治政府建设示范市。我们自觉接受监督，主动向市人大及其常委会报告工作，积极吸纳代表委员真知灼见，办理人大代表议案建议286件、政协委员提案432件。我们坚持建言资政和凝聚共识双向发力，促进新时代统一战线工作，找出最大公约数，画出最大同心圆。我们勇于自我革命，纵深推进政府系统党风廉政建设，严格执行中央八项规定精神及省委、市委实施细则，市政府督查检查考核和发文数量分别减少8%、10%，一般性预算支出压减20%以上。我们以严的基调正风肃纪，以政府效能匹配市场效率，有力护航干事创业。

各位代表！

这一年，我们经受了许多前所未有的考验，遭遇了许多突如其来的挑战，办成了许多看似不可能的事情，实现了许多超过预期的目标。这是习近平新时代中国特色社会主义思想科学指引的结果，是省委、省政府坚强领导的结果，是市委团结带领全市人民埋头苦干的结果。在此，我代表市人民政府，向辛勤奋战在各个领域、各个岗位的全市人民，向驻肥人民解放军、武警官兵、公安干警、消防救援队伍指战员和中央驻肥单位，向各民主党派、工商联、无党派人士、各人民团体和社会各界人士，向所有关心支持合肥改革开放与现代化建设的海内外朋友，表示衷心的感谢！

在充分肯定成绩的同时，我们也清醒地看到合肥发展还面临不少困难和挑战，发展不平衡不充分仍是最大市情，推动高质量发展还有许多卡点瓶颈。创新链产业链资金链人才链深度融合还需加强，科技成果转化效率仍需提升。现代服务业发展不充分，农业质量效益不高。资源环境约束趋紧，巢湖治理成效需要持续巩固。城市规划建设治理水平还需提升，教育、医疗、养老、托育等优质公共服务供给仍然不足。少数干部强力攻坚、精准施策的能力有待进一步增强，廉洁政府建设依然任重道远。对此，我们要迎难而上，以更大力度认真加以解决。

二、2023年工作安排

2023年是全面贯彻落实党的二十大精神的开局之年，是开启中国式现代化建设新征程的起步之年。政府工作的总体要求是：高举习近平新时代中国特色社会主义思想伟大旗帜，全面贯彻落实党的二十大精神，深入贯彻落实习近平总书记考察安徽重要讲话指示，坚持稳中求进工作总基调，完整、准确、全面贯彻新发展理念，服务和融入新发展格局，着力推动高质量发展，更好统筹疫情防控和经济社会发展，更好统筹发展和安全，全力深化改革开放，大力提振市场信心，突出做好稳增长、稳就业、稳物价工作，有效防范化解重大风险，推动经济实现质的有效提升和量的合理增长，奋力谱写中国式现代化合肥篇章，为建设现代化美好安徽贡献更大合肥力量。

2023年经济社会发展主要目标建议为：生产总值增长6.5%以上；规上工业增加值增长8%以上；固定资产投资增长10%左右；一般公共预算收入增长4%左右；社会消费品零售总额增长9%左右；进出口总额增速高于全国平均水平；全社会研发投入占比提高到3.6%左右；居民人均可支配收入增速高于GDP增速；居民消费价格涨幅3%左右；城镇新增就业13万人；节能减排完成省控目标。

重点抓好八个方面工作。

（一）更大力度推动经济高质量发展

发展壮大市场主体。坚决落实“两个毫不动摇”，支持国有经济做强做优做大，提升企业核心竞争力，国有资产证券化率提高5个百分点以上。支持民营经济加快发展，大力提振民营企业发展信心，优化民营经济发展环境，深入推进“一改两为五做到”行动，尽心竭力为中小微企业纾困解难、保驾护航，全年新登记市场主体25万户。实施规上企业培育工程，扎实开展第五次全国经济普查，新增“四上”企业超过1500家，新增百亿企业6家，省级以上“专精特新”和单项冠军企业100家以上。

全力扩大有效投资。增强投资对优化供给结构的关键作用，开展投资攻坚行动，实施2000个亿元以上重点项目，实现投资4500亿元，谋划储备一批“两新一重”、城市更新、综合交通等领域重大项目。深化投资“赛马”激励机制，优化项目全流程审批，拓宽多元融资渠道，积极争取政策性金融工具、中央预算内投资，发行政府专项债400亿元。精准开展“双招双引”，力争引进世界500强10家左右，招引50亿以上重大项目25个。

促进消费加快恢复。把恢复和扩大消费摆在优先位置，全面提升消费能级，争创国际消费中心城市。实施商业设施提升工程，加快建设特色商业示范街、夜间文旅消费集聚区，推进淮河路步行街全国示范智慧商圈建设，打造一批场景消费体验中心。实施品牌创建工程，新引入50家首店、旗舰店，培育一批合肥“中华老字号”，打造“徽动消费·合肥GO”品牌。实施业态丰富工程，创新数字化、品质化消费场景，发展新零售、电商直播等新业态，推动更多合肥产、合肥造上网销售、走向世界。实施县域消费升级工程，培育一批功能完善的乡镇商贸中心，引导商贸流通企业、电商平台向农村延伸。

强化要素支撑保障。加快建设科创金融改革试验区，推进“科技—产业—金融”良性循环。扩大实体经济融资规模，全年新增人民币存贷款5500亿元，力争新增上市企业16家。聚焦科创和产业，建设高水平项目资本对接平台，促进政府母基金、产业基金和市场基金联动发展，打造“创投城市”品牌。创新财政金融产品，放大“政信贷”效应，“信易贷”总规模超2000

亿元。全面落实减税降费政策，及时出台稳增长措施，推动高质量发展政策更大范围“免申即享”、精准直达各类市场主体。强化土地要素保障，整治批而未供、闲置低效用地。加大煤电油气运保障，更好解决企业用工问题，让市场主体安心放心发展。

（二）更强担当塑造科创优势

加快综合性国家科学中心建设。探索新型举国体制合肥路径，全力服务保障国家实验室，加快“国之重器”建设。实施大科学装置集中区建设三年行动，提升能源、人工智能等六大研究院运行效能，开工建设先进光源、量子精密测量等大科学装置，全力打造未来科学城。建成未来网络合肥分中心，加快推进聚变堆主机关键系统综合研究设施主体工程，启动建设合肥国际先进技术应用推进中心。在聚变能源、深空探测、人工智能、集成电路等领域，谋划争创新的国家实验室或基地。加快建设量子信息未来产业园，打造“世界量子中心”。

深入推进人才强市建设。实施国家战略人才力量培育计划，引进扶持“高精尖”人才100名、高水平创新创业团队100个、高层次产业人才1000名，争创国家高水平人才平台。建立以创新价值、能力贡献为导向的人才评价机制，开展企业人才自主评审试点。建设市场化人才服务平台，推行“一站式”“组团式”服务，全力打造人才高地。

加速科技成果转化应用。纵深推进国家科技成果转移转化示范区建设，争创国家知识产权保护示范区，提升安徽科技大市场运营水平，转化科技成果3500项以上，技术合同交易额突破1100亿元。突出产业导向，强化科技赋能，注重外引内联，提升35家协同创新平台运行效能，新增国家级孵化器和众创空间10家以上，新建高水平新型研发机构15家以上。实施场景创新三年行动，新增示范性应用场景100个以上，深度打造全域场景创新之城。

优化创新创业生态。高标准建设科大硅谷，推进中国科大科技商学院与科大硅谷融合发展，在全球创新资源富集区布局建设海外科技创新中心、离岸创新创业中心，广泛汇聚全球创新力量，打造享誉世界的创新之谷。突出企业创新主体地位，实施“万家高企”培育增效三年行动，净增国家高新技术企业1800家以上，国家科技型中小企业突破万家，培育科技型骨干企业和科技领军企业100家以上。办好中国科协年会、中国航天日、科技创新日、科交会等创新活动，搭建国际国内科技资源对接服务平台。

（三）更高质量建设现代产业体系

加快战新产业融合集群发展。增强“链长制”服务效能，优化“16+N”重点产业链布局，加快壮大新型显示、集成电路、人工智能三大产业集群，力争新能源汽车、生物医药成为第二批国家战新产业集群。深入实施“千亿”产业攻坚工程，电子信息产业迈上3000亿，新能源汽车产业跨上2000亿，光伏产业突破1500亿，装备制造产业实现1200亿，节能环保、集成电路、生物和大健康产业突破500亿。深入实施制造业提质扩量增效行动，滚动实施10亿以上项目80个、建成投产20个。加快量子科技、空天信息、应急安全产业化步伐，发展先进核能、类脑智能、元宇宙等未来产业，开辟新领域、抢占新赛道。

加快产业链供应链韧性提升。实施产业基础再造工程，补强产业链薄弱环节，引导“专精特新”卡位入链，打造“头部企业＋中小企业”生态圈。实施产业链供应链安全攻坚行动，新建省级以上企业技术中心、制造业创新中心40家以上，鼓励细分领域优质企业开展国产化替代，实施60个“工业强基”、揭榜挂帅重点项目，引进重点产业链项目800个。实施质量品牌提升工程，争创中国质量奖。

加快数字经济赋能产业转型。建成国家级互联网骨干直联点，启动建设“巢湖明月”二期。争创国家数字经济创新发展试验区、中国软件名城名园，做大做强中国声谷，数字经济核心产业增速快于战新产业。全面升级“羚羊”工业云，建成工业互联网“一链一平台”，规上工业企业和产业链重点企业“智改数转”实现全覆盖，建成省级智能工厂、数字化车间30家以上，力争再添1座全球“灯塔工厂”。

加快服务业锻长补短。实施生产性服务业提升行动，大力发展科创服务、商务咨询、人力资源等服务业，引进高端服务品牌，提升省级服务业集聚区能级。实施楼宇经济培育计划，新增亿元税收楼宇30个。开展大物流体系建设行动，系统推进陆港型国家物流枢纽、国际航空货运集散中心、江淮水运中心建设，争创生产服务型国家物流枢纽、国家综合货运枢纽补链强链城市、国家现代流通战略支点城市。创建“中国快递示范城市”，邮政快递量增长9%。推进“会展＋产业”深度融合，举办各类展会200场以上，提升世界制造业大会、集成电路大会、声博会实效性，打造全国会展名城。实施生活性服务业拓展行动，促进养老托育、健康体育、文化旅游、家政物业规模化、品牌化、优质化发展，探索社区服务设施“一点多用”，加密15分钟便民生活圈。

（四）更严标准保护生态环境

持续实施巢湖综合治理。全面推进“山水工程”，完善蓝藻水华网格化防控体系，开工建设巢湖流域防洪工程，加快十八联圩生态湿地蓄洪区建设，国考断面水质优良率稳定在85%以上。实施农业面源污染治理专项行动，化肥、农药使用量分别下降20%、10%。打响“国际湿地城市”品牌，持续提升巢湖生态原真性和生物多样性，让巢湖成为“家门口最好的生态产品”。

深入推进环境污染防治。抓好中央、省生态环保督察反馈问题整改，强化清单化闭环管理。打好蓝天保卫战，实施臭氧攻坚等“四大行动”，空气质量稳定保持国家二级标准。打好碧水保卫战，开展水环境大排查大整治，分类整治河湖排污口，动态清除县城、农村黑臭水体。打好净土保卫战，深入开展“绿盾”专项行动，治理废弃矿山38个，完成马合钢片区80%污染地块修复。强化危废、化学品、重金属等环境风险防控。加大污水处理设施和配套管网建设，提高乡镇污水处理厂运行效率。创建垃圾分类示范小区100个，建设国家“无废城市”。

大力开展扩绿提质行动。高水平举办第十四届中国（合肥）国际园林博览会，办成一届具有“时代特征、合肥特色、令人期待”的百姓园博。高标准提升城市园林绿化品质，新建改造绿地600万平方米，新增公园游园60个、绿道100公里以上。林长制改革先行示范，完成人工造林8千亩，新建提升农田林网3万亩。做强做优苗交会平台，带动林业经济迭代升级。

加快发展方式绿色转型。实施“碳达峰十大行动”，全域开展能源综合改革创新试点，全面推行单位能耗产出效益评价，推动重点耗能企业节能诊断全覆盖。加快园区循环化改造，争创国家生态工业示范园区、绿色产业示范基地。开展生态产品价值实现机制试点，创新绿色金融产品，支持中国环境谷、国际环保科技园建设，做大做强节能环保产业。深入开展城乡建设绿色发展试点，新增装配式建筑1500万平方米，公共交通新能源车辆占比80%以上。支持肥西县创建“两山”理念实践创新基地、长丰县争创国家生态文明建设示范区。

（五）更大气魄深化改革开放

推进更高水平开放。实施长三角G60科创走廊建设三年行动，参与上海全球服务商行动计划，打造虹桥国际论坛合肥基地，新签约一批10亿以上重点项目。持续开展扬长补短对标追赶行动，推进公共服务、生态环境等战略合作事项落地见效。深化合肥都市圈一体化发展，争取规划尽快获批，加快都市圈环线、巢马城际等通道建设，推进合六经济走廊、合淮产业走廊发展，全面提速市际毗邻区建设，辐射带动都市圈城市和周边城市共同发展。提升合作共建园区发展水平，推动皖北结对合作取得新成效。开展自贸试验区合肥片区提升行动，全面完成试点任务，争取形成30项省级以上制度创新成果。深度参与“一带一路”建设，加密中欧班列运行，新开通3条以上国际货运航线。开展国际化片区试点，建设国际社区、国际学校。实施外资外贸三年倍增行动，发挥商协会作用，加强与国际组织、投资机构合作，利用外资增长10%以上。参与“徽动全球”万企百团出海行动，加快布局海外营销网络，跨境电商交易额增长20%以上。全面完成服务贸易发展试点任务，争创国家数字贸易示范区。

推动更深层次改革。注重改革系统集成，探索更多可复制可推广改革经验。深化国资国企改革，优化国有资本布局，加速产业、创业引导基金市场化转型。推进城市“规建治”一体化，开展“完整社区”建设，加大商办用房调结构、去库存。加强基层综合执法改革，规范行政执法行为。深化要素市场化改革，开展土地节约集约利用综合改革试点，推广细分行业亩均效益评价，探索产业用地混合出让方式。巩固提升农村“三变”改革成果，探索“农业标准地”改革，开展农村集体经营性建设用地入市试点。深化科技经费使用机制改革，提高科研投入效能。

打造最优营商环境。持续开展营商环境迭代专项行动，力争营商环境所有指标进入全国先进行列。加大公共政策兑现履约，提高政府行政效率和公信力。聚焦企业和个人全生命周期高频事项，建立闭环管理机制，开展“一照多址”改革，提高线下“一窗综办”、线上“一网通办”水平，推进“一件事一次办”，打造政务服务升级版。探索建立营商环境对标监测机制，提升企业和群众办事获得感、满意度。

（六）更高品质推动城市建设

优化完善城市格局。坚持以高水平规划引领城市建设和治理水平提升，打造宜居韧性智慧城市。推动市级国土空间总体规划获批，完成县级总规编制，全面启动乡镇规划编制。体系化编制公用设施、学校医院、物流枢纽等专项规划，实现城区单元控规全覆盖。高起点规划建设江淮运河百里画廊，加快打造具有国际影响力的风景画廊、生态绿廊、经济走廊。

加快提升城市功能。坚持体系设计、绿色低碳、适度超前、均衡高效，实施大建设重点项目1800个、投资超1100亿元。全面推进“1155”大交通计划，提速建设合新高铁、新合肥西站，开工建设合新六城际、北沿江高铁合沪段。建成沪武高速无岳段、双凤互通立交，加快大外环北环线、西环线建设，力争开工南环线，新增高速里程90公里。建成文忠路、桥头集路，开工建设南二环西延、北二环西延、魏武路，新增快速路36公里。新开通运营轨道交通1号线三期和2、3号线延长线，运营里程突破200公里。建成龙河口引水工程，加快环巢湖天然气高压管线工程建设。扎实抓好国家智能建造试点工作，积极争创国家海绵城市试点。

强力实施城市更新。编制完成城市更新规划和建设导则，升级实施“一镇五片”城市更新计划，完成老合钢片区危房搬迁，启动大铺头、电机厂片区等更新改造，打造城市更新“样板间”。提升美化城市建筑“第五立面”，改造老旧小区117个，新开工棚改安置房7.7万套、建成2.1万套。提升环城、沿湖绿带品质，再造80公里“翡翠项链”。畅通城市活水，修复城区河湖水系和湿地水体，实现换水补水动态循环。

精细推动城市治理。启动建设智慧合肥大数据平台，建成“城市大脑”。常态化开展城市体检，推进城市生命线向消防、电梯、建筑安全、地下空间拓展。深入实施城市治理“七项攻坚战”，全面完成小区二次供水和消防无水小区改造，整治大市场15个，解危D级危房2.4万平方米，改造供电自建自管小区120个。持续攻坚“安置难”，力争完成90%治理任务。创建和美小区140个，住宅小区物业服务整治实现全覆盖。

（七）更加系统推进乡村振兴

扛稳粮食安全责任。实施新一轮粮食产能提升行动，落实最严格耕地保护制度，建设耕地数字化监管平台，新增3万亩耕地，建成30万亩高标准农田，完成30万亩“小田变大田”，粮食产量295万吨以上。加快环湖绿色有机农业带建设，培育“巢湖大米”地标品牌。实施种业之都建设三年行动，推进智能育种加速器、生物育种创新平台建设，力争1-2家优势种业企业上市、种业销售额突破110亿元。

促进农业提质增效。建设农业强市，推深做实“两强一增”行动，选派科技特派员1300名，推广“四新”技术成果400项，农业科技进步贡献率70%，推动智慧农业谷创建国家技术创新中心，支持长丰县、肥西县创建国家农业现代化示范区，支持庐江县创成国家农业高新技术产业示范区。建成农事服务中心60个，主要农作物综合机械化率86%。农村居民人均可支配收入增长7%。探索“大托管”模式，土地流转率65%以上，农业亩均产出提高10%。做大做优重点产业，力争培育1家百亿企业、6个百亿农业产业链，农产品加工产值超1800亿元。

建设宜居宜业和美乡村。完成140个村庄规划编制，建设省级美丽乡村30个、美丽宜居自然村700个。改善27.5万农村居民饮用水条件，改造131公里农村公路，村卫生室标准化建设全覆盖。实施乡村休闲旅游提升工程，培育精品民宿群、网红打卡地。纵深开展文明村镇创建活动，培育文明乡风、良好家风、淳朴民风。

巩固拓展脱贫攻坚成果。完善落实监测帮扶机制，防止规模性返贫致贫。加快实施“五大振兴”工程，发挥乡村振兴公司作用，发展乡村特色产业，农村产品网销额增长10%。扩大订单农业，深化股份合作，壮大村集体经济，拓宽农民增收渠道，七成以上村建成经济强村、“百万元村”突破300个。

推进县域高质量发展。坚持基础设施等高对接、公共服务均等共享，统筹城乡一体发展。推动城市主干道向县（市）延伸，加快方兴大道东延巢湖、宿松路南延庐江、蒙城北路北接长丰。深入实施县域经济“双千一百工程”，每个县（市）新增1-2家百亿企业。提升县域园区发展质效，六个省级县域特色产业集群产值突破600亿元，肥西县再跨百亿台阶，长丰、肥东冲刺“千亿县”，巢湖市、庐江县全省位次稳步前移。深入推进小城镇新型城镇化试点，打造10个新型城镇化示范镇。

（八）更实举措保障改善民生

扎实开展暖民心行动。提质扩面实施好老年助餐、安心托幼、快乐健身、便民停车、放心家政等十项暖民心行动，压茬办好百姓身边关键小事，让劳动者在家门口就近就业，让老年人吃上“暖心饭”，让市民“好停车”，让“菜篮子”拎得更舒心，用政府“担当指数”“辛苦指数”提升群众“幸福指数”。

办好人民满意教育。落实立德树人根本任务，德智体美劳“五大行动”成为全省示范。新建中小学28所、幼儿园52所，争创全国学前教育普及普惠示范区、全国义务教育优质均衡区。推动合肥理工学院高水平办学，合肥职业技术学院创建本科，合肥学院创成合肥大学，支持中国科大、合工大、安大“双一流”高校和学科建设。加强师德师风建设，培养高素质师资队伍。全面实施“互联网+教育”，智慧学校建设成为全国先进。

大力促进就业创业。落实落细就业优先政策，实施“创业合肥”行动，支持科研人员、高校毕业生、退役军人成功创业，培育高技能人才2.5万人，引进大学生30万人。深入推进数智赋能行动，提升公共就业服务平台功能，社区“三公里”就业圈充分就业实现全覆盖，确保零就业家庭动态清零，创建国家公共就业示范城市。扎实开展“根治欠薪”行动，完善长效机制，保障劳动者合法权益。

健全社会保障体系。实施城乡居民收入倍增计划和中等收入群体倍增计划，扩大中等收入群体比例，低收入群体收入增长快于全市。持续扩大社会保障覆盖范围，开展个人养老金制度先行先试。提高城乡居民医保财政补助标准，实施重特大疾病医疗保险和救助保障，特困人员、低保对象救助比例分别达90%、75%。推进长三角地区医保异地门诊统筹、跨省慢特病门诊直接结算，加快跨区域线上办理。健全生育支持政策体系，新增1.6万个托位。创建省级居家和社区养老服务示范县（区），新建30个农村居家养老服务站。完善社会救助信息资源共享机制，加强未成年人保护，做好残疾人康复服务。坚持“房住不炒”，支持刚性和改善性住房需求，加大保障性租赁住房筹集力度，解决好新市民、青年人等住房问题。

守护人民生命健康。深入实施“三名”工程，开工建设国家心血管、中医区域医疗中心，支持市属医院特色专科建设，打造区域性医疗中心。实施县级医院能力提升工程，全面推进县域医共体建设，促进城市优质医疗资源向县域下沉。市中医院开诊运营，所有社区卫生服务中心和乡镇卫生院设立中医馆。完善食品药品监管体系，落实落细属地监管责任和企业主体责任。实施卫生健康计划，加强居民健康管理和服务。提高疫情防控救治能力，加快建设公共卫生临床中心，筑牢重大疫情防控屏障。深入开展爱国卫生运动，积极争创国家卫生城市和健康城市。

繁荣发展文体旅游。深入推进创新型文化强市建设。实施文艺精品创作行动，推出一批体现“四个讴歌”、彰显合肥特色的精品力作。实施文化工程建设行动，高品质建设“一湖一园一廊一城”世界级文旅新地标，打造城市会客厅和高标准生活空间，市中心图书馆、科技馆新馆开馆运营，市博物馆、骆岗音乐厅开工建设，建设100个艺术空间、100个全民阅读点。实施文旅产业提升行动，新增100处网红打卡点，创建3处以上国家级旅游民宿。深化体育强市建设。实施全民快乐健身行动，新建3个体育公园、400个全民健身场所，争创全国全民运动健身模范市。实施竞技体育三年突破行动，力争在全国赛事争金夺银。推进国家体育消费试点市建设，精心办好第五届全国智力运动会、合肥马拉松等大型赛事。

加强市域社会治理。深化平安合肥建设，完善网格化、精细化、信息化基层治理平台，扩大智慧社区试点，建成8个智慧社区、50个智慧小区，推进智慧平安小区向“三无”小区、城中村覆盖。落实安全生产责任，强化重点领域风险隐患排查整治，提高安全发展水平。坚持领导干部开门接访、阅批群众来信，集中化解信访积案和突出问题，争创全国社会治安防控体系示范城市。强化退役军人服务保障，加强全民国防教育，力争全国双拥模范城市“十连冠”。支持工会、共青团、妇联、红十字会等人民团体广泛参与社会治理和公共服务，扎实做好民族宗教、外事侨务、防震减灾、气象、档案、保密等工作。

三、提高政府履职能力和水平

时代呼唤着我们，人民期待着我们，唯有矢志不渝、笃行不怠，方能不负时代、不负人民。我们将以更大力度推进政府治理体系和治理能力现代化，加快建设人民满意政府。

铸牢忠诚之基。坚定政治方向，牢记“国之大者”。深入学习宣传贯彻党的二十大精神，衷心拥护“两个确立”，忠诚践行“两个维护”，坚决做到“三个务必”。坚持以新发展理念引领高质量发展，加强工作前瞻性思考、系统性谋划、整体性推进，确保党中央、国务院和省委、省政府及市委决策部署落地生根、开花结果。

厉行法治之举。坚守法治信仰，领航政府善治。我们将自觉运用法治思维和法治方式开展工作，全面实施政府系统依法行政提升行动，巩固拓展全国法治政府建设示范创建成果。依法接受人大监督，自觉接受政协民主监督，主动接受社会和舆论监督，高质量办好人大代表议案建议和政协委员提案，抓严抓实审计监督、统计监督，让权力在阳光下运行。

恪守为民之责。人民政府“人民”两字最重。我们要始终同人民群众想在一起、干在一起，当好人民群众贴心人，办好人民群众暖心事，让人民群众看到更多变化、得到更多实惠。坚持节用裕民，从严控制一般性支出，腾出更多财力用于惠企利民，切实以政府的紧日子助力人民群众的好日子。

永葆清廉之心。坚持树规立矩，打造清廉政府。我们要认真履行全面从严治党主体责任，严格落实党风廉政建设“一岗双责”，深入开展警示教育，聚焦群众身边腐败和损害群众利益问题，持之以恒正风肃纪反腐。坚决执行中央八项规定精神及省委、市委实施细则，大力纠“四风”、树新风、优作风，确保政治清明、政府清廉、干部清正。

砥砺斗争之志。增强斗争精神，提高斗争本领，善于在风险挑战中谋新招、闯新路，敢于在破解难题中强改革、善作为，勇于在对标先进中争一流、创佳绩。持续提升政府系统干部专业化水平，增强贯彻新发展理念的素质和能力，激发加快发展的信心和动力，奋力创造无愧于时代、经得起实践、人民和历史检验的崭新业绩。

各位代表！

使命引领前行，奋斗开创未来。让我们更加紧密地团结在以习近平同志为核心的党中央周围，以习近平新时代中国特色社会主义思想为指导，在省委省政府和市委的坚强领导下，自信自强、守正创新，踔厉奋发、勇毅前行，确保完成全年经济社会发展各项任务，不断开创合肥高质量发展新局面，为推进中国式现代化合肥实践而团结奋斗！

合肥市 2022 年国民经济和社会发展统计公报 [1]

合肥市统计局　国家统计局合肥调查队

2023 年 3 月 30 日

2022 年，面对错综复杂的内外部环境，全市上下坚持以习近平新时代中国特色社会主义思想为指导，认真学习贯彻党的二十大精神，深入贯彻落实党中央各项决策部署，高效统筹疫情防控和经济社会发展，果断出台并全面落实稳经济一揽子政策，全市经济承压前行、稳中向好，经济总量再上新台阶，高质量发展取得新成效，奋力谱写全面建设社会主义现代化国家合肥篇章迈出坚实步伐。

一、综合

初步核算，全年生产总值（GDP）[2]12013.1 亿元，按不变价格计算，比上年增长 3.5%。其中，第一产业增加值 379.2 亿元，增长 3.9%；第二产业增加值 4394.5 亿元，增长 5.3%；第三产业增加值 7239.4 亿元，增长 2.4%[3]。三次产业结构为 3.2：36.6：60.2。按常住人口计算，人均 GDP 为 125798 元（折合 18703 美元），比上年增加 4824 元。

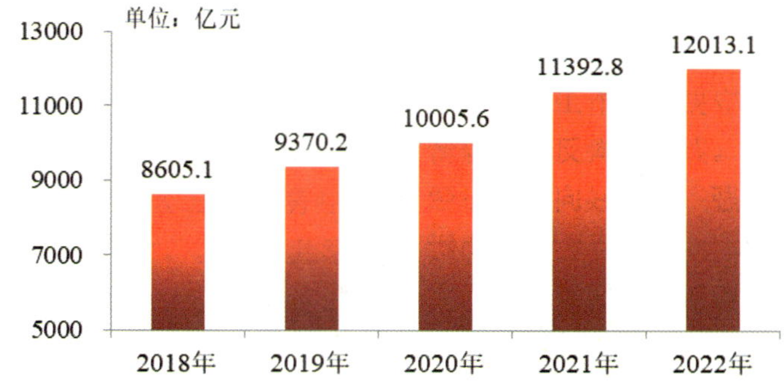

图 1　2018—2022 年全市生产总值（GDP）[4]

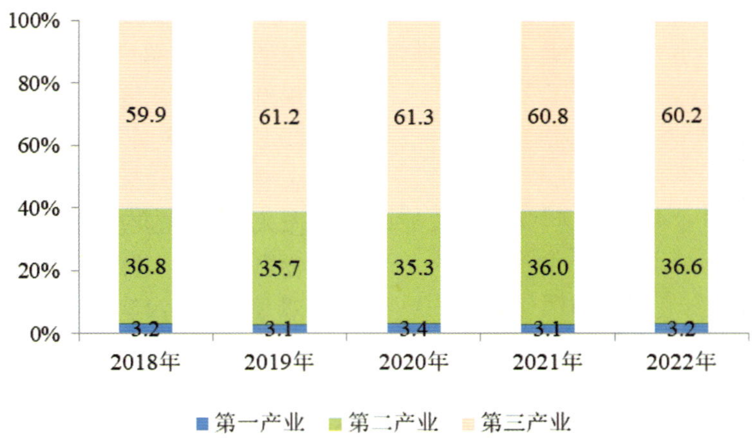

图 2　2018—2022 年全市三次产业增加值占 GDP 比重

年末全市户籍人口 800.16 万人，比上年增加 7.49 万人。常住人口 963.4 万人，增加 16.9 万人；常住人口城镇化率 84.64%，提高 0.6 个百分点。全年出生人口 8.57 万人，出生率 8.97‰；死亡人口 5.15 万人，死亡率 5.39‰；自然增长率 3.58‰，比上年回落 0.14 个千分点。

全年城镇新增就业 13.9 万人，失业人员再就业 4.52 万人，就业困难人员就业 0.85 万人。

全年居民消费价格比上年上涨 2.4%，其中食品烟酒价格上涨 3.6%。

新企业新产业新模式较快成长。新增国家高新技术企业 1834 户，总数达 6412 户。新登记各类市场主体 29.19 万户，实有数达 151.35 万户，增长 12.4%。规模以上工业 [5] 中，战略性新兴产业产值增长 14.3%，占规上工业产值比重达 56.2%、创历史同期新高。规

表 1　　2022 年末全市人口及其构成

指标	年末数（万人）	比重（%）	
年末户籍人口	800.16		
年末常住人口	963.4		
其中：城镇	815.4	84.64	
乡村	148.0	15.36	
其中：男性	495.5	51.43	
女性	467.9	48.57	
其中：0-14 岁	157.4	16.34	
15-59 岁	654.3	67.92	
60 岁及以上	151.6	15.74	
其中：65 岁及以上	122.7	12.74	

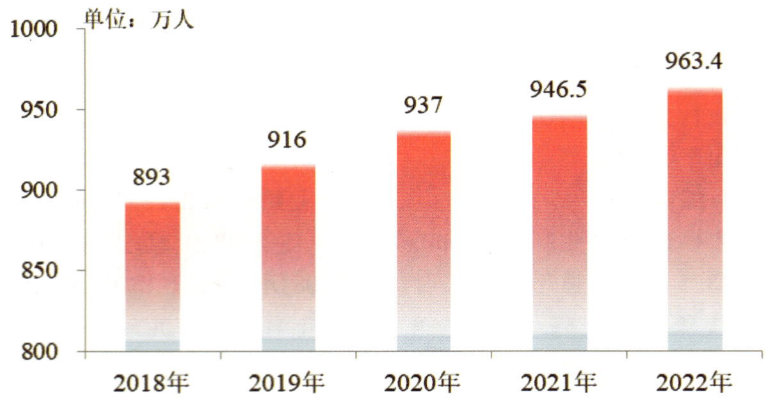

图 3　2018—2022 年末全市常住人口

表 2　　2022 年全市居民消费价格比上年涨跌幅度

指 标	涨跌幅度 %
居民消费价格	2.4
其中：食品烟酒	3.6
衣着	1.2
居住	0.3
生活用品及服务	1.4
交通和通信	4.8
教育文化和娱乐	3.2
医疗保健	0.3
其他用品和服务	2.1

模以上服务业[6]中，高技术服务业企业营业收入增长12.7%，占规上服务业比重42.7%、比上年提高2.5个百分点。限额以上批发零售企业[7]中，实物商品网上零售额[8]470.12亿元、增长6.1%，占限上零售额的比重20.8%、比上年提高1.6个百分点。固定资产投资中，高技术制造业投资增长34.7%，比上年提高36.4个百分点。

二、农业

全年农作物总播种面积70.19万公顷，比上年增长0.8%。其中，粮食作物52.53万公顷，下降0.3%；蔬菜9.66万公顷，增长3.1%；瓜果1.05万公顷，增长2.7%；油料6.15万公顷，增长9.7%；棉花0.27万公顷，下降23.3%。

全年粮食总产量294.23万吨，比上年略增。其中，夏粮60.04万吨，增长0.6%；早稻21.04万吨，增长3.5%；秋粮212.80万吨，下降0.5%。蔬菜产量250.65万吨，增长3.7%。瓜果产量27.99万吨，增长3.4%。油料产量18.19万吨，增长9.5%。棉花产量0.19万吨，下降24.9%。

年末生猪存栏85.21万头，比上年增长0.5%；出栏164.50万头，增长4.1%。肉类总产量35.52万吨，增长4.3%，其中猪牛羊肉产量14.37万吨，增长4.3%。禽蛋产量21.13万吨，增长1.9%。牛奶产量9.69万吨，增长9.7%。水产品产量23.86万吨，增长4.3%。

年末农业机械总动力513.71万千瓦，比上年末增长0.9%。其中，大、中型拖拉机1.78万台，增长5.2%；联合收割机1.5万台，下降0.7%；排灌动力机械18.35万台，增长0.7%。主要农作物耕种收综合机械化率85.5%，比上年提高1个百分点。累计建成高标准农田401万亩。

全年农林牧渔业总产值584.09亿元，按可比价格计算，比上年增长4.2%。

三、工业和建筑业

年末全市规模以上工业企业2485户，比上年增加266户。其中，产值超亿元企业884户、增加25户。全年规模以上工业增加值比上年增长6.3%。分经济类型看，国有企业增加值增长9.1%，股份制企业增长6.7%，外商及港澳台商投资企业增长4.1%。分门类看，采矿业增加值增长8.1%，制造业增长5.6%，电力、热力、燃气及水生产和供应业增长16.2%。分行业看，37个工业大类行业有23个保持增长。其中，汽车制造业增加值增长

表 3　　2022 年全市主要农产品产量及增速

产品名称	绝对数（万吨）	比上年增长 %
粮食	294.23	0.03
油料	18.19	9.5
其中：油菜籽	12.81	11.3
棉花	0.19	-24.9
蔬菜	250.65	3.7
瓜果	27.99	3.4
肉类	35.52	4.3
其中：猪牛羊肉	14.37	4.3
牛奶	9.69	9.7
蛋类	21.13	1.9

表 4　　2022 年全市规模以上工业主要产品产量及增速

产品名称	单 位	绝对数	比上年增长 %
汽车	万辆	57.18	-2.5
其中：轿车	万辆	10.65	83.2
SUV	万辆	36.54	0.7
其中：新能源汽车	万辆	15.03	37.2
叉车	万辆	11.88	-4.6
挖掘机	万台	0.33	-36.2
集成电路	亿块	16.18	27.6
工业机器人	套	2943	37.8
智能手环	万台	971.44	-49.1
变压器	万千伏安	2168.21	-5.1
太阳能电池	万千瓦	2743.20	23.1
彩色电视机	万台	634.00	-18.6
家用洗衣机	万台	2249.42	-5.8
家用电冰箱	万台	2079.39	14.8
房间空气调节器	万台	787.81	-21.6
微型计算机设备	万台	2950.25	-19.7
液晶显示屏	亿片	3.95	53.4
水泥	万吨	1446.10	-10.3
卷烟	亿支	297.87	0.2
农用化肥（折纯）	万吨	26.32	8.5
橡胶轮胎外胎	万条	3016.54	6.7
钢材	万吨	137.79	-14.6

29.2%，专用设备制造业、电气机械和器材制造业均增长 26.2%。规模以上工业出口交货值比上年增长 9.8%。

规模以上工业统计的主要产品产量中，液晶显示屏比上年增长 53.4%，工业机器人增长 37.8%，新能源汽车增长 37.2%，集成电路增长 27.6%，太阳能电池增长 23.1%。

全年规模以上工业企业实现利润 438.79 亿元，比上年下降 21.7%。分经济类型看，国有控股企业利润 56.45 亿元，下降 66.5%；股份制企业 302.94 亿元，下降 30.4%；外商及港澳台商投资企业 126.42 亿元，增长 8.2%；私营企业 74.03 亿元，下降 6.3%。分门类看，采矿业利润 15.76 亿元，下降 31.8%；制造业 413.49 亿元，下降 22.6%；电力、热力、燃气及水生产和供应业 9.53 亿元，增长 1.9 倍。每百元营业收入中的成本为 86.78 元，比上年增加 2.13 元。营业收入利润率为 3.91%，下降 1.67 个百分点。

全年建筑业增加值 1791.5 亿元，按不变价格计算，比上年增长 5.3%。年末具有资质等级的总承包和专业承包建筑业企业 2020 户，比上年增加 177 户。其中，产值超 10 亿元企业 66 户，超百亿元企业 13 户、增加 2 户。房屋建筑施工面积 22201.79 万平方米，比上年下降 6.5%；房屋竣工面积 5676.66 万平方米，增长 4.7%。年末建筑业从业人员 82.21 万人，增长 1.6%。

四、服务业

全年批发和零售业增加值 1177.6 亿元，比上年增长 0.3%；交通运输、仓储和邮政业增加值 558.6 亿元，与上年持平；住宿和餐饮业增加值 206.9 亿元，下降 2.7%；金融业增加值 1166.7 亿元，增长 8.7%；房地产业增加值 1011.7 亿元，下降 7.3%；其他服务业增加值 3105.4 亿元，增长 5.6%。全年规上服务业营业收入 2489.70 亿元，增长 5.6%，其中科学研究和技术服务业增长 24.7%，租赁和商务服务业增长 19.1%。

全年旅客运输量 0.38 亿人次，比上年下降 42.2%；货物运输量 3.96 亿吨，下降 0.3%。全年港口货物吞吐量 4389.10 万吨，增长 2.5%，其中外贸货物吞吐量 50.05 万吨，增长 2.6%。合肥新桥机场旅客吞吐量 571.27 万人次，下降 35.1%。

年末汽车保有量 273.24 万辆，比上年增长 7.4%；其中私人汽车 238.73 万辆，增长 8.1%。轿车保有量 169.65 万辆，增长 8.0%；

表 5　　2022 年全市各种运输方式旅客和货物运输量及增速

指 标	单 位	绝对数	比上年增长 %
旅客运输量	万人次	3778.95	
	-42.2		
其中：公路	万人次	1010.00	-56.5
铁路	万人次	2434.46	
	-34.4		
民航（含过港）	万人次	311.49	-33.6
水运	万人次	23.00	-42.5
货物运输量	万吨	39641.75	
	-0.3		
其中：公路	万吨	28546.00	-4.8
铁路	万吨	320.09	
	15.8		
民航	万吨	7.66	-18.4
水运	万吨	10768.00	13.7

表 6　　2022 年全市房地产开发和销售主要指标完成情况

指 标	单 位	绝对数	比上年增长 %
投资额	亿元	1457.09	-0.6
其中：住宅	亿元	1148.76	-3.7
房屋施工面积	万平方米	8106.44	-2.2
其中：新开工	万平方米	1533.60	-16.0
房屋竣工面积	万平方米	2333.59	23.0
商品房销售面积	万平方米	1459.18	-20.5
其中：住宅	万平方米	1237.83	-20.8
商品房待售面积	万平方米	409.49	14.6
其中：住宅	万平方米	74.93	22.5
商品房销售额	亿元	1811.56	-26.3
其中：住宅	亿元	1668.11	-26.1

其中私人轿车 158.66 万辆，增长 8.3%。

全年邮政业务总量 138.99 亿元，增长 11.2%。快递业务量 13.28 亿件，增长 10.7%，实现快递业务收入 92.02 亿元，增长 4.9%。电信业务总量 135.87 亿元，比上年增长 29.7%。年末本地固定电话用户 116.13 万户，比上年末减少 3.25 万户。移动电话用户 1145.08 万户，增加 36.47 万户，移动电话普及率 121 部 / 百人。固定互联网宽带接入用户 487.99 万户，比上年末增加 52.89 万户。

全年入境旅游人数 1.11 万人次，比上年下降 22.5%。其中，外国人 0.70 万人次，下降 34.5%；港澳台同胞 0.41 万人次，增长 12.9%。国内游客 8176.55 万人次，下降 16.8%。全年旅游总收入 1006.51 亿元，比上年下降 19.3%。其中，旅游外汇收入 779 万美元，下降 23.3%；国内旅游收入 1005.97 亿元，下降 19.3%。年末全市有星级宾馆 43 家，其中五星级 10 家、四星级 18 家。4A 级及以上旅游景点（区）28 家。

五、固定资产投资

全年固定资产投资比上年增长 9.1%。分产业看，第一产业投资增长 59.1%；第二产业投资增长 25.4%，其中工业投资增长 25.8%；第三产业投资增长 3.4%，其中基础设施投资增长 13.5%。民间投资增长 9.8%。

全年房地产开发投资 1457.09 亿元，比上年下降 0.6%；其中住宅投资 1148.76 亿元，下降 3.7%。新建商品房销售面积 1459.18 万平方米，下降 20.5%；商品房销售额 1811.56 亿元，下降 26.3%；年末商品房待售面积 409.49 万平方米，增长 14.6%。

全年计划总投资 5000 万元及以上施工项目数 2452 个，比上年增加 215 个；投资额比上年增长 16.3%。其中，亿元以上项目 1896 个、增加 188 个，投资额增长 18%，总量占全部投资的 61.3%，比上年提高 4.6 个百分点。合肥比亚迪一期、大众安徽纯电动乘用车建成投产，宿松路快速化改造、滁合周高速、包公大道加快推进，新桥机场 S1 线、中创新航、安徽大学江淮学院新校区等重大项目开工建设。

六、国内贸易

全年社会消费品零售总额 5021.62 亿元，比上年下降 1.8%。按经营地统计，城镇消费品零售额 4729.56 亿元，下降 1.8%；乡村消费品零售额 292.06 亿元，下降 1.2%。按消费类型统计，商品零售额 4521.16 亿元，下降 1.6%；餐饮收入 500.46 亿元，下降 3.1%。

年末限额以上批发零售和住宿餐饮企业（单位）3975 户，比上年增加 86 户。限额以上商品零售额中，中西药品类增长 31.5%，书报杂志类增长 17.1%，文化办公用品类增长 11.8%，石油及制品类增长 10.0%，汽车类增长 5.3%。绿色智能化商品中，新能源汽车、智能家电及音像器材、智能手机、可穿戴智能设备零售额分别增长 2.4

倍、2.9 倍、1.1 倍和 0.9 倍。

七、对外经济

全年进出口总额 3610.95 亿元，比上年增长 8.6%。其中，出口 2301.84 亿元，增长 13.4%；进口 1309.11 亿元，增长 1.1%。其中机电产品出口增长 14.4%。

全年新成立外商投资企业 140 户。外商直接投资（FDI）12.05 亿美元，增长 4.5%。全年对外承包工程新签合同额 46.89 亿美元，增长 40.5%；完成营业额 16.39 亿美元，增长 1.2%。劳务合作年末在外人员 4490 人，下降 49.2%。年末 49 家境外世界 500 强企业在合肥投资设立法人企业 70 家，比上年新增 1 家。中欧班列开行国际线路覆盖 18 个国家、90 个站点城市，全年开行 768 列，比上年净增 100 列。

八、财政、金融[9]、证券和保险

全年一般公共预算收入 909.25 亿元，扣除留抵退税因素后，比上年增长 10.4%[10]；其中税收收入 670.73 亿元，增长 5.0%。一般公共预算支出 1380.18 亿元，增长 12.8%；其中民生支出 1166.10 亿元，增长 9.7%，占全部支出的 84.5%。重点支出项目中，科学技术支出增长 41.1%，卫生健康支出增长 40.7%，社会保障和就业支出增长 39.4%，教育支出增长 12.4%。

年末全市金融机构本外币各项存款余额 23096.64 亿元，比上年末增加 2490.96 亿元，增长 12.1%。其中，住户存款 8005.88 亿元，增长 24.3%；非金融企业存款 7898.94 亿元，增长 4.2%；机关团体存款 4741.46 亿元，增长 10.0%；财政性存款 785.14 亿元，增长 23.3%；非银行业金融机

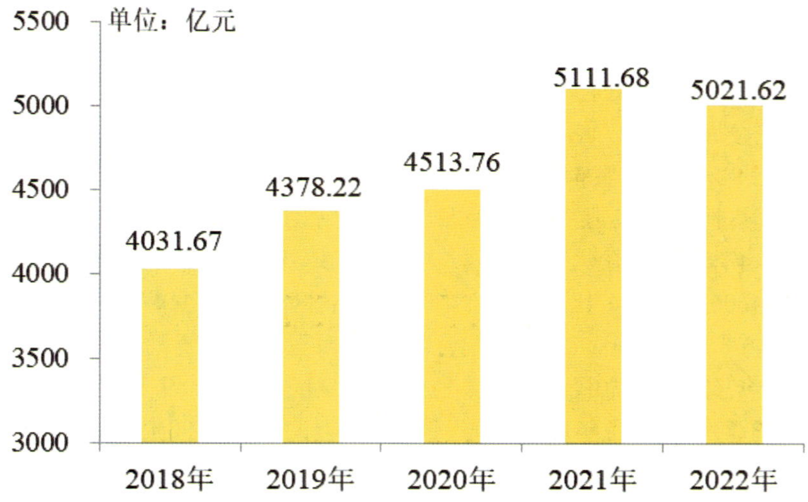

图 4　2018—2022 年全市社会消费品零售总额

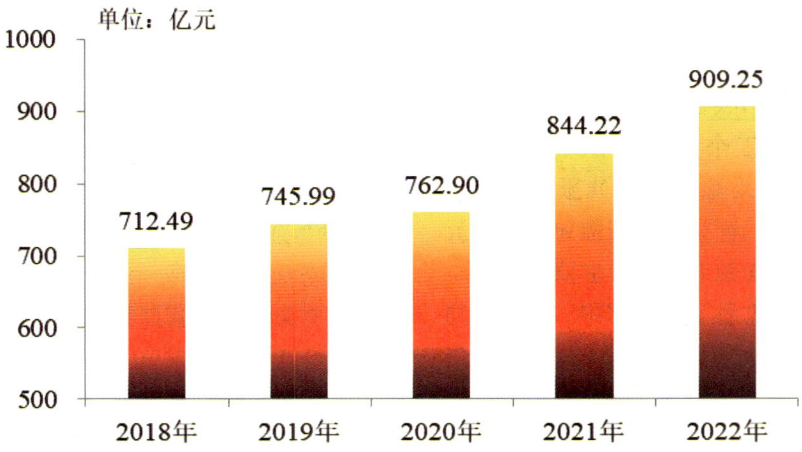

图 5　2018—2022 年全市一般公共预算收入阿

表 7　　2022 年末全市金融机构本外币存贷款余额及增速

指 标	单 位	绝对数	比上年增长 %
旅客运输量	万人次	3778.95	
	-42.2		
其中：公路	万人次	1010.00	-56.5
铁路	万人次	2434.46	
	-34.4		
民航（含过港）	万人次	311.49	-33.6
水运	万人次	23.00	-42.5
货物运输量	万吨	39641.75	
	-0.3		
其中：公路	万吨	28546.00	-4.8
铁路	万吨	320.09	
	15.8		
民航	万吨	7.66	-18.4
水运	万吨	10768.00	13.7

构存款1567.01亿元，下降2.0%。年末金融机构本外币各项贷款余额23565.55亿元，比上年末增加3243.16亿元，增长16.0%。其中，住户贷款8401.78亿元，增长9.3%；企(事)业单位贷款14950.73亿元，增长20.2%。

全年新增上市公司7家，融资151.07亿元，其中科创板上市3家。年末全市共有境内外上市公司80家，其中境内上市公司75家。全年债券融资4230.93亿元。

全年保险业原保险保费收入389.39亿元，比上年下降2.1%。其中，财产险业务原保险保费收入138.13亿元，增长9.0%；人身险业务原保险保费收入251.26亿元，下降7.3%。赔款和给付144.63亿元，下降1.3%。其中，财产险业务赔款支出91.18亿元，增长6.0%；人身险业务赔款和给付支出53.45亿元，下降11.6%。

九、人民生活和社会保障

全年常住居民人均可支配收入48820元，比上年增长6.1%；人均消费支出28966元，比上年增长2.7%。恩格尔系数为28.67%。

按常住地分，城镇常住居民人均可支配收入56177元，比上年增长5.6%。人均消费支出32964元，增长1.6%。其中，食品烟酒支出增长2.5%，居住支出增长4.2%，交通通信支出增长3.0%，生活用品及服务支出增长1.3%，教育文化娱乐支出下降4.4%，衣着支出下降2.8%，医疗保健支出下降3.4%，其他商品及服务支出增长9.0%。年末城镇居民人均住房建筑面积34.05平方米，比上年末下降0.1平方米。

全年农村常住居民人均可支配收入28727元，比上年增长7.0%。人均消费支出18044元，增长6.6%。其中，食品烟酒支出增长6.5%，衣着支出增长2.6%，居住支出增长8.8%，生活用品及服务支出增长6.3%，交通通信支出增长8.1%，教育文化娱乐支出增长3.9%，医疗保健支出增长4.6%，其他商品及服务支出增长8.0%。年末农村居民人均住房建筑面积47.43平方米，比上年末增加0.74平方米。

市区最低月工资标准为1650元。年末参加城镇职工养老（不含机关、含离退休退职）、医疗（生育）、失业、工伤保险人数分别为370.67万人、280.91万人、230.62万人和248.12万人。城乡居民养老保险参（续）保人数291.23万人。城乡居民基本医疗保险参保人数553.38万人，参保率达99.8%。

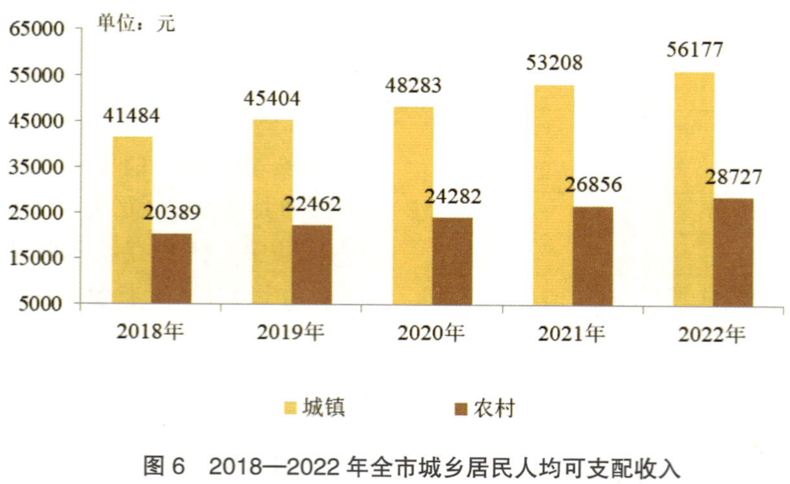

图6 2018—2022年全市城乡居民人均可支配收入

全年享受政府最低生活保障的居民为167.46万人次，其中城市24.31万人次、农村143.15万人次；累计发放低保金13.00亿元，其中城市1.94亿元、农村11.06亿元。全市特困供养人员集中供养率达69.28%。全年临时救助8313人次，支出救助金3009.99万元。全年实施城乡医疗救助资助参保21.5万人，直接救助78.89万人次；支出医疗救助资金4.33亿元，其中资助参保支出0.74亿元、直接救助支出3.59亿元。

年末有各类提供住宿的社会工作机构179个，床位3.4万张，收养各类人员1.5万人；不提供住宿的社会工作机构和设施总数2662个，其中社区服务中心93个，社区服务站1628个。全年销售社会福利彩票13.06亿元，比上年增长9.1%，筹集福彩公益金4.12亿元。全市慈善组织共接收社会捐款1.03亿元。

十、教育和科学技术

年末全市各类高等院校58所（含成人高校、不含军事院校），其中研究生培养院校9所。全年研究生教育招生2.66万人，在校研究生7.82万人，毕业生1.62万人。普通本专科招生19.14万人，在校生66.06万人，毕业生17.97万人。中等职业教育学校（不含技工学校）49所，在校生11.12万人。普通高中100所，在校生17.20万人，高中阶段毛入学率122.69%。普通初中217所，在校生26.88万人，初中阶段毛入学率110%。小学470所，在校生63.81万人，小学毛入学率109.98%。幼儿园1563所，在园幼儿36.12万人。全市义务教育经费保障机制改革惠及学生88.12万人，其中城市35.97万人、农村52.15万人。

表 8　　2022 年全市各类教育发展情况

指 标	招生数（人）	在校生数（人）	毕业生数（人）
研究生	26606	78165	16183
普通本专科	191405	660600	179706
中等职业教育（不含技工学校）	36885	111176	43723
普通高中	61601	171998	54923
普通初中	89523	268762	94304
小学	120285	638097	87208
学前教育	121404	361241	117258
特殊教育	313	1952	335

全市已建成全超导托卡马克、稳态强磁场、同步辐射 3 个国家大科学装置。年末有院士工作站 71 个，在肥服务两院院士 138 人。国家级（重点）实验室 12 个，省级（重点）实验室 128 个；省级以上工程技术研究中心 139 个，其中国家级（含分中心）7 个；省级以上工程研究中心 151 个，其中国家级 2 个、国地联合 17 个、省级 132 个；省级以上工程实验室 67 个，其中国家级 1 个、国地联合 4 个、省级 62 个；省级以上企业技术中心 442 个，其中国家级 54 个。市级以上科技企业孵化器 107 个，其中国家级 24 个、省级 49 个。市级以上众创空间 122 个，其中国家级 28 个、省级 41 个。

全年登记科技成果 5792 项，其中各类财政资金支持形成的科技成果 381 项。授权专利 5.93 万件，比上年增长 10.2%。年末全市有效发明专利 5.41 万件。签订输出技术合同 14929 项，成交金额 647.44 亿元，增长 48.6%；签订吸纳技术合同 8274 项，成交金额 435.98 亿元，增长 1.1%。

十一、文化、卫生健康和体育

年末全市有文化馆 11 个，公共图书馆 9 个，博物馆 41 个（其中国有博物馆 17 个、非国有博物馆 24 个），各级国家综合档案馆 10 个，专业档案馆（城建馆）1 个。乡镇街道综合文化站 133 个。全国重点文物保护单位 10 处，省级重点文物保护单位 41 处，市级重点文物保护单位 82 处。国家级非物质文化遗产项目 5 项，省级非物质文化遗产项目 44 项，市级非物质文化遗产项目 88 项。各级国家档案馆馆藏档案资料 583.52 万卷（件、册）（不含寄存档案），专业档案馆（城建馆）馆藏档案 38.46 万卷。年末广播综合人口覆盖率 99.88%，电视综合人口覆盖率 99.86%。

年末有医疗卫生机构（含村卫生室）3703 个，其中医院 222 个、基层医疗卫生机构 3356 个、专业公共卫生机构 56 个、其他卫生机构 70 个。基层医疗卫生机构中，卫生院 97 个，社区卫生服务中心（站）182 个，村卫生室 1130 个；专业公共卫生机构中，疾病预防控制中心 13 个，专科疾病防治院（所、站）10 个，妇幼保健院（所、站）12 个，卫生监督所（中心）11 个。年末卫生技术人员 8.70 万人，其中执业（助理）医师 3.27 万人、注册护士 4.29 万人。医疗卫生机构床位 7.09 万张，其中医院 6.32 万张、基层医疗卫生机构 0.72 万张。全年医疗卫生机构共诊疗 6644.14 万人次。婴儿死亡率 2.5‰，孕产妇死亡率 4.42/10 万。

全年成功组织 1 项大型赛事和 73 项市级体育赛事。我市运动健儿在安徽省第十五届运动会上，获得青少年部金牌 243 枚、银牌 149 枚、铜牌 148 枚、总分 9367.5 分，6 人打破 3 项全省青少年纪录，囊括金牌总数、奖牌总数、团体总分、竞技体育贡献、青少年人才输送、综合成绩六项第一；在群体部 11 个参赛项目中，斩获 25 块金牌、16 块银牌和 7 块铜牌的优异成绩。全市完成 7 个体育公园、404 个全民健身路径、143 个多功能球类场地、116 个街道或社区体育俱乐部等建设。全年共举办全民健身活动 1330 次，参加活动总人数达到 86.59 万人次。全年销售体育彩票 32.26 亿元，比上年增长 35.1%。

十二、生态环境和应急管理

年末全市共有市县级环境监测站 6 个。区域噪声等效声级 58.5 分贝，道路交通噪声等效声级 68.8 分贝。可吸入颗粒物（PM_{10}）年均浓度为 63.3 微克 / 立方米，比上年上升 0.5%。细颗粒物（$PM_{2.5}$）年均浓度为 32.3 微克 / 立方米，比上年下降 0.3%。二氧化硫、二氧化氮年均浓度分别为 8 微克 / 立方米、31 微克 / 立方米，一氧化碳日均浓度 1 毫克 / 立方米，臭氧日最大 8 小时平均浓度值 152 微克 / 立方米。全年空气质量优良天数为 314 天，优良率 86%，创十年来新高，基本消除重污染天气，空气质量连续两年保持国家二级标准。20 个国考断面全部达标，水质优良率 85%，巢湖湖区整体水质持续改善，主要环湖支流整体水质良好。县级以上集中式饮用水水源地水质达标率 100%。辐射环境质量良好。

全年亿元 GDP 生产安全事故死

亡人数为0.0164人，比上年下降44.8%。道路交通万车死亡人数为1.43人，下降8.9%。全年发生一般程序道路交通事故1348起，造成412人死亡，1244人受伤。

注释：

[1] 本公报数据为初步统计数。

[2][4] 生产总值及其分类项目增加值绝对数按现价计算，增长速度按不变价格计算。2018年生产总值为根据四经普修订数，2019-2021年生产总值为最终核实数。

[3] 三次产业划分标准：第一产业是指农、林、牧、渔业（不含农、林、牧、渔专业及辅助性活动）。第二产业是指采矿业（不含开采专业及辅助性活动），制造业（不含金属制品、机械和设备修理业），电力、热力、燃气及水生产和供应业，建筑业。第三产业是指除第一产业、第二产业以外的其他行业。

[5] 规模以上工业统计范围为年主营业务收入2000万元及以上的工业企业。

[6] 规模以上服务业统计范围包括年营业收入2000万元及以上的交通运输、仓储和邮政业，信息传输、软件和信息技术服务业，水利、环境和公共设施管理业三个门类和卫生行业大类；年营业收入1000万元及以上的租赁和商务服务业，科学研究和技术服务业，教育三个门类，以及物业管理、房地产中介服务、房地产租赁经营和其他房地产业四个行业小类；年营业收入500万元及以上的居民服务、修理和其他服务业，文化、体育和娱乐业两个门类，以及社会工作行业大类。

[7] 限额以上批发零售和住宿餐饮企业（单位）统计范围为年主营业务收入2000万元及以上的批发企业（单位）、年主营业务收入500万元及以上的零售企业（单位）和年主营业务收入200万元及以上的住宿、餐饮企业（单位）。

[8] 网上零售额是指限额以上批发零售企业通过公共网络交易平台（主要从事实物商品交易的网上平台，包括自建网站和第三方平台）实现的商品和服务零售额。

[9] 金融部分为不含省本部口径数据。

[10] 一般公共预算收入增幅是将2022年和上年新老政策增值税留抵退税返加回收入计算的同口径增长率。

（任凤娟）

责任编辑：徐仙春

索 引

本索引采取主题分析索引法，按索引词首字汉语拼音字母顺序排列，同声同韵字按声调、同音字按笔画顺序排列，若首字相同则按第二字音序排列，依次类推。索引词后的阿拉伯数字表示该词所在页码，数字后的英文字母 a、b、c 分别表示该页文字的左、中、右栏。

A

B

C

D

H

J